GIZA AU PREMIER MILLENAIRE

AUTOUR DU TEMPLE D'ISIS
DAME DES PYRAMIDES

CHRISTIANE M. ZIVIE-COCHE
Docteur es-Lettres

GIZA AU PREMIER MILLENAIRE

AUTOUR DU TEMPLE D'ISIS
DAME DES PYRAMIDES

Préface de William Kelly Simpson
Professor of Egyptology, Yale University
Consultative Curator, Museum of Fine Arts, Boston

BOSTON 1991

Set in Palatino. Designed on an Apple Macintosh computer
and printed on a Linotronic 300 Imagesetter.

Cover: The Isis Temple at Giza, Eastern Cemetery, looking southwest over mastaba G 7140. Museum Expedition photograph B 6881, July 13, 1929.

ISBN 0-87846-343-7

Manufactured in the United States of America
by
Henry N. Sawyer Company
Charlestown, Massachusetts

A MAX

Parce que vous n'existez pas

Un oiseau plane au-dessus de nos têtes.
O maillure. Vestiges de magnificence de mots envolés.
Dans les cieux, rien n'est à lire.
On enterre les morts avec leur livre.

Edmond JABES

Le Livre du partage

TABLE DES MATIERES

TABLE DES FIGURES

TABLE DES PLANCHES

CREDITS PHOTOGRAPHIQUES

J.-F. Gout: pl. 12, 13, 14, 24, 40, 43.

W. Müller: pl. 27, 28.

C.M. Zivie-Coche (C.M.Z.): pl. 8, 37, 38.

A.C.L. Bruxelles: pl.42.

Boston M.F.A.: pl. 9, 10, 18, 20, 21, 22, 23, 29, 30, 31, 32, 35, 41, 44, 45, 46.

Griffith Institute, Ashmolean Museum, Oxford: pl. 39.

Photographies Chuzeville, Paris, Musée du Louvre: pl. 36.

Staatliche Museen zu Berlin, Haupstadt der D.D.R. Ägyptisches Museum: pl. 11, 16, 17.

Trustees of the British Museum, Londres: pl. 25, 26, 47.

Trustees of the National Museum of Scotland: pl. 15.

Trustees of Princeton University: pl. 19.

ABREVIATIONS

Le système d'abréviations utilisé est celui, mis au point par Janssen, *CdE* 47, 1949, p.80-93, complété par la liste établie par F. Le Corsu, *RdE , Index des tomes 1 à 20* , 1972, p.132-7, et celle du *BIFAO* 85, 1985, p.XXV-XXXIV. Certaines abréviations de revues et de séries n'y sont pas incluses; j'en donne ma propre liste. De même, j'ai été amenée pour quelques livres ou articles, fréquemment cités à établir ma propre abréviation dont on trouvera également la résolution ci-dessous.

REVUES ET SERIES

GOF = *Göttinger Orientforschungen,* Wiesbaden.

Hom. Champollion =*Textes et langages de l'Egypte pharaonique, Cent cinquante années de recherches 1822-1972, Hommage à Jean-François Champollion*, 3 vol., *BdE* 64, 1974.
Hom. Sauneron = *Hommages à la mémoire de Serge Sauneron 1927-1976, BdE* 81 et 82, 1979.

Mél. Mokhtar = *Mélanges Gamal Eddin Mokhtar,* 2 vol., *BdE* 97, 1985.

OLA = *Orientalia Lovaniensia Analecta,* Louvain.
OLP = *Orientalia Lovaniensia Periodica,* Louvain.

SCO = *Studi Classici e Orientali,* Pise.

VA = *Varia Aegyptiaca,* San Antonio Texas.

OUVRAGES ET ARTICLES

S. Allam, *Hathorkult* = S. Allam, *Beiträge zum Hathorkult bis zum Ende des Mittleren Reiches, MÄS* 4, 1963.

J. et L. Aubert, *Statuettes* = J. et L. Aubert, *Statuettes égyptiennes, Chaouabtis, Ouchebtis,* Paris 1974.

A. Badawi, *Memphis* = A. Badawi, *Memphis als Zweite Landeshauptstadt im Neuen Reich,* Le Caire 1948.

P. Barguet, *LdM* = P. Barguet, *Le Livre des Morts des anciens Egyptiens,* Paris 1967.

M.-L. Buhl, *Sarcophagi* = M.-L. Buhl, *The Late Egyptian Anthropoid Stone Sarcophagi,* Copenhague 1959.

E. Chassinat, *Khoiak* = E. Chassinat, *Le mystère d'Osiris au mois de Khoiak,* 2 vol., Le Caire 1966-8.

P.-M. Chevereau, *Prosopographie* = P.-M. Chevereau, *Prosopographie des cadres militaires égyptiens de la Basse Epoque. Carrières militaires et carrières sacerdotales du XIe au IIe siècles avant J.-C.,* Antony 1985.

J. Harris, *Lexicographical Studies* = J. Harris, *Lexicographical Studies in Ancient Egyptian Minerals,* Berlin 1961.

S. Hassan, *Excav. at Giza* = S. Hassan, *Excavations at Giza*, I-X, Oxford Le Caire 1932-1960.

S. Hassan, *The Great Sphinx* = S. Hassan, *The Great Sphinx and its Secrets, Excav. at Giza* VIII, Le Caire 1953.

S. Hassan, *Le Sphinx* = S. Hassan, *Le Sphinx à la lumière des fouilles récentes*, Le Caire 1950.

W. Helck, *Beamtentiteln* = W. Helck, *Untersuchungen zu den Beamtentiteln des ägyptischen Alten Reiches, Äg. Forsch.* 18, 1954.

U. Hölscher, *Excav. of Med. Hab.* = U. Hölscher, *The Excavation of Medinet Habu*, 5 vol., Chicago 1934-64.

K. Kitchen, *TIP* = K. Kitchen, *The Third Intermediate Period in Egypt (1100-650 B.C.)*, Warminster 1986, 2ème édition avec supplément.

J. Leclant, *Enquêtes* = J. Leclant, *Enquêtes sur les sacerdoces et sanctuaires égyptiens à l'époque dite "éthiopienne" (XXVe dynastie), BdE* 17, 1954.

J. Leclant, *Montouemhat* = J. Leclant, *Montouemhat, quatrième prophète d'Amon et prince de la ville, BdE* 35, 1961.

J. Leclant, *Recherches* = J. Leclant, *Recherches sur les monuments thébains de la XXVe dynastie dite éthiopienne* , 2 vol., *BdE* 36, 1965.

A. Mariette, *Mastabas* = A. Mariette, *Les mastabas de l'Ancien Empire*, Paris 1889.

D. Meeks, *Les donations* = D. Meeks, *Les donations aux temples dans l'Egypte du premier millénaire avant J.-C., OLA* 6, 1979, p.605-87.

H. de Meulenaere, *Herodotos* = H. de Meulenaere, *Herodotos over de 26ste dynastie*, Louvain 1951.

H. de Meulenaere, *Le surnom* = H. de Meulenaere, *Le surnom égyptien à Basse Epoque*, Istanboul 1966, complété par *Addenda et Corrigenda, OLP* 12, 1981, p.127-34.

P. Munro, *Totenstelen* = P. Munro, *Untersuchungen zu den Spätägyptischen Totenstelen, Äg. Forsch.* 25, 1973, complété par H. de Meulenaere, H. Limme et J. Quaegebeur, P. Munro, *Totenstelen, Index et Addenda*, Bruxelles 1985.

M. Münster, *Isis* = M. Münster, *Untersuchungen zur Göttin Isis vom Alten Reich bis zum Ende des Neuen Reiches, MÄS* 11, 1968.

E. Naville, *Deir el Bahari* III = E. Naville, *The XIth Dynasty Temple at Deir el Bahari, EEF* 32, 1913.

P. Newberry, *Funerary Statuettes* = P. Newberry, *Funerary Statuettes and Model Sarcophagi*, 3 vol., *CGC*, Le Caire, 1930-57.

E. Otto, *Gott und Mensch* = E. Otto, *Gott und Mensch nach den ägyptischen Tempelinschriften der grieschischenrömischen Zeit*, Heidelberg 1964.

W. El-Sadeek,*Twenty-Sixth Dynasty* = W. El-Sadeek, *Twenty-Sixth Dynasty Necropolis at Gizeh, Beiträge zur Ägyptologie 5*, Vienne 1984.

V. Schmidt, *Sarkofager* = V. Schmidt, *Sarkofager, Mumiekister og Mumiehylstre i det Gamle Ägypten. Typologisk Atlas*, Copenhague 1919.

W.K. Simpson, *Giza Mastabas* 3 = W.K. Simpson, *The Mastabas of Kawab, Khafkhufu I and II, Giza Mastabas* 3, Boston 1978.

W.S. Smith, *AAAE* = W.S. Smith, *Art and Architecture in Ancient Egypt,* Baltimore 1958.

P. Vernus, *Athribis* = P. Vernus, *Athribis, Textes et documents relatifs à la géographie, aux cultes, et à l'histoire d'une ville du delta égyptien à l'époque pharaonique, BdE* 74, 1978.

H. Vyse, *Operations* = H Vyse, *Operations carried on at the Pyramids of Gizeh,* 3 vol., Londres 1840-2.

D. Wildung, *Die Rolle Ägyptischer Könige* = D. Wildung, *Die Rolle Ägyptischer Könige im Bewusstsein ihrer Nachwelt, MÄS* 17, 1969.

J. Yoyotte, *Les pèlerinages* = J. Yoyotte, *Les Pèlerinages dans l'Egypte ancienne, Sources Orientales* 3, Paris 1960.

J. Yoyotte, *Principautés* = J. Yoyotte, *Les principautés du delta au temps de l'anarchie libyenne (Etudes d'histoire politique), Mél. Maspero* I, 4, p.121-81 et pl.1-3.

C.M.Z., "Bousiris" = C.M. Zivie, "Bousiris du Létopolite," *Livre du Centenaire, MIFAO* 104, 1980, p.91-107 et pl.3-7.

C.M.Z., *Giza* = C.M. Zivie, *Giza au deuxième millénaire, BdE* 70, 1976.

PREFACE

In 1970, shortly after my appointment as Curator in the Department of Egyptian and Ancient Near Eastern Art at the Museum of Fine Arts, Boston, I decided to resume the Giza Project initiated by George Andrew Reisner at the turn of the Century and ably continued until the outbreak of the Second World War by Reisner, Dows Dunham and William Stevenson Smith. The obvious priority in 1970 was the preparation for publication of the Old Kingdom mastabas excavated by the aforementioned, using the plans, photographs, object registers, diaries, and the wall tracings previously executed. It soon became clear that new tracings would have to be made in many cases, and an entire series of mastabas was recorded anew, with some exceptions where the older tracings were completed and adequate. The project continued with the participation of Kent Weeks (in association with the American Research Center in Egypt), Edward J. Brovarski, and Ann Macy Roth as field directors in several seasons. We are indebted to the various presidents of the Egyptian Antiquities Organization, the inspectorate at Giza, and the local inspectors for making this project possible.

During his work at Giza, both in the Giza Mapping Project and the Antiquities Organization Sphinx Project, Mark Lehner became interested in the Isis Temple, which occupied the original site of the chapel to the east of the third Queen's Pyramid to the east of the Great Pyramid. Michael Jones and Angela Milward Jones planned the site, and Christiane Zivie-Coche studied the inscriptions. Her interest led to several visits to Boston to study Reisner's records, and I urged her to prepare a publication of the entire complex. This she has achieved with her customary superb scholarship, building on her outstanding volume on Giza in the Second Millennium and her extensive article on the site in the *Lexikon der Ägyptologie.* In addition to her presentation of these often difficult texts, she has provided a survey of the cult of Isis at Giza and an historical overview of Giza in its later stages. We are honored and fortunate in having her distinguished participation. Peter Der Manuelian has been active in every aspect of the preparation of this volume, and its realization through computer assisted publication has been made possible by Nigel and Helen Strudwick. Despite the serious damage to the chapels over the years, at last this interesting aspect of the site has received the publication which it deserves.

William Kelly Simpson
Professor of Egyptology, Yale University
Consultative Curator, Department of
Egyptian and Ancient Near Eastern Art
Museum of Fine Arts, Boston

July 21, 1989

PRELIMINAIRE

"*Giza au premier millénaire. Autour du temple d'Isis, dame des Pyramides.*" Est-il besoin de justifier le choix de cette étude qui a fait l'objet d'un Doctorat es-Lettres, soutenu devant l'Université de Paris-Sorbonne en décembre 1987? Peut-être, car l'histoire subit parfois les méfaits de l'évidence.

Le site de Giza n'apparaît-il pas comme un des mieux connus d'Egypte, qui a été largement fouillé et a suscité, et continue de le faire, études et commentaires? Sans doute; mais ce point de vue n'en est pas moins trompeur. On a en effet privilégié pour une raison évidente, qui est l'impact des monuments, une période au détriment de toutes les autres. On a fait de Giza, et on le fait encore, un site majeur de l'Ancien Empire, ce qu'il est au demeurant. Mais bien autre chose encore. On ne peut oublier l'histoire diachronique, la longue durée, qui nous permet de suivre son évolution depuis les débuts de la période historique jusqu'à l'Epoque Gréco-Romaine. Or la recherche systématique des trouvailles faites sur le site, l'analyse des fouilles anciennes ou moins anciennes, autorisent cette patiente reconstitution de longues séquences chronologiques qui avaient été presque totalement négligées jusqu'alors, même s'il continue de subsister, inévitablement, des trous et des blancs dans cette histoire.

C'est une recherche qui demande de longues années et je l'ai commencée voilà longtemps. Une première phase en a été l'histoire de Giza au deuxième millénaire où se profilaient la résurrection d'un site tombé dans l'oubli pour de longs siècles après la chute de l'Ancien Empire, l'émergence de nouveaux cultes dont celui, primordial, du Sphinx sous sa forme d'Harmachis, l'apparition, enfin, de manifestations religieuses originales, dont celle du pèlerinage.

Mais l'histoire égyptienne ne s'arrête pas avec la fin du Nouvel Empire. C'est une autre étape qui fait aujourd'hui l'objet de ce travail. La Troisième Période Intermédiaire et la Basse Epoque se sont révélées riches de toutes sortes de documents qui jettent un jour nouveau sur l'histoire du site mais aussi sur celle de la période tout entière.

Je voudrais dire ici que ce travail n'aurait pu être mené à bien sans la générosité du professeur W. Kelly Simpson, auquel va toute ma gratitude. Conservateur du département des antiquités égyptiennes du Museum of Fine Arts de Boston, il m'a donné toute latitude pour compulser et utiliser les papiers inédits de Georges A. Reisner, ce qui m'a permis d'accéder à tout un pan de documentation nouvelle. Je ne saurais davantage oublier mon ami Edward Brovarski, conservateur dans ce même musée, et toute l'équipe du département, particulièrement Timothy Kendall, Peter Lacovara, Peter Der Manuelian et Sue d'Auria qui m'ont toujours, avec une très grande gentillesse, facilité le travail.

Trois campagnes en collaboration avec mon ami Mark Lehner, archéologue, ont été la source de discussions extrêmement fructueuses dont mes recherches ont grandement profité. Michael Jones et Angela Milward y sont également associés. Je sais gré au personnel de l'American Research Center in Egypt pour l'accueil cordial qu'il m'a réservé.

Qu'il me soit également permis de remercier les collègues égyptiens qui m'ont ouvert des portes à Giza ou au Musée du Caire: Mme Samia El-Mallah, MM Nassef Hassan, Zahi Hawass, Ahmed Moussa et Mohammed Saleh.

Je suis redevable à de nombreux collègues d'informations et de suggestions qu'ils ont bien voulu me fournir, ainsi que de photographies: K.H. Priese, Berlin; W. Müller, Munich; I.E.S. Edwards, T.G.H. James, W. V. Davies et A. J. Spencer, Londres; J. Málek, Oxford; H. de Meulenaere et L. Limme, Bruxelles; R. Fazzini, R. Bianchi et J.F. Romano, Brooklyn; J.-L. de Cénival, B. Letellier, J. Yoyotte, Paris, et ceux que j'aurais pu oublier. Qu'ils soient tous chaleureusement remerciés.

Enfin, je n'achèverai pas ces pages liminaires sans adresser mes remerciements à M. Jean Leclant, Secrétaire Perpétuel de l'Académie des Inscriptions et Belles Lettres, qui a bien voulu assumer la direction du doctorat dont cette étude a fait l'objet. Je dirai aussi à Alain Zivie ma reconnaissance pour m'avoir soutenue au cours de ces années de recherches.

A W. Kelly Simpson, Edward Brovarski, Timothy Kendall et Rita Freed, encore une fois je veux témoigner de ma profonde gratitude pour avoir accepté de publier dans une collection du Musée de Boston ce travail, fruit d'une chaleureuse collaboration franco-américaine. Françoise Lenos qui a bénéficié des conseils avisés de Christine Gallois, s'est chargée de la saisie du texte sur ordinateur. Peter Der Manuelian, Nigel et Helen Strudwick ont élaboré la mise en page du volume. Lynn Holden a réalisé les dessins des hiéroglyphes et des figures dans le texte. Aude Gros de Beler s'est occupée avec une inlassable patience de la mise en page définitive et de la correction des épreuves. A tous je tiens à dire ma grande reconnaissance pour la compétence et le dévouement qu'ils ont prodigués et grâce auxquels ce livre peut voir le jour.

REMARQUES SUR LA PRESENTATION DES DOCUMENTS

Les flèches dans les copies des textes hiéroglyphiques indiquent le sens dans lequel sont tournés les hiéroglyphes.

Les noms propres sont transcrits selon les conventions habituelles. Pour les noms composés très longs, si fréquents à Basse Epoque, il a paru préférable d'en séparer les éléments par un tiret. Dans l'index, tous les anthroponymes sont donnés en translittération, à l'exception de ceux qui posent des problèmes de lecture et sont donnés en hiéroglyphes.

INTRODUCTION

A l'ombre de la pyramide de Chéops, la modeste chapelle d'Isis, dame des Pyramides a connu le sort injuste des petits monuments que le temps a malmenés et qui demeurent dans les marges de l'histoire. Cela n'a rien de bien étonnant. Qui aurait prêté grande attention à ce modeste édifice, sans doute déjà passablement ruiné et, de toute manière, largement ensablé lorsque les premières fouilles un peu systématiques furent entreprises sur le plateau de Giza? On avait bien autre chose à faire alors, et les Pyramides accaparèrent pour l'essentiel l'intérêt et le temps des pionniers de l'archéologie. Cela est bien dommage cependant car le monument, actuellement dans un état lamentable, était, sans aucun doute, un peu mieux conservé à l'époque. Et lui aurait-on prêté davantage d'attention, qu'aujourd'hui nous en saurions un peu plus, alors que tant d'obscurité demeure. Néanmoins, en rassemblant les données de tous ordres, bien souvent inédites, qu'il est encore possible de glaner au travers des musées ou en dépouillant des archives, en retournant encore sur le terrain qui peut livrer peut-être du matériel épigraphique nouveau mais surtout des données archéologiques jusque-là négligées, on peut tenter de combler, au moins partiellement, les lacunes qui trouent l'histoire du temple d'Isis.

Pourquoi cet intérêt pour un monument aujourd'hui si décevant à visiter, ne serait-ce le site immémorial qui l'entoure, un monument si effacé que trop souvent on passe sans le voir? Il fait partie intégrante de l'ensemble de Giza. Il est un des points vivants où se déroulait un culte spécifique qui présente pour nous une double portée historique. Le monument lui-même a pour noyau une chapelle funéraire, de deux mille ans plus ancienne que le reste du temple, et la divinité révérée est elle-même étroitement liée au passé du lieu comme le révèle déjà son épithète, "dame des Pyramides." Il y a donc là matière à suivre l'évolution historique du site qu'on a fort longtemps négligée. D'autre part, si étrange que cela puisse paraître, le culte d'Isis dont la notoriété allait grandissante dans l'Egypte de Basse Epoque et plus tard hors d'Egypte, n'est pas toujours aussi bien connu qu'on pourrait le croire ou le souhaiter. La chapelle de la déesse à Giza, qui prend son véritable essor à la XXIe dynastie, mais existait déjà sous une autre forme antérieurement, est un jalon précieux pour en observer le développement. Son étude apporte également des éléments d'information sur le début de la Troisième Période Intermédiaire dont on connaît peu de choses hors de la capitale, Tanis.

Certes le temple d'Isis n'est pas totalement ignoré des ouvrages d'égyptologie. Qu'il s'agisse de l'histoire de la Troisième Période Intermédiaire et de l'Epoque Saïte ou d'études sur Isis[1], on le trouve très brièvement mentionné ainsi que les quelques pièces les plus marquantes qui y furent trouvées, tout particulièrement la fameuse Stèle de la fille de Chéops également connue sous le nom d' "Inventory Stela" dans la littérature

1. Voir dans les chapitres suivants des éléments de bibliographie.

anglophone[2]. Mais cela ne suffit pas à constituer une histoire ou même un début d'histoire du temple d'Isis.

Mes recherches sur Giza après la fin de l'Ancien Empire m'ont, bien entendu, conduite depuis longtemps à me pencher sur le problème du temple d'Isis. A vrai dire, au départ—vu l'état des choses tel que je viens de l'évoquer—les données étaient minces et on pouvait craindre que les résultats le soient aussi, n'ayant guère à notre disposition que quelques documents qui étaient connus depuis longtemps; en fait moins d'une dizaine dont la Stèle de la fille de Chéops. Cela a donné lieu à quelques conclusions, sans doute un peu hâtives, consignées dans "Giza après l'Ancien Empire"[3] et dans l'article du *Lexikon der Ägyptologie*[4], consacré au site, où peut-être la diachronie était trop strictement respectée au détriment d'une vue plus globale de l'histoire d'un monument particulier. J'ai repris par la suite la question, plus en détail mais de manière synthétique, dans "Bousiris du Létopolite"[5] qui, pour n'être pas une étude définitive ni exhaustive, avait pour but, au moins, de brosser un tableau de Giza à partir de la Troisième Période Intermédiaire. J'essaierai aujourd'hui de revenir de manière plus approfondie sur l'histoire du temple d'Isis autant que la réunion du maximum d'informations à notre disposition, le permet. Il est bien entendu que trop de choses nous manquent, que trop d'éléments ont été détruits soit dans un passé lointain et nous ne le soupçonnons même pas, soit dans un passé récent mais ils n'ont pas été répertoriés, ce qui pratiquement revient au même, pour que cette histoire puisse avoir aucune prétention d'être achevée ou certaine. Beaucoup d'inconnues demeurent et un certain nombre d'interprétations ne peuvent être énoncées qu'à titre d'hypothèses. Néanmoins par une analyse attentive et une mise en ordre des données, il a été possible de replacer le temple d'Isis des Pyramides dans le cadre plus général du site de Giza.

En effet, comme le suggère déjà le titre que j'ai choisi pour cet ouvrage, "*Giza au premier millénaire. Autour du temple d'Isis, dame des Pyramides*", je n'ai pas voulu me limiter à la stricte étude de ce monument, dissocié du reste du site qui forme son cadre et son contexte. Cela aurait été une attitude réductrice qui, historiquement parlant, ne pourrait guère se justifier. Bien au contraire, si le temple d'Isis est toujours resté mon point de départ, je me suis d'abord efforcée, période par période, de le resituer dans un contexte historique plus ample; mais surtout, je lui ai constamment associé les autres documents trouvés dans d'autres secteurs de Giza. Au fil des chapitres, on découvrira que les différents cultes de Giza à l'époque tardive n'étaient pas sans liens entre eux, ce qui permettra, petit à petit, une tentative de reconstruction générale de l'histoire du site.

Plusieurs facteurs déterminants m'ont peu à peu amenée à reconstituer cette histoire, à l'enrichir, facteurs que je dois mentionner pour éclairer ma démarche. Il s'agit d'abord de l'étude au Musée du Caire de quelques fragments, peu nombreux au demeurant, provenant sans aucun doute du temple d'Isis.

La consultation et le dépouillement des archives Reisner, conservées au Musée de Boston, se sont révélés extrêmement fructueux et précieux pour étoffer l'histoire du temple[6]. Reisner est le seul à avoir véritablement fouillé ce secteur du site de Giza et la

2. Voir *infra*, p.218 sq.
3. Résumé d'un doctorat de troisième cycle: *Ann. EPHE* V, 80–81, 1973–74, p.156–7.
4. *LdÄ* II/4, 1976, 608–9.
5. *Livre du Centenaire, MIFAO* 104, 1980, p.99–103.
6. Ce dépouillement a été effectué au cours de deux séjours, en janvier 1983 et octobre 1984, et complété au printemps 1988.

considérable documentation inédite qu'il a laissée, le prouve largement[7]. Désormais des éléments épars peuvent s'articuler entre eux et prendre un sens. Enfin le travail sur le terrain n'est évidemment pas le moindre des éléments à citer. J'ai eu la possibilité et la chance de participer au "Isis Temple Project" de l'American Research Center in Egypt, comme épigraphiste et historienne du site. Le but du projet a été de reprendre de manière systématique et selon les méthodes archéologiques actuelles, la zone trop négligée du temple d'Isis qui, d'ailleurs, n'avait pas été touchée depuis que Reisner avait abandonné le site. Deux campagnes ont eu lieu jusqu'à présent, en juillet 1980 et décembre 1980–janvier 1981, sous la direction de Mark Lehner[8]. En outre, un séjour en Egypte en février 1986, m'a permis de procéder à un certain nombre de nouvelles vérifications sur place. Tout cela a conduit à confirmer ou infirmer des suggestions de Reisner; de nouvelles données se sont fait jour de telle manière que, même si des modifications devaient être apportées à la suite de nouvelles campagnes, un bilan peut cependant être dressé dès maintenant.

Pour ce faire, je procéderai de la manière suivante. Un rappel des fouilles et travaux accomplis dans le secteur me paraît indispensable. Pour fastidieuse que puisse paraître ce genre de démarche, elle a le mérite de permettre de fixer quelques points de repères

7. Naturellement le dépouillement des Archives Reisner n'a pas été une tâche aisée. Après l'étude sur place, il m'a fallu ensuite travailler sur du matériel photocopié sans avoir la possibilité de revoir les originaux ce qui, surtout dans le cas des photographies d'objets ou de monuments, peut être particulièrement gênant.

Par ailleurs, on connaît les difficultés et les limites propres à un dépouillement d'archives. C'est évidemment un travail d'une nécessité absolue et d'un résultat appréciable puisqu'on est amené à utiliser des matériaux dans la plupart des cas inédits et à enrichir considérablement la documentation qui resterait, sinon, très fragmentaire.

Mais on a affaire à des problèmes de déchiffrement parfois difficilement solubles car les archives sont pratiquement toujours manuscrites. C'est une documentation quelquefois énigmatique qu'on est appelé à analyser: elle ne pouvait être comprise que par l'auteur lui-même et n'était pas destinée à être utilisée par d'autres ni *a fortiori* à être publiée telle quelle.

Ceci expliquant cela, je ne prétends pas dans cette étude sur le temple d'Isis et Giza au premier millénaire publier intégralement les archives de Georges Reisner concernant la période qui m'intéresse. Cela d'ailleurs, à supposer que ce soit possible, n'aurait pas d'utilité en soi. J'indiquerai pourtant en passant que de très nombreux passages des journaux de fouilles ont trait à la vie de Reisner et de sa famille sur le chantier, à la vie égyptologique de l'époque et aux événements politiques contemporains et pourraient faire l'objet d'une publication fort amusante et instructive: "View on the Twenties from the Pyramids".

Mon choix a été très large et j'ai tenté de ne rien omettre de la documentation qui puisse avoir une quelconque utilité pour la connaissance du temple d'Isis. Par ailleurs, il m'a semblé plus judicieux et moins répétitif d'introduire les documents bruts empruntés aux archives dans le texte même, lorsque cela était nécessaire, plutôt que de les rassembler dans un catalogue séparé. Il s'agit surtout d'extraits du Journal de fouilles qui sont donnés dans leur langue originale, en anglais, en respectant l'orthographe qu'on y rencontre.

Pour citer ces archives, je m'en tiendrai au système suivant: pour une copie de texte, un dessin ou une photographie: Reisner's Archives MFA Box, suivi de son numéro d'identification, puisque les papiers de l'archéologue ont été classés dans des boîtes portant chacune un numéro. Les objets trouvés au cours de la fouille ont été enregistrés sous un numéro MFA Exp. N. (Expedition Number) qui sera donné, accompagné d'un numéro de musée s'ils sont entrés dans une collection: il s'agit principalement du Musée de Boston.

Mais beaucoup des trouvailles faites par Reisner ne sont ni à Boston ni au Musée du Caire. Elles ont vraisemblablement été mises à l'abri dans des magasins de fouilles ou des magasins du Service des Antiquités sur le site même. Jusqu'à présent il n'a pas été possible d'en retrouver la trace, ce qui explique la mention, qui revient malheureusement trop souvent, de situation actuelle inconnue.

Les photographies des Archives Reisner ont également été inventoriées et portent un numéro, généralement précédé d'une lettre indiquant une série dans le classement. A partir de ces numéros, on peut retrouver ceux des négatifs des photographies lorsqu'ils existent encore. Les journaux de fouilles portent la date de l'année où ils ont été rédigés. On les trouve sous deux formes: d'une part le journal proprement dit, tenu quotidiennement, où Reisner, ou éventuellement un de ses assistants, notait l'avancement du travail du jour dans les différentes zones où il avait lieu; d'autre part, un découpage de ce journal en fonction des secteurs de fouille, qui avait été dactylographié vraisemblablement à une date ultérieure.

8. Voir M. Jones et A. Milward, *JSSEA* 12, 1982, p.140–51, et pl.18–20.

solides pour étayer notre connaissance du monument. On pourra en arriver alors à l'étude et l'histoire elles-mêmes de l'édifice. Il faudra remonter jusqu'à l'Ancien Empire puisque le noyau originel du monument qui nous intéresse, date de cette époque. Il conviendra de s'arrêter sur les témoignages du Nouvel Empire qui demeurent malheureusement encore empreints d'une certaine obscurité[9]. Viennent ensuite les époques mieux connues du *floruit* du temple: Troisième Période Intermédiaire qui voit la construction de l'édifice proprement dit, appelé toutefois à divers remaniements ultérieurs, puis l'Epoque Saïte avec son déploiement de petites chapelles qui amena des transformations et des agrandissements de l'ensemble du temenos; enfin l'Epoque Gréco-Romaine pour ce que nous en savons. L'étude des documents provenant d'autres secteurs du site sera menée parallèlement.

Avant d'aller plus loin, je situerai très brièvement le temple d'Isis, dame des Pyramides, *pr St ḥnwt mrw*. Bâti contre la face orientale de la plus méridionale des petites pyramides qui se dressent à l'est de Chéops, il se déploie d'ouest en est, englobant la chapelle funéraire de cette pyramide qui en constitue le noyau primitif (G I–c selon la nomenclature de Reisner, 9 chez Vyse et VII chez Lepsius)[10]. Il barre la rue G 7000 ou rue des reines[11] qui passe entre les trois pyramides et les mastabas G 7110–7120 (Kaouab et Hetepheres II) et G 7130–7140 (Khafkhoufou et Nefertkaou) et traverse le mastaba double G 7130–7140. La dénomination de temple d'Isis se rapporte donc à l'ensemble des constructions, dans leur stade final, toutes époques confondues.

Aujourd'hui le monument est dans un état de délabrement avancé et aucune mesure de protection ne semble avoir été prise jusqu'à présent pour tenter de sauvegarder le peu qu'il en reste. Il est librement accessible à tous et la proximité du Caire fait du site un lieu de promenade pour les citadins, ce qui n'améliore pas la situation[12]. Des dégradations relativement importantes peuvent être notées depuis les travaux de Reisner dans les années 1920, quoique l'apparence générale du site n'ait pas radicalement changé. Elles se poursuivent d'ailleurs et on peut en constater de nouvelles, d'année en année.

Ce qui subsiste actuellement se réduit à relativement peu de choses. L'ancienne chapelle funéraire qui a perdu son toit et son sol, a conservé une partie assez importante de ses murs, celui de la façade portant encore un décor en façade de palais. Les murs de la salle aux quatre colonnes ont entièrement disparu ainsi que la majeure partie du dallage; des colonnes, seuls sont conservés les bases et les fûts sur une hauteur d'environ 1,50 m; dans la petite salle ou kiosque qui précédait, une seule base de colonne est encore visible; l'autre a disparu depuis l'époque de Reisner. Les chapelles latérales sont un peu mieux préservées: ainsi, celle d'Harbes (7) qui toutefois a été largement restaurée; il en va de même pour la chapelle (23) (G de Reisner) qui borde au nord l'accès au temple à travers le mastaba G 7130–7140. Tel est dans ses grandes lignes le temple que nous pouvons aujourd'hui visiter sur le site.

9. Une partie des documents a déjà été traitée dans *Giza au deuxième millénaire* (abrév. C.M.Z., *Giza*), *BdE* 70, 1976, mais d'un autre point de vue; ils sont repris ici dans la perspective de l'histoire du temple d'Isis.

10. Voir *infra*, p.12–5, pour plus de détails. C'est la terminologie de Reisner qui a été conservée.

11. Sur la distinction, faite par Reisner entre rues et avenues, qui quadrillent la nécrople orientale, voir *infra*, p.13 et n.(37).

12. Voir C.M.Zivie, *Autrement*, Hors série 12, 1985, p.54, sur ce problème crucial.

PREMIERE PARTIE

DES ORIGINES A LA FIN DU NOUVEL EMPIRE

CHAPITRE I

HISTORIQUE DES TRAVAUX ET FOUILLES

Si on remonte le temps pour retrouver des témoignages anciens sur le temple d'Isis, on a la déception de constater que les descriptions des visiteurs ou fouilleurs qui sont passés par là, ne permettent guère d'apporter de compléments au tableau tel qu'on peut le dresser à l'époque contemporaine. Néanmoins toutes les indications sont précieuses et doivent être rassemblées. Pour ne rien négliger, on commencera par les historiens de l'antiquité qui ont laissé des descriptions plus ou moins sommaires et plus ou moins exactes du plateau de Giza. Mais, à vrai dire, on ne peut citer qu'Hérodote II, 126, qui, à propos de la perverse histoire de la fille de Chéops mentionne l'existence des trois petites pyramides[13]. Chez les autres, rien. Les très nombreux récits de voyageurs qui, durant le Moyen Age, firent la visite obligée du plateau de Giza ne nous renseignent pas davantage. On y lit seulement ici ou là qu'ils virent de nombreuses pyramides, outre le célèbre groupe des trois.

Aussi faut-il en arriver à l'époque moderne, avec les pionniers de l'archéologie, pour essayer d'en apprendre un peu plus sur la pyramide G I-c, son temple funéraire et le temple d'Isis. Cependant, là encore, nous allons rester sur notre faim. Les auteurs de la *Description de l'Egypte* et Champollion demeurent silencieux. Pas un dessin qui nous renseigne sur ce à quoi pouvait ressembler la zone du temple d'Isis en ce temps-là. A leur décharge, il faut répéter encore une fois qu'il ne devait pas y avoir grand chose à voir, tant le sable accumulé encombrait alors le site.

C'est véritablement Vyse avec ses assistants, Campbell puis Perring, qui dans les années 1837–38, fut l'instigateur d'une politique sérieuse de dégagement de la zone des Pyramides[14]. Il numérota d'ailleurs celles-ci et la petite pyramide méridionale porte le numéro 9 dans son système. Il dégagea l'entrée, située sur la face nord et y pénétra en 1837. Il en donne un bref compte rendu dans *Operations* II, Londres 1840, p.69–70, que je reproduis ici[15]. On peut également se reporter à la planche, face à la p.66 et à la figure 1, face à la p.69, auxquelles on ajoutera les dessins de Perring dans *The Pyramids of Gizeh* II, Londres 1840, The Seventh, Eighth and Ninth Pyramids, pl. 1 et 2, qui se contente malheureusement de donner des vues très générales des petites pyramides.

13. On aura l'occasion de revenir sur ce texte: voir *infra*, p.244–6. Hérodote attribue d'ailleurs la pyramide centrale, et non pas la méridionale, à la supposée fille de Chéops.

14. Belzoni et Caviglia travaillèrent également activement sur le site mais dans d'autres secteurs: cf. la relation par Belzoni de ses travaux et de ceux de Caviglia dans *Narrative of the Operations and Recent Discoveries in Egypt and Nubia*, Londres 1820, p.137–8 et 258–81.

15. Voir aussi H. Vyse, *ibid.*, p.129: "Table of dimensions of the ninth Pyramid".

"The entrance into the Ninth Pyramid was concealed under a heap of sand and of loose stones. It was about two feet six inches above the base, and five feet eastward of the centre in the northern front of the building, and descended at an angle of twenty-eight.

I endeavoured to examine the interior of the Ninth Pyramid; but it was so full of sand and of rubbish that the candles would not burn. It was afterwards found, like the others, to contain an anteroom, connected by an inner passage with a sepulchral chamber, which had been lined and roofed with slabs one foot thick. The walling has been destroyed, and the place was full of rubbish, but no traces of a sarcophagus were discovered."

Pour l'instant donc, le temple d'Isis proprement dit reste encore une tache blanche sur les premiers plans de ce secteur. Il n'est pas même question de la chapelle funéraire qui n'était pas encore dégagée.

Lepsius qui, pourtant, a accompli une œuvre considérable à Giza, ne consacre pas plus de deux lignes aux pyramides subsidiaires de Chéops; celle d'Henoutsen porte le n° VII dans son oeuvre.

"Die drei kleinen an der ostseit der grössten Pyramide. Sie waren alle 3 in Stufen gebaut."

(*LD Text* 1,p.29)

C'est donc seulement avec les travaux de Mariette sur le site que la situation va changer. Malheureusement, comme très souvent avec cet archéologue, on ne possède aucune véritable relation de fouille et on est obligé d'inférer à partir de quelques renseignements, épars ici et là, un déroulement des événements qui, de ce fait, reste très approximatif. Tandis qu'il travaillait dans la zone du temple de granit, autrement dit le temple de la vallée de Chéphren, et du Sphinx en 1856 et 1858, il semble bien que parallèlement aient eu lieu des travaux au pied de la petite pyramide méridionale; travaux qui ont conduit à la découverte de l'édifice qui allait pour la première fois apparaître dans la littérature égyptologique comme le temple d'Isis.

En 1858, en effet, il découvre la stèle dite de la fille de Chéops qui entrera dans la collection du Musée de Boulaq sous le N°Journal d'Entrée 2091. Voici tout ce qu'on peut réunir au sujet de la trouvaille proprement dite.

"... Elle (la stèle) était encastrée dans un mur du petit temple qui s'appuie contre la plus méridionale des trois petites pyramides à l'est."
(A. Mariette, *Mon. Div.*, Paris 1872, p.17).

"A en juger par sa forme, cette pierre a fait partie de quelque mur dans lequel elle a dû être primitivement encastrée. Elle provient, en effet, d'un édifice dont nous avons retrouvé les ruines au pied de la plus méridionale des trois petites pyramides qui bordent la grande, du côté de l'est."
(A. Mariette, *Notice des principaux monuments exposés au Musée d'antiquités égyptiennes à Boulaq*, 6ème éd., Paris 1876, p.214).

"Un inappréciable monument, découvert pendant nos fouilles assez loin du sphinx, c'est-à-dire dans les ruines d'un petit temple situé à l'est de la Grande Pyramide, nous renseigne approximativement sur l'origine du sphinx et sa prestigieuse antiquité...

En d'autres termes, le temple d'Isis "rectrice de la Pyramide", mentionné par la pierre de Boulaq, est celui dont j'ai mentionné les ruines à l'est de la grande pyramide..."
(A. Mariette, *Le Sérapéum de Memphis*, Notes additionnelles B, Paris 1882, p.99–100).

C'est à la même époque, en 1859, que furent faites quelques autres trouvailles, plus ou moins fortuites et liées, semble-t-il, à la destruction des monuments par les habitants du voisinage, entreprise qui se poursuivra, du reste, dans les décennies suivantes[16].

Le résultat principal en fut le dépôt et l'installation au Musée de Boulaq et au Musée de Berlin de quelques fragments arrachés au temple d'Isis dont on peut imaginer sans peine qu'une bien plus grande partie disparut dans la construction de maisons nouvelles du village moderne voisin ou peut-être dans des fours de chaufourniers.

Tout cela, nous ne le savons que par des voies détournées. Un montant de porte au nom d'Amenemopé[17] et portant la mention d'Isis, dame des Pyramides, parvint au Musée de Berlin (Berlin 7973) sans qu'on sache comment, au demeurant. Quant au Musée de Boulaq, il s'enrichit des pièces JE 4747 et 4748, respectivement au nom de Psousennès et d'Amenemopé[18]. Mariette dans la légende de la planche 102 b et c des *Mon. Div.*, où sont précisément reproduits ces documents, donne les renseignements suivants:

> "Ces fragments proviennent du même temple qui a donné au Musée de Boulaq la stèle dite de la fille de Chéops (cf. pl.53). C'est une chapelle voisine du flanc et de la plus méridionale des petites pyramides, à moitié ruinées, qui s'élèvent à l'orient de la grande pyramide, sur le bord du plateau. Elle a été démolie récemment et les matériaux employés à construire une maison du bourg voisin de Gizeh. Le bas des murs, qui est encore en place, présente des débris de scènes analogues à celles qui sont présentées sur notre planche 102... Le nom de ce dernier pharaon (Psousennès) est lisible encore sur les derniers restes de la chapelle de Gizeh."

Ces indications se trouvent, un peu plus tard, parfaitement corroborées par Petrie qui séjourna sur le plateau de Giza de 1880 à 1882 pour effectuer les mesures précises des Pyramides et signale au passage les travaux accomplis sous les ordres de Mariette.

> "The celebrated tablet containing a reference to the Sphinx requires some notice here of its age and history. While I was at Gizeh, the official excavations by the authorities disclosed some fresh parts of the temple in which this tablet was found, with the cartouches of Pisebkhanu of the 21st dynasty; he is represented wearing the crown of lower Egypt[19]. This, then, gives the date of the temple; and the character of all the work agrees well with the style of this epoch."
>
> (W.M.F. Petrie, *The Pyramids and Temples of Gizeh*, 2ème éd., Londres 1883, p.65).

Qu'on mesure à la lumière de ces maigres témoignages, jamais accompagnés de plans, dessins, croquis, ce que nous avons perdu, entre le moment de la découverte du temple dans les années 1850 et sa destruction sans doute achevée dans les années 80, destruction qui, à n'en pas douter, causa de lourdes pertes. Ce sont là pour les fouilles proprement dites, entreprises à la fin du siècle dernier, les seuls écrits qui nous aient été laissés. Néanmoins il est encore d'autres traces sporadiques à recueillir.

Mariette n'apporte guère d'indications qui puissent nous intéresser directement dans les quelques lignes qu'il consacre aux "tombeaux situés à l'Est de la Grande Pyramide" dans son ouvrage posthume, *Mastabas*, p.521–2. Néanmoins ses investigations dans le

16. C'est en effet des années 80 que date la destruction de deux tombes du Nouvel Empire, situées peut-être dans un secteur assez proche de celui du temple d'Isis et appartenant respectivement à Ptahmay et Khaemouas: cf. C.M.Zivie, *BIFAO* 75, 1975, p.286–7.

17. Cf. *infra*, p.62–3.

18. *Infra*, p.47–52 et 59–62.

19. Je n'ai retrouvé nulle part la trace de ce fragment, qui n'est pas signalé par ailleurs.

secteur l'ont amené à copier le texte gravé sur un jambage de porte au nom d'un certain Ptahdiiaou (A. Mariette, *Mastabas*, p.564–5 (v) et *Notices des principaux monuments du musée des antiquités égyptiennes à Boulaq*, Paris 1864, p.271 (s)), personnage qui vécut à l'Epoque Saïte[20]. Petrie, lui aussi, copia un fragment d'inscription sur un autre montant de porte du même monument, chapelle ou tombe[21], dont on a perdu l'emplacement mais qui ne devait pas se trouver bien loin du temple d'Isis, d'après ce que l'on sait des installations saïtes dans le cimetière oriental. De même, de Rougé copiait un fragment de montant de porte au nom d'Harbes[22], dont on a perdu la trace depuis lors mais dont on peut, malgré tout, situer l'emplacement originel, puisque la chapelle au nom de ce personnage, connu par un nombre relativement important de documents, a été retrouvée par la suite dans le temenos même du temple d'Isis.

Dans les dernières décennies du XIXe siècle, des éléments du temple devaient encore subsister sur place puisque quelques nouvelles pièces qui en provenaient, entrèrent à cette époque au Musée du Caire. C'est plus précisément dans les années 1887–88 que de nouveaux objets sont enregistrés, provenant de la chapelle d'Isis; tout d'abord une stèle au nom du roi Aï (Caire JE 28019)[23] dont Daressy, dans la publication qu'il en fit (*RT* 16, 1894, p.123), signale qu'elle a été trouvée le 11 décembre 1887 "dans la chapelle où a été découverte l'inscription mentionnant la réparation du temple du Sphinx", autrement dit la Stèle de la fille de Chéops. De même, les fragments JE 28161 et 28162[24], deux demi-colonnes portant des scènes rituelles (JE 28161) et un fragment avec une représentation d'Osiris (JE 28162) proviennent sans aucun doute du temple d'Isis, quoique le Journal d'Entrée porte seulement la mention vague "Giza." En 1888, deux autres pièces furent introduites dans la collection du Caire. JE 28175 est un fragment peu significatif mais qui porte le nom d'Horus de Psousennès[25]. La stèle de donation, Caire JE 28171 au nom d'Harbes avait été trouvée dans le temple d'Isis, selon la tradition que rapporte Daressy, tout à côté de l'endroit où avait été mise au jour trente ans auparavant la Stèle de la fille de Chéops[26]. On ne peut que déplorer d'avoir à s'en tenir à ces pauvres informations. Quelle était la salle du temple d'Isis qui contenait au moins trois stèles, dont l'une du Nouvel Empire, ainsi que des statues de l'Ancien Empire, empruntées aux mastabas voisins[27]? Jusqu'à présent, les investigations sur le terrain n'ont jeté aucune lueur sur ce problème.

Après cela, il faut attendre l'époque de Reisner pour voir à nouveau une activité archéologique se développer dans le secteur du temple d'Isis et, pour la première fois, d'une manière systématique. En effet, après le découpage des grandes concessions étrangères en 1902, le cimetière oriental échut à l'expédition américaine qui y fouilla entre 1924 et 1931. Le temple d'Isis et ses alentours immédiats furent dégagés, essentiellement pendant les saisons 1924–26. De prime abord, il semble assez clair que les constructions postérieures à l'Ancien Empire n'aient pas été l'aspect du site sur lequel s'était focalisé l'intérêt de Reisner. On est assez tenté de le croire si on en juge par ses

20. Caire JE 57144; voir *infra*, p.213–4.
21. Inédit; cf. *infra*, p.214.
22. Voir *infra*, p.111–2.
23. *Infra*, p.26–7.
24. *Infra*, p.67–70.
25. *Infra*, p.53.
26. *Infra*, p.118 sq.
27. Cf. L. Borchardt, *Statuen* I, *CGC*, Berlin 1911, p.42.

publications consacrées presque exclusivement à l'Ancien Empire, si ce n'est quelques très brefs passages concernant le temple d'Isis[28]. De plus, il faut ajouter que la découverte exceptionnelle de la tombe inviolée d'Hetepheres, G 7000 X, à l'extrémité nord de la rue G 7000, a sans doute mobilisé toute son attention et toute son énergie à partir de 1925[29]. Néanmoins, il faut y regarder de plus près. Certes, on vient de le voir, les publications de Reisner ne nous apprennent que peu de choses supplémentaires par rapport à ce que nous savions déjà. Mais il faut cependant lui rendre justice une fois qu'on a consulté et exploité ses archives; on ne peut s'étonner, en présence d'une telle masse de matériel, qu'elle n'ait pu être publiée de son vivant ni même de manière posthume. L'avancement du travail est noté régulièrement jour après jour; les objets ont été enregistrés, souvent photographiés, parfois dessinés. Un certain nombre de plans et de coupes de sépultures subsidiaires ont été réalisés. C'est là un matériel qui peut se révéler parfois insuffisant mais qui est une base de départ non négligeable et même tout à fait indispensable pour reconstituer l'histoire du temple et de son environnement. Il est certain que l'archéologie qui était pratiquée dans le premier quart de ce siècle sur une zone aussi vaste—Reisner travaillait en même temps sur plusieurs secteurs du cimetière oriental avec des dizaines d'ouvriers et déplaçait des masses de déblais considérables—ne correspond sans doute pas tout à fait aux critères de finesse et de précision qui sont requis aujourd'hui; mais je crois que l'on aurait mauvais gré de lui en faire grief. Si on peut aujourd'hui entreprendre de décrire un site tel que Giza et d'écrire son histoire, c'est grâce au gigantesque travail effectué en ce temps-là[30].

Quelques décennies passèrent; l'édifice était tombé une nouvelle fois dans l'oubli et l'indifférence. D. Wildung, cependant, se servit des photographies et des relevés appartenant aux archives de Boston lorsqu'il résolut de publier les graffiti de la chapelle d'Harbes, demeurés inédits, en 1969, dans le cadre de son ouvrage, *Die Rolle Ägyptischer Könige*, p.177–88 et pl.11–6[31].

Le projet de l'American Research Center in Egypt, à l'origine essentiellement centré sur un survey systématique du Grand Sphinx et de son temenos, a été judicieusement élargi au secteur du temple d'Isis à partir de 1980, sous la direction de Mark Lehner. Une première opération de nettoyage et de repérage a été réalisée en juillet 1980. En décembre 1980–janvier 1981, a été entrepris le relevé systématique pour l'établissement d'un plan à grande échelle qui faisait défaut jusqu'à présent. Des sondages ponctuels ont également été effectués ainsi que des relevés épigraphiques. Les premiers résultats ont donné lieu à un rapport préliminaire publié par M. Jones et A. Milward dans *JSSEA* 12, 1982, p.140–51 et pl.18–20: "Survey of the Temple of Isis Mistress-of-the Pyramid at Giza. 1980 Season: Main Temple Area", sur lequel j'aurai souvent l'occasion de revenir plus loin. Tel est aujourd'hui l'état des choses.

28. G. Reisner, *A History of the Giza Necropolis* I, Cambridge 1942, p.16–8, et 24–5.

29. Voir la publication par G. Reisner et W.S. Smith, *A History of the Giza Necropolis* II, *The Tomb of Hetep-heres the Mother of Cheops*, Cambridge 1955. On y ajoutera désormais M. Lehner, *The Pyramid Tomb of Hetep-heres and the Satellite Pyramid of Khufu*, Mayence 1985.

30. S. Hassan, *The Great Sphinx*, p.110–2, reprend très rapidement quelques données relatives au temple d'Isis et emprunte à Reisner, sans le citer, le plan publié à la planche 52 de son ouvrage: cf. M. Jones et A. Milward, *JSSEA* 12, 1982, n.(3), p.140.

31. Cf. *infra*, p.136 sq., le chapitre consacré à l'étude de ces graffiti appartenant à une famille de prêtres d'Isis.

CHAPITRE II

ORIGINES ET ANTECEDENTS DU TEMPLE D'ISIS: LA CHAPELLE FUNERAIRE DE LA PYRAMIDE G I-C A L'ANCIEN EMPIRE

Pour pouvoir suivre l'évolution de l'édifice qui finalement devait devenir le temple d'Isis, il est maintenant indispensable de remonter le fil du temps jusqu'au stade initial de sa conception lorsqu'il n'était rien d'autre qu'une chapelle funéraire de pyramide. Je ne crois pas qu'il soit encore utile aujourd'hui d'arguer contre les conceptions de Mariette[32], et même de Daressy[33], qui accordaient quelque crédit à l'existence d'un temple d'Isis, antérieur à toute autre construction sur le plateau de Giza, sur la base du texte de la Stèle de la fille de Chéops, interprété au pied de la lettre, sans tenir compte de sa date réelle. Ce temple funéraire qui date de la IVe dynastie, est la partie la plus décrite et la plus étudiée jusqu'à présent, et, cependant, à cause des altérations et des destructions qu'il a subies, des incertitudes subsistent, au moins pour des détails de son plan ou de son décor. Le bâtiment attenant à l'est à la plus méridionale des trois petites pyramides subsidiaires de Chéops, fait partie intégrante du complexe constitué par le cimetière oriental. Reisner, le premier, a en effet mis en lumière, à juste raison, l'existence d'une conception planifiée qui a présidé au développement des grands cimetières du temps de Chéops à l'ouest d'abord, puis à l'est de sa pyramide[34]. Malgré les perturbations ultérieures qui ont modifié et compliqué l'apparence de la nécropole orientale, il faut en rechercher le plan originel pour pouvoir en comprendre l'agencement[35].

32. A. Mariette, *Notice des principaux monuments du Musée d'antiquités égyptiennes à Boulaq*, Paris 1876, p.214; *Album du Musée de Boulaq*, Paris 1871, légende de la pl.27.
33. G. Daressy, *RT* 30, 1908, p.8–9.
34. G. Reisner, *A History of the Giza Necropolis* I, p.12 sq.
35. L'analyse de l'agencement de la nécropole de Giza et particulièrement du cimetière oriental a été poussée de manière beaucoup plus systématique, ces dernières années: voir D. O'Connor, *World Archeology* 6,

Dans la seconde partie du règne de Chéops, alors que les différents noyaux du cimetière occidental étaient déjà en place, a été mise en œuvre la construction des trois petites pyramides, des deux rangées des quatre mastabas doubles auxquelles il faut ajouter la tombe souterraine et sans superstructure apparente d'Hetepheres[36], la mère de Chéops, au nord de la "rue des reines"[37]. On a noté que le plus souvent les petites pyramides qui accompagnent celle d'un roi, se trouvent sur la face sud, comme c'est du reste le cas pour Chéphren et Mykérinos. Pour Chéops, en revanche, il semble que des difficultés, liées aux irrégularités du terrain, n'aient pas permis de se conformer à cet agencement; c'est du moins l'explication qui est généralement admise[38]. Par conséquent, les petites pyramides ont été édifiées à l'est tandis qu'au sud, la zone, demeurée libre, sera occupée plus tard par les mastabas qui constituent le cimetière GIS.

L'emplacement des pyramides a été dicté par l'existence du temple haut ou temple funéraire et de la chaussée puisque la pyramide septentrionale vient s'inscrire dans l'angle formé par ces deux éléments. Du reste, dans les débuts de la réalisation de ce projet global, des modifications ont eu lieu dont nous percevons encore clairement des traces et qui ont suscité de très nombreux commentaires relatifs à leur interprétation. En effet, légèrement décalé vers l'est existait un début de substructure d'une pyramide qui a été abandonné mais était peut-être prévu pour une pyramide satellite de celle de Chéops, qui ne sera finalement jamais construite tandis qu'on édifiait la pyramide G I-a[39].

Quoi qu'il en soit, les trois petites pyramides pratiquement alignées, celle du sud étant tout de même légèrement décalée vers l'ouest, ont été établies sur un modèle commun, à quelques variantes près. Elles ont *grosso modo* les mêmes dimensions; l'entrée des appartements funéraires s'ouvre sur la paroi nord comme dans toutes les pyramides. Ces appartements ont du reste à quelque chose près le même plan. Enfin pour ce qui est de la chapelle funéraire accolée à la face orientale, il est plus difficile d'établir une comparaison, étant donné que celle du nord a disparu et que la médiane, dans un état de délabrement extrême, est réduite à son plan au sol. Néanmoins, pour autant qu'on puisse en juger, les plans n'étaient pas fondamentalement différents[40].

Après le rappel de ces généralités, revenons à la pyramide méridionale elle-même. Vyse[41] y a travaillé en 1837, a pénétré dans les appartements funéraires où il n'a pas trouvé de sarcophage, mais ne nous dit rien de sa chapelle qui sera fouillée et décrite par Reisner. Je me contenterai d'en donner une brève description et de souligner ce qui paraît être encore problématique.

1974, p.19–22; R. Stadelmann, *SAK* 11, 1984, p.167–9; M. Lehner, *AfO* 32, 1985, p.136–58; *MDIAK* 41, 1985, p.109–43 et pl.1–3.

36. Sur cette tombe, voir en dernier lieu M. Lehner, *The Pyramid Tomb of Queen Hetep-heres I and the Satellite Pyramid of Khufu*, Mayence 1985.

37. Sur la distinction faite par Reisner entre "rue" et "avenue" et sur leurs dimensions, voir *A History of the Giza Necropolis* I, p.61–4. Les rues suivent la direction nord-sud, les avenues, ouest-est.

38. M. Lehner, *The Pyramid Tomb of Queen Hetep-heres I and the Satellite Pyramid of Khufu*, Mayence 1985, p.74–85, sur la question des pyramides satellites.

39. Cf. l'explication proposée par Lehner, *ibid.*, particulièrement p.83–5. Ce qu'on a appelé le "trial passage" était en fait le début d'une pyramide satellite qui n'a jamais été construite; quant à Hetepheres, elle aurait été transférée de sa tombe initiale en G I-a ou b.

40. Pour une brève description générale, voir V. Maragioglio et C. Rinaldi, *l'Architettura delle Piramidi Menfite* IV, 1965, p.76 sq.

41. Voir *supra*, p.7–8.

Telle qu'on peut la voir aujourd'hui (voir pl.4 et 5), la chapelle funéraire[42] consiste en une seule pièce plus large que profonde, à laquelle donne accès une porte s'ouvrant dans la paroi orientale, légèrement décalée vers le nord par rapport à l'axe de la chapelle et de la pyramide. Il semble sûr qu'il y ait eu au moins une stèle fausse-porte, encastrée dans la partie sud du mur occidental. Reisner dans sa reconstitution suggère l'existence d'une deuxième, symétrique[43]. Le dallage du sol et même un certain nombre de blocs de fondation ont disparu si bien qu'on voit actuellement le roc et qu'on se trouve au-dessous du niveau du sol environnant, et en particulier, de celui de la salle qui précède à l'est. Lors du survey de 1980–81, il a été noté que l'on y accédait par quelques marches grossièrement taillées. C'est évidemment une modification ultérieure, mais de quelle époque date-t-elle[44]? Nous n'avons aucun indice sûr pour affirmer quoi que ce soit. S'agit-il d'une des transformations apportées par ceux qui établirent le temple d'Isis, et à quelle époque? On peut d'ailleurs souligner dès maintenant qu'on ignore quelle était la fonction de cette salle primitive lorsque le temple d'Isis s'étendit vers l'est à partir de son noyau originel. Vu son emplacement et l'orientation ouest-est du temple, elle correspond à ce qui est, dans d'autres édifices, le naos, mais là encore, nous manquons de preuves. En effet, pour autant que je sache, il n'a pas été retrouvé d'éléments postérieurs à l'Ancien Empire dans l'ancienne chapelle funéraire, à moins que les stèles trouvées par Mariette et ses successeurs ne proviennent de cette salle, mais il ne l'ont pas précisé[45].

L'entrée, avant qu'elle ne soit détruite, formait une sorte d'étroit passage; on ignore sur quoi il débouchait à l'extérieur, à l'Ancien Empire: une autre pièce qui aurait été entièrement détruite par la suite, ou plutôt une cour? Notre connaissance de ce type de chapelle est malheureusement assez limitée; il semble cependant qu'elles se soient généralement composées d'une seule pièce. A l'extérieur, un décor en façade de palais est partiellement conservé sur le mur est, de part et d'autre de la porte. En matière de construction et de décoration, il faut signaler un détail curieux. Cette même paroi orientale était constituée d'une double rangée de dalles hautes et peu épaisses, maintenues entre elles par un remplissage fait de gravats et d'éclats de taille de pierre. La destruction partielle de ce mur dans sa partie sud nous permet aujourd'hui de voir une face interne, en principe cachée, d'une de ces dalles qui porte de curieuses marques, non pas peintes comme le sont la plupart du temps les marques de carriers et d'ouvriers, mais gravées; il s'agit des signes  . Il semble difficile, de par leur emplacement, de les dater d'une époque autre que celle de la construction de la chapelle. J'ai retrouvé dans les Archives de Reisner quelques copies de marques qu'il avait repérées dans le cimetière oriental; on y retrouve la corbeille mais pas l'œil.

Pour le reste du décor de la chapelle de l'Ancien Empire—s'il existait—il est aléatoire d'en parler. Reisner a mis au jour dans la zone des petites pyramides un certain nombre de fragments de reliefs qui appartenaient sans doute au décor de la chapelle de la pyramide centrale[46], mais ils sont trop fragmentaires pour que l'on puisse tenter d'en

42. Description de la chapelle, voir G. Reisner, *o.c.*, p.248; V. Maragioglio et C. Rinaldi, *ibid.*, p.94–6; M. Jones et A. Milward, *JSSEA* 12, 1982, p.142–5.

43. G. Reisner, *ibid.*, p.248; M. Jones et A. Milward, *loc. cit.*, p.141.

44. Cf. M. Jones et A. Milward, *loc. cit.*, p.141 et 145.

45. Cependant d'après certaines indications de G. Daressy, *Nach Angaben Daressy aus dem Briefe des Inspektors*, du 8 janvier 1888, ces objets avaient été trouvés dans le temple "au Nord-Est", ce qui semble exclure l'ex-chapelle funéraire.

46. Voir W.S. Smith, *HESPOK*, p.158 et pl.38 a, b, c.

reconstituer les différents thèmes; les fragments découverts montrent des scènes d'offrandes et de bateaux. S'apparentaient-ils à ceux des chapelles funéraires des mastabas de particuliers ou des temples funéraires liés aux pyramides des rois[47]? On sait si peu de choses du décor des complexes royaux de la IVe dynastie, que toutes ces questions demeurent passablement obscures. Au-delà de l'aspect de ces chapelles funéraires, il faut d'ailleurs se demander quel genre de culte on y rendait. Certaines reines avaient bénéficié d'une pyramide à l'instar du pharaon, mais en quoi les rites qui étaient accomplis dans la chapelle attenante étaient-ils similaires ou différents de ceux dont bénéficiaient les autres membres de la famille royale et les dignitaires enterrés juste à côté?

Non moins aléatoires sont les problèmes d'attribution des petites pyramides, et particulièrement de la pyramide G I-c, à des personnages connus par ailleurs, par des inscriptions de Giza. On a souvent remarqué qu'il n'y avait pas de solution de continuité entre les petites pyramides et la série des mastabas doubles qui bordent l'autre côté de la rue G 7000. Aucun mur d'enceinte ne séparait les uns des autres si bien qu'on a facilement admis l'hypothèse qu'il existait des liens étroits entre eux et donc aussi entre leurs propriétaires, raisonnement par analogie qui est sujet à caution. Ce sont des membres de la famille proche de Chéops qui sont enterrés dans les grands mastabas de la nécropole orientale: femmes, fils et filles, les pyramides étaient peut-être réservées à des reines. Il faut pourtant remarquer immédiatement, d'une part, que les pyramides sont muettes et, d'autre part, que des reines, épouses de pharaons, sont également enterrées dans des mastabas, en tout cas sous Chéphren et Mykérinos: Meresankh III, femme de Chéphren dans la nécropole orientale (G 7530–7540: PM III^2, 1, 197–9), Hetepheres II (?), épouse de Didoufri, dans la même partie de la nécropole (G 7350: PM III^2, 1, 193), Persenet, épouse de Chéphren (LG 88: PM III^2, 1, 233) et Khamerernebti II, femme de Mykérinos (tombe Galarza: PM III^2, 1, 273–4).

Néanmoins pour en revenir au cimetière oriental, on fit l'hypothèse que c'étaient les fils des reines auxquelles appartenaient les pyramides, qui étaient enterrés dans les mastabas les plus proches, de l'autre côté de la rue. En fait c'est une hypothèse qu'aucune preuve d'ordre épigraphique ou historique ne vient étayer jusqu'à présent et qui présente même une certaine faiblesse de raisonnement puisqu'il n'y a en fait que deux mastabas qui font face à trois pyramides. Pour ce qui est de la pyramide G I-c, aucune inscription du temps de la IVe dynastie ne permet de l'attribuer à une épouse de Chéops, pas plus que les autres au demeurant. La tradition saïte fit de celle-ci la pyramide d'Henoutsen tandis qu'Hérodote rattache l'histoire d'une fille de Chéops, prostituée par son père, à la pyramide médiane[48]. Mais même à l'Epoque Saïte, le nom d'Henoutsen, fille de Chéops, n'apparaît qu'une seule fois sur la fameuse stèle dite de la fille de Chéops, et nulle part ailleurs. L'auteur de ce texte a-t-il repris une tradition transmise depuis l'Ancien Empire et dont nous n'aurions pas d'autre témoignage? Il est un peu facile d'alléguer une fois de plus les lacunes de la documentation pour accorder quelque crédit historique à cet unique document alors que tous les autres que nous possédons, ne soufflent mot de cette tradition. Il faut pour l'instant simplement en

47. On sait en effet que quelques fragments du décor appartenant aux murs de la chaussée de Chéops et à son temple funéraire ont été retrouvés dans le voisinage: cf. PM III^2, 1, 11–2.

48. Voir *infra*, p.244–6.

constater l'existence; nous verrons plus loin s'il est possible de proposer une tentative de réponse à la question qui se pose ainsi à nous.

Ajoutons cependant qu'Henoutsen est un nom propre féminin qui, effectivement, n'est pas rare à l'Ancien Empire. On en relève plusieurs exemples dans des tombeaux de particuliers à Giza et ailleurs[49]. Mais gardons-nous d'introduire Henoutsen dans la famille de Chéops si souvent hasardeusement reconstituée sur la base de renseignements trop partiels et interprétés de manière erronée. Beaucoup d'auteurs, en effet, se satisfont de corriger le lien de parenté qui unit Chéops et Henoutsen selon la stèle Caire JE 2091, et font de cette dernière une épouse probable du roi[50] qui serait sans doute représentée dans le mastaba de Khafkhoufou, son fils (G 7130–7140), qui lui fait face[51]. Malheureusement son nom qu'on souhaiterait lire pour authentifier sa représentation, se trouve être en lacune...[52]. Si on dépasse le seul cas de la pyramide G I-c, on s'aperçoit que toutes les questions qui ont trait aux petites pyramides, de la IVe dynastie au moins, restent sans réponse claire. Pourquoi les a-t-on construites? A qui étaient-elles destinées? Quel genre de culte pratiquait-on dans leurs chapelles?

Pour en finir avec la situation à l'Ancien Empire, il faut encore évoquer un dernier point, même si c'est de manière négative. On est évidemment tenté de se demander si quelque chose dans l'histoire de la nécropole de Giza à l'Ancien Empire pourrait laisser envisager le futur culte d'Isis, dame des Pyramides, qui allait se développer mille ans plus tard; s'il y avait dès les époques les plus anciennes des éléments capables de favoriser cet essor ultérieur. Mais les manifestations religieuses à Giza semblent avant tout de type funéraire et le plateau des Pyramides ne paraît pas avoir été le théâtre de nombreux cultes rendus à des divinités; on n'argumentera pas ici sur le rôle qu'a pu jouer à l'Ancien Empire le temple dit, à tort, du Sphinx, bâti devant la statue colossale[53]. Nul n'ignore au demeurant que nos connaissances sur la religion de l'Ancien Empire et ses pratiques cultuelles, hormis celles à caractère funéraire, sont fort pauvres, même si on peut, évidemment, faire remonter un certain nombre de cultes memphites à l'Ancien Empire: ceux de Ptah, Hathor, Neith et Sokaris.

Il est à peine besoin de dire qu'il n'y a pas de traces de culte d'Isis pour cette période. On n'a d'ailleurs recensé que très peu de lieux de culte de la déesse avant le Moyen Empire[54] bien qu'elle apparaisse à la Ve dynastie dans les Textes des Pyramides[55]. Pas de prêtresses de cette divinité parmi les épouses des dignitaires enterrés à Giza—il en est de même d'ailleurs à Saqqara[56]—tandis qu'apparaît assez fréquemment dans les nomenclatures, le titre de prêtresse d'Hathor, et plus particulièrement d'Hathor, dame

49. Voir H. Ranke, *PN* I, 244, 1, et index des noms de particuliers dans PM III^2, 1, 370, et 2, fasc. 3, 956.

50. Voir par exemple, récemment, A. Fakhry, *The Pyramids*, Chicago 1969, p.112.

51. PM III^2, 1, 188, indique Henoutsen comme mère probable de Khafkhoufou, tandis que W. K. Simpson, *Giza Mastabas* 3, p.20, précise clairement que le nom de la mère du prince est en lacune.

52. Malgré toute la prudence que je viens d'alléguer, il m'arrivera sans doute au cours de cet ouvrage de nommer la pyramide G I-c, pyramide d'Henoutsen, non par inadvertance, mais si grande est la force des habitudes et des conventions; si bien qu'il est difficile d'abandonner une dénomination qui est entrée dans l'usage et qui de plus évoque quelque chose à tout un chacun.

53. Voir S. Schott, *BSFE* 53–4, 1969, p.31–41; *BÄBA* 10, 1970, p.51–79; et C.M.Z., *Giza*, p.287–8.

54. Voir M. Münster, *Isis*, p.158–9; J. Bergman, *LdÄ* III/2, 1978, 188–9 et 194–5.

55. J. Bergman, *loc. cit.*, 188.

56. Le premier desservant d'Isis à être recensé, était un prêtre d'Isis et d'Hathor qui vécut sous la VIe dynastie et fut enterré à Meir: cf. A. Forgeau, *BIFAO* 84, 1984, p.156 et 177 (doc.1).

du sycomore[57], souvent associé à celui de prêtresse de Neith[58], portant l'épithète "qui est au nord du mur", dans de nombreux cas. Cependant le culte d'Hathor, qui plus tard sera volontiers associée à Isis, n'est pas un culte propre à Giza mais doit être défini comme memphite, *nht*, "le sycomore", étant une dénomination d'un district de Memphis qui perdura au fil des siècles[59]. L'affirmation de R. Moftah qui, dans un article assez récent, *ZÄS* 92, 1965, p.40–1, fait d'Hathor, dame du sycomore, une déesse dont le culte serait localisé sur le plateau de Giza, me paraît difficilement acceptable. Son argumentation s'appuie largement sur la mention du sycomore proche du Sphinx et brûlé par la foudre, qu'on trouve dans la Stèle de la fille de Chéops[60]; or ce sycomore n'est pas mis en rapport avec Hathor mais bien au contraire avec le Sphinx et, de plus, la date de cette mention ne permettrait pas d'en inférer des hypothèses pour une époque aussi reculée que l'Ancien Empire.

Deux autres mentions d'Hathor à Giza ont été utilisées pour tenter de prouver qu'il y avait un culte spécifique de la déesse sur le plateau, et par conséquent sans doute aussi un lieu de culte dès la IVe dynastie. Sur la fausse porte provenant du mastaba de Téti, Giza, IVe dynastie, la femme du défunt porte, entre autres titres, celui de "prêtresse d'Hathor qui est à la tête du château de Chéphren", *ḥmt-nṯr Ḥwt-Ḥr ḫntt Ḥwt Ḫ*ʿ*·f-R*ʿ, ainsi que celui de "prêtresse de Neith qui est à la tête du château de Chéphren"[61]. Qu'était ce *Ḥwt Ḫ*ʿ*·f-R*ʿ auquel présidaient les deux déesses, encore une fois associées? Pour Ramadan El-Sayed, *La déesse Neith de Saïs* 1, p.40, et 2, p.241, ainsi que K. Zibelius, *Ägyptische Siedlungen nach Texten des Alten Reiches*, *TAVO* 19, 1978, p.162–3, il ne fait aucun doute qu'il faut le situer à Giza; le premier y voit le temple de la vallée de Chéphren, et la deuxième, le temple dit du Sphinx. On aurait rendu un culte aux deux déesses dans l'un ou l'autre temple.

Ajoutons qu'Hathor est mentionnée sur un montant d'une des portes d'entrée du temple de la vallée de Chéphren, symétriquement à Bastet: le roi est aimé d'Hathor et de Bastet[62]. On voit qu'une certaine incertitude règne: que faire de Bastet? Comment affirmer sur la foi de la seule mention du mastaba de Téti qu'un des deux temples s'appelait le *Ḥwt Ḫ*ʿ*·f-R*ʿ? Et lequel? Y aurait-il eu des statues des déesses dans le temple, comme le suggère Ramadan El-Sayed? Cela ne peut être exclu puisque l'on connaît des groupes de Mykérinos associé à des divinités où, précisément, Hathor, dame du sycomore, tient une place importante[63], et que par ailleurs, une tête de Neith a été retrouvée dans le temple de la vallée d'Ouserkaf[64]. Il est possible qu'Hathor et Neith aient été honorées à Giza en liaison avec le culte funéraire du roi, comme l'indique la mention du *Ḥwt Ḫ*ʿ*·f-R*ʿ. Il faut bien souligner, en effet, qu'on ne connaît pas de nom de

57. On verra la fréquence de ce titre dans l'index de PM III^2, 1, 376. Sur ce culte et ses prêtresses, voir aussi S. Allam, *Hathorkult*, p.3–22.

58. Pour Neith à Memphis à l'Ancien Empire, on se reportera à l'étude récente de Ramadan El-Sayed, *La déesse Neith de Saïs*, *BdE* 86, 1982, 1, p.39–41, et 2, p.249 sq., avec la recension de toutes les mentions du nom de la déesse et de ses prêtresses dans les mastabas de Giza et Saqqara.

59. Voir S. Allam, *ibid.*, p.5–6; et C.M.Zivie, *LdÄ* IV/1, 1980, 26.

60. Voir *infra*, p.241–2, le commentaire de ce passage.

61. Voir Ramadan El-Sayed, *ibid.*, 2, p.240–1.

62. U. Hölscher, *Das Grabdenkmal des Königs Chephren*, Leipzig 1912, fig 7 et 8, p.17. Il existe également un groupe fragmentaire de Chéphren et de Bastet, retrouvé par Mariette dans le temple de la vallée du roi: cf. L. Borchardt, *Statuen* I, *CGC*, Berlin 1911, p.11–2 et pl.3; CGC 11 = JE 27485.

63. Cf. PM III^2, 1, 27–31.

64. Cf. Ramadan El-Sayed, *ibid.*, 1, p.40–1, et 2, p.262–3.

temple consacré aux déesses où elles auraient été révérées, ce qui me fait douter de l'existence de cultes spécifiques et autonomes des deux divinités à Giza[65].

En conclusion, qu'Hathor, Neith, Bastet aient joué un rôle dans les cultes funéraires liés à la personne du roi sous la IVe dynastie à Giza, on peut difficilement le nier. Les deux premières déesses étaient de toute manière honorées ailleurs aussi dans la région memphite dès cette époque. Faut-il y voir, pour Hathor au moins—car les attestations memphites de Neith à partir du Nouvel Empire sont bien plus rares—, les prémisses d'un culte d'Isis-Hathor qui prendra son essor au Nouvel Empire après le silence du Moyen Empire, pour connaître son apogée à la Basse Epoque? C'est une hypothèse quelque peu hasardeuse, compte tenu de nos connaissances actuelles.

65. Et tout particulièrement, je ne vois pas en quoi le titre d'"inspecteur divin de la procession de Neith" porté par Thenti, propriétaire d'un mastaba à Giza (cf. Ramadan El-Sayed, *ibid.*, 1, p.40, et 2, p.243) prouve qu'une cérémonie en l'honneur de Neith se déroulait à proximité des pyramides de Giza, alors qu'on sait clairement que la déesse était l'objet d'un culte plus au sud dans le nome memphite, "au nord du mur" et que, en conséquence, la procession avait toute chance de s'y dérouler.

CHAPITRE III

DEVELOPPEMENT DU CULTE D'ISIS AU NOUVEL EMPIRE

1. GIZA AU NOUVEL EMPIRE: RAPPEL

Nous avons laissé le site de Giza à la fin de l'Ancien Empire tel que l'ont abandonné les Egyptiens de ce temps-là: entourant les trois complexes funéraires royaux des pharaons de la IVe dynastie, les vastes nécropoles dont les tombes n'avaient cessé d'être bâties ou creusées entre les IVe et VIe dynasties. Les activités liées à l'accomplissement des rites funéraires royaux ou privés et au fonctionnement des villes des pyramides se poursuivirent, semble-t-il, jusqu'à l'extrême fin de l'Ancien Empire ou même au début de la Première Période Intermédiaire, mais sans doute d'une manière de plus en plus ralentie.

Le site ne devait pas tarder à être délaissé[66]; les traces d'occupation du Moyen Empire, si elles ne sont pas tout à fait inexistantes, n'en demeurent pas moins très sporadiques et ne permettent nullement de reconstituer l'histoire du site, même partiellement, à cette époque[67]. En cela, l'évolution de Giza ne peut se comparer à celle de Memphis et Saqqara. Même si la capitale avait émigré vers le sud, à Licht, Memphis n'en conserva pas moins une certaine importance et on assista à la XIIe dynastie à une renaissance des cultes des rois de la VIe dynastie sur les lieux mêmes où ils avaient été enterrés[68]. Rien de tel à Giza. Et le site abandonné devait être livré aux pilleurs qui, sans doute, allèrent jusqu'à pénétrer dans les pyramides tandis que de manière beaucoup plus officielle, on se servit des grands monuments de pierre comme carrière pour bâtir ailleurs[69]. De plus, le sable ne tarda pas à s'accumuler et à ensevelir les nécropoles.

C'est dans cet état de délabrement que le retrouvèrent les hommes qui, dès le début du Nouvel Empire, allaient lui insuffler une vie nouvelle. Le contexte de cette renaissance est à chercher dans le développement de Memphis, métropole cosmopolite, brillante et

66. Voir C.M.Z., *Giza*, p.25 sq.
67. Il semble bien que ce soit là une donnée constante de la documentation de Giza car le dépouillement des archives de Reisner, avec tout leur matériel inédit, n'a apporté aucune modification notable à cette constatation.
68. Voir par exemple J. Leclant, *Or*. 44, 1975, p.207, et pl.13, 15–7; *Or*. 45, 1976, p.285; *Or*. 47, 1978, p.280 et pl.23, fig.17; *OLP* 6/7, 1975/1976, p.355–9 et pl.12–3.
69. Cf. C.M.Z., *Giza*, p.29–30 avec la bibliographie antérieure.

prospère, jouant dans le pays un rôle de premier plan aussi bien politique, qu'économique et militaire[70]. Aux marges du nome memphite, Giza allait profiter de cet essor et connaître au cours du deuxième millénaire un épanouissement tout à fait spécifique. Le Sphinx, dégagé des sables, fut désormais vénéré par les rois et les particuliers sous la forme d'Harmachis, Horus-dans-l'horizon, conjointement à celle d'Houroun-Harmachis puisque le dieu syro-palestinien en était venu à s'incarner dans la forme composite, typiquement égyptienne, du Sphinx. Et le temenos à l'air libre du colosse, encore une particularité de Giza, était devenu le centre d'un pèlerinage actif qui attirait rois et princes, et personnages d'extractions diverses. J'ai recensé ailleurs les témoignages de cette dévotion, chapelles, stèles, ex-voto divers et je n'y reviendrai pas ici[71]. Il faut se souvenir qu'en toile de fond de l'enceinte sacrée du Sphinx, se profilaient les Pyramides; et les noms de leurs auteurs n'étaient pas oubliés, si bien qu'on doit discerner dans ce pèlerinage un autre aspect, celui de la vénération des monuments anciens et des rois, leurs bâtisseurs, vénération qui se manifestera encore, mais sous une forme différente, à l'Epoque Saïte[72]. Autour du Sphinx, plus ou moins proches, d'autres lieux de culte ont également connu un certain développement pendant cette période. Depuis longtemps, Osiris était le seigneur de Ro-Setaou et dès le Nouvel Empire, il posséda sans doute un temple dont la fortune ira croissante aux époques suivantes[73]. On le voit, les cultes majeurs de cette période s'ancrent dans le passé du site même si c'est au prix de sérieuses distorsions. La figure du Sphinx a dû être complètement réinterprétée; mais c'est à un passé lointain que remonte la présence d'Osiris à Giza.

Comment s'inscrit dans cette histoire le culte d'Isis? A l'Ancien Empire nous n'en trouvons nulle trace et il est loin d'être prouvé qu'aient existé sur le site des cultes indépendants d'Hathor ou de Neith, qui, cependant, ont dû jouer un certain rôle dans les temples funéraires royaux. Toutes traces d'Isis à Giza sont donc importantes; elles nous indiquent les prémices d'un culte qui prendra toute son extension à partir de la XXIe dynastie et nous permettent ainsi de cerner ses origines.

Un certain nombre de documents ont déjà été étudiés dans le cadre de l'histoire de Giza au Nouvel Empire[74]; ils méritent tout de même d'être repris, selon un éclairage différent. Un certain nombre d'entre eux, d'ailleurs, ne viennent pas du temple d'Isis ou de son secteur. En revanche, le dépouillement des Archives Reisner m'a permis de retrouver d'autres objets inédits provenant, eux, de la zone du temple d'Isis et ayant un rapport direct avec Isis et son culte. Cette approche-là pourra nous donner une image, au moins partielle, du secteur de la chapelle de la déesse au Nouvel Empire.

70. Sur le développement de Memphis, voir C.M.Z., *ibid.*, p.259–60; *LdÄ* IV/1, 1980, 27–9.
71. Voir C.M.Z., *Giza, passim.*
72. Cf. *infra*, p.166–8, sur le culte des rois anciens à l'Epoque Saïte.
73. Pour Osiris et son culte à Ro-Setaou: C.M.Z., *Giza;* p.292–5, et pl.328–30; *LdÄ* V/2, 1983, 305–6.
74. Voir C.M.Z., *Giza, passim* et p.330–2.

2. DOCUMENTS MENTIONNANT ISIS, TROUVES HORS DU TEMPLE D'ISIS

A. STELE DU PRINCE AMENEMIPET

Le document le plus ancien qui comporte non seulement une mention mais une belle représentation d'Isis est la stèle du prince royal Amenemipet, trouvée par S. Hassan non loin du Sphinx, sans autre précision, malheureusement[75]. Fâcheusement, depuis sa trouvaille, on en a perdu la trace, ce qui a interdit une étude du document lui-même qui, pourtant, aurait été fort utile pour lever certaines incertitudes. Sa datation a suscité quelques controverses[76]; néanmoins, même en l'absence de cartouches royaux qui devaient accompagner la statue placée entre les pattes avant du Sphinx et qui ont disparu par suite des cassures de la stèle, on peut admettre que ce document est très proche par son style et ses caractéristiques, de deux autres stèles, appartenant aux princes anonymes, A et B, comme les a nommés S. Hassan; ces dernières sont datées par les cartouches d'Aménophis II. Les princes A, B et Amenemipet seraient des fils de ce pharaon[77].

La stèle rectangulaire, à corniche à gorge et panneau en léger retrait par rapport à l'encadrement, est divisée en deux registres, de hauteur sensiblement égale, sous lesquels courent deux lignes de texte. En haut, le Sphinx (→), couchant, sur un piédestal, selon son iconographie habituelle, reçoit l'encens et peut-être un bouquet des mains du prince, qui porte la boucle caractéristique de l'enfance, et est suivi d'un deuxième personnage, tenant de grands bouquets montés. En dessous, exactement sous le Sphinx, Isis est assise sur un siège à dossier bas, tenant le sceptre ouas et le signe ankh. Elle est vêtue d'une longue tunique collante à bretelles et coiffée d'une perruque tombant sur les épaules avec un uraeus et des cornes hathoriques, enserrant le disque solaire. Cette représentation est enfermée dans un naos ou chapelle dont le toit plat, décoré de fleurs de lotus alternativement ouvertes et en boutons, est supporté par deux colonnes lotiformes, surmontées d'abaques hathoriques. L'ensemble de la construction s'apparente beaucoup aux kiosques contemporains, destinés surtout au roi[78] mais abritant parfois un dieu[79], dont on connaît un certain nombre de représentations; à une différence notable près, cependant, en matière d'architecture. Ce sont précisément ces abaques hathoriques[80] qui sont connus dans les temples de l'Epoque Ptolémaïque, au mammisi de Philae par exemple ou au temple d'Opet à Karnak[81]. Leur présence souligne sans aucun doute la

75. C.M.Z., *Giza*, p.104–10; S. Hassan, *Le Sphinx*, fig.41 (dessin); *The Great Sphinx*, fig.69, p.88 (photographie).

76. Voir à ce propos B. Schmitz, *Untersuchungen zum Titel sꜣ-njswt "Königsohn"*, Bonn 1976, p.302–5, qui repousse à l'Epoque Ramesside la stèle du prince Amenemipet, comme le faisait déjà A. Badawi, *Memphis*, p.105.

77. B. Schmitz, *ibid.*, p.302–5, met en doute le fait que les personnages A et B soient des princes. Voir aussi à ce sujet C. Cannuyer, *VA* 1, 1985, p.85–6; et B. Bryan, *The reign of Tuthmosis IV*, Yale 1980, p.81 sq.

78. On se reportera à J. Vandier, *Manuel* IV, p.544–9, et W. Helck, *LdÄ* III/3, 1978, 441–2.

79. Par exemple Osiris dont le kiosque ou chapelle est d'une architecture très proche de celle de l'édifice d'Isis sur la stèle: T.G.H. James, *Hieroglyphic Texts from Egyptian Stelae, etc.*, 9, Londres 1970, pl.29, N°158; Ptah: James, *ibid.*, pl.31, N°589; Osiris encore: E. Bresciani, *Le Stele Egiziane del Museo Civico Archeologico di Bologna*, Bologne 1985, p.148 et pl.20: cat. N°17; S. Bosticco, *Le Stele egiziane del Nuovo Regno (Museo Archeologico di Firenze)*, Rome 1965, pl.22 et 29.

80. On peut cependant la rapprocher d'une figuration d'un kiosque royal dans la tombe de Kenamon où on voit quatre têtes de félins entre le chapiteau et l'abaque: J. Vandier, *o.c.*, p.545 et fig. 296, p.548.

81. Sur l'abaque hathorique dans l'architecture: cf. G. Jéquier, *Manuel d'archéologie égyptienne*, Paris 1924, p.191–3. Il semble que dans l'architecture réelle, la figure d'Hathor ait été utilisée seulement comme

relation étroite qui existait entre Hathor et Isis, même si elle n'est pas exprimée dans le texte. Mais doit-on déduire qu'il existait effectivement un monument présentant une telle architecture dès cette époque?

Une légende accompagne cette image: *"Isis, la grande, la mère divine, souveraine des dieux, unique dans le ciel, qui n'a pas d'égale, (la fille) aînée d'Atoum."*, *St wrt mwt nṯr ḥnwt nṯrw wꜥt m pt nn snnw·s tpt n Tm*. Les deux dernières épithètes sont rares tandis que *wrt mwt nṯr ḥnwt nṯrw* se retrouvent fréquemment[82], et en particulier sur les monuments consacrés à la déesse à Giza, mais elles n'ont pour autant aucune valeur spécifique.

Le prince, suivi de deux personnages tenant des bouquets, fait un encensement devant la déesse. Les deux lignes au-dessous sont occupées par un proscynème au dieu Harmachis en faveur du prince Amenemipet, dont diverses épithètes laudatives occupaient les bords gauche et droit de l'encadrement; le bord droit est en fait, aujourd'hui, en très grande partie en lacune. Sous la corniche, on voit encore, à gauche du disque solaire, un sphinx à bras humains, tenant un vase et portant le nom de Rê-Horakhty.

Quels renseignements pouvons-nous tirer de cette stèle? Sous Aménophis II, un prince jusqu'alors inconnu, rend hommage sur le même monument à Harmachis et à Isis. Pour le premier, pas de problème. Tous les indices concordent pour montrer que son culte dans la *Setepet*, son temenos, est en plein développement, alors même qu'Aménophis II vient d'édifier, juste à proximité, une chapelle qui lui est consacrée.

Isis est mise pratiquement sur le même plan que le Sphinx: ils sont représentés l'un au-dessous de l'autre, recevant la même offrande; cependant c'est à Harmachis seul qu'est adressé le proscynème, indiquant ainsi une certaine prééminence du dieu. La représentation du kiosque de la déesse est loin d'être banale et on est tenté d'y voir l'image d'un monument qui existait dans la réalité, sans qu'on puisse l'affirmer. Où faudrait-il le situer? Rien dans les abords immédiats du Sphinx ne nous permet de supposer l'existence d'un lieu de culte d'Isis à cet endroit. Pourquoi ne s'agirait-il pas d'une chapelle, bâtie en réutilisant la chapelle funéraire de la pyramide G I-c? On connaît, en effet, une étape de son histoire sous la XXIe dynastie. Mais si le culte d'Isis est déjà attesté au Nouvel Empire, il est logique de penser que c'est là qu'il était pratiqué dans un monument dont cet état, le plus ancien, a disparu. Bien sûr les textes ne peuvent confirmer cette hypothèse puisque la déesse ne portait pas encore l'épithète *ḥnwt mrw*, "dame des Pyramides", qui permet immédiatement de l'identifier sous la forme particulière qu'elle a adoptée à Giza. Mais d'autres traces nous montreront une occupation effective du secteur à partir du début de la XVIIIe dynastie.

Dès cette époque, des liens auraient existé entre Isis et Harmachis; on ne peut, en effet, en considérant la stèle d'Amenemipet, manquer de penser à un document beaucoup plus tardif, la Stèle de la fille de Chéops qui, elle aussi, associe les représentations d'Isis dans son naos et du Sphinx[83].

chapiteau aux époques classiques (Jéquier, *ibid.*, p.184), et comme abaque au-dessus d'un chapiteau composite dans quelques exemples de temples ptolémaïques; voir aussi sur ce point G. Haeny, *LdÄ* II/7, 1977, 1039–41. On peut se demander si la stèle d'Amenemipet ne nous fournit pas une indication sur un élément de l'architecture au Nouvel Empire, non attesté par les traces archéologiques. En effet, même si ce document n'est pas l'image d'une chapelle contemporaine érigée à Giza, il emprunte forcément à la réalité les éléments d'architecture qu'il nous montre.

82. Cf. M. Münster, *Isis*, p.185, 203–4 et 208; C.M.Z., *Giza*, p.108–9.

83. Cf. *infra*, p.243.

B. STELE DE THOUTMOSIS IV CAIRE JE 59460

Thoutmosis IV, successeur d'Aménophis II, consacra de nombreux travaux au Sphinx, à son temenos, et à leur remise en état et embellissement dont le plus notable est certainement l'érection de la stèle de granit entre les pattes du colosse[84]. Parmi eux, on compte la gravure d'une série de dix-sept stèles votives, qui n'est sans doute pas complète. Ces stèles avaient vraisemblablement été enchâssées dans les murs de briques crues, érigés par Thoutmosis IV pour protéger le Sphinx des sables. Elles sont dédiées soit à des dieux dynastiques ou nationaux dont l'importance a dépassé leur zone d'influence géographique traditionnelle comme Thot, seigneur de Khemenou, Ouadjit, dame de Pé et Dep, Amon-Rê, Seshat, maîtresse de l'écriture; moins nettement Atoum, seigneur d'Héliopolis et Ptah; soit à des dieux locaux qui restent ancrés sur leur territoire: Horus-Rê, seigneur de Sakhebou, Sokaris, seigneur de la Shetyt, Hathor, dame du sycomore et dame d'Inerty, Renenoutet de Iat-Tja-Mout, Mout qui préside aux cornes des dieux[85].

Pour ce qui est d'Isis, maîtresse du ciel sur la stèle Caire JE 59460[86], on pourrait hésiter. Certes, l'épithète est banale mais on peut penser que si elle avait déjà un lieu de culte à Giza sous Aménophis II, c'est elle que son successeur a aussi voulu inclure dans la liste des divinités d'obédience locale, d'autant qu'on ne connaît guère d'attestation d'un culte autonome et non local d'Isis durant la première moitié de la XVIIIe dynastie. Une autre stèle[87], Caire JE 59462, représente également une déesse dont la coiffure et la légende qui auraient permis de l'identifier, manquent. Il aurait aussi pu s'agir, sous toute réserve, d'une forme d'Isis, ou bien sûr, d'une autre déesse. Remarquons encore qu'Hathor, dame d'Inerty ou d'Inet[88], figurée sur une autre stèle de Thoutmosis IV, était peut-être vénérée dans les parages de Giza; mais on ne trouvera pas d'autre mention de ce toponyme par la suite.

C. MONTANT OUEST DE LA PORTE PRINCIPALE DE LA CHAPELLE D'AMENOPHIS II, AU NOM DE SETI Ier[89]

L'ensemble de la chapelle consacrée à Harmachis et dominant son temenos au nord-est, a été conçu par Aménophis II et exécuté sous son règne[90]. Mais, par la suite, on a procédé à des remaniements ou des restaurations. C'est ainsi que la porte principale donnant accès au monument porte à l'extérieur des montants les cartouches de Merenptah tandis que l'embrasure a été décorée sous Séti Ier.

Sur le montant ouest[91], une déesse debout, vêtue d'une longue robe transparente et coiffée d'une volumineuse perruque tripartite, pourvue d'un uraeus et surmontée d'un modius, lui-même couronné d'uraei, accueille le roi pénétrant dans le temple. La déesse

84. Pour les activités de Thoutmosis IV à Giza, C.M.Z. *ibid.*, p.267–71.
85. C.M.Z., *Giza*, p.145–6.
86. C.M.Z., *ibid.*, p.153–4, et S. Hassan, *The Great Sphinx*, pl.48.
87. C.M.Z., *ibid.*, p.154, et S. Hassan, *ibid.*, pl.49.
88. C.M.Z., *ibid.*, p.151 et 297–8, et S. Hassan, *ibid.*, pl.45.
89. Il faut encore citer un fragment de calcaire retrouvé au cours des fouilles de S. Hassan, à l'est du temple du Sphinx: cf. C.M.Z., *ibid.*, p.175. Il date sans doute de la XVIIIe dynastie et porte un fragment de titulature royale où manque malheureusement le nom du pharaon qui est qualifié d'"héritier d'Isis", *mstyw St,* se plaçant ainsi sous la protection de la déesse.
90. Voir C.M.Z., *ibid.*, p.110 sq. et p.265.
91. Voir C.M.Z., *ibid.*, p.115–6; photographie dans J. Baines et J. Málek, *Atlas of Ancient Egypt*, Oxford 1980, p.164.

n'est pas nommée mais sa coiffure permet sans doute de l'identifier à Isis. La représentation symétrique nous montre le roi reçu par un dieu hiéracocéphale, portant un disque solaire en guise de couronne. Dans le premier cas, le roi Séti est "aimé d'Harmachis", dans le second de Rê-Horakhty. Il ne faut voir là qu'une variante[92] puisque le temple est consacré à la forme spécifique d'Harmachis qui se manifeste dans la statue colossale, mais peut être soumis à diverses assimilations théologiques. Ce qui est plus intéressant, c'est le parallélisme qui est introduit une nouvelle fois entre Harmachis et Isis (?) qui occupent une position similaire sur les montants de porte bien que le roi se dise "aimé d'Harmachis" seulement, dans le texte au-dessus de la déesse qui demeure anonyme. Aucun autre document ne nous indique qu'Isis ou une autre divinité féminine aient tenu un rôle quelconque dans le temple. Mais probablement avait-elle suffisamment d'importance à Giza pour être représentée face à Harmachis sur la porte d'entrée de son temple.

D. STELE DE MAY CAIRE REG. TEMP. 14/10/69/1

Sur une stèle[93] de provenance incertaine, Giza peut-être, Ramsès II fait une offrande de vin à Osiris, seigneur de Ro-Setaou, Sokaris, seigneur de la Shetyt, Isis, la mère divine et Harendotes. La stèle est consacrée par May, chef des travaux de pharaon, qui a laissé des traces de son activité à Giza, en particulier deux graffiti sur les parois rocheuses, ouest et nord, qui entourent la pyramide de Chéphren[94]. Cet élément ainsi que la présence d'Osiris, seigneur de Ro-Setaou sur la stèle incitent à faire de Giza son lieu d'origine, sans certitude cependant.

Vraisemblablement, Isis n'a d'autre rôle ici que celui de parèdre d'Osiris et mère d'Horus et on ne peut voir dans sa présence sur la stèle une référence à un culte qui lui serait propre, à Giza[95]. De même, beaucoup plus tard, Isis, dame des Pyramides et l'Isis qui accompagne souvent Osiris, seigneur de Ro-Setaou sur les stèles funéraires qui lui sont dédiées[96] ou dans les tombes[97], alors qu'Horus en est désormais absent, seront deux formes bien différentes et séparées, de la divinité.

E. STELE DE PAY CAIRE JE 72289

Une stèle de calcaire[98] trouvée par Selim Hassan dans le sable, à l'est du temple dit du Sphinx, a été dédiée par le mesureur de grains d'Houroun, *ḫꜣw n Ḥwrw(n)*, Pay, à Ched, Horus, appelé "le fils d'Isis", et une divinité féminine étrangère. Celle-ci est vêtue d'une robe typiquement syrienne à larges volants tandis que ses attributs divins sont empruntés au répertoire égyptien. Son nom est rien moins que sûr; suivant S. Hassan et Stadelmann, j'avais à mon tour proposé de lire Meteryou (?); en fait, peut-être  ; elle porte l'épithète de "mère divine", *mwt nṯr*.

Au registre inférieur, le dédicant adresse une prière à Ched, Isis la grande et Harsiésis, indiquant par là-même que la déesse étrangère est parfaitement assimilée à

92. Sur la relation Harmachis / (Rê)-Horakhty: C.M.Z., *ibid.*, p.316–8.
93. G.A. Gaballa, *BIFAO* 71, 1971, pl.23; C.M.Z., *ibid.*, p.214–6; *KRI* III, 280.
94. C.M.Z., *ibid.*, p.212–3, et *KRI* III, 279.
95. C'est pourquoi on ne tiendra pas compte de la mention d'Isis, associée à Osiris et Nephthys sur un fragment de la tombe de Khaemouas: Caire, Reg. Temp. 1/7/24/3; cf. C.M.Zivie, *BIFAO* 76, 1976, p.19–20.
96. Cf. *infra*, p.251, 254 et 259.
97. Comme celle de Tjary: cf. *infra*, p.294 et 296–7.
98. Cf. C.M.Z., *Giza*, p.235–7, et S. Hassan, *The Great Sphinx*, fig.195, p.259.

Isis. Cette association se retrouve du reste assez fréquemment sur les stèles consacrées au dieu Ched[99] si bien que c'est plutôt l'Isis magicienne qu'une forme de la déesse révérée à Giza, qui est représentée sur le document.

F. STELE DE PRAEMHEB

Il faut rapidement citer une petite stèle privée[100] consacrée par un certain Prâemheb, qui porte une représentation intéressante mais qui, à cause de son état de détérioration, est d'une interprétation malaisée et aléatoire: l'essentiel du texte est illisible.

Tandis que le registre supérieur est occupé par l'image classique du Sphinx couchant, nommé Houroun-Harmachis, on voit au registre inférieur un personnage debout, en attitude d'adoration, le dédicant sans doute, précédant une vache dont les cornes enserrent le disque solaire. Il semble qu'agenouillé sous l'animal, un personnage s'apprête à être allaité. Qui est-il? Quoi qu'il en soit, nous avons peut-être une allusion au rôle d'Hathor allaitant, thème en principe lié à la personne du roi[101].

G. STELE ANONYME TROUVEE PAR S. HASSAN

Une stèle de calcaire cintrée[102], trouvée par S. Hassan sans doute non loin du Sphinx, assez fruste et ayant souffert de l'érosion, représente une femme debout (←) en adoration devant Isis (→) dont elle est séparée par une table d'offrandes, chargée de produits alimentaires. La déesse debout est vêtue d'une longue robe collante; tient un sceptre indéterminé et le signe ankh; il ne semble pas qu'elle ait porté une couronne au-dessus de sa longue perruque tripartite. Au-dessus d'elle, une ligne de texte assez effacée:

→ 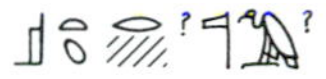

"Isis, la grande, la mère divine."

Au-dessus de la femme, vêtue d'une longue robe et coiffée d'une longue perruque, trois brèves colonnes de texte où quelques signes sont encore reconnaissables sans qu'on puisse lire le texte pour autant.

Il n'est pas aisé de dater une telle pièce. Il peut s'agir d'un document de la fin du Nouvel Empire aussi bien que plus tardif. L'absence de l'épithète *ḥnwt mrw*, "dame des Pyramides", apparue à la XXIe dynastie vraisemblablement, n'est même pas un critère absolu car il est fort possible qu'elle ait été manquante sur des petits monuments votifs, peu soignés. Le style ferait peut-être pencher en faveur de la fin du Nouvel Empire[103]; et malgré les incertitudes qui subsistent, nous avons sans doute un témoignage supplémentaire de la vénération pour la déesse à Giza dès le Nouvel Empire.

Nous avons ainsi réuni les documents qui, hors du secteur du temple d'Isis, mettent en lumière l'existence d'un culte de la déesse sur le site dès la première moitié de la XVIIIe dynastie. Isis n'a pas encore d'épithète spécifique mais son culte semble lié à celui d'Harmachis.

99. Pour une étude plus détaillée, voir G. Loukianoff, *BIE* 13, 1931, p.67–84; H. Brunner, *LdÄ* V/4, 1983, 547-9. Sur l'association d'Isis et de Ched, M. Münster, *Isis*, p.156.

100. Voir C.M.Z., *ibid.*, p.237, et S. Hassan, *ibid.*, pl.65.

101. Comparer avec la représentation de la vache gravée sur le contrepoids de l'égide que présente Harbes agenouillé: statue Londres BM 514, *infra*, p.124–5.

102. Cf. C.M.Z., *ibid.*, p.253–4.

103. Comparer aussi avec la stèle publiée *infra*, p.32: MFA Exp. N. 25–12–467, qui s'apparente beaucoup à celle-ci.

3. DOCUMENTS TROUVES DANS LE TEMPLE D'ISIS ET SON VOISINAGE

A. STELE AU NOM DE AI CAIRE JE 28019

Cette stèle de donation[104] a été trouvée en 1877 dans le temple d'Isis sans qu'on sache si elle était en place ou non. C'est un document fort intéressant mais qui pose plus de questions qu'il n'offre de réponses.

Le registre supérieur nous montre le roi Aï (→) offrant des bouquets à la déesse Hathor Nébet Hotepet, coiffée de la couronne hathorique. Aucune épithète topographique n'apporte de précision sur le lieu de culte éventuel de la divinité présente sur la stèle. On sait que Nébet Hotepet sera à partir du Nouvel Empire assimilée à Hathor et qu'un culte lui était rendu dans la région memphite, sans qu'on puisse en dire beaucoup plus[105]. A Giza même, on en trouve une autre mention sur la stèle de Prâemheb, Caire JE 87823[106], où elle est associée à Rê-Horakhty et mise en parallèle avec Iousaâs, compagne d'Atoum. Mais cela ne nous fournit aucune indication sur un éventuel culte de Nébet Hotepet à Giza, car l'hymne tout entier traduit un contexte religieux héliopolitain.

Les neuf lignes de texte, gravées sous le registre supérieur de la stèle sans grand soin, nous font connaître une donation effectuée sous le règne du roi Aï alors qu'il résidait à Memphis, en faveur d'un fonctionnaire de la cour. L'étendue des terrains est d'importance, 145 aroures, pris dans le territoire agricole (*w*) nommé "le Champ des Hittites", sur des champs appartenant aux domaines royaux de Thoutmosis Ier et Thoutmosis IV. Les limites indiquées sont le désert à l'ouest, le temple de Ptah au nord, et à l'est et au sud, les domaines déjà mentionnés. Si "le Champ des Hittites" n'est pas autrement connu, on possède en revanche différentes attestations concernant les deux domaines royaux qui existaient toujours sous le roi Aï. Cette description topographique avec la mention de Memphis et du temple de Ptah, sans doute le grand temple du dieu dans la ville même, incitent à faire du *w*, "le Champ des Hittites", un territoire agricole s'étendant jusqu'au plateau désertique, au sud de la ville, ce qui nous emmène relativement loin de Giza.

Nous sommes en présence d'un document avec une offrande peu usuelle, des bouquets, pour une stèle de donation[107]. Le lieu de culte de la divinité n'y est pas précisé. L'emplacement où a été trouvée la stèle ne correspond très vraisemblablement pas à celui des territoires mentionnés dans le texte alors que, relativement souvent, les stèles de donation ont servi de bornes-frontières aux champs qu'elles délimitaient[108]. Le document, un des plus anciens de l'ensemble des stèles de donations connues[109], est atypique. Faut-il imaginer que Giza où il a été découvert n'est pas son lieu d'origine véritable, et que sa provenance est autre? Il aurait été déplacé, à une date inconnue, pour

104. Cf. C.M.Z., *ibid.*, p.177–82, 273–4 et pl.13.

105. Sur ce point, voir l'étude de J. Vandier, *RdE* 16, 1964, p.76, pour la mention de ce document, et *RdE* 18, 1966, p.67–75, pour l'existence d'un culte de la déesse dans la région memphite, sans que les documents recensés puissent d'ailleurs apporter beaucoup de précisions, particulièrement en matière de topographie.

106. Cf. C.M.Z., *ibid.*, p.238.

107. Voir D. Meeks, *Les donations*, p.628, et n. (86 bis), mais il faut remarquer que les stèles de donation du Nouvel Empire et ne provenant pas du delta de surcroît, si elles s'apparentent aux documents deltaïques de la IIIe Période Intermédiaire par leur nature, en diffèrent toutefois profondément dans leurs caractéristiques: D. Meeks, *loc. cit.*, p.610 sq.

108. D. Meeks, *loc. cit.*, p.608–10.

109. D. Meeks, *loc. cit.*, p.661–5: liste des stèles du Nouvel Empire.

des raisons également inconnues. Certes, c'est une hypothèse qu'on peut formuler mais qui n'est guère convaincante ou satisfaisante[110]. Reste l'autre possibilité: le décret royal concernant des champs au sud de la ville de Memphis est placé sous l'autorité d'Hathor Nébet Hotepet qui était vénérée dans la région memphite. Pourquoi avoir choisi Giza? Nous ne pouvons le dire.

B. COLONNES RAMESSIDES REMPLOYEES A LA TROISIEME PERIODE INTERMEDIAIRE: CAIRE REG. TEMP. 16/2/25/7 (= JE 28161) ET BOSTON MFA EXP. N. 27–7–1276

Il faut mentionner brièvement deux fragments de colonnes, très probablement ramessides, usurpées et réutilisées par le roi Amenemopé. Ils seront étudiés en détail dans le contexte de l'histoire du temple à la XXIe dynastie.

Le premier est un fragment de colonne conservé au Musée du Caire sous le N° Reg. Temp. 16/2/25/7[111]. Le roi fait une offrande de vin à Osiris et Isis, qualifiée de *ḥnwt mrw*, "dame des Pyramides." Le roi est identifié par son cartouche prénom; un document parallèle (Caire Reg. Temp. 21/3/25/19 = JE 28161)[112] indique clairement qu'il s'agit d'Amenemopé. Ce cartouche prénom, en partie lacunaire, a été érasé et les traces qui en subsistent permettent d'y retrouver le prénom de Ramsès II. Par ailleurs, Reisner a découvert un fragment de colonne, Boston MFA Exp. N. 27–7–1276[113], comportant une colonne de texte avec, de la même façon, un cartouche prénom érasé dont les traces font à nouveau penser au cartouche de Ramsès II, transformé en celui d'Amenemopé. On ne connaît pas d'exemple similaire, et pour cause, d'usurpation du cartouche de Ramsès II par Amenemopé dont les mentions hors de Tanis sont fort rares. En revanche, on sait que c'est une méthode qui a été pratiquée par d'autres souverains de la Troisième Période Intermédiaire[114]. Il n'y a donc rien de bien surprenant à ce que le roi tanite ait réutilisé des colonnes plus anciennes dans le but d'ériger son propre édifice. Nous verrons plus tard comment on peut tenter de reconstituer le monument d'Amenemopé. Mais qu'en est-il pour l'Epoque Ramesside? Les traces de cartouches nous indiquent qu'il a existé, sous Ramsès II, un monument dont une colonne nous montre Osiris suivi d'Isis. Il peut soit s'agir d'un premier état du temple d'Isis où la déesse n'aurait occupé que la seconde place comme parèdre du dieu, un état bien sûr disparu, puisque le temple a été complètement remanié à la Troisième Période Intermédiaire. Soit d'un autre monument, situé ailleurs sur le site et consacré à Osiris ou Ptah-Sokar-Osiris, normalement accompagné d'Isis, monument qui lui aussi se serait évanoui puisque, précisément, les matériaux qui en provenaient, auraient été ensuite utilisés ailleurs. L'épithète spécifique de *ḥnwt mrw*, "dame des Pyramides", fait problème. Faut-il y voir la première attestation de l'épithète qui remonterait à l'Epoque Ramesside? Ce n'est pas sûr; cette mention a pu être rajoutée par la suite, au moment où les colonnes ont changé de propriétaire. La disposition des textes l'autorise. S'il y a bien eu occupation de la zone du temple d'Isis au Nouvel Empire, on n'a cependant pas pu déterminer de niveau archéologique appartenant clairement à

110. En revanche, on peut plus facilement imaginer qu'elle a été déplacée à Giza même, d'un endroit à un autre, ce qui toutefois ne résoud pas les différents problèmes posés.

111. Voir *infra*, p.67–9, la description détaillée.

112. Cf. *infra*, p.69–70.

113. *Infra*, p.70–2.

114. Sur ce point, *infra*, p.71.

cette époque[115]. En revanche, on peut supposer, avec quelque vraisemblance, que Ramsès II fit édifier un temple consacré à Osiris[116]. C'est de là, peut-être, que proviendraient les colonnes qui, ultérieurement, ont servi à Amenemopé pour bâtir une chapelle dédiée à Isis, devenue dame des Pyramides, ce qui expliquerait que la déesse n'apparaisse qu'au deuxième plan sur les colonnes de son propre édifice.

C. STELE AU NOM DE MERENPTAH BOSTON MFA EXP. N. 24–11–243 (Pl.9)

Le dépouillement des Archives Reisner m'a permis de remettre au jour un document demeuré inédit jusqu'à présent, qui atteste de l'existence d'un culte à une déesse, Isis sans doute, dans le secteur oriental de la nécropole au Nouvel Empire.

Il s'agissait d'une stèle vraisemblablement rectangulaire[117], en calcaire, malheureusement en fort mauvais état de conservation. Elle porte le N° Boston MFA Exp. N. 24–11–243 sous lequel elle a été enregistrée dans l'inventaire des objets de Reisner. Elle a été trouvée le 7 novembre 1924 dans les débris qui couvraient la rue des reines G 7000, à l'est de la pyramide G I-b, c'est-à-dire non loin du temple d'Isis. On ne connaît pas son lieu de conservation actuel.

La stèle mesure 51 cm de haut sur 41 de large et 11 d'épaisseur. Le calcaire, qui semble de piètre qualité, a beaucoup souffert de l'érosion; les bords et les angles sont complètement rongés. Cependant, il doit manquer peu de chose en hauteur; le monument devait s'arrêter un peu au-dessus de la niche au registre supérieur, et, sans doute, n'y avait-il rien sous le registre inférieur, encore que l'existence d'un troisième registre ne puisse être complètement exclue. La gravure qu'elle soit en haut-relief dans la niche, en relief dans le creux pour les représentations du registre inférieur ou en creux pour les textes, est assez sommaire et rapide. Dans son état actuel, elle est divisée en deux registres d'une hauteur sensiblement égale, séparés par une ligne de texte horizontale.

La partie centrale du registre supérieur forme une niche assez peu profonde mais qui a permis de sculpter une figure en haut-relief, faisant corps avec le monument. Il s'agit donc d'une stèle-naos, catégorie moins représentée que les stèles classiques[118].

La figure est celle d'une déesse debout, vue de face. On devine qu'elle portait une longue robe collante s'arrêtant au-dessus des chevilles. Le bras droit pend le long du corps et la main tient un objet difficile à distinguer; on songe au signe ankh. Du bras gauche légèrement plié, elle maintient devant elle un sceptre non identifiable[119]. Elle est coiffée d'une volumineuse perruque hathorique, dégageant les oreilles et dont, à l'avant, les extrémités se retournent en boucles au-dessus des seins. La couronne, s'il y en avait une, a disparu. Aucune légende accompagnant la représentation n'est visible. Il doit s'agir d'Isis, d'Hathor ou d'Hathor-Isis, à moins que ce ne soit une autre déesse assimilée aux précédentes.

115. Voir *infra*, p.38, sur ce problème et les tentatives d'explications qu'on peut lui apporter.

116. Sur les éventuels travaux de Ramsès II dans la zone de Ro-Setaou, cf. C.M.Z., *ibid.*, p.279–80, et p.329. Voir aussi le récent article de I.E.S. Edwards, *Egyptological Studies in Honor of Richard A. Parker*, Hanovre et Londres 1986, p.35, qui va dans le même sens.

117. A moins qu'elle n'ait été cintrée dans son état primitif.

118. Les stèles-naos où la statue fait corps avec la stèle elle-même sont d'un type différent du naos proprement dit qui reçoit une statue autonome et amovible. Pour les stèles-naos, comparer à Giza même avec la stèle Caire JE 72256 (cf. *infra*, p.258–9) où sont représentés Osiris, Isis et un dédicant.

119. Sur le dessin sommaire du Registre des objets, on voit à gauche de la déesse, un objet non identifié qui ressemble vaguement à un arc. Il n'est pas visible du tout sur les photographies, et peut-être s'agit-il seulement d'éraflures de la pierre, mal interprétées.

De part et d'autre de la niche, deux parties planes étaient occupées par les cartouches de Merenptah, peut-être originellement surmontés de plumes; ils sont à peine lisibles sur la partie gauche (en se mettant face à la stèle); à droite, on ne voit plus rien, si ce n'est , qui laisse penser qu'on avait là le symétrique de la partie gauche:

"[Baenrê] Mery[neterou], Meren[ptah] Hotephermaât, doué de vie éternellement."

La ligne de texte servant de séparation entre les deux registres, est très difficilement lisible:

(a) Traces d'un signe vertical; peut-être: *ḥmw*? (b) Ou ? (c) Signes horizontaux; peut-être ? (d) Peut-être un personnage assis qui servait de déterminatif? Très incertain. (e) Un signe horizontal: , ou autre chose?

"L'ami unique (?), le grand artisan (?), ... sꜣ sꜣb, chef des travaux du [seigneur du Double Pays?],... j.v."

Cette ligne comporte beaucoup de signes de lecture incertaine; on y reconnaît cependant la titulature d'un fonctionnaire de la cour dont le nom est malheureusement perdu et qui avait certainement dédié la stèle. Il était chef des travaux et peut-être grand artisan[120] comme May qui vivait sous Ramsès II. Malgré la dégradation du monument, on remarque quelques particularités paléographiques propres à l'époque et à la région, comme le mantelet que portent les personnages[121].

Le registre inférieur est occupé par quatre personnages qui se font face deux à deux, à droite les hommes et à gauche les femmes avec, peut-être au centre, une table d'offrandes. Ils sont tous debout, les bras dressés dans l'attitude d'adoration. Les hommes portent une grande jupe évasée avec une chemisette et de volumineuses perruques; les femmes de longues robes, sans doute plissées, et également de longues perruques. Bien que l'ensemble soit d'une facture plutôt médiocre et, de surcroît, mal conservé, on y discerne immédiatement le trait caractéristique des reliefs memphites ramessides.

Peut-être le nom du premier personnage, le dédicant (?) était-il gravé au-dessus de lui; il n'est plus visible. Devant le deuxième: , *"son fils"*, puis quelques signes méconnaissables; la fin a disparu. Entre les deux personnages, restes d'une colonne où seuls se lisent les signes qui appartenaient sans doute au nom du fils. Derrière la première femme: ou , *"[Son] épouse* ou *la maîtresse de maison, ... Nefertiti."* Derrière la deuxième femme: , *"Sa fille ... "*, suivi de traces illisibles.

120. Pour le titre relativement rare, *ḥmww wr*, voir D. Meeks, *ALex* 1, 1980, p.245, N°77.2691, avec plusieurs références.

121. Voir J. Berlandini-Grenier, *BIFAO* 74, 1974, p.15, sur ce point.

Ce monument fut consacré par un directeur des travaux de Pharaon sous le règne de Merenptah, le souverain qui fit graver son nom sur la porte principale de la chapelle du Sphinx. Trouvée non loin du temple d'Isis, elle est dédiée à une déesse, Isis sans doute, nous fournissant ainsi une attestation bien datée de l'existence de son culte sous la XIXe dynastie.

D. BAGUES ET SCARABEES AUX NOMS DES ROIS DU NOUVEL EMPIRE (Pl.10)

Une trouvaille de Reisner, historiquement très importante, a été peu utilisée, y compris par son inventeur lui-même. Il s'agit d'une série de bagues de faïence vernissée et de scarabées datant de la XVIIIe dynastie surtout, et de la XIXe, portant les noms de pharaons de cette époque ou des motifs décoratifs et symboliques, traditionnels sur ce genre d'objets, tels que uraeus, signe ankh, etc., ou encore des noms de dieux, Amon-Rê, Bès, Ptah, etc.[122]. Reisner lui-même n'en parle pas dans son oeuvre publiée et si les objets sont enregistrés dans l'inventaire, en revanche on ne trouve malheureusement pratiquement pas de renseignements sur le lieu et les circonstances exacts de leur découverte dans le journal de fouilles. On pourra se reporter à S. Hassan, *The Great Sphinx*, p.103 et 111, qui signale la trouvaille; voir aussi C.M.Z., *Giza*, p.271–2, où j'en ai fait une rapide mention en fonction des renseignements que je possédais alors; cf. également M. Jones et A. Milward, *JSSEA* 12, 1982, p.145, qui mettent en relief l'absence de niveau stratigraphique correspondant aux objets. On a trouvé 9 de ces objets au nom de *Mn-ḫpr(w)-Rʿ*, Thoutmosis III, avec la graphie défective qu'on rencontre souvent sur ses scarabées[123], 9 de *Nb-Mꜣʿt-Rʿ*, Aménophis III, 11 de Toutankhamon, 5 de Aï, 15 d'Horemheb dont un cylindre, et 1 de Séti Ier; un sceau d'argile, trouvé non loin de la pyramide de Chéops porte les cartouches de Ramsès II ainsi qu'un scarabée; on rencontre aussi un exemplaire avec le nom de Moutnedjemet, l'épouse d'Horemheb, et un autre avec celui d'Henoutmes (?), peut-être une fille de Ramsès II[124]. D'après les brèves indications de provenance portées sur le registre des objets, il semble que la majorité des exemplaires aient été trouvés dans les débris de surface de la rue G 7000, depuis la pyramide G I-b jusqu'au sud de G I-c ainsi que dans l'avenue III entre G I-b et G I-c, et dans le temple d'Isis lui-même. Toutefois l'inventaire comporte une indication intéressante pour les objets MFA Exp. N. 26–1–1021 et suivants: "street 7000 in the sand just above the gebel." Quelques autres ont été découverts dans le remplissage de certains puits de la nécropole orientale (MFA Exp. N. 26–4–43 par exemple dans G 7230 B) ou au contraire dans le *radim* au sommet d'un mastaba (MFA Exp. N. 27–2–55 et 56 en G 7340).

On peut constater d'abord qu'à l'exception de Thoutmosis III, ce sont des souverains de la seconde moitié de la XVIIIe dynastie qui sont représentés, avec, en outre, quelques très rares exemplaires de la XIXe. A cette époque, on fabriqua ces petits objets sans grande

122. Voir, entre autres, des exemples comparables dans *Egypt's Golden Age*, Boston 1982, p.248–9.

123. Sur cette graphie: R. Giveon, *LdÄ* V/7, 1984, 975, et surtout l'étude extrêmement détaillée de B. Jaeger, *Essai de classification et de datation des scarabées Menkhêperrê*, *Orbis Biblicus et Orientalis*, *Series Archeologica* 2, Fribourg 1982, passim.

124. Thoutmosis III: Boston MFA Exp. N. 25–2–272, 25–12–516, 26–1–97, 26–1–222, 26–2–112, 26–3–64, 26–3–220, 26–4–157, 27–1–182; Aménophis III: 26–1–607, 26–1–747, 26–1–750, 26–1–924 (MFA 27.971), 26–1–925 (MFA 27.969), 26–1–965 (MFA 27.936), 26–1–1045, 26–2–110, 27–1–234; Toutankhamon: 26–1–419, 26–1–606, 26–1–742, 26–1–751, 26–1–752, 26–1–1019, 26–1–1020, 26–2–101, 26–4–21, 26–4–1040, 27–2–56; Aï: 25–12–39, 26–1–420, 26–1–546, 26–1–743, 26–1–744, 27–2–56; Horemheb: 24–11–756, 26–1–417, 26–1–418, 26–1–608, 26–1–630, 26–1–867, 26–1–966, 26–1–1019, 26–1–1020, 26–1–1021, 26–1–1022, 26–1–1023, 26–1–1024, 26–2–201, 27–2–55; Séti Ier: 26–1–749; Ramsès II: 25–12–642 (MFA 27.970); 33–1–67; Moutnedjemet: 26–1–746; Henoutmes: 26–1–1025.

valeur en quantité importante, les bagues supplantant d'ailleurs les scarabées. Un certain nombre de sites ont fourni des spécimens tout à fait similaires à ceux de Giza, dont Malgata, Gourob et Riqqeh[125]; il est intéressant de noter qu'on a découvert très récemment un lot, vraisemblablement du même style, sur le site minier de Gebel Zeit dans le désert arabique; des bagues portant les noms d'Aménophis III, Aménophis IV, Toutankhamon, Aï et Horemheb ont été retrouvées avec un dépôt de stèles de la XVIIIe dynastie dans une cache[126]. Toutes ces similitudes valident, s'il en était besoin, la datation de nos documents. Il ne peut en aucun cas s'agir d'objets fabriqués ultérieurement aux règnes des souverains dont les noms sont gravés. Cette pratique a effectivement existé dans quelques cas, pour les pharaons Mykérinos et Thoutmosis III[127] particulièrement, mais ne semble pas avoir été étendue à d'autres souverains. Du reste, on peut généralement distinguer un scarabée contemporain du roi dont il porte le nom, d'un autre postérieur[128]. Quant aux émissions de bagues, elles sont tout à fait caractéristiques de la fin de la XVIIIe dynastie. Leur présence traduit à coup sûr une forme d'occupation du secteur autour du temple d'Isis. Qu'on en ait trouvé quelques spécimens au sommet des mastabas n'a rien de surprenant car il est bien évident que le cimetière oriental, ensablé, ne fut jamais complètement dégagé; d'où, également, la présence de ces objets, ici ou là, dans le remplissage d'un puits.

Pour ce qui est du temple d'Isis proprement dit et de la rue G 7000 au nord et au sud de ce dernier, la question est plus difficile. En effet, les termes de "débris de surface sur le sol" ne sont pas très clairs. S'agit-il de la surface moderne, ce que pourraient laisser penser les trouvailles qui ont encore été faites en 1980–81[129]? Ou bien plutôt d'un sol antique sous l'accumulation de débris modernes? A ce propos, Reisner répète constamment que le niveau qu'il définit souvent comme ptolémaïque mais qui est peut-être plus ancien[130], est placé juste au-dessus du niveau Ancien Empire. Il y aurait donc eu destruction et disparition d'une couche Nouvel Empire qui aurait correspondu aux bagues et autres objets contemporains trouvés dans la zone. Les bagues auraient été éparpillées et, du reste, sans doute beaucoup d'entre elles, détruites. Nous n'avons plus maintenant qu'un échantillonnage par rapport aux quantités plus importantes qui ont dû être en circulation à l'époque. Certaines auraient peut-être été réunies dans une sorte de cache: c'est sans doute ainsi qu'on peut interpréter l'indication de Reisner, citée plus haut: "Street 7000 in the sand just above the gebel"[131]. Cela correspond d'ailleurs à une pratique courante dans tous les lieux de culte populaires où de petits objets étaient déposés en très grande quantité et dont il fallait bien se débarrasser un jour, sans les détruire pour autant.

L'usage de ces bagues n'est pas encore parfaitement tiré au clair: étaient-elles offertes en récompense ou en souvenir comme on le suggère parfois? Servaient-elles

125. Pour les provenances des bagues de faïence, voir *Egypt's Golden Age*, Boston 1982, p.248–9.
126. Cf. G. Castel et G. Soukiassian, *BIFAO* 85, 1985, n.(1), p.288.
127. Voir W.M.F. Petrie, *Scarabs and Cylinders with Names*, *BSAE* 29, 1917, p.26; B. Jaeger, *op. cit., passim.*
128. Voir les remarques de W. Ward à propos des rééditions de scarabées portant des noms royaux, dans O. Tufnell, *Studies on the Scarab Seals* II, *Scarab Seals and their Contribution to History in the Early Second Millenium B.C.*, Warminster 1984, p.151 sq. Sur les problèmes de datation des scarabées, cf. aussi E. Hornung et E. Staehelin, *Skarabäen und andere Siegelamulette aus Basler Sammlugen*, Bâle 1976, p.60–3.
129. Voir M. Jones et A. Milward, *JSSEA* 12, 1982, p.145.
130. Sur ces problèmes stratigraphiques, voir *infra*, p.172 sq.
131. C'est ainsi en tout cas que l'a interprété E. Brovarski, dans *Egypt's Golden Age*, Boston 1982, p.248, N°342.

d'objets votifs? Les interprétations proposées sont diverses[132]; cependant on peut pencher en faveur d'ex-voto car des exemplaires de même type ont été retrouvés, par exemple dans le petit sanctuaire hathorique de la XVIIIe dynastie à Deir el-Bahari[133]. En tout cas, à Giza, elles nous indiquent que dès Thoutmosis III ou ses successeurs immédiats[134] et tout au long de la XVIIIe dynastie, puis de la XIXe, un culte devait être rendu dans le secteur du temple d'Isis à cette déesse[135], comme par ailleurs les mentions d'Isis sur divers documents l'indiquent également. Cette zone aurait vu son activité se développer simultanément à celle du Sphinx; sans doute s'agissait-il d'un culte modeste et plutôt de type populaire comme nous inclinent à le penser ces dépôts de petits objets sans valeur, fabriqués de manière industrielle.

E. STELE DEDIEE A ISIS BOSTON MFA EXP. N. 25–12–467 (Pl.21)

La stèle MFA Exp. N. 25–12–467 a été trouvée lors des fouilles de Reisner en 1925, dans les débris de l'avenue III entre G I-b et G I-c. Son lieu de conservation actuel est inconnu. Inédite; photographie C 11136.

La stèle en calcaire, cintrée, mesure 42 cm de haut sur 38 de large. Isis (→) est debout sur un socle bas, vêtue d'une longue robe collante; elle tient un sceptre dont on ne distingue pas l'extrémité supérieure et un signe ankh. La tête et la couronne sont perdues par suite de l'érosion.

Devant elle: 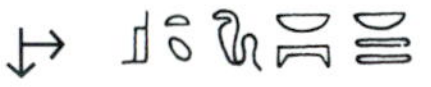 , *"Isis, dame du ciel, dame du Double Pays."* Il ne semble pas qu'il y ait une deuxième colonne, effacée. En face d'elle, et séparé par une table d'offrandes couverte de victuailles, un homme (←) debout, dans l'attitude de l'adoration. Il est vêtu d'un long pagne plissé avec un grand devanteau triangulaire et d'une chemisette à manches, également plissée. Porte une perruque bouclée. Les traits du visage semblent marqués par l'âge, autant qu'on puisse en juger en dépit de l'érosion qu'a subie le monument. Un nombre indéterminé de colonnes au–dessus de lui ont disparu. Il ne reste plus que les signes de la dernière qui soient encore lisibles:  . Par son style relativement soigné, la stèle peut être datée sans doute du Nouvel Empire, XIXe ou XXe dynastie, témoignant que des particuliers venaient déposer des stèles consacrées à Isis dans le secteur de son temple.

F. STELE DEDIEE A UN DIEU ANONYME BOSTON MFA EXP. N. 25–12–468

Une autre stèle a été trouvée en même temps que la précédente au même endroit: MFA Exp. N. 25–12–468. Lieu de conservation actuel inconnu. Inédite; mention dans le registre des objets, sans dessin; pas non plus de photographie, semble-t-il.

En calcaire, cintrée, elle mesure 45 cm sur 40; a beaucoup souffert de l'érosion. Elle est d'un style très similaire à celui de la précédente d'après une indication de l'inventaire.

132. On verra les remarques de E. Graefe, *LdÄ* V/2, 1983, 264; M. Eaton-Krauss, *Egypt's Golden Age*, Boston 1982, p.244. Alors que les études sur les scarabées sont innombrables, il faut constater qu'on manque d'un travail systématique sur les bagues qui ont sans doute des points communs avec les scarabées, mais par ailleurs s'en distinguent également par l'usage qui pouvait en être fait.

133. Cf. E. Naville, *Deir el Bahari* III, p.13 sq.

134. Il semble, en effet, qu'un certain nombre de scarabées au nom de Menkheperrê doivent être datés de la XVIIIe dynastie sans plus de précision: B. Jaeger, *op. cit.*, p.130–3.

135. Il ne semble pas qu'on ait retrouvé des bagues similaires en d'autres secteurs du site. Même si les fouilles n'ont pas toujours été menées avec toute la minutie souhaitée, il serait surprenant que la présence de bagues, ailleurs sur le site, n'ait jamais été notée, si ces objets s'étaient trouvés en quantité importante.

Un homme (→) debout, portant un pagne court, est en adoration devant un dieu dont il est séparé par une table d'offrandes. Le dieu (←) est debout dans la posture traditionnelle. En l'absence d'autres renseignements, je suppose qu'il est anthropomorphe; le registre indique qu'il pourrait s'agir d'Horus, fils d'Isis (?), sans offrir de justification pour cette hypothèse. Restes des paroles du dieu: *di·n·i n·k* ..., *"je te donne ...."* Le reste a sans doute disparu.

G. FRAGMENT DE BASSIN BOSTON MFA EXP. N. 26–1–495 (Fig. 1–2)

C'est l'extrémité d'un bassin à libation de forme rectangulaire qui est conservée. A été trouvée dans un des "silos", ou "Roman bins"[136] selon l'appellation de Reisner, de la rue G 7000, en 1926. Inventoriée sous le N° MFA Exp. N. 26–1–495. On ignore son lieu de conservation actuel. Inédit; pas de photographie; dessin dans le registre des objets et fac-similé.

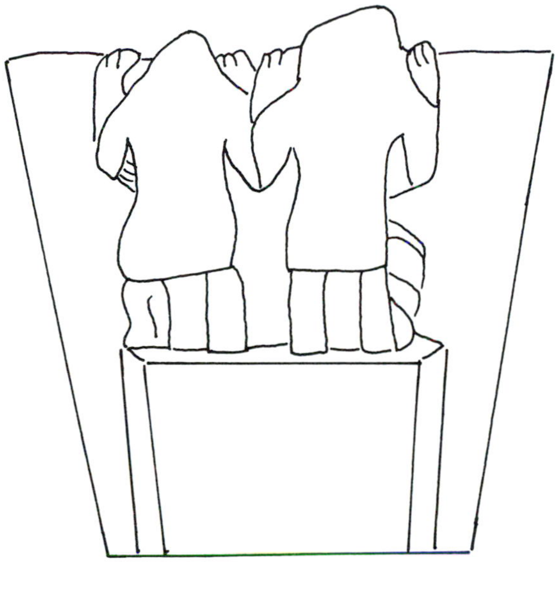

Fig. 1
Face extérieure du bassin (d'après Archives Reisner)

Ce bassin de calcaire mesurait 28 cm de haut, 21,5 de large sur une longueur inconnue; elle n'est préservée que sur 15 cm. Deux inscriptions symétriques couraient sur le rebord horizontal, dont nous avons gardé la fin. Il présente une particularité iconographique intéressante. En effet, deux personnages en ronde-bosse, un homme et une femme, qui sont à genoux sur un socle légèrement en saillie, et dont la hauteur est un peu supérieure à la moitié de celle du bassin, le tiennent de leur mains sur le petit côté qui est préservé. Les deux paires de mains sont posées à plat; les têtes devaient dépasser mais ont été brisées.

136. Au sujet de ces structures dont l'usage n'est pas parfaitement tiré au clair, cf. *infra*, p.178–9.

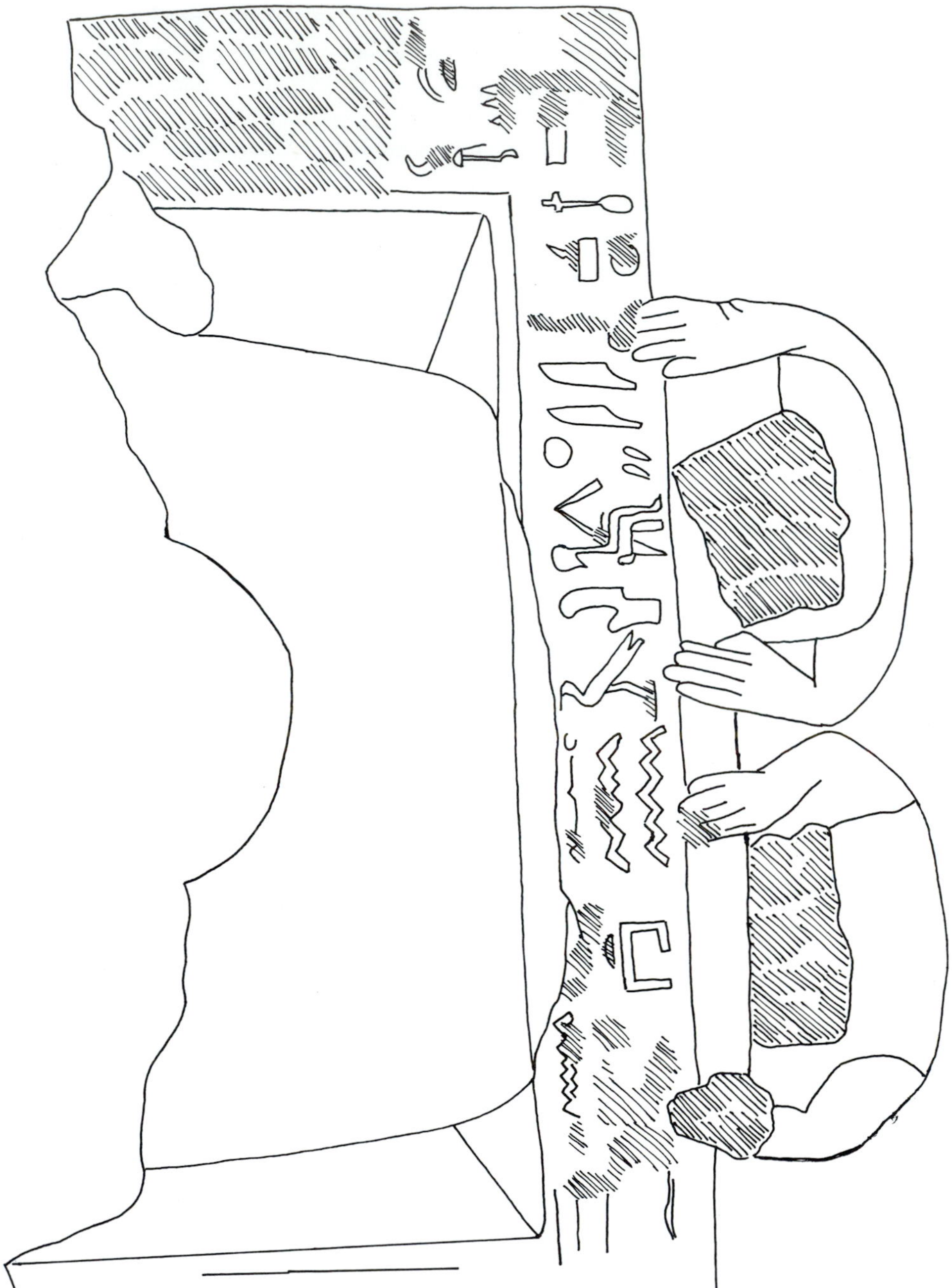

Fig. 2
Fragment de bassin (fac similé Archives Reisner)

On lit:

"... l'occident de Memphis, Khykhy (?) ou *Nyny (?)."*

"... douceur de cœur ... chaque jour ... son aimée, de son cœur, la maîtresse de maison, Nena."

Il s'agit de fins de formules courantes dans les proscynèmes. *Nnꜣ* est un nom connu au Nouvel Empire: H. Ranke, *PN* I, 205, 3; le nom de l'homme est à lire *Ḫyḫy* ou peut-être *Nyny.*

Ce type de bassin est connu par d'autres exemplaires du Nouvel Empire, dont beaucoup semblent provenir de Memphis: cf. T.G.H. James, *Hieroglyphic Texts from Egyptian Stelae, etc.*, 9, Londres 1970, p.18 et pl.13, N° 108, à propos du bassin de Neferrenpet qui est très semblable à celui de Giza; comparer aussi avec le bassin trouvé dans les fouilles de Mit Rahineh au nom d'Amenemhet: R. Anthes et alii, *Mit Rahineh 1956*, Philadelphie 1965, p.73–6, avec une bibliographie complémentaire. Une sorte de coupe avec le dédicant agenouillé a été découverte dans le temple de Sahourê: L. Borchardt, *Das Grabdenkmal des Königs Sꜥꜣḥu-reꜥ* I, Leipzig 1910, p.120–1 et fig.164. Enfin, on trouvera également des éléments de bibliographie sur des bassins de type assez similaire chez J. Leclant, *Montouemhat*, p.142, n. (2).

On ne sait quelles étaient la ou les divinités invoquées sur ce bassin. Du moins, ce document qui date incontestablement du Nouvel Empire, mais dont on ignore les avatars par la suite, puisqu'il a été retrouvé hors de son contexte, avait dû être placé dans un édifice religieux non loin de l'emplacement où il a été découvert. En effet de tels bassins étaient parfois déposés dans des lieux de pèlerinage pour que les dévôts puissent faire des libations[137].

H. CHAOUABTIS AU NOM DE PAHEMNETER

Des fragments de chaouabtis[138] datant du Nouvel Empire, au nom d'un certain Pahemneter, grand chef des artisans et prêtre sem, MFA Exp. N. 24–11–794, 795 et 26–1–1, ont été retrouvés dans la rue G 7000 non loin du mastaba double G 7110–7120. Ils apparaissent comme un des rares témoignages de l'existence d'une nécropole du Nouvel Empire, peut-être extrêmement réduite, dans ce secteur de Giza.

I. MARQUES TRIANGULAIRES SUR LES MURS DE LA CHAPELLE FUNERAIRE DE LA PYRAMIDE G I-C (Fig. 3)

Reste encore à évoquer un dernier point concernant l'occupation du secteur après l'Ancien Empire et avant l'agrandissement du temple tel que nous le connaissons. On a en effet

137. Voir à ce propos J. Yoyotte, *Les pèlerinages*, p.61.
138. Pour une étude plus détaillée, voir *infra*, p.269.

remarqué au cours de la saison 1980–81[139], à la suite d'un examen minutieux des parois des pyramides G I-c et G I-b ainsi que des murs de la chapelle funéraire de G I-c qu'un certain nombre de triangles, plus ou moins isocèles, étaient gravés dans la pierre, la tête en bas. Le petit côté horizontal mesure environ 6 cm et la hauteur est de plus ou moins 8 cm. On les trouve disséminés sur la face est de la pyramide G I-c à hauteur d'homme et à l'extérieur du mur oriental de la chapelle de G I-c où ils sont gravés par-dessus le décor en façade de palais de l'Ancien Empire et parfois même les uns sur les autres, ce qui indique une date postérieure à l'Ancien Empire. Sur cette paroi, ils ont dû être dissimulés, par la suite, par les murs plus récents qui venaient s'appuyer à la construction de l'Ancien Empire et ne sont visibles aujourd'hui qu'en raison de la destruction de ces murs. Nous pouvons ainsi *grosso modo* fixer les limites des dates entre lesquelles ils ont été gravés. Ces marques se retrouvent également sur le côté oriental de la pyramide G I-b, sur une longueur d'environ trois mètres à partir de l'angle sud-est, puis s'arrêtent; le dernier élément gravé est une paire de pieds. Ces marques appartiennent évidemment à la catégorie des graffiti, car il ne semble pas qu'on ait rien trouvé de semblable dans les marques de carriers. D'ailleurs, leur position sur la façade de palais par-dessus le décor, interdirait d'en faire des marques d'ouvriers. On notera qu'elles sont extrêmement sommaires et sans aucun détail.

Si on connaît bien les pieds de pèlerins, très fréquents à la Basse Epoque mais déjà présents au Nouvel Empire[140], ou encore les mains[141], si on a retrouvé des ex-voto représentant diverses parties du corps humain tels que des oreilles, phallus[142] ou seins[143], ces triangles, eux, ne semblent pas avoir de parallèle direct[144] et suscitent bien des questions. M. Jones et A. Milward qui les ont étudiés, ont voulu y voir des "pubic triangles"[145], autrement dit des représentations du sexe féminin. Représentations fort sommaires dans ce cas-là; les figurines de concubines sont généralement plus évocatrices[146]. En considérant les objets de cette catégorie, il semble que le sexe ne soit pratiquement jamais représenté seul, isolé du reste du corps, même dans les images les plus frustes comme celles d'Edfou[147]. Est-ce bien le principe féminin qui est évoqué avec ces triangles, en relation avec un culte d'Isis et ses vertus fécondantes? Peut-être, encore que cela reste du domaine de la conjecture. Il y aurait ainsi eu une aire sacrée autour de la chapelle funéraire de la pyramide G I-c, comme le montrait également la présence de bagues de la XVIIIe dynastie.

139. Il ne semble pas que cette particularité ait été notée auparavant ou, à tout le moins, n'avait-on pas jugé nécessaire de la signaler.
140. Cf. J. Yoyotte, *Les pèlerinages*, p.59.
141. J. Yoyotte, *o.c.*, p.59.
142. J. Yoyotte, *o.c.*, p.60–1.
143. E. Naville, *Deir el Bahari* III, p.16 et fig.3, pl.23.
144. En consultant les ouvrages consacrés à un certain nombre de sites qui abritaient un culte populaire ou recevaient des pèlerins, je n'ai rien trouvé qui puisse se rapprocher quelque peu des graffiti schématiques de Giza, ni à Deir el-Bahari, ni à Serabit el Khadem et Timna, qui tous possédaient des sanctuaires hathoriques, lieux par excellence des manifestations de la religiosité populaire. Les publications diverses de graffiti n'ont pas apporté davantage de points de comparaison.
145. M. Jones et A. Milward, *JSSEA* 12, 1982, p.145 et 151, et pl.20 a.
146. Voir un certain nombre d'exemples étudiés par C. Desroches-Noblecourt, *BIFAO* 53, 1953, p.7–47; certains des objets retrouvés par B. Bruyère, *Rapport sur les fouilles de Deir el Médineh (1934–1935)*, *FIFAO* 16, 1939, p.143 et pl.45, sont cependant réduits à leur expression la plus simple.
147. Cf. C. Desroches-Noblecourt, *loc. cit.*, fig.1, p.8.

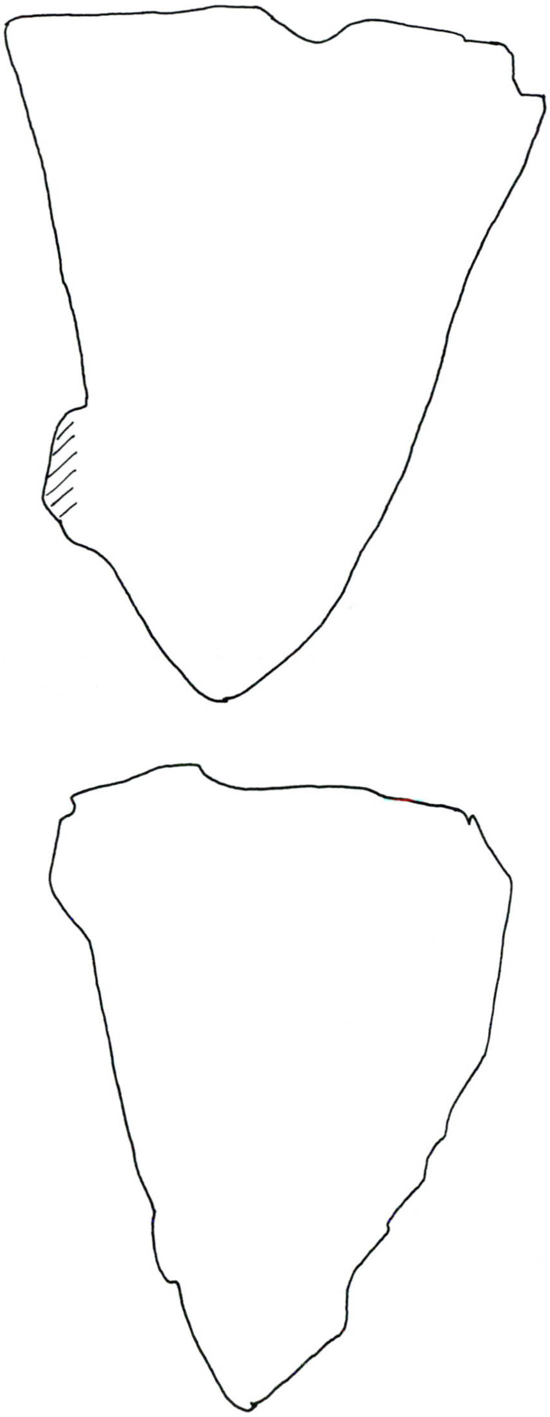

Fig. 3
Marques triangulaires sur la façade externe est de la chapelle funéraire

4. LE CULTE D'ISIS A GIZA AU NOUVEL EMPIRE: ESSAI D'INTERPRETATION

Après l'étude de ces divers documents dans leur contexte, sinon archéologique, du moins historique, il faut essayer de faire le point sur la situation au Nouvel Empire en dépit des lacunes qui viennent grever cette tâche.

Dès Thoutmosis III ou tout au moins ses successeurs, et pendant le reste de la XVIIIe dynastie, des bagues portant le nom du pharaon régnant, Aménophis III, Toutankhamon, Aï, Horemheb, furent en circulation dans le secteur du temple d'Isis et furent peut-être conservées finalement, au moins pour une part d'entre elles, dans une sorte de cache, après avoir été mises au rebut. Ce matériel, assez pauvre, traduit néanmoins une occupation précoce et régulière du secteur qui s'apparente peut-être à un pèlerinage, et, à tout le moins, à un culte populaire. Les marques triangulaires sur les pyramides G I-b et G I-c ainsi que sur un des murs de la chapelle funéraire de cette dernière sont sans doute à rattacher à une forme similaire de religiosité. Si on peut fixer le terme de cette pratique, l'agrandissement du temple sous la XXIe dynastie avec des murs qui viennent s'appuyer sur les parties les plus anciennes en en dissimulant le décor, en revanche, on ne sait quand elle a débuté et combien de temps elle a duré; peut-être pendant tout le Nouvel Empire.

Parallèlement une série de documents retrouvés soit dans le secteur du temple soit à proximité du temenos du Sphinx, représentent et mentionnent Isis comme une déesse autonome, ayant apparemment des liens avec Harmachis. Le monument le plus ancien et le plus curieux est la stèle gravée au nom d'Amenemipet, sans doute un fils d'Aménophis II, qui met en parallèle le Sphinx et la déesse assise dans un kiosque dont on peut se demander s'il s'agit d'une représentation fidèle d'un monument qui aurait véritablement existé. Un peu plus tard, Thoutmosis IV dédie au moins une stèle à Isis dans la série des stèles votives, destinées à être encastrées dans un mur de protection, bâti par lui autour du Sphinx. Une stèle de donation, faite au temps du roi Aï et le portraiturant devant Hathor Nébet Hotepet, a été retrouvée dans les décombres du temple d'Isis et n'est pas sans poser de questions. Au début de la XIXe dynastie, Séti Ier faisant refaire et décorer la porte principale de la chapelle d'Harmachis, s'y représente accueilli par le dieu et une déesse dont l'identité n'est pas nommément indiquée mais qui est très vraisemblablement Isis, occupant encore une fois une position tout à fait symétrique de celle d'Harmachis. Des colonnes ramessides nous montrant la déesse accompagnant Osiris ou Ptah, furent remployées par Amenemopé, souverain de la XXIe dynastie, dans le temple d'Isis. Elles peuvent provenir d'un état antérieur du temple ou bien, plutôt, avoir été amenées là après la destruction d'un autre monument du site, consacré à Osiris. Sous Merenptah, un officiel consacra une stèle-naos à la divinité qu'on retrouve également sur deux autres stèles de particuliers qui, elles, ne sont pas aussi bien datées.

Ces données sont assez parlantes et pourtant laissent subsister bien des incertitudes qui ne peuvent être complètement levées. C'est la zone de la chapelle funéraire de la pyramide G I-c qui fut choisie comme lieu de culte d'Isis. Et cependant aucun niveau archéologique de cette époque n'a pu être décelé. On doit supposer que le secteur a été, au moins partiellement, désensablé dès le début de la XVIIIe dynastie pour qu'on puisse y accéder et l'utiliser. Mais un deuxième "nettoyage", plus drastique fait disparaître les niveaux du Nouvel Empire lorsque l'on procède à l'agrandissement du temple à la XXIe dynastie. Il est impossible de dire à quoi ressemblait l'édifice du Nouvel Empire; on peut toutefois penser que ce n'est pas simplement la chapelle de l'Ancien Empire, extrêmement exiguë, qui avait été aménagée pour servir de lieu de culte à Isis mais que, déjà, existait une construction nouvelle, même si elle était de taille modeste; sans doute en briques avec les éléments les plus importants, particulièrement les portes, en pierre. Ressemblait-elle au kiosque de la stèle d'Amenemipet, on ne peut l'affirmer. Par ailleurs, je ne suis pas convaincue par les suggestions et interprétations de M. Jones et A. Milward, *JSSEA* 12, 1982, p.151. Il est très hasardeux de faire de cet édifice une chapelle du type de celles d'Hathor, vénérée dans des spéos ou des grottes, car nous n'avons aucune preuve qu'à cette époque le sol de la chapelle funéraire G I-c était surbaissé par rapport à l'extérieur pour lui donner une vague apparence de grotte. De plus, lorsque la déesse est nommée, c'est d'Isis qu'il s'agit et non d'Hathor, même si, évidemment, il existe d'étroites parentés entre ce culte populaire d'Isis et celui d'Hathor sur d'autres sites. Quoi qu'il en soit, la chapelle sera supprimée ultérieurement pour laisser la place à un édifice de dimensions plus vastes quoique limitées, elles aussi.

Quel culte y rendait-on? La déesse ne porte pour l'instant que des épithètes traditionnelles: la grande, la mère divine, la souveraine des dieux, la dame du ciel, la dame du Double Pays, si on excepte celles, plus rares, de la stèle d'Amenemipet: l'unique dans le ciel, qui n'a pas d'égale, la fille aînée d'Atoum, mais qui ne sont pas, pour autant, éclairantes quant à l'histoire d'Isis à Giza; on peut seulement constater qu'elle est parée d'un aspect de divinité universaliste. En revanche, même si elle est vénérée dans la proximité directe de la pyramide G I-c et donc de celle de Chéops, on n'a pas encore fait d'elle, semble-t-il, la protectrice par excellence des Pyramides. On a vu à cet égard que la présence de l'épithète *ḥnwt mrw* sur une colonne ramesside, remployée par Amenemopé n'est pas un argument déterminant pour faire remonter cette appellation au Nouvel Empire.

Par ailleurs, dès l'origine, des liens paraissent s'être formés entre Harmachis et Isis qui pouvait accompagner le premier, bien que ce rapprochement reste exceptionnel, à considérer les documents mentionnant Isis mais surtout ceux dédiés au Sphinx où il est pratiquement toujours seul. Y-a-t-il eu des raisons d'ordre théologique à la base de cette association? On peut en douter, surtout qu'elle est trop ponctuelle et n'apparaît pas comme intrinsèque aux deux cultes. Tout au plus pourrait-on songer au rôle d'Isis, épouse d'Osiris et mère d'Horus, dont Harmachis ne serait qu'une forme particulière. Mais c'est précisément ce que n'est pas Isis dans le cadre de son culte propre à Giza: elle est représentée seule et non pas aux côtés d'Osiris dont il n'est pas fait mention[148], et cela dès le moment où on la rencontre sur des documents du Nouvel Empire. Aussi cherchera-t-on une raison plus prosaïque à cette association occasionnelle. Ne serait-ce pas la proximité géographique du Sphinx et de la petite pyramide, tous les deux centres d'un culte, qui serait à l'origine de leur rapprochement? C'étaient là les deux points où se focalisait la vie du site et ils n'étaient guère éloignés l'un de l'autre; il faut même imaginer qu'un chemin les reliait car l'accès au plateau devait se faire dans l'antiquité

148. Cela a déjà été noté par M. Münster, *Isis*, p.184–5, dans les quelques paragraphes qu'elle consacre à Isis de Giza.

par le sud, à peu près au niveau du Sphinx et c'est de là, ensuite, qu'on pouvait atteindre le secteur oriental[149]. Du reste, on se souviendra de l'expression ambiguë mais expressive, employée sur la grande stèle d'Aménophis II: *mrw Ḥr-m-ꜣḫt*[150]. Qu'on comprenne "les Pyramides d'Harmachis" ou "les Pyramides et Harmachis", il y est indiqué un lien assez fort entre ces deux entités. Beaucoup plus tard, le texte de la Stèle de la fille de Chéops, à son tour, soulignera la proximité du temple d'Isis, *pr St*, et de celui d'Houroun, *pr Ḥwrwn*, ou encore du temenos d'Houroun-Harmachis, *ỉꜣt nt Ḥwrwn-Ḥr-m-ꜣḫt*[151].

Une autre raison, plus proprement religieuse, a pu servir également au rapprochement des deux cultes. Les deux lieux saints recevaient des marques de la piété royale mais aussi de la dévotion populaire comme en témoignent les ex-voto en tout genre recueillis dans leurs parages. On dédiait des stèles à Isis comme à Harmachis, mais on déposait aussi dans son temenos des bagues, pacotille bien caractéristique de la piété des pauvres, ou encore ces bassins, tels celui qu'on a retrouvé dans la rue des reines. Il y avait là une autre station du pèlerinage de Giza.

Pourquoi avait-on choisi cet endroit? Et pourquoi, surtout, avait-on choisi d'y honorer Isis? C'est la question des origines qui se pose maintenant, une fois qu'on a essayé de circonscrire les aspects et les caractéristiques du culte. Peut-être que l'ex-chapelle funéraire de la pyramide G I-c était mieux préservée et plus facile d'accès que les autres monuments environnants; elle était aussi la plus proche du temenos du Sphinx; tout cela a pu contribuer à son élection; et elle avait certainement le prestige d'un monument ancien et vénérable. J'ai déjà eu l'occasion de montrer en étudiant la statue de la reine Ti'aa, épouse d'Aménophis II et mère de Thoutmosis IV, contemporaine du développement des cultes d'Harmachis et d'Isis, que la titulature tout à fait exceptionnelle du personnage avait été élaborée à l'aide d'emprunts faits à celles des princesses de la IVe dynastie, enterrées pour beaucoup d'entre elles, dans la nécropole orientale[152]. Bien avant le goût marqué des Saïtes pour l'archaïsme, c'est là un signe de l'intérêt porté par les Egyptiens du Nouvel Empire à la vieille nécropole, au moment même où le culte d'Isis allait se développer. On est ainsi en présence d'un faisceau d'éléments convergents qui ont finalement dicté le choix du lieu.

Pèlerinage dans un vieux sanctuaire désaffecté, restauré et transformé pour la circonstance; on songe irrésistiblement au culte de la Sekhmet de Sahourê à Abousir, en plein essor durant le Nouvel Empire et qui perdura jusqu'à l'Epoque Grecque[153]. Dans la partie sud du temple funéraire royal désaffecté, on a retrouvé des constructions de briques adventices avec leurs portes de pierre et de nombreuses stèles votives. On suggère

149. Il faut pour cela se départir de notre vision moderne du plateau qu'on atteint par le nord, face à Chéops, ce qui n'avait aucune raison d'être dans l'antiquité alors que toutes les installations civiles et portuaires s'étendaient au sud-est en contrebas du plateau et du Sphinx: cf. G. Goyon, *RdE* 23, 1971, p.138–43; et la reconstitution pour la IVe dynastie de M. Lehner, *MDIAK* 41, 1985, p.133. Cette organisation et cette orientation du site à l'Ancien Empire ne pouvaient que se perpétuer ultérieurement, étant donné la configuration des lieux.

150. Cf. C.M.Z., *Giza*, p.289–90.

151. *Infra*, p.219 et 240.

152. C.M. Zivie-Coche, *Mél. Mokhtar*, *BdE* 97/2, 1985, p.389–401.

153. Sur Sekhmet de Sahourê, voir L. Borchardt, *Das Grabdenkmal des Königs Sꜥꜣḥu-Reꜥ* I, Leipzig 1910, p.101–6, 120–8 et II, 1913, p.113–4; J. Yoyotte, *Les pèlerinages*, p.49–50; S. Hoenes, *Untersuchungen zu Wesen und Kult des Göttin Sachmet*, Bonn 1976, p.113–8; H. Sternberg, *LdÄ* V/3, 1983, 324; cf. aussi Ph. Germond, *Sekhmet et la protection du monde, Aegyptiaca Helvetica* 9, 1981, p.338 sq.

que le culte créé au Nouvel Empire s'est cristallisé autour d'une ancienne représentation d'une déesse léontocéphale, peut-être une Bastet réinterprétée en Sekhmet, soit bas-relief soit statue[154]. A l'appui de cette hypothèse, on peut citer un relief très lacunaire du temple de Sahourê[155] ou encore le fragment retrouvé au temple de Niouserrê et représentant une tête de déesse léontocéphale[156], attestant de l'existence de telles représentations à l'Ancien Empire.

Evidemment, il est hasardeux de poursuivre si loin la comparaison avec le temple funéraire de Giza dont on a bien dû constater qu'on ignorait presque tout de son décor[157] et, particulièrement, s'il y avait jamais eu une quelconque représentation de déesse susceptible d'être réinterprétée en Isis. Il est donc difficile de dire si c'est de la redécouverte d'une image ancienne qui, au demeurant, n'aurait pu être celle d'Isis[158] mais peu importe, qu'est né le culte de la XVIIIe dynastie. On ne peut ici que dresser un constat d'impuissance.

Toutefois, il est remarquable que ce soit Isis qui, dès la XVIIIe dynastie, ait acquis un rôle important à Giza, malgré son absence *a priori* de liens avec le site. En effet, à cette époque, les cultes autonomes de la déesse dans un temple ou une chapelle qui lui soient spécialement consacrés, sont encore rares. Ce n'est qu'avec le Nouvel Empire qu'on en trouve des figurations sur les murs de temples ou les stèles, alors que ses représentations étaient cantonnées auparavant aux sarcophages[159]; encore ces représentations restent-elles rares; et les stèles du Nouvel Empire nous montrant Isis, seule, objet de vénération, ne sont-elles guère nombreuses. Certes, on a recensé quelques membres du personnel sacerdotal d'Isis dès la XVIIIe dynastie à travers l'Egypte[160], mais c'est seulement avec Séti Ier et la chapelle consacrée à la déesse dans son temple d'Abydos[161] qu'on la voit émerger, pour la première fois, de l'obscurité où la laissent les sources antérieures. Sans aucun doute, l'Epoque Ramesside a vu dans l'ensemble du pays un développement du culte d'Isis[162]. Dans la région memphite, la seule mention hors de Giza qu'on trouve d'Isis, au Nouvel Empire, est celle du papyrus Wilbour qui cite "la maison d'Isis de Ramsès, aimé d'Amon, qui se trouve au village de Ran"[163]. Il s'agit d'une fondation ramesside des confins sud du memphite. Ce n'est que beaucoup plus tard qu'apparaîtront les cultes d'Isis à la tête (couleur) de lapis-lazuli[164] ou d'Isis de Tjenenet[165], toponyme typiquement memphite[166]. Au total, un ensemble très limité, non par défaut de documentation mais parce qu'effectivement l'extension de son culte n'aura lieu que plus tardivement.

154. Cf. J. Yoyotte, *o.c.*, p.49; S. Hoenes, *o.c.*, p.113 et H. Sternberg, *loc. cit.*, 324.
155. Voir PM III[2], 1, 333, qui renvoie à L. Borchardt, *o.c.*, II, pl.35.
156. H. Sternberg, *loc. cit.*, 324–5.
157. Voir *supra*, p.14–5, sur cette question qui reste ouverte.
158. On a vu, *supra*, p.16–7, qu'il n'y avait pas de représentation d'Isis à l'Ancien Empire; tout au plus se serait-il agi d'une image d'Hathor réinterprétée en Isis.
159. J. Bergman, *LdÄ* III/2, 1978, 186.
160. J. Bergman, *loc. cit.*, 196, et A. Forgeau, *BIFAO* 84, 1984, p.177, doc.2–6.
161. Voir J. Bergman, *loc. cit.*, 189 et 195.
162. A. Forgeau, *loc. cit.*, p.156.
163. Voir J. Yoyotte, *RdE* 15, 1963, p.117; J. Bergman, *Ich bin Isis*, Uppsala 1968, p.241.
164. J. Yoyotte, *loc. cit.*, p.117–9; J. Bergman, *ibid.*, p.245–7.
165. J. Bergman, *ibid.*, n.(2), p.245; p.247–50.
166. Pour d'autres aspects du développement du culte d'Isis à Memphis, surtout aux époques plus tardives: J. Bergman, *ibid.*, p.250 sq.

Il faut d'autant plus souligner l'originalité de ce culte d'Isis qui apparaît dès la XVIIIe dynastie sous la forme d'un pèlerinage et d'un culte populaire, associé sans doute à celui du Sphinx et qui se poursuivra sous un aspect un peu différent au cours du premier millénaire, alors qu'Isis aura définitivement adopté son épithète de *ḥnwt mrw*, "dame des Pyramides", qui en fait la protectrice par excellence du site.

DEUXIEME PARTIE

DE LA TROISIEME PERIODE INTERMEDIAIRE A L'EPOQUE SAITE

CHAPITRE I

PSOUSENNES A GIZA

1. PSOUSENNES ET LES DEBUTS DE LA TROISIEME PERIODE INTERMEDIAIRE

Le début du premier millénaire voit la fin de l'unité du royaume d'Egypte qui, bon gré mal gré, s'était poursuivie sous les règnes des Ramsès, en dépit des attaques venues de l'extérieur[167]; on songe tout particulièrement aux guerres qu'il fallut mener contre les Peuples de la Mer. Avec le règne de Ramsès XI, on assiste à la montée du pouvoir politique des grands prêtres thébains[168] dans la capitale du sud tandis que Smendès étend son autorité dans le nord et peut être considéré comme le fondateur de la XXIe dynastie, dite tanite[169]. La limite entre les deux territoires passait au nord d'Hérakléopolis[170] et, de cette manière, la région de Memphis était sous l'obédience des souverains de Tanis.

C'est après le bref épisode des quatre ans de règne d'Amenemnessou[171], que Psousennès Ier va faire de Tanis sa capitale[172]. C'est à lui qu'il faut en attribuer la véritable fondation. Il construisit une vaste enceinte en briques estampillées à son nom, destinée à enclore le grand temple consacré à Amon où on a retrouvé en place un dépôt de fondation également à son nom. C'est de cette époque que date le transport dans la nouvelle capitale de nombreux objets mobiliers au nom de Ramsès II, entre autres les obélisques et les stèles, pris sur le site de Pi-Ramsès, désormais abandonné, et destinés à meubler et embellir le nouveau sanctuaire. Cependant, relativement peu de choses restent en place du temps de Psousennès[173] en raison des nombreuses transformations ultérieures qu'a subies le site, et il est difficile d'imaginer ce que fut le temple d'Amon et ses alentours à cette époque[174]. De cette période date également une innovation d'importance: la

167. Cf. K. Kitchen, *TIP*, p.243–54, et 569–70. Pour cette période, voir aussi maintenant la mise au point de J. Yoyotte, dans *Tanis. L'or des pharaons*, Paris 1987, p.54 sq.

168. K. Kitchen, *ibid.*, p.257–61.

169. *Ibid.*, p.255–7.

170. *Ibid.*, fig.1, p.249.

171. *Ibid.*, p.261.

172. *Ibid.*, p.268.

173. M. Roemer, *LdÄ* VI/2, 1985, 196 et 201.

174. Cependant les découvertes nouvelles lors de fouilles ou de surveys continuent d'apporter des compléments d'informations sur des questions d'ordre archéologique, historique ou religieux: voir, par exemple, la redécouverte récente de la table d'offrandes de la chapelle funéraire de Psousennès sur un site proche de Tanis où elle avait été transportée et remployée à l'époque moderne: J. Yoyotte dans *Tanis. L'or des pharaons*, Paris 1987, N°59, p.204–5; *Cahiers de Tanis* I, Paris 1987, p.107–13; M. Thirion, *Cahiers de Tanis* I, Paris 1987, p.115–20.

construction d'une tombe royale à l'intérieur du temenos. On sait en effet que Pierre Montet a découvert en 1940 la tombe inviolée du roi avec différentes autres inhumations dont celle de son successeur, Amenemopé, mais aussi de personnages sans lien de famille avec le roi, dans l'angle sud-ouest de l'enceinte bâtie par Psousennès Ier[175]. C'est une pratique qui connut par la suite un certain succès hors de Tanis où elle se prolongea, puisque les divines adoratrices des XXVe et XXVIe dynasties furent enterrées dans l'enceinte de Medinet Habou tandis que les souverains de la XXVIe dynastie avaient choisi le temple de leur métropole pour s'y faire inhumer[176]. On verra plus loin quel usage il sera fait à Giza à partir de la XXIIe ou XXIIIe dynastie de cette nouvelle coutume, essentiellement réservée à des rois[177].

Bien que toute sa titulature rattache Psousennès à Thèbes et à son dieu Amon[178], ses monuments hors de Tanis, du moins ceux qui sont parvenus jusqu'à nous, sont fort rares. Dans le delta, une base de statue a été découverte sur le site de Tinnis, dans le lac Menzaleh[179]. Il s'agit en fait de la base et des pieds de la paire de génies des marais, Hapouy et Iakes, apportée à Tanis par Psousennès et surchargée par lui. Une stèle un peu postérieure à son règne, retrouvée dans l'oasis de Dakhleh, mentionne l'an 19 du roi, fournissant ainsi un repère chronologique et attestant sans doute qu'il exerça son autorité sur le désert occidental et les oasis[180].

A Memphis même qui, semble-t-il, conservait une importance effective[181], il n'apparaît pas que le souverain ait mené des activités architecturales. Néanmoins avons-nous une trace indirecte de ses années de règne, puisque nous savons que trois grands prêtres de Ptah exercèrent leur charge de père en fils alors qu'il était roi: Pipi A, Harsiésis et Pipi B[182]. En outre, un personnage appartenant au clergé de Ptah, mais d'un rang moins élevé, et à celui d'Osiris, seigneur de Ro-Setaou, dont j'aurai l'occasion de reparler, Ptahkha, fils d'Ashakhet, édifia à Memphis une construction dont la porte de pierre nous montre les cartouches de Psousennès[183]. Ce sont là, hormis les officiels de la cour tels qu'Oundebaounded[184], pratiquement les seuls personnages qu'on puisse rattacher de manière sûre au règne de Psousennès[185].

175. Voir P. Montet, *La nécropole de Tanis* II. *Les constructions et le tombeau de Psousennès à Tanis*, Paris 1951. Pour la mise au point la plus récente sur l'organisation de la nécropole royale à Tanis à la XXIe et XXIIe dynasties, on se reportera à Ph. Brissaud, *Cahiers de Tanis* I, Paris 1987, p.16–25.

176. Voir R. Stadelmann, *MDIAK* 27, 1971, p.110–23; W. Helck, *LdÄ* VI/3, 1985, 376–7. Sur cette question, voir aussi J. Yoyotte dans *Tanis. L'or des pharaons*, Paris 1987, p.70.

177. *Infra*, p.83–4, 178 et 270–1.

178. K. Kitchen, *TIP*, p.262–3; pour la titulature de Psousennès, voir aussi J. Beckerath, *Handbuch der ägyptischen Königsnamen*, *MÄS* 20, 1984, p.98, et M.A. Bonhême, *Les noms royaux dans l'Egypte de la Troisième Période Intermédiaire*, *BdE* 98, 1987, p.60–77.

179. Caire JE 41644; cf. K. Kitchen, *ibid.*, p.268. Voir également J. Yoyotte, *CRAIBL* janvier–mars 1970, p.34; *Tanis. L'or des pharaons*, Paris 1987, p.29.

180. Voir A. Gardiner, *JEA* 19, 1933, p.19–30; K. Kitchen, *ibid.*, p.269. Son nom apparaît aussi, naturellement dans les généalogies des membres de sa famille: cf. *GLR* III, p.291.

181. K. Kitchen, *ibid.*, p.267 et 572. Noter l'intéressante précision de la stèle de Dibabieh relative à la présence de Smendès à Memphis lorsqu'il prit le décret concernant les carrières de Gebelein: G. Daressy, *RT* 10, 1888, p.135–8.

182. K. Kitchen, *ibid.*, p.187 sq, et p.560.

183. Cf. *infra*, p.50–1.

184. K. Kitchen, *ibid.*, p.265–7 et p.572. Il faut mentionner également les dignitaires tanites connus par les fragments de leurs tombes, remployés dans la construction du tombeau de Chechanq III: F. von Känel, *BSFE* 100, 1984, p.31–43.

185. Certains personnages peuvent cependant être considérés comme les contemporains du roi en raison de la similitude du style de leur monument avec celui d'un autre document clairement daté: cf. par exemple *infra*, le cas du fragment de statue MFA Exp. N. 29–7–12.

Devant une telle rareté de documents, il est évidemment d'autant plus remarquable de rencontrer le nom de Psousennès dans le temple d'Isis, dame des Pyramides, à Giza, et cela n'a d'ailleurs pas échappé aux auteurs qui se sont intéressé au début de la Troisième Période Intermédiaire ou au développement du culte d'Isis[186]. Le règne de Psousennès marque sans aucun doute une étape nouvelle dans l'histoire de la chapelle d'Isis; on verra comment sur la base des documents conservés, malheureusement trop peu nombreux et fragmentaires, on peut essayer de décrire et de comprendre cette phase qui marque la première extension du temple.

Le culte d'Isis tel qu'il va se manifester à Giza au cours du premier millénaire a déjà un passé, comme je l'ai montré au chapitre précédent. Le secteur de la pyramide G I–c et de son temple funéraire était le lieu d'un culte populaire qui s'adressait à Isis pendant tout le Nouvel Empire. Rien de surprenant à ce qu'il perdure et prenne une extension et un aspect nouveaux. D'ailleurs durant le premier millénaire, à la suite de l'Epoque Ramesside, on va assister à la lente mais sûre montée des cultes osiriaque et isiaque qui, plus que le culte officiel d'Amon, répondent, semble-t-il, aux aspirations religieuses du temps et apparaissent comme une assurance contre les difficultés de l'heure. Néanmoins ils trouveront leur plein épanouissement en Egypte à partir de la XXVe dynastie surtout[187], et ce culte à Giza dès la XXIe, montre que le phénomène, ici ou là, était déjà en germe antérieurement à sa généralisation à tout le pays.

2. DOCUMENTS AUX NOMS DE PSOUSENNES ET DE SES CONTEMPORAINS

A. LINTEAU CAIRE JE 4747 (Fig. 4)

En 1859, Mariette trouve un beau fragment de linteau de porte, réutilisé dans une maison d'un village voisin des Pyramides, après les destructions qu'avaient opérées les habitants dans la chapelle d'Isis et ses environs, chapelle qui fut à nouveau l'objet de déblaiements en 1881[188]. Maspero dans le *Guide du visiteur au Musée de Boulaq*, 1883, signale les fragments JE 4747 et 4748, entrés au musée en même temps comme:

> "... trouvés à Gizeh parmi les pierres d'une maison. Il provient probablement de la petite chapelle construite par les rois tanites auprès de la Grande Pyramide, et que j'ai fait déblayer en 1881."

Dans Mariette, *Mon. Div.*, pl.102 c, qui a donné la première et unique publication de l'objet, on lit une notice à peu près similaire[189]. On pourrait arguer que ces indications sont un peu vagues, mais la mention sur le document présentement étudié, d'Isis, dame des Pyramides, titre spécifique qui apparaît pour la première fois ici, ne laisse, je crois, aucun doute sur la localisation originelle du fragment.

186. R. Lepsius, *ZÄS* 20, 1882, p.104–5; P. Montet, *La nécropole royale de Tanis* II. *Les constructions et le tombeau de Psousennès à Tanis*, Paris 1951, p.9; J. Černy, *Egypt from the Death of Ramesses III to the End of the Twenty-First Dynasty*, *CAH*, Cambridge 1965, p.50; K. Kitchen, *TIP*, p.269; H. Jacquet-Gordon, *Hom. Champollion*, p.108; M. Münster, *Isis*, p.182–3; J. Bergman, *Ich bin Isis*, Uppsala 1968, p.243–4; *LdÄ* III/2, 1978, 195; dans des ouvrages plus généraux: K. Michalowski, *L'art de l'Ancienne Egypte*, Paris 1968, p.487; J. Baines et J. Málek, *Atlas of Ancient Egypt*, Oxford 1980, p.164; qui constituent l'essentiel de la bibliographie concernant le temple d'Isis.

187. A. Forgeau, *BIFAO* 84, 1984, p.156.

188. *Supra*, p.8–10, pour l'histoire des fouilles.

189. *Supra*, p.9, où elle est reproduite.

Outre la publication de Mariette, *Mon. Div.*, pl.102 c, déjà citée, un certain nombre d'auteurs ont fait mention de ce document. Voir PM III^2, 1, 18, auquel on ajoutera R. Lepsius, *ZÄS* 20, 1882, p.104 et pl.2; P. Montet, *La nécropole royale de Tanis* II, *Les constructions et le tombeau de Psousennès à Tanis*, Paris 1951, p.9; M. Münster, *Isis*, p.182; J. Bergman, *Ich bin Isis*, Uppsala 1968, p.243–4; K. Kitchen, *TIP*, p.269; A. Forgeau, *BIFAO*, 84, 1984, p.180.

Pour étudier ce document, nous sommes malheureusement obligés de nous contenter du dessin de Mariette, *Mon. Div.*, pl.102 c, car le fragment de Psousennès est aujourd'hui quelque part dans le sous-sol du Musée du Caire, et, partant, très difficilement visible.

Le fragment de calcaire est assez régulièrement découpé, selon une forme rectangulaire et mesure 0,96 m sur 0,40. Il s'agit de la partie gauche d'un linteau de porte dont la hauteur intégrale est conservée. Etant donné que les cartouches royaux occupant la place centrale sont préservés, il manque un peu moins de la moitié du linteau qui au total n'avait pas loin de deux mètres de large. On peut comparer ces dimensions à celles très similaires du linteau de Ptahkha, trouvé à Memphis[190]. La partie existante semble assez bien préservée, à en croire le dessin reproduit dans les *Mon. Div.*, et d'une belle facture. En revanche, aucune indication n'est donnée sur des restes éventuels de couleurs.

L'extrémité droite est occupée par les deux cartouches de Psousennès Ier, posés sur le signe de l'or et surmontés d'un disque solaire et de deux plumes. Ils étaient encadrés par deux colonnes de texte avec le nom d'Horus du roi, dont seule subsiste celle de gauche:

"L'Horus, taureau puissant, par le don d'Amon, Aâkheperrê Sotepenamon Meryamon, Psousennès, aimé d'Amon."

Nous avons ici une partie de la titulature de Psousennès: cf. K. Kitchen, *TIP*, p.262–3; J. Beckerath, *Handbuch der ägyptischen Königsnamen*, *MÄS* 20, 1984, p.98, qui propose pour le nom d'Horus du souverain la lecture *m ʿwy* ou *mdỉ*, et M.-A. Bonhême, *Les noms royaux dans l'Egypte de la Troisième Période Intermédiaire*, *BdE* 98, 1987, p.64–5.

Sur le dessin dont nous disposons, les hiéroglyphes des deux cartouches au lieu de faire face à gauche et à droite selon un axe de symétrie, sont tous tournés vers la droite. Erreur du graveur du linteau ou erreur du dessinateur de la planche? Nous ne pouvons le dire; mais si on compare cet exemple à d'autres, on s'aperçoit qu'un tel cas n'est pas très courant: voir, par exemple, les linteaux publiés par W.M.F. Petrie, *Memphis* II, pl.24; R. Anthes et alii, *Mit Rahineh 1956*, Philadelphie 1965, pl.33. Néanmoins, sur le linteau de Ptahkha, Anthes et alii, *ibid.*, p.95, on peut constater un phénomène de même ordre. La colonne de texte qui se rapporte certainement au personnage de la partie droite du linteau est orientée dans le sens contraire. Enfin, on retrouve le même problème sur le fragment Caire JE 4748[191], ce qui m'inciterait à pencher en faveur d'une erreur du dessinateur moderne. A gauche, un prêtre (→) agenouillé, vêtu d'une longue jupe, les pieds nus, le crâne rasé, porte de la main droite un flabellum alors que la gauche est

190. Cf. R. Anthes et alii, *Mit Rahineh 1956*, Philadelphie 1965, p.92–3.
191. *Infra*, p.61.

Fig. 4
Linteau Caire JE 4747 (d'après Mariette, *Mon. Div.*, pl.102 c)

levée dans l'attitude de l'adoration, devant les noms royaux. C'est là un thème très commun sur les linteaux contemporains.

Derrière le personnage, deux colonnes de texte donnent ses titres et son nom, aujourd'hui en partie en lacune. Un demi-cadrat manque en haut de la première colonne tandis que la deuxième se poursuivait peut-être plus bas. L'examen du bloc lui-même permettrait évidemment de trancher les questions qui demeurent en suspens.

"1. [Le père divin] (a), le supérieur des secrets de Ptah (b), le père divin d'Isis, 2. [dame] des Pyramides (c), le prophète de... (d), le prophète de Ptah, Ptah... (e)."

Le texte nous donnant la titulature et le nom du prêtre soulève lui aussi quelques questions, dues tout simplement, peut-être, à une copie défectueuse.

(a) Les traces qui subsistent dans le cadrat supérieur ne sont pas très nettes; il est clair pourtant qu'il s'agit du titre *ỉt nṯr* qu'on retrouve également en début de séquence, suivi de *ḥry sštꜣ* sur le linteau déjà cité de Ptahkha et dans d'autres titulatures contemporaines. Voir exemples et références chez Ramadan El-Sayed, *BIFAO* 80, 1980, p.199.

(b) Le titre est écrit d'une manière très abrégée sans *n* du génitif. On trouve aussi bien les formes *ḥry sštꜣ n Ptḥ* et *ḥry sštꜣ n pr Ptḥ*; voir Ramadan El-Sayed, *loc. cit.*, p.198–9, où nous avons la même séquence.

(c) Nous lisons "père divin d'Isis." Bien que J. Bergman, *LdÄ* III/2, 1978, 196, affirme qu'il s'agisse d'un titre courant dans le clergé d'Isis, la recension d'A. Forgeau, *BIFAO* 84, 1984, p.180, ne nous fournit qu'un exemple de la XXe dynastie, d'origine inconnue, mis à part celui-ci. Le reste de la documentation de Giza ne comporte pas d'autre mention de ce titre si bien qu'on pourrait se demander s'il ne s'agit pas d'une erreur du dessinateur moderne pour *ḥm-nṯr*, prophète, plus courant; cela n'est naturellement qu'une hypothèse.

La première partie du cadrat supérieur de la seconde colonne est légèrement abîmée. Néanmoins, tous les parallèles nous indiquent, sans conteste possible, qu'il faut restituer *ḥnwt*, qui est suivi du signe-mot *mr* accompagné des trois traits du pluriel. C'est à ma connaissance la mention la plus ancienne de cette épithète spécifique de l'Isis de Giza: "la dame des Pyramides." On a vu, en effet, que le titre de *ḥnwt mrw* porté par la déesse sur une colonne ramesside, usurpée par Amenemopé, ne remonte sans doute pas à l'époque de Ramsès II[192].

(d) Suit un titre partiellement en lacune: "prophète de..." Le dessinateur moderne a représenté une lacune rectangulaire soigneusement délimitée, dont on ne peut dire si elle correspond effectivement à l'érosion de la pierre et qui contenait le nom d'un autre dieu, perdu.

(e) Il semble que dans cette dernière séquence, Ptah qui n'est écrit qu'une seule fois, doive se lire deux fois, comme complément de *ḥm-nṯr*, "prophète de Ptah", et comme composante d'un nom théophore dont la suite est perdue: cf. Ramadan El-Sayed, *loc. cit.*, p.193–4, qui cite, entre autres exemples similaires, le cas du prophète de Ptah, Ptahkha.

A la suite de cela, le dessinateur a indiqué un *t* puis un signe incomplet, horizontal et plat. Par ailleurs, on ne sait s'il manque quelque chose ou non après ces deux signes, étant donné que l'indication de hachures est très vague. On peut sous toute réserve proposer de lire Ptahhotep ou Ptahkha, lectures qui peuvent convenir aux traces dont nous disposons.

S'il s'agissait de Ptahkha, aurions-nous à faire au même personnage, fils d'Ashakhet, que celui dont une porte a été retrouvée à Mit Rahineh? Cela n'est pas impossible: ils portent les mêmes titres de père divin, supérieur des secrets de Ptah et

192. Cf. *supra*, p.27–8. Pour une étude plus détaillée de cette épithète, cf. *infra*, p.164–5.

prophète de Ptah. De ce personnage, le monument de Memphis nous dit aussi qu'il était attaché au temple d'Osiris, seigneur de Ro-Setaou, *n pr Wsỉr nb R3-st3w*[193], temple qui était, on le sait, situé à Giza. On pourrait donc supposer, sans trop outrepasser les limites de la prudence, que Ptahkha avait indiqué sur son monument de Memphis son appartenance au temple d'Osiris dont le rayonnement couvrait largement toute la zone memphite tandis que c'est à Giza seulement qu'il portait le titre de "père divin d'Isis" qui était plus strictement rattaché au site même des Pyramides. De plus, il faut ajouter que les deux pièces, même si l'une d'entre elles n'est connue que par un dessin, sont visiblement d'un style très proche; ce qui toutefois n'est pas un critère suffisant d'identification car il pourrait fort bien s'agir simplement de la facture spécifique d'un atelier memphite. Cette solution doit être envisagée comme possible; néanmoins étant donné l'absence de renseignements généalogiques sur le document de Giza, la relative banalité du nom et même des titres, on se gardera d'en faire une certitude.

D'autant que cette identification envisageable, nous amène à évoquer un autre problème. Est-il vraisemblable qu'un même individu ait fait construire sur deux sites voisins d'une trentaine de kilomètres, deux bâtiments qui paraissent assez similaires? Cela nous conduit à nous demander quelle était la destination de ces édifices, et cela d'ailleurs qu'ils aient eu ou non un même propriétaire.

Depuis l'époque de sa trouvaille par Mariette, le fragment de relief Caire JE 4747 a toujours été considéré comme partie d'un linteau de temple, en l'occurrence la chapelle d'Isis dont le premier agrandissement daterait de Psousennès. Pour Reisner qui fouilla cette zone, cela ne faisait aucun doute et il attribua à ce roi la construction de la salle à quatre colonnes (2) (voir pl.4). Cette hypothèse a encore été reprise tout récemment par M. Jones et A. Milward, *JSSEA* 12, 1982, p.146:

> "... and a lintel showing a priest of Ptah and Isis kneeling before the cartouches of Psusennes I may have been erected in the kiosk of the columned hall."

Dans une esquisse de reconstitution du plan du temple, inédite (MFA Reisner's Archives Box XIV B 6), Reisner va plus loin et replace le linteau en question à la porte qui aurait séparé la salle à quatre colonnes (2) du kiosque à deux colonnes (3) (voir pl.4). Dans l'état actuel du temple, cela paraît assez aléatoire; les traces des murs et des portes de cette partie de la construction n'ont pas été retrouvées.

Si, pour tenter d'établir une comparaison, on en revient à la porte de Ptahkha trouvée à Mit Rahineh, on est malheureusement un peu déçu par l'information qui nous est fournie. On sait[194] que ce monument a été retrouvé à l'ouest du sanctuaire du petit temple de Ramsès II, non loin d'une inhumation, approximativement datée de la XXIe dynastie, sans qu'on puisse dire s'il y avait un rapport entre les deux.

Parmi toutes les huisseries de portes retrouvées en Egypte, certaines appartenaient à des monuments civils ou privés, et non pas à des tombes ou des édifices cultuels[195]; dans ce cas-là, elles portent un texte caractéristique qu'on ne retrouve ni à Memphis ni à Giza, bien que les inscriptions de Caire JE 4747 soient incomplètes, puisque les montants sont perdus. Il s'agit donc plutôt de ce qu'on appelle parfois des chapelles privées et dont la

193. Cf. R. Anthes et alii, *ibid.*, p.93; voir aussi une mention similaire sur la statue Caire CG 667: *infra*, p.57.
194. R. Anthes et alii, *ibid.*, p.28.
195. Voir l'étude de J. Berlandini, *L'Egyptologie en 1979* I, Paris 1982, p.169–73, et les remarques concernant ce problème encore fort mal élucidé dans M. Dewachter, *CRIPEL* 7, 1985, p.23–6.

destination n'est pas très claire. A Memphis, on connaît encore un autre édifice, peut-être apparenté aux deux précédents, dont les portes sont gravées au nom d'un membre du clergé de Ptah, Ankhefenmout, qui vécut sous Siamon[196]. Certains des linteaux sont parfaitement comparables à ceux de Ptahkha et du personnage anonyme de Giza[197]. Il s'agissait sans doute, encore une fois, d'un bâtiment à vocation religieuse, ayant une fonction semblable. Un personnage, suffisamment important pour graver son nom sur toutes les portes de l'édifice qu'il fit bâtir ou dont il eut la charge, affiche en même temps son allégeance au roi, en s'inclinant devant ses cartouches. Malheureusement, la destination de cette construction, jadis fouillée par Petrie, n'est pas parfaitement élucidée.

Il apparaît ainsi qu'un bâtiment, dont provient le linteau Caire JE 4747, fut édifié à Giza par Ptahkha ou un de ses contemporains qui avait une titulature très voisine. Cette chapelle était, sans aucun doute, en rapport avec le culte d'Isis; mais s'agissait-il à proprement parler du temple bâti à l'est de la chapelle funéraire de G I–c? Les indications de Mariette, *Mon. Div.*, pl.102 c, sont trop vagues pour préciser en aucune manière la localisation exacte de cette chapelle. Nous savons qu'il vit encore en place des restes de scènes au nom de Psousennès, ce qui est confirmé également par Petrie, *The Pyramids and Temples at Gizeh*, Londres 1883, 2ème éd., p.65[198]. Nous verrons un peu plus loin qu'un fragment, peut-être attribuable à Psousennès[199], a été réutilisé dans le dallage d'une partie du temple (15) (voir pl.6) à l'Epoque Saïte. Si donc Mariette et Petrie ont vu des éléments encore en place au nom de Psousennès, il faut supposer que c'est dans une partie de l'édifice qui n'avait pas été détruite par les Saïtes, et sans doute un peu plus périphérique.

B. FRAGMENT ATTRIBUE PAR REISNER A PSOUSENNES BOSTON MFA EXP. N. 29–7–17 (Fig. 5)

Un petit fragment de calcaire, cassé de manière irrégulière et mesurant 29 cm de long sur 15 de large, a été retrouvé dans le puits A du mastaba G 7560, dans la zone sud du cimetière oriental[200]. Je le mentionne parce que Reisner dans sa tentative de reconstitution du temple de la XXIe dynastie, citée un peu plus haut, a suggéré qu'il appartenait au revers du linteau Caire JE 4747, ce qui est on ne peut plus aléatoire.

On y voit les restes d'un personnage agenouillé, vêtu d'une grande robe déployée devant lui (→). Il était en adoration devant des cartouches, dont subsiste seulement le bas de celui de gauche, sans trace de signes. Il est vrai que cette représentation s'apparente à celle du linteau Caire JE 4747; toutefois il est difficile d'en dire plus, d'autant que le roi ne peut être identifié par son nom. Ce type de figuration sur un linteau a évidemment existé avant et après Psousennès. Il serait donc hasardeux de suivre Reisner et de rattacher ce fragment au document Caire JE 4747. On peut seulement dire qu'il appartenait à un linteau montrant un particulier anonyme en adoration devant les

196. Voir W.M.F. Petrie, *Memphis* I, *BSAE* 15, 1909, p.12–3 et pl.30–1; *Memphis* II, *BSAE* 17, 1909, pl.19 et 24; R. Anthes et alii, *ibid.*, p.90 et 92; pl.32 b et 33 a. Voir aussi le linteau Caire JE 45569 gravé par Chedsounefertoum sous le règne de Siamon: A. Schulman, *JNES* 39, 1980, p.303–5; sur l'ensemble de cette construction datant du règne de Siamon, voir aussi K. Kitchen, *TIP*, p.279.

197. Particulièrement le linteau Philadelphie E 14345: W.M.F. Petrie, *Memphis* II, pl.24, et celui retrouvé dans la fouille de Mit Rahineh en 1956: R. Anthes et alii, *ibid.*, pl.33 a.

198. Cf. *supra*, p.9, où le passage est reproduit.

199. Cf. *infra*, p.53–6.

200. Pour la situation de ce mastaba, voir pl.2.

cartouches de son souverain, dont nous ignorons le nom, mais qui appartenait peut-être à la XXIe dynastie, étant donné l'histoire du temple d'Isis.

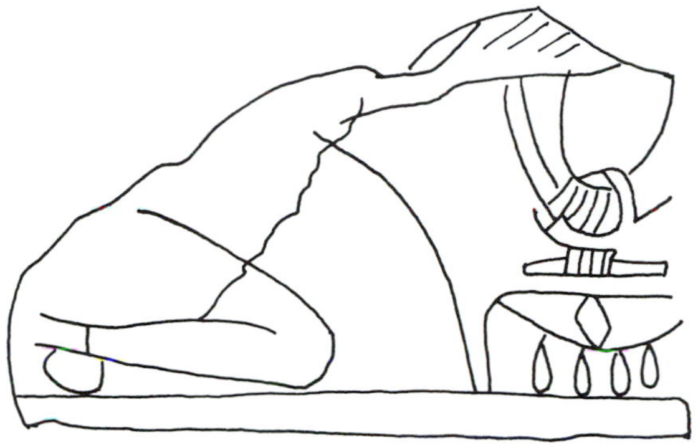

Fig. 5
Fragment MFA Exp. N. 29–7–17 (d'après Archives Reisner)

C. FRAGMENT CAIRE JE 28175

Aux documents précédents, il faut ajouter un fragment de calcaire conservé au Musée du Caire et dont nous savons fort peu de chose. Il est entré dans ce musée en 1881 et porte le N° JE 28175. D'après une indication du registre du Journal d'Entrée, sa position dans le musée est perdue, ce qui rend pratiquement interdit tout espoir de l'y retrouver et de l'étudier. Les seuls renseignements succincts que nous possédons, sont ceux fournis par ce même Journal d'Entrée, reproduits dans *BIE*, 2ème série, 9, 1888, p.I, et beaucoup plus tard également par S. Hassan, *The Great Sphinx*, Appendix III, p.308: "pierre portant sur sa tranche le nom de bannière de Psousennès."

"... le don d'Amon-Rê, seigneur du Double Pays."

Il s'agit d'une variante du nom d'Horus de Psousennès que nous avons rencontré un peu plus haut[201]. A quel bâtiment appartenait ce fragment, nous sommes dans l'impossibilité de le dire.

D. FRAGMENT EVENTUELLEMENT ATTRIBUABLE A PSOUSENNES, REMPLOYE DANS LA CHAPELLE (15) (Fig. 6)

Lors du survey du temple d'Isis effectué pendant la saison 1980–81, un bloc de calcaire portant une inscription, malheureusement fragmentaire, a été retrouvé en nettoyant la chapelle (15) (voir pl.6), dans la partie sud-est de la zone du temple d'Isis, contre le mastaba G 7140[202]: voir M. Jones et A. Milward, *JSSEA* 12, 1982, p.148–9.

201. Elle ne semble pas connue par ailleurs: cf. M.A. Bonhême, *Les noms royaux dans l'Egypte de la Troisième Période Intermédiaire*, *BdE* 98, 1987, p.64–5.
202. Pour la description de cette zone, voir *infra*, p.189–91.

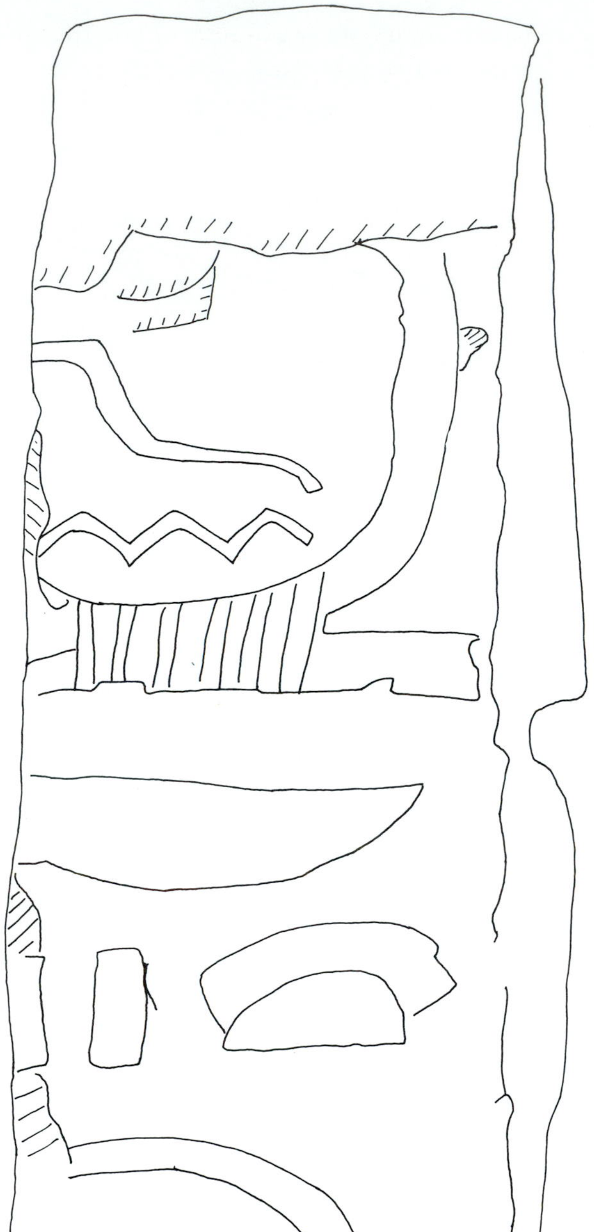

Fig. 6
Bloc remployé dans le dallage de (15)

Ce bloc avait sans doute déjà été vu par Reisner lorsqu'il avait fouillé le temple, bien que je n'en aie pas retrouvé de traces dans ses archives. Quoi qu'il en soit, il l'avait laissé sur place[203], soit à son emplacement originel, soit plutôt là où ses ouvriers l'avaient finalement abandonné; cela n'a pu être tiré au clair car l'ensemble de ce secteur est extrêmement perturbé.

Le bloc avait été retaillé avant d'être remployé; néanmoins sur l'un des bords subsiste sur une hauteur de 32 cm de haut et 12,5 de large, une colonne de texte fragmentaire avec les prénom et nom, tronqués d'un pharaon:

"... Sotepen[rê], seigneur des apparitions... aimé d'Amon."

Une fois encore, le temps et les hommes nous ont joué un mauvais tour, car avec ce qui reste des cartouches, il est impossible de déterminer de manière sûre à quel pharaon ils appartenaient, ce qui pourtant aurait été important pour l'histoire du temple d'Isis.

M. Jones et A. Milward dans leur article déjà cité, *JSSEA* 12, 1982, p.149 y voient les cartouches d'un pharaon de la XXIe dynastie et un indice clair qu'après la phase de développement de la IIIe Période Intermédiaire, le temple fut, au moins partiellement, détruit et certains de ses éléments réutilisés dans des constructions ultérieures, datant sans doute de l'Epoque Saïte.

C'est la possibilité la plus vraisemblable et, en ce cas, le nom le plus probable à restituer à partir de ces cartouches à demi détruits serait celui de Psousennès dont les composantes concordent avec ce qui subsiste de l'inscription, bien qu'Amenemopé ne soit pas exclu; toutefois dans son nom, Amon, est plus souvent écrit par le signe-mot que de manière alphabétique. Théoriquement, il existe d'autres possibilités de restitution sur la base de ces bribes qui font partie de nombreux cartouches de pharaons de la IIIe Période Intermédiaire, qui pastichèrent à l'envi les cartouches ramessides et, plus particulièrement, celui de Ramsès II. Ainsi, on pourrait attribuer ces cartouches à Smendès, Chechanq Ier, Osorkon Ier, et Chechanq II, ce qui ne peut être totalement exclu. Néanmoins, si on tient compte des données historiques de la IIIe Période Intermédiaire en général et du contexte de Giza en particulier, il paraît peu probable qu'ils appartiennent à un des pharaons susmentionnés qui ne semblent pas avoir laissé de traces, par ailleurs, sur le site. Cependant, il subsiste une alternative qu'il faut mentionner. Nous pourrions avoir là les cartouches de Ramsès II. Or, nous avons déjà vu que d'anciennes colonnes ramessides avaient été réutilisées sur le site[204] de même que nous verrons qu'une autre inscription fragmentaire pourrait, elle aussi, appartenir à Ramsès II[205]. En ce cas, ce serait un témoignage de plus de l'existence d'un édifice ramesside, démantelé et réutilisé plus tard. Malheureusement ce sont seulement les parties les moins significatives des cartouches qui ont été préservées, nous empêchant de choisir une solution sur cette seule base. Il est clair qu'on ne peut arguer d'aucun critère

203. Ce n'est pas le seul cas, d'ailleurs; en 1980–81, nous avons retrouvé d'autres blocs que Reisner avait déjà découverts, entre autres des blocs de l'Ancien Empire remployés dans le dallage de la salle à quatre colonnes (2). Des statues de l'Ancien Empire avaient également été laissées sur place, sans doute en raison de leur poids.

204. Cf. *supra*, p.27–8, et *infra*, p.71 et 75–6, où je reviens sur ce problème.

205. *Infra*, p.84–5.

stylistique face à quelques pauvres hiéroglyphes mal conservés pour trancher en faveur d'une des deux solutions.

E. SOCLE DE STATUE ANONYME BOSTON MFA EXP. N. 29–7–12
+ CAIRE CG 667 (= JE 28164)

Une base de statue en calcaire conservant les pieds chaussés de sandales d'un homme debout et le bas d'une statue divine qu'il tenait devant lui, a été retrouvée au cours des fouilles de Reisner en juillet 1929, dans la partie nord du temple d'Isis, selon les indications du registre des objets.

Enregistrée sous le N° MFA Exp. N. 29–7–12. Lieu de conservation actuel inconnu. Inédite; photographies B 6891–2.

Malgré l'érosion, elle paraît d'une belle facture. Un double texte symétrique courait autour du socle. Il est conservé seulement à l'avant et sur le côté droit (en se plaçant dans le sens de la statue):

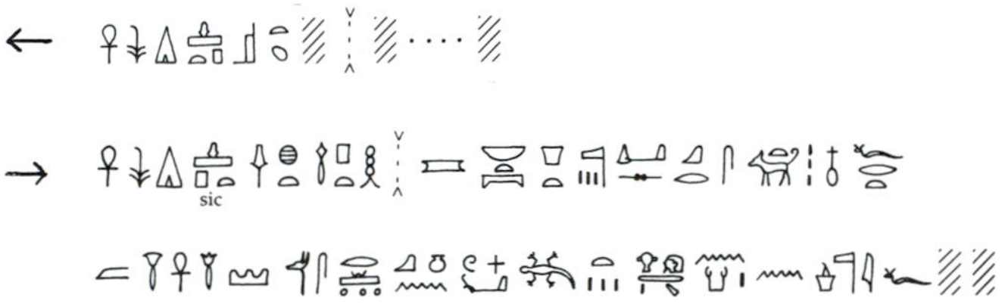

"Offrande que fait le roi à Isis..."

"Offrande que fait le roi à Sekhmet, la grande, l'aimée de Ptah, la maîtresse du ciel, souveraine des dieux, afin qu'elle donne une belle sépulture dans Ankhtaouy, une très grande puissance sur terre pour le ka du père divin..."

Ce seul socle dont les textes sont, de surcroît, incomplets, ne permet nullement à lui seul de répondre à toutes les questions qu'il suscite. On constate simplement que Sekhmet, la parèdre de Ptah à Memphis, est mise en parallèle avec Isis dont toutes les épithètes sont perdues. Mais nous avons une chance qui, pour n'être pas exceptionnelle, n'en est pas moins assez rare. En effet, sans pouvoir tout à fait se raccorder avec elle car une partie demeure manquante, ce socle correspond à la statue Caire CG 667 = JE 28164. Connue depuis longtemps, elle a été republiée récemment par Ramadan El-Sayed, *BIFAO* 80, 1980, p.191–206 et pl.46–7[206].

Il s'agit du personnage lui-même, debout, acéphale, dont le bas des jambes est perdu. Il tient devant lui une statue de Ptah, également acéphale. Il est vêtu d'une longue robe; les épaules sont couvertes d'une sorte de pèlerine. Une inscription est partiellement conservée sur l'épaisseur gauche du pilier dorsal, tandis que son pendant de droite a disparu. Celle du pilier dorsal lui-même, gravée en deux colonnes est également préservée à l'exception du haut et du bas.

La première nous indique les noms et les titres des deux fils du personnage:

206. Ce rapprochement a déjà été fait par H. de Meulenaere dans son compte rendu de PM III^2, 2, fasc. 2, *CdE* 56, 1981, p.56, toutefois sans précision sur le socle de la statue MFA Exp. N. 29–7–12. Cet auteur corrigeait également les provenances proposées par PM et Ramadan El-Sayed, pour les remplacer par Giza.

"Son fils, prêtre ouab, prêtre lecteur de Ptah, prophète de Ptah, Men-kher-iot-ef, de la maison d'Osiris, seigneur de Ro-Setaou... Son fils, prêtre ouab, prêtre lecteur de Ptah, prophète du château d'Apis, Pa-cheri-en-nebet-nehet...."

Sur le pilier dorsal, un double proscynème s'adresse à:

"... Osiris, le grand dieu, qui préside à Ro-Setaou, afin qu'il donne tout ce qui sort de sur sa table d'offrandes, chaque jour et à toutes les fêtes de son temple, au cours de chaque jour, pour le ka du père divin, supérieur des secrets de Ptah, celui qui est de service à la troisième phylé, le prophète du château d'Apis, le prophète de Ptah..." et à
"... [Ptah] qui est au sud de son mur, seigneur d'Ankhtaouy, afin qu'il donne prospérité, vie et santé, une belle durée de vie avec la puissance, un bel enterrement dans Ankhtaouy (en) suivant Ptah... pour le ka du père divin, supérieur des secrets de Ptah, celui qui est de service à la troisième phylé, le prophète du château d'Apis, le prophète de Ptah..."[207].

Malheureusement nous continuerons d'ignorer le nom de ce membre du clergé de Ptah et d'Apis, qui a malencontreusement disparu sur le pilier dorsal aussi bien que sur le socle.

Le style des textes, les particularités graphiques (*ḳrst, ʿnḫ tꜣwy, wsrw*) et enfin les dieux invoqués, permettent de n'avoir aucun doute sur le rapprochement à faire entre les *membra disjecta*. On s'aperçoit qu'au proscynème à Ptah qui est au sud de son mur, seigneur d'Ankhtaouy, du pilier dorsal, correspond sur le socle celui à Sekhmet, la grande, l'aimée de Ptah, la maîtresse du ciel, souveraine des dieux; à Osiris, le grand dieu, qui préside à Ro-Setaou, répond Isis. En ce cas il est peu vraisemblable qu'il s'agisse de l'Isis spécifique de Giza, *ḥnwt mrw*, dame des Pyramides, qui n'est généralement pas associée à Osiris de Ro-Setaou[208]. Au demeurant, la statue divine présentée par le personnage est celle de Ptah dont il était un prêtre, et les déesses ne sont là que comme parèdres, jouant un rôle secondaire.

La base de la statue a été trouvée au nord du temple d'Isis, sans autre précision. Il faut donc supposer que l'autre partie provient aussi du même endroit, bien que le Journal d'Entrée ne fournisse aucun détail à ce sujet. Que faisait-elle à cet emplacement dévolu au culte d'Isis? Le personnage et sa famille avaient certainement des liens avec Giza puisqu'un des fils appartenait à la maison d'Osiris de Ro-Setaou, tout comme Ptahkha et Ashakhet[209]. Peut-être avait-il parallèlement une fonction dans le temple d' Isis de Giza, à l'instar du propriétaire du linteau Caire JE 4747, lui aussi membre du clergé de Ptah[210]. Cela nous indique d'ailleurs que des relations assez étroites existaient entre le petit temple d'Isis à Giza et la grande maison du patron de Memphis.

Revenons encore un instant sur son origine, les questions et les quiproquo qu'elle a engendrés, montrant une fois de plus la prudence dont il faut user en matière de provenance d'un objet. Le Journal d'Entrée du Musée du Caire, comme une fiche du même musée signalée par Ramadan El-Sayed, *loc. cit.*, p.206, indiquent bel et bien Giza comme provenance, tandis que PM III^2, 2, fasc. 2, 727, rejette la statue à Saqqara. Ramadan El-

207. Pour le commentaire de détail, voir Ramadan El-Sayed, *loc. cit.*, p.192–203.
208. Sur cette dissociation entre les deux formes d'Isis, manifeste depuis les débuts du culte de la déesse à Giza et durant tout le premier millénaire, cf. *supra*, p.39–40, et *infra*, p.296–7.
209. Cf. *supra*, p.51.
210. *Supra*, p.51–2.

Sayed, à cause de judicieux rapprochements prosopographiques ou stylistiques avec d'autres documents memphites de la XXIe dynastie, a voulu voir dans la statue CG 667 un objet provenant en fait de Memphis même, en corrigeant l'indication du Journal d'Entrée. Il est vrai que la constellation Memphis/Saqqara/Giza a parfois suscité beaucoup de confusions mais il se trouve que, cette fois-ci, la mention originelle était la bonne, comme le confirme de manière éclatante la trouvaille de Reisner. Il faut souligner que le contenu des titulatures de cette époque ne peut être, en soi, suffisant pour déterminer l'origine précise d'un document car le même personnage pouvait simultanément occuper des charges dans plusieurs temples. Quant à la date, on peut conserver avec une relative certitude la XXIe dynastie, et peut-être même le règne de Psousennès Ier, comme l'a suggéré Ramadan El-Sayed, en raison des rapprochements qu'on a pu opérer avec un document bien daté, comme celui de Ptahkha.

Sous le règne de Psousennès Ier, un particulier édifia une chapelle en l'honneur d'Isis, désormais appelée dame des Pyramides, et dont le reste du décor, hormis un linteau, ce décor dont Mariette et Petrie virent peut-être sur place les derniers résidus, a désormais disparu. Quelques autres fragments ont appartenu à une construction de Psousennès qu'il est impossible de décrire et qui a dû être détruite par ses successeurs, au moins en partie. Rien ne permet d'affirmer comme on l'a fait jusqu'à présent que la salle à quatre colonnes est l'œuvre de ce roi. Enfin un prêtre de Ptah déposa sa statue non loin du temple de la déesse.

CHAPITRE II

LE REGNE D'AMENEMOPE

1. RAPPEL HISTORIQUE

Le successeur direct de Psousennès n'eut, semble-t-il, qu'un règne bref, une dizaine d'années[211], sur lequel nous sommes assez mal renseignés. Il ne laissa guère de trace de son activité à Tanis où il fut enterré. La petite tombe, N°IV, qui avait peut-être été préparée à son intention, a été retrouvée vide; le roi était en fait enterré dans une chambre de la tombe de Psousennès, prévue, originellement, pour la reine Moutnedjemet[212].

Hors de Tanis, on ne peut guère citer qu'un bloc isolé retrouvé à proximité du temple de Ptah à Memphis, qui nous montre le roi faisant une offrande de fleurs à la déesse Sekhmet[213]. Sans doute était-ce un élément d'un édifice décoré par le souverain.

C'est finalement à Giza que son nom apparaît avec la plus grande fréquence. Quelques pièces portant ses cartouches étaient connues depuis longtemps. Mais l'étude d'un certain nombre de blocs conservés au Musée du Caire et le dépouillement des Archives Reisner m'ont permis d'allonger la liste des documents à attribuer à Amenemopé, sous le règne duquel le temple d'Isis prit incontestablement une extension nouvelle.

Même si nous ne pouvons pas reconstituer le monument tel qu'il se présentait à cette époque, du moins pouvons-nous nous en faire une idée relativement précise. On peut se demander si l'impact du site de Giza et du temple d'Isis était suffisamment fort pour que ce roi, somme toute obscur, y ait consacré un soin particulier, ou si, plutôt, les travaux ne furent pas dirigés par une famille memphite active et soucieuse de marquer son allégeance au roi tanite.

2. LES DOCUMENTS

A. FRAGMENT DE LINTEAU CAIRE JE 4748 (Fig. 7)

Ce document fut, selon les indications de Mariette, retrouvé dans les mêmes circonstances que le fragment JE 4747[214]; il entra au Musée de Boulaq en même temps que ce dernier. Sa

211. Cf. K. Kitchen, *TIP*, p.24–39, p.272 et p.531 sq., où sont discutées les longueurs respectives des règnes de Psousennès et d'Amenemopé.
212. P. Montet, *La nécropole royale de Tanis* II. *Les constructions et le tombeau de Psousennès à Tanis*, Paris 1951, p.159–75 et p.186.
213. Caire Reg. Temp. 3/7/24/11: H. Gauthier, *ASAE* 22, 1922, p.204–5; K. Kitchen, *o.c.*, p.272. On notera que la deuxième face décorée de ce bloc porte la mention d'un père divin de Ptah et prêtre de Sekhmet.
214. *Supra*, p.9.

position au Musée du Caire est aujourd'hui perdue, ce qui pratiquement nous interdit tout espoir de l'y retrouver et de l'étudier *de visu*. Le document a été publié en dessin dans A. Mariette, *Mon. Div.*, pl.102 b. Voir aussi des compléments de bibliographie dans PM III², 1, p.18, auxquels on ajoutera: *GLR* III, p.293; P. Montet, *La nécropole royale de Tanis II, Les constructions et le tombeau de Psousennès à Tanis*, Paris 1951, p.186; M. Münster, *Isis*, p.182; J. Bergman, *Ich bin Isis*, Uppsala 1968, p.243–4; K. Kitchen, *TIP*, p.272.

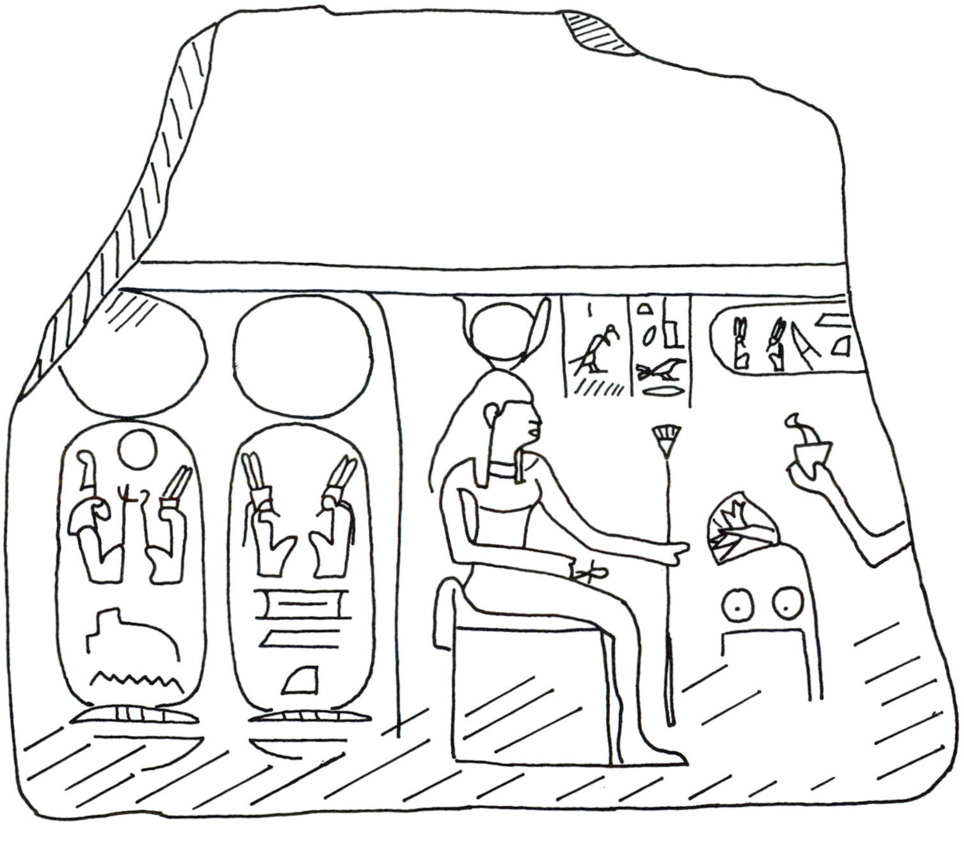

Fig. 7

Fragment de linteau Caire JE 4748 (d'après Mariette, *Mon. Div.*, pl.102 b)

Il s'agit d'un fragment de calcaire grossièrement rectangulaire, mesurant 0,62 m de long sur 0,52 de hauteur. Il appartenait à un linteau de porte; étant donné ce qu'il en subsiste, cartouches du centre et scène de droite incomplète, on peut supposer que lorsqu'il était entier, il avait une longueur de 1,80 m environ, sensiblement égale à celle de Caire JE 4747[215].

215. Cf. *supra*, p.48: à moins qu'un autre personnage ait été représenté derrière le roi.

La partie gauche est occupée par les deux cartouches d'Amenemopé, posés sur le signe de l'or et surmontés du disque solaire. Ils étaient encadrés par deux signes *rnp* dont subsiste celui de droite, sommairement représenté sur le dessin des *Mon. Div*:

"Ousermaâtrê Sotepenamon Amenemopé Meryamon."

On constatera que les hiéroglyphes des deux cartouches qui occupaient la partie centrale du linteau, sont tous tournés vers la gauche, alors que dans la plupart des cas similaires, lorsque les cartouches séparent deux scènes symétriques d'un linteau, les hiéroglyphes sont disposés dos à dos. Par ailleurs, déjà dans le document précédent, on avait observé la même anomalie si bien qu'on peut se demander s'il n'y a pas eu des erreurs dans les dessins réalisés pour la publication des *Mon. Div.*[216].

Sur la partie droite du fragment est représentée une scène d'offrande d'encens à la déesse Isis; peut-être s'agissait-il en fait, car la scène est incomplète, d'encens et d'une libation qui sont fréquemment associés. Isis (→) est assise sur un siège à dossier bas, vêtue d'une robe collante et d'un collier, coiffée des cornes hathoriques, enserrant le disque solaire. Elle tient de la main gauche, le sceptre ouadj et de la main droite, le signe ankh.

Devant et au-dessus d'elle:

"1. Isis, la grande, 2. la mère [divine?]..."

La restitution pour compléter l'épithète ne pose pas de problème étant donné les nombreux parallèles; au-dessous une petite lacune mais il ne semble pas que le dessin soit d'une exactitude remarquable.

Devant elle, on devine les restes d'une table d'offrandes sur laquelle étaient posés des pains surmontés d'une grande fleur ou d'un bouquet de lotus (?).

Du personnage qui faisait l'offrande, le roi lui-même d'après la légende qui le surmonte, il ne subsiste plus qu'un bras tenant le vase à encens.

Au-dessus: ←  *"Amenemopé Meryamon."*

Nous sommes à nouveau en présence d'un fragment de linteau de porte avec, semble-t-il, un boudin et une corniche à gorge, mais d'un caractère un peu différent, cette fois-ci. Ce n'est pas un particulier qui y est représenté mais le roi lui-même faisant une offrande à Isis, qui ne porte pas son épithète spécifique, bien qu'il ne soit pas exclu qu'un personnage ait été représenté derrière le roi comme sur certains linteaux au nom de Siamon à Memphis[217]. Ce document provient d'une chapelle dédiée à Isis par Amenemopé ou, à tout le moins, sous Amenemopé[218].

Reisner qui connaissait ce fragment et tenta une reconstitution de l'état du temple à la XXIe dynastie[219], a voulu y voir l'endroit de la porte donnant accès au petit avant-

216. Cf. *supra*, p.48 à ce propos.
217. Comparer avec les portes au nom de Ankhefenmout: F. Petrie, *Memphis* II, *BSAE* 17, 1909, pl.24.
218. Pour cette nuance, voir aussi *infra*, p.65 et 76.
219. Ce manuscrit inédit est conservé dans la boîte XIV B6 des Archives Reisner au M.F.A., à Boston. Il donne un très bref aperçu synthétique sur le temple d'Isis, fouillé par Reisner. Il n'a pas été possible de savoir par

kiosque à deux colonnes (cf. pl.4), ce qui est loin d'être prouvé. Certes, lors du relevé du temple au 1/50 entrepris en 1980–81, on a pu mettre en évidence dans la partie est de cette salle (3) un dispositif de rainures et de trous qui semble avoir été destiné à une fixation de porte. Cela pourrait éventuellement correspondre à l'entrée du petit kiosque mais ne prouve pas, pour autant, qu'il s'agisse de la construction d'Amenemopé, en l'absence d'éléments décisifs de datation sur le terrain. C'est seulement en tenant compte de tous les fragments inscrits au nom d'Amenemopé qu'on pourra essayer de reconstituer l'édifice bâti sous son règne.

B. FRAGMENT ATTRIBUE PAR REISNER A AMENEMOPE BOSTON MFA EXP. N. 26–1–108

Dans les mêmes notes inédites que j'ai déjà mentionnées, Reisner propose également de faire de deux autres fragments, trouvés dans la partie nord du temple (G 7011 B selon son appellation)[220], des fragments de l'envers de ce même linteau.

> "Inscribed fragments bearing parts of Amenemipet's cartouches may have been wall decoration in the pronaos but more likely were part of the door lintel. These are 26–1–108 and 26–1–109. They would thus form part of the back of the lintel which a block in Cairo (*Monuments divers*, pl.102) would form the front."

MFA Exp. N. 26–1–108, d'après le Registre des objets, est un petit fragment de relief en calcaire, cassé de manière irrégulière, mesurant environ 25 cm de hauteur sur 12 de large, sur lequel on peut deviner plutôt que lire les restes de deux cartouches surmontés de disques solaires. Il ne reste guère qu'un disque solaire et les oreilles du signe *wsr*. Ce qui permet en effet d'attribuer ces cartouches à Amenemopé, aussi bien qu'à beaucoup d'autres pharaons.

C'est peut–être parce que ces cartouches sont surmontés de disques solaires que Reisner en a fait les pendants de ceux qui occupent le centre du linteau Caire JE 4748, ce qui est pour le moins hasardeux[221]. A supposer que ces cartouches appartiennent bien à Amenemopé, rien ne nous autorise pour autant à les rattacher au linteau Caire JE 4748.

C. MONTANT DE PORTE BERLIN EST 7973 (Pl.11)

Ce montant a été acquis par le Musée de Berlin dans des circonstances dont on ignore le détail, mais la date indique que ce fut à l'époque où le temple d'Isis était dilapidé mur par mur[222].

Il a été publié rapidement dans *AEIB* II, p.212. Voir aussi les compléments bibliographiques dans PM III^2, 1, p.18, auxquels on ajoutera encore A. Wiedemann, *ZÄS* 20, 1882, p.86; *GLR* III, p.293; P. Montet, *La nécropole royale de Tanis II, Les constructions et le tombeau de Psousennès à Tanis*, Paris 1951, p.286; C.M.Z., "Bousiris", p.100 et n. (6).

qui, ni quand, il a été rédigé car il semble bien, être postérieur aux saisons de fouilles de Reisner. Il est cité sous la dénomination MS XIV B6, avec sa pagination propre.

220. Voir la description de ce secteur, *infra*, p.176–8.

221. Le cas de MFA Exp. N. 26–1–109, associé au précédent par Reisner, peut-être parce qu'il a été trouvé en même temps au même endroit, est encore beaucoup plus douteux. On lit, en effet, sur ce fragment le début d'un nom d'Horus, *K3 nḫt mry* ..., "taureau puissant, aimé de ...", et la fin d'un cartouche avec seulement les signes *stp·n*. On ne connaît pas jusqu'à présent le nom d'Horus d'Amenemopé; et par ailleurs, il reste trop peu du texte pour pouvoir restituer aucun nom royal. Il paraît donc exclu d'attribuer ce fragment à Amenemopé autant qu'à un autre souverain, d'ailleurs.

222. Sur la destruction du monument à la fin du XIXe siècle, voir *supra*, p.9–10.

Le fragment de calcaire mesure 1,09 m de haut, la partie supérieure ayant disparu sur une hauteur inconnue, et la partie inférieure étant peut-être aussi amputée, ce qui, toutefois, est moins sûr. On peut supposer qu'il manque au moins la moitié du montant et, vraisemblablement, davantage si on le compare à d'autres exemples intégralement conservés[223]. La photographie montre clairement qu'il a été scié le long de la ligne tracée en creux, qui servait à délimiter la colonne de texte sur sa gauche; sa largeur est inconnue.

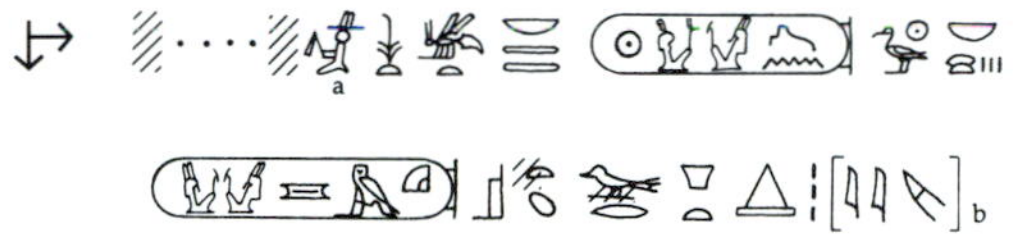

(a) La couronne a en grande partie disparu; les traces sont cependant assez claires pour nous indiquer qu'il s'agit de la couronne spécifique de Tatenen. (b) Sic! Le cadrat est très abîmé mais l'ordre inversé des hiéroglyphes ne fait pas de doute. On ignore si le texte continuait après *mry*; on pourrait supposer quelque chose comme *ꜥnḫ ḏt*, ou peut-être rien.

"... Tatenen, le roi de Haute et Basse Egypte, le seigneur du Double Pays, Ousermaâtrê Sotepenamon, le fils de Rê, le seigneur des apparitions, Amenemopé Meryamon, aimé d'Isis, la grande, dame des Pyramides..."

Y avait-il avant le prénom d'Amenemopé, le restant de sa titulature, que nous ne connaissons d'ailleurs pas? C'est une possibilité. Ce qui précédait immédiatement, en fin de lacune, peut sans doute être restitué de la manière suivante: "seigneur" ou "grand de fêtes sed comme son père (Ptah)-Tatenen", épithète qu'on retrouve fréquemment dans les titulatures ramessides dont Amenemopé s'est peut-être inspiré. Le souverain se place sous la protection d'Isis, divinité tutélaire du lieu, qui porte son épithète spécifique.

D. MONTANTS DE PORTES RETROUVES PAR REISNER

Si le montant Berlin 7973 était connu depuis longtemps, le dépouillement des archives Reisner m'a permis de retrouver un certain nombre de fragments inédits qui viennent enrichir substantiellement notre connaissance de la chapelle consacrée à Isis sous le roi Amenemopé.

a. Boston MFA 282 = MFA Exp. N. 26–4–12

Aujourd'hui conservé au Musée de Boston sous le N° MFA 282 (=Exp. N. 26–4–12) à la suite d'un partage. Inédit; photographie A 4638 (Box VII C 4); dessin dans le Registre des objets.

Il s'agit de deux fragments de calcaire qui se raccordent. Ils ont été trouvés respectivement le 2 et 3 avril 1926 dans les débris de la rue G 7200, soit deux rues à l'est du temple d'Isis, relativement loin de celui-ci, probablement à proximité des mastabas G 7230 et G 7330; c'est là, en effet, d'après le Registre des objets, que travaillait Reisner à cette période. La hauteur des deux fragments réunis est de 57 cm et la largeur de la colonne de 13 cm; c'est-à-dire qu'il ne s'agit que d'une toute petite partie du montant complet. Des traces de peinture subsistent; le jaune avait été utilisé comme couleur de fond pour la colonne de hiéroglyphes qui était limitée, de part et d'autre, par deux

223. Cf. par exemple, encore une fois, la porte au nom de Ptahkha; les montants entièrement conservés mesurent 2,20 m: R. Anthes et alii, *Mit Rahineh 1956*, Philadelphie 1965, p.95.

lignes en creux, peintes en bleu. Les hiéroglyphes également gravés en creux ont conservé leurs couleurs sur le fragment inférieur et sont peints en bleu et rouge:

"... [le ka du roi?] (a), le seigneur du Double Pays, Ousermaâtrê Sotepenamon (b). Qu'ils donnent (c) prospérité, vie et santé, joie et allégresse (d)..."

(a) Les traces qui subsistent dans le premier cadrat conservé permettent de restituer *kꜣ nswt*, expression qui se retrouve devant le prénom ou le nom du roi dans d'autres titulatures: ainsi Merenptah (*GLR* III, p.118), ou encore Ramsès IX (*GLR* III, p.211). Voir aussi *infra* l'exemple du montant MFA Exp. N. 29–7–3.

(b) C'est naturellement le parallèle avec le document précédent qui permet d'attribuer, avec beaucoup de vraisemblance, ce fragment à Amenemopé.

(c) Le pronom de la troisième personne du pluriel renvoie sans doute aux dieux mentionnés dans la partie manquante de l'inscription.

(d) Il faut lire ici le terme *ṯḥḥwt* (*Wb*. V, 395, 8–12, 396, 1–6) fréquemment associé—comme dans le cas présent—à *ršwt*, bien que l'orthographe du mot soit tout à fait inhabituelle avec trois *ḥ* au lieu de deux, normalement. Peut-être le graveur entraîné par le triple plume qui précédait, a-t-il voulu répéter cette réitération graphique dans un souci de symétrie?

b. Boston MFA Exp. N. 29–7–3

Fragment de montant de porte, semble-t-il, de même type que le précédent. A été trouvé en 1925–26 dans le temple d'Isis selon les indications, plutôt vagues, du Registre des objets de Reisner. Il aurait donc été enregistré beaucoup plus tard seulement. Situation actuelle inconnue. Inédit; photographies B 6882 et 11275 (Box VII C 4; voir également photographie sans numéro dans Box XIV B 6); un dessin dans Objects Drawings.

En calcaire, le fragment mesure 49 cm de haut sur 36 de large et 16 cm environ d'épaisseur. La largeur de la colonne de texte qui aurait été un utile point de comparaison avec les autres fragments, manque.

"... dieux (a), le ka du roi (b), le seigneur des apparitions, Amenemopé Meryamon...."

(a) D'après les traces, on peut restituer *nṯrw*, qui faisait peut-être partie d'une épithète telle que *ms nṯrw*, "né des dieux", ou *mry nṯrw*, "aimé des dieux", qu'il n'est pas inhabituel de rencontrer dans les titulatures royales. Une autre hypothèse aussi légitime est que *nṯrw* fasse partie de l'épithète d'une divinité précédemment citée: *nswt nṯrw* par exemple; voir ainsi Ptah *nswt nṯrw* sur le fragment MFA Exp. N. 26–1–333[224].

(b) Nous retrouvons la même mention du ka du roi que sur le montant précédent.

c. Boston MFA Exp. N. 29–7–6

Autre fragment de montant de porte dont le Registre des objets nous indique, comme pour le précédent, qu'il a été trouvé en 1925–26 dans le temple d'Isis. Enregistré en 1929. Lieu de conservation actuel inconnu. Inédit. Voir photographies B 6889–6890 (Box VII C 4) et dessin dans Objects Drawings.

Ce fragment de calcaire mesure 49 cm de haut sur 20 de large et 14 d'épaisseur.

224. Cf. *infra*, p.65.

" *[Offrande que fait le roi?]à Osiris; puisse-t-il faire que le roi de Haute et Basse Egypte, le seigneur du Double Pays, Ousermaâtrê [Sotepen]amon s'unisse à...*"

Il semble que les traces horizontales du premier signe qui subsiste, encore visibles, puissent être celles d'un *ḥtp*; il ne manquerait alors en haut de la colonne que  . Pour cette restitution, on peut s'appuyer sur d'autres fragments très proches retrouvés à Giza: MFA Exp. N. 29–7–1: *ḥtp dỉ nswt n Ptḥ Nwn wr...*; MFA Exp. N. 29–7–2: *ḥtp dỉ nswt n Ptḥ Skr Wsỉr...* Du reste, dans une remarque du Registre des objets, le rédacteur compare le N° 29–7–6 avec 29–7–1 et 29–7–2[225]. On peut aussi se reporter à un fragment de montant de porte au nom de Siamon, retrouvé à Mit Rahineh avec un texte très voisin du nôtre: *ḥtp dỉ nswt Bꜣstt nb(t) ꜥnḫ tꜣwy ḫnwt nṯrw nbw dỉ·s ẖnm sꜣ Rꜥ nb ḫꜥw sꜣ-Ỉmn Mry-Ỉmn...*[226]. Un autre montant complet, retrouvé par Petrie[227] dans le même bâtiment de Siamon présente un double proscynème à Ptah et Hathor avec la même formule: *dỉ·f/s ẖnm·f/s nswt bỉt··· sꜣ Rꜥ... m ḏd ꜥnḫ wꜣs ḥswt mrwt*, suivie des titres et du nom de la personne qui avait fait édifier cette construction.

Dans le cas présent, s'agirait-il aussi d'un édifice dont un particulier aurait eu la charge comme on l'a déjà vu avec l'exemple du linteau portant les cartouches de Psousennès (Caire JE 4747)? Ce n'est pas impossible puisqu'un personnage avait peut-être été représenté sur le linteau Caire JE 4748 derrière le roi. Nous n'avons là, malheureusement, que des documents extrêmement fragmentaires, ce qui rend leur interprétation difficile et aléatoire.

d. Remarques sur les fragments Boston MFA Exp. N. 26–1–333, 29–7–1 et 29–7–2

A côté de ces montants de portes datés par les cartouches d'Amenemopé, il en est d'autres, également trouvés par Reisner dans le temple d'Isis[228] qui sont assez similaires par leur style mais ne sont pas datés pour autant. MFA Exp. N. 26–1–333 avec un proscynème à Ptah, seigneur de Maât, au beau visage, roi des dieux; MFA Exp. N. 29–7–1: proscynème à Ptah Noun l'ancien; et MFA Exp. N. 29–7–2: proscynème à Ptah-Sokar-Osiris. Reisner les a rattachés à la chapelle saïte (6) (P selon Reisner) (voir pl.4 et 6), voisine de celle d'Harbes. En fait nous manquons de critères pour pouvoir établir un lien entre ces documents et un monument de la Troisième Période Intermédiaire ou de l'Epoque Saïte. Ils ne pourraient pas, en tout cas, se raccorder à l'un quelconque des montants que nous venons d'étudier.

Pour en finir avec ceux des montants de portes qui, eux, sont datés d'Amenemopé, on se pose évidemment la question de leur situation originelle et de leur position respective, les uns par rapport aux autres.

L'idée de Reisner[229] que ces fragments, tout comme le linteau Caire JE 4748, appartenaient à la porte conduisant au petit kiosque à deux colonnes a été reprise par M. Jones et A. Milward dans leur rapport préliminaire, *JSSEA* 12, 1982, p.146. Les choses sont peut-être un peu moins claires. En effet sur trois des quatre fragments (Berlin 7973,

225. Voir *infra*, à propos de ces fragments et des problèmes d'attribution qu'ils posent.
226. Cf. R. Anthes et alii, *o.c.*, p.92, fig.11 et pl.32 b.
227. W.M.F. Petrie, *Memphis* II, *BSAE* 17, 1909, pl.24.
228. Pour plus de détails, voir *infra*, p.210–11.
229. Tentative de reconstitution de Reisner: manuscrit inédit MFA Reisner's Archives Box XIV B6, p.2.

MFA 282 et MFA Exp. N. 29–7–6), les hiéroglyphes sont tournés dans la même direction et seul le fragment MFA Exp. N. 29–7–3 a les siens tournés dans l'autre sens. Etant donné, par ailleurs, qu'il n'y a guère de possibilités de raccorder l'un à l'autre les différents fragments qui subsistent, nous sommes en présence d'au moins trois portes et non de deux. Peut-être MFA 282 et MFA Exp. N. 29–7–3 sont-ils les deux montants d'une même porte? Non seulement leurs hiéroglyphes se font face mais encore on y remarque le même choix des termes: *kȝ nswt*, suivi dans un cas du prénom, dans l'autre du nom. Restent Berlin 7973 et MFA Exp. N. 29–7–6, dont l'un d'entre eux, au moins, pourrait appartenir au revers de cette même porte, sans qu'on puisse l'affirmer. Il subsiste alors encore un élément de montant d'une autre porte. On songe naturellement aussi à rattacher le montant Berlin 7973 au linteau Caire JE 4748 qui, tous les deux, portent une mention d'Isis. Si Osiris est présent sur MFA Exp. N. 29–7–6, les autres fragments ne nous offrent plus de mentions de divinités. Enfin, pour ce qui est de l'emplacement de ces portes et du monument auquel elles appartenaient, je reprendrai la question à la lumière des renseignements que nous fournit l'étude des colonnes au nom d'Amenemopé.

E. COLONNES AU NOM D'AMENEMOPE

Un autre élément important de l'architecture du bâtiment au nom d'Amenemopé est représenté par des colonnes ou, plus exactement, par les fragments qui en subsistent. En effet, des éléments de fûts ont été retrouvés, la plupart au XIXe siècle, et sont entrés au Musée du Caire; les autres lors des fouilles de Reisner: nous les connaissons par ses archives. Leur étude va permettre de tenter d'établir quel type de décor portaient ces colonnes et donner en même temps quelques indications nouvelles sur l'histoire du temple et du culte.

a. Fragments du Musée du Caire

Il s'agit de trois demi-colonnes et d'un quatrième fragment appartenant sans doute aussi à une colonne, entrés anciennement au musée: en 1887[230], au moins pour les trois fragments qui portaient un numéro de Journal d'Entrée du Musée du Caire: JE 28161 et JE 28162; deux fragments étaient réunis sous le même numéro JE 28161; il reçurent par la suite un numéro de Registre Temporaire qu'ils ont conservé aujourd'hui[231]. Il y a lieu de supposer encore une fois que dans les dernières décennies du XIXe siècle, on sauvait dans la mesure du possible quelques pièces éparses de ce temple en destruction; il est clair que ces colonnes ont, à un moment donné, été sciées.

Fragment Reg. Temp. 16/2/25/6[232] (Pl.12)

Demi-colonne en calcaire, conservée au Musée du Caire dans une réserve du rez-de-chaussée (R 19 Cage E Nc) où j'ai pu l'examiner.

Indication du Registre Temporaire: "Fragment d'une colonne en calcaire: Osiris dans un naos, Isis, derrière lui." Mentionnée dans C.M.Z., "Bousiris", p.100 et n. (5).

La hauteur totale est de 39,5 cm; celle de la scène même, de 33 cm. Le diamètre de la courbe conservée est d'environ 26 cm; il est légèrement différent du diamètre réel de la

230. Voir *BIE*, 2ème série, 8, 1887, p.XLIV (JE 28161 ne comporte qu'un objet), et S. Hassan, *The Great Sphinx*, Appendix III, p.307.

231. On ignore la cause de ce transfert qui rend évidemment les choses encore plus confuses.

232. Ce numéro de Registre Temporaire ne semble pas correspondre à un numéro de Journal d'Entrée antérieur, bien que, de toute évidence, ces fragments proviennent d'un même monument et aient dû entrer en même temps au musée.

colonne dans son état originel car il semble que nous n'ayons pas exactement la moitié de la colonne. Le calcaire est extrêmement piqueté et a sérieusement souffert de l'érosion; ce bloc est le plus mal conservé de la série. La colonne a été sciée de manière à préserver la scène sur toute sa hauteur mais rien de ce qu'il pouvait y avoir au-dessus ou au-dessous n'est plus visible. La gravure en creux est assez superficielle. La scène était limitée en haut par le signe du ciel et en bas par un simple trait horizontal. Elle était également délimitée à gauche et à droite par un trait vertical qui a disparu à gauche puisque la scène a été tronquée. En revanche, à droite, derrière la déesse, il subsiste par-delà le trait, une partie non décorée de la colonne.

A gauche, on devine encore quelques traces du roi (→), debout, faisant une offrande qui a disparu; peut-être du vin comme sur le fragment Caire Reg. Temp. 16/2/25/7. Il portait une longue jupe, tombant jusqu'aux chevilles. Devant lui, sans doute une table d'offrandes, presque effacée, avec des pains et une fleur de lotus largement ouverte (comparer avec Caire Reg. Temp. 16/2/25/7 et 21/3/25/19). Devant et au-dessus de lui:

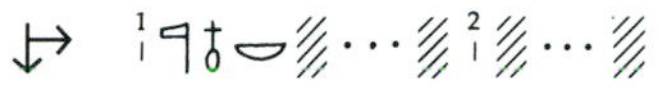

"1. Le dieu parfait, seigneur... 2....."

Le nom du roi a disparu; on distingue vaguement le haut du cartouche et peut-être ⊙ . Cependant on peut comparer cette scène avec celles des fragments Reg. Temp. 16/2/25/7 et 21/3/25/19, où le roi fait également des offrandes, soit à Osiris et Isis, soit à Ptah. Indépendamment de l'évidente similitude de style, nous y lisons respectivement un cartouche prénom sur lequel on reviendra et le nom d'Amenemopé. Il est très vraisemblable qu'ici aussi ait été gravé le prénom ou le nom de ce souverain.

Face à lui, dans un naos à toit bombé, un dieu momiforme debout (←), coiffé de la couronne atef, portant une barbe incurvée, tient à deux mains devant lui le sceptre heka.

Au-dessus de lui:  *"Ptah-Sokaris."*

Peut-être y avait-il quelque chose de gravé devant les jambes du dieu, mais l'état actuel du document ne permet plus de rien y déchiffrer.

Derrière lui, Isis (←) debout, vêtue d'une longue robe collante à bretelles, coiffée de cornes hathoriques, enserrant le disque solaire, parée d'un large collier et de bracelets, tient de la main droite, le sceptre ouadj et de la main gauche, le signe ankh.

Devant et au-dessus d'elle et plus bas devant les jambes:

"Isis, la grande, la mère divine, la maîtresse du ciel, la dame des Pyramides. Je te donne la durée de vie de Rê dans le ciel."

Fragment Reg. Temp. 16/2/25/7 (= JE 28161) (Pl.13)

Demi-colonne en calcaire, conservée au Musée du Caire dans une des réserves du rez-de-chaussée (R 19 Cage E Nc). Indications du Registre Temporaire: "Fragment d'une colonne en calcaire: Osiris dans un naos, Isis debout; Ramsès II fait une offrande de vin"; on verra plus loin les problèmes que pose la lecture du cartouche.

Mentionnée dans PM III[2], 1, p.18 où elle est attribuée à Psousennès Ier; voir aussi C.M.Z., "Bousiris", p.100 et n. (5), et pl.VI B.

Hauteur totale conservée: 38 cm; hauteur de la scène: 34,5 cm. Diamètre de la courbe conservée: 32 cm. Nous avons cette fois-ci presque l'intégralité de la scène. La colonne a été taillée dans un calcaire assez blanc qui a un peu moins souffert de l'érosion que le précédent. Quelques traces de couleurs subsistent dans le naos du dieu.

La scène est l'exact symétrique de la précédente. La figure du roi est mieux conservée et, à gauche de la déesse, on retrouve à nouveau une partie non gravée. Cette colonne a également été sciée de telle manière que seule la scène subsiste sur toute sa hauteur sans préjuger de ce qu'il y avait au-dessus et au-dessous.

Le roi (←) debout, était vêtu d'une ample et longue jupe et peut-être d'une chemisette. Il porte une courte barbe carrée; est coiffé d'une longue perruque tripartite, ornée d'un uraeus; au-dessus de sa tête, un disque solaire. Il offre des vases de vin:

 *"Offrir du vin."*

Devant lui, une table d'offrandes, surmontée de pains ronds, de végétaux et d'une énorme corolle de lotus épanouie.

Devant et au-dessus de lui:

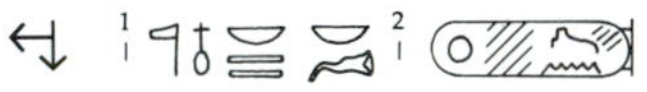

"1. Le dieu parfait, seigneur du Double Pays, maître de la force, 2.... Rê Sotepen...."

Ce cartouche fait problème. Seuls les signes que j'ai indiqués sont bien lisibles et parfaitement sûrs. Le cadrat central a très nettement été érasé comme l'indique l'état de la pierre à cet endroit. On y distingue encore une forme verticale qui n'a pas été complètement effacée et qui, sans doute, représente , *wsr*. Derrière ce signe gratté, il y avait la place pour le personnage féminin, Maât. Enfin, au-dessus de *stp*, on voit encore la trace laissée par un signe ⊙ soigneusement gratté, lui aussi.

L'auteur des notices du Registre Temporaire n'avait donc pas complètement tort de lire le cartouche de Ramsès II; c'est bien celui-ci qui avait été primitivement gravé mais dont on a effacé les signes inutilisables, afin de le remplacer par le prénom d'Amenemopé. Ce qui permet de dire cela, alors que le travail de surcharge n'a pas été achevé pour une raison qu'on continuera toujours d'ignorer, c'est qu'on lit sur le fragment Caire JE 28161 qui, à n'en pas douter, appartenait au même ensemble, le nom d'Amenemopé. Il y a donc là la preuve claire que nous avons affaire à une colonne remployée[233]. D'où provient-elle? La question sera abordée un peu plus tard[234].

Face au roi, dans un naos tout à fait similaire au précédent, Osiris (→), momifié, se tient debout dans son costume traditionnel, avec des rubans qui tombent jusqu'à terre. Il tient le sceptre heka et le fouet; coiffé de la couronne atef et le menton orné d'une barbe incurvée. Aucune inscription ne l'accompagne.

233. Ou peut-être plusieurs: sur le fragment Reg. Temp. 16/2/25/6, le nom du roi a disparu et on ne peut donc rien en dire.
234. Voir aussi *supra*, p.27–8.

Derrière lui, Isis (→), parfaitement identique à la représentation de la colonne précédente, mais bien mieux préservée. Devant et au-dessus d'elle, et plus bas devant les jambes:

"Isis, la grande, la mère divine, la maîtresse du ciel, la dame des Pyramides. (Je) te donne l'éternité."

Fragment Reg. Temp. 21/3/25/19 (= JE 28161) (Pl.14)

Une demi-colonne sur laquelle la scène est préservée de manière incomplète. Conservée au Musée du Caire dans une des réserves du rez-de-chaussée (R 19 Cage E Nc).

Indication du Registre Temporaire: "Fragment de colonne: roi debout devant Ptah dans son naos. Calcaire." Curieusement, le Journal d'Entrée ne signalait pas pour le N° JE 28161 qu'il se composait de deux pièces distinctes, alors que S. Hassan, *The Great Sphinx*, Appendix III, p.307, mentionne les deux fragments. Citée dans PM III^2, 1, p.18, où elle est attribuée à Psousennès; voir aussi C.M.Z., "Bousiris", p.100 et n.(5).

Hauteur totale: 50 cm; hauteur de la scène: 38 cm. Diamètre de la courbe conservée: 33 cm. Sur ce fragment, le calcaire qui a souffert de l'érosion est très piqueté. Cette fois-ci, le tambour de la colonne n'a pas été découpé juste à la dimension de la scène et on a conservé, sur une faible hauteur, la colonne au-dessus et au-dessous de la scène. Bien qu'elle soit passablement dégradée, il semble qu'on distingue encore l'amorce d'une colonne contenant sans doute une inscription au-dessus et au-dessous de la scène. Par ailleurs, une bonne partie de la surface de la pierre n'a pas été gravée derrière le roi, ce qui nous indique que la scène d'offrande était isolée sur la circonférence de la colonne. Il est même probable que le décor d'une colonne se soit composé d'une seule scène d'offrande à des divinités. Il n'est pas certain, en effet, qu'il y ait eu de la place pour deux scènes de ce type, séparées par des espaces non gravés[235].

Le roi (→) debout est vêtu d'un pagne court à devanteau triangulaire, finement plissé, qui est retenu par une sorte de large baudrier passant sur l'épaule gauche; à l'arrière, une queue de taureau. Il porte un grand collier, des bracelets aux bras et aux poignets, une courte barbe carrée et un némès, orné d'un uraeus. Traces de peinture rouge sur le corps. Offre Maât de la main gauche, tandis que la main droite est levée en signe d'adoration.

Au-dessus de lui: → 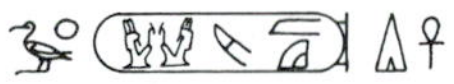

"Le fils de Rê, Amenemopé Meryamon, doué de vie."

Derrière lui: 

"Toute protection, vie, stabilité et puissance [comme Rê?]"

Devant lui, une table d'offrandes, similaire à la précédente, avec trois pains et une corolle de lotus épanouie.

En face, une petite partie du naos qui abritait le dieu Ptah, est préservée. C'est le naos classique de cette divinité, d'une forme différente de celui qu'occupe Osiris sur la

235. Sur le décor d'ensemble des colonnes, voir *infra*, p.75–6.

colonne précédente. Le dieu lui-même a pratiquement disparu; on devine simplement une vague silhouette.

Devant lui: 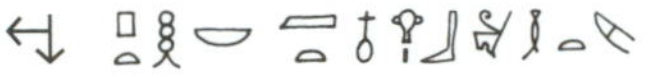

"Ptah, seigneur de Maât, au beau visage, doux d'amour."

Il est possible que derrière Ptah se soit tenue une divinité féminine, aujourd'hui complètement disparue, comme sur les deux autres colonnes.

Fragment Reg. Temp. 10/3/25/7 (= JE 28162)

Petit fragment rectangulaire, conservé au Musée du Caire dans une des réserves du rez-de-chaussée (R 19 Cage W Elc). Mentionné dans PM III^2, 1, p.18; voir aussi C.M.Z., "Bousiris", p.100 et n. (4), et pl.VI A.

Il mesure 26 cm de haut sur 16 de large. Taillé dans un calcaire très clair, il a peu souffert de l'érosion et est bien préservé. La courbure légère mais indéniable indique qu'il s'agit encore une fois d'un fragment de colonne qui devait porter originellement une scène similaire aux précédentes et aujourd'hui perdue. Il n'y a pas de cartouche pour dater cette pièce et c'est seulement par la similitude de style avec les précédentes que je l'ai rangée parmi les fragments de colonnes d'Amenemopé.

Osiris (←) debout est représenté sous sa forme momifiée habituelle, tenant de la main droite le sceptre heka et de la main gauche, le fouet. Il porte une barbe enroulée à son extrémité, la couronne atef, un large collier et des bracelets aux poignets; des rubans tombent de part et d'autre de son corps. Des traces de couleurs subsistent: bleu dans les plumes de la couronne atef; rouge dans le vêtement d'Osiris ainsi que les hiéroglyphes. Au-dessus de la couronne et derrière le dieu, subsistent les traces de lignes qui devaient délimiter la scène ou peut-être le naos dans lequel était enfermé le dieu.

Devant et au-dessus de lui:

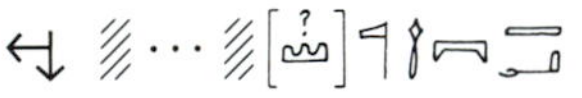

"... le grand dieu, qui est sur les sables."

Nous retrouvons ici une épithète traditionnelle d'Osiris, connue à Giza: cf. C.M.Z., *Giza*, p.294, et "Bousiris", p.100 et 103. Le nom du dieu était probablement gravé dans la colonne précédente, avec l'épithète *nb R3-Sṯ3w*, comme le laisse penser le déterminatif .

b. Fragments trouvés par Reisner

Boston MFA Exp. N. 27–7–1276

Le fragment a été enregistré dans le Registre des objets sous le N° MFA Exp. N. 27–7–1276. Son lieu de conservation actuel n'est pas connu. Inédit; voir photographies B 6473 (Box VII C 8) et 11253 (Box VII C 4).

Il a été trouvé sur le haut du mastaba G 7340[236], c'est-à-dire à une certaine distance du temple d'Isis, en mars 1927. Il s'agit d'un tambour de colonne en calcaire, mesurant 90 cm de haut et 32 de diamètre. Une colonne d'inscription est gravée en creux. Selon les

236. Pour la position, voir pl.2.

indications du Registre des objets, des traces de peinture, rouge et bleue, subsistent dans le creux. La colonne de texte est délimitée, de part et d'autre, par un trait également gravé en creux. A gauche, on observe un deuxième trait parallèle au premier, sur une grande partie de la hauteur; il est effacé en différents points et particulièrement au niveau du cartouche. Ce qui aurait été son symétrique sur la droite, n'est plus visible.

"Le roi de Haute et Basse Egypte, le seigneur du Double Pays, maître de la force, le maître d'accomplir les choses utiles, Ouser[maâtrê] Sotep[enamon]."

De la manière dont la colonne a été sciée, il n'est pas possible de savoir si quelque chose précédait *nswt bit*. Je donne la lecture du cartouche quoique je l'aie laissé pratiquement vide dans la copie hiéroglyphique. Il a en effet été arasé et sans doute superficiellement regravé si bien qu'on ne devine que des traces, difficiles à reproduire, d'autant que les photographies dont on dispose sont de médiocre qualité. Toutefois, en les examinant soigneusement, on constate qu'une surface rectangulaire a été largement entaillée pour englober toute la hauteur du cartouche; sa largeur était délimitée par les deux traits extérieurs. Au-delà, la suite de l'inscription sur une hauteur de trois cadrats a totalement disparu.

La copie du Registre des objets, sans doute exécutée par quelqu'un qui a vu le fragment, donne le prénom d'Amenemopé. On est vraisemblablement en présence, une nouvelle fois, d'un cartouche de Ramsès II transformé en celui d'Amenemopé. Je pense que c'est à cette colonne que Reisner fait allusion dans ses notes inédites sur le temple d'Isis (Reisner's Archives MFA Box XIV B 6, p.1):

> "... Later King Amenemipet built a *pronaos* with two engaged papyriform columns in front of Pasebkhanu's temple. Parts of apparently the same column give his prenomen and titles and show traces of previous inscriptions erased to make place for the present one..."

A ma connaissance, en effet, l'archéologue n'a pas trouvé d'autre fragment de colonne portant un cartouche d'Amenemopé. Il est à peu près certain que nous ayons à nouveau affaire à une colonne ramesside, remployée par le roi de la XXIe dynastie, tout comme Caire Reg. Temp. 16/2/25/7. Etant donné le peu de documents que nous connaissons au nom d'Amenemopé, hors de Tanis, mais aussi dans sa capitale, il n'est pas étonnant que nous n'ayons pas, ailleurs, d'attestation d'une telle pratique de la part de ce roi. En revanche, on sait qu'Osorkon II, qui avait du reste le même prénom qu'Amenemopé, a largement usé de cet artifice pour s'approprier des colonnes de Ramsès II à Tanis aussi bien qu'à Boubastis[237]. Il n'y a donc rien de bien surprenant à ce que son prédécesseur ait agi de même; d'autant que c'était peut-être la seule ressource dont il disposa pour édifier un bâtiment à son nom.

Il faut maintenant revenir sur un fragment de colonne que j'ai déjà publié et qui pourrait bien appartenir, en fait, à Amenemopé et même, n'être rien d'autre que MFA Exp. N. 27-7-1276: voir C.M.Z., *Giza*, p.219-20, doc. NE 71. Il avait été publié par G. Maspero, *ZÄS* 19, 1881, p.116. Il y a eu alors hésitation sur la lecture du cartouche: Hekamaâtrê Sotepenamon (Ramsès IV: *GLR* III, p. 186, qui mentionne le document en omettant *nb ḫpš*) ou Ousermaâtrê Sotepenamon (Amenemopé: Maspero, *ZÄS* 19, 1881,

237. Cf. C. Coche-Zivie, *BIFAO* 74, 1974, p.98.

p.116). Le texte que donnent les deux auteurs est identique à celui de la colonne trouvée par Reisner, à l'exception de *ꜣẖt* remplacé par *ẖt*. L'emplacement où a été vu ce fragment n'est pas connu précisément. Maspero se contente d'indiquer "près de la Grande Pyramide." On peut se demander si l'oiseau *ꜣẖ* n'a pas été oublié dans la copie de Maspero et s'il ne s'agit pas tout simplement du même objet, abandonné sur place et retrouvé, près de cinquante ans plus tard, par Reisner. Par ailleurs, PM III^2, 1, p.310, signale à propos de ce même document attribué à Ramsès IV, une copie manuscrite de Petrie in Sayce MSS. 28 a. La copie de Petrie correspond parfaitement à MFA Exp. N. 27–7–1276, avec cette fois-ci *ỉr ꜣẖt*. L'auteur indique l'avoir vu à proximité des pyramides 5 et 6 selon la numérotation de Vyse, c'est-à-dire les petites pyramides voisines de Mykérinos, dans un bâtiment de briques crues, ce qui du point de vue de la localisation ne correspond ni à l'indication de Maspero, ni au lieu de trouvaille de Reisner. Etant donné qu'il n'y a guère de bâtiments tardifs de briques au sud de Mykérinos, on est amené à corriger le renseignement de Petrie. Le fragment vu par ce dernier, celui signalé par Maspero à peu près à la même époque et le fragment retrouvé par Reisner, ne sont très probablement qu'une seule et même pièce au nom d'Amenemopé[238].

Boston MFA Exp. N. 30–12–104 (Fig. 8)

Je mentionne ce fragment de colonne trouvé par Reisner bien qu'il ne soit pas daté de manière certaine. Il s'apparente par le style au précédent et faisait peut-être partie de l'édifice d'Amenemopé, bien qu'on ne puisse l'affirmer. A été enregistré sous le N° MFA Exp. N. 30–12–104. Situation actuelle inconnue. Inédit; voir photographie A 6145 (MFA VII C Box 8).

C'est la partie supérieure d'une colonne en calcaire qui a gravement souffert de l'érosion. Elle a été trouvée dans les débris au sud du mastaba G 7760, c'est-à-dire au sud-est de la nécropole orientale, loin de la zone du temple d'Isis[239]. Les dimensions indiquées sont les suivantes: hauteur: 52 cm; largeur: 26 cm; épaisseur: 15cm; on a donc environ la moitié de la colonne qui avait sensiblement le même diamètre que les précédentes.

La colonne à fût lisse est décorée à sa partie supérieure d'un quintuple lien. Le début d'une colonne de texte est gravé dans le creux et conserve des couleurs, rouge et bleu, ainsi que les deux bandes qui la délimitent latéralement.

"Vive le dieu parfait, le fils d'Osiris..."

Ce document, peu évocateur en soi, nous apporte cependant quelques renseignements supplémentaires qu'on peut combiner avec ceux, déjà connus, pour comprendre le décor des colonnes. Elles avaient un fût lisse, formé de plusieurs tambours, avec à leur sommet la représentation d'un lien. Elles étaient décorées à une certaine hauteur d'une vignette rectangulaire, qui séparait en deux une colonne de texte.

238. M.A. Bonhême, *Les noms royaux dans l'Egypte de la Troisième Période Intermédiaire*, *BdE* 98, 1987, p.79, n'a pu tenir compte, dans son argumentation en faveur d'une attribution de la colonne à Ramsès IV, du fait qu'elle était remployée et le cartouche, arasé et usurpé.

239. Pour la position, voir pl.2. Il est également signalé dans la notice du Registre des objets concernant MFA Exp. N. 30–12–104, qu'une autre colonne avait été repérée plus loin; mais apparemment elle n'a pas été enregistrée, ce qui d'ailleurs laisse supposer que cela s'est également produit pour d'autres trouvailles.

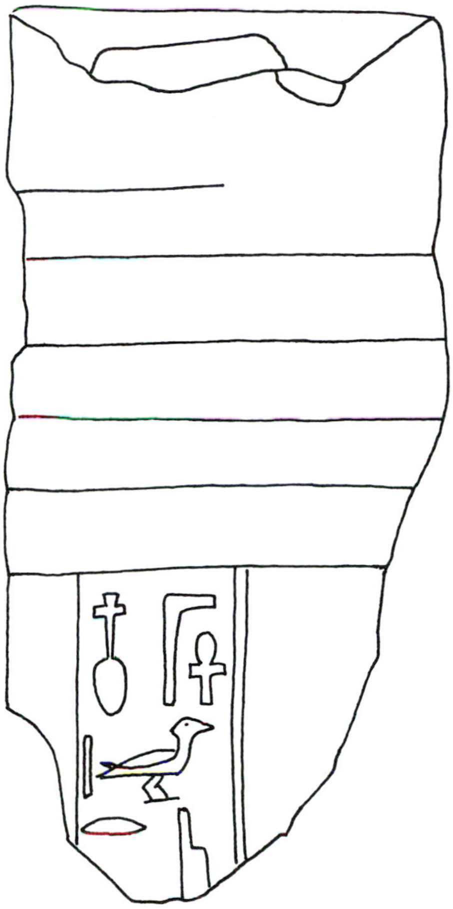

Fig. 8
Fragment de colonne MFA Exp. N. 30–12–104 (D'après le Registre des objets de Reisner)

c. Remarques sur les colonnes au nom d'Amenemopé

Après l'étude de ces documents un par un, il faut maintenant tenter d'avoir une vue plus générale sur l'ensemble de ces colonnes et d'en tirer les conclusions raisonnablement envisageables, compte tenu des données limitées et fragmentaires que nous possédons.

Nous avons affaire de manière sûre à trois tambours de colonnes comportant une scène d'offrande du roi à des divinités (Caire Reg. Temp. 14/5/25/6; 16/2/25/7 et 21/3/25/19) auxquelles il convient, sans doute, d'en ajouter une quatrième (Caire Reg. Temp. 10/3/25/7), à supposer que ce fragment de colonne était effectivement décoré d'une scène de même type.

Il faut y adjoindre un fragment portant un texte en colonne avec le protocole du roi (MFA Exp. N. 29–7–1276), sans doute deux (avec MFA Exp. N. 30–12–104), si ce fragment non daté appartient effectivement, lui aussi, à une colonne d'Amenemopé, comme je l'ai supposé. Naturellement il n'est pas exclu que tel ou tel des fragments portant une scène d'offrande puisse se raccorder avec tel autre portant la titulature royale. Même si les dimensions que nous connaissons ne sont pas toujours très précises, il ressort cependant, de leur comparaison, que toutes ces colonnes sont d'un même module. Enfin, sur l'ensemble de ces pièces, on doit rappeler que deux sont très clairement des remplois ramessides (Caire Reg. Temp. 16/2/25/7 et MFA Exp. N. 27–7–1276).

Il est maintenant indispensable de prendre en considération la situation sur le terrain, telle qu'elle se présente aujourd'hui[240]. Il subsiste dans la salle (2) (voir pl.4) quatre bases de colonnes avec la partie inférieure des fûts, s'élevant encore à une hauteur de 1,25 m au-dessus du sol, base comprise, et mesurant 0,75 m de diamètre. Des deux colonnes du kiosque (3), retrouvées par Reisner, seule subsiste celle du nord tandis que celle du sud, disparue, a été remplacée par un poteau électrique; elles sont d'un diamètre légèrement inférieur aux précédentes: environ 55 cm. Dans la zone qui sépare les salles (2) et (3) de la chapelle (6), traîne sur le sol un tambour de 45 cm de diamètre et 52 cm de haut, anépigraphe. Les restes d'un chapiteau papyriforme de 55 cm de diamètre à sa base sont posés sur le sol de la salle (2). En s'éloignant de la zone axiale du temple, on repère, au nord de la structure de briques (5), deux bases de colonnes qui semblent être en place. Enfin un grand chapiteau papyriforme, réutilisé, est encastré dans d'autres blocs, pratiquement à l'angle nord-est du sommet du mastaba G 7140, non loin de la voie d'accès est-ouest qui conduisait, à travers les mastabas G 7130 et 7140, à la partie principale du temple d'Isis.

Si l'on s'en tient à l'interprétation traditionnelle du monument, en fait proposée par Reisner et reprise à quelques variantes près par M. Jones et A. Milward, la salle à colonnes (2) est l'oeuvre de Psousennès, le kiosque à deux colonnes (3), celle d'Amenemopé, ce qui paraît suivre un développement chronologique normal. Néanmoins, j'ai déjà montré à propos du fragment de Psousennès et des linteaux et montants de portes d'Amenemopé, que cette répartition, une fois qu'on a analysé tous les documents, devient aléatoire. Il en est de même avec les colonnes, sans compter le fait qu'on n'a pas retrouvé jusqu'à présent de colonnes au nom de Psousennès; ce qui, il est vrai, ne peut être tenu pour un argument décisif, étant donné le caractère très partiel de notre documentation. Mais nous avons au moins trois fûts de colonnes pour deux bases trouvées sur place, si on persiste à voir dans ce kiosque une construction d'Amenemopé.

On songe alors à faire de la salle (2) avec ses quatre colonnes l'œuvre de ce roi, ce qui *a priori*, paraît très satisfaisant. Malheureusement les dimensions des bases conservées sur place et celles des fûts du Musée du Caire ainsi que des fragments Reisner ne correspondent pas, même en considérant que les tambours du Caire représentent parfois un peu moins de la moitié d'une colonne; la différence demeure trop importante.

Les tambours du Musée du Caire ne peuvent être tenus pour parties des colonnes dont les bases demeurent *in situ*. Que peut-on en conclure? Amenemopé a effectivement bâti une construction dans le secteur du temple d'Isis. Cet édifice dont nous connaissons quatre colonnes au moins et trois portes était peut-être dans l'axe du temple et fut par la suite profondément remanié ou même détruit pour être remplacé par la salle actuellement visible avec ses colonnes de plus grande dimension. On se souvient en effet qu'un fragment, sans doute de la XXIe dynastie, a été réutilisé dans le dallage un peu au sud

240. Se reporter également à la description, p.172 sq., pour les salles et chapelles annexes.

de la salle (2)[241], ce qui est un argument en faveur d'une destruction du temple de la XXIe dynastie. Néanmoins, une autre hypothèse est envisageable. C'est que ce kiosque d'Amenemopé ait été situé ailleurs, un peu au sud ou au nord de l'axe, et non pas à l'emplacement même de l'actuelle salle (2) à quatre colonnes. Quoi qu'il en soit, le problème de la date de cette partie du temple (2) reste posé, car les éléments de datation que nous possédons, tant archéologiques que textuels, ne sont malheureusement pas suffisants. Ce problème sera abordé sous l'angle de la description générale du temple et de son temenos, tel que nous les connaissons actuellement[242].

J'en reviendrai maintenant au décor des colonnes elles-mêmes, ce qui permettra de formuler quelques hypothèses sur leur origine et leur histoire.

Dans deux cas (Caire Reg. Temp. 16/2/25/6 et 16/2/25/7), on retrouve le même schéma de la scène rituelle d'offrande du roi à deux divinités; la troisième (Caire Reg. Temp. 21/3/25/19) comportait, peut-être, également une divinité féminine derrière Ptah, sans doute Isis dans ce cas, comme dans les deux exemples précédents. Quant à Osiris du fragment Reg. Temp. 10/3/25/7, peut-être faisait-il partie, lui aussi, d'une scène similaire. Nous avons un dieu à caractère funéraire, qu'il s'agisse de Ptah, Ptah-Sokaris ou Osiris, qui apparaît comme des manifestations diverses d'une même entité divine qu'on connaît bien, d'ailleurs, sous sa forme tripartite Ptah-Sokar-Osiris[243]. Derrière eux est présente, comme déesse parèdre, "Isis, la grande, la mère divine, la maîtresse du ciel" et enfin "la dame des Pyramides" (*ḥnwt mrw*). Seule cette dernière épithète spécifique la définit comme la patronne du temple auquel appartiennent ces colonnes. Sa position au second plan surprend un peu pour la déesse tutélaire du lieu, qui est chez elle dans le *pr St*, le domaine d'Isis, ou encore *ḥwt-nṯr*, comme est désigné le temple dans la Stèle de la fille de Chéops[244]. Si bien qu'on peut se demander, étant donné que certaines de ces colonnes sont des remplois, si celles-ci ne proviennent pas d'une chapelle antérieure dédiée au dieu funéraire Ptah-Sokar-Osiris, peut-être sous sa forme de seigneur de Ro-Setaou, par Ramsès II[245], où Isis aurait simplement joué le rôle de déesse parèdre. L'épithète de *ḥnwt mrw*, dame des Pyramides, aurait été surajoutée ultérieurement lorsqu'Amenemopé aurait réutilisé les colonnes ramessides dans une chapelle consacrée à la déesse[246]. Ceci n'est qu'une hypothèse mais permettrait d'expliquer un certain nombre de particularités de ces colonnes. On ne peut évidemment tout à fait exclure que le titre spécifique de la divinité soit apparu dès l'Epoque Ramesside: nous en aurions, là, la plus ancienne mention et la seule aussi pour cette période. Il y eut, certes, un culte d'Isis sous les Ramsès; néanmoins l'apparition de l'épithète liée aux Pyramides, correspond peut-être mieux au tournant que marque le début de la Troisième Période Intermédiaire.

Quant au programme général de décoration de ces colonnes à fût lisse composé de plusieurs tambours, elle est d'un type assez classique. Une sorte de vignette présente une

241. Voir *supra*, p.53–6 et *infra*, p.189–91.
242. *Infra*, p.79, 83–4 et 87.
243. Cf. M. Sandman-Holmberg, *The God Ptah*, Lund 1946, p.123–47.
244. Voir *infra*, p.219.
245. On sait que Ramsès II a laissé des constructions à Giza et qu'il existait, très vraisemblablement, un temple d'Osiris, seigneur de Ro-Setaou à cette époque: cf. C.M.Z., *Giza*, p.279–80 et 328–30.
246. Cela est fort possible matériellement parlant, car *ḥnwt mrw* est au début de la colonne, située devant les jambes de la déesse, qui a fort bien pu être rajoutée ultérieurement.

scène rituelle tandis qu'une colonne de texte donne la titulature royale[247]. Le reste de la colonne ne portait vraisemblablement pas de décor.

Que l'édifice daté du règne d'Amenemopé, ait été bâti ou non par un particulier, comme ceux de l'époque de Psousennès à Giza et à Memphis, ou encore de Siamon à Memphis, cela est possible, mais on ne peut l'affirmer, étant donné son état de destruction[248].

F. FRAGMENTS DIVERS TROUVES PAR REISNER

Pour compléter l'étude de l'œuvre architecturale d'Amenemopé, je citerai encore quelques autres fragments retrouvés par Reisner lors de ses fouilles dans la nécropole orientale G 7000. Peu significatifs en soi, ils donnent pourtant, par leur seule existence, un aperçu du rôle joué par ce roi à Giza.

a. Boston MFA Exp. N. 24–12–864

Sur ce fragment de calcaire qui a conservé des restes de peinture rouge, subsistent les traces de deux cartouches qui appartenaient très vraisemblablement à Amenemopé. Trouvé dans le mastaba G 7332 A[249].

b. Boston MFA Exp. N. 26–4–65

Fragment de vase en faïence bleue, retrouvé dans la chapelle du mastaba G 7240[250], portant une partie d'un cartouche peint en noir que Reisner assigne à Amenemopé.

c. Boston MFA Exp. N. 27–1–339

Petit fragment cassé de manière irrégulière; provient du *radim* du puits du mastaba G 7330 B[251]. On y lit encore *[Ỉmn]-m-Ỉpt Mry-Ỉmn.*

d. Boston MFA Exp. N. 27–2–324

Fragment retrouvé dans des débris à l'angle sud-ouest du mastaba G 7169[252]; conserve une partie d'un cartouche: "... *Sotepenamon*", qu'on peut éventuellement attribuer à Amenemopé.

Ces documents sont trop fragmentaires pour qu'on puisse en tirer une quelconque indication sur le type de monuments auxquels ils appartenaient. Ils témoignent simplement, du moins s'il faut bien les attribuer à Amenemopé, ce qui reste parfois douteux, de l'activité de ce souverain sur le site de Giza, de toute manière beaucoup plus importante qu'on ne le soupçonnait.

247. Une colonne de Siamon est apparemment d'un type similaire: W.M.F. Petrie, *Memphis* II, *BSAE* 17, 1909, pl.23. D'autres colonnes comportent deux scènes séparées par une colonne de texte, ainsi au temple d'Hathor de Memphis: Abdulla el-Sayed, *A New Temple for Hathor at Memphis*, *Egyptology Today* 1, Warminster 1978, p.11 et pl.9–10.
248. Cf. *supra*, p.61–2.
249. Pour la position, cf. pl.2.
250. Voir pl.2.
251. Voir pl.2.
252. Voir pl.2.

G. FRAGMENT DE RELIEF EDINBURGH ROYAL MUSEUM OF SCOTLAND 1961.1069 (Pl.15)

Avant d'en finir avec le règne d'Amenemopé, je mentionnerai encore un autre fragment à son nom, dont la provenance demeure aléatoire. Néanmoins comme la documentation concernant le règne de ce souverain est limitée, il m'a paru utile d'intégrer le fragment Edinburgh Royal Museum of Scotland 1961.1069. Cité précédemment dans PM III^2, 1, p.18, et C.M.Z., "Bousiris", p.94.

Il s'agit d'un fragment de calcaire cassé de manière irrégulière, de dimensions inconnues, d'une assez belle facture. La moitié gauche est occupée par deux grands cartouches au nom d'Amenemopé, surmontés de disques solaires. Ils étaient entourés de signes *rnp*, dont subsiste seulement celui de droite.

"Ousermaâtrê Sotep[en]amon Amenemopé Meryamon."

La partie droite a davantage souffert de dégradations. Toutefois on y reconnaît un sphinx coiffé du némès, le menton orné d'une barbe, l'épaule couverte d'un mantelet. Au-dessus de son dos, un œil oudjat ailé qui tient le signe ankh au bout d'un bras. On est naturellement tenté de voir dans cette représentation une image du Sphinx de Giza, telle que nous en connaissons beaucoup d'autres, stylistiquement proches de cette dernière. Aurions-nous affaire à un linteau de porte dont la figure symétrique du sphinx à gauche serait perdue? Cela paraît vraisemblable. Malheureusement aucune légende n'atteste la véracité de cette supposition. Il pourrait aussi s'agir d'une image du roi, sous forme de sphinx, comme cela est courant dans l'iconographie égyptienne.

De fait, les incertitudes qui subsistent sur la provenance de ce document interdisent d'affirmer quoi que ce soit à son sujet. En effet, grâce aux renseignements qui m'ont été très aimablement communiqués par J. Málek, il me semble que ce dernier a vu dans ce relief une représentation du Sphinx de Giza qu'il classe dans la *Topographical Bibliography* à la rubrique temple d'Isis, en raison des cartouches d'Amenemopé, puisque c'est là principalement qu'est attestée la présence de ce roi et que, de surcroît, on y voit la représentation d'un sphinx. Quant à l'attribution possible à Giza, elle a été suggérée par Cyril Aldred, ancien conservateur au Musée d'Edinburgh[253]. Le fragment a été trouvé par hasard, abandonné dans la campagne écossaise, aussi étrange que cela puisse paraître, et C. Aldred pense qu'il s'agit d'un bloc qui aurait été découpé à Giza à une époque inconnue. Cet égyptologue estime que la qualité du calcaire est très similaire à celle des monuments de Giza et que la représentation du sphinx ne peut guère être autre chose que celle du Grand Sphinx de Giza. Auquel cas, il vaudrait mieux y voir un fragment provenant de la zone du Sphinx et attestant de la vitalité de son culte sous la Troisième Période Intermédiaire.

Quoi qu'il en soit, si c'est effectivement une nouvelle pièce à verser au dossier d'Amenemopé, si mal connu jusqu'à présent, il faut, en revanche, conserver une certaine prudence avant de lui attribuer une provenance sûre et d'en tirer des conclusions par trop hâtives.

253. Dans une correspondance entre C. Aldred, J. Málek, et moi-même.

H. FRAGMENT GS 80–16 (Fig. 9)

Un petit fragment de calcaire, cassé de manière irrégulière, a été retrouvé dans les débris de surface de la salle (5) (voir pl.4 et 5)[254], lors du nettoyage de la saison 1980. Mesure 15 cm sur 10. Enregistré sous le N° GS 80–16 (Giza Sphinx and Isis Temple Project, ARCE, saison 1980). On y distingue encore les restes de deux colonnes de texte avec quelques hiéroglyphes lisibles. Son intérêt essentiel est de nous présenter un fragment de titulature d'un père divin, *ỉt nṯr*, précédé de la fin de la formule *ḥswt mrwt* qui se rapportait certainement à un roi: comparer avec un exemple similaire du temps de Siamon trouvé à Memphis: W.M.F. Petrie, *Memphis* II, *BSAE* 17, 1909, pl.24. Il s'agissait vraisemblablement d'un montant de porte. Le nom de la divinité invoquée est perdu, ainsi que celui du roi et du prêtre. C'est tout de même un témoignage à verser, sans doute, au dossier de la XXIe dynastie dans le secteur du temple d'Isis.

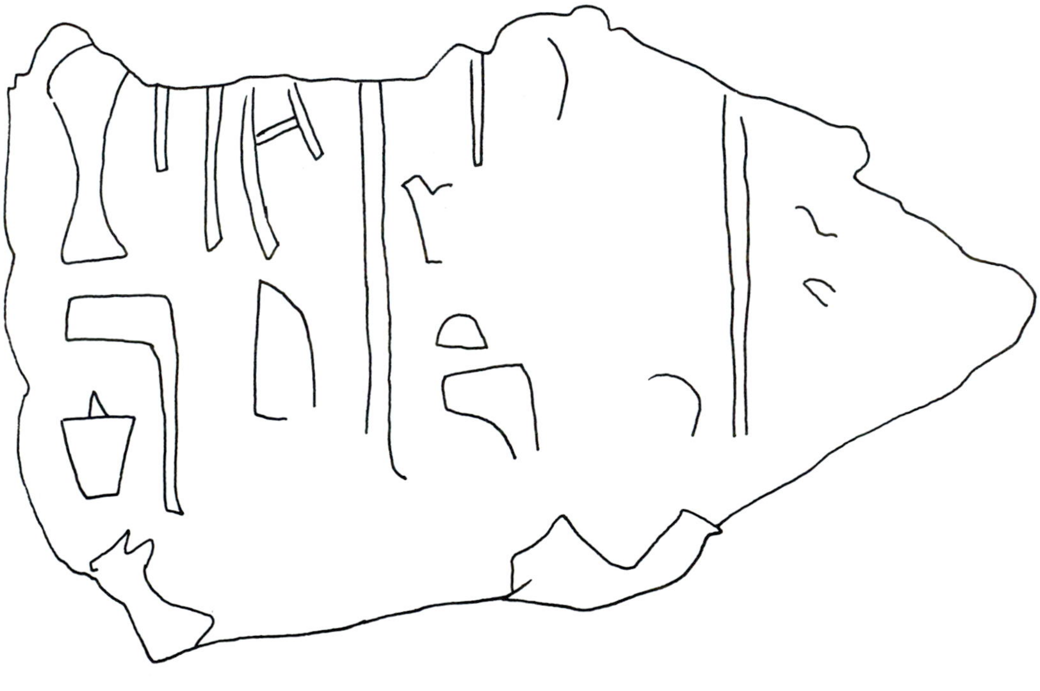

Fig. 9
Fragment GS 80–16

254. Pour cette salle, voir *infra*, p.176 sq.

3. ETAT DU TEMPLE A LA FIN DE LA XXIe DYNASTIE

Au terme de ces pages consacrées aux deux souverains de la XXIe dynastie[255] sous lesquels le temple d'Isis prit son essor, je me contenterai de rappeler et de souligner quelques points qui me paraissent importants. Il est clair que le matériel dont nous disposons ne représente qu'une faible partie du ou des bâtiments qui furent édifiés à la XXIe dynastie. Les destructions, les fouilles, illicites ou peu systématiques, et jamais publiées, ont conduit à la disparition de la plus grande partie de ces constructions. Reisner lui-même a certainement vu plus de choses qu'il n'en décrit; et il n'est pas totalement exclu que de nouveaux documents soient découverts ou redécouverts lors d'une fouille ultérieure ou d'un simple survey[256].

L'analyse systématique des différents documents a montré que le dispositif architectural de la XXIe dynastie était certainement moins simple qu'il ne pourrait paraître au premier abord. Durant le règne de Psousennès, une chapelle avait été édifiée par un particulier pour Isis dont il était père divin, à un emplacement qui reste indéterminé, sans doute légèrement excentré par rapport à l'axe est-ouest du temple. Sous Amenemopé, on procéda à un agrandissement substantiel des bâtiments consacrés à la déesse. Une chapelle dont nous connaissons au moins quatre colonnes portant des scènes d'offrandes et la titulature royale, ainsi que trois portes, a été bâtie, peut-être encore une fois à l'instigation d'un particulier. D'autres fragments portant le nom du roi attestent d'une incontestable activité dans le secteur du temple d'Isis, avec une dispersion ultérieure du matériel qui fut répandu dans toute la nécropole orientale. Y-eut-il un premier état du temple dans l'axe de l'ex-chapelle funéraire de G I–c, modifié par la suite? Ou bien le bâtiment d'Amenemopé était-il lui aussi un peu excentré? Les restes archéologiques ne permettent pas de trancher, si ce n'est qu'on ne peut faire correspondre les colonnes d'Amenemopé avec celles conservées sur le site. Néanmoins, il est peut-être plus logique de considérer que l'édifice bâti sous ce roi n'occupait pas l'emplacement de l'actuelle salle (2).

Dès cette époque le culte d'Isis, dame des Pyramides, est bien implanté sur le site, avec son propre clergé. L'ensemble de cette documentation vient également enrichir notre connaissance de l'histoire de la XXIe dynastie et du culte d'Isis au début du premier millénaire.

255. Dans l'état actuel de nos connaissances, nous ne possédons pas d'attestation des autres souverains de la XXIe dynastie.

256. Voir le cas des fragments GS 80–16, *supra*, p.78, et GS 80–1, *infra*, p.84–5, qui ont été retrouvés en surface au cours du survey de la saison 1980.

CHAPITRE III

DE LA XXIIe A LA XXVIe DYNASTIE

Quelques documents seulement, trouvés à Giza au cours des fouilles ou réputés en provenir, peuvent être assignés à cette époque qui fut certainement une des plus troublées et, par voie de conséquence, une des plus difficiles à reconstituer, de l'histoire d'Egypte. Bien que peu nombreux, ils sont d'utiles jalons pour fixer quelques points de repère dans l'histoire encore passablement obscure de Giza sous ces dynasties. Avant de les étudier, il ne sera pas inutile de rappeler, même rapidement, certains faits historiques de cette époque dont diverses études, complémentaires les unes des autres, ont aujourd'hui débrouillé l'écheveau et, plus particulièrement, d'évoquer ce que fut la situation de Memphis dont dépendait toujours Giza[257].

1. MEMPHIS SOUS LES LIBYENS ET LES KOUCHITES

Entre l'avènement de Chechanq Ier, inaugurateur de la XXIIe dynastie et la mort d'Osorkon II, l'Egypte connut une période de stabilité toute relative, qui précéda l'anarchie libyenne. Dès la seconde moitié de la XXIIe dynastie en effet, et sous celles qui lui succédèrent, des dynastes locaux se partagèrent le pouvoir dans le delta, situation qui perdura même au temps du royaume kouchite installé à Thèbes et qui facilita l'invasion assyrienne[258].

Au moins sous la XXIIe dynastie, Tanis resta la capitale où furent enterrés les souverains Osorkon II, Takelot II et Chechanq III[259]. Du reste, Osorkon II entreprit une œuvre ambitieuse de bâtisseur tant à Tanis qu'à Boubastis[260], tandis que Chechanq III édifiait à Tanis une porte monumentale donnant accès au temenos d'Amon, dans l'enceinte de Psousennès[261].

Tout comme sous la XXIe dynastie, Memphis resta étroitement liée à la dynastie chechonquide. La charge de grand prêtre de Ptah fut maintenue pendant plusieurs générations dans la famille de Chedsounefertoum, alliée de celle de Chechanq Ier[262], puis passa au prince héritier, *rpꜥ*, Chechanq, fils d'Osorkon II[263], faisant de Memphis

257. Se reporter aussi à C.M.Zivie, *LdÄ* IV/1, 1980, 29–30.

258. J. Yoyotte, *Principautés*, p.121. Voir également sa mise au point récente sur la période dans *Tanis. L'or des pharaons*, Paris 1987, p.66–73. Sur l'ensemble de la période, cf. aussi A. Leahy, *Libyan Studies* 16, 1985, p.51–65.

259. J. Yoyotte, *Principautés*, p.122.

260. K. Kitchen, *TIP*, p.317–9, et p.577.

261. K. Kitchen, *ibid.*, p.343.

262. K. Kitchen, *ibid.*, p.192–3.

263. J. Yoyotte, *Principautés*, p.130; K. Kitchen, *ibid.*, p.193, 316–7, et 577.

un fief personnel de la dynastie régnant à Tanis. Le prince fut enterré à Memphis à proximité de l'enceinte du temple de Ptah[264]. Il transmit sa charge à ses successeurs, Takelot, Pétisis et Harsiésis qui gouvernèrent Memphis en tant que grands chefs des Ma, en même temps que grands prêtres de Ptah jusqu'au règne de Chechanq V[265]. Eux aussi furent inhumés à proximité du temple; on a en fait retrouvé le complexe funéraire familial des grands prêtres de la XXIIe dynastie[266]. Parallèlement de nombreuses stèles du Sérapéum commémorant les enterrements des Apis, ont été mises au jour, apportant des points de repère chronologiques sur les règnes de Chechanq III, Pami et Chechanq V[267]. Les taureaux sacrés continuèrent à être régulièrement inhumés sous les XXIIIe, XXIVe et XXVe dynasties[268], mais on perd la trace des grands prêtres de Ptah jusqu'à l'Epoque Perse[269].

Malgré le rôle évident que jouait Memphis, on n'a découvert que peu de traces archéologiques et architecturales de cette époque, si ce n'est les tombes des grands prêtres de Ptah déjà citées et les stèles du Sérapéum, précieuse source d'information. Un texte thébain mentionne l'existence d'un temple bâti par Chechanq Ier à Memphis, qui n'a jamais été retrouvé tandis que quelques fragments à son nom ont été mis au jour sur le site[270]. On ne peut guère citer que des restes, peu importants, de chapelles consacrées à Bastet par Osorkon Ier[271], à Sekhmet par Chechanq III, accompagné d'un certain Takelot[272]. On peut encore y ajouter une statue de Chechanq V[273], présent également sur des stèles de particuliers du Sérapéum[274].

Cette pauvreté de documents n'est au demeurant pas tellement surprenante, différents facteurs étant réunis pour y contribuer. Parmi les souverains de cette époque, tous ne furent pas de grands bâtisseurs, ou du moins n'en eurent pas le loisir. Et ceux qui entreprirent une œuvre architecturale d'envergure, consacrèrent leurs efforts, semble-t-il, avant tout à leur capitale, Tanis, ou encore à Boubastis dont était originaire la XXIIe dynastie. Par ailleurs, Memphis a été tellement détruite, subissant des invasions dans l'antiquité, servant de carrière au Moyen Age et dans les temps modernes et supportant les ravages dus à la montée de la nappe phréatique et à l'humidité, qu'on ne peut pas réellement préjuger de l'importance des constructions qui y furent édifiées, au vu de ce qui subsiste aujourd'hui.

Après le règne de Chechanq V, Memphis passera peu à peu sous l'emprise du grand royaume d'occident d'abord gouverné par le grand chef des Libou, Ankhor, puis par

264. A. Badawi, *ASAE* 54, 1956, p.153–77 et pl. 16; PM III^2, 2, fasc. 3, p.846 et pl.LXXI.
265. J. Yoyotte, *Principautés*, p.130; K. Kitchen, *ibid.*, p.193–4.
266. A. Badawi, *ASAE* 44, 1944, p.182; *ASAE* 54, 1956, p.157–9; K. Kitchen, *ibid.*, p.350; PM III^2, 2, fasc. 3, p.846–7 et pl.LXXI.
267. J. Yoyotte, *Principautés*, p.130; K. Kitchen, *ibid.*, p.193–4, 340–1, 348 et 350. On verra aussi un choix de stèles du Sérapéum, toutes bien datées, présenté par O. Perdu, dans *Tanis. L'or des pharaons*, Paris 1987, p.154–62.
268. Voir K. Kitchen, *ibid.*, table 20, p.489.
269. Après le pontificat d'Ankhefensekhmet sous Chechanq V: cf. K. Kitchen, *ibid.*, p.194 et 350.
270. Voir K. Kitchen, *ibid.*, p.291 et 301; PM III^2, 2, fasc. 3, p.851 et 873.
271. K. Kitchen, *ibid.*, p.304; PM III^2, 2, fasc. 3, p.854.
272. K. Kitchen, *ibid.*, p.341 et 343; PM III^2, 2, fasc. 3, p.873.
273. PM III^2, 2, fasc. 3, p.821.
274. PM III^2, 2, fasc. 3, p.788.

Tefnakht de Saïs[275]. C'est lui qui livra bataille contre Piankhi, mais la vieille capitale tomba[276] et passa aux mains des Kouchites qui d'ailleurs l'épargnèrent.

Les souverains de la XXVe dynastie accordèrent leurs soins attentifs à la cité[277] où Taharqa se fit couronner et peut-être résida, à l'instar de son prédécesseur Chabaka. C'est à ce dernier d'ailleurs qu'est attribuée la trouvaille du texte de Théologie memphite, ce qui atteste de l'intérêt que prit cette dynastie aux cultes memphites, soigneusement entretenus. Les Apis sont régulièrement enterrés[278] et le long texte d'une stèle, gravée sous Taharqa relate les donations effectuées en faveur d'Amon-Rê qui préside aux temples des dieux, une forme locale d'Amon[279]. C'est d'ailleurs sans doute vers la fin de la XXVe dynastie que la famille d'Harbes s'implanta à Giza; les monuments de ce personnage portent encore fortement l'empreinte caractéristique de l'art de cette époque[280].

La fin de la dynastie fut marquée par la conquête assyrienne; la ville fut prise. Elle passa sous le commandement de Nékao[281], prince de Saïs et vassal d'Assourbanipal, qui entra en lutte contre Tanoutamon, puis de son fils, Psamétique[282] dont le royaume s'étendit sur Saïs, Athribis et Memphis. Ce sera ensuite la reconquête saïte.

Le rôle que jouèrent Memphis et sa région durant toute cette période mérite d'être souligné. Peut-être l'éclat qu'elle avait connu jusque sous les Ramessides était-il un peu terni dans la mesure où une nouvelle capitale avait été instaurée dans l'est du delta avec l'avènement de la XXIe dynastie. Néanmoins, sa position géographique lui permit de garder dans la première moitié du premier millénaire un rôle d'enjeu politique indéniable entre pouvoirs rivaux; entre le nord et le sud mais aussi entre dynastes du delta cherchant à élargir leur zone d'influence avec, éventuellement, l'intervention de puissances étrangères, comme ce fut le cas de Nékao avec les Assyriens. Si les souverains tanites ne réussirent pas à étendre leur autorité fort loin dans la vallée elle-même, du moins englobèrent-ils Memphis. Et il en fut de même pour la dynastie chechonquide. Les grands prêtres de Ptah lui furent d'abord alliés, puis dépendirent directement d'elle, avec l'accession à cette charge, sous Osorkon II, du prince héritier Chechanq, qui porte en même temps le titre politico-militaire de grand chef des Ma. Lorsque l'on perd la trace de cette famille, Memphis passe sous la prérogative du royaume d'occident et des princes de Saïs, pouvoir qui sera disputé au temps de la XXVe dynastie par les souverains kouchites. On voit là comment par sa situation clé, elle fut l'objet constant de convoitises politiques.

A cela, il faut ajouter un impact religieux, jamais démenti. Nous savons certes fort peu de choses sur le temple de Ptah en ce temps-là et sur ceux des déesses qui lui sont liées,

275. J. Yoyotte, *Principautés*, p.130–1; K. Kitchen, *TIP*, p.355, 362–3 et 581. Voir aussi F. Gomaà, *Die Libyschen Fürstentümer des Deltas vom Tod Osorkons II. bis zum Wiedervereinigung Ägyptens durch Psametik I., TAVO* 6, 1974, p.43–59.

276. J. Yoyotte, *o.c.*, p.156–7; K. Kitchen, *o.c.*, p.364–5 et 581–2; N. Grimal, *La stèle triomphale de Pi('ankh)y au Musée du Caire. JE 48862 et 47086–47089, MIFAO* 105, 1981, p.211 et 228–9.

277. Sur la présence éthiopienne à Memphis, voir J. Leclant et J. Yoyotte, *BIFAO* 51, 1952, p.28, et n.(2), (3) et (4); J. Leclant, *Mél. Mariette, BdE* 32, 1961, p.279–84; J. Yoyotte, *Principautés*, p.131. Voir aussi plus récemment les articles de J. Leclant, *Festschrift L. Habachi, MDIAK* 37, 1981, p.289–94; *LdÄ* V/4, 1983, 501–2; *LdÄ* V/4 1983, 514–5; *LdÄ* VI/2, 1985, 163.

278. K. Kitchen, *o.c.*, Table 20, p.489.

279. Voir désormais la publication et l'étude de D. Meeks, *Hom. Sauneron* I, p.221–59 et pl.38.

280. Sur ce personnage et sa famille, voir *infra*, p.105–35.

281. J. Yoyotte, *o.c.*, p.131; K. Kitchen, *o.c.*, p.393, et 586–7.

282. J. Yoyotte, *o.c.*, p.131; K. Kitchen, *o.c.*, p.394–5.

Sekhmet et Bastet, ou encore d'autres dieux locaux, mais la présence de générations de grands prêtres, l'intérêt des rois kouchites pour la vieille théologie memphite indiquent, à tout le moins, que le rôle religieux de la cité n'avait pas faibli. De même on peut suivre avec une relative précision la chronologie parallèle des Apis dont le culte fut très officiellement célébré, bien que nous ayons, jusqu'à présent, une lacune importante pour toute la durée de la XXIe dynastie et la première moitié de la XXIIe. Les stèles votives des particuliers apportent leur ample moisson de renseignements prosopographiques qui concernent non seulement Memphis au sens restreint mais toute la région memphite, et indiquent que la vie religieuse se maintint, très vraisemblablement, d'une manière relativement stable en dépit des troubles politiques. La "résurgence saïte", qui allait suivre, le "néo-memphitisme" seront en quelque sorte l'aboutissement de cette période.

2. DOCUMENTS TROUVES DANS LE TEMPLE D'ISIS ET LE SECTEUR ORIENTAL

A. SCARABEE DE CHECHANQ Ier BOSTON MFA EXP. N. 31-1-344

Trouvé en janvier 1931 dans les débris du puits G 7832 Z, à l'est de la nécropole orientale[283]. Lieu de conservation actuel inconnu. Inédit. Voir photographies MFA B 7647–7648.

En stéatite vitrifiée, il mesure 1,5 cm de long sur 1,2 de large et 0,7 d'épaisseur. Au revers, les cartouches du roi Chechanq Ier[284]:

"Hedjkheperrê Sotepenrê Chechanq Meryamon."

Nous avons avec ce scarabée un modeste témoignage au nom du fondateur de la XXIIe dynastie dont quelques vestiges archéologiques ont subsisté à Memphis. Il s'agit sans doute d'un objet commémoratif, appartenant à un particulier et faisant partie de son équipement funéraire.

B. SARCOPHAGE DE BEPESHES BOSTON MFA EXP. N. 26-1-88

Ce document fort intéressant sera étudié en détail dans le cadre du chapitre consacré aux nécropoles tardives de Giza[285]. De par sa date, XXIIe ou XXIIIe dynastie, les temps de l'anarchie libyenne, il doit cependant être signalé dès maintenant.

Retrouvé dans la salle (5)[286] qui abritait de pauvres inhumations, ce sarcophage de bois appartient en effet à "l'enfant du chef des étrangers, Bepeshes", connu par sa belle statue du Louvre. C'est un élément important pour la chronologie des différentes parties du temple, puisqu'il date de manière relativement précise la salle (5) où il a été découvert. Sa construction est sans doute contemporaine ou presque de l'inhumation du personnage, ce qui implique également que la salle contiguë au sud (4) a été construite à

283. Pour la position, voir pl.2.
284. Pour d'autres exemplaires de scarabées de Chechanq Ier, voir *GLR* III, p.313–5.
285. Voir *infra*, p.270–1.
286. Voir pl.5.

la même époque, sinon antérieurement. Nous savons donc grâce à cette sépulture que l'agrandissement du temple vers le nord, contre la paroi orientale de la pyramide G I–c, remonte à la XXIIe ou XXIIIe dynastie.

Cela nous donne en fait des indications supplémentaires, fort utiles. L'étude des fragments datés de Psousennès et Amenemopé, confrontés aux restes du temple sur le terrain, n'avaient malheureusement pas abouti à des résultats très positifs. Il n'est en effet pas possible de faire coïncider ces différents documents datés avec ce qui subsiste en place. On s'est aperçu qu'on ne pouvait, en se fondant sur ces pièces, attribuer la partie centrale du temple, les salles (2) et (3), aux rois Psousennès et Amenemopé[287], comme on l'avait fait auparavant; ce qui, bien sûr, n'empêche pas que des chapelles portant les noms de ces deux souverains aient été consacrées à Isis dans le voisinage immédiat.

Se posait alors le problème de la datation de cette partie centrale dont les restes sur le terrain sont anépigraphes alors que certaines des chapelles au nord et au sud de l'axe indiquent clairement un agrandissement du temple à la XXVIe dynastie[288].

Lorsque l'on procéda à la construction des salles (4) et (5), il semble logique que les salles (2) et (3) ou (2) au moins aient déjà existé, sinon on n'expliquerait pas cette extension vers le nord. On peut donc avancer qu'il y eut une étape dans la construction de ce temple qui se situe probablement à la XXIe dynastie. C'est en effet cette dernière qui nous a livré le plus de témoignages et on est enclin à penser, par là-même, que la première extension du temple, (2) et (3), date de cette période, sans pouvoir proposer une attribution plus précise. Il n'est pas tout à fait sûr pour autant que ce que nous voyons aujourd'hui sur le terrain date de cette époque puisqu'à la XXVIe dynastie, on a dû remanier assez considérablement le temple antérieur qui datait de la Troisième Période Intermédiaire, voire même le détruire, au moins partiellement, pour faire la place à une nouvelle construction.

C. FRAGMENT GS 80–1

Le fragment GS 80–1 pose un problème de classement car son attribution n'est rien moins que sûre. Je l'ai placé dans le cadre de ce chapitre, car il date au plus tard de la XXIIe dynastie mais, en fait, peut très bien appartenir à la XIXe dynastie.

Ce petit fragment de calcaire (22 cm de long sur 22 de haut maximum) a été retrouvé en juillet 1980 dans la chapelle d'Harbes (7) (voir pl.6), où il était déposé. Avait-il déjà été découvert par Reisner qui, à ma connaissance, ne l'a pas répertorié, ou plutôt s'agit-il d'une trouvaille fortuite ultérieure, faite dans ce secteur du temple et abandonnée là ? C'est probable. Inédit.

On y reconnaît un pan de ce qui devait être la large jupe d'un personnage agenouillé. Tout le reste a disparu. Devant, la fin d'une colonne de texte est préservée:

"[L'Horus], taureau puissant, aimé de Maât."

Nous avons vraisemblablement à faire à un de ces linteaux de porte où un particulier est représenté deux fois, en adoration devant les cartouches de son souverain, entourés de son nom d'Horus[289].

287. *Supra*, p.74–5.
288. Pour l'extension saïte, voir *infra*, p.172–210 *passim*.
289. Comparer avec le linteau Caire JE 4747: *supra*, p.47 sq.

Ce dernier, "taureau puissant, aimé de Maât", a appartenu à plusieurs pharaons: Ramsès II, Amenmès, Ramsès XI, Osorkon II et Chechanq III[290]. Si on peut pratiquement rejeter Amenmès et Ramsès XI dont on a relativement peu de chances de retrouver de traces à Giza, il n'est guère possible de trancher entre les trois autres. Evidemment, on connaît déjà l'activité de Ramsès II à Giza et on sait, entre autres, que des colonnes à son nom ont été remployées par ou sous Amenemopé pour une chapelle dédiée à Isis. C'est effectivement un argument en faveur de Ramsès II mais il n'est pas totalement exclu qu'Osorkon II ou Chechanq III aient eux aussi apporté leur contribution aux travaux effectués dans le secteur du temple d'Isis.

3. AUTRES DOCUMENTS

A. STATUETTE DE SMENDES BROOKLYN 37.344 E

Cette statuette au nom de Smendès qui, originellement, faisait partie de la collection Abbott, est réputée provenir de Giza mais, malheureusement, sans aucune précision; ce qui est regrettable car on aurait peut-être pu identifier le temple mentionné dans l'appel aux prêtres et scribes, gravé sur cet objet, si toutefois il s'agit effectivement du lieu d'origine du document. Pour sa bibliographie, voir PM III^2, 1, p.305, et C.M.Z., "Bousiris", p.92 et n. (5). Le texte a été traduit par J. Yoyotte, *Principautés*, p.127, et plus récemment par K. Jansen-Winkeln, *Ägyptische Biographien der 22. und 23. Dynastie, Ägypten und Altes Testament* 8, 2 vol., Wiesbaden 1985; 1, p.239–41 pour la description, la bibliographie et la traduction; 2, p.576–7, pour le texte hiéroglyphique et le commentaire.

Cette pièce en verre opaque, de couleur vert pâle, mesure un peu plus de 13 cm de haut; il s'agit d'un objet appartenant à la petite statuaire, d'une fort belle facture qui atteste du savoir-faire des artisans de l'époque. La tête en est malheureusement perdue. Le personnage, torse et pieds nus, vêtu d'un pagne, est à genoux et présente rituellement les vases *nw*. Un texte suivi occupe le pilier dorsal divisé en deux colonnes et le pourtour de la base:

"O tous prêtres-ouab et tous scribes qui viendraient à entrer dans le temple, le Grand Dieu vous louera si vous dites: "Offrande que donne le roi (comme) service funéraire—pain, bière, volaille—pour le ka de l'imakhou, parfait de cœur, le silencieux véritable comme aiment les hommes et les dieux, bon de parole, agréable par ses louanges de dieu,... tout pays lui étant fidèle à cause de la grandeur de son amour et de la puissance de son bras, commandant de l'armée, celui qui la mène au combat, celui qui rejoint le fuyard,... au jour du combat, traitant les rebelles en ennemis, l'armée l'entourant derrière lui, la semence de Dieu étant en lui, le grand chef des Ma, prophète d'Amon-Rê, seigneur de l'Horizon, (son aimé), Smendès, imakhou... (?)"[291].

290. On excluera Siamon dont le nom d'Horus est *sꜣ mry Mꜣʿt*, car il ne semble pas qu'il y ait eu de place pour graver *sꜣ*.

291. J. Yoyotte, *Principautés*, p.127 et n.(6) pour la traduction et le commentaire, et K. Jansen–Winkeln, *o.c.*, 1, p.239–41, et 2, p.576–7, qui propose quelques lectures différentes de celles de J. Yoyotte: *mnḫ ỉb grw mꜣʿ r mr(r) rmṯw nṯrw* à la place de *mnḫ ỉb ḥr Mꜣʿt mry rmṯw nṯrw, twt m ỉr dwꜣ nṯr* et *ỉmꜣḫ šnty štyt wḥʿ nfrt*, pour la fin du texte dont la lecture est difficile et quelque peu aléatoire.

Comme l'a souligné J. Yoyotte, ce personnage qui porte le titre de commandant de l'armée, *ḥ3wty n mšꜥ*, et grand chef des Ma, *wr ꜥ3 (n) M(šwš)*, insiste avant tout sur ses vertus guerrières[292] bien qu'il soit également prophète d'Amon-Rê, seigneur de l'Horizon. Il est remarquable de constater qu'un dynaste local pouvait en quelque sorte "usurper" une attitude normalement réservée à un souverain régnant[293]. Cela dit, que pouvons-nous tirer de plus du texte de la statuette ?

Si la date ne peut être tout à fait précisée, la présence du double titre de commandant de l'armée et grand chef des Ma, invite à en faire une œuvre de la fin de l'époque chechonquide, au temps de l'anarchie, XXIIe ou XXIIIe dynastie, plutôt que plus tardive, selon des critères d'emploi de ces titres, établis par Yoyotte[294]. Smendès serait un contemporain de Bepeshes, enterré à Giza et lié à Memphis. Cependant, ses titres ne permettent pas de savoir où il exerçait ses prérogatives, et la présence de sa statue sur le site n'autorise évidemment pas à en déduire qu'il y fut enterré. Sans doute était-elle déposée dans un temple, mais lequel ? Le personnage remplissait la charge de prophète d'Amon-Rê, seigneur de l'Horizon, ce qui n'implique pas que le temple évoqué dans l'appel aux prêtres soit précisément celui de ce dieu. A dire vrai, on ne connaît pas de lieu de culte d'Amon-Rê portant cette épithète, à Giza ou dans la région memphite[295]. Elle n'est pas habituelle et fait songer à *m-3ḫt*, partie du nom d'Harmachis. Y aurait-il eu glissement d'Harmachis à Amon-Rê? Ce n'est là qu'une simple hypothèse, très aléatoire, face à cette épithète inexpliquée d'Amon. Il est possible qu'un grand chef des Ma ait déposé une statuette "royale" à son effigie au temps de l'anarchie libyenne sur le site de Giza, peut-être à proximité du temenos du Sphinx.

B. PLAQUE EN FAIENCE AU NOM DE NEKAO LONDRES BM 23790

Cette plaque en faïence bleu foncé, conservée au British Museum sous le N° 23790, porte simplement un cartouche au nom de Nékao. Voir H. Hall, *Catalogue of the Egyptian Scarabs, etc. in the British Museum I,* Londres 1913, n°2805, p.294; *GLR* III, p.416, et IV, p.91; C.M.Z., "Bousiris", p.92. La provenance indiquée est Giza. Ce seul cartouche ne permet pas de déterminer s'il s'agit de Nékao Ier, dynaste de Saïs ou de Nékao II, le successeur de Psamétique Ier[296].

C. NOTE SUR UN SCARABEE CRIOCEPHALE TROUVE A GIZA-SUD

Ce scarabée était conservé dans un magasin du Service des Antiquités à Giza, consacré aux trouvailles faites par Abu Bakr à Giza-sud non loin de la tombe de Tjary[297]. C'est un objet tout à fait caractéristique de la XXVe dynastie[298], trouvé avec du matériel postérieur, XXVIe et au-delà. Un tel objet isolé ne permet pas, à lui seul, d'affirmer qu'il y eut des inhumations dans ce secteur de la nécropole sous les souverains kouchites.

292. J. Yoyotte, *ibid.*, p.139.
293. J. Yoyotte, *ibid.*, p.140–1.
294. J. Yoyotte, *ibid.*, p.123. Le personnage a été identifié au Smendès B de la liste établie par F. Gomaà, *Die Libyschen Fürstentümer des Deltas vom Tod Osorkon II. bis zum Wiedevereinigung Ägyptens durch Psametik I., TAVO* 6, p.85–6, et au Smendès V de K. Kitchen: *CdE* 103, 1977, p.44, ce qui donne les dates approximatives 755–730 avant notre ère.
295. Sur les cultes memphites d'Amon, voir les remarques de D. Meeks, *Hom. Sauneron* I, p.230–3.
296. Cf. J. Yoyotte, *Supplément au Dictionnaire de la Bible* VI, 1958, p.364 sq.
297. Sur cette fouille, voir *infra*, p.300–1.
298. A propos des scaraboïdes à têtes de bélier, animal sacré d'Amon, particulièrement en faveur auprès des souverains kouchites, voir J. Leclant, *LdÄ* V/4, 1983, 502, et *LdÄ* VI/2, 1985, 165.

4. REMARQUES SUR L'ETAT DU TEMPLE D'ISIS A LA FIN DE LA TROISIEME PERIODE INTERMEDIAIRE

On assiste à une raréfaction des documents entre les XXIe et XXVIe dynasties, en partie explicable peut-être par les difficultés que connaissait alors le pays. Néanmoins les quelques pièces que nous possédons, de provenance certaine, sont un apport utile pour compléter le tableau tel qu'on pouvait le dresser à la fin de la XXIe dynastie. Si le nom de Chechanq Ier est attesté sur un scarabée, on ne peut être sûr, en revanche, qu'Osorkon II ou Chechanq III laissèrent sur le site des traces de leur activité. La sépulture d'un chef des étrangers, Bepeshes, est, elle, un élément important pour l'histoire du temple d'Isis. D'abord parce qu'elle témoigne de la pratique, sous la XXIIe ou XXIIIe dynastie, d'inhumer un individu, non pas des rois comme à Tanis mais un dynaste local, non pas simplement dans l'enceinte d'un temple mais dans le temple même auquel le personnage était peut-être particulièrement lié. Et surtout parce que cette inhumation nous indique une continuité dans la vie de ce temple, même aux époques les plus troublées de l'histoire égyptienne. Enfin cela nous assure qu'il y eut une première phase de construction du temple, sans doute sous la XXIe dynastie, suivie d'une deuxième étape sous la XXIIe ou XXIIIe, avant l'extension ultérieure de l'Epoque Saïte. A la fin de la Troisième Période Intermédiaire, le temple d'Isis comportait au moins les salles (2) et (3), telles que nous les connaissons aujourd'hui ou dans un état antérieur, détruit ou profondément remanié par la suite, et les salles (4) et (5). Un autre grand chef des Ma, Smendès, déposa sans doute sa statue dans un temple de Giza qui, très certainement, avait réussi à ne pas tomber dans l'oubli.

TROISIEME PARTIE

L'EPOQUE SAITE ET LES DERNIERES DYNASTIES

CHAPITRE I

GIZA AU TEMPS DES DERNIERES DYNASTIES INDIGENES

1. LE CONTEXTE HISTORIQUE

A. LES SAITES ET LEURS SUCCESSEURS A MEMPHIS

Avec l'avènement de la XXVIe dynastie, sous l'instigation vigoureuse de Psamétique Ier[299], nous sommes mis en présence d'une des dernières tentatives "nationales" réussies pour réunifier l'Egypte, la défendre contre les invasions étrangères et lui conserver une forme d'indépendance politique[300]. Il serait tout à fait hors de propos, ici, de redire les faits strictement politiques et militaires, les problèmes de succession qui ont émaillé le cours de cette dynastie qui gouverna l'Egypte entre 664 et 525 jusqu'à l'invasion perse, conduite par Cambyse. Je me contenterai de renvoyer aux études d'ensemble ou de détail qui, d'année en année, nous permettent de cerner de plus près les problèmes dynastiques et les conflits avec l'extérieur qui ont alors secoué l'Egypte: Kees[301], Kienitz[302], de Meulenaere[303], plus récemment Spalinger[304] ont livré des travaux, indispensables à qui veut connaître l'Epoque Saïte.

Il me suffira, avant d'en venir à Giza même, de rappeler très brièvement quelques données significatives, concernant la région memphite. Nékao Ier fut prince de Saïs et de Memphis et la dynastie originaire de Saïs étendit peu à peu son pouvoir au-delà de son territoire d'origine[305]. Memphis, la vieille capitale qui avait fait l'objet des soins

299. Pour la reconquête et la réunification de l'Egypte sous ce roi, K. Kitchen, *TIP*, p.400 sq, et 587.

300. Voir à ce propos l'analyse pénétrante de A. Spalinger, *Or.* 47, 1978, p.12 sq.

301. H. Kees, *Zu Innenpolitik der Saïten dynastie*, *Nachrichten von der Gesellschaft der Wissenschaften zu Göttingen, Philo-Hist.-Klasse. Fachgruppe I. Altertumwissenschaft*. Neue Folge. Band I, N°5, 1935, p.95–106.

302. F. Kienitz, *Die Politische Geschichte Ägyptens vom 7. bis zum 4. Jahrhundert vor der Zeitwende*, Berlin 1953.

303. H. de Meulenaere, *Herodotos*.

304. A. Spalinger, *Or.* 43, 1974, p.295–326; *JAOS* 94, 1974, p.316–28; *JARCE* 13, 1976, p.133–47; *JARCE* 15, 1978, p.49–57; *SAK* 5, 1977, p.221–44; *Or.* 47, 1978, p.12–36. On pourrait y ajouter de nombreuses autres études de détail dont je n'ai pas l'intention de dresser une liste exhaustive. Citons cependant, S. Sauneron et J. Yoyotte, *BIFAO* 50, 1952, p.157–202; J. Yoyotte, *Vetus Testamentus* I, 1951, p.140–4; *RdE* 8, 1951, p.215–39; *Vetus Testamentus* II, 1952, p.131–6; *Supplément au Dictionnaire de la Bible* VI, 1958, 363–93; R. Parker, *MDIAK* 15, 1957, p.208–12; E. Hornung, *ZÄS* 92, 1965, p.38–9.

305. K. Kitchen, *TIP*, p.145–6; J. Yoyotte, *Supplément au Dictionnaire de la Bible* VI, 1958, 364.

des souverains kouchites[306], ne fut pas délaissée par leurs successeurs. Selon Hérodote (II, 153), Psamétique Ier avait édifié des propylées au sud du temple de Ptah. Il dut aussi lutter contre des incursions libyennes qui menaçaient la ville, comme le rapportent des stèles trouvées dans le désert, non loin de Memphis. Enfin c'est sous son règne que furent ouverts les grands souterrains du Sérapéum où désormais le roi lui-même allait consacrer une stèle pour commémorer officiellement l'enterrement des Apis. Apriès fit édifier ce qu'il est d'usage d'appeler un palais, dont Petrie a retrouvé un certain nombre d'éléments, tandis qu'une stèle relative aux dotations qu'il fit au temple de Ptah est encore en place. Quant à Amasis, il aurait fait bâtir un temple dédié à Isis, si on en croit les dires d'Hérodote (II, 176)[307]. Dans le même temps, de hauts dignitaires se faisaient enterrer dans la nécropole de Saqqara—tout comme on en trouvera également à Giza—, que ce soit dans la falaise qui forme le rebord oriental du plateau, comme le célèbre Bakenrenef, vizir sous Psamétique Ier[308], ou encore près de la pyramide d'Ounas, tels que Tjanenhebou, Psamétique, Padineith[309].

En 525, l'Egypte tomba sous la domination de Cambyse, puis de ses successeurs et devint une des satrapies de l'empire achéménide, dont la capitale fut Memphis où résida le satrape d'Egypte et où fut installée toute l'administration de la province[310]. En dépit des témoignages d'Hérodote et d'autres écrivains grecs concernant l'impiété des souverains perses vis-à-vis des dieux égyptiens, il semble que les cultes purent se dérouler normalement et même sous les auspices des rois qui voulurent donner d'eux-mêmes une image de pharaon. A preuve à Memphis, l'enterrement d'un Apis en l'an 6 de Cambyse, un autre en l'an 4 de Darius d'après des documents royaux[311], tandis qu'un troisième a été enterré en l'an 34 de ce même roi[312]. Peu de documents officiels ont été retrouvés à Memphis; en revanche de nombreuses stèles de particuliers, datant de cette époque, ont été mises au jour au Sérapéum. Une statue d'Oudjahorresné, le médecin en chef "collaborateur", au temps de Cambyse, connu surtout par le naophore du Vatican, originaire de Saïs, provient également de Memphis[313]. Il est vraisemblable que la statue du chef du trésor, Ptahhotep qui vécut sous Darius Ier et fut enterré à Giza[314], ait la même origine. Enfin la nécropole de Saqqara a livré et continue de livrer de précieux

306. Cf. J. Leclant, *Mél. Mariette*, *BdE* 32, 1961, p.280 sq.; *Festschrift L. Habachi*, *MDIAK* 37, 1981; p.289–94; C.M.Zivie, *LdÄ* IV/1, 1980, p.29–30.

307. Pour Memphis à l'Epoque Saïte, cf. C.M.Zivie, *ibid.*, p.29–30, avec la bibliographie qui s'y rapporte.

308. Voir PM III², 2, fasc. 2, 588–91; et E. Bresciani, El-Naggar, Pernigotti, Silvano con un'appendice di Mallegni, Forniaciari, *Tomba di Boccori. La Galleria di Padineit*, *Saqqara* I. Suppl. à *E.V.O.* III, *Série Arch.* 2, Pise 1983.

309. Cf. PM III², 2, fasc. 2, 648–51; et E. Bresciani, Pernigotti, Giangeri Silvis, *La tomba di Ciennehebu, capo della flotta del Re*, *Biblioteca degli Studi Classici e orientali* 7., *Série Egittologica*, *Tombe d'età saitico a Saqqara* I, Pise 1977.

310. Sur la première domination perse, on verra essentiellement G. Posener, *La première domination perse en Egypte*, *BdE* 11, 1936; F. Kienitz, *o.c.*, p.55–75; et plus récemment E. Bresciani, *SCO* 7, 1958, p.132 sq.; *The Greeks and the Persian*, New York 1968, p.335 sq.; "Egypt, Persian Satrapy", *Cambridge History of Judaism* I, Cambridge 1984, p.358 sq.; "The Persian Occupation of Egypt", The *Cambridge History of Iran* II, Cambridge, p.502 sq.

311. C.M.Zivie, *LdÄ* IV/1, 1980, 30.

312. La stèle de Psamétique-men-(em)-pe dont l'auteur était membre d'une famille de prêtres d'Isis à Giza, *infra*, p.154–7, correspond sans doute à ce dernier enterrement.

313. En dernier lieu, voir E. Bresciani, *Egitto e Vicino Oriente* 8, 1985, p.1–6.

314. Cf. *infra*, p.285–6.

témoignages sur les différentes communautés qui cohabitaient dans la cosmopolite Memphis[315].

Après la révolte d'Inaros qui occasionna le long siège de Memphis entre 459 et 456[316], on possède moins de témoignages sur les destinées de cette ville durant le règne de l'unique souverain de la XXVIIIe dynastie, Amyrtée, et de ses successeurs de la XXIXe. A tout le moins, le Sérapéum demeura toujours, semble-t-il, l'objet des soins attentifs de Néphéritès et des souverains suivants; de même, les carrières de Toura et la ville prochaine de Létopolis virent se rouvrir des chantiers[317].

La politique de restauration inaugurée par les dynastes de Mendès fut poursuivie et accrue sous Nectanébo Ier et ses successeurs. A Memphis, outre les constructions que purent promouvoir Nectanébo Ier et II, un culte fut rendu à ces deux souverains, qui perdura, peut-être jusqu'au règne de Ptolémée V[318]. La ville s'illustra encore pendant la révolte de Khabbash qui s'y installa durant la deuxième domination perse, avant de recevoir Alexandre, couronné pharaon en 332[319]. Ce sont là, très rapidement brossées, les grandes lignes d'une histoire tourmentée qui, malgré la pauvreté, toute relative et du reste bien explicable de la documentation, peut toutefois être suivie de bout en bout. Il est patent que Memphis demeura au cours de ces trois siècles, une ville politiquement et religieusement capitale aussi bien aux yeux des indigènes que des étrangers, installés à un titre ou un autre en Egypte[320].

B. QUELQUES QUESTIONS RELATIVES A L'ARCHAISME

L'énumération nue de ces quelques faits m'amène à évoquer un problème sur lequel je reviendrai de manière plus approfondie, en étudiant le matériel provenant de Giza. On sait que la période de la XXVIe dynastie a été qualifiée depuis longtemps par les historiens en général et les historiens de l'art en particulier, de "renaissance saïte", aussi bien que de "classicisme néo-memphite", avec bien souvent une connotation péjorative, plus ou moins nette, et sans tenter d'approfondir les motifs véritables qui avaient présidé à une telle politique, ni de nuancer le caractère à l'emporte-pièce de leur jugement[321]. Il est certes patent que l'on cherche alors modèles et références dans un passé, lointain ou plus proche, que ce soit sur le plan de l'histoire, de l'art, de l'écriture ou de la langue[322]. On a mis en lumière, désormais, à propos de cette recherche des paradigmes, qu'elle ne se faisait pas exclusivement parmi les prototypes de l'Ancien Empire mais qu'au contraire, on fit également volontiers des emprunts au Moyen ou au

315. Voir la récente mise au point de H. S. Smith, *LdÄ* V/3, 1983, 412–28, ainsi que: *A Visit to Ancient Egypt*, Warminster 1974, p.21 sq.; J. Ray, *The Archives of Hor*, EES, Londres 1976; G.T. Martin, *The Sacred Necropolis at Saqqara, the Southern Dependencies of the Main Temple Complex*, EES, Londres 1981.

316. C.M.Zivie, *LdÄ* IV/1, 1980, 30.

317. Pour cette période voir désormais l'étude détaillée de C. Traunecker, *BIFAO* 79, 1979, p.395–436.

318. C.M.Zivie, *LdÄ* IV/1, 1980, 30.

319. *Ibid*., 30–1.

320. Voir à ce propos H.S. Smith, *A Visit to Ancient Egypt*, Warminster 1974, *passim*.

321. Voir l'analyse qui en a été faite par H. Brunner, *Saeculum* 21, 1970, p.155–8. On lira aussi avec profit les intéressantes remarques sur le problème de J. Yoyotte dans *Tanis. L'or des pharaons*, Paris 1987, p.75.

322. Récemment une série d'études qui se complètent, ont conduit à une analyse détaillée et fine de la notion d'archaïsme qui est au coeur de cette recherche de modèles qui a animé les Egyptiens tout au long de leur histoire et tout particulièrement à l'Epoque Saïte: H. Brunner, *Saeculum* 21, 1970, P.151–61; *LdÄ* I/3, 1973, 386–95; I. Nagy, *Acta Antiqua Academiae Scientiarum Hungaricae* 21, 1973, p.53–64. Voir aussi A. Spalinger, *Or*. 47, 1978, p.12–36, *passim*. Sur les problèmes d'influences stylistiques: P. Manuelian, *JSSEA* 12, 1982, p.185–8; *SAK* 10, 1983, p.221–45; *JEA* 71, 1985, p.107–12.

Nouvel Empire[323]. Il est clair aussi que la région memphite joua dans cette quête un rôle primordial puisqu'elle était, en quelque sorte, et mieux que toute autre partie de l'Egypte, un conservatoire du passé avec ses vieilles nécropoles prestigieuses, ses traditions solidement ancrées et une capitale qui n'avait rien perdu de son activité. C'est d'ailleurs là un état de fait qui préexistait bien antérieurement à l'Epoque Saïte[324].

A Giza, ce phénomène connaîtra un large écho dont j'analyserai les différentes facettes qui ont leur originalité propre, liée aux particularités du site. Il est essentiel de comprendre cette démarche mentale, historique et politique pour mieux cerner le rapport des Egyptiens avec leur propre passé, qui se manifeste de manière très claire sur les sites tels que Memphis, Saqqara ou Giza. Il y eut chez les hommes de ce temps une réelle subtilité à reprendre à leur compte des choses tombées en désuétude depuis longtemps déjà et, en même temps, à mêler l'ancien et le moderne.

2. PRINCIPAUX DOCUMENTS TROUVES A GIZA, HORS DU TEMPLE D'ISIS

J'en arrive maintenant au site même de Giza. Dans la dépendance de Memphis, mais entretenant en même temps des rapports étroits avec Héliopolis et Létopolis[325], Giza connaissait alors une activité religieuse intense, focalisée autour de trois points essentiels qui n'étaient pas sans liens entre eux. La Stèle de la fille de Chéops les nomme tous les trois[326]: il s'agit du temenos d'Houroun-Harmachis, du temple d'Osiris, seigneur de Ro-Setaou, et enfin du temple d'Isis, dame des Pyramides. Je ne m'attarderai pas sur le culte d'Houroun-Harmachis dont j'ai déjà eu l'occasion de parler[327]. Quant à Osiris de Ro-Setaou qui donna son nom au village de Bousiris du Létopolite, si son temple n'a pas été mis au jour, des témoignages de son culte se retrouvent cependant un peu partout sur le site[328]. Il faut ajouter également que, tout comme à Saqqara, un certain nombre de personnages de plus ou moins d'importance, furent inhumés dans les nécropoles de Giza: le cimetière oriental, des tombes creusées le long de la chaussée de Chéphren et enfin la nécropole de Giza-sud[329]. Cette activité sur le site se traduit par des séries de données suffisamment cohérentes pour nous autoriser à dresser un tableau relativement précis de la situation. Cependant les documents clairement datés par des noms royaux ne sont pas extrêmement nombreux; du moins peuvent-ils servir de jalons dans notre étude sur cette époque. Je mentionne d'abord ceux qui ne proviennent pas du temple d'Isis mais d'autres

323. Voir par exemple la recension des copies faites par P. Manuelian, *JEA* 71, 1985, p.107–12.

324. On ne peut manquer d'évoquer ici les activités d'archéologue et de restaurateur du passé de Khaemouas dans la région memphite; voir F. Gomaà, *Chaemwese Sohn Ramses'II. und Hoherpriester von Memphis*, *Äg. Abh.* 27, 1973, p.61 sq.; C.M.Z., *Giza*, p.277–80. Ce souci de maintenir ou d'imiter le passé se retrouve plusieurs fois à Giza même, dans les traces laissées par les souverains du Nouvel Empire: Aménophis II fait revivre les noms de ses ancêtres Chéops et Chéphren: C.M.Z., *ibid.*, p.263–4; la statue de Ti'aa, épouse d'Aménophis II et mère de Thoutmosis IV, imite par ses textes, sinon par son aspect, les statues de reines ou de princesses de l'Ancien Empire: C.M.Zivie, *Mél. Mokhtar*, *BdE* 97/2, 1985., p.389–401 et pl. 1–2.

325. Cf. C.M.Z., "Bousiris", p.91–3.

326. Cf. *infra*, p.219 et 240.

327. Cf. C.M.Z., "Bousiris", p.94–8; voir aussi *infra*, p.165 et 238 sq.

328. *Infra*, p.237; 248–60 et 296–7; et C.M.Z., "Bousiris", p.103–6.

329. *Infra*, p.267–304.

parties de Giza afin qu'on ait un aperçu aussi large que possible de l'histoire et de l'évolution du site à cette époque.

A. PLAQUE DE NEKAO LONDRES BM 23790

J'ai déjà cité au chapitre précédent[330] la plaque de faïence bleue, conservée au British Museum sous le N° 23790, au nom de Nékao et dont on ne sait s'il faut l'attribuer au premier ou au second des souverains porteurs de ce nom, en raison de l'absence du prénom qui permettrait de trancher.

B. STATUE DE PSAMETIQUE II BERLIN EST 2275 (Pl.16 et 17)

Une statue de Psamétique II[331], trouvée par l'Expédition de Lepsius, non loin du Sphinx, au dire même de cet égyptologue, est aujourd'hui conservée au Musée de Berlin Est sous le N° 2275. Pour la bibliographie, se reporter à PM III^2, 1, p.42, à laquelle on ajoutera *GLR* IV, p.96 n.(2, c).

Brisée au niveau de la ceinture, elle mesure actuellement 34 cm; toute la partie supérieure manque. En granit, elle était visiblement, malgré sa présente dégradation, d'une belle facture. Le roi, pieds nus, est agenouillé; il est vêtu d'un pagne court, finement plissé, à petit devanteau triangulaire. Le pilier dorsal est inscrit de deux colonnes de texte; le pourtour du socle, en revanche, ne semble pas avoir porté d'inscription, bien qu'en raison de son état actuel, on ne puisse en être sûr.

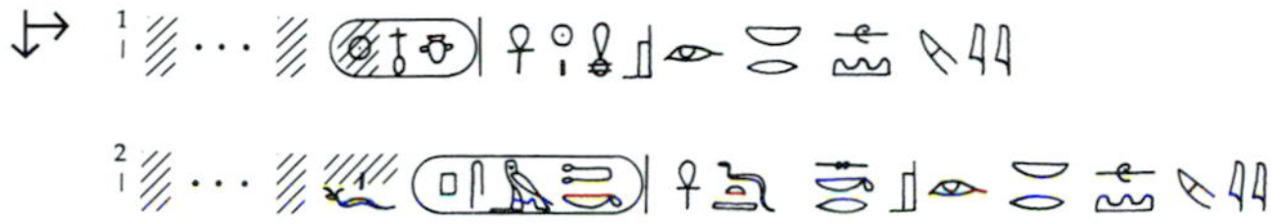

"1.... Neferib[rê], vivant comme Rê, aimé d'Osiris, seigneur de Ro-Setaou. 2.... son... Psamétique, vivant éternellement, aimé de Sokar-Osiris, seigneur de Ro-Setaou."

La statue était peut-être destinée au temple d'Osiris de Ro-Setaou, étant donné la dédicace du pilier dorsal, et on ne peut que déplorer de ne pas avoir d'indication plus précise sur le lieu de sa découverte qui n'était peut-être pas très éloigné de son emplacement primitif. En raison de la brièveté de son règne, six ans, les documents au nom de Psamétique II ne nous sont pas parvenus en abondance, et il faut particulièrement souligner la présence de cette statue à Giza.

C. SPHINX AU CARTOUCHE D'APRIES CAIRE JE 72245

Selim Hassan a mis au jour au nord du "temple du Sphinx", c'est à dire non loin du temenos du Sphinx, un petit sphinx en calcaire, couchant, sur un socle bas. Il mesure 22,5 cm de long et 6,5 de large au niveau du socle qui a une hauteur de 2,5 cm. Le corps est peint en rouge avec un motif en damier jaune et rouge formant manteau sur le dos et les flancs, avec un quadrillage noir.

Il est conservé au Musée du Caire sous le N° JE 72245. Voir S. Hassan, *The Great Sphinx*, p. 53, 118, 196 et fig.81, p.18; C.M.Z., "Bousiris ." p.94 et n. (4).

330. Cf. *supra*, p.86.
331. Je remercie K.H. Priese, conservateur au Musée de Berlin, qui m'en a procuré des photographies.

Le travail est assez grossier. Sur l'épaule droite, on peut lire le cartouche d'Apriès:  . Sur la partie avant du socle: →  , *Har[m]achis, qui donne la vie."* Le côté droit du socle est partiellement inscrit: →  , *"Hor, fils de Hor, j.v.."*

Les signes sont gravés de manière très fruste et leur lecture demeure quelque peu aléatoire.  est sans doute écrit à la place de  , *mꜣꜥ ḫrw*, et il serait également possible de comprendre *"Hor, fils de Hor-(em)- maa-kherou"*, ce dernier nom étant connu à cette époque (H. Ranke, *PN* I, 245, 18).

Il s'agit d'un petit sphinx votif, dédié à Harmachis par un particulier qui y fit graver le nom du souverain sous lequel il vivait. H. de Meulenaere, *LdÄ* I/3, 1973, 359, signale qu'on ne connaît guère qu'une dizaine de statues de particuliers, portant les cartouches d'Apriès, au nombre desquelles celle présentement étudiée n'est pas comptée.

D. SARCOPHAGE DU GENERAL AMASIS, FILS DU ROI AMASIS LENINGRAD 766

Dans la tombe LG 83, non décorée, située au nord de la chaussée de Chéphren[332], on a retrouvé en 1852 les sarcophages du général Amasis (*mr mšꜥ*), fils du pharaon Amasis, et de l'épouse de ce dernier, Nakhtbastetirou. L'objet fit d'abord partie de la collection du duc de Leuchtenberg pour le compte duquel fut organisée la fouille, avant d'appartenir au Musée de l'Hermitage de Léningrad où il est conservé sous le N°766. Pour la bibliographie, se reporter à PM III^2, 1, 289, à quoi on ajoutera W. El-Sadeek, *Twenty-Sixth Dynasty*, p. 123–5.

Il s'agit d'un grand sarcophage en granit noir anthropoïde, de type classique à cette époque. Le couvercle comporte, entre autres, une copie du chapitre 72 du Livre des Morts, tandis que des représentations de divinités gardiennes du tombeau et du sarcophage sont reproduites sur les parois externes de la cuve[333]. Le nom du personnage, qui ne semble pas connu par ailleurs[334] et qui ne porte pas d'autres titres que celui de général[335], est martelé[336].

E. SARCOPHAGE DE NAKHTBASTETIROU , FEMME D'AMASIS LENINGRAD 767 ET CHAOUABTI DE LA REINE

Le sarcophage, également anthropoïde, en granit noir, d'une des épouses d'Amasis[337] a été trouvé en même temps que celui de son fils, dans la même tombe LG 83, aux abords de la chaussée de Chéphren[338]. Voir bibliographie dans PM III^2, 1, 289; et W. El-Sadeek, *o.c.*, p.123. Il est aujourd'hui conservé au Musée de l'Hermitage sous le N° 767.

Il porte une inscription sur le couvercle. Le nom de la reine a également été martelé. Cela n'est pas outre mesure surprenant puisqu'on sait qu'un certain nombre de pièces au

332. Voir PM III^2, 1, pl.III.
333. Voir à ce propos l'étude de J. Leclant, *Mélanges Struve, Drevnii Mir*, Moscou 1962, p.104–29, et p.108, pour le sarcophage d'Amasis.
334. Cf. H. de Meulenaere, *JEA* 54, 1968, p.184, qui a recensé les documents appartenant aux membres de la famille du roi Amasis.
335. Cf. P.-M. Chevereau, *Prosopographie*, p.99.
336. Cf. *infra*, p.97, à ce propos.
337. Sur les différentes épouses d'Amasis: H. de Meulenaere, *JEA* 54, 1968, p.183–7.
338. Il faut signaler qu'un autre sarcophage appartenant à Ta-cheri-en-ta-ihet, fille de Disneb, a été trouvé dans la même tombe: cf. PM III^2, 1, 290, et *infra*, p.283. On ne connaît aucun lien de parenté entre cette femme et les deux membres de la famille d'Amasis, pas plus qu'on ne connaît la raison qui fait que les trois sarcophages ont été déposés dans la même tombe.

nom d'Amasis ont subi ce traitement au cours de l'Epoque Perse[339], traitement qui aurait également été infligé aux monuments des membres de sa famille. Au demeurant, il est probable que la tombe LG 83 n'ait pas été l'emplacement originel prévu pour enterrer la reine et son fils car il semble bien, même si les preuves archéologiques font défaut, que les pharaons saïtes et leur famille aient été inhumés à Saïs[340]. La tombe de Giza serait-elle une cachette de fortune, ce qui pourrait expliquer qu'elle ne soit pas décorée, pour mettre à l'abri les restes de ces deux personnages? Ils y auraient été transférés après qu'on eut commencé à s'acharner sur la famille d'Amasis, puisque les martelages ne leur ont pas été épargnés. Pourquoi ce choix? Nous n'avons pas assez d'éléments pour répondre à ces questions.

Il faut aussi signaler la découverte dans le sable d'un chaouabti de la reine, à l'est du mastaba de Seshemnefer[341], dans le cimetière central, c'est-à-dire non loin de la tombe où était déposé son sarcophage. Voir S. Hassan, *Excav. at Giza* VI/3, 1951, p.241 et pl.99 C; H. de Meulenaere, *JEA* 54, 1968, p.184; J. et L. Aubert, *Statuettes*, p.214.

Le chaouabti, haut de près de 15 cm, est en faïence vernissée, d'une bonne facture. Au dos, une colonne de texte a permis de l'identifier:

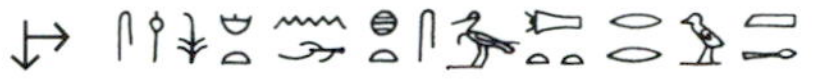

"Que soit illuminée l'épouse royale, Nakhtbastetirou [342]*, j.v.."*

Il est très probable que la trouvaille, faite hors d'un contexte archéologique précis, est à mettre en rapport avec la présence du sarcophage à proximité. Cela apporte quelque fondement à l'hypothèse du transfert du matériel funéraire à Giza, dont le chaouabti de la reine hors contexte serait un élément épars[343], sans doute abandonné là lors d'un pillage ultérieur.

Pour en finir avec cette reine, on se souviendra que son nom apparaît également sur une stèle du Sérapéum, comme mère d'un autre fils d'Amasis, Pasenkhonsou[344].

F. RESTAURATIONS A LA PYRAMIDE DE MYKERINOS

Howard Vyse, lorsqu'il pénétra pour la première fois dans la pyramide de Mykérinos en 1837, fit une découverte fort intéressante en ce qui concerne l'histoire saïte et/ou perse du site de Giza mais qui, curieusement, a été relativement peu mise en valeur par les historiens. Dans l'actuelle antichambre des appartements funéraires, prévue pour être la chambre funéraire elle-même avant le remaniement du plan, il a trouvé des fragments, assez bien conservés, d'un sarcophage de bois au nom du roi Mykérinos, avec des restes humains momifiés. Plus loin, dans la chambre funéraire, reposait le grand sarcophage de basalte, anépigraphe, à décor de palais, qui fut perdu en mer, au large de Carthagène, lors de son transport vers l'Angleterre en 1838. En revanche le couvercle du sarcophage de bois parvint au British Museum où il est conservé sous le N° 6647, ainsi

339. Hérodote III, 16, prétend même que dans la rage de persécution posthume contre Amasis, sa momie aurait été brûlée sous le règne de Cambyse, hypothèse peu vraisemblable qui n'est plus acceptée par les historiens: cf. H. de Meulenaere, *LdÄ* I/2, 1973, 182; E. Bresciani, *The Cambridge History of Iran* II, p.504.

340. H. de Meulenaere, *Herodotos*, p.152–5; J. Málek, *LdÄ* V/3, 1983, 355.

341. Cf. PM III^2, 1, 249, et plan XXIII B–6/7.

342. Pour cette graphie archaïsante du nom: J. Leclant, *Mél. Mariette*, *BdE* 32, 1961, p.254–5.

343. On connaît également quelques chaouabtis du roi Amasis, sans doute disséminés après le pillage de sa tombe: J. et L. Aubert, *o.c.*, p.214.

344. Louvre IM 4053; cf. PM III^2, 2, fasc. 3, 798.

que les restes de la momie qui ont fait l'objet d'investigations récentes au carbone 14 pour les dater.

Pour la bibliographie, voir PM III^2, 1, 34, qu'on complètera par D. Wildung, *Die Rolle Ägyptischer Könige*, p.223–4, et n. (5), p.223 pour des éléments supplémentaires de bibliographie. On y ajoutera I. E. S. Edwards, *The Pyramids of Egypt*, 1985, p.141.

Ce sarcophage anthropoïde de bois, mesure 1,62 m de long sur 0,44 de large et sa forme autorise à le dater au plus tôt de l'Epoque Saïte. Le couvercle comporte un texte disposé en deux colonnes:

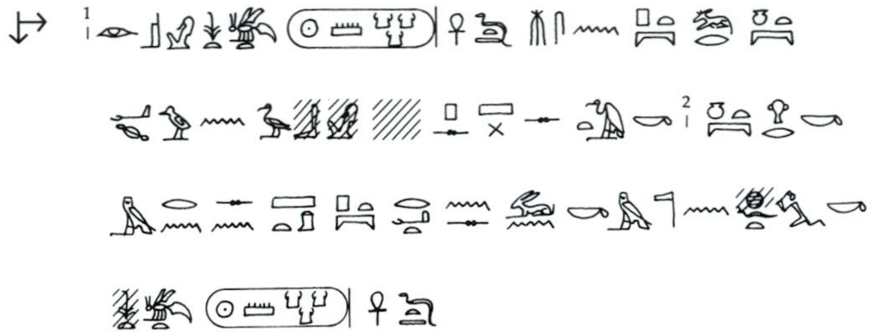

"1. O l'Osiris, le roi de Haute et Basse Egypte, Menkaourê, vivant éternellement, né du ciel, enfanté par Nout, héritier de Geb... Elle s'étend sur toi, ta mère 2. Nout en son nom de mystère du ciel. Elle fait en sorte que tu existes comme dieu sans qu'existe ton ennemi, roi de Haute et Basse Egypte, Menkaourê, vivant éternellement."

Ces formules sont un emprunt aux Textes des Pyramides, Spruch 368, § 638, comme il y en eut beaucoup d'autres à cette époque; elles apparaissent du reste également sur d'autres sarcophages contemporains[345]. C'est la seule mention, à cette période, du nom de Mykérinos, écrit sous sa forme traditionnelle et officielle, *Mn-kꜣw-Rʿ*, alors que partout ailleurs on lit *Mn-kꜣ(w)-Rʿ*. J'ai déjà dit que ce sarcophage ne pouvait être antérieur à la XXVIe dynastie par sa forme, ce que corrobore l'usage d'un passage des Textes des Pyramides. Et c'est là généralement la date qui lui est attribuée. Cependant, H. de Meulenaere, *CdE* 77, 1964, p.28, repris par D. Wildung, *Die Rolle Ägyptischer Könige*, p.224, y verrait plus volontiers une œuvre de l'Epoque Perse, en se fondant sur les mentions d'un culte de Mykérinos, rendu par un prêtre de ce roi ayant vécu sous la XXVIIe dynastie[346]. Mais c'était sans compter avec une autre mention d'une prêtrise de Mykérinos qui, elle, date de l'Epoque Saïte et apparaît dans la titulature d'un des membres de la famille des prêtres d'Isis[347]. Il paraît difficile de trancher entre les deux hypothèses. Pourtant, ma préférence irait plutôt à la XXVIe dynastie qui a vu se développer à Giza l'ensemble des cultes des rois anciens qui perdurèrent d'ailleurs sous les souverains perses, tandis que des travaux de réfection et d'agrandissement se déroulaient au temple d'Isis.

Et il faut peut-être rapprocher le sarcophage "neuf" de Mykérinos d'un autre document trouvé, précisément, dans le temple d'Isis: la Stèle de la fille de Chéops, gravée au seul protocole du pharaon de la IVe dynastie[348]. N'y a-t-il pas quelque chose de similaire dans les deux démarches, les deux souverains de l'Ancien Empire étant

345. Voir par exemple *AEIB* I, 223 et II, 237; cf. aussi M.-L. Buhl, *Sarcophagi*, index, p.227. Enfin le même texte apparaît dans la tombe de Pakap: cf. *infra*, p.284, et sur un sarcophage trouvé à Giza par Abu Bakr: cf. *infra*, p.300.
346. *Infra*, p.166–7.
347. *Infra*, p.166.
348. *Infra*, p.218 sq.

honorés sans qu'en apparence, l'instigateur moderne de cette pieuse entreprise ne se manifeste?

Naturellement, on ne peut dire ce que trouvèrent les Saïtes ou les Perses lorsqu'ils pénétrèrent dans la pyramide de Mykérinos. Certes, le sarcophage de basalte était encore en place; mais le reste de l'équipement funéraire et la momie elle-même du roi? Il y a peu de chances qu'ils les aient retrouvés, étant donné que les pyramides avaient été ouvertes et pillées longtemps avant eux[349]. Il était hors de question que les restes momifiés fussent ceux de Mykérinos. On a pu croire qu'ils étaient contemporains de la réfection du sarcophage. Qui donc aurait-on enterré, dissimulé sous le nom du roi? Mais finalement les analyses les plus récentes ont montré que cette momie datait des environs de l'ère chrétienne[350]. Une nouvelle fois, des intrus s'étaient introduits dans la pyramide dont ils avaient fait leur sépulture, selon une pratique largement répandue dans toute la nécropole de Giza.

Parallèlement à cette réfection du sarcophage, j'ai mentionné l'existence d'un culte du roi Mykérinos qu'il faut rattacher à l'ensemble des sacerdoces des rois anciens, même si les témoignages le concernant demeurent rares. La faveur dont bénéficiait son souvenir se signale par d'autres marques de dévotion qui, d'ailleurs, outrepassaient les limites de Giza. Un certain nombre de scarabées portant son nom sous la forme *Mn-kꜣ(w)-Rꜥ* ont été émis à cette période; malheureusement, la plupart du temps on ne connaît pas leur lieu d'origine[351]. A côté des traces matérielles, un autre indice parle en faveur du bon renom du roi. C'est en effet sous son règne, lit-on aux chapitres 30 B, 64 et 148 du Livre des Morts, que le prince Djedefhor, de fait un fils de Chéops, découvrit des formules magiques dans le temple d'Hermopolis, formules qui furent ensuite consignées dans le recueil funéraire. C'est là une tradition ancienne qui apparaît dès le début du Nouvel Empire mais se retrouve encore dans des exemplaires du Livre des Morts de l'Epoque Perse[352].

Cette renommée de Mykérinos, on la retrouve chez Hérodote (II, 129) qui sans doute, se fait l'écho, pour une part au moins, de la tradition égyptienne, en accentuant la différence entre Chéops et Chéphren d'une part, Mykérinos de l'autre. Il lui attribua cependant une perversité indéniable puisqu'il en fit un père incestueux (II, 131); toutefois, l'analyse critique du passage consacré par Hérodote au roi montre qu'intervient là une confusion entre le pharaon de la IVe dynastie et Bocchoris, un des souverains de la XXIVe[353]. Enfin, on ne peut oublier qu'autour de la pyramide de Mykérinos, appelée Troisième Pyramide, grandirent des légendes grecques, nourries de traditions égyptiennes ou bien grecques: la belle Nitocris et Rhodopis, fameuse courtisane de Naucratis, en furent les héroïnes et se substituèrent dans l'imaginaire à l'auteur véritable du monument. Une légende qui se transmit à la postérité arabe,

349. C.M.Z., *Giza*, p.29–30.

350. I.E.S. Edwards, *The Pyramids of Egypt*, 1985, p.141.

351. Cf. D. Wildung, *Die Rolle Ägyptischer Könige*, p.224; voir aussi, entre autres, E. Hornung et E. Staehelin, *Skarabäen und anderen Siegelamulette aus Basler Sammlungen*, Bâle 1976, p.47 et 199–200, N°45–7. On peut remarquer que lors des fouilles menées à Giza, qui ont permis la découverte de nombreux scarabées, il ne semble pas que des scarabées au nom de Mykérinos aient été mis au jour, ou en tout cas, pas en quantité importante.

352. Voir D. Wildung, *o.c.*, p.219. On peut également citer, dans le même domaine, la mention de Mencheres/Mykérinos sur un papyrus grec d'Oxyrhynchos en relation avec un temple d'Asklepios: D. Wildung, *ibid.*, p.224, et *Imhotep und Amenhotep*, *MÄS* 36, 1977, p.93–8.

353. Sur ce point, G. Möller, *ZÄS* 56, 1920, p.76–7; H. de Meulenaere, *Herodotos*, p.66–7, et 152.

puisque celle-ci évoque la goule rôdant à l'heure de midi autour de la pyramide, femme nue dont la seule contemplation engendre la folie[354].

Il faut revenir à une réalité plus prosaïque. Un dernier élément de l'histoire *post mortem* du pharaon Mykérinos doit être cité. Lors d'un redégagement et d'un nettoyage de l'entrée de la pyramide sur la face nord en 1968, conduits par le Service des Antiquités, on a découvert à environ 50 cm au-dessous et à l'est de l'entrée, une inscription hiéroglyphique d'au moins cinq lignes, gravée en creux, malheureusement en mauvais état de conservation. Cette trouvaille n'a pas encore fait l'objet d'une publication systématique et on ne la connaît que par des rapports succincts qui datent de peu après la découverte: J. Leclant, *Or.* 38, 1969, p.252, et M. Bietak, *Afo* 23, 1970, p.204. Voir aussi les commentaires de A. Fakhry, *The Pyramids*, Chicago 1969, p.257–8, et I.E.S. Edwards, *The Pyramids of Egypt*, 1985, p.139.

On sait seulement qu'une date y est mentionnée, sans doute le 23ème jour du quatrième mois de l'hiver[355], sans année de règne, qui serait la date de la mort de Mykérinos, et que ce dernier a été enterré avec tous ses biens dans la pyramide. Il semble aussi qu'on distingue quatre cartouches dont, seul, celui de Mykérinos est clairement lisible[356].

Naturellement la présence d'une telle inscription sur une face externe de la pyramide, par ailleurs anépigraphe, est tout à fait remarquable[357]. Nous disposons actuellement de trop peu d'informations pour la dater, bien qu'à l'évidence, il faille exclure la possibilité qu'il s'agisse d'une inscription contemporaine de la IVe dynastie. On peut toutefois avancer deux hypothèses. Etant donné les réfections réalisées à l'Epoque Saïte ou Perse dans la tombe du pharaon comme ailleurs sur le site, une telle datation pourrait être plausible. Mais aucun autre monument ne présente d'inscription similaire. En revanche, on sait que le prince Khaemouas, fils de Ramsès II, entreprit la réfection d'un certain nombre de pyramides de la région memphite, Niouserrê, Ounas, Djoser, Ouserkaf et Chepseskaf, où il fit graver une inscription pour rappeler cet événement[358]. Par ailleurs, on connaît également l'activité du prince archéologue et restaurateur à Giza même, sans qu'on ait retrouvé jusqu'à présent de trace d'une semblable restauration dans telle ou telle pyramide du plateau[359]. Il n'est pas possible de trancher la question aujourd'hui. Cependant, la présence de quatre cartouches dans l'inscription de Giza fait songer aux autres textes laissés par Khaemouas, qui sont tous bâtis sur le même modèle[360]. Une étude détaillée permettra sans doute ultérieurement de décider s'il s'agit d'une restauration du Nouvel Empire ou de l'Epoque Saïto-Perse. Quoi qu'il en soit, il n'est pas exclu que ce soit cette inscription que mentionne Diodore, I, 64, 9, qui, selon lui, fournissait l'indication que Mykérinos était le constructeur de la pyramide[361]:

354. C. Coche-Zivie, *BIFAO* 72, 1972, p.115–38; C.M.Zivie, *LdÄ* IV/4, 1981, 513–4; *Autrement*, Hors Série N°12, 1985, p.56.
355. Encore qu'il y ait un certain flottement entre les différents auteurs et qu'on trouve l'été à la place de l'hiver.
356. A. Fakhry, *The Pyramids*, Chicago 1969, p.257, est le seul à fournir ce renseignement.
357. La seule autre inscription hiéroglyphique connue, mais d'un tout autre type puisqu'il s'agit d'un graffito, a été gravée sur la pyramide de Chéops à la XXVIe dynastie; cf. *infra*, p.101–2.
358. Voir F. Gomaà, *Chaemwese Sohn Ramses'II. und Hoherpriester von Memphis*, *Äg. Abh.* 27, p.61–5, 77 et 101–6.
359. Cf. C.M.Z., *Giza*, p.277–81.
360. F. Gomaà, *o.c.*, p.105–6.
361. C'est aussi la suggestion faite par I.E.S. Edwards, *The Pyramids of Egypt*, 1985, p.139.

ἐπιγέγραπται, δὲ κατὰ τὴν βόρειον αὐτῆς πλευρὰν ὁ κατασκευάσας αὐτὴν Μυκερῖνος.

G. GRAFFITI

a. Graffito hiéroglyphique

Hormis l'inscription[362], mentionnée plus haut, qui fut gravée sur la pyramide de Mykérinos, de manière très officielle vraisemblablement, il appert qu'on ne s'aventurait guère dans l'antiquité à graver son nom ou un texte plus long sur les pyramides, à moins que des destructions ultérieures ne nous aient privés d'inscriptions qui avaient bel et bien existé, ce qui paraît assez peu probable. Et cela est vrai à Giza aussi bien qu'ailleurs. On peut d'ailleurs s'interroger sur ce phénomène alors que la pratique des graffiti en bien d'autres lieux qui eux aussi avaient un caractère vénérable, était passablement répandue[363]. Graffiti hiératiques du Nouvel Empire à Saqqara, laissés par des "touristes" admiratifs, graffiti grecs, retrouvés en quantité non négligeable sur les pattes avant du Sphinx[364], pour ne citer que quelques exemples; le dernier relevant d'ailleurs peut-être de pratiques culturelles différentes.

Aussi, l'inscription hiéroglyphique retrouvée sur un des rares vestiges du revêtement de la pyramide de Chéops n'en est-elle que plus remarquable. Elle est gravée sur le bloc 13 en partant de l'angle ouest, sur le revêtement de la face sud, et n'a été repérée que tardivement par Borchardt au début du siècle; Voir L. Borchardt, *Längen und Richtungen der Grossen Pyramide bei Gise, BÄBA* 1, 1937, p.16 et pl.5; et G. Goyon, *Les inscriptions et graffiti des voyageurs sur la grande pyramide*, Le Caire 1944, p.XXVII–XXVIII.

L'inscription n'est pas en très bon état, et plusieurs signes sont de lecture douteuse:

→ 

(a) Ou  ?

"1. Le père divin, supérieur des secrets de Ro-Setaou (?), Mbou... 2.... de son beau nom Psamétique-sa-Neith."

Les signes qui suivent *ḥry sštꜣ* font songer au titre "supérieur des secrets de Ro-Setaou", quoique cette lecture soit cependant douteuse. Le nom du personnage, apparemment d'origine étrangère, est d'une lecture tout à fait incertaine. En revanche, il porte un beau nom basilophore qui est un anthroponyme connu[365] mais dont l'usage comme beau nom ne semble pas attesté par d'autres exemples, jusqu'à présent au moins: H. de Meulenaere, *Le surnom*, et *Addenda et Corrigenda, OLP* 12, 1981, p.127–34, qui ne mentionne pas le graffito de la pyramide de Chéops, n'en cite aucune autre mention. Si on suit son analyse

362. On peut tout de même citer le faux hiéroglyphique soigneusement gravé par Lepsius au-dessus de l'entrée de la Grande Pyramide pour commémorer son expédition en Egypte: G. Goyon, *Les inscriptions et graffiti des voyageurs sur la Grande Pyramide*, Le Caire 1944, p.LXXXVI–LXXXVII et pl.CXVII B 8.

363. Cf. D. Wildung, *LdÄ* I/5, 1973, 766–7.

364. Voir J. Yoyotte, *Les pèlerinages*, p.52–3, et p.57 sq., et C.M.Z., "Bousiris", p.97–8, pour les graffiti grecs du Sphinx.

365. H. Ranke, *PN* I, 136, 21; II, p.102 et 358; Ramadan El-Sayed, *Documents relatifs à Saïs et ses divinités*, *BdE* 69, 1975, p.147.

de la chronologie de l'emploi des beaux noms basilophores (*Le surnom*, p.27 sq.), le personnage a dû vivre entre le règne de Psamétique II et celui d'Amasis, et peut-être, plus précisément, sous Psamétique II (de Meulenaere, *Le surnom*, p.32). L'hypothèse de G. Goyon, *o.c.*, p.XXVII–XXVIII, datant le graffito de l'Epoque Perse, pour séduisante qu'elle soit, est faiblement étayée. De Meulenaere, *o.c.*, p.27, cite le cas d'Henat qui porta son beau nom basilophore sous les rois perses, comme exceptionnel. Quel fut le motif qui conduisit Psamétique-sa-Neith à graver son nom et ses titres sur la pyramide de Chéops, nous ne pouvons le dire; on ne connaît pas d'autres traces de ses activités à Giza; quoi qu'il en soit, sa démarche est tout à fait inhabituelle.

b. Graffito chypriote

Sur le même bloc 13 du revêtement de la paroi sud de la pyramide de Chéops, a également été retrouvée une inscription de deux lignes en écriture syllabique chypriote[366]. Voir L. Borchardt, *BÄBA* 1, 1937, p.19 et pl.5; G. Goyon, *Inscriptions et graffiti*, p.XXVIII; O. Masson, *Inscriptions chypriotes syllabiques*, Paris 1961, p.354–5 et fig.120; *BSFE* 60, 1971, p.34–5.

Il s'agit simplement de la double signature d'un couple, Kratandros, fils de Stasinos et sa femme, Thémitô, qui date de la fin du Ve siècle ou du début du IVe. Là encore, comme le souligne Masson, *BSFE* 60, p.35, on ne peut savoir s'il s'agit de "touristes" de passage ou plutôt de Chypriotes, installés en Egypte, mais ayant conservé leur écriture[367].

c. Graffito araméen

Lors du dégagement de l'esplanade gréco-romaine devant le Grand Sphinx, Baraize a mis au jour en 1928, un tambour de colonne en calcaire, portant les restes d'une inscription araméenne. Aujourd'hui conservé au Musée du Caire sous le N° Reg. Temp. 29/12/28/1. Voir la publication détaillée par N. Aimé-Giron, *Textes araméens d'Egypte*, Le Caire 1931, p.78–85 et pl.5 et 11, ainsi que S. Hassan, *The Great Sphinx*, p.23 et pl.14 B. On lit:

*"... [Marduk-Sum-u] kin, a ainsi parlé: j'ai atteint [cet endroit...] et il y avait avec moi chevaux cinq cents, mulets deux [cents] aussi, chameaux...*n... *et ânes...*n... *(?)..."*

L'inscription date de l'Epoque Perse et évoque un marchand faisant du commerce ou venu en pèlerinage avec toute sa caravane. Elle est trop lacunaire pour nous apprendre les motifs qui ont présidé à sa gravure mais, du moins, nous montre que des étrangers pouvaient, à Giza comme à Memphis ou ailleurs, commémorer leur passage sur le site, dans leur propre langue et leur propre écriture.

H. VASE AU NOM DE NECTANEBO II CAIRE JE 53866

Un petit vase de faïence vernissée bleue a été trouvé au cours des fouilles de Reisner, tout à fait à l'est du cimetière oriental (mastaba G 7600 T, salle 2)[368]. Il est

366. A côté de cela, L. Borchardt, *o.c.*, p.19–21, a relevé un certain nombre de signatures en caractères grecs qui sont plus récentes que celles des Chypriotes.

367. Deux graffiti démotiques ont également été retrouvés, tous deux illisibles; l'un dans une maison du niveau hellénistique devant le temple de la Vallée de Chéphren: cf. U. Hölscher, *Das Grabdenkmal des Königs Chephren*, Leipzig 1912, p.115 et fig.168; l'autre à l'extrémité ouest du passage au nord du temple dit du Sphinx: S. Hassan, *The Great Sphinx*, p.53 et fig.37.

368. Et non dans la zone du Sphinx comme je l'avais indiqué par erreur dans "Bousiris", p.94. Il portait le N° de fouille MFA Exp. N. 29-4-337.

actuellement conservé au Musée du Caire sous le N° JE 53866. Voir PM III^2, 1, p.312; C.M.Z., "Bousiris ", p.94 et pl.III B. Il porte une inscription verticale:

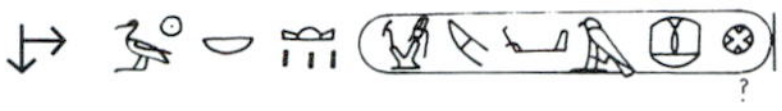

"Le fils de Rê, le seigneur des apparitions, Nectanébo, Meryamon."

On sait que Nectanébo II fut un grand bâtisseur[369]; mais c'est jusqu'à présent le seul témoignage de son activité qu'on ait retrouvé à Giza.

3. EVOLUTION DU TEMPLE D'ISIS ET ACTIVITE DANS LA NECROPOLE ORIENTALE

Le temple d'Isis est, sans aucun doute, la zone de Giza qui a fourni le plus de documents, dits de "Basse Epoque." Certes, ils ne sont pas tous bien datés mais leur étude va cependant permettre d'établir une chronologie, plus ou moins précise, du développement du monument durant cette période. Sous les règnes de Psousennès et d'Amenemopé, le temple avait grandi d'ouest en est, suivant l'axe principal qui était déjà celui de la chapelle funéraire de la pyramide G I–c. Pour autant qu'on puisse le savoir, on se trouvait à cette époque devant une salle à quatre colonnes (2), qui précédait un kiosque à deux colonnes (3), et les salles (4) et (5), au nord. Sans doute y avait-il déjà d'autres chapelles adventices, mais on ne peut préciser leur emplacement, car les remaniements et les destructions ultérieurs laissent planer trop d'incertitudes sur ces différentes constructions.

A l'Epoque Saïte, le temple va se développer d'une manière tout à fait originale avec l'adjonction de salles latérales, au nord et au sud de l'ancienne chapelle funéraire (1) et de la salle à colonnes (2). Il s'agit de structures complexes fouillées jadis par Reisner et dont il n'est pas aisé de définir clairement la fonction. Des reliefs archaïsants permettent d'en dater certaines, au moins approximativement. En outre, les chapelles indépendantes annexes, (6) anonyme et (7), chapelle au nom d'Harbes (voir pl.6), furent ajoutées au nord de l'axe, dans l'espace encore vide entre le mastaba G 7130. Plus, ce mastaba double G 7130–7140, appartenant à Khafkhoufou I et à son épouse, fut réutilisé et une voie d'accès bordée, au nord et au sud, de constructions vraisemblablement saïtes, permettait désormais d'accéder au temple par l'est. Nous connaissons encore mal cette zone fouillée par Reisner dont les rapports ne sont malheureusement pas toujours explicites. Quoi qu'il en soit, le développement, moins anarchique qu'il n'y paraît d'abord, du temple, avec cette constellation de chapelles dont on tentera de définir la fonction, est quelques chose de très particulier qu'il est difficile de comparer avec d'autres ensembles cultuels, qui seraient plus ou moins similaires.

Ces constructions, édifiées au cœur même de la vieille nécropole de l'Ancien Empire vont fournir de remarquables exemples pour analyser les tendances à l'archaïsme et le goût du passé qui semblent caractériser la XXVIe dynastie, avec le remploi de matériaux anciens, la remise en honneur de vieux titres ou de fonctions tombés en désuétude, ou même la réutilisation pure et simple de protocoles de rois de l'Ancien Empire, comme c'est le cas sur la Stèle de la fille de Chéops. Il est vrai que les gens de ce

369. Voir H. de Meulenaere, *LdÄ* IV/3, 1980, 451–2.

temps-là n'avaient qu'à puiser dans le magnifique répertoire et l'inépuisable réservoir que leur offrait le site. On pourra peut-être aussi tenter d'affiner davantage cette analyse, en déterminant ce qui se mêle de moderne à l'ancien.

Les documents datables des dernières dynasties ont été trouvés, non seulement dans l'enceinte du temple proprement dit, mais dans toute la nécropole orientale, largement réutilisée à cette époque, ainsi qu'à proximité de la chaussée de Chéphren et dans la zone méridionale de Giza. Ces objets, principalement des statues, des stèles, des chaouabtis, des sarcophages, des amulettes seront également étudiés. C'est un matériel assez important qui permet de définir les pratiques cultuelles et funéraires durant cette période.

CHAPITRE II

HARBES.

SA CHAPELLE ET SES MONUMENTS;

LE PERSONNAGE

Parmi les différentes chapelles bâties sur le pourtour du noyau central du temple d'Isis, une seule peut être attribuée sans conteste possible, à un personnage précis, celui-là même qui est représenté sur ses murs, et datée, de surcroît, grâce à d'autres documents au nom de cette même personne. Il s'agit de la chapelle d'Harbes[370] qui la fit édifier très vraisemblablement sous le règne de Psamétique Ier[371]. Le dossier de ce dignitaire est volumineux: outre cette chapelle décorée, bon nombre d'objets à son nom ont été retrouvés, sinon dans l'édifice lui-même, tout au moins dans les parages, plus quelques autres de provenance officiellement inconnue, mais qui pourraient bien avoir été découverts à Giza.

1. LA CHAPELLE (7) D'HARBES (Pl.18)

La chapelle[372], ou du moins ce qui en reste aujourd'hui, est une simple salle rectangulaire d'environ 5 m sur 4, bâtie dans la partie nord de l'enceinte du temple d'Isis, entre le mastaba G 7130 et la chapelle (6). Elle s'ouvre au sud, face au passage qui relie le kiosque (3) au mastaba G 7130–7140, zone dénommée (B) par Reisner[373]. Les deux chapelles (7) et (6) étant contiguës, avec chacune leur mur propre, un problème de chronologie se pose, qui ne peut être résolu par les inscriptions, mais seulement éventuellement, par l'archéologie, puisque la chapelle (6) n'est pas décorée et n'a livré aucun objet inscrit et datable. C'est peut-être la chapelle (7) qui est la plus ancienne; en effet, en étudiant la chapelle (6), on découvre au-dessous du niveau de construction actuel, les restes d'un autre mur dans l'alignement du pavement de (7). Peut-être une

370. Porte le numéro (7) qui correspond à (A) de Reisner; voir pl.6.
371. Pour la datation, voir *infra*, p.131.
372. Ce terme a quelque chose de vague et un peu flou, pouvant s'appliquer aussi bien à une chapelle de culte qu'à une chapelle funéraire. Mais, outre le fait que c'est la désignation traditionnelle de ce petit édicule, il me paraît judicieux de la conserver tant que n'a pas été définie de manière plus précise, si cela est possible, la fonction réelle de ce bâtiment au sein du temple d'Isis.
373. *Infra*, p.179 sq.

structure antérieure, directement en rapport avec (7) a-t-elle été détruite pour être remplacée par l'actuelle chapelle (6)[374].

La chapelle d'Harbes conserve une partie des dalles de calcaire qui étaient soigneusement disposées sur le sol. Aucun puits n'a été trouvé au-dessous, contrairement à la chapelle voisine (6) ou à d'autres petits édifices subsidiaires. Ce dallage est légèrement surélevé par rapport au sol de la cour qui s'étend à l'avant du bâtiment. Les murs sont bâtis en petits blocs de calcaire, caractéristiques de l'époque, d'un module assez régulier (environ 45 cm sur 40) qui ont été très vraisemblablement retaillés dans des blocs plus grands, de l'Ancien Empire, provenant du revêtement des mastabas avoisinants.

La chapelle était passablement détruite et a été restaurée après la fin des fouilles de Reisner, à une époque inconnue et de manière assez arbitraire, au moins pour ce qui concerne la hauteur des murs. Elle a été longtemps protégée par une couverture moderne, faite de poutres de bois et d'un grillage métallique, qui a été retirée récemment. Deux colonnes, appuyées sur les murs est et ouest sont conservées jusqu'à une hauteur d'environ 1,50 m. Elles séparent la salle en deux parties d'une superficie à peu près égale. Les bases de deux autres colonnes subsistent dans les angles sud-est et sud-ouest; elles contribuaient peut-être à donner à l'entrée une allure de portique, assez semblable à celle de certaines tombes de l'Ancien Empire[375].

La plus grande partie du mur nord est préservée avec un relief d'Harbes et différents graffiti et s'élève à plus de deux mètres. Le mur est entre l'extrémité nord et la première colonne est également conservé sur une hauteur de trois assises, partiellement couvertes de différents graffiti[376]. Le mur ouest entre l'angle nord et la première colonne est, lui aussi, d'origine; le reste des parois sont des restaurations modernes.

A. RELIEF *IN SITU* ET RELIEF PRINCETON UNIVERSITY ART MUSEUM ACC. 918 (Pl. 19)

Seul est encore en place sur le mur nord de la chapelle, qui est le mur du fond, un relief incomplet[377], auquel vient se raccorder le fragment Princeton University Art Museum Acc. 918[378] qui a été découpé à une date qu'on ne peut préciser. Reisner fouilla le temple d'Isis fin 1925, début 1926. Ses notes et ses photographies nous permettent de savoir *grosso modo* quel était l'état du mur à ce moment-là, qui ne diffère pas radicalement de son état actuel[379]. D'un autre côté, on sait que le relief Princeton a été acquis en 1927 par le musée et qu'il faisait, antérieurement, partie d'une collection privée, mais on ignore depuis quand[380]. Il est vraisemblable que cette chapelle, tout comme le reste du temple d'Isis, ait fait l'objet de pillages et de déprédations depuis le XIXe siècle. On verra que quelques autres fragments de décor sont parvenus jusqu'à nous, alors que le reste a

374. Voir M. Jones et A. Milward, *JSSEA* 12, 1982, p.147, et *infra*, p.182.
375. On songe ainsi au mastaba LG 53 appartenant à Seshemnefer: cf. PM III^2, 1, 223. Une autre chapelle subsidiaire, (23), était bâtie avec le même type de portique: cf. *infra*, p.197.
376. Ces graffiti qui constituent un ensemble cohérent, seront étudiés au chapitre suivant.
377. Cf. S. Hassan, *The Great Sphinx*, p.112 et pl.53; W.S. Smith, *AAAE*, p.250 et 287, n.(53); B. Bothmer, *ELSP*, p.41; M. Münster, *Isis*, p.183; C.M.Z., "Bousiris", p.100–1. Voir aussi W. El-Sadeek, *Twenty-Sixth Dynasty*, p.108–9.
378. H. Ranke, *JNES* 9, 1950, p.228–36 et pl.19–20; B. Bothmer, *ELSP*, p.41–2; E. Russmann, *The Brooklyn Museum Annual* XI, 1969–1970, p.150, n.(26).
379. Voir photographie Archives Reisner B 6874. La principale différence réside dans le fait que la reconstruction des murs n'avait pas encore eu lieu.
380. H. Ranke, *loc. cit.*, p.229.

disparu; que des éléments vus et copiés par J. de Rougé sont perdus depuis lors. Au demeurant, même après avoir réuni le relief *in situ* et le fragment Princeton (46,4 cm de large sur 36 de haut), il manque encore une partie de la scène: la tête d'Isis et trois cadrats pour chacune des quatre colonnes de texte, deux se rapportant à Isis (↦) et deux à Harbes (↤).

La scène qui est loin d'occuper toute la paroi, est placée à peu près au centre de celle-ci, à environ un mètre du sol et, compte tenu de la dimension du mur, il est certain qu'aucune autre scène n'y avait été gravée; seuls des graffiti y ont été rajoutés par la suite. Elle mesure 1,20 m de large sur 1 m de haut. Elles est gravée en creux dans un excellent style qui imite admirablement celui de l'Ancien Empire[381]. Un double trait la délimite sur tout son pourtour.

Isis (→) est assise sur un siège à dossier bas reposant sur un socle. Elle occupait plus des deux tiers de la hauteur de la scène. Elle est vêtue d'une tunique collante à bretelles, échancrée en pointe, qui est une parfaite réplique des robes de l'Ancien Empire. Le cou est orné d'un large collier à trois rangs de perles et les poignets sont ceints de bracelets. La déesse était coiffée d'une longue perruque tripartite, qui avait pu être surmontée d'une couronne; mais la tête est perdue. Elle tient sur ses genoux, au creux de son bras gauche, un enfant nu qui porte la boucle tressée de l'enfance, un large collier autour du cou, un uraeus au front. Elle s'apprête à allaiter l'enfant qui, de sa main droite, tient le poignet droit de la divinité. Il s'agit là d'une scène bien connue sur laquelle je reviendrai.

Devant elle:

(a) En raccordant les traces qui subsistent sur les deux blocs, on peut restituer: 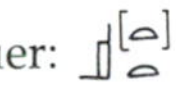 .

"1. ... la grande, la mère divine, la dame du ciel, souveraine des dieux. 2. [Harsié]sis."

Dans la première lacune, il faut sans doute restituer Isis en haut de la colonne. Restent encore deux cadrats environ. Généralement, la séquence des épithètes fréquemment attribuées à la déesse, *wrt mwt nṯr*, suit directement son nom, les autres venant après dans un ordre qui peut varier: *nbt pt ḥnwt mrw*[382], *ḥnwt mrw nbt pt ḥnwt nṯrw*[383]. Dans un certain nombre de cas, *ḥnwt mrw* est la seule épithète après le nom de la déesse[384]. Dans cet exemple précis, on peut cependant supposer que c'est *ḥnwt mrw*, l'épithète spécifique de la déesse dans son temple de Giza, qui occupait les cadrats aujourd'hui manquants, à moins qu'on ait gravé la formule *ḏd mdw n St wrt* ... et que l'épithète *ḥnwt mrw* fût absente.

La seconde colonne se termine par 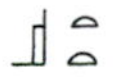 . Il n'y a guère de choix pour combler la lacune. On devait lire le nom du dieu enfant,  , Harsiésis, comme on le trouve sur le graffito I, 1, du mur est de la chapelle[385].

381. Au point que Ranke qui ne connaissait que le buste de la déesse, a pu s'y méprendre et y a vu un relief de l'Ancien Empire comme on en trouve dans les temples funéraires de la Ve et VIe dynasties: voir *infra*, p.108–10.

382. Colonnes d'Amenemopé: voir *supra*, p.67 et 69.

383. Chapelle d'Harbes, graffito I,1, mur nord; voir *infra*, p.143.

384. Variante sur la statue de la mère d'Harbes: *St n mrw*; voir *infra*, p.117; *ḥnwt mrw* sur la plupart des graffiti de la chapelle d'Harbes: cf. *infra*, p.164.

385. *Infra*, p.143; pour une interprétation globale de cette représentation, *infra*, p.108–10.

Face à la déesse, Harbes est agenouillé, représenté à une échelle très inférieure à celle d'Isis. Le crâne rasé, il porte pour tout vêtement un pagne court retenu par une sorte de baudrier, passant sur l'épaule droite. Ses bras pendent devant lui dans l'attitude la plus simple de l'adoration[386]. C'est une pose qu'on rencontre, particulièrement, dans la ronde-bosse royale ou privée des XXVe et XXVIe dynasties[387], et qui est ici transposée dans une représentation bi-dimensionnelle.

Au-dessus et derrière lui, trois colonnes:

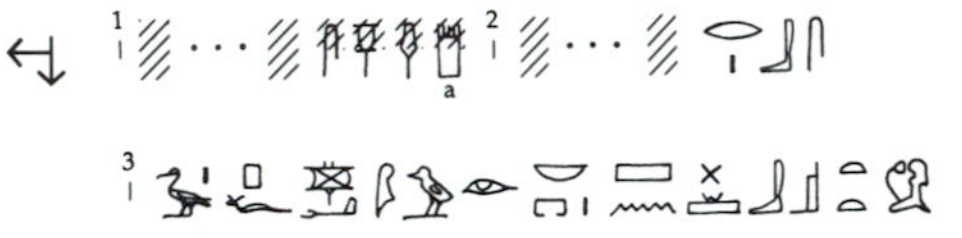

(a) Les quatre signes cassés de ce cadrat sont néanmoins reconnaissables.

"1. ... l'ami, le directeur du palais (a), 2. ... (b), [Ha]rbes (c), 3. fils de Pef-tjaou-(em)-aouy-chou (c), né de la maîtresse de maison, Chepenset (c)."

(a) Il s'agit là de titres anciens, fréquents à l'Ancien Empire, remis en honneur à partir de l'Epoque Kouchite et surtout sous la XXVIe dynastie: cf. par exemple, J. Leclant, *Montouemhat*, p. 273. On ne peut proposer de restitution sûre pour la lacune qui précède, étant donné qu'Harbes porte très souvent des titres différents, d'un document à l'autre[388]. Par ailleurs, la séquence la plus banale empruntée par les Kouchites et les Saïtes aux titulatures de l'Ancien Empire est *rpʿ ḥꜣty-ʿ smr wʿt*, qu'on ne retrouve sur aucun des documents d'Harbes. On songe, en revanche, à *rḫ nswt mꜣʿ mry·f*, qui apparaît plusieurs fois sur les monuments du personnage (inscription copiée par de Rougé, statue de la mère d'Harbes, stèle de donation et statue BM 514).

(b) Un ou deux autres titres du personnage occupaient cette lacune; dans chacune des colonnes en lacune, il manque trois cadrats comme le montre, par comparaison, la colonne intacte.

(c) Pour ce nom avec ses différentes graphies, et sa signification, cf. *infra*, p.132.

Il faut s'arrêter, un moment, sur l'interprétation globale qu'on peut faire de cette scène qui marque une étape dans les représentations cultuelles d'Isis. Ranke qui n'en connaissait qu'une partie, l'enfant assis sur les genoux de la divinité, et ignorait tout de son contexte et de sa provenance, a voulu y voir un fragment appartenant au temple funéraire de Pépi II à Saqqara et figurant une variante de la scène bien connue de l'allaitement royal par une déesse[389]. Poussant plus loin son étude, il y retrouvait le modèle de ce qui deviendra à partir de la XXVIe dynastie ce thème presque rebattu, qu'est l'image d'Isis allaitant Horus enfant, représenté en ronde-bosse ou sur des parois de temples.

Bien sûr il n'est plus possible, réunion faite des *membra disjecta*, de conserver cette interprétation. Nous avons bel et bien, comme la légende l'indique clairement, une représentation en bas-relief d'Isis avec, sur ses genoux, Horus sous sa forme d'Harsiésis. On remarquera d'ailleurs qu'un des graffiti du mur est de la chapelle, reproduit

386. Cf. B. Bothmer, *ELSP*, p.44; J.J. Clère, *Artibus Aegypti, Studia in Honorem Bernardi V. Bothmer*, Bruxelles 1983, p.30.

387. E. Russmann, *The Brooklyn Museum Annual* XI, 1969–1970, p.151 sq.

388. Cf. la liste de ses titres, *infra*, p.132.

389. Voir la démonstration de H. Ranke, *loc. cit.*, p.229–33. Sur le thème de l'allaitement royal: J. Leclant, *JNES* 10, 1951, p.123–7; *Akten des XXIV. Internationalen Orientalisten Kongress*, Wiesbaden 1959, p.69–71; *Proceedings of the IXth International Congress for the History of Religions*, Tokyo 1960, p.134–45; *Mél. Mariette*, *BdE* 32, 1961, p.251–84 et pl.1–2. Voir aussi A. Forgeau, *BIFAO* 84, 1984, p.171–3, avec différentes références bibliographiques.

fidèlement, mais à une moindre échelle et dans un style bien différent, le même tableau[390]. La déesse et le jeune dieu y sont nommés; les mêmes épithètes d'Isis s'y retrouvent.

Par ailleurs la présence d'Harbes agenouillé va également dans le même sens. Le personnage est en adoration devant Isis tenant son fils divin et non devant une divinité allaitant le roi. C'est en quelque sorte la transposition en deux dimensions des statuettes d'orants en prière devant une divinité. A bien des égards, il s'agit d'une scène originale. En effet, le thème si populaire dans la petite statuaire—particulièrement les bronzes—d'Isis à l'enfant[391] ne semble guère apparaître sur des reliefs de temples qu'avec l'Epoque Perse au temple de Khargeh, pour se généraliser à l'Epoque Ptolémaïque[392]. Nous aurions donc un exemple plus ancien, sous Psamétique Ier. Car il faut bien assimiler cette représentation, malgré la présence d'Harbes, à un relief de temple plutôt que de tombe. A considérer le répertoire des scènes des tombeaux de Basse Epoque, que nous connaissons surtout par les tombes thébaines, ce n'est pas une figuration qui y apparaît, non pas qu'Isis en soit absente, mais elle y figure généralement plutôt comme épouse d'Osiris[393]. Cependant, comme la chapelle de Giza fut édifiée par un particulier, tout naturellement celui-ci s'y fait portraiturer en adoration devant la déesse à laquelle le bâtiment était consacré. On aurait ainsi au début de l'Epoque Saïte, un exemple tout à fait remarquable du développement du culte d'Isis avec l'apparition d'un thème qui allait connaître une faveur incontestée.

Si maintenant, comme l'avait fait Ranke, on veut tenter de rechercher les origines de cette thématique d'Isis à l'enfant, on se heurte à une certaine difficulté. Ranke avait bien noté une particularité du relief Princeton par rapport aux autres scènes d'allaitement royal, particularité quelque peu gênante pour sa démonstration, au demeurant.

C'était la seule, semblait-il, de l'Ancien Empire, où le roi apparaisse sous la forme d'un enfant nu, assis sur les genoux de la déesse nourricière, alors que les temples funéraires de la Ve dynastie (Sahourê et Niouserrê) ou même de la VIe (Pépi II) nous montrent le roi adulte, debout et vêtu. Les représentations ultérieures, entre autres celles du Nouvel Empire et de la XXVe reprennent avec des variantes ce même paradigme[394]. Dans la mesure où l'auteur attribuait le relief Princeton à Pépi II, en y voyant une variante ancienne de la scène d'allaitement, il résolvait du même coup le problème de la naissance du thème d'Isis à l'enfant qu'il faisait dériver de ce modèle originel qui aurait existé parallèlement à celui du roi debout. Une fois que l'archétype de l'Ancien Empire est supprimé, cette explication n'est plus possible. On peut peut-être supposer qu'il y eut parallèlement deux thèmes: celui de l'allaitement royal symbolique qui perdure sous sa forme première à travers l'histoire égyptienne avec, occasionnellement, de légères variantes et celui, plus général, de la mère allaitant l'enfant dont on trouve des exemples épars, à des époques diverses[395] et qui se cristallisera finalement dans l'image d'Isis et du dieu fils. Il est clair aussi que ces deux thèmes n'étaient pas

390. Graffito I,1, au nom de Pa-cheri-en-iset II: cf. *infra*, p.142–3.

391. Cf. les remarques de E. Russmann, *loc. cit.*, p.150–1; voir aussi J. Leclant, *Annales de l'Université de Lyon III*, Lyon 1976, p.89–101.

392. Cf. H. Ranke, *loc. cit.*, p.234.

393. Cf. par exemple le relief de Boston MFA 31.250: *infra*, p.110–1.

394. Le roi peut alors être figuré comme un enfant nu, assis sur les genoux de sa nourrice divine: J. Leclant, *Proceedings of the IXth International Congress of the History of Religions*, Tokyo 1960, p.136.

395. Cf. un certain nombre d'exemples rassemblés par H. Ranke, *loc. cit.*, p.233 sq.

complètement étrangers l'un à l'autre et que des échanges ou des contaminations durent se produire entre les deux.

Il reste un dernier point à aborder, qui est celui du style. Ranke s'est efforcé de démontrer avec beaucoup de minutie, en utilisant des critères stylistiques, que le relief Princeton datait du temps de Pépi II. Cela était peut-être possible en prenant isolément une partie du relief, mais lorsqu'on le considère dans son ensemble, les choses sont bien différentes. On a souvent parlé de la servilité de l'art saïte. Je crois qu'il n'en est rien. L'image d'Isis et d'Harsiésis obéit scrupuleusement aux canons de l'art de l'Ancien Empire mais la légende vient démentir qu'il puisse s'agir d'une figuration de ce temps. Harbes emprunte une partie de ses titres aux titulatures officielles d'autrefois mais sa pose et même son apparence, en dépit de son pagne à l'ancienne mode, appartiennent typiquement à son époque à lui. Il y eut donc un usage subtil et non pas servil, très conscient sans aucun doute, de ce qu'on empruntait aux modèles du passé pour le transposer à l'époque contemporaine.

B. RELIEF BOSTON MFA 31.250 (Pl.20)

Ce fragment de calcaire, aujourd'hui conservé au Museum of Fine Arts de Boston sous le N° MFA 31.250, a été trouvé par Reisner en janvier 1926, sur le sol même de la chapelle d'Harbes dans l'état où il est aujourd'hui, c'est-à-dire apparemment découpé intentionnellement[396]. Seule subsiste la partie inférieure des personnages debout qui sont coupés au-dessus du genou.

Le fragment est inédit. Il mesure 1,11 m de large sur 0,55 de haut; son épaisseur est de 0,15 m. Toute la longueur de la scène étant préservée, on peut remarquer que cette dernière était sensiblement de même dimension que le relief *in situ* ; la hauteur devait être également à peu près la même puisque ce qui subsiste des personnages mesure moins de 50 cm jusqu'aux genoux. En revanche, on notera une différence notable avec le précédent relief, sans qu'on puisse en offrir d'explication satisfaisante. La scène complète est gravée, du moins dans sa largeur, sur un bloc d'un seul tenant, de dimension beaucoup plus grande que ceux utilisés dans le mur nord.

Le bas de la scène est indiqué par un double trait sur lequel reposent les pieds des personnages. Peut-être était-elle inachevée car les lignes verticales pour en délimiter les extrémités droite et gauche, sont absentes. Au centre, pieds et jambes (→) d'un dieu momifié posé sur un socle , vraisemblablement Osiris. Sur le socle même Harbes (←), est représenté à une échelle très inférieure à celle du dieu et des déesses qui l'entourent. Vêtu d'un pagne court et coiffé d'une petite perruque emboîtante sans aucun détail intérieur, il est agenouillé, les bras légèrement écartés, pendant devant lui, exactement dans la même attitude que sur le relief précédent[397].

Au-dessus de lui, bas de deux colonnes incomplètes, d'une hauteur inconnue:

"1. ... [le directeur?] de la place (a), 2. ... [Ha]rbes."

(a) Devant *st* subsiste, semble-t-il, un trait vertical. On a la fin d'un titre du personnage; on pense à *mr st* qui apparaît aussi sur la statue de la mère d'Harbes (voir *infra*, p.117). En

396. Voir Diary 2 janvier 1926, p.119; photographie B 6041. Portait le numéro de fouille MFA Exp. N. 26-1-1244.

fonction des traces qui subsistent, *r* serait accompagné d'un trait. Peut-être s'agit-il, en fait, d'un autre titre.

De part et d'autre de la figure centrale, deux personnages féminins l'entourent, en se faisant face. Elles étaient pieds nus et vêtues d'une longue tunique collante. On n'a aucun mal à y reconnaître Isis et Nephthys, assurant la protection d'Osiris.

Deux colonnes fragmentaires subsistent devant les jambes des déesses:

"... toute protection et toute vie derrière lui."

"... elle donne toute vie et toute puissance, ainsi que toute santé."

On retrouvera une scène assez similaire sur le mur nord de la dernière salle de la chapelle (23c). Osiris assis sur un trône est également entouré d'Isis et de Nephthys[398]. Il s'agit, une nouvelle fois, d'un thème qui appartient, du moins à l'origine, davantage au répertoire des temples que des tombes. Bien qu'isolé et fragmentaire, on verra s'il est possible de tenter de replacer ce relief dans une reconstitution partielle du décor de la chapelle.

C. INSCRIPTION AU NOM D'HARBES COPIEE PAR J. DE ROUGE

Dans ses *Inscriptions hiéroglyphiques* I, Paris 1877, pl.66, J. de Rougé donne la copie d'un fragment d'inscription avec pour toute indication, la mention "Giza." On ignore s'il l'a copié sur place, ce qui, toutefois, est probable. On ne sait pas davantage ce qu'il en est advenu depuis. Quoi qu'il en soit, il appartient indiscutablement à Harbes.

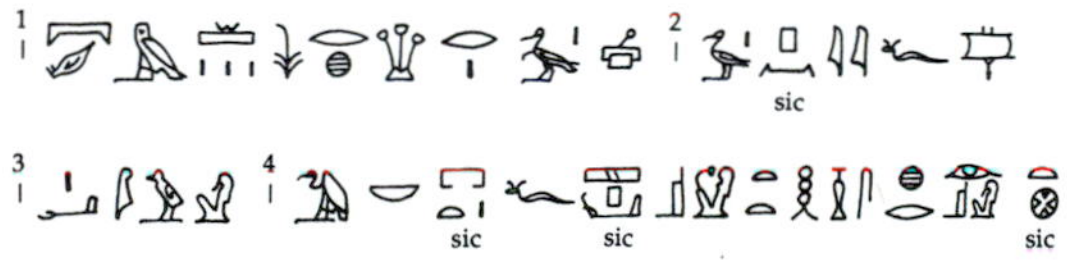

Je donne la copie de de Rougé qui comporte un certain nombre de bizarreries orthographiques qui ne se retrouvent pas sur les autres documents appartenant à Harbes et dans lesquelles il faut peut-être voir—mais cela demeure hypothétique—des erreurs de de Rougé. De même, on ignore le sens des hiéroglyphes sur le document lui-même. S'agissait-il de colonnes comme cela est vraisemblable? Le *n* dans le nom du père est intrusif; on ne connaît pas de variante de ce type de nom comportant un *n*. A la ligne 4, il faut comprendre *mwt·f nb(t) pr*. Le bras armé dans le nom de la mère, se trouve à la place du *n* qu'on rencontre dans les autres variantes. [hiéroglyphes] sont peut-être à comprendre comme [hiéroglyphes] servant de déterminatif à l'expression *ḥsy(t) ḫr Wsir*.

"1. Le supérieur des serviteurs (a), le connu du roi (b), Harbes, 2. fils de Pef-tjaou- 3. (em)-aouy-chou, 4. sa mère, la maîtresse de maison, Chepenset, favorisée auprès d'Osiris."

397. *Supra*, p.108.
398. Voir *infra*, p.201, la description de cette chapelle.

(a) On retrouve ce titre sous sa forme plus complète *ḥry sḏmw nswt* sur la statue BM 514 (*cf. infra*, p.125) et avec une variante sur la statuette Brooklyn 37.360 E: *ḥry sḏmw ʿš* (*cf. infra*, p.128). Sur ce titre, cf. A. Gardiner, *AEO* I, p.96*, A 221, et J.J. Clère, *JEA* 54, 1968, p.145.

(b) *Rḫ nswt*, et ses variantes qui apparaissent sur différents autres documents, *rḫ nswt mȝʿ* et *rḫ nswt mry·f* (statuette MFA Exp. N. 26–1–237, stèle Caire JE 28171 et statue BM 514), est un des titres, empruntés à l'Ancien Empire, le plus fréquemment utilisé à l'Epoque Saïte: voir à ce sujet H. de Meulenaere, *BIFAO* 63, 1965, p.20, (a), et Ramadan El-Sayed, *Documents relatifs à Saïs et ses divinités, BdE* 69, 1975, p.82, (a).

D. AUTRES FRAGMENTS POUVANT EVENTUELLEMENT PROVENIR DE LA CHAPELLE D'HARBES

Nombre de fragments de reliefs de parois, de tailles diverses, comportant une représentation ou simplement quelques hiéroglyphes, ont été retrouvés par Reisner dans toute la zone du temple d'Isis et parfois plus loin, particulièrement dans le secteur sud-est de la nécropole orientale[399]. Pour des raisons assez évidentes, ils sont difficilement attribuables à telle ou telle partie du temple et ne nous apportent que des informations très partielles. On sait, en effet, que l'ensemble de la zone a été très perturbé par des fouilles illégales et la prise de *sebakh* jusqu'à une époque récente[400] si bien que l'emplacement où a été trouvé tel ou tel fragment, ne nous donne pas forcément d'indication sur sa position originale. D'autre part, certains de ces documents sont si fragmentaires qu'il est parfois difficile de leur attribuer une date: on peut hésiter entre l'Ancien Empire et l'Epoque Saïte en l'absence de critères spécifiques[401]. Cependant, je mentionnerai deux documents qui peuvent sans doute être mis en relation avec Harbes, le premier, au moins, de manière sûre puisqu'il porte le nom de son père.

a. Boston MFA Exp. N. 29–7–5

Le document est un fragment de calcaire blanc, grossièrement rectangulaire. Il mesure 31 cm de haut sur 60 de large et 29 d'épaisseur. Le registre des objets de Reisner n'apporte pas de précision sur l'emplacement où il fut retrouvé dans le temple d'Isis, lors de la saison 1925–1926. Il est inédit[402]. Gravé sur deux faces, il occupait une position d'angle. La face B ne comportait que trois colonnes, gravées à l'angle du bloc puisqu'on possède la fin de la troisième colonne plus courte que les précédentes. On notera également que la partie inscrite est en léger relief par rapport au reste du bloc.

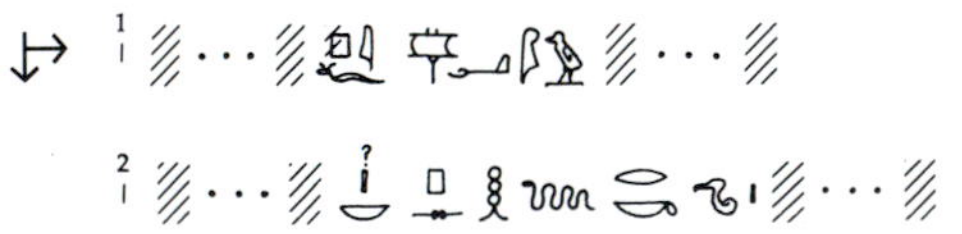

"1. ... *Pef-tjaou-(em)-aouy-chou* ... 2. ... *tout* ... *qui mord* ..."

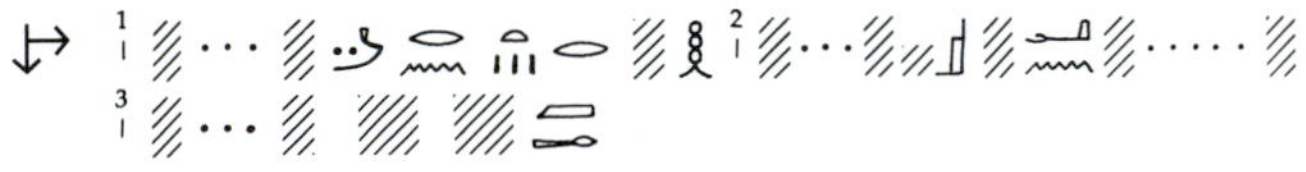

399. Voir *infra*, p.210 sq., une liste sélective des fragments les plus significatifs.

400. Cf. par exemple le découpage des parois de la chapelle d'Harbes ou encore les fragments de la XXIe dynastie sauvés par Mariette.

401. En dépit de ce que j'ai dit plus haut sur l'originalité de l'art saïte: cf. p.93–4; mais encore fait-il disposer d'un minimum d'éléments pour le reconnaître; le cas du relief d'Harbes étudié par Ranke est du reste typique.

402. Voir photographies B 6883 et 6884.

Il s'agit d'un texte religieux, relatif aux morsures de serpent dans lequel apparaît le nom du père d'Harbes. Celui-ci avait peut-être bâti sa propre chapelle ou avait été enterré quelque part dans le temenos d'Isis; malheureusement ce seul petit fragment qui a survécu ne permet pas de le dire: voir *infra*, p.179 sq., à propos de la chapelle (6), et de son attribution possible, selon Reisner, au père d'Harbes, hypothèse qui n'est pas vérifiable.

b. Boston MFA Exp. N. 26–1–346

Petit fragment de calcaire trouvé dans les débris, à l'est de la pyramide G I–c, c'est-à-dire, peut-on supposer, en plein temenos du temple d'Isis. Il mesure 14,5 cm de large sur environ 17 de haut. Inédit[403]; on ignore son emplacement actuel. Il conserve quelques hiéroglyphes appartenant aux restes de deux colonnes:

"1. ... la place, le prêtre ḳbḥ (?), 2. ... qui donne ... tout ..."

Peut-être pouvons-nous retrouver ici deux titres d'Harbes, *[mr] st*, intendant, et *ḳbḥ* (?), un titre de prêtre. Mais cela demeure du domaine de l'hypothèse et rien ne nous permet de dire d'où provient ce petit fragment. Sur ces titres, voir *infra*, p.132.

2. OBJETS AU NOM D'HARBES

Le temple d'Isis, mais aussi la zone du Sphinx ont fourni toute une série d'objets portant le nom du personnage et qui permettront de cerner un peu mieux ses activités sur le site. Par ailleurs, d'autres documents dispersés dans des musées d'Europe ou des Etats-Unis ou encore dans des collections privées, appartiennent à ce même Harbes. Ils sont de provenance inconnue mais il est plausible, à les étudier, qu'ils proviennent également de Giza, pour une bonne part d'entre eux.

A. TABLE D'OFFRANDES BOSTON MFA EXP. N. 26–1–138 (Pl.21)

Cette table d'offrandes[404] a été retrouvée dans la partie orientale du passage qui conduit au temple à travers le mastaba double G 7130–7140 (E selon la dénomination de Reisner), le 4 janvier 1926. Comme toujours, il est impossible de dire quel était son emplacement originel. Quant au lieu où elle se trouve aujourd'hui, il est inconnu. Le document est inédit; mentionné dans PM III^2, 1, p.21, et B. Bothmer, *ELSP*, p.41; voir Objects Register; photographie 11136; Diary 1925–1926; dessin dans Box XIV B 6.

La table d'offrandes d'Harbes en calcaire est presque carrée, les côtés mesurant environ 40 cm[405]. Elle a souffert de détériorations en plusieurs points; en particulier, tout

403. Voir Archives Reisner, dessin, Box XIV B 6.

404. Il règne dans les notes de Reisner une certaine confusion à propos de cette table d'offrandes. Dans son Journal de fouilles aussi bien que dans le registre des objets tous les deux datés de1926, elle est indiquée comme provenant du passage (E). En revanche, à lire la brève description du temple d'Isis rédigée beaucoup plus tard, MS XIV B 6, p.6, on pourrait croire que la table d'offrandes 26–1–138, a été découverte dans la chapelle même d'Harbes. En fait, il semble d'après de vagues indications, que Reisner ait trouvé une autre table d'offrandes dans la chapelle. D'après mes recherches, elle n'a jamais été répertoriée par Reisner.

405. On ne connaît pas son épaisseur. Si on la compare avec les tables d'offrandes d'Epoque Ethiopienne trouvées dans la cour de Montouemhat, et avec lesquelles elle s'apparente, on remarque toutefois une différence notable, car ces dernières sont toutes rectangulaires et de dimensions plus grandes: cf. P. Barguet,

l'angle inférieur droit a disparu. Les objets représentés sur la table sont sculptés en léger relief avec soin tandis que le texte qui court tout autour des quatre faces est gravé en creux. La surface de la table représente *grosso modo* le signe d'offrandes *ḥtp* avec une saillie comportant un canal, creusé pour l'évacuation de la cuvette. Une natte vue en plan, surmontée d'un pain *tꜣ* reproduit à l'intérieur, à nouveau, le signe *ḥtp*. Au-dessus, sont posés symétriquement deux galettes avec la marque de quatre doigts, deux pains allongés, deux vases , contenant un produit alimentaire, solide ou liquide et deux oies troussées. Deux vases *ḥs* flanquent de part et d'autre cet amoncellement[406].

Deux textes symétriques partent des deux bords de la saillie pour s'achever sur la face opposée, sous le centre du signe *ḥtp*. Sur cette face, les hiéroglyphes changent de sens et ne sont donc pas à lire en écriture rétrograde comme on le trouve sur d'autres exemples[407].

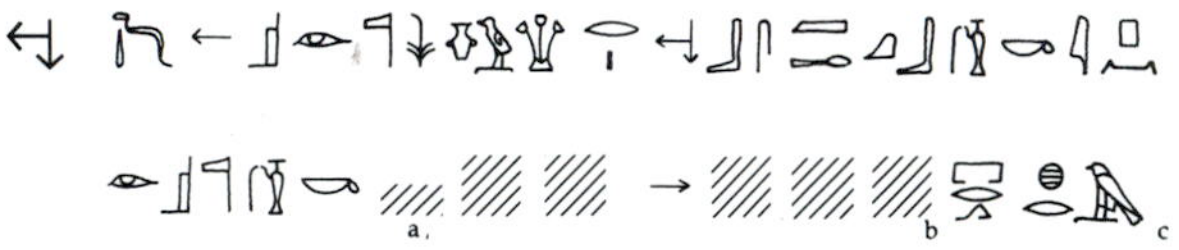

(a) Traces, apparemment, d'un ou peut-être, plutôt, de . (b) Un trait encore bien visible après la lacune. Pour compléter celle-ci, voir *infra*. (c) Le bas de cette ligne est un peu mangé; néanmoins il ne semble pas manquer de signe.

"Paroles à dire: ô Osiris, échanson royal (a), Harbes, j.v., cette tienne eau fraîche, ô Osiris, cette tienne eau fraîche ... est sortie pour Horus (b)."

(a) Le titre *wdpw nswt* apparaît également sur la statue de faucon (Caire Reg. Temp. 31/12/28/10) et la statue BM 514. Cette fonction aulique qui connut un remarquable succès sous les Ramessides et faisait de ceux qui portaient le titre, de véritables conseillers particuliers du souverain[408] semble être tombée quelque peu dans l'oubli, aux époques ultérieures. On trouve bien un *wdpw* qui officiait dans le temple du bélier vivant, à Mendès, sous le règne de Psamétique Ier et un personnage qui se qualifiait d'"échanson du dieu" sur une stèle de Basse Epoque[409]; mais à consulter les publications consacrées à des documents tardifs, on ne rencontre pas ce titre très fréquemment[410]. Il faut se demander quelle réalité recouvrait alors le terme de *wdpw*. S'agissait-il toujours de la fonction de conseiller, bien éloignée du sens primitif du vocable? Ou bien était-on revenu, précisément, à la signification première d'échanson qui serait alors, peut-être, à mettre en parallèle avec le titre *mr st*, intendant, chargé de l'alimentation, que porte également Harbes? Enfin, on songera que le père d'Harbes était *wꜣḥ mw*, choachyte (stèle Caire JE 28171) et que des desservants du temple d'Isis portaient le titre de *sty mw*[411]. On peut peut-être suggérer que tous ces titres ont un rapport entre eux: ceux qui les portent sont des spécialistes des

Z. Goneim et J. Leclant, *ASAE* 51, 1951, p.491 sq. De même, on trouve relativement peu de tables qui présentent cette forme carrée dans A. Kamal, *Tables d'offrandes*, *CGC*, Le Caire 1909, *passim*.

406. Le décor de cette table d'offrandes est dérivé du type éthiopien: cf. P. Barguet, Z. Goneim et J. Leclant, *loc. cit.*, n.(1), p.503. Comparer aussi avec la table d'offrandes d'Haroua: B. Bruyère, *Rapport sur les fouilles de Deir el Medineh*, *FIFAO* 20/2, 1952, p.28–9, qui présente, toutefois, de sensibles différences avec celle d'Harbes. Il semble qu'une certaine liberté pouvait présider au décor de ces éléments mobiliers.

407. Cf. P. Barguet, Z. Goneim et J. Leclant, *loc.cit.*, p.495 et pl.III: table d'offrandes de Montouemhat.

408. W. Helck, *Zur Verwaltung*, p.269 sq. Cf. aussi J. Berlandini, *BIFAO* 74, 1974, p.12–3, et A. Schulman, *JARCE* 13, 1976, p.123–4.

409. Cf. H. Wild, *BIFAO* 60, 1960, p.56; et J.-L. Chappaz, *BIFAO* 86, 1986, p.94–5. On notera que le titre de *wdpw* (?) *nṯr*, l'échanson du dieu est attesté par d'assez nombreuses mentions dans les textes des temples ptolémaïques. Il s'agit alors soit d'un titre de prêtre soit d'une épithète du roi: voir F. Daumas, *Les mammisis des temples égyptiens*, Paris 1958, p.171–2. Avec cette dernière série d'attestations, on est passé du domaine civil à celui du religieux. On connaît également un génie économique répondant au nom de *wdpw n Rꜥ*.

410. Cela demanderait néanmoins une recherche systématique pour vérifier si cette charge en vint véritablement à disparaître peu à peu après la fin du Nouvel Empire.

411. Voir les graffiti de la chapelle d'Harbes, la stèle de Psamétique-men-(em)-pe et la bague de Neferibrê: *infra*, p.169–71.

offrandes liquides. Quoi qu'il en soit, la présence du titre de *wdpw* dans la titulature d'Harbes nous montre que les emprunts que faisaient les Saïtes aux titres autrefois en vogue, ne se limitaient pas à l'Ancien Empire mais pouvaient faire appel à d'autres époques.

(b) Nous sommes en présence d'une vieille formule d'offrandes qui appartient au "Rituel de la libation" qui lui-même l'a empruntée aux Textes des Pyramides (Spruch 32, § 22–23). On peut en suivre les avatars à travers l'histoire égyptienne: cf. l'étude de J. J. Clère, *Bulletin du Centenaire, Suppl. au BIFAO* 81, 1981, p.219–20, et la bibliographie sur ce point. Il s'agit là d'un exemple du Nouvel Empire mais on retrouve plus d'une fois la formule sur des documents d'Epoque Saïte, contemporains du monument d'Harbes, ou postérieurs: cf. entre autres la table d'offrandes d'Hathoriirdis (Epoque Saïte; CGC 23039 = JE 28163; A. Kamal, *Tables d'offrandes*, *CGC*, Le Caire 1906, 1, p.31 et 2, pl.15); celle d'Amenirdis (Epoque Saïte; CGC 23099 = JE 40494; A. Kamal, *ibid*., p.85, et pl.21); celle de Neferibrê (Epoque Ptolémaïque; CGC 23155 = JE 27144; A. Kamal, *ibid*., p.115 et pl.39) ou encore celle de Tacheri-en-ta-keret (Epoque Ptolémaïque; CGC 23241 = JE 40605; A. Kamal, *ibid*., p.162–3). Voir aussi J.J. Clère, *ASAE* 68, 1982, p.81 sq.

On restituera sans problème, en suivant les parallèles la formule symétrique à *pr ẖr Ḥr* et qui la précède: *pr ẖr sꜣ·k*. Dans un certain nombre d'exemples cités, c'est la formule complète. Chez Harbes, il reste une lacune d'environ deux cadrats, précédée d'un signe qui pourrait être l'œil. Comme sur la table d'offrandes de Bakenrenef, nous devons avoir ici une deuxième invocation à l'Osiris Harbes avec peut-être un autre titre.

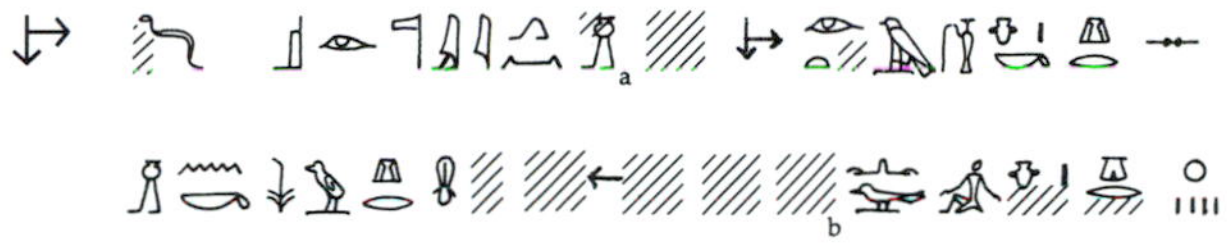

(a) En mauvais état mais reconnaissable. Dans les copies des Archives Reisner, on trouve un oiseau à cet endroit, ce qui ne peut être possible. (b) Traces peu lisibles; sur les différentes copies des Archives Reisner, on lit  , qui paraît fort peu probable, en raison de tous les parallèles: voir *infra*.

"Paroles à dire: ô Osiris, je suis venu et je [t'] apporte l'œil d'Horus afin que ton cœur soit rafraîchi à le posséder (a). Je te l'apporte sous [tes] sandales (b) ... (c), ton cœur ne sera pas fatigué, le possédant. (A dire) quatre fois."

(a) Rétablir *n·k* dans la lacune après *in*. On retrouve la suite de la formule empruntée aux Textes des Pyramides. Pour des exemples similaires au Nouvel Empire et plus tard, voir J.J. Clère, *Bulletin du Centenaire*, p.219–20. Pour des exemples saïtes, on comparera avec CGC 23241: A. Kamal, *ibid*., p.85; voir aussi J.J. Clère, *ASAE* 68, 1982, p.82–3.

(b) Bien que les signes ne soient pas très clairs, les parallèles ne laissent aucun doute sur la lecture.

(c) Rétablir vraisemblablement dans la lacune *mn n·k rḏw pr im·s*, "prends l'épanchement qui en sort", en suivant les parallèles, que ce soit les Textes des Pyramides ou les exemples saïtes.

Avec cette table d'offrandes, nous avons un monument caractéristique de l'Epoque Saïte et, à certains égards, de l'Epoque Ethiopienne, celle-là ne faisant, bien souvent, que perpétuer celle-ci. Parmi les différents textes habituellement gravés sur les tables d'offrandes et, entre autres, le classique et trop banal *ḥtp di nswt*, ce sont des formules relatives aux libations destinées à la purification des offrandes, qui ont été choisies, formules qui remontent jusqu'au temps des Pyramides[412].

B. STATUETTE DE CHEPENSET[413] BOSTON MFA EXP. N. 26–1–237 (Pl.22 et 23)

Dans la salle (10) (S de Reisner)[414], Reisner a trouvé en janvier 1926, juste au nord du puits qui en occupe le centre, une statuette partiellement conservée qui reposait sur l'épaisse couche de débris qui couvrait le sol. Il est plus que probable que ce n'était pas l'emplacement originel de la statue et comme le remarquait le fouilleur lui-même, cela n'autorise nullement à faire de la salle (10) et de son puits, la sépulture de Chepenset.

La statue qui porte le N° MFA Exp. N. 26–1–237 dans le registre des objets, est aujourd'hui conservée au Musée de Boston, mais n'a pas reçu de numéro propre dans ce musée. Mentionnée par Bothmer, *ELSP*, p.41, et PM III^2, 1, p.21, elle est encore inédite; photographies C 11118, 11119, 11120 et B 4151, 4152, 4153; mention dans Diary 1925–1926, p.129, avec copie des textes; autre copie dans Box XIV B 6.

La statuette en calcaire devait être de belle qualité si on en juge par ce qui est parvenu jusqu'à nous. Malheureusement l'avant du socle avec les pieds est brisé mais surtout, toute la partie supérieure à partir de la taille a disparu et nous avons ainsi partiellement perdu un fort joli exemplaire de la petite statuaire saïte. La hauteur conservée est de près de 33 cm; la largeur de 14,5 et la profondeur de l'arrière à l'avant d'environ 25 cm. Intacte, la statue mesurait une cinquantaine de centimètres.

La femme est assise sur un siège presque cubique, les pieds posés sur un socle qui prolonge, en fait, le siège. Le dos repose contre un dossier de hauteur inconnue puisque la partie supérieure a disparu. On peut cependant supposer qu'il n'était pas très haut comme c'est le cas sur d'autres statues de même époque qui s'inspirent visiblement de modèles de l'Ancien ou peut-être, plutôt, du Moyen Empire[415]. Ce dossier ne portait pas d'inscription.

Les jambes sont légèrement disjointes, ce qui a permis de graver, à partir de la taille jusqu'aux chevilles, une colonne centrale de texte. Les pieds nus, qui ont partiellement disparu, reposaient parallèlement sur le socle. Les avant-bras et les mains ouvertes sont posés sur les cuisses. La femme portait certainement une étroite tunique collante mais comme fréquemment, la limite inférieure n'en est pas indiquée. Les formes sont pleines et bien galbées, à peine un peu lourdes: noter par exemple la rondeur du ventre. Outre la colonne de texte mentionnée, les deux côtés du siège comportent chacun un texte en deux colonnes. Et sur l'avant du socle, deux autres colonnes dont il ne subsiste presque rien,

412. Sur le sens à donner à ces formules de libation, voir J. Leclant, *Enquêtes*, p.66 et n.(3) avec une bibliographie détaillée; J. J. Clère, *Bulletin du Centenaire, Suppl. au BIFAO* 81, 1981, p.220 et 229–30, et *ASAE* 68, 1982, p.85–7.

413. Reisner, ou un autre, dans sa description du temple d'Isis, MS XIV B 6, p.4, suggère que la statuette osiriphore MFA Exp. N. 29–7–12 (voir *supra*, p.56 sq.) trouvée dans la partie nord du temple d'Isis, pourrait peut-être être attribuée au père d'Harbes et provenir de la chapelle (6) (= P de Reisner). En fait ce document date d'une époque antérieure. D'autre part, il était tout à fait aléatoire de lire le début du nom de Pef-tjaou-(em)-aouy-chou dans le dernier cadrat qui subsiste sur la ligne d'inscription du socle: cf. *supra*, p.56.

414. Voir la description, *infra*, p.186–8.

415. On comparera la statue de Chepenset avec celle de Montouemhat, Berlin 17271: cf. J. Leclant, *Montouemhat*, p.59 et n.(3)–(6), et pl.XII–XV, qui souligne l'inspiration que les sculpteurs ont trouvé dans les oeuvres du Moyen Empire. Une simple consultation des publications consacrées à des documents de Basse Epoque permet de constater que les statues de femmes assises n'ont pas été retrouvées en très grand nombre. Si on remonte aux époques qui ont pu offrir des modèles, on s'aperçoit qu'il en va de même, à l'Ancien comme au Moyen Empire: Vandier, *Manuel* III, p.67 et p.239.

flanquent les jambes de la statue. Au total, c'est une disposition classique, reprise à des modèles antérieurs.

Sur la robe:

(a) Ou peut-être il ne manque rien. (b) Sic! A la place de *bnr* : cf. J. Leclant, *Enquêtes*, p.16 et 20, même confusion dans la formule *ẖt nbt nḏmt bnrt*. (c) Sic! Graphie incomplète.

"Offrande que donne le roi à Isis des Pyramides (a) (en tant qu') une sortie à la voix en pain, bière, têtes de bétail et volailles, toutes choses pures et douces, de l'encens pour le ka de l'imakhet Chepenset (b)."

(a) La statuette était très vraisemblablement déposée dans le temple d'Isis dont le nom apparaît dans la formule d'offrandes, même si ce n'était pas à l'emplacement où elle a été trouvée. On remarquera la variante rare *n mr(w)* pour qualifier la déesse au lieu de l'épithète traditionnelle *ḥnwt mrw*, dame des Pyramides.

(b) Pour le nom de la mère d'Harbes, voir p.132.

Sur les côtés du socle, les deux textes identiques occupent deux colonnes gravées au milieu de chaque côté et délimitées par des traits dans le creux. L'ensemble est parfaitement symétrique.

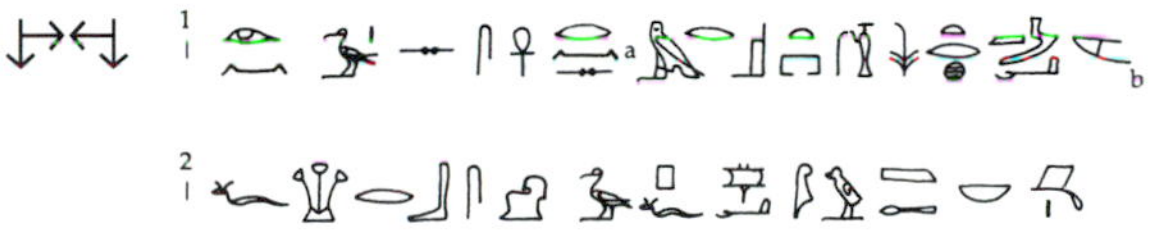

(a) pour sur le côté gauche. (b) Disparu sur le côté gauche.

"1. Ce qu'a fait son fils qui fait vivre son nom (a), le directeur de la place (b), le prêtre ḳbḥ (?) (c), le connu véritable du roi qui l'aime (d), 2. Harbes (e), fils de Pef-tjaou-(em)-aouy-chou, j.v., détenteur d'imakh."

(a) Pour la formule de "piété familiale", voir de nombreux exemples similaires chez Ramadan El-Sayed, *Mél. Mokhtar, BdE* 97/1, 1985, p.271–92, *passim*.

(b) Encore un titre emprunté à l'Ancien Empire, qui réapparaît ici: cf. D. Meeks, *ALex* I, 1980, 77.3302, p.299.

(c) On sait qu'il y a eu confusion des signes  ,  et  à Basse Epoque: cf. H. de Meulenaere, *BIFAO* 53, 1953, p.110 et n.(10). On peut donc aussi bien lire *ḥsy*, le favorisé, que *ḳbḥ*. Dans le premier cas, il s'agit de l'épithète honorifique assez fréquente, bien qu'elle ne se trouve pas, alors, à sa place la plus usuelle. Comprendre le directeur, *mr*, du *st ḳbḥ*, ne donne pas grand sens; et de plus sur la statue BM 514, le titre *mr st* apparaît seul. Reste la possibilité de faire de *ḳbḥ*, un titre de prêtre, encore une fois en relation avec les offrandes liquides: cf. *Wb*. V, 27, 6; ce qui est peut-être la solution la plus satisfaisante. Un homonyme de notre personnage qui avait dédicacé à Osiris une statuette trouvée à Medinet Habou, porte également la séquence de titres *mr st ḳbḥ*: cf. G. Daressy, *Statues de divinités*, *CGC*, Le Caire 1906, p.102 (CGC 38376), tandis que H. de Meulenaere, *Le surnom*, p.3, recense dans sa liste un certain Horemkheb, qui était prêtre *ḳbḥ*.

(d) Variante plus complète de *rḫ nswt*, très courante à cette époque: cf. *supra*, p.112.

(e) On notera l'intéressant déterminatif qui reproduit fidèlement la forme d'une statue-cube. On a pu mettre en évidence qu'il était fréquemment associé aux noms propres de la fin de la XXVe dynastie et du début de la XXVIe, ce qui est précisément le cas ici: cf. H. de Meulenaere, *BIFAO* 62, 1964, n.(6), p.160.

Sur l'avant du siège, colonne à droite des jambes (en adoptant le point de vue de la statue):

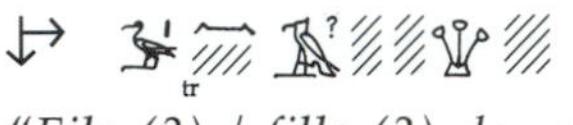

"Fils (?) / fille (?) de ..."

Sur l'avant du siège, colonne à gauche des jambes:

"Fils (?) / fille (?) de ..."

S'agissait-il des parents de Chepenset?

C. CHAOUABTIS DE CHEPENSET

Le puits G 7130 B, situé dans la partie nord du mastaba de Khafkhoufou I et de son épouse a subi de profondes altérations datées par Reisner de l'Epoque Ptolémaïque[416]. Dans la chambre du sarcophage, il a retrouvé deux chaouabtis au nom de Chepenset parmi une vingtaine d'autres (MFA Exp. N. 36–11–5, 36–11–6 et 36–11–13): voir W.K. Simpson, *Giza Mastabas* 3, p.20. Naturellement, il semble que tout le matériel retrouvé dans le puits et les diverses chambres auxquelles il mène, ne soit que ce qui subsiste après pillage, y compris d'une époque récente[417]. Rien n'était en place et on ne peut en aucun cas affirmer que la mère d'Harbes ait été enterrée dans un des "loculi", recreusés tardivement au fond du puits, même si les transformations qui ont altéré G 7130 B ne datent sans doute pas de l'Epoque Ptolémaïque, comme le dit Reisner, mais plutôt d'une époque antérieure, vraisemblablement Saïte[418]. On peut seulement dire que la mère d'Harbes a bien été enterrée quelque part à Giza, dans le temple d'Isis, comme en témoigne la présence dans le temenos de la déesse d'une statue, dédiée par le fils à sa mère décédée et de chaouabtis à son nom qui faisaient partie de son viatique funéraire.

D. STELE DE DONATION CAIRE JE 28171 (Pl.24)

La partie supérieure d'une stèle en calcaire, cintre et six lignes de texte partiellement conservées, a été retrouvée en janvier 1888 dans le temple d'Isis, à l'est de la pyramide G I–c ; elle est conservée au Musée du Caire sous le N° JE 28171. Il se trouve qu'on a quelques précisions sur le moment et le lieu de la trouvaille. En effet, L. Borchardt, *Statuen* I, *CGC*, Berlin 1911, p.42, signale à propos de la statue d'un fils royal et vizir (CGC 46 = JE 28172) que la trouvaille a été faite "dans le temple d'Isis à l'est de la pyramide de la fille de Chéops, à moins d'un mètre de l'endroit où Mariette avait recueilli la stèle n°882"[419], reprenant, avec cette citation, des indications du catalogue du musée de 1892, p.45. Par ailleurs, dans *Nach Angaben Daressy aus dem Briefe des Inspektors*, ce dernier donne comme indication, "au Nord-Est dans le petit temple." Il eut évidemment été

416. Voir description, *infra*, p.209.
417. W.K. Simpson, *ibid.*, p.19.
418. *Infra*, p.209-10.
419. Il s'agit de la Stèle de la fille de Chéops, Caire JE 2091; voir *infra*, p.218 sq.

précieux de pouvoir localiser précisément cette triple découverte. Il faut aussi souligner dès à présent un détail qui ne peut manquer de surprendre. Il s'agit d'une donation de terrain faite en faveur d'Osiris, seigneur de Ro-Setaou, et de son temple, vraisemblablement situé en contrebas du plateau de Giza, au sud-est du Sphinx[420]. Néanmoins, c'est dans le temple d'Isis qu'on a retrouvé, en place ou non, la stèle sur laquelle est gravé le décret de donation en faveur d'Osiris.

La stèle est encore inédite. Mentionnée dans *l'Extrait de l'Inventaire*, *BIE*, 2ème série, 9, 1888, p.1; PM III², 1, p.18; B. Bothmer, *ELSP*, p.41; plus récemment dans la recension et l'étude des stèles de donation de D. Meeks, *Les donations*, p.674 et n.(84), p.627, et n.(202), p.650; elle y porte le N° 26.1.00. Il en existe aussi une rapide copie inédite faite par Daressy et conservée à la Bibliothèque d'Egyptologie du Collège de France: Daressy, MSS E 30, 15[421].

La stèle en calcaire est en fort mauvais état; elle a été brisée en plusieurs fragments et une partie appréciable du texte manque. Elle mesure 30 cm de large et la hauteur conservée est de 32 cm. Comme sur la plupart des stèles de ce type, la gravure en creux est assez peu soignée. Dans le cintre, Osiris momifié est assis au centre (→), sur un siège cubique à dossier bas, lui-même posé sur un socle peu élevé. Il tient le sceptre heka et le fouet. Le cou est orné d'un large collier, le menton d'une barbe légèrement incurvée. Il porte la couronne atef, en grande partie disparue.

Devant et au-dessus de lui:

"Osiris, seigneur de Ro-Setaou."

Nous avons ici l'épithète, par excellence, d'Osiris à Giza, qu'on retrouve sur d'autres stèles, en général à caractère funéraire: C.M.Z., "Bousiris", p.103 sq., et *infra*, p.248 sq.

Derrière lui, Isis, debout (→) est vêtue d'une tunique collante à bretelles; le cou est orné d'un large collier. Elle était coiffée d'une longue perruque tripartite. Le visage et la couronne ont disparu: la pierre est complètement érodée à cet endroit; on croit, cependant, deviner quelques traces d'une couronne hathorique. Elle tient de la main gauche, le sceptre ouas et de la main droite, le signe ankh. La légende qui, sans doute, l'accompagnait a également disparu.

Face aux divinités, dans la partie droite du cintre, deux personnages debout, le second légèrement plus petit que le premier, ont les bras dressés dans une attitude d'adoration. Ils portent, tous les deux, un long pagne et une chemisette à manches. Ils sont coiffés d'une perruque courte et emboîtante.

Au-dessus du premier:

(a) Ce signe est pratiquement rectangulaire, mais malgré tout assez comparable à celui qu'on retrouve à la ligne 2 dans une autre mention du nom d'Harbes.

"1. Le connu du roi, Har 2. bes."

Devant le deuxième personnage:

420. Cf. C.M.Z., "Bousiris", p.104–5.
421. Je remercie J. Yoyotte qui m'en a signalé l'existence.

"Le choachyte, Pef-tjaou-(em)-aouy-chou."

W3ḥ mw est un titre fréquent (*Wb.* I, 257, 8–10) qu'on traduit par le terme grec équivalent: choachyte[422]. C'est la seule fois que nous trouvons mentionné un titre attribué au père d'Harbes, sans qu'il soit précisé où le personnage exerçait sa fonction.

La scène ou les scènes lorsqu'il y en a deux symétriques, représentées sur le cintre des stèles de donation, répondent en général à un ordonnancement assez strict que D. Meeks a étudié très en détail: *Les donations*, p.640 sq. La plupart du temps un roi fait l'offrande de la campagne à une ou plusieurs divinités. Ces figures majeures peuvent être accompagnées de protagonistes secondaires qui sont le plus souvent le donateur derrière le roi et le gérant de la donation derrière les divinités, ce qui répond à la logique de ce système juridique particulier qu'est la donation. Cependant, il existe un certain nombre de cas de figures différents, comme, par exemple, sur la stèle d'Harbes. Si on suit l'analyse de Meeks, *ibid.*, p.627, n.(84), on a ici le donateur, Harbes, suivi de son propre père, Pef-tjaou-(em)-aouy-chou qui est le gérant du terrain offert au temple d'Osiris.

6 lignes de texte partiellement conservées:

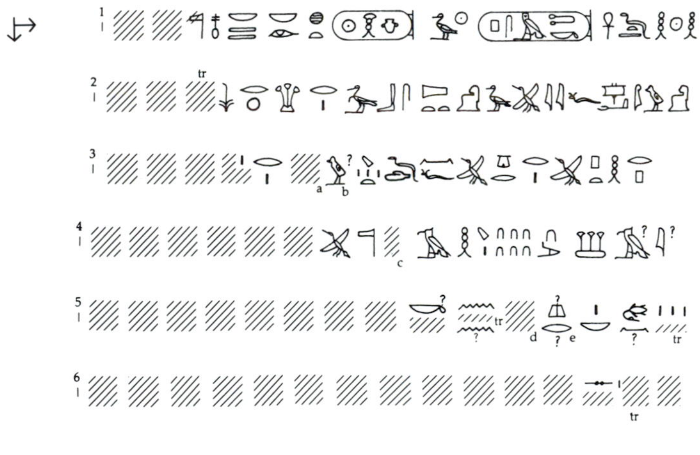

(a) Des traces peu claires; peut-être  ? (b) La caille ou peut-être un autre oiseau: ? (c) Signe vertical peu distinct: ou ?

(d) Un oiseau non identifiable:  ou  ? (e) Ou  ?

"1. ... (a) le dieu parfait, le seigneur du Double Pays, le maître de faire les rites, Ouahibrê, le fils de Rê, Psamétique, vivant éternellement et à jamais (b), 2. ... (c), le connu du roi, Harbes, fils de Pef-tjaou-(em)-aouy-chou, 3. ... terrain (?) (d) dénommé la-fondation-de-Ptah (?) (e) ... 4. ... grand (?) dieu (f), champs d'une superficie de 79 (aroures) (g) ... 5. ... crainte (h) ... 6. ..."

422. Sur les choachytes, voir A. Bataille, *Les Memnonia*, *RAPH* 23, 1952, p.245–70, et F. de Cénival, *Les associations religieuses en Egypte d'après les documents démotiques*, *BdE* 46, 1972, p.139–213; cf. *infra*, p.170-1.

(a) Dans la lacune, sans doute une date, comme on le trouve fréquemment au début des stèles de donation.

(b) C'est ce document ainsi que la statue Caire Reg. Temp. 31/12/28/10, et la statue de Francfort, qui permettent de dater les monuments d'Harbes du règne de Psamétique Ier.

(c) Sans doute y avait-il ici la formule de donation proprement dite: peut-être *hrw pn dỉ ꜣḫt*; cf. des exemples chez H. Sottas, *La préservation de la propriété funéraire dans l'Egypte ancienne*, Paris 1913, p.146 sq. Elle est normalement suivie du nom du donateur qui serait Harbes et ferait la donation à un tiers, le gérant. En raison de l'état de la stèle—ce sont précisément les articulations du texte qui manquent (sur les différents termes utilisés pour signifier le transfert, voir D. Meeks, *ibid.*, p.644 sq.)—on ne peut s'assurer qu'il en était bien ainsi; néanmoins, la lacune du début de la ligne 2 paraît un peu courte pour avoir contenu la formule classique qu'on attend là. Quant au nom du gérant, bénéficiaire de la donation, on ne peut guère le replacer dans la lacune de la ligne 3 s'il s'agit effectivement de Pef-tjaou-(em)-aouy-chou dont le nom occupe près de cinq cadrats à la ligne précédente. On peut envisager de combler la lacune par une autre formule, telle que *ḥnk iry n* ... Il pourrait fort bien y avoir l'indication du dieu ou du temple pour lequel est faite la donation au début de la ligne 3 et le nom du bénéficiaire ou gérant dans la lacune de la ligne 4.

(d) Je propose sous toute réserve de lire *m w*; il faut peut-être comprendre "terrains pris" (*ir*) sur (*m*) le terrain ...", ce qui servirait à localiser la donation dont il est question.

(e) est peut-être une graphie erronée pour  avec un trait au-dessous. On connaît bien en effet des toponymes répondant à la formation *Pꜣ-grg-n-Ptḥ*: cf. J. Yoyotte, *RdE* 14, 1962, p.83 sq.; mais il n'est pas possible d'en préciser l'emplacement à supposer qu'il faille bien l'interpréter ainsi.

(f) Ou "le dieu parfait", dont on ne peut savoir à qui il se rapporte, en raison des lacunes trop importantes.

(g)  pour 9, bien connu à l'Epoque Ptolémaïque (cf. H.W. Fairman, *BIFAO* 43, 1943, p.115), se trouve dès l'Epoque Saïte.

Faut-il voir dans  une graphie aberrante de *sṯꜣt*, aroure, qui serait à rapprocher de (*Wb.* IV, 356), qui peut aussi servir à écrire le mot? D. Meeks, *Hom. Sauneron* I, p.251, n.(59), a relevé un certain nombre de graphies du terme, mais aucune ne se rapproche de celle-ci. Il est aussi possible que le mot *sṯꜣt* ait été escamoté et qu'il faille comprendre *šꜣ*, le terrain inondé (*Wb.* IV, 399–400).

(h) Sans doute les formules d'imprécation dans cette ligne et la suivante qui ont presque entièrement disparu.

Le texte de cette stèle est malheureusement trop incomplet pour qu'on puisse l'interpréter avec précision et certitude. Il est en tout cas légitime de dire qu'une donation d'un champ de 79 aroures, ce qui représente déjà une surface importante, a été faite par Harbes; vraisemblablement en faveur du temple d'Osiris de Ro-Setaou qui est représenté dans le cintre. Quel était le bénéficiaire qui en avait la charge: son père qui, précisément, est figuré juste derrière lui? Et surtout, où se situaient les terrains offerts au temple d'Osiris, alors que la stèle a été retrouvée dans le temple d'Isis, sans qu'on sache si c'était effectivement son emplacement original? Ces questions-là, nous ne pouvons y apporter de réponse. On se souviendra toutefois qu'une autre stèle de donation au nom du roi Aï (Caire JE 28019) a également été trouvée dans le temple d'Isis, sans que l'on puisse clairement expliquer la raison d'être du choix de cet emplacement.

E. STATUE DE FAUCON CAIRE REG. TEMP. 31/12/28/10

Une bonne partie des monuments appartenant à Harbes ou à sa famille a été retrouvée dans le temple d'Isis. Pourtant Baraize, lors de ses fouilles à Giza, découvrit à l'est du temenos du Sphinx une statue de faucon, dédicacée par notre personnage.

Elle est aujourd'hui conservée au Musée du Caire sous le N° Reg. Temp. 31/12/28/10. Pour une publication rapide, voir C.M.Z., "Bousiris", p.94 et n.(3), et pl.III A. Se reporter également à PM III^2, 1, p.41, pour des compléments bibliographiques.

La statue en calcaire, malheureusement acéphale, repose sur un socle. L'ensemble mesure 66 cm de long, 34,5 de large et 64 de haut. Elle est de dimensions bien supérieures aux petites statuettes votives de faucons, en pierre ou en bronze, retrouvées en abondance tout autour du Sphinx et qui ne dépassent souvent pas quelques centimètres. Elle s'en distingue d'ailleurs par une autre particularité. Ces petits objets qui représentent le Sphinx, Harmachis, sous sa forme d'Horus, sont de fidèles reproductions de l'iconographie traditionnelle d'Horus faucon, dressé sur ses pattes[423]. La statue dédiée par Harbes est bien différente. Il s'agit d'un faucon sous sa forme momifiée, transposant en quelque sorte dans la pierre le signe *ʿẖm*. Il ne semble pas que d'autres statues de ce type aient été retrouvées sur le site.

Seuls l'avant et l'arrière du socle portent une ligne d'inscription, soigneusement gravée dans le creux et délimitée par un double trait.

A l'avant du socle:

"Le roi [de Haute] et Basse Egypte, Psamétique, aimé d'Osiris, Horus et Isis."

L'ordre dans lequel sont mentionnées les divinités n'est pas le plus habituel. Si la triade divine apparaît, le dieu fils est attendu en dernière position. On ne peut néanmoins songer à une autre lecture: Isis avec un aleph prothétique et non *Ḥr*. C'est une graphie du nom de la déesse qui ne se trouve jamais sur les monuments d'Harbes ni sur d'autres, contemporains.

Ce sont donc bien les trois dieux honorés à Giza qui sont mentionnés: Osiris, le seigneur de Ro-Setaou; Harmachis, le Sphinx, sous sa forme d'Horus, et enfin Isis, dame des Pyramides. Comment interpréter la signification de cette statue qui porte en légende les noms de ces trois divinités, Osiris en tête? La forme de faucon momifié fait sans doute allusion à Osiris sous une apparence sokarienne. Mais on ne peut exclure qu'on y ait vu en même temps une représentation, quoique tout à fait inhabituelle, d'Horus/Harmachis. La relation entre l'image et le texte conserve une certaine ambiguïté, peut-être pour nous seulement, ou au contraire délibérément voulue. En même temps, ce monument apparaît, dans sa sévère concision, comme un résumé lapidaire de la théologie propre à Giza et un programme de la dévotion de son auteur.

A l'arrière du socle:

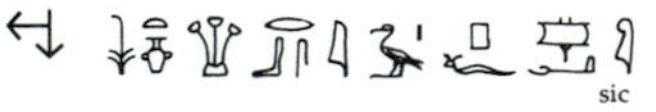

"L'échanson royal, Harbes, fils de Pef-tjaou-(em)-aouy-chou."

423. S. Hassan, *The Great Sphinx*, fig.19, p.35; fig.25, p.38; fig.43 A, p.55; fig.46, p.57.

F. STATUE LONDRES BM 514 (Pl.25 et 26)

Jusqu'à présent les documents étudiés provenaient tous, clairement, de Giza où ils avaient été trouvés au cours de fouilles, ou du moins vus sur place pour le fragment copié par de Rougé (?). Néanmoins, Harbes est connu par d'autres documents, entrés dans des musées à des époques plus ou moins anciennes, ou vus sur le marché des antiquités. Pour ceux-là, pas de provenance, bien sûr, dans les registres des musées ou des marchands. Ils sont cependant inclus dans mon étude car leurs textes m'incitent à croire qu'ils sont également originaires de Giza, sans que je puisse, évidemment, en apporter une preuve indubitable. Et comme il semble que ce personnage ait déployé l'essentiel de son activité à Giza, autour des Pyramides, cela corrobore l'hypothèse que les statues de provenance inconnue ont également été mises au jour à Giza, à l'exception sans doute de la dernière étudiée, la statue-cube de Copenhague dont l'origine est douteuse[424].

Une intéressante statue de granit, fragmentaire, qui avait fait partie de la collection Salt, a été acquise par le British Museum à une date ancienne puisque Sharpe la publiait succinctement dès 1855. Elle y est conservée sous le N° 514 (Exh. N. 868). Depuis S. Sharpe, *Egyptian Inscriptions* II, Londres 1855, pl.44, elle a été mentionnée dans W. Budge, *A Guide to the Egyptian Galleries (Sculpture)*, Londres 1909, p.238; B. Bothmer, *ELSP*, p.41, et PM III^2, 1, p.19; plus récemment par A. Leahy, *CdE* 109–110, 1980, p.49.

Seule est conservée la partie inférieure de la statue, brisée à la hauteur de la taille. Elle mesure aujourd'hui environ 25 cm de haut et devait atteindre, à l'origine, un peu moins de 50 cm. On peut toutefois se faire une bonne idée de ce qu'était la statue dans son intégralité en la comparant avec celle de Francfort[425], car elles sont très similaires: même matériau et même attitude.

Harbes est agenouillé ou plutôt assis sur ses talons, sur un socle parallélépipédique. C'est une attitude bien connue, particulièrement à cette époque. De ses deux mains allongées, il présente, juste devant lui, une égide et son contrepoids, sur laquelle je vais m'arrêter plus longuement. Il portait un pagne, court vraisemblablement, dont la ceinture est très nettement dessinée alors que l'extrémité inférieure est invisible. Les pieds sont nus, ce qui est le plus fréquent à cette époque, sans doute par souci d'archaïsme. Le dos repose contre un pilier dorsal qui devait se poursuivre jusqu'à la hauteur de la tête comme sur la statue de Francfort.

Ce qui fait l'intérêt majeur de cette statue est l'objet que présente devant lui Harbes. Les Egyptiens ont affectionné ce genre de représentations et ont créé toutes sortes de variantes dont les plus courantes sont évidemment les stéléphores[426] et les naophores[427]. Mais on rencontre également des sistrophores[428] et des personnages présentant des objets plus insolites, tel l'arpenteur tenant la corde d'Amon[429] ou celui qui tient un socle en forme de sistre surmonté d'une tête de bélier[430]. L'objet tenu par Harbes, lui, ne semble

424. *Infra*, p.129.
425. Cf. *infra*, p.126–8 et pl.26–7.
426. Voir J. Vandier, *Manuel* III, p.471–4.
427. Voir *infra*, p.127, pour ce type de statues.
428. J. Vandier, *ibid.*, p.464–5; J. J. Clère, *ZÄS* 96, 1970, p.1–4.
429. J. Vandier, *ibid.*, p.476–7, et P. Barguet, *CdE* 56, 1953, p.223–7.
430. G. Legrain, *Statues et statuettes de rois et de particuliers* III, *CGC*, Le Caire 1914, pl.23: CGC 42214 = JE 36675; et p.36–7.

pas faire partie du répertoire traditionnel bien qu'il soit parfaitement connu par ailleurs.

Il s'agit d'une égide et de son contrepoids, représentés frontalement sur un même plan vertical. Le contrepoids est similaire à ceux des colliers menat. Avant de poursuivre plus avant, on fera d'abord une constatation sur la taille de l'objet par rapport à la statue elle-même. Les égides aussi bien que les contrepoids, en bronze ou en faïence, mesurent en général quelques centimètres, une dizaine pour les égides. Ici le rapport des proportions entre l'homme agenouillé et l'objet est le même que pour un naophore par exemple: l'égide et son contrepoids occupent toute la hauteur des genoux à la taille du personnage et sont ainsi représentés plus grands que nature, sans doute à la fois pour occuper l'espace devant les genoux d'Harbes et pour souligner l'importance de l'objet offert. Si on note un certain flottement dans la définition de cet objet, c'est qu'en fait égide et menat ont des liens extrêmement étroits[431] et qu'une égide est peut-être une "menat animée"[432].

L'égide proprement dite présente un large collier semi-circulaire, décoré de bandes parallèles et surmonté par une tête féminine avec une perruque tripartite de style hathorique, dont deux mèches retombent à l'avant dégageant les oreilles. Le sommet de la tête est très abîmé mais on distingue cependant les traces d'un scorpion qui semble avoir été représenté en mouvement, descendant vers le front.

La partie longue du contrepoids, ici un peu raccourcie, est encadrée par un double trait vertical et comporte une inscription qui nous donne le nom du propriétaire de la statue qui offre l'égide-menat.

→ 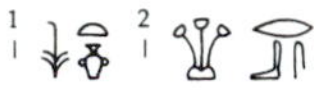

"1. L'échanson royal, 2. Harbes."

A la base, un ovale dans lequel est représentée une vache (→), portant au cou un collier menat pourvu d'un énorme contrepoids, en quelque sorte une représentation en abîme.

Au-dessus de la vache:

→ 

"La mère divine, qui donne la vie."

On sait que c'est fréquemment une représentation d'Isis-Hathor qui occupe cet emplacement[433]. Il y a donc tout lieu de penser que c'est Isis ou peut-être plutôt Isis-Hathor, la mère divine[434] qui est présente sous forme de vache. Etant donné la présence du scorpion sur la tête de l'égide, Isis-Hathor serait figurée sous sa forme particulière

431. Cf. J. Leclant, *Mél. Mariette*, *BdE* 32, 1961, p.270–1, et *ZÄS* 90, 1963, p.78–9, et n.(10), p.78. Sur l'égide-menat, voir aussi J. Quaegebeur et A. Rammant-Peeters, *OLA* 13, 1982, p.183 sq.; J. Quaegebeur, *BSFE* 98, 1983, P.23–5.

432. Cf. D. Valbelle, *Livre du Centenaire*, *MIFAO* 104, 1980, p.155 et fig.2, qui correspond à l'objet tenu par Harbes.

433. Cf. P. Barguet, *BIFAO* 52, 1953, fig.3, p.105, et n.(3), p.107; on retrouve sur l'exemplaire étudié par l'auteur le thème de la vache. Voir aussi J. Leclant, *ZÄS* 90, 1963, p.79; J. Quaegebeur, *BSFE* 98, 1983, fig.1 C, p.118.

434. Sur l'étroite association d'Isis et d'Hathor, cf. *infra*, p.225 et 235–6.

de Hededyt, Isis-scorpion[435]. Le haut du proscynème gravé sur le pilier dorsal a disparu; il nous aurait permis de vérifier le nom de la déesse.

Autour du socle, deux textes symétriques partent de l'avant de la statue et continuent sur les côtés droit et gauche. Côté droit (en adoptant le point de vue de la statue):

Le signe ankh est commun aux deux inscriptions; son emploi est relativement peu courant dans une inscription privée; voir cependant la statue-cube de Nebneterou, CGC 4225: G. Legrain, *Statues et statuettes de rois et de particuliers*, *CGC*, Le Caire 1914, p.59–60; celle de Nespakachouti: Legrain, *ibid.*, p.80.

"Le connu véritable (?) du roi, Harbes, fils de Pef-tjaou-(em)-aouy-chou."

Côté gauche:

"L'échanson royal, l'ami (?), Harbes, né de Chepenset, j.v.."

Sur le pilier dorsal, une colonne d'inscription incomplète, qui se poursuit par deux lignes à l'arrière du socle:

"[Offrande que fait le roi à ...] (a), (en tant qu') une sortie à la voix en pain, bière, tête de bétail, volailles, toutes choses bonnes et pures dont vit le dieu, pour le ka du connu du roi, le supérieur des serviteurs du roi (b), Harbes, né de Chepenset, détenteur d'imakh."

(a) Le haut de la colonne était occupé par un proscynème avec le nom de la divinité qui est perdu: Isis ou Isis-Hathor, puisque c'est une égide-menat qui est offerte et que la "mère divine" y est représentée sous forme de vache, ou encore Hededyt ou Isis-scorpion, étant donné l'animal placé sur sa tête en guise de couronne. Peut-être portait-elle l'épithète spécifique de Giza, *ḥnwt mrw* ou *n mrw* comme sur la statuette de la mère d'Harbes; cela n'est pas sûr.

(b) Variante du titre *ḥry sḏmw* qu'on peut lire sur le fragment copié par de Rougé (cf. *supra*, p. 111–2) et sous sa forme plus complète, sur la statue Brooklyn 37.360 E (*infra*, p.128).

Sur le plat du socle, deux inscriptions gravées en colonnes de part et d'autre des jambes d'Harbes.

A droite (en adoptant le point de vue de la statue):

"L'imakh d'Osiris (a), le directeur de la place (b), Harbes (c)."

435. C'est cette même Isis-scorpion qu'on retrouve sur la Stèle de la fille de Chéops: cf. *infra*, p.230 et 236. Il semble que sa représentation sous forme d'égide soit très rare.

A gauche:

"L'imakh d'Isis (a), le directeur de la place (b), Harbes (c)."

(a) Nous trouvons en parallèle Isis et Osiris dans l'épithète banale *imꜣḫ n*; ce même parallélisme qui apparaît également dans la dédicace de la statue de faucon, Caire Reg. Temp. 31/12/28/10 (*supra*, p.122) et traduit sans doute les liens qui unissent les deux divinités. Néanmoins, c'est vraisemblablement plutôt à Isis, étant donné la présence de l'égide-menat, qu'était dédiée cette statue, peut-être placée dans son temple. On notera aussi qu'Harbes est qualifié d'imakh tout comme il est "Osiris" sur la table d'offrandes MFA Exp. N. 26–1–138, et qu'il s'agit peut-être, dans l'un et l'autre cas, de monuments faits pour lui après sa mort.

(b) Sur ce titre, se reporter *supra*, p.117. Ici il est employé seul et non pas suivi de *ḳbḥ/ḥsy* (?), comme sur la statuette de la mère d'Harbes.

(c) Encore une autre orthographe du nom d'Harbes: voir *infra*, p.129–31. Le déterminatif en est remarquable: il reproduit au niveau de l'écriture, grâce à un hiéroglyphe spécifique, l'attitude d'adoration déjà rencontrée en bas-relief (représentation d'Harbes sur le relief *in situ* et le relief Boston MFA 31.250) et utilisé également pour la statue Brooklyn 37.360 E.

Sur le plat du socle, devant l'égide, deux lignes partiellement conservées, qui occupent toute la largeur:

"1. Le connu véritable [du roi] (a), l'échanson royal, 2. ... j. (v.) (b)."

(a) On rétablit sans peine *nswt* dans le premier cadrat en lacune. Sans doute *nswt* dans le titre d'échanson royal n'est pas mis en antéposition honorifique, pour offrir une disposition symétrique.

(b) Rétablir le nom d'Harbes, né de Chepenset, j.v., d'après la terminaison féminine qui subsiste.

G. STATUE NAOPHORE FRANCFORT (Pl.27 et 28)

Cette statue mentionnée par Bothmer, *ELSP*, p.41, ainsi que dans PM III^{2}, 1, p.19, et qui n'a encore jamais été publiée, avait été vue chez un antiquaire à Francfort, dans les années 50. D'origine inconnue[436], on en ignore aussi le lieu de conservation actuel. Grâce à quelques photographies, je suis en mesure aujourd'hui de la publier avec pratiquement l'intégralité des textes[437].

La statue en granit, d'une hauteur d'environ 25 cm, est en parfait état de conservation. Harbes est agenouillé sur un socle, dans la pose précédemment décrite[438], tenant devant

436. Voir *infra*, p.127, pour les raisons qui m'incitent à penser qu'il y a de fortes chances pour qu'elle provienne de Giza sans pouvoir, évidemment, le tenir pour certain.
437. En remontant une filière d'information dont je suis redevable à H. de Meulenaere et B. Bothmer, j'ai finalement été en contact avec W. Müller, qui m'a généreusement procuré les renseignements et les photographies qu'il possédait; qu'il en soit remercié. Seule manque une vue de face, ce qui nous prive d'une petite partie des textes et nous interdit de savoir si le naos contenait, ou avait contenu, comme cela est plausible, une statuette d'Osiris: voir *infra*, p.127.
438. Cf. *supra*, p.123.

lui un naos. Les détails du pagne ne sont pas indiqués[439]. Le naos est de forme très simple, avec des parois verticales et un toit plat.

Le modelé du buste est bien marqué et fait songer, entre autres, à une des figures de gardiens de Montouemhat[440].

Sur les épaules, les cartouches de Psamétique Ier.

A gauche :  , *"Ouahibrê."*

A droite, on devine plus qu'on ne lit: *"Psamétique."*

Le personnage est chauve, avec une tête ronde, caractéristique de cette époque[441]. Le pilier dorsal monte jusqu'au crâne. Les textes se composent de trois inscriptions: l'une sur le pilier dorsal, les deux autres symétriques partant de l'avant du socle, au centre, pour s'achever à l'arrière.

Sur le pilier dorsal:

(a) Sic! Une graphie plutôt inhabituelle de la formule *ḥtp di nswt.* (b) Peut-être un trait après *kȝ*, mais ce n'est pas sûr.

"Offrande que donne le roi à Osiris, seigneur de Ro-Setaou (a), pour le ka du supérieur des secrets (b), Harbes."

(a) Etant donné la présence du nom d'Osiris dans cette formule, il y a tout lieu de croire que c'est ce dieu qui était représenté en ronde-bosse dans le naos. Sur le rôle spécifique et la signification des naophores, on pourra se référer à l'article récent de J. Van Dijk, *OMRO* 64, 1983, p.49 sq.

C'est à cause de la mention d'Osiris, seigneur de Ro-Setaou, que je pense que cette statue peut provenir de Giza. La seule présence de l'épithète spécifique, *nb Rȝ-sṯȝw*, ne suffirait certes pas à autoriser à voir dans cette pièce un monument dressé, un jour, à Giza. On sait, en effet, que cette épithète connaissait une faveur certaine, au moins dans toute la région memphite, et sans doute au-delà: C.M.Z., "Bousiris", p.103 et 106, et *LdÄ* V/2, 1983, 305–7. Aussi, tout monument, portant cette épithète, ne provient-il pas obligatoirement de Giza. Cependant, c'est sur ce site que s'élevait le temple d'Osiris de Ro-Setaou. Or Harbes a fait une donation de terre, très vraisemblablement pour le temple (cf. *supra*, p.121, stèle Caire JE 28171), ce qui m'incite à croire que la statue de Francfort était, elle aussi, destinée à cet édifice.

(b) Ce titre, déjà fréquent à l'Ancien Empire (cf. W. Helck, *Beamtentiteln*, p.43–4) n'a cessé d'être en usage durant toutes les périodes de l'histoire égyptienne et est également courant dans les titulatures d'officiels à la Basse Epoque. Le choix d'un tel titre ne met donc pas précisément en évidence un goût particulier pour l'archaïsme. On se souviendra toutefois que Khafkhoufou II, propriétaire du mastaba G 7150, portait ce titre, comme le montre, entre autres, une inscription monumentale, gravée sur la face externe ouest de sa tombe[442]. Or ce mastaba est juste au sud du temple d'Isis et il n'est pas exclu qu'il y ait eu là une source d'inspiration directe, de même qu'on cherchait dans les mastabas du voisinage des statues de l'Ancien Empire qui étaient réutilisées dans le temple d'Isis. Il est peut-être possible également d'y voir une abréviation d'un titre plus complet, *ḥry sštȝ n Wsir nb Rȝ-sṯȝw*, auquel cas on serait en présence d'un titre spécifique qui rattacherait directe-

439. Comparer par exemple avec les statues de Horhotep, Victoria Museum B 471: P. Vernus, *Athribis*, pl.31; de Hornefer, Alexandrie 403: Vernus, *ibid.*, pl.36; de Psamétique-sa-Neith, Ashmolean Museum 1131: Ramadan El-Sayed, *Documents relatifs à Saïs et ses divinités*, *BdE* 69, 1975, pl.26; de Djed-Thot-iouf-ankh, Musée Rodin 289: Ramadan El-Sayed, *ibid.*, pl.28.

440. Cf. B. Bothmer, *ELSP*, N°17, pl.15, fig.36.

441. Cf. B. Bothmer, *ELSP*, p.19, à propos de la tête de gardien de Montouemhat, précédemment citée; E. Russmann, *The Brooklyn Museum Annual* XI, 1969–1970, p.159, et n.(56).

442. Voir W. K. Simpson, *Giza Mastabas* 3, p.22, et pl.31 b et c.

ment Harbes au temple d'Osiris de Ro-Setaou auquel, pense-t-on, il avait fait une donation de terrain.

Côté droit et arrière du socle (en adoptant le point de vue de la statue):

"... du roi (a), Harbes, né de Chepenset, j.v., détenteur d'imakh."

Côté gauche et arrière du socle:

"... (a) Harbe[s], [fils de] Pef-tjaou-(em)-aouy-chou, j.v., détenteur d'imakh."

(a) Je ne dispose ni de photographies ni de dessins de l'avant du socle qui comportait des titres d'Harbes, dont il subsiste seulement une partie sur le côté droit avec *nswt*, qui n'était pas placé en antéposition honorifique.

H. STATUETTE BROOKLYN 37.360 E

Une statuette de bronze au nom d'Harbes est conservée au Musée de Brooklyn sous le N° 37.360 E, après avoir fait précédemment partie de la collection Abbott. Elle a été publiée, d'un point de vue stylistique, par E. Russmann, *The Brooklyn Museum Annual* XI, 1969–1970, p.157–9, et fig. 8–12, avec la bibliographie antérieure, n.(54), p.157. J'en ferai une brève description et en donnerai le texte.

La statuette d'origine inconnue, mesure 11,5 cm de haut ; elle est en excellent état de conservation. Il s'agit d'une pièce d'une facture vigoureuse, très sobre dans les détails. Harbes est agenouillé dans l'attitude de l'adoration, tel qu'on peut le voir aussi sur ses bas-reliefs[443]. Un tenon est fixé sous les pieds pour s'adapter sur un socle qui sans doute supportait également la statue de la divinité devant laquelle se prosternait le personnage. Celui-ci porte un pagne à devanteau triangulaire, incisé de lignes parallèles; le crâne est rasé. Une inscription est gravée sur la partie arrière de la ceinture, commençant sous le bras droit et s'achevant sous le bras gauche, tandis que l'avant a été laissé vide. La gravure est assez superficielle et relativement difficile à lire.

(a) Des traces: peut-être ⟦⟧ à la fin du deuxième cadrat? (b) Apparemment pas de ⟦⟧ dans la graphie du nom du père d'Harbes.

"... (a) qui donne toute vie, santé et joie pour le supérieur des serviteurs (b), Harbes, fils de Pef-tjaou-(em)-(aouy)-chou."

(a) C'est malheureusement le nom de la divinité qu'adorait Harbes, qui manque. Peut-être Osiris en raison des traces qui subsistent. S'il s'agit bien de ce dieu, cela n'autorise pas à affirmer que la statuette a été trouvée à Giza, mais c'est néanmoins un indice favorable dans ce sens car Harbes a certainement, pour l'essentiel, fait sa carrière à Giza.

(b) Variante du titre *ḥry sḏmw* et *ḥry sḏmw nswt*, rencontré précédemment, sur l'inscription copiée par de Rougé et la statue Londres BM 514.

443. Cf. *supra*, p.108 et 110; voir aussi J. J. Clère, *Artibus Aegypti, Studia in Honorem Bernardi V. Bothmer*, Bruxelles 1983, p.30–1.

I. STATUE-CUBE NY CARLSBERG AEIN 78 + TETE CHICAGO NATURAL HISTORY MUSEUM 105.181

Je mentionne, en dernier lieu, la statue-cube Ny Carlsberg AEIN 78 à laquelle se raccorde la tête Chicago Natural History Museum 105.181[444], pour compléter le dossier d'Harbes. Mais il faut souligner que ce document a de fortes chances de ne pas être originaire de Giza. Le proscynème du pilier dorsal est en effet adressé à "Osiris, seigneur de Bousiris (*Ḏdw*), le grand dieu, qui préside à l'Occident." On pourrait arguer que c'est là une épithète presque générique, qui n'implique pas une origine deltaïque. Mais à l'avant de la statue est gravé un appel "aux prophètes, pères divins et prêtres ouab" qui entrent dans le temple d'Osiris, seigneur de Bousiris, avec la mention d'un terrain de 60 aroures dont Harbes aurait fait don au temple (*ꜣḥt sṯꜣt 60 pf di͗·i͗ n·ṯn*). L'ensemble de ce contexte paraît étroitement lié au temple d'Osiris à Bousiris, où devait être placée la statue. A cela, Bothmer, *ELSP*, p.41, réplique qu'une statue-cube au nom d'un certain Hor, fils de Panen, comporte une adresse similaire aux prêtres de Saïs alors qu'elle a été découverte à Mit Rahineh[445]. Je ne pense pas qu'avec les seuls renseignements dont nous disposons, et en dépit de l'exemple similaire qui vient d'être cité, nous puissions trancher ce problème. Quoi qu'il en soit, la statue Copenhague + Chicago a le mérite de nous révéler un autre titre d'Harbes qui apparaît là seulement: il est  , *mr ḫtmw* ou *sḏꜣwtyw*, chef des scelleurs ou des trésoriers[446]. D'autre part, elle nous montre Harbes sous un aspect différent; il s'agit d'une statue-cube; le personnage porte une perruque découvrant les oreilles; les caractéristiques kouchites, manifestes sur d'autres statues, sont ici beaucoup moins marquées.

3. HARBES: LE PERSONNAGE, SA FAMILLE, SA CARRIERE, SON ŒUVRE

Voici rassemblés les documents connus à ce jour comme ayant appartenu à Harbes ou à sa famille. Que pouvons-nous dire à partir de là? Comme trop souvent, la documentation égyptologique, sous son apparente richesse, est quelque peu frustrante mais nous pouvons cependant tenter de cerner d'un peu plus près le personnage.

Le nom d'Harbes est loin d'être inconnu et apparaît même relativement fréquemment à partir du VIIIème siècle jusqu'à l'Epoque Grecque. Une étude lui a été récemment consacrée par A. Leahy, *CdE* 109–110, 1980, p.43–63, pour essayer d'en analyser les éléments et la signification qui sont passablement obscurs. Harbes de Giza figure évidemment en bonne place dans la liste des sources[447], à laquelle on ajoutera la

444. Pour l'histoire du raccord de ces membra disjecta, se reporter à B. Bothmer, *ELSP*, p.40–1. La statue Copenhague AEIN 78 est mentionnée par O. Koefoed-Petersen, *Catalogue des statues et statuettes égyptiennes*, Copenhague 1950, p.57–8, N°96, et pl.106; publiée par O. Koefoed-Petersen, *Recueil des inscriptions hiéroglyphiques de la Glyptothèque Ny Carlsberg*, *Bibl. Aeg.* 6, Bruxelles 1936, p.13, et E. Iversen, *Two Inscriptions concerning Private Donations to Temples*, Copenhague 1941, p.18–21. Je ne reprendrai pas les textes dans leur intégralité, mais me contenterai d'en citer les passages utiles à mon propos.

445. Conservée au Musée de Boston, MFA 29.731: voir D. Dunham, *JEA* 15, 1929, pl.33, et p.165; compléments bibliographiques: PM III^{2}, 2, fasc. 3, p.861.

446. Voir D. Meeks, *ALex* I, 1980, p.455, 77.5305, et II, 1981, p.448, 78.4982, pour ce titre, de lecture et de sens douteux.

447. Il faut en supprimer la mention de la fausse porte de Turin Suppl. 17161, provenant sans doute d'Athribis et dont rien ne prouve qu'elle appartienne à notre personnage, en l'absence de titres et de mention de ses parents qui permettraient de l'identifier: cf. P. Vernus, *Athribis*, p.95.

variante fort intéressante de la stèle de donation Caire JE 28171: , , comparable à la graphie d'un homonyme sur une stèle inédite: (A. Leahy, *loc. cit.*, p.53). Les autres exemples du nom appartiennent aux graphies déjà connues:

—relief de Giza *in situ*

—relief Boston MFA 31.250

—table d'offrandes MFA Exp. N. 26–1–138

—statue de Chepenset MFA Exp. N. 26–1–237 avec comme déterminatif

—statue Londres BM 514

—statue Francfort

—statue Brooklyn 37.360 E

—statue Ny Carlsberg AEIN 78

—statue de faucon Caire Reg. Temp. 31/12/28/10

—statue Ny Carlsberg AEIN 78

—inscription copiée par de Rougé

—statue Londres BM 514

—statue Londres BM 514

A la graphie , , de loin la plus fréquente, aussi bien parmi les mentions de notre personnage que parmi celles de ses homonymes, vient se substituer dans un cas, l'orthographe . Cette même variante pour le nom d'un seul et même personnage se retrouve, semble-t-il une seule autre fois dans le reste de la documentation: cf. A. Leahy, *loc. cit.*, p.52. Cela indique en tout cas qu'il s'agit bien d'un seul nom, dont la première partie serait d'origine libyenne, selon cet auteur. La seconde partie écrite dans la majorité des cas , que ce soit sur les monuments d'Harbes de Giza ou sur les autres, soulève peut-être plus de questions qu'on ne pouvait le supposer. La variante donnée par de Rougé se retrouve dans des exemples en démotique du nom (A. Leahy, *loc. cit.*, p.49, 53 et 54). Ailleurs peut remplacer (A. Leahy, *ibid.*, p.50) et , (A. Leahy, *ibid.*, p.52). C'est d'ailleurs une orthographe de *Bs* qui est connue, qu'il s'agisse du nom du dieu (*Wb.* I, 476) ou d'un nom propre (H. Ranke, *PN* I, 98, 14; H. Wild, *BIFAO* 60, 1960, p.50). En revanche, deux documents nous donnent deux graphies tout à fait inhabituelles qu'il faut sans doute rapprocher. Sur la statue Londres BM 514, la seconde partie du nom est écrite avec le toponyme Boubastis, [448], tandis que sur la stèle de donation Caire JE 28171, nous trouvons le nom de

448. Sur cette graphie qui n'est pas la plus courante mais est bien attestée: *GDG* II, 5; L. Habachi, *Tell Basta*, *CASAE* 22, 1957, p.121; K. Zibelius, *Ägyptische Siedlungen nach Texten des Alten Reiches*, *TAVO* Reihe B 19, Wiesbaden 1978, p.75–6.

la déesse Bastet: , , de même du reste que sur la stèle inédite mentionnée par A. Leahy, *loc. cit.*, p.53.

On peut supposer qu'il y a eu confusion entre le nom de la ville et celui de sa déesse tutélaire. Il n'en reste pas moins qu'on a là le nom de Bastet à la place de celui de Bès. Parmi tous les exemples recensés, il est indubitable dans un seul cas que nous sommes bien en présence du nom du dieu Bès: (A. Leahy, *loc. cit.*, p.51), associé à Horus. Mais les autres mentions doivent, peut-être, être interprétées autrement à la lumière de deux exemples. Ce serait une abréviation qu'il s'agisse de Bastet elle-même ou de Boubastis. Quant à l'origine du nom, est-elle étrangère comme l'a supposé Leahy? Cela paraît en effet possible quoique non assuré.

On notera encore, d'un point de vue purement graphique, les variantes dans le choix des déterminatifs qui reproduisent fidèlement dans l'écriture des attitudes de la statuaire: [449] et .

Malgré l'abondance des documents au nom d'Harbes, nous ignorons le nom de son épouse et de ses enfants, dont on peut supposer qu'il était pourvu. Seuls sont connus ses ascendants directs: son père, le choachyte Pef-tjaou-(em)-aouy-chou: , , et la variante aberrante , de la copie de de Rougé. Ce nom assez banal obéit à une structure bien connue dans l'onomastique égyptienne, de phrase nominale à prédicat adverbial: H. Ranke, *PN* I, 127–8; P. Vernus, *LdÄ* IV/3, 1980, 333. Le personnage vécut sous le règne de Taharqa, étant donné que son fils fit carrière sans doute au début du règne de Psamétique Ier[450] et laisse encore transparaître dans ses monuments une nette influence kouchite. Nous ignorons tout des origines de cette famille. Il me paraît, en effet, quelque peu hasardeux de faire d'Harbes un natif de Bousiris, comme le propose Bothmer, *ELSP*, p.41, en raison de la seule mention de Bousiris sur la statue-cube de Copenhague, dont on ignore de plus où elle a été trouvée. Il est évident que toute, ou pratiquement toute l'activité d'Harbes a été concentrée à Giza et que, par ailleurs, rien dans son nom ni celui de ses parents ne pousse à y voir un originaire de Bousiris.

Pef-tjaou-(em)-aouy-chou était simplement choachyte, *wꜣḥ mw*, employé subalterne dans un temple[451]. Exerçait-il ses fonctions dans le temple d'Isis où on a retrouvé bon nombre des monuments de son fils ou plutôt dans le temple d'Osiris comme pourrait le laisser croire la stèle de donation Caire JE 28171? Il n'est pas possible de trancher. Peut-être, penche-t-on plus volontiers en faveur de la deuxième solution, ce qui pourrait expliquer qu'il ait été le gérant de la donation au temple d'Osiris, si tel était le cas, faisant partie du personnel du dieu. Hormis cette stèle où il est représenté derrière son fils, Pef-tjaou-(em)-aouy-chou apparaît seulement au travers de la généalogie de ce dernier[452]. On n'a pas retrouvé d'équivalent de la statue de Chepenset, commandée par son fils, pas plus que de chaouabtis à son nom; mais l'argument *a silentio* ne peut évidemment être utilisé, car il n'est que trop clair qu'une grande partie du matériel du temple d'Isis a disparu dans les destructions et les pillages. De la même façon, il est im-

449. Pour ce signe comme critère de datation de la fin de l'Epoque Ethiopienne et du début de l'Epoque Saïte, voir *supra*, p.118.

450. Cf. *supra*, p.121, pour cette datation.

451. Sur la fonction de choachyte, voir *supra*, p.114 et 120, et *infra*, p.170.

452. On ne peut tenir compte du fragment MFA Exp. N. 29–7–5, trop fragmentaire, où figurait peut-être aussi le nom d'Harbes.

possible d'attribuer à Pef-tjaou-(em)-aouy-chou une des chapelles du temenos du temple d'Isis qui demeurent anonymes.

La mère d'Harbes était simplement "maîtresse de maison", *nbt pr*, et répondait au nom de Chepenset. Il existe de légères variantes du nom selon les monuments:

 —relief *in situ* de Giza

 —texte copié par de Rougé

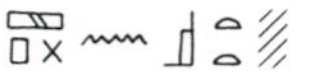 —statue Boston MFA Exp. N. 26–1–237

 —statue Londres BM 514

 —statue Francfort et Ny Carlsberg AEIN 78

Pour ce nom qui répond lui aussi à une formation bien attestée à cette époque: H. Ranke, *PN* I, 325, 17. Il est sans doute l'indication d'une dévotion particulière à Isis. Outre les mentions dans la généalogie de son fils, nous connaissons cette femme par la jolie statue retrouvée dans la chapelle (10), au sud de l'ancienne chapelle funéraire (1), mais qui n'était pas en place. On ne peut donc pas suggérer que cette chapelle qui comportait un puits ait fait office de chapelle funéraire pour la mère d'Harbes. La statue, comme l'indique le texte, fut ordonnée par son fils, après la mort de sa mère, pour faire survivre son nom. Par ailleurs, deux chaouabtis à son nom auraient été retrouvés par Reisner dans le remplissage du puits G 7130 B qui subit des altérations peut-être dès l'Epoque Saïte[453]. Mais là encore, ce n'est pas du matériel en place et on ne peut localiser l'endroit où fut enterrée Chepenset, la mère d'Harbes.

Si on en vient maintenant à considérer les titres d'Harbes, une première constatation s'impose. Le nombre important de monuments de qualité qu'a laissés le personnage, nous pousserait à voir dans Harbes un dignitaire de haut rang. Or les différents éléments de sa titulature nous le montrent, en fait, comme un officiel occupant une position moyenne. Les titres tels que *rḫ nswt mꜣꜥ mry·f*, *smr*, et *ḫrp ꜥḥ*, repris des titulatures de l'Ancien Empire, sont très largement attribués à toutes sortes de fonctionnaires, à différents degrés de la hiérarchie. Ils semblent être, au demeurant, purement honorifiques et ne recouvrir aucune fonction réelle. *Mr st*, directeur de la place, est lui aussi emprunté à l'Ancien Empire et correspond également à des fonctions assez vagues sans doute en rapport avec l'approvisionnement. *Ḥry sštꜣ*, supérieur des secrets, existe depuis les débuts de l'administration égyptienne mais a survécu à travers les époques. Fréquemment accompagné d'un complément, on peut le rattacher à l'administration d'un temple; ici, dans cet emploi absolu, il faut sans doute y voir une charge directement liée à l'administration royale[454] tout comme l'est celle de *wdpw nswt*, échanson royal, dont on ne peut exactement mesurer l'importance à cette époque. *Ḥry sḏmw (ꜥš) nswt*, supérieur des serviteurs du roi est encore un titre aulique. Quant à 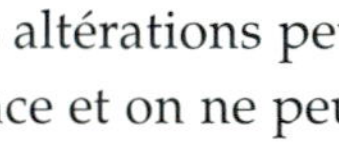 chef des scelleurs ou chef des trésoriers, c'est là peut-être le titre le plus important qu'ait reçu Harbes, lié à la chancellerie ou au trésor[455].

453. *Supra*, p.118.

454. A moins, bien sûr, qu'il ne s'agisse d'une abréviation d'un titre en relation avec Osiris, *ḥry sštꜣ n Wsir nb Rꜣ-Stꜣw*, qu'on rencontre fréquemment à cette époque.

455. C'est le seul titre qu'il porte sur la statue-cube de Copenhague. Peut-être s'agit-il d'une promotion dont il aurait bénéficié à un moment déjà avancé de sa carrière. Cela pourrait alors peut-être expliquer que les caractéristiques du style kouchite y soient moins marquées que sur certaines autres oeuvres qui lui sont

Une deuxième caractéristique mérite maintenant d'être soulignée. Le personnage qui, sans aucun doute, vénérait Osiris de Ro-Setaou et Isis, dame des Pyramides, ainsi qu'Harmachis, les trois divinités majeures de Giza à cette époque, qui a fait une donation en faveur du temple d'Osiris de Ro-Setaou et édifié une chapelle dans le temenos du temple d'Isis, ne porte apparemment aucun titre sacerdotal qui le rattacherait au culte d'un de ces dieux, et plus particulièrement d'Isis, hormis le titre de prêtre *ḳbḥ*, si c'est bien ainsi qu'il faut le lire sur la statuette de sa mère, mais qui, au demeurant, reste très vague. Seules des fonctions civiles et des épithètes auliques apparaissent sur ses monuments. On verra, par ailleurs, que la famille de prêtres qui remplirent des charges sacerdotales dans le temple d'Isis, six générations durant, la première étant pratiquement contemporaine d'Harbes, et qui gravèrent plus tard leurs généalogies, précisément sur les murs de la chapelle d'Harbes[456], n'a, semble-t-il, aucun lien de parenté avec Harbes. Ce n'est donc pas en tant que prêtre d'Isis que ce dernier fit édifier une chapelle où il se fit portraiturer en adoration devant la déesse, dame des Pyramides, mais seulement en tant que dévôt de la divinité, qui, de par ses fonctions, pouvait se voir concéder un emplacement à l'intérieur du temenos.

Cela amène à poser une question difficile sur le fonctionnement de cette chapelle et par conséquent aussi des autres qui furent également construites, pour certaines au moins, à l'Epoque Saïte[457]. C'est en effet l'œuvre principale d'Harbes, outre les éléments mobiliers qui étaient destinés aux temples, ceux d'Osiris et d'Isis ainsi que la Setepet d'Harmachis.

Parmi ces objets, il faut toutefois mettre à part la table d'offrandes. En effet, les autres modèles connus, au Nouvel Empire[458] ou plus tardivement aux Epoques Kouchite et Saïte, ou Perse[459], semblent provenir de tombes et on connaît bien leur usage dans les pratiques funéraires, tout particulièrement dans les rites de purification[460]. On peut supposer que la table d'Harbes, très similaire aux exemples cités et portant les mêmes textes, avait une fonction semblable. Ce qui conduit à penser qu'Harbes avait sa tombe quelque part dans le temenos du temple d'Isis. Elle n'a pas été localisée. Aucun élément du matériel proprement funéraire, sarcophage, chaouabtis, canopes, n'a été retrouvé sur le site, sinon cette table d'offrandes. Ce n'est pas une preuve négative, car à plusieurs reprises, Reisner note que le site a été pillé de manière très sévère et que, de plus, fort souvent, les objets trouvés ne sont pas en place, ce qui est très vraisemblablement le cas de la table d'offrandes, découverte dans la partie orientale du temenos entre les chapelles (25) et (27) (voir pl.3). Dans la chapelle d'Harbes, il n'y a pas de puits, ce qui pose réellement un problème. La chambre funéraire où devait être enterré le personnage était donc séparée de la chapelle. Evidemment, il existe dans la chapelle (6), contiguë

imputables. Cela est néanmoins hypothétique d'autant plus qu'en analysant ses différents monuments, il est bien difficile de mettre en lumière des séquences de titres qui seraient liées à une progression dans sa carrière. Ils apparaissent en fait à peu près tous avec une fréquence similaire à l'exception de celui-ci et de *ḥry sštȝ*, connu seulement par la statue de Francfort.

456. Cf. *infra*, p.136 sq.

457. Elles ne sont certes pas toutes datées et la plupart sont sans décor. Cependant les chapelles (10) et (23) présentent elles aussi des reliefs de style archaïsant qui permettent de les attribuer à l'Epoque Saïte; voir *infra*, p.186 sq. et 197 sq. pour ces différentes chapelles.

458. Cf. la table d'offrandes de Sa-Rénénoutet: J. J. Clère, *Bulletin du Centenaire, Suppl. au BIFAO* 81, 1981, p.213 sq., et *supra*, p.115.

459. Voir par exemple les tables d'offrandes de Montouemhat et de sa famille: *supra*, n.(405).

460. Voir *supra*, p.115–6, à ce propos, et aussi C. Kuentz, *Bulletin du Centenaire, Suppl. au BIFAO* 81, 1981, p.243–6.

de (7) à l'ouest, un puits où n'ont été retrouvés que des objets anonymes. Ces deux chapelles formaient-elles un ensemble et Harbes avait-il été enterré dans le puits de (6)? Rien ne permet de l'affirmer.

On admettra donc, quoiqu'avec une certaine hésitation, qu'Harbes fut enterré en un point inconnu du temenos et fit bâtir une chapelle accolée au mastaba G 7130–7140. C'est là un cas rare et si on peut trouver des points de comparaison, ce n'est guère qu'avec les chapelles des divines adoratrices à Medinet Habou où la chapelle est dissociée de la tombe elle-même[461], ce qui, dans leur cas, peut s'expliquer par leur caractère royal; mais bien sûr, cette explication ne vaut pas pour Harbes.

Peut-on maintenant tenter de reconstituer l'aspect et le décor de cette chapelle, malgré les destructions et les restaurations qu'elle a subies? La salle rectangulaire s'ornait de quatre colonnes à fût lisse qui se dressaient contre les murs mais n'étaient pas engagées. Il n'est pas impossible qu'un fragment de fût qui traîne sur le sol au nord de la salle (2) ainsi qu'un chapiteau lotiforme aient appartenu à l'une ou l'autre de ces colonnes de la chapelle d'Harbes, les dimensions des différents diamètres pouvant correspondre entre elles. Il reste trop peu d'éléments pour essayer de décrire précisément l'entrée de la chapelle flanquée de deux colonnes. On peut évidemment suggérer une certaine ressemblance, bien vraisemblablement voulue, avec des tombes voisines de l'Ancien Empire[462]. Il faut noter, d'ailleurs, la présence d'une statue d'homme assis, datant de l'Ancien Empire, dans la chapelle d'Harbes. Reisner l'y avait découverte et elle est toujours en place. On en a également retrouvé dans les salles (1) et (2) et il est très probable que ces statues "empruntées" aux mastabas voisins, ont été placées là au temps où la chapelle était en fonctionnement.

La chapelle dut rester inachevée puisque la partie de la paroi est, située entre la deuxième colonne et le mur du fond, fut couverte de graffiti par une famille de prêtres d'Isis qui commença cette entreprise, plusieurs décennies après la fin de la carrière d'Harbes[463]. Une grande scène d'adoration occupait la paroi du fond qui reçut, elle aussi, en complément, quelques graffiti de ces mêmes prêtres. Le fragment Boston MFA 31.250 peut être replacé en tenant compte de la position des pieds d'Osiris (→). Le dieu regardait vers l'extérieur de la salle[464] et le relief appartient donc à la paroi est de la salle entre la première et la deuxième colonne. Peut-être existait-il une scène symétrique sur la paroi ouest, mais elle est perdue. Les scènes conservées où Harbes s'est chaque fois fait représenter, sont dédiées à Isis et Osiris, comme cela est normal à l'intérieur du temenos du temple d'Isis.

Harbes, officiel de la cour sous Psamétique Ier, fut un dévôt d'Isis, dame des Pyramides et d'Osiris de Ro-Setaou ainsi que d'Harmachis. Il leur consacra plusieurs statues; accomplit, semble-t-il, une donation de terrain en faveur du temple d'Osiris et se fit bâtir une chapelle dans l'enceinte du temple d'Isis où il se fit probablement enterrer, ainsi que sa mère et peut-être son père. L'ensemble de son œuvre aussi bien que les titres qu'il porte, le choix des textes religieux empruntés aux plus anciennes

461. Voir J. Leclant, *Recherches*, p.154 sq., avec la bibliographie, et U. Hölscher, *Excav. of Med. Hab.* V, 1954, p.16 sq.

462. Cf. M. Jones et A. Milward, *JSSEA* 12, 1982, p.147, qui suggèrent à juste titre la comparaison avec la tombe de Seshem-nefer, LG 53, à l'angle sud-est de la pyramide de Chéops et *supra*, p.106.

463. Pour la datation de ces graffiti, *infra*, p.159–62.

464. Comparer avec la direction des divinités sur les parois de la chapelle (23); *infra*, p.198 sq.

traditions, le style des reliefs et de la statuaire, sont un excellent exemple des caractéristiques propres à son époque: goût pour le passé et recherche de modèles anciens, conjugués avec des cultes spécifiques de son temps, que vient animer un style d'une grande qualité.

CHAPITRE III

LES GRAFFITI DE LA CHAPELLE D'HARBES

La chapelle saïte construite par Harbes, comporte, en outre, comme je l'ai déjà mentionné, une série de graffiti gravés après l'époque d'Harbes et qui apportent d'importants renseignements sur l'histoire des cultes du plateau de Giza, tout au long de la XXVIe dynastie. La chapelle était connue depuis longtemps: deux blocs, comportant deux longs graffiti et appartenant à ses parois, sont entrés au Musée du Caire, dans les années 1890, sous les numéros respectifs JE 38989 et 38990. Les autres textes sont restés *in situ* où ils se trouvent toujours; ils y subissent, malheureusement, de constantes déprédations qui les rendent de moins en moins lisibles. Reisner, quant à lui, a recueilli, lors des fouilles dans la zone avoisinante, quelques petits fragments qui pourraient provenir de cette même chapelle.

Ces documents n'avaient guère suscité l'attention ou l'intérêt des égyptologues et sont restés longtemps inédits jusqu'à ce que D. Wildung en donne une première publication dans *Die Rolle Ägyptischer Könige*, p.177–81 et 187, et pl.XI–XVI, en s'aidant pour cela des photographies qui avaient été réalisées lors des campagnes de fouilles de Reisner. Son propos fut essentiellement d'étudier le culte des rois anciens tel qu'il fut pratiqué à l'Epoque Saïte[465]. En republiant cet ensemble de documents dont j'ai pu faire des copies sur place, ma perspective sera un peu plus large. Il s'agira, en effet, de tenter de replacer l'histoire de cette famille de prêtres qui pérennisa son souvenir sur les murs de la chapelle d'Harbes, dans le cadre plus général de l'histoire de Giza durant les Epoques Saïte et Perse.

1. GRAFFITO CAIRE JE 38989 AU NOM DE CHED... (Pl.29)

Ce graffito de huit colonnes, entourées d'un trait, mesure 0,29 cm de long sur 0,20 de haut; il est gravé en creux sur un bloc de calcaire dont les dimensions actuelles sont de 0,62 m de long sur 0,395 de haut et dont il occupe *grosso modo* le quart supérieur gauche. Il est difficile de lui attribuer une position dans la chapelle d'Harbes. En tenant compte de ce qui subsiste aujourd'hui sur place et sachant que le relief Boston MFA 31.250 est sans doute à replacer entre les deux colonnes du mur est[466], il reste pourtant diverses possibilités entre lesquelles on ne peut choisir. Aucune paroi n'est conservée sur sa hauteur intégrale, certaines sont même entièrement restaurées. Le bloc Caire JE 38989

465. Voir aussi un très bref aperçu chez W. El-Sadeek, *Twenty-Sixth Dynasty*, p.109–10.
466. *Supra*, p.134.

pourrait donc être replacé sur n'importe laquelle de ces parois. La gravure, comme celle de l'ensemble des graffiti, est rapide et peu soignée et présente un certain nombre de difficultés de lecture. L'objet entré dans les années 1890 au musée, est conservé au sous-sol et n'est pas visible aujourd'hui. Une photographie en existe dans les Archives Reisner (sans numéro); d'autre part, une copie à la main est conservée dans les Archives Lacau sous le N° RC CI 71. Voir Wildung, *Die Rolle Ägyptischer Könige*, p.179 et pl.XI[467]; PM III^2, 1, p.17; A. Forgeau, *BIFAO* 84, 1984, p.182.

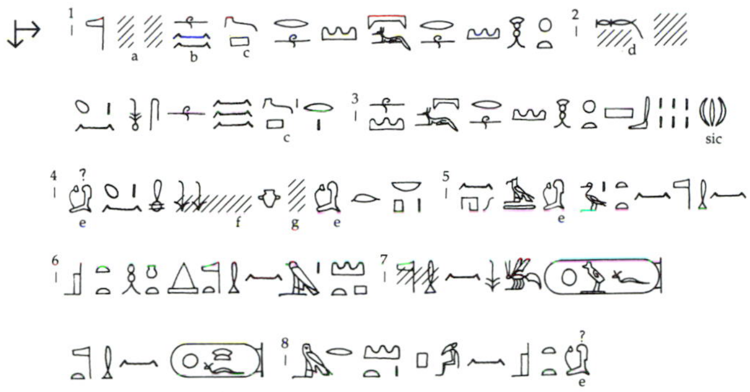

(a) Traces de deux signes verticaux. (b) Cadrat assez confus; cependant la lecture paraît sûre. (c) Un signe qui ressemble à *stp*, mais peut-être une déformation de *kꜣp*; voir *infra* à ce sujet. (d) Peut-être sous *šd*, suivi d'un cadrat qui semble avoir été martelé intentionnellement de même que le nom du grand-père, colonne 4. (e) Déterminatif indifférencié qu'il s'agisse d'un nom d'homme ou de femme; tous semblent porter une fleur à leur visage. (f) Une trace de ? (g) Peut-être un signe vertical?

"1.... (a), le libateur (sty mw) (b), le fumigateur (kꜣp) de Ro-Setaou (c), le supérieur des secrets de Ro-Setaou (d), le pourvoyeur d'offrandes (wꜣḥ ḫt) (e), 2. Ched... (f), fils du sem (g), le libateur, le fumigateur de Ro- 3. Setaou, le supérieur des secrets de Ro-Setaou, le pourvoyeur d'offrandes, Chep-en-senout (h), 4. fils du titulaire des mêmes titres (i), ...ib... (j), né de la maîtresse de maison, 5. Nehaou (?) (k), fille du prophète 6. d'Isis, dame des Pyramides (l), père divin et prophète d'Har(m)achis (m), 7. prophète du roi de Haute et Basse Egypte, Chéops (n), prophète de Chéphren (o), 8. président de la nécropole (p), Pa-cheri-en-iset (q)."

(a) Lire peut-être *it nṯr sm*, comme on le trouve également au début du graffito I, 5[468], "père divin et prêtre sem." De plus, le père de Ched..., Chep-en-senout est également *sm* (col.2).

(b) ; ce titre qui n'a pas été toujours très bien compris se retrouve également à la colonne 2 dans la titulature de Chep-en-senout, pratiquement identique à celle de son fils. Si l'expression *sty mw*, verser une libation, est bien attestée[469], à ma connaissance le titre en tant que tel, n'est pas fréquent. Il a vraisemblablement un caractère funéraire tout comme ceux de *kꜣp*, *wꜣḥ ḫt* et *sm*. On peut peut-être rapprocher le rôle de *sty mw* de celui du *wꜣḥ mw*, choachyte, que porte par exemple le père d'Harbes.

(c) Wildung a voulu voir dans cette colonne comme dans la suivante un redoublement du titre *ḥry sštꜣ Rꜣ-stꜣw*. On trouve effectivement un tel redoublement dans le graffito II, 3. Ici, cela ne me paraît pas possible. En effet, bien que la gravure soit de mauvaise qualité, les signes sont bien distincts les uns des autres et ne peuvent être confondus entre eux. Or la

467. Les numéros du Journal d'Entrée du Musée du Caire ont été intervertis dans cet ouvrage.
468. *Infra*, p.146.
469. Voir par exemple D. Meeks, *ALex* I, 1980, 77.3951; II, 1981, 78.3916; III, 79.2826.

photographie montre que le premier signe est différent de qu'on trouve tout de suite après, au demeurant très sommairement gravé. Il ressemble de fait à , ce qui ne donne pas de sens et je suggère d'y voir une déformation du signe *kȝp*, qu'on trouve dans plusieurs autres titulatures, associé à *sty mw* (Caire JE 38990 et graffito II, 3). Ce titre emprunté à l'Ancien Empire (cf. *Wb*. V, 103, 15) reparaît ici dans des titulatures qui font d'autres emprunts à la haute antiquité égyptienne: *n(y)-ḥb-Rʿ*, par exemple.

(d) Le titre est fréquent dans les titulatures de prêtres de la région memphite, avec une coloration funéraire évidente.

(e) Le *wȝḥ ḫt* était chargé des offrandes alimentaires par opposition au *wȝḥ mw*, choachyte, qui s'occupait des libations d'eau de purification; voir à ce propos M. Doresse, *RdE* 31, 1979, p.62 ([207]). Il est clair qu'il s'agit d'une séquence de titres, qui sera encore complétée par le texte du graffito Caire JE 38990, tous en relation avec les activités proprement funéraires qui sont celles du prêtre sem[470].

(f) Il n'est pas possible de restituer la fin du nom qui a été soigneusement martelé alors que le reste de l'inscription est en bon état, sans qu'on puisse offrir d'explication à ce phénomène. Cf. H. Ranke, *PN* I, 330–1, pour une série de noms commençant par Ched.

(g) Le titre *sm* est écrit comme dans toutes les autres mentions que comporte l'ensemble des graffiti. C'est là une variante par rapport aux exemples donnés par H. de Meulenaere, *Mél. Mariette*, *BdE* 32, 1961, p.285–90, qui éclaire et résout le problème de ce titre dont la lecture a longtemps causé des difficultés. L'auteur a mis en évidence que le rôle du sem est d'ordre sans doute strictement funéraire. La séquence de titres portés par trois générations de prêtres complète parfaitement ces indications.

(h) Type de formation de nom assez courant à cette époque; on trouvera des indications bibliographiques dans D. Wildung, *o.c.*, p.179, n.(5), pour cet anthroponyme.

(i) *Mi nn*, expression d'un usage fréquent dans les longues généalogies de cette époque qu'elle permet ainsi de raccourcir. On n'est évidemment jamais tout à fait sûr, puisque cela n'est pas explicité, que les ascendants aient été les tenants effectifs de tous les titres énoncés auparavant.

(j) Encore une fois le nom semble avoir été martelé et les traces qui subsistent ne permettent pas de le restituer.

(k) Pour ce nom, voir H. Ranke, *PN* I, 207, 4. C'est par sa mère que l'auteur du graffito Caire JE 38989 se rattache à la famille des prêtres d'Isis, tandis que dans son ascendance paternelle, on semble n'avoir été en charge que de fonctions funéraires.

(l) *Ḥm-nṯr n St ḥnwt mrw* représente la charge sacerdotale propre au temple d'Isis. *Mr* est écrit simplement par l'idéogramme △ sans indication du pluriel. L'ensemble des mentions de ce titre nous en montreront des variantes susceptibles ou non d'une interprétation[471].

(m) Au titre de prophète d'Isis est étroitement associé dans cette séquence où ils se suivent, celui de père divin et prophète d'Harmachis, comme dans les graffiti Caire JE 38990 et I, 1. Le *m* d'Harmachis a été omis, mais la lecture ne fait pas de problème.

Ce titre apparaît pour la première fois ici alors que l'abondante documentation concernant le Sphinx, Harmachis, durant tout le Nouvel Empire ne nous fournit aucune attestation de l'existence de prêtres pourvoyant au culte de cette divinité[472]. Dans l'analyse globale de l'ensemble des titres portés par la famille de Pa-cheri-en-iset[473], j'essaierai de montrer quelle signification et quelle importance attribuer à cette prêtrise.

(n) Dans les titulatures des prophètes d'Isis, une autre séquence importante est celle des prêtres des rois anciens, Chéops en tête. On notera la graphie écourtée sans *w* qui est constante dans l'ensemble des graffiti et qu'on retrouve également sur la stèle de

470. Voir *infra*, note (g) à ce propos.
471. *Infra*, p.164.
472. Voir C.M.Z., *Giza*, p.324, à ce sujet.

Psamétique-men-(em)-pe[474] tandis que la bague de Neferibrê[475] et la Stèle de la fille de Chéops[476] donnent, elles, une version avec *w*. De même à une exception près: la bague de Neferibrê, le nom du pharaon est précédé de son titre de roi de Haute et Basse Egypte qui fait défaut devant les cartouches de ses successeurs.

(o) Ce texte présente une variante par rapport aux parallèles puisque le personnage est prophète et père divin, sans qu'il faille y voir sans doute une différence significative. La titulature de Pa-cheri-en-iset est écourtée; dans d'autres exemples, on le trouve également prophète de Mykérinos (I,1, et I,5) et de Didoufri (I,1).

(p) Ce titre, *mr ḫꜣst*, se retrouve également sur le document Caire JE 38990 et sur le graffito I,1. Il est chaque fois rejeté après les titres de prêtrises de rois et précède juste le nom. D. Wildung, *o.c.*, p.178–9, l'a lu *mr ꜣḫt*, sans justifier cette interprétation, possible du strict point de vue épigraphique, mais beaucoup moins satisfaisante sur le plan du sens. Ce titre est relativement bien connu et recouvre une fonction importante qui, dans un certain nombre de cas, semble dépasser le seul cadre de la nécropole. Apparemment, chaque ville avait son président de la nécropole et cette charge est, entre autres, attestée à Memphis. On verra sur cette question M. Malinine, *Mél. Mariette, BdE* 32, 1961, p.138–45, et J. Yoyotte, *BSFE* 60, 1971, p.24. Dans l'exemple présent, on peut se demander s'il s'agit d'une charge propre à la nécropole de Giza *stricto sensu* ou s'il faut la replacer dans le cadre, plus large, des cimetières memphites. Dans le premier cas, on aurait là un témoignage de l'existence d'une administration locale à vocation funéraire, fonctionnant en rapport étroit avec le temple d'Isis.

(q) Un nom banal à cette époque: Psénisis (cf. H. Ranke, *PN* I, 118, 7), qui révèle immédiatement la dévotion familiale à Isis des Pyramides[477]. Ce personnage qu'on va retrouver dans les graffiti Caire JE 38990, I,1, I,5 et II,1, est la figure centrale autour de laquelle on établira l'arbre généalogique de cette famille.

2. GRAFFITO CAIRE JE 38990 AU NOM DE OUAHIBRE-NEB-PEHTY (Pl.29)

Graffito de 9 colonnes qui occupe l'angle supérieur droit d'un bloc de calcaire très similaire au précédent, mesurant 0,55 m de long sur 0,347 de haut. Les 9 colonnes sont entourées d'un trait; à droite de ce trait, une colonne supplémentaire qui appartenait à un autre graffito dont tout le reste a disparu au moment du découpage du bloc. L'ensemble des deux textes ont les dimensions suivantes: longueur 0,365 m; hauteur 0,207 m. Sur la partie non inscrite du bloc, on distingue quelques traces d'autres graffiti grossiers et à peine esquissés: un chacal sur un coffre, un oiseau (faucon?); d'autre part, quelques signes apparemment gravés au hasard: 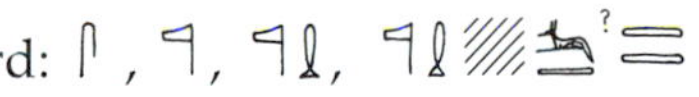 . Le bloc est conservé au sous-sol du Musée du Caire sous le N° JE 38990 et n'est pas visible actuellement.

Photographie dans les Archives Reisner (sans numéro); copie à la main dans les Archives Lacau sous le N° RC CI 70. Voir D. Wildung, *Die Rolle Ägyptischer Könige*, p.178 et pl.XI[478] et PM III², 1, p.17; A. Forgeau, *BIFAO* 84, 1984, p.182.

473. *Infra*, p.163 sq.
474. *Infra*, p.155–6.
475. *Infra*, p.158.
476. *Infra*, p.219.
477. Sur la fonction du nom comme véhicule de la dévotion religieuse: A. Forgeau, *BIFAO* 84, 1984, p.165–6.
478. Les deux numéros du Journal d'Entrée du Musée du Caire ont été intervertis: cf. n.(467).

Une colonne, restes d'un texte disparu:

(a) Signe épais: *n* plutôt que *r*.

"... hemneter (a). Qu'ils soient stables éternellement et à jamais (b). [L'an] huit (c)..."

(a) Fin d'une titulature aujourd'hui perdue; il s'agissait d'un nom ou, plus précisément, d'une partie de nom, plutôt que d'un titre. Le graffito I,6[479] nous donne d'ailleurs le nom *Pꜣ-ḥm-nṯr*, sans qu'on puisse affirmer qu'il s'agisse du même personnage.

(b) C'est une formule habituelle qu'on trouve souvent sur les stèles du Sérapéum (voir J. Vercoutter, *Textes biographiques du Sérapéum de Memphis*, Paris 1962, p.42); mais aussi sur d'autres types de documents (cf. Ramadan El-Sayed, *Documents relatifs à Saïs et ses divinités*, *BdE* 69, Le Caire 1975, p.122 et 125); avec parfois des variantes H. de Meulenaere, *BIFAO* 62, 1964, p.161.

(c) Indication du début d'une date, an 8, qui rendrait ce graffito postérieur à son voisin s'il s'agit bien du même roi dont le nom n'est pas indiqué. Sur le problème des dates mentionnées dans les graffiti de la chapelle d'Harbes, cf. *infra* , p.159–61.

Texte principal:

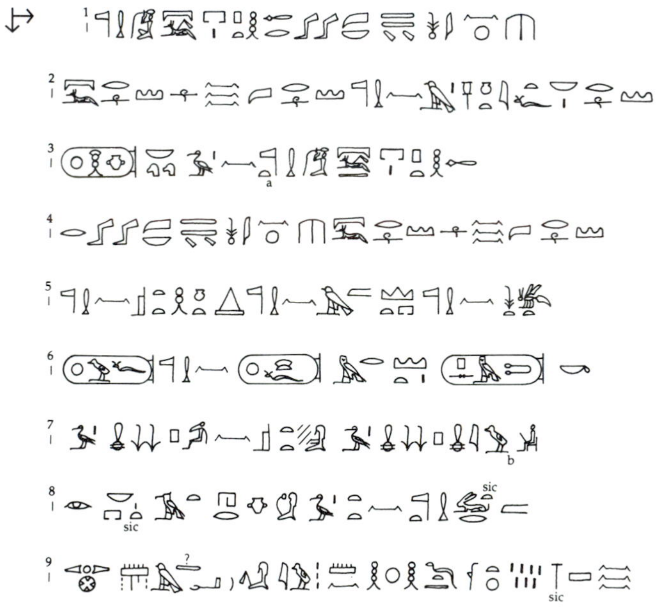

(a) Minuscule mais probable. (b) Les quatre signes qui composent ce nom sont assez confus; ce me semble être toutefois la lecture la plus probable; voir *infra* p.141.

"1. Le prophète, prêtre ouab, supérieur des secrets du temple de Ptah (a), grand sur ses jambes (b), le fumigateur du seigneur du Double Pays (c), le prêtre sem, n(y)-ḥb-Rʿ *(d), 2. le supérieur des secrets de Ro-Setaou, le libateur, le fumigateur de Ro-Setaou, le prophète d'Harendotes, seigneur de Ro-Setaou (e), 3. Ouahibrê-neb-pehty (f), fils du père divin (?) et prophète, prêtre ouab, supérieur des secrets du temple de Ptah, grand 4. sur ses jambes, le fumigateur du seigneur du Double Pays, le prêtre sem,* n(y)-ḥb-Rʿ*, supérieur des secrets de Ro-Setaou, le libateur, le fumigateur de Ro-Setaou, 5. le prophète d'Isis, dame des Pyramides, le prophète d'Harmachis, le prophète du roi de Haute et Basse Egypte, 6. Chéops, le prophète de Chéphren, le président de la*

479. Cf. *infra*, p.149.

nécropole, Psamétique (g), 7. fils du titulaire des mêmes titres, Pa-cheri-en-iset (h), fils du titulaire des mêmes titres, Pamiou (i), 8. né de la maîtresse de maison, Ta-here(t)-ib (j), fille du père divin et prophète, wn-r3 dans 9. Létopolis (k), Ṯḥn-Ḥr-mʿ·f (?) (l). Qu'ils soient stables éternellement et à jamais. An 7, premier mois de la saison chemou (m)."

(a) Cette deuxième titulature nous montre que la famille des prêtres d'Isis avait également des liens avec Memphis et le temple de Ptah, comme l'indique clairement le titre banal *ḥry sšt3 pr Ptḥ*. Quant aux fonctions de *ḥm-nṯr* et de *wʿb* qui précèdent, elles sont très vraisemblablement aussi en rapport avec ce même temple memphite; voir *infra* , p.168–9, le commentaire général.

(b) Sans doute une épithète honorifique, qui semble rare. D. Wildung, *o.c.*, p.178, traduit comme s'il s'agissait de *st-rd*.

(c) Ce titre de *k3p* rattaché par ailleurs à Ro-Setaou apparaît ici comme recouvrant une fonction directement liée au souverain. Il s'agit du reste d'un titre de l'Ancien et du Moyen Empire, remis à l'honneur à l'Epoque Saïte, comme je l'ai déjà signalé.

(d) Le titre *n(y)-ḥb-Rʿ* paraît être lié à la fonction de sem: cf. A. Gardiner, *AEO* I, 39*, 119, et H. de Meulenaere, *Mél. Mariette*, *BdE* 32, 1961, p.287–8. Il est, lui aussi, emprunté à l'Ancien Empire et fait résurgence à l'Epoque Saïte.

(e) Le titre de prophète d'Harendotes qu'on retrouve également sur le graffito I,1, est mis en rapport avec Ro-Setaou par l'intermédiaire de l'épithète du dieu, *nb R3-sṯ3w*. On remarquera que dans l'ensemble des représentations et des textes de la chapelle d'Harbes, différentes formes d'Horus apparaissent, selon le rôle qu'on prête au dieu. Le dieu enfant sur les genoux de sa mère, représenté sur le relief d'Harbes et le graffito I,1, qui en est une pâle copie, porte naturellement le nom de *Ḥr-s3-St*, Harsiésis. *Ḥr-m-3ḫt*, Harmachis est présent par le biais du titre de prophète d'Harmachis, en tant que divinité du plateau de Giza, tout comme on le retrouvera associé avec Isis et Osiris dans la description topographique de la Stèle de la fille de Chéops. Ici, c'est Harendotes qui se voit conférer l'épithète de *nb R3-sṯ3w*, de par sa fonction de "vengeur de son père", autrement dit d'Osiris, le dieu par excellence de Ro-Setaou. Ainsi Horus, fils d'Isis, s'intègre dans les traditions propres à Giza.

(f) Ouahibrê-neb-pehty est un de ces noms basilophores formés sur le prénom de Psamétique Ier et en usage, depuis la Basse Epoque jusqu'à la fin de l'Epoque Ptolémaïque. A ce propos, voir H. de Meulenaere, *BIFAO* 60, 1960, p.122 et n.(3); *Le surnom*, p.28 et n. (8), et p.32 et n. (4) et (5). Ici, rien n'indique qu'il s'agisse d'un "beau nom." Pour ce qui est de la date à laquelle vécut vraisemblablement ce personnage, voir *infra* , p.161.

(g) Noter la graphie particulière du nom entouré d'un cartouche à l'exception de *k*, vraisemblablement par négligence. Bien que le nom *Psmtk* soit d'un usage assez courant, il s'agit ici sans doute du nom royal sans addition d'aucune épithète, cela à cause de la présence du cartouche. Sur cet usage des noms, cf. H. de Meulenaere, *Le surnom*, p.33. Je pense que le raisonnement de l'auteur est valable même s'il ne s'agit pas dans le cas présent d'un "beau nom."

(h) Nous retrouvons le Pa-cheri-en-iset apparu sur le graffito précédent, étant donné la similitude des titres qu'il porte dans l'un et l'autre cas.

(i) D. Wildung, *o.c.*, p.178 et n.(11) a voulu reconnaître ici le nom de *Ḥ3ps* qui apparaît sur le graffito II,2 tout en admettant que cette lecture était difficilement acceptable: "die Zeichen stimmen mit dieser Lesung allerdings nicht überein." En fait je ne vois pas d'autre possibilité que de lire *P3miw*, un nom connu à cette époque: H. Ranke, *PN* I, 105,7. Cela obligera évidemment à faire de *P3-šri-n-St*, fils de *Ḥ3ps*, mentionné sur le graffito II, 1, un personnage différent.

Un fragment de stèle cintrée en calcaire (MFA Exp. N. 26–1–191) a été retrouvé dans le puits de la chapelle (24)[480]. De belle qualité, si on en juge par les dessins que nous en possédons: on y voit la tête d'un personnage, ceinte d'un bandeau; il tenait un encensoir. Les restes de l'inscription nous permettent seulement de lire:... *ḳʿḥ* (?)... *St Pꜣmỉ*, écrit cette fois  . Il n'est pas exclu qu'il s'agisse du même personnage, auquel cas nous aurions un témoignage autre que les seuls graffiti sur cette famille de prêtres.

(j) Pour ce nom, voir H. Ranke, *PN* I, 361, 19: sous sa forme complète *Tꜣ-(nt)-hrt-ỉb*. Il s'agit de l'épouse de Psamétique.

(k) Titre du prêtre de Létopolis dont on rencontre de nombreux exemples dans les textes tardifs, entre autres les stèles du Sérapéum. On trouvera un certain nombre de références dans Ramadan El-Sayed, *Documents relatifs à Saïs et ses divinités*, *BdE* 69, 1975, p.133, n.(b), ainsi que H. Altenmüller, *LdÄ* III/1, 1977,43.

(l) D. Wildung, *o.c.*, p.178, a lu un nom propre *Ṯḥn-Ḥr-ʿ·f*, dont il faudrait peut-être corriger la lecture en *Ṯḥn-Ḥr-m-ʿ·f*; je n'en connais pas d'autre exemple ni pour l'une ni pour l'autre variante.

(m) Lire *rnpt 7 tpy šmw*; *tpy* est réduit à sa plus simple expression mais la lecture de ce haut signe vertical ne peut faire de doute. Les indications de date sans nom de roi sont assez fréquentes à cette époque, entre autres sur les stèles du Sérapéum: M. Malinine, G. Posener et J. Vercoutter, *Catalogue des Stèles du Sérapéum de Memphis* I, Paris 1968, p.XIII. Néanmoins, dans le cas présent, la date peut être précisée avec quelque certitude dans la mesure où nous possédons au moins une date relativement sûre concernant l'avant-dernière génération de cette famille. Pour plus de détails, voir *infra* , p.159 sq., les remarques générales sur la famille des prêtres d'Isis.

3. GRAFFITI *IN SITU*

Ils sont répartis sur le mur est de la chapelle d'Harbes entre la deuxième colonne et l'angle nord-est, et sur le mur nord. D. Wildung, *o.c.*, p.177–81, leur ayant donné une numérotation pour les besoins de son travail, je le suivrai, plutôt que d'en choisir une autre, tout aussi arbitraire. Les graffiti I,1 à I,6 sont ceux du mur est; II,1 à II,5 ceux du mur nord. Deux croquis de position, réalisés à l'échelle, permettent de replacer sur les parois à leur emplacement exact les différents graffiti[481]. L'épigraphie de ces documents est, dans l'ensemble, de piètre qualité; j'ai jugé utile d'en donner à la fois les textes en hiéroglyphes normalisés, ainsi que des photographies pour la plupart d'entre eux.

A. GRAFFITO I,1 AU NOM DE PA-CHERI-EN-ISET II (Pl.30)

Cf. D. Wildung, *Die Rolle Ägyptischer Könige*, p.179 et pl.XII; PM III^2, 1, p.17; A. Forgeau, *BIFAO* 84, 1984, p.183. Voir fig. 10 et pl.30.

Mesure 35,5 cm de long sur 28 de haut.

Isis (→) est assise sur un siège cubique à dossier bas. Elle est vêtue, semble-t-il, d'une tunique longue et étroite dont on devine le bord supérieur au niveau de la poitrine. Elle est coiffée d'une longue perruque surmontée d'une couronne hathorique, composée d'un disque solaire, enserré entre les cornes de vache. Elle tient de son bras gauche un enfant, assis sur ses genoux, dont on distingue très mal les détails, et s'apprête à l'allaiter.

480. *Infra*, p.203 et 260–1.
481. Voir fig. 10 et 11.

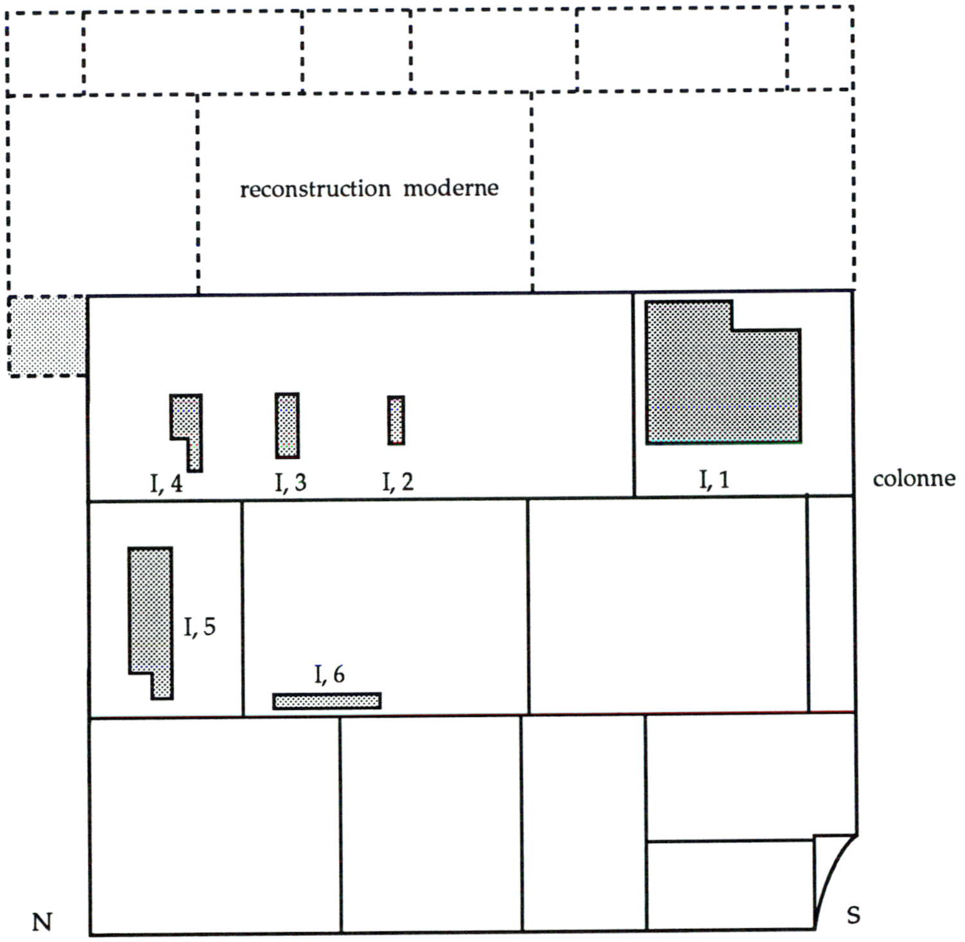

Fig. 10
Croquis de position des graffiti du mur est

Devant cette scène, deux colonnes en composent la légende:

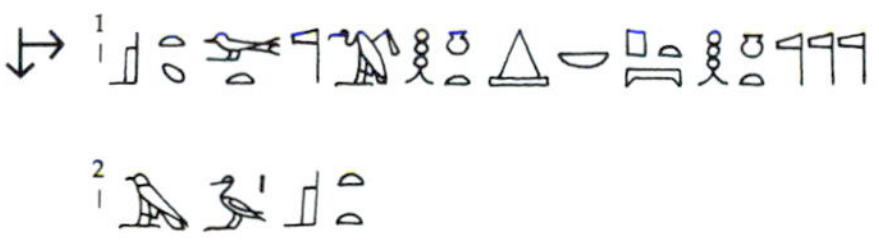

"1. Isis, la grande, la mère divine, la dame des Pyramides, la dame du ciel, la souveraine des dieux. 2. Harsiésis."

On constate, comme je l'ai déjà signalé[482], que cette représentation et sa légende sont en tout point la réplique, fidèle mais fruste, de la belle scène, gravée par Harbes sur le mur nord. Il est clair que l'auteur du graffito s'est inspiré du modèle qu'il avait sous les yeux.

482. Cf. *supra*, p.108.

La titulature du personnage, Pa-cheri-en-iset, et de ses ascendants, occupe 7 colonnes devant Isis et sa légende, une ligne sous le siège d'Isis et une dernière colonne à gauche de ce même siège, la place nécessaire ayant sans doute été mal calculée.

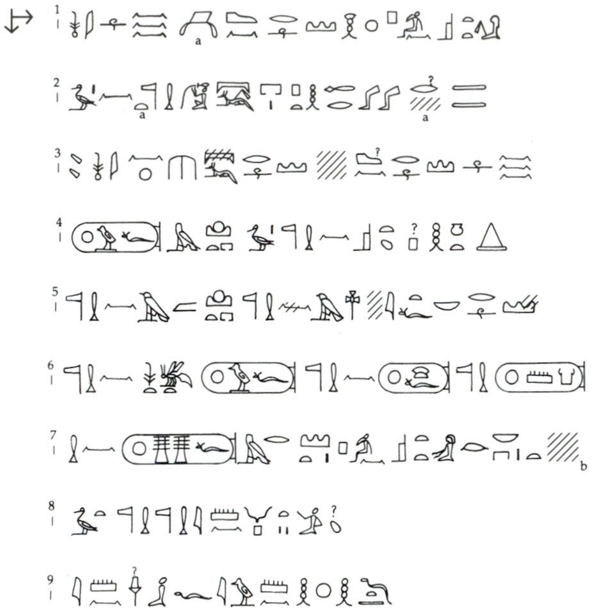

(a) Signe tout à fait incertain. (b) Cadrat très abîmé, totalement illisible.

"1. Le prêtre sem, le libateur, le fumigateur (a) de Ro-Setaou, le pourvoyeur d'offrandes, Pa-cheri-en-iset (b), 2. fils du père divin (?) et prophète, prêtre ouab, supérieur des secrets du temple de Ptah, grand sur ses jambes, le fumigateur du seigneur du Double Pays (c), 3. le prêtre sem, n(y)-ḥb-Rʿ, *le supérieur des secrets de Ro-Setaou,... le fumigateur (?) de Ro-Setaou, le libateur (d), 4. Khoufou-em-akhet (e), fils du prophète d'Isis, dame des Pyramides, 5. prophète d'Harmachis, prophète d'Harendotes, seigneur de Ro-Setaou, 6. prophète du roi de Haute et Basse Egypte, Chéops, prophète de Chéphren, prophète de Mykérinos, 7. prophète de Didoufri (f), président de la nécropole, Pa-cheri-en-iset (g), né de la maîtresse de maison, Ta... (?) (h), 8. fille du prophète (i)* Wpty-Ỉmn *(j), fils (?) de 9.* Ỉmn... *(k). Qu'ils soient stables éternellement et à jamais."*

(a) Bien que je ne puisse pas proposer de lecture pour le premier signe qui suit *sty mw*, tous les parallèles engagent à lire *kꜣp n Rꜣ-stꜣw*, qu'on retrouvera du reste à la ligne 3 avec le même problème de lecture.

(b) Il s'agit cette fois-ci du petit-fils du Pa-cheri-en-iset que nous connaissons déjà par les deux documents précédents, et qui porte le même nom que son grand-père.

(c) Ici encore, malgré les difficultés de lecture, je crois qu'on peut lire grâce au parallèle du graffito Caire JE 38990, *kꜣp nb tꜣwy*.

(d) On peut constater que Khoufou-em-akhet, frère de Psamétique et oncle de Ouahibrê-neb-pehty, porte exactement les mêmes titres que ce dernier et une partie de ceux de Psamétique qui est, lui, en outre, prophète d'Isis, à quoi s'ajoutent quelques autres charges.

(e) Nous sommes en présence d'un nom basilophore formé sur le nom de Chéops. On peut supposer que Pa-cheri-en-iset I qui était en charge des prêtrises des rois anciens, dont celle de Chéops, a voulu donner un témoignage de plus de sa dévotion et de sa fidélité à la mémoire de ce roi, en nommant un de ses fils d'après son nom. C'est là une démarche intéressante même si elle demeure isolée. Voir *infra* , p.162–3, pour une analyse plus détaillée de cet anthroponyme.

(f) Ici sont ajoutées les prêtrises de Mykérinos et Didoufri. Le deuxième titre est écrit *ḥm* et non *ḥm-nṯr*, mais il est vraisemblable qu'il faille comprendre encore une fois "prophète", étant donné la négligence qui caractérise l'ensemble de ces textes. Pour la signification de ces prêtrises, voir *infra* , p.166–8, l'analyse globale des titres.

(g) Nous retrouvons Pa-cheri-en-iset I déjà connu par les documents précédents, et père de Nehaou, Psamétique et Khoufou-em-akhet.

(h) Le nom de la mère de Pa-cheri-en-iset II et épouse de Khoufou-em-akhet est perdu et ne peut être restitué. Wildung qui l'a laissé en blanc dans l'arbre généalogique tel qu'il l'a reconstitué (*o.c.*, p.187), en a cependant proposé une lecture (*ibid.*, p.179 et n.(9)): *Ṯs-Wbꜣstt-prt*; "Lesung nach Excursus II, 3" donne-t-il comme explication, ce qui me paraît tout à fait aléatoire, ne serait-ce que par la dimension de la lacune qui interdit d'y placer un nom aussi long.

(i) *Ḥm-nṯr* est écrit une seconde fois sans doute par erreur comme cela se rencontre ailleurs, à moins qu'il ne faille lire "le prophète d'Amon, Oupty."

(j) Ce nom paraît fort rare, sinon un hapax. M. Valloggia, *Recherches sur les "Messagers" (Wpwtyw) dans les sources égyptiennes profanes*, Paris Genève 1976, p.116, propose de lire *Wpty-Ỉmn*, composé sur *wpty*, le juge, plutôt que *Wpwty-Ỉmn*.

(k) Le signe qui suit *Ỉmn* n'est guère reconnaissable et je ne vois pas comment lire le nom que D. Wildung, *o.c.*, p.179, a interprété comme *Ỉmn-ḥꜥ·f*, qui n'est pas attesté par ailleurs. Il semble qu'on ait montré dans cette famille une certaine dévotion à Amon si on en juge par les noms du père et du grand-père de l'épouse de Khoufou-em-akhet, ce qui n'est pas si commun dans la région memphite.

B. GRAFFITO I,2 ANONYME (Pl.31)

Cf. D. Wildung, *Die Rolle Ägyptischer Könige*, p.180 et pl.XIV,1; PM III², 1, p.17. Voir fig. 10 et pl.31. Il se compose d'une seule colonne mesurant 14 cm de haut sur 3 de large et est inachevé.

↦ 

"Le père divin et prophète, prêtre ouab, supérieur des secrets..."

Ces titres portés par la plupart des membres de la famille ne permettent nullement, à eux seuls, d'attribuer ce graffito à l'un ou l'autre personnage connu par ailleurs.

C. GRAFFITO I,3 ANONYME (Pl.31)

Cf. D. Wildung, *Die Rolle Ägyptischer Könige*, p.180 et pl.XIV,2; PM III², 1, p.17. Voir fig 10 et pl.31. Il se compose d'une seule colonne fort mal conservée et presque illisible. Egalement inachevé. Mesure 12 cm de haut sur 3,5 de large.

↦ 

(a) Gros signe, vaguement rectangulaire, sans forme précise.

"... (a), Isis, dame des Pyramides, prophète de Ptah."

(a) D. Wildung, *o.c.*, p.180, a proposé de lire ici *imꜣḫ*, ce qui pourrait convenir à la forme du signe.

D. GRAFFITO I,4 AU NOM DE PA-CHERI-EN-ISET (II?) (Pl.31)

Cf. D. Wildung, *Die Rolle Ägyptischer Könige*, p.180 et pl.XIV,3; PM III^2, 1, p.17. Voir fig. 10 et pl.31.

Trois colonnes un peu mieux conservées que les précédentes. Là encore, le texte a été laissé inachevé puisque le deuxième nom propre manque. Hauteur maximum: 18 cm; largeur: 8,5 cm.

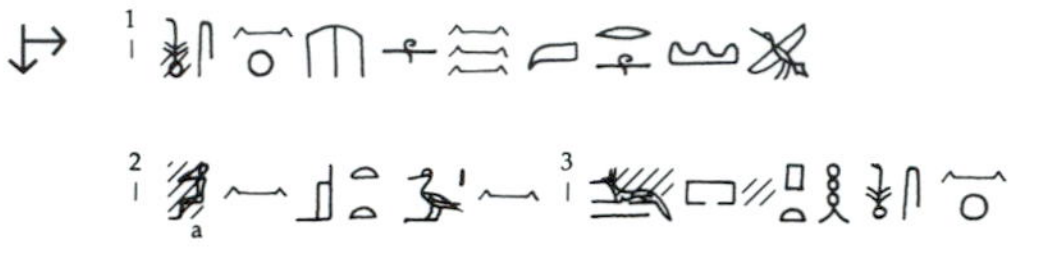

(a) A l'état de traces.

"1. Le prêtre sem, n(y)-ḥb-Rʿ, le libateur, le fumigateur de Ro-Setaou, Pa-2-cheri-en-iset, fils du 3; supérieur des secrets du temple de Ptah, le prêtre sem, n(y)-ḥb-Rʿ."

Il est assez probable, comme le suggère Wildung, qu'il s'agissait de Pa-cheri-en-iset II, fils de Khoufou-em-akhet dont le graffito I,1 nous donne la titulature et la généalogie, puisqu'il y a effectivement identité de titres. Néanmoins, comme les mêmes titres sont portés à chaque génération, il ne serait théoriquement pas impossible de voir dans ce Pa-cheri-en-iset, non pas le fils mais le père de Khoufou-em-akhet. Un élément rend cependant cette deuxième solution moins probable. Il semble que ce soit seulement à partir de la génération de Khoufou-em-akhet que les prêtres aient commencé à graver ces graffiti, tandis que nous connaissons leurs ancêtres uniquement par les généalogies qui nous sont données; cf. *infra* , p.161, à ce propos. D'autre part, il faut souligner que s'il s'était agi de Pa-cheri-en-iset I, il aurait vraisemblablement porté son titre de prophète d'Isis qui est de loin le plus important de tous.

E. GRAFFITO I,5 AU NOM DE KHOUFOU-EM-AKHET (Pl.31)

Cf. D. Wildung, *Die Rolle Ägyptischer Könige*, p.180 et pl.XIII; PM III^2, 1, p.17; A. Forgeau, *BIFAO* 84, 1984, p.183. Voir fig. 10 et pl.31.

Texte de quatre colonnes mesurant 32 cm de longueur (maximum) sur 12 de largeur. La gravure est d'une qualité particulièrement médiocre.

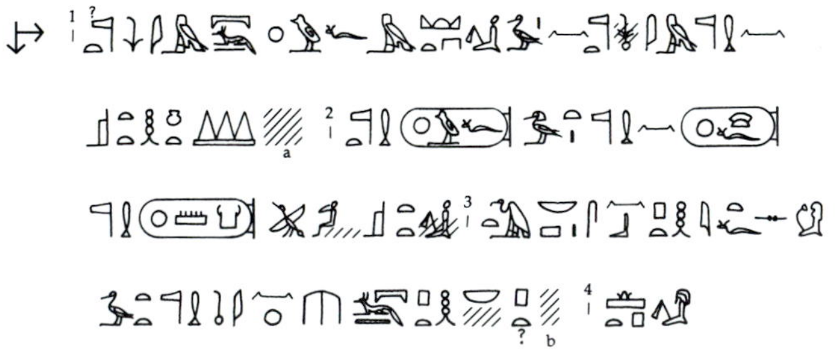

(a) Signes obscurs à moins qu'il ne s'agisse de formes accidentelles. (b) Cadrat très confus; *Ptḥ*, vraisemblablement. (c) Deux petits signes informes sous *mn*.

"1. Le père divin (?) et prêtre sem, supérieur des secrets, Khoufou-em-akhet (a), fils du père divin et prêtre sem, prophète d'Isis, dame des Pyramides (b)... (c), 2. et prophète

(d) d'Akhet-Khoufou (e), prophète de Chéphren, prophète de Mykérinos, Pa-cheri-(en)-iset (f), 3. sa mère (g), la maîtresse de maison, Seneb-ptah-ites (h), fille du prophète, prêtre sem, n(y)-ḥb-Rꜥ, supérieur des secrets de Ptah, seigneur de... (i), Ptah 4. hotep (j). Qu'ils soient stables dans la maison d'Isis, dame des Pyramides (k), éternellement et à jamais."

(a) Le nom est orthographié sans cartouche. Etant donné le peu de soin apporté à la réalisation de ce graffito, cela n'a rien de particulièrement surprenant. De toute manière, il semble qu'à l'Epoque Saïte, la présence ou l'absence de cartouches dans les noms basilophores n'aient pas répondu à des critères strictement définis; cf. H. de Meulenaere, *Le surnom*, p.33 et n.(6) à ce propos. De par ses titres et le nom de son père, il s'agit du même personnage que celui mentionné sur le graffito I,1 comme père de Pa-cheri-en-iset II.

(b) Intéressante variante dans la graphie de *mrw* pour indiquer le pluriel: trois pyramides sont posées sur un socle commun.

(c) Faut-il lire "prophète d'Isis et de Ptah" comme le suggère Wildung, *o.c.*, p.180? Les traces visibles permettent difficilement de l'affirmer. De plus, ce serait le seul cas où le nom d'une autre divinité serait associé à celui d'Isis dans cette prêtrise spécifique de la déesse, dame des Pyramides.

(d) Variante du titre de prophète de Chéops auquel est adjoint celui de *ỉt nṯr*; cf. le graffito Caire JE 38989 où on retrouve le même phénomène avec *ỉt nṯr ḥm-nṯr n Ḫꜥ·f-Rꜥ*. A cette époque il n'y avait sans doute plus de véritable distinction dans l'emploi de ces deux titres pris ensemble ou séparément; sur la signification et l'emploi du titre de père divin, voir H. Kees, *ZÄS* 86, 1961, p.121–5.

(e) Le remplacement du nom de Chéops par celui de son complexe funéraire, *ꜣḫt Ḫwfw*, est fort intéressant. On notera d'abord l'absence de déterminatif de quelque sorte, 𓊖 ou 𓉴 comme on les rencontre à l'Ancien Empire (cf. *GDG* I, p.6–7) ou [hiéroglyphe] que donne un exemple au Moyen Empire (cf. C.M.Z., *Giza*, p.34). D'autre part la graphie d'*ꜣḫt* avec l'oiseau akh est significative. Usuelle à l'Ancien Empire (cf. *GDG* I, p.6–7) et peut-être encore au Moyen Empire, elle est systématiquement remplacée par le signe de l'horizon à partir du Nouvel Empire[483] comme le montrent clairement à Giza toutes les mentions d'Harmachis, *Ḥr-m-ꜣḫt*, à une exception près (cf. C.M.Z., *ibid.*, p.311). Il est donc patent, comme l'a aussi noté D. Wildung, *o.c.*, p.180, n.(2), qu'il y a là une manifestation voulue d'archaïsme dont les modèles n'ont pas à être recherchés très loin, puisque les contemporains des rois saïtes pouvaient en lire des exemples sur les murs des mastabas de Giza. Mais c'est aussi l'indication que le terme d'*ꜣḫt Ḫwfw* qui désigna d'abord le complexe funéraire de Chéops puis, vraisemblablement, l'ensemble du plateau de Giza après avoir été abrégé en *ꜣḫt* (voir C.M.Z., *ibid.*, p.34 et 307), bien que peu fréquemment attesté après l'Ancien Empire, demeurait connu même à Basse Epoque.

(f) Nous retrouvons Pa-cheri-en-iset I, déjà présent dans les graffiti Caire JE 38989, 38990 et I,1.

(g) La désignation traditionnelle de la mère de l'auteur du graffito, *ỉr·n*, est remplacée par la mention *mwt·f*. Peut-être s'agit-il d'une abréviation de la formule courante *rn n mwt·f* qui sert fréquemment à introduire le nom de la mère: cf. à ce propos H. de Meulenaere, *BIFAO*, 55, 1955, n.(7), p.144.

(h) Epouse de Pa-cheri-en-iset I; je ne connais pas de parallèle à ce nom. Les quelques noms de cette famille collatérale ainsi que les titres du père de Seneb-ptah-ites semblent indiquer une origine memphite.

483. Sur *ꜣḫt*, voir la longue étude de C. Kuentz, *BIFAO* 17, 1920, p.121–90, *passim*; cf. aussi Ph. Derchain, *Hathor Quadrifons*, Istanboul 1972, p.5, n.(14).

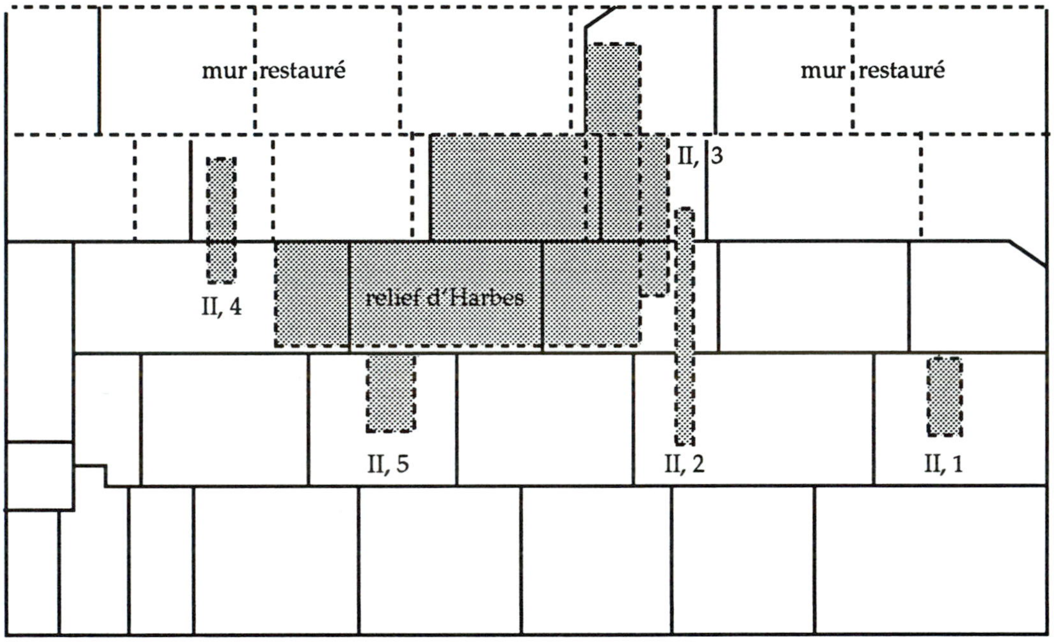

Fig. 11
Croquis de position des graffiti du mur nord.

(i) D. Wildung, *o.c.*, p.180, a restitué *R3-sṯ3w* après *nb*, ce qui du point de vue du sens est parfaitement logique.

(j) Lecture très probable malgré la confusion du dernier cadrat de la colonne 3. Pour ce nom courant: H. Ranke, *PN* I, 141, 5.

(k) *N* pour *m*. Addition à la formule finale traditionnelle qui apporte une indication topographique: dans la maison d'Isis, dame des Pyramides.

F. GRAFFITO I,6 AU NOM DE PAHEMNETER

Cf. D. Wildung, *Die Rolle Ägyptischer Könige*, p.180; PM III², p.17. Voir fig. 10.

Il s'agit d'une ligne de texte de 24 cm de long; deux signes (*sm*) sont visibles beaucoup plus à droite, séparés du début de la ligne par un long espace vide. Wildung a comblé partiellement cette lacune par des restitutions qui me paraissent quelque peu aléatoires. Le texte est extrêmement abîmé.

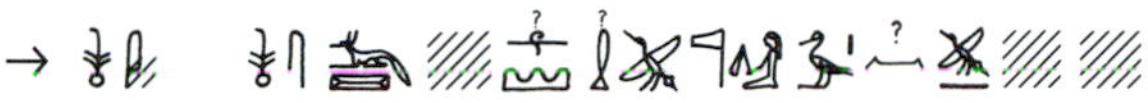

"Le prêtre sem... le prêtre sem, supérieur des secrets de... (?) (a), Ro-Setaou (?) (b), Pahemneter (?) (c) fils de Pa... (?) (d)."

(a) On distingue un oiseau suivi de signes non identifiables, où Wildung a lu "Horakhty."

(b) Apparemment suivi de . Faut-il lire Ro-Setaou? Il ne me semble pas qu'il y ait de place pour *ḥry sšt3*, répété ici.

(c) La lecture de Pahemneter est probable. et encadrent l'oiseau *p3*. On ne peut rattacher ce personnage au reste de la famille de prêtres d'Isis faute d'indications généalogiques suffisantes.

(d) Nom illisible.

G. GRAFFITO II,1 AU NOM DE CHEP-EN-SENOUT I (Pl.32)

Cf. D. Wildung, *Die Rolle Ägyptischer Könige*, p.181 et pl.XV,1; PM III², 1, p.17; A. Forgeau, *BIFAO* 84, 1984, p.183. Voir fig. 11 et pl.32.

Texte de 4 colonnes dont la dernière comporte seulement un cadrat et demi; un peu mieux gravé que les graffiti du mur est. Mesure 28 cm de haut sur 12,5 de large.

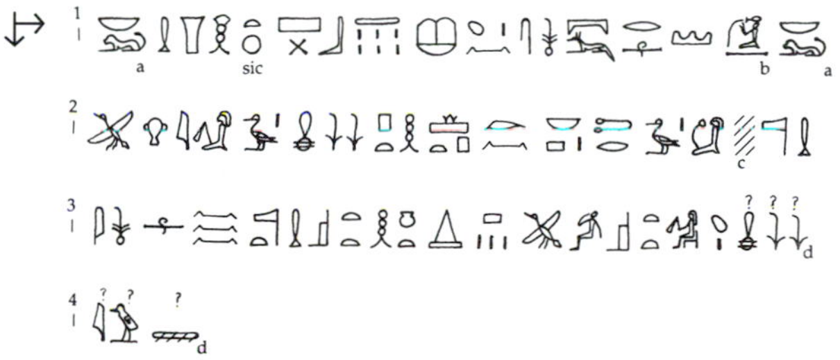

(a) Deux fois le même signe; un mammifère couchant qui pourrait ressembler à un lion, mais l'identification n'est pas sûre. (b) Un signe plat, allongé, qui sert peut-être de support à *wꜥb*. (c) Un grand signe indistinct. (d) Tous ces signes en mauvais état ne sont pas sûrs.

"1. Nb... (?) (a), serviteur de Bastet (b), le pourvoyeur d'offrandes, Chep-en-senout (c), fils du prêtre sem (d), supérieur des secrets de Ro-Setaou, prêtre ouab (e), Nb... (?) (a), 2. Paheri (f), fils du titulaire des mêmes titres, Ptahhotep (g), né de la maîtresse de maison, Tjer (h), fille (?) (i) du père divin (?) et prophète, 3. prêtre sem, le libateur, le

père divin et prophète d'Isis, dame des Pyramides, Pa-cheri-en-iset (j), fils du titulaire des mêmes titres (?), 4... (k)."

(a) Ce premier titre qu'on retrouve à la fin de la colonne et dont sont détenteurs le père et le fils, Chep-en-senout et Paheri, fait problème. Etant donné le type de charges que remplissent les membres de cette famille de prêtres et leurs alliés, il s'agit encore sans doute d'un titre sacerdotal. La difficulté d'interprétation vient tout d'abord du problème de lecture. Il semble qu'il s'agisse d'un lion bien qu'il présente une forme quelque peu inhabituelle par rapport au hiéroglyphe classique. Je ne puis proposer d'interprétation pour ce titre, auquel s'est également heurté Wildung.

(b) La lecture paraît sûre. A propos de *ḥm Bꜣstt* et d'autres titres parallèles, voir P. Vernus, *Athribis*, p.179.

(c) Neveu de Chep-en-senout, connu par le graffito Caire JE 38989.

(d) Comprendre ici *sm* et non *mỉ nn* comme le fait D. Wildung, *o.c.*, p.181; la lecture en est assez claire.

(e) Lire vraisemblablement *wꜥb nb...*, sans rien qui interfère entre les deux; le signe horizontal sert sans doute de support à *wꜥb* plutôt qu'il ne transcrit un *ḥry* improbable.

(f) Paheri: pour ce nom fréquent, voir H. Ranke, *PN* I, 115, 24.

(g) Banal; également porté par le père de Seneb-ptah-ites: voir graffito I,5.

(h) Pour ce nom de la fille de Pa-cheri-en-iset I, cf. H. Ranke, *PN* I, 392–3, avec de nombreuses variantes.

(i) L'oiseau gravé après *Ṯı* est sans doute à lire *sꜣt* et a été mis par erreur avant le déterminatif du nom. A moins qu'il ne s'agisse d'un autre signe qui fasse encore partie du nom, auquel cas l'indication "fille de" manquerait. Je ne crois pas en effet qu'on puisse reconnaître *sꜣt* dans le premier signe peu clair du cadrat suivant; il s'agit sans doute plutôt du titre de "père divin."

(j) Nous reconnaissons, grâce à ses titres, Pa-cheri-en-iset I, qui apparaît comme la figure centrale de cette famille.

(k) Le dernier cadrat de la colonne 3 et les quelques signes qui composent la colonne 4 sont malheureusement en fort mauvais état. Il semble que *sꜣ* soit suivi de *mỉ nn* comme on l'attend d'ailleurs normalement. Le nom du père se trouverait donc dans la colonne 4 et on aurait aimé confirmer la lecture du nom que donne le graffito Caire JE 38990, Pamiou, ce qui n'est pas possible en raison de l'état du texte. Les traces qui subsistent font aussi bien songer à la formule *ỉw mn* etc...

H. GRAFFITO II,2 AU NOM DE PA-CHERI-EN-ISET

Cf. D. Wildung, *Die Rolle Ägyptischer Könige*, p.181 et pl.XIV, 4; PM III^2, 1, p.17. Voir fig.11.

Une unique colonne de texte de 76 cm de haut, mal gravée et très mal conservée, accolée pour une partie au graffito II,3.

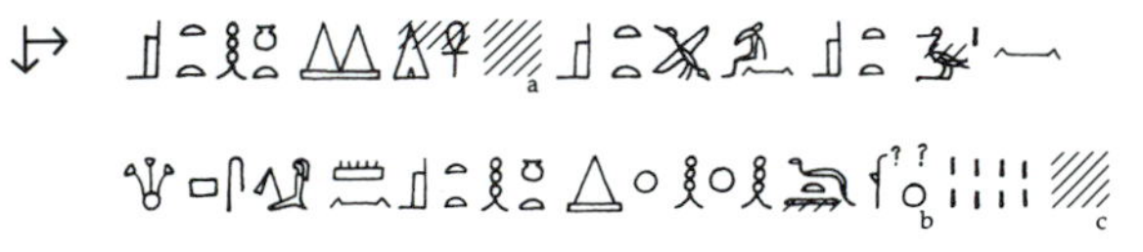

(a) Deux signes difficilement identifiables. (b) Très abîmé, mais vraisemblablement une date. (c) Signes illisibles; peut-être la saison et le mois?

"Isis, dame des Pyramides (a), qui donne la vie,... (b) Isis, Pa-cheri-en-iset, fils de Hapes (?) (c). Qu'ils demeurent stables (dans la maison d' (d)) Isis, dame des Pyramides (a), éternellement et à jamais. An (?) 7 (?)..."

(a) Noter les déterminatifs différents de *mrw*: deux pyramides sur un socle commun dans le premier cas, une seule accompagnée d'un signe rond, peut-être le signe de la ville, dans le second. Le texte commence abruptement par le nom d'Isis, mais rien ne semble manquer au-dessus.

(b) Peut-être un titre de Pa-cheri-en-iset dans la lacune.

(c) Le nom du père de Pa-cheri-en-iset ne peut se lire autrement que Hapes, dont je ne connais pas d'autre attestation. On songe naturellement à Harbes dont le relief est voisin, mais il n'y a pas moyen de passer de l'un à l'autre nom. Par ailleurs, l'ensemble des documents relatifs à Harbes ne nous fait connaître aucun descendant de ce personnage et il ne peut y avoir de rapprochement entre ce graffito et le possesseur de la chapelle elle-même[484].

Que faire de ces deux personnages dépourvus de titres au sein de la famille des prêtres d'Isis? Wildung considère qu'il s'agit de Pa-cheri-en-iset I; son ascendance étant clairement indiquée ici (alors qu'elle est en lacune dans le graffito II,1), il a tenté de lire le nom de Hapes dans la généalogie du graffito Caire JE 38990. J'ai déjà indiqué[485] que cette lecture me paraissait impossible et qu'il fallait y lire Pamiou. Il s'agit d'un autre Pa-cheri-en-iset qu'on ne peut pas non plus identifier avec Pa-cheri-en-iset II, petit-fils du précédent et dont on connaît le père: Khoufou-em-akhet (graffito I,1). Un troisième personnage portait donc le même nom; il était fils de Hapes qui est mentionné uniquement dans le texte de ce graffito. Il n'est évidemment pas possible de les replacer dans l'arbre généalogique. Un autre argument joue en faveur de cette distinction d'un autre Pa-cheri-en-iset. Il serait surprenant que ce personnage qui a joué sans doute un rôle important et dont les titres sont toujours indiqués, en partie sinon en totalité, soit mentionné ici dépourvu de toute qualité. Enfin, il est vraisemblable que II,2 soit postérieur à II,3 de par sa position. Or le personnage mentionné en II,3 est postérieur d'une génération sinon de trois à Pa-cheri-en-iset I[486], ce qui serait contradictoire avec l'ordre de gravure des graffiti s'il s'agissait effectivement de Pa-cheri-en-iset I, sur le graffito II,2.

(d) Suppléer peut-être *m pr* devant *St ḥnwt mrw* comme on le lit dans le texte I,5.

I. GRAFFITO II,3 AU NOM DE CHEP-EN-SENOUT II (Pl.33)

Cf. S. Hassan, *The Great Sphinx*, pl.53; D. Wildung, *Die Rolle Ägyptischer Könige*, p.181, et pl.XV,2; PM III², 1, p.17. Voir fig.11 et pl.33.

Texte en deux colonnes, gravé d'une manière assez soignée, peut-être en raison de la proximité du relief d'Harbes. Il lui est en effet directement accolé sur sa droite. Les deux colonnes ne sont pas séparées l'une de l'autre mais l'ensemble est délimité par un double trait. Mesure 50 cm de haut sur 11 de large.

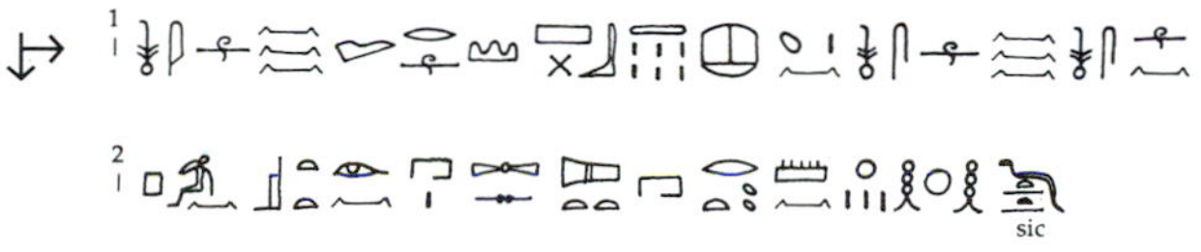

484. C'est pourtant le rapprochement qu'a fait Reisner, vraisemblablement, car plusieurs fois dans ses notes, il attribue à Harbes un fils, nommé précisément Pa-cheri-en-iset.
485. *Supra*, p.141.
486. *Supra*, p.139.

"1. Le prêtre sem, le libateur, le fumigateur de Ro-Setaou, Chep-en-senout (a), fils du prêtre sem, le libateur (bis) (b), 2. Pa-cheri-en-iset (c), né de la maîtresse (d) de maison, Tjes-bastet-peret (e). Qu'ils demeurent stables, trois fois, éternellement et à jamais."

(a) Etant donné ses ascendants, Chep-en-senout est un personnage distinct des deux homonymes que nous connaissons déjà: le fils de ...ib... (graffito Caire JE 38989) et celui de Paheri et Tjer (graffito II,1). Il n'apparaît nulle part dans l'arbre généalogique dressé par D. Wildung, *o.c.*, p.187. Voir *infra* , n.(c), pour sa position dans la famille.

(b) Les deux titres sem et libateur sont répétés deux fois, montrant que malgré l'apparente application du graveur, ce travail demeure de qualité médiocre.

(c) Nous nous retrouvons confrontés au problème d'identification de Pa-cheri-en-iset qui aura pour conséquence la situation de Chep-en-senout dans l'arbre généalogique familial. Nous connaissons en effet trois Pa-cheri-en-iset. Mettons à part celui qui apparaît dans le graffito II,2 et qu'il n'a pas été possible de replacer au sein de la famille. Pa-cheri-en-iset I, figure centrale de la famille avait pour épouse Seneb-ptah-ites (graffito I,5). Or le Pa-cheri-en-iset ici mentionné était marié à Tjes-bastet-peret (voir *infra* n.(e)). Plutôt que d'attribuer à Pa-cheri-en-iset I deux épouses, même si cela n'est pas impossible, il semble plus raisonnable de voir dans le personnage, Pa-cheri-en-iset II. Lorsque Pa-cheri-en-iset I apparaît dans un graffito, son titre de prophète d'Isis et les prêtrises subséquentes, au complet ou en partie seulement, sont indiquées, cela constituant sans aucun doute la partie essentielle de ses charges. Or toute indication de ce genre est absente. Au contraire les titres que porte Pa-cheri-en-iset, *sm* et *sty mw* peuvent parfaitement convenir au deuxième personnage répondant à ce nom, le petit-fils (cf. graffito I,1 et I,4 s'il s'agit bien du même individu dans ce second cas).

(d) *Nbt* a été omis, ce qui corrobore l'impression d'exécution un peu sommaire que donne ce travail, malgré la relative qualité de la gravure des hiéroglyphes.

(e) Tjes-bastet-peret: nom répondant à une formation bien connue à cette époque: cf. H. Ranke, *PN* I, 393, 26; voir aussi Ramadan El-Sayed, *Documents relatifs à Saïs et ses divinités*, *BdE* 69, 1975, p.156, qui donne de nombreux exemples d'anthroponymes de ce type. Il s'agit de l'épouse de Pa-cheri-en-iset II. Il paraît impossible d'en faire la mère de Pa-cheri-en-iset I comme l'indique Wildung, *o.c.*, p.187. En effet, l'indication généalogique donnée par le graffito II,3, *ỉr·n*, est en tout point semblable à celles que nous avons rencontrées dans les autres graffiti. Elle nous donne le nom de la mère de Chep-en-senout, l'auteur du texte, et en aucun cas celui de la mère de Pa-cheri-en-iset, quel qu'il soit.

J. GRAFFITO II,4 ANONYME (Pl.34)

Cf. D. Wildung, *Die Rolle Ägyptischer Könige*, p.181 et pl.XVI,1; PM III^2, 1, p.17. Voir fig. 11 et pl.34.

Il s'agit en fait de signes isolés qui n'ont peut-être pas de rapport entre eux; des débuts d'inscriptions qui n'ont jamais été poursuivies plus loin.

"Le prophète, wn- [rꜣ ?]."

"Horus (?)." (la forme de l'oiseau n'est pas sûre).

K. GRAFFITO II,5 AU NOM DE PSAMETIQUE-NEB-PEHTY (Pl.35)

Cf. D. Wildung, *Die Rolle Ägyptischer Könige*, p.181 et pl.XVI, 2; PM III^2, 1, p.17. Voir fig. 11 et pl.35.

Inscription de 6 colonnes gravées les unes à côté des autres sans séparation. Elle a beaucoup souffert des déprédations et une zone d'une hauteur d'environ deux cadrats a été irrémédiablement détruite sur toute la largeur du texte. Mesure 23 cm de haut sur 15 de large.

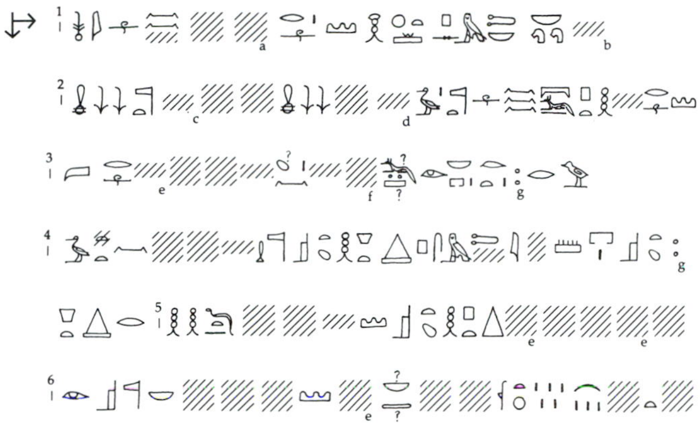

(a) Des traces indistinctes où Wildung a lu *Ptḥ nb*. (b) Peut-être traces de l'oiseau ? (c) Traces d'un signe rectangulaire et de deux petits signes ronds de lecture douteuse. (d) Traces entre *mi nn* et *sꜣ*: un signe rond et un signe horizontal. (e) Traces non identifiables. (f) Dans cette lacune, traces de ? (g) Deux petits ronds, peut-être accidentels.

"1. Le prêtre sem, le libateur... (a) Ro-Setaou, le pourvoyeur d'offrandes, Psamétique-neb-pehty (b), fils du 2. titulaire des mêmes titres, prophète... (c), titulaire des mêmes titres... (d), fils du père divin, le libateur, supérieur des secrets de Ptah [seigneur de ?] Ro-Setaou, 3. le fumigateur de Ro-Setaou... (e), fils de... (f), né de la maîtresse de maison, Ireterou (g), 4. fille de... (h), prophète d'Isis, dame des Pyramides, Psamétique (i). Qu'ils demeurent stables dans la maison d'Isis, dame des Pyramides pour 5. l'éternité et à jamais... Isis, dame des Pyramides... (j), 6. Osiris, seigneur... (k)... an 5, troisième mois de la saison... (l)."

(a) Rétablir peut-être *ḥry sštꜣ Ptḥ nb (?)* dans cette lacune en s'inspirant du parallèle de la fin de la colonne 2, plutôt que *wꜥb* que suggère Wildung.

(b) Ce nom basilophore est construit de la même façon que Ouahibrê-neb-pehty, connu par le document Caire JE 38990. Comme le fait remarquer D. Wildung, *o.c.*, p.181, n.(8), il ne peut s'agir d'une variante du nom du même personnage fondé sur le nom et non plus le prénom de Psamétique Ier (supposition non vérifiable au demeurant car le nom basilophore Psamétique-neb-pehty peut se rattacher en fait au nom de Psamétique II), puisqu'on connaît deux mères différentes. Il a voulu y voir un frère de ce même Ouahibrê-neb-pehty, leur père Psamétique ayant deux épouses différentes, son hypothèse étant, je suppose, que ces deux personnages aux noms si proches ne pouvaient être que des collatéraux. En fait l'ascendance paternelle de Psamétique-neb-pehty nous est inconnue; tous les noms sont en lacune à l'exception du dernier (l'arrière-grand-père) qu'on peut peut-être lire Ptahhotep, encore que cela reste douteux. Nous verrons si par la ligne maternelle il est possible de donner à Psamétique-neb-pehty une place dans la famille des prêtres d'Isis.

(c) Ici vraisemblablement un nom, celui du père de Psamétique-neb-pehty, suivi de "fils de."

(d) Dans la lacune, le nom du grand-père de Psamétique-neb-pehty.

(e) Le nom de l'arrière-grand-père du personnage.

(f) Les traces permettent peut-être de lire, sous toute réserve, Ptahhotep. Subsistent deux signes, ressemblant à un chacal sur un socle ou un coffre, pour lesquels je n'ai pas d'interprétation à proposer.

(g) *Ỉrt-rw* est un nom fréquent à cette époque. Voir H. Ranke, *PN* I, 42, 10; M. Guentch-Ogloueff, *BIFAO* 40, 1941, p.119, qui explique ce nom. Cf. aussi quelques exemples supplémentaires chez Ramadan El-Sayed, *Documents relatifs à Saïs et ses divinités*, *BdE* 69, 1975, p.143, n.(a).

(h) Vraisemblablement dans cette lacune un ou deux titres précédant *ḥmt-nṯr St ḥnwt mrw* et appartenant à Psamétique. Wildung a suggéré une étape intermédiaire dans la filiation de Ireterou, "fille de la maîtresse de maison...." Outre le fait que rien n'autorise une telle lecture dans cette partie très lacunaire, ce type d'indication généalogique ne se rencontre apparemment pas. Le nom de la mère est suivi de celui du grand-père paternel.

(i) Le grand-père paternel de Psamétique-neb-pehty se nomme Psamétique et porte le titre de prophète d'Isis, dame des Pyramides. Un personnage du même nom et détenteur du même titre nous est connu par le graffito Caire JE 38990 en tant que père de Ouahibrê-neb-pehty. Etant donné que à chaque génération un membre de la famille porte le titre de prophète d'Isis, il est raisonnable de penser que nous avons affaire au même individu. Auquel cas Psamétique-neb-pehty serait le neveu de Ouahibrê-neb-pehty, et appartiendrait à la famille des prêtres d'Isis par la branche maternelle. Quant à son ascendance paternelle, elle demeure inconnue.

(j) Toute la fin du texte est trop lacunaire pour qu'on puisse la rattacher à ce qui précède. Peut-être une prière aux dieux? Toutefois, je ne peux reconnaître Sokaris et Anubis, que lit Wildung, dans les signes informes qui subsistent à la fin de la colonne.

(k) Vraisemblablement *nb Rꜣ-sṯꜣw*. Noter que c'est la seule mention d'Osiris dans cet ensemble de textes mais l'absence de contexte nous interdit toute interprétation.

(l) Le nom de la saison a disparu. Pour une interprétation de cette date, voir *infra* , p.161.

4. FRAGMENT DE GRAFFITO TROUVE PAR REISNER: BOSTON MFA EXP. N. 26–1–497

Outre les graffiti transportés au Musée du Caire et ceux qui sont restés *in situ* sur les parois de la chapelle d'Harbes, Reisner a retrouvé quelques petits fragments peu significatifs dont un mérite toutefois d'être signalé.

Il s'agit d'un bloc de calcaire appartenant à un mur, d'une forme irrégulière et comportant une colonne de hiéroglyphes, mesurant 10 cm de haut sur 6 de large. Il porte le N° MFA Exp. N. 26–1–497 dans le registre des objets de Reisner et a été retrouvé le 14 janvier 1926 dans la rue G 7000. On lit:

"... Isis, dame des Pyramides... (a)."

(a) Après *mrw*, une trace d'un signe qui pourrait être *ḥm*. Il s'agirait donc peut-être d'une titulature de prophète d'Isis, accompagné d'un autre titre.

5. STELE DU SERAPEUM AU NOM DE PSAMETIQUE-MEN-(EM)-PE LOUVRE IM 2857 (Pl.36)

Cette petite stèle de calcaire a été trouvée, selon les indications de Mariette, à l'extrémité nord des petits souterrains, ce qui devrait la faire remonter à une époque antérieure à l'an 52 de Psamétique Ier. Néanmoins, Mariette l'a datée de l'an 34 de Darius au cours duquel fut enterré un Apis. On sait que les provenances indiquées par l'archéologue sont souvent sujettes à caution. Pourtant, cette datation est effectivement plus plausible que le début de la XXVIe dynastie en raison de l'onomastique: le grand-père de Psamétique-men-(em)-pe s'appelle lui-même Psamétique tandis que son fils porte le nom personnel de Psamétique II. De plus, le style de la stèle convient bien avec une datation à l'Epoque Perse[487]. La stèle est conservée au Musée du Louvre sous le N° IM 2857; porte également les N°291, N° de console, et 314, N° du catalogue de la salle historique.

Voir la bibliographie la plus récente dans PM III^2, fasc. 3, p.803, avec des compléments chez D. Wildung, *Die Rolle Ägyptischer Könige*, n.(8), p.184. La première publication est celle de E. Chassinat, *RT* 17, 1895, p.53–4 IV et 22, 1900, p.173–4 CXI; traduction: D. Wildung, *o.c.*, p.185. Aucune photographie n'avait été publiée jusqu'à présent[488].

La stèle cintrée est de toute petite dimension: 14,5 cm de haut sur 11,2 de large et 5 d'épaisseur. Elle est taillée dans un calcaire d'un blanc grisâtre; toutefois la face décorée présente une couleur jaune qui pourrait provenir d'une restauration du XIXe siècle, selon J.-L. de Cénival.

Elle comporte deux registres; représentations et textes sont peints à l'encre noire. Au registre supérieur, au-dessous d'un disque solaire ailé, représentation du taureau Apis, debout (→). Sa robe est parsemée de grande taches noires. On ne peut distinguer s'il y avait un disque solaire entre les cornes, ce qui est le plus souvent le cas. Il est flanqué, de part et d'autre, de deux personnages, agenouillés dans l'attitude de l'adoration, dont on distingue très mal les détails. Celui de droite est identifié par la légende qui l'accompagne; on notera que les signes sont orientés à l'inverse du personnage:

"Le père divin, le libateur, Horoudja (a)."

(a) Vraisemblablement le fils de Psamétique-men-(em)-pe qui dédia la stèle. Il est en effet mentionné dans le texte du registre inférieur avec le même titre de père divin tandis que le père de Psamétique-men-(em)-pe qui répond au même nom d'Horoudja est dépourvu de titre.

De l'autre côté, l'inscription a pratiquement disparu. On croit encore deviner le signe *ìb* qui appartient peut-être au nom de l'autre fils de Psamétique-men-(em)-pe, Neferibrê.

Au registre inférieur, 6 lignes de texte:

487. Mes remerciements vont à D. Devauchelle qui a effectué une recherche sur la provenance de cette stèle dans la documentation encore inédite concernant les stèles du Sérapéum, conservées au Musée du Louvre.
488. Je remercie vivement J.-L. de Cénival, Conservateur en Chef au Musée du Louvre, qui m'en a procuré une photographie et m'a libéralement accordé le droit de la publier.

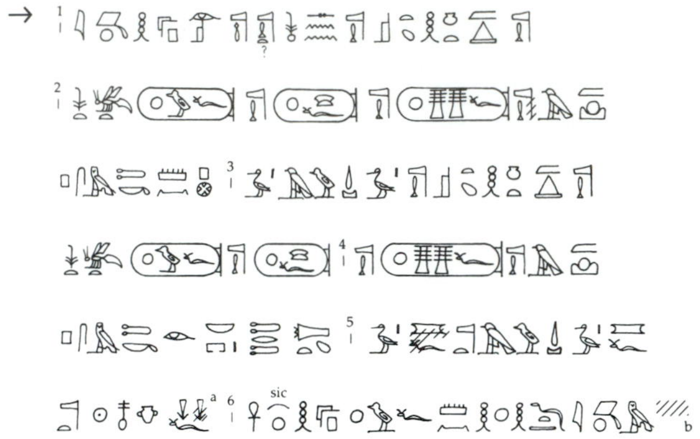

(a) Le deuxième signe *sn* est abîmé et pas tout à fait sûr; voir *infra* , la discussion à ce sujet. (b) Un signe horizontal et plat et peut-être un petit signe au-dessous.

"1. L'imakh d'Apis-Osiris, le grand dieu (a), le père divin (?) et prophète, le libateur, le prophète d'Isis, dame des Pyramides, le prophète du 2. roi de Haute et Basse Egypte, Chéops, le prophète de Chéphren, le prophète de Didoufri, le prophète d'Harmachis (b), Psamétique-men-(em)-pe (c), 3. fils d'Horoudja (d), fils du prophète d'Isis, dame des Pyramides, prophète du roi de Haute et Basse Egypte, Chéops, prophète de Chéphren, 4. prophète de Didoufri, prophète d'Harmachis, Psamétique (e), né de la maîtresse de maison, Ta-remetj-bastet (f), 5. son fils bien-aimé, le père divin Horoudja (g), son fils bien-aimé, le père divin, Neferibrê (h), ses frères (i), 6. Ankh (?) et Hepkhouf (?) (j). Qu'ils demeurent stables éternellement et à jamais, [en tant qu' ?] imakh... (k)."

(a) Nous avons un des types de textes les plus simples qu'on puisse trouver sur une stèle du Sérapéum: une titulature, avec la généalogie du personnage qui se déclare imakh d'Apis. Nous ne connaissons donc pas les raisons qui ont amené le personnage à déposer une stèle au Sérapéum: participation à la construction d'une chambre pour l'Apis mort ou à l'enterrement de l'animal sacré; sur les motifs qui président au dépôt d'une stèle au Sérapéum, voir J. Vercoutter, *Textes biographiques du Sérapéum de Memphis,* Paris 1962, p.129, et *LdÄ* I/3, 1973, 345.

(b) On retrouve les éléments principaux de la titulature des prêtres d'Isis telle que nous la connaissons par les graffiti de la chapelle d'Harbes. On peut remarquer que le titre de prophète d'Harmachis est rejeté après les prêtrises des rois de la IVe dynastie tandis qu'à Giza, il suit celui de prophète d'Isis. A Giza encore, on trouve une fois seulement le titre de prophète de Didoufri après ceux de Chéops, Chéphren et Mykérinos, attribué à Pa-cheri-en-iset I (graffito I,1).

C'est à ma connaissance la seule mention hors de Giza, de ces prêtrises qui en sont spécifiques. Cela invite à penser que Psamétique-men-(em)-pe, fils d'Horoudja, lui-même fils de Psamétique, détenteur des mêmes titres que son petit-fils sont membres de la famille sacerdotale de Giza, dont on retrouve un personnage déjà connu par ailleurs en la personne du grand-père, Psamétique.

(c) Depuis la découverte de ce document, le nom de son propriétaire a été lu Psamétique-menekh, qui n'est pas autrement connu sous cette forme. On a répertorié en revanche des exemples de Psamétique-menekh-ib (H. Ranke, *PN* I, 152, 7). De fait, c'est J. Málek qui, dans sa nouvelle édition de Porter et Moss, III^2, 2, fasc.3, 803, a proposé la lecture correcte *Psmtk-mn-(m)-P* (cf. H. Ranke, *PN* I, 136, 17) qu'on peut vérifier sur l'original.

(d) Pour ce nom banal, porté par le père et le fils de Psamétique-men-(em)-pe: H. Ranke, *PN* I, 246,23.

(e) Le nom du grand-père du dédicant est évidemment un indice supplémentaire pour rattacher ces personnages à la famille des prêtres de Giza. Il porte en effet les mêmes titres et le même nom que Psamétique, fils de Pa-cheri-en-iset I que nous connaissons par les graffiti Caire JE 38990 et II, 5, et il est peu vraisemblable, étant donné la rareté de ces titres, à défaut de celle du nom, qu'il s'agisse d'une coïncidence fortuite.

(f) Mère de Psamétique-men-(em)-pe, qui porte un nom courant à l'époque: *Tȝ-rmṯ-n(t)-Bȝstt*: H. Ranke, *PN* I, 364, 123.

(g) Le personnage est représenté et mentionné au registre supérieur de la stèle selon toute vraisemblance.

(h) Nom personnel de Psamétique II; apparaît fréquemment dans l'onomastique privée de Basse Epoque: H. Ranke, *PN* I, 194, 13.

(i) Selon une habitude assez courante (cf. J. Vercoutter, *LdÄ* I/3, 1973, 345), le dédicant de la stèle associe à son nom et ceux de ses fils, ceux d'autres membres de la famille, ici ses frères, pour les faire bénéficier du privilège qu'il a de déposer une stèle au Sérapéum.

(j) La compréhension de ce passage pose un problème. A la suite de la publication du texte par E. Chassinat, *RT* 17, 1895, p.53–4, Wildung, *o.c.*, p.185, a traduit par un pluriel suivi de trois noms propres, *ʿnḫty*, *Ḥpy* et *Ḫwf(w)*. Cette solution a le désavantage de présenter trois anthroponymes dont on ne connaît guère d'autre attestation. De toute manière, le premier doit sans doute être lu *ʿnḫ* plutôt que *ʿnḫty*, les deux petits signes qui suivent *ʿnḫ* n'étant pas très clairs; il peut, en fait, fort bien s'agir d'un *n* minuscule et d'un *ḫ*.

Une autre possibilité, toutefois, peut être envisagée. La lecture *snw* avec trois signes du pluriel n'est pas sûre et peut être remplacée par deux signes *sn*, indiquant un duel. Auquel cas, il n'y aurait plus que deux noms propres que je propose de lire Ankh (H. Ranke, *PN* I, 62, 19) et *Ḥp-ḫw·f* (H. Ranke, *PN* I, 237, 18) tous deux bien attestés, bien que *ʿnḫ-Ḥp* (H. Ranke, *PN* I, 65, 25) et *Ḫwf(w)* soient aussi possibles. Ce dernier nom qui ne semble pas connu par ailleurs pour un particulier, témoignerait de la dévotion familiale prodiguée au roi ancêtre dans cette famille dont on connaît un autre membre dénommé Khoufou-em-akhet.

(k) Restituer peut-être *m* devant *imȝḫw* qui est suivi d'un ou deux signes difficilement interprétables.

6. BAGUE DE NEFERIBRE BROOKLYN 37.734 E

Cette bague en or, apparue dans le commerce des antiquités au Caire, dans les années 1841-1843, a été achetée pour la collection Abbott avant de faire partie de la collection de la New York Historical Society (NYHS 34) pour être finalement transférée au Musée de Brooklyn, où elle est conservée sous le N° 37.734 E.

Du fait qu'il s'agit d'un objet acquis sur le marché de l'art, sa provenance demeure incertaine: pour les uns, elle a été trouvée à proximité de la tombe Campbell[489], pour d'autres, entre cette tombe et la pyramide de Chéops. D'aucuns parlent encore du voisinage du Grand Sphinx tandis que Saqqara est une provenance également proposée[490]. Certains ont même contesté son authenticité[491] qui, cependant, ne semble pas faire de doute. Comme on le voit, ce petit objet a déjà fait couler beaucoup d'encre. A la lecture de l'état de la question, long et détaillé, rédigé par C. Ransom Williams,

489. LG 84: PM III^2, 1, 290 et pl.III.
490. Cf. D. Wildung, *Die Rolle Ägyptischer Könige*, p.185, à propos de ces différentes possibilités.
491. *LD*, *Text* I, p.9–10.

Gold and Silver Jewelry and Related Objects, New York 1924, p.98 sq., on s'aperçoit que même les témoignages contemporains, ou presque, de l'apparition de la bague sur le marché de l'art ne sont pas concordants, ce qui nous invite à une certaine prudence. Néanmoins la majorité d'entre eux incline à penser que la bague a été retrouvée dans une zone dont on peut approximativement circonscrire les limites: temenos du Sphinx, tombe Campbell au nord de la chaussée de Chéphren et temple d'Isis.

Elle a été publiée par C. Ransom Williams, *Gold and Silver Jewelry and Related Objects*, New York 1924, p.98–105, N°34, et pl.IX, a–c, X, d–e, XII, f–g, XIII, h–i et XI (plan) avec la bibliographie antérieure. Voir également D. Wildung, *Die Rolle Ägyptischer Könige*, p.185–6.

Il s'agit d'un bijou en or remarquable par sa qualité et son poids—cela a été largement souligné par ceux qui se sont intéressés à l'objet—, de tout petit format (longueur 2,6 cm; largeur 1,8 cm; épaisseur 2,2 cm), dont le chaton porte une inscription. Comme on le verra plus loin, l'objet date très vraisemblablement de l'Epoque Perse. Texte d'après C. Ransom Williams, *o.c.*, pl.IX, 34 c (dimensions x 2,5):

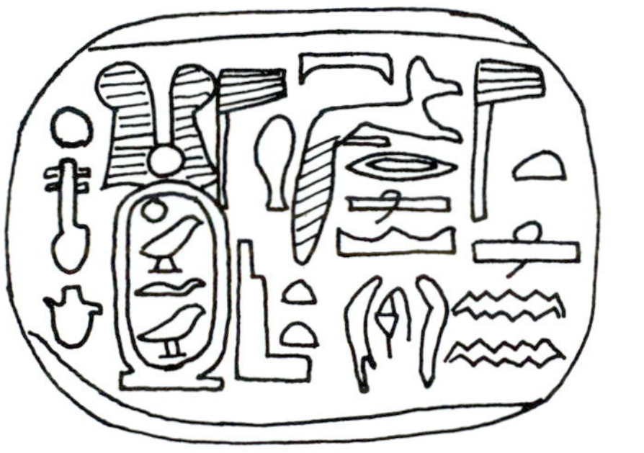

"1. *Le père divin, le libateur (a), 2. le supérieur des secrets de Ro-Setaou (b), le prêtre ḳꜥḥ (c), 3. le prophète d'Isis (d), 4. et de Chéops (e), 5. Neferibrê (f).*"

(a) Même graphie que sur la stèle de Psamétique-men-(em)-pe et qui correspond au *sty mw* des graffiti de la chapelle d'Harbes. Il est clair que par comparaison avec tous les autres exemples, c'est ainsi qu'il faut comprendre plutôt que *it nṯr snn*, "Gottesvater des Bildes", proposé par E. Otto, *MDIAK* 15, 1957, p.199.

(b) Egalement présent dans les titulatures du personnel du temple d'Isis.

(c) *Ḥpt nsrt* selon E. Otto, *loc. cit.*, p.199. En fait la lecture *ḳꜥḥ*, pour les bras enserrant le signe ▿ , ici remplacé par la flamme est bien connue: C. Ransom Williams, *o.c.*, p.104 en donne différents exemples; voir aussi J. Vercoutter, *Textes biographiques du Sérapéum de Memphis*, Paris 1962, p.52, qui propose de faire un rapprochement entre la signification du verbe *ḳꜥḥ*, plier les bras, et les nombreuses représentations tardives de prêtres agenouillés, les bras ballant vers le sol, en présence d'un dieu. A Giza même, Harbes nous en a fourni plusieurs exemples.

(d) La déesse ne porte pas l'épithète spécifique de Giza, *ḥnwt mrw*, qui l'identifierait de manière indubitable. Néanmoins la séquence des titres est si semblable à celles que nous avons déjà rencontrées, particulièrement par le rapprochement entre les titres de prêtre d'Isis et de Chéops, qu'il est hautement vraisemblable que nous ayons affaire, une nouvelle fois, à la forme de la déesse, spécifique de Giza.

(e) *Ḥm-nṯr* est, je pense, en facteur commun devant Isis et Chéops, sans doute faute de place. La possibilité de comprendre "prophète d'Isis de Chéops", de même qu'on connaît des prophètes de Sekhmet de Sahourê (cf. E. Otto, *ZÄS* 81, 1956, p.113 et 117–8, et Wildung, *o.c.*, p.13 et 198 n.(4)) n'est pas totalement exclue. Il s'agirait dans ce cas d'une variante du titre plus fréquent de la déesse, *ḥnwt mrw*, qui insisterait davantage sur le lien entre Isis et non pas la petite pyramide subsidiaire G I–c, mais celle de Chéops. Néanmoins l'ensemble des textes connus invite à lire "prophète d'Isis et prophète de Chéops."

(f) Etant donné les titres du personnage, on peut penser que le propriétaire de la bague est le même Neferibrê que le fils de Psamétique-men-(em)-pe, mentionné sur la stèle du Sérapéum. Bien entendu, pour être tout à fait sûr de l'identité des deux personnages, on aurait préféré connaître également le nom du père de Neferibrê, possesseur de la bague. Que l'objet ait été trouvé à Saqqara, tout comme la stèle de son père, ou à Giza, non loin du temple d'Isis, peut-être dans sa tombe, ne change rien à l'affaire. Son père, s'il s'agit bien de lui, ayant dédié une stèle à l'Apis mort en l'an 34 de Darius, pense-t-on, Neferibrê aurait vécu à l'Epoque Perse, sous Darius et ses successeurs, durant laquelle le culte d'Isis, dame des Pyramides aurait continué à être célébré sous les auspices de la même famille dévouée à la déesse.

7. UNE FAMILLE DE PRETRES D'ISIS

A. DATATION

Venons-en maintenant aux informations de portée plus générale que nous pouvons essayer de tirer de cet ensemble de documents très cohérent.

Et tout d'abord comment les dater? Nous savons que la chapelle qui abrite ces graffiti a été bâtie par Harbes, sous le règne de Psamétique Ier. C'est un terminus *ante quem* sûr, du point de vue de l'utilisation des parois de la chapelle par d'autres que son propriétaire, en tout cas. Car bien sûr, rien n'empêche que cette famille remonte plus haut, bien que ses membres aient pris l'habitude de graver leurs généalogies plus tard seulement. De fait, c'est d'ailleurs ce qui s'est produit[492]. D'autre part, mais cela est plus aléatoire comme on le sait[493], on attribue la stèle laissée par Psamétique-men-(em)-pe, prêtre d'Isis, dans les souterrains du Sérapéum, à l'an 34 de Darius Ier, ce qui nous fournit avec une certaine probabilité une date pour la cinquième génération. Après Psamétique-men-(em)-pe on connaît encore l'existence d'une sixième génération représentée par les fils de ce personnage dont l'un d'eux, Neferibrê, était détenteur de la charge de prophète d'Isis.

Si on compte une trentaine d'années par génération comme le propose D. Wildung, *o.c.*, p.187, et qu'on prend comme point de repère l'an 34 de Darius (488), date présumée de la stèle de Psamétique-men-(em)-pe, faite du vivant de celui-ci[494], cela conduit à placer la première génération aux alentours de 610, soit à la fin du règne de Psamétique Ier, contemporaine en gros d'Harbes tandis que la dernière aurait vécu à la fin du règne de Darius et sous celui de Xerxès.

Les textes des graffiti mentionnent d'autres dates mais sans cartouches royaux qui nous permettraient de les dater de manière immédiate et indubitable. Néanmoins, dans certains cas, lorsque la généalogie est assez complète, on peut proposer, avec une certaine

492. Voir *infra*, p.161–2, sur la question des dates auxquelles ont été effectués les graffiti.
493. *Supra*, p.154–5.
494. J. Vercoutter, *Textes biographiques du Sérapéum de Memphis*, Paris, 1962, p.XXII–XXIII.

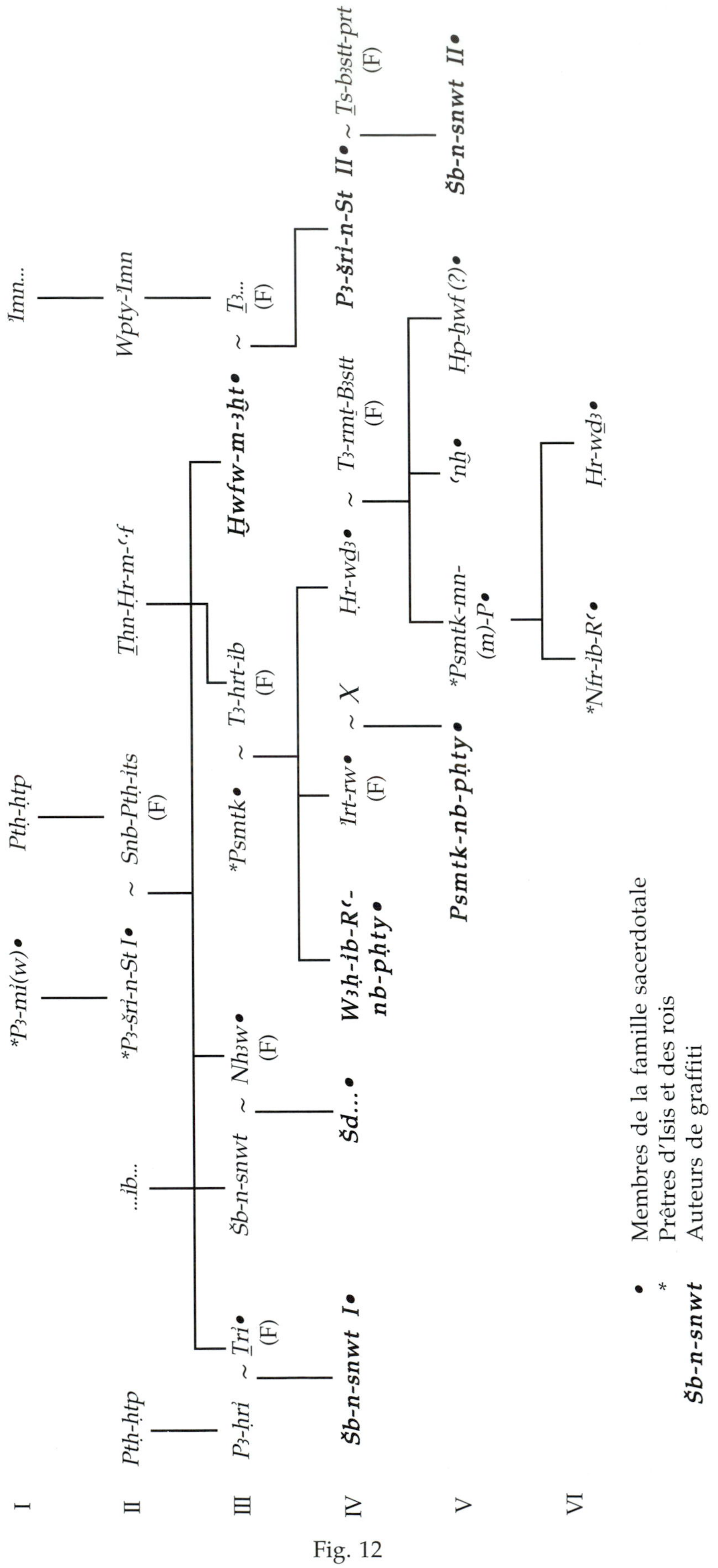

Fig. 12
Arbre généalogique de la famille des prêtres d'Isis

précision mais aussi une certaine marge d'erreur, à titre d'hypothèse, une date qui est alors celle à laquelle a été gravé le graffito. Le reste d'un texte disparu, gravé à la droite du graffito Caire JE 38990, donne la date "an 8...." Etant donné l'absence de tout nom susceptible de nous fournir un repère généalogique et donc chronologique, il est délicat d'attribuer cette date à un quelconque souverain. On peut seulement suggérer que le graffito voisin (Caire JE 38990) qui porte l'indication "an 7" et celui-ci datent du même souverain, sans en avoir la preuve indubitable.

Le graffito Caire JE 38990, gravé par Ouahibrê-neb-pehty se termine par la date "an 7, premier mois de la saison chemou." Ce personnage de la quatrième génération, oncle de Psamétique-men-(em)-pe aurait vécu à l'extrême fin de la dynastie saïte et au début de l'Epoque Perse. Et l'an 7 mentionné pourrait alors être celui de Darius, autrement dit 515.

Une autre date ne peut être identifiée; c'est l'an 8 du graffito II,2 au nom d'un certain Pa-cheri-en-iset, fils de Hapes, qu'il n'a pas été possible de replacer dans l'arbre généalogique des prêtres d'Isis.

Enfin le graffito II,5, au nom de Psamétique-neb-pehty porte comme date "l'an 5, troisième mois de...." De la même génération que Psamétique-men-(em)-pe, le personnage a vraisemblablement fait graver cette inscription en l'an 5 de Darius, soit 517.

Nous avons ainsi abordé de manière partielle la question de l'époque à laquelle furent gravés certains de ces graffiti et il faut maintenant l'élargir à l'ensemble de ces documents. Après avoir mis de côté ceux qui ne sont pour nous d'aucun secours, graffiti anonymes (I,2; I,3 et II,4) ainsi que ceux qui ne comportent pas assez d'éléments pour être utilisés dans l'arbre généalogique (I,4, Pa-cheri-en-iset; I,6, Pahemneter; II,2, Pa-cheri-en-iset), on peut faire les constatations suivantes. A la troisième génération, Khoufou-em-akhet, un des fils de Pa-cheri-en-iset I, fait graver sa généalogie (graffito I,5); dans l'état de nos connaissances, c'est le texte le plus ancien. Il remonterait *grosso modo* aux alentours de 550, sous le règne d'Amasis. La majorité des graffiti datent de la quatrième génération: Ched... (Caire JE 38989), Ouahibrê-neb-pehty (Caire JE 38990), Pa-cheri-en-iset II (I,1) et Chep-en-senout I (II,1). Ils furent réalisés par les petits-fils de Pa-cheri-en-iset I au début du règne de Darius, aux environs de 520. Enfin, à la cinquième génération, contemporaine de Psamétique-men-(em)-pe, nous trouvons les graffiti de Chep-en-senout II (II,3) et de Psamétique-neb-pehty (II,5), gravés à la fin du règne de Darius. La dernière génération à laquelle appartiennent les deux fils de Psamétique-men-(em)-pe, Horoudja et Neferibrê, n'est pas présente sur les murs de la chapelle d'Harbes et nous la connaissons seulement par les deux documents annexes que sont la stèle du Sérapéum et la bague de Neferibrê.

L'ensemble des inscriptions fut gravé dans un laps de temps qui couvre le règne d'Amasis et celui de Darius alors que nous pouvons remonter par les indications généalogiques deux générations plus haut jusqu'à un certain Pamiou qui fait, pour nous, figure d'ancêtre de la famille et vécut à la fin du règne de Psamétique Ier. La plupart des membres de la troisième génération et tous ceux de la deuxième et de la première ne nous sont donc connus que par les généalogies. Nous pouvons encore constater que, dans un seul cas, des prêtres firent graver leur titulature de père en fils sur trois générations: Khoufou-em-akhet, Pa-cheri-en-iset II et Chep-en-senout II.

Enfin il faut remarquer que les auteurs des graffiti ne sont jamais les détenteurs des titres qui firent la particularité de la famille, ceux de prophète d'Isis et de prophète des rois anciens, sans qu'on puisse trouver une explication à cette particularité; on doit toutefois garder présent à l'esprit que nous n'avons sans doute qu'une partie des graffiti qui furent gravés dans la chapelle d'Harbes.

Cette famille commença d'exercer ses fonctions sacerdotales vers la fin du règne de Psamétique Ier alors qu'Harbes, le constructeur de la chapelle, était en fin de carrière ou peut-être déjà mort. Mais c'est seulement sous Amasis et Darius que certains des membres de la famille utilisèrent à leur bénéfice les parois de la chapelle, parfois même en imitant de manière évidente les reliefs d'Harbes, comme c'est le cas du relief de Pa-cheri-en-iset II (I,1). Apparemment aucun lien de parenté n'unissait Harbes et les auteurs de graffiti, à moins qu'il n'y ait un chaînon manquant qui aurait permis d'établir un rapport entre Pamiou, l'ancêtre et Harbes qui, au demeurant, sont des contemporains. Rien n'autorise à le dire et d'ailleurs il est tout à fait vraisemblable de penser qu'au temps d'Amasis, les membres de cette famille de dévôts d'Isis aient trouvé dans la chapelle d'Harbes, lui aussi fidèle de la déesse, un lieu favorable pour y graver leurs généalogies et leurs titulatures.

B. ONOMASTIQUE

L'étude de détail de chaque graffito a permis d'établir des liens entre la majorité de ces personnages à l'exception d'un certain Pahemneter, fils de Pa... (I,6) et d'un dénommé Pa-cheri-en-iset, fils de Hapes (II,2) qui ne correspond à aucun des deux autres personnages homonymes. Ces rapports de parenté apparaissent à travers l'arbre généalogique que j'ai dressé[495] et qui diffère sur un certain nombre de points de celui de Wildung[496], pour des raisons sur lesquelles je me suis expliquée plus haut, dans l'analyse détaillée de chaque texte.

Cet arbre une fois dressé, il est également possible et utile de faire quelques constatations sur l'onomastique familiale et celle des familles par alliance; on sait qu'en Egypte, le choix des noms n'est pas gratuit mais dépend de considérations religieuses, politiques, géographiques, voire purement familiales[497].

Celui qui fait figure d'ancêtre de la famille répond au nom de Pami(ou): à l'origine, un sobriquet qui n'est pas rare à cette époque. Déjà prophète d'Isis, il choisira pour son fils un nom programme, certes fort banal en son temps, mais révélateur de sa dévotion à la déesse: Pa-cheri-en-iset. Ce théophore sera également porté par l'un de ses petits-fils, fils de Khoufou-em-akhet après avoir sauté une génération et un troisième personnage, fils de Hapes. Néanmoins ce sont là les seuls cas où l'onomastique traduit l'attachement de cette lignée à la divinité, patronne des Pyramides.

Un autre type de nom est tout à fait remarquable. Pa-cheri-en-iset I dénomme l'un de ses fils Khoufou-em-akhet, tandis qu'un de ses petits-fils s'appelle peut-être Khoufou (Chéops) tout court[498]. Certes, il s'agit de basilophores, type de noms dont on trouve beaucoup d'exemples en Egypte[499] mais ceux-ci sont, néanmoins, bien particuliers. Je crois, en effet, qu'on ne connaît pas, ailleurs, d'autre cas du nom de Chéops employé pour

495. Cf. fig. 12.
496. D. Wildung, *Die Rolle Ägyptischer Könige*, p.187.
497. P. Vernus, *LdÄ* IV/3, 1980, 327–9.
498. Voir *supra*, p.157, pour ce nom et la discussion à ce sujet.
499. H. de Meulenaere, *Le surnom*, *passim*.

un particulier, si toutefois c'est bien ainsi qu'on comprend le nom du frère de Psamétique-men-(em)-pe. Quant à la formation *Ḫwfw-m-ȝḫt*, elle est, elle aussi, unique par l'emploi de *Ḫwfw* dans la composition *X-m-ȝḫt*, attestée avec d'autres noms de rois; il s'agit en général de noms de souverains de la XXVIe dynastie, contemporains ou presque de ceux qui portent un nom tel que Psamétique-em-akhet ou Neferibrê-em-akhet[500]. A l'Ancien Empire, de hauts personnages enterrés dans le voisinage de la pyramide de Chéops portaient, par allégeance, des noms composés sur celui de leur souverain. La liste en est longue et je ne citerai que l'un d'entre eux, Khafkhoufou, fils de Chéops enterré dans le mastaba G 7130–7140 du cimetière oriental, juste à l'est de la pyramide G I–c, plus tard englobé dans le temple d'Isis. Par ailleurs, des noms composés avec *m-ȝḫt* existent dès l'Ancien Empire, comme Nebemakhet où naturellement *ȝḫt* est écrit avec l'oiseau *ȝḫ* et non le signe de l'horizon[501]. Cependant Khoufou-em-akhet est une création récente, typique de l'Epoque Saïte; et de plus on peut soupçonner qu'il y a là un jeu de mots avec la vieille désignation, presque tombée en désuétude, du complexe funéraire de Chéops, *ȝḫt Ḫwfw*, ainsi qu'une allusion à une autre formation similaire, *Ḥr-m-ȝḫt*, le nom du Sphinx. Quoi qu'il en soit, il faut voir dans cette manière de créer des noms, une preuve évidente de la vénération pour les rois anciens et, particulièrement, pour Chéops.

Un certain nombre d'autres membres de la famille portent, eux aussi, des basilophores mais de type beacoup plus habituel, puisqu'il s'agit de noms de souverains de la XXVIe dynastie ou de composés sur ces derniers: Psamétique, fils de Pa-cheri-en-iset I, Ouahibrê-neb-pehty, fils de Psamétique, Psamétique-neb-pehty et Psamétique-men-(em)-pe, petits-fils du précédent et enfin Neferibrê, fils de Psamétique-men-(em)-pe. Restent enfin des noms moins révélateurs et plus ou moins fréquents dans l'onomastique de cette époque. Chep-en-senout porté respectivement par un petit-fils et un arrière-petit-fils de Pa-cheri-en-iset I; Horoudja, un fils et un arrière-petit-fils de Psamétique. Ankh et Hepkhouf, fils du premier Horoudja, si toutefois telle est la lecture correcte de ces deux noms.

Curieusement, on n'a pas cru nécessaire dans cette famille de prêtres d'Isis de devoir nommer les femmes d'après le nom de la déesse vénérée; point de Ta-cheri-en-iset, pendant de Pa-cheri-en-iset, et très en vogue à l'époque ou de Tadisis, mais Tjer et Nehaou (?), filles de Pa-cheri-en-iset I, et Ireterou, fille de Psamétique.

Quant aux hommes et aux femmes entrés dans la famille par alliance, ils nous montrent un éventail de noms relativement usuels qui, ici ou là, peuvent, peut-être, révéler telle ou telle dévotion particulière. Pa-cheri-en-iset I eut pour gendre Paheri, fils de Ptahhotep ainsi qu'un certain Chep-en-senout. Il épousa Seneb-ptah-ites, fille de Ptahhotep. Ses fils épousèrent respectivement Ta-heret-ib (Psamétique), fille de *Ṯhn-Ḥr-m-ʿ·f* (?) et Tja... (Khoufou-em-akhet), fille de *Wpty-Ỉmn*, fils de *Ỉmn-*.... A la génération suivante, nous trouvons Ta-remetj-bastet, épouse d'Horoudja et Tjes-bastet-peret, femme de Pa-cheri-en-iset II, noms tous deux courants à cette époque. Une certaine dévotion à Ptah, Bastet et peut-être Amon, se fait jour à travers l'ensemble de ces noms.

C. TITRES

Il faut en venir maintenant aux titres et fonctions que détenaient les membres de cette famille. Remarquons d'abord, en guise de préliminaire, que les femmes seront exclues de

500. Cf. H. de Meulenaere, *ibid.*, index, p.35–9.
501. H. Ranke, *PN* I, 184, 18.

cette étude car elles ne sont présentes dans les différentes généalogies que pour indiquer la filiation et n'ont jamais d'autre fonction que celle de "maîtresse de maison", *nbt pr*. Cela correspond-il à la réalité ou bien s'agit-il d'une omission plus ou moins volontaire? Dans les généalogies des membres masculins de la famille, les titres de femmes, si elles en avaient, pouvaient peut-être paraître inutiles. On peut s'étonner, en effet, de ne pas trouver ne serait-ce qu'une seule et simple chanteuse d'Isis, tout au long de six générations d'une famille qui s'était consacrée au temple d'Isis.

a. Les prophètes d'Isis

Le titre spécifique est évidemment celui de prophète d'Isis, dame des Pyramides, *ḥm-nṯr St ḥnwt mr(w)*, dont la principale variante réside dans la graphie du mot *mr*; généralement  seul (Caire JE 38989 et 38990; I,1; II,5), mais aussi  (I,5),  (II,1) et  (stèle de Psamétique-men-(em)-pe). Sur la bague de Neferibrê, on lit simplement "prophète d'Isis et de Chéops"[502], sans l'épithète *ḥnwt mr(w)*. Il y a cependant tout lieu de penser qu'il s'agit bien de l'Isis de Giza dont l'épithète a été omise, faute de place. Quant à l'absence de marque du pluriel dans un certain nombre de cas, absence qu'on retrouve également sur la Stèle de la fille de Chéops[503], je ne crois pas qu'il faille lui attribuer une quelconque valeur sémantique car dès les premières attestations de l'épithète de la déesse à la XXIe dynastie[504], on trouve *mrw* au pluriel. En revanche, le pluriel indiqué par trois pyramides (I,5) est peut-être une allusion graphique à l'ensemble du plateau de Giza. C'est également au temps de Psousennès qu'était apparu le titre de père divin d'Isis sur le relief Caire JE 4747 où un personnage anonyme portait ce titre, plutôt que celui de prophète[505]. Il ne s'agit pas d'un très haut rang dans la hiérarchie sacerdotale, ce qui s'explique certainement par le caractère local du culte.

La fonction a été conservée héréditairement dans la famille pendant au moins les six générations que nous connaissons, entre la fin du règne de Psamétique Ier et la fin de celui de Darius ou même le règne de l'un de ses successeurs. Durant les trois premières générations, elle s'est transmise de père en fils: Pami (Caire JE 38990)[506], Pa-cheri-en-iset I (Caire JE 38989, 38990, graffito I,1; I,5 et II,1), Psamétique (Caire JE 38990; graffito II,5; stèle du Sérapéum Louvre IM 2857). Aucun détenteur du titre n'apparaît à la quatrième génération. D. Wildung, *Die Rolle Ägyptischer Könige*, p.186, a voulu expliquer cette lacune par les difficultés politiques de la fin de la XXVIe dynastie, qui auraient perturbé le fonctionnement du temple dont les desservants étaient, comme l'indiquent leurs noms, des partisans fidèles de la dynastie saïte. Néanmoins, cette explication ne peut être retenue après le décalage que j'ai introduit dans la chronologie de la famille: la quatrième génération se situe déjà sous Darius. Puisque Psamétique-men-(em)-pe connu par une stèle du Sérapéum—et à sa suite son fils Neferibrê—a repris le titre de son grand-père Psamétique, on peut supposer que son père Horoudja, dépourvu de titres, aurait dû normalement lui aussi avoir cette charge sacerdotale. Comme le suggère A. Forgeau, *BIFAO* 84, 1984, p.164 et n.(3), c'est peut-être en raison d'une mort

502. Plutôt que prophète d'Isis de Chéops; à ce propos cf. *supra*, p.159.
503. Caire JE 2091; voir *infra*, p.219, 228 et 239.
504. Caire JE 4747, *supra*, p.50; Caire Reg. Temp. 16/2/25/6 et 16/2/25/7, *supra*, p.67 et 69.
505. Pour ce problème qui ne peut pas être tout à fait tranché, voir *supra*, p.50.
506. La carrière de Pami n'est pas donnée de manière explicite mais seulement indiquée par la formule *mi nn*.

prématurée que le titre a sauté une génération. Il faut remarquer, pour finir, et cela tient au caractère local du culte déjà souligné, que, dans l'état actuel de nos connaissances tout au moins, toutes les données, mises à part la stèle du Sérapéum[507] et peut-être la bague de Neferibrê, que nous possédons sur le clergé d'Isis des Pyramides proviennent effectivement de Giza. Aucun document extérieur ne nous apporte de renseignements complémentaires sur ce culte, comme si sa notoriété n'avait pas dépassé les limites du plateau des Pyramides.

b. Les prophètes d'Harmachis

Les desservants d'Isis qui laissèrent des témoignages de leur carrière dans le temple même de leur déesse, avaient associé de manière presque systématique une série d'autres fonctions sacerdotales à leur titre de prêtre d'Isis, fonctions qui leur sont propres et ne sont jamais détenues par d'autres membres de la famille.

Tout d'abord nous trouvons le titre de "prophète d'Harmachis", *ḥm-nṯr n Ḥr-m-ꜣḫt*, avec la variante "père divin et prophète", attribuée à Pa-cheri-en-iset I sur le graffito Caire JE 38989. Le titre fut porté aussi par Pami (Caire JE 38990), Pa-cheri-en-iset I (Caire JE 38989, 38990 et I,1), Psamétique (Caire JE 38990 et stèle du Sérapéum) puis Psamétique-men-(em)-pe (stèle du Sérapéum)[508]. Sur la bague de Neferibrê, le titre est absent mais ce n'est peut-être pas là une preuve suffisante pour affirmer que le dernier prophète d'Isis n'était plus détenteur de la fonction de prophète d'Harmachis. Le texte de la bague n'est sans doute pas un énoncé complet de ses titres. Sur les graffiti de la chapelle d'Harbes, *ḥm-nṯr n Ḥr-m-ꜣḫt* suit toujours le titre de prophète d'Isis, tandis qu'il précède la prêtrise des rois anciens. En revanche, sur la stèle de Psamétique-men-(em)-pe, il est rejeté après ces mêmes titres de prophètes des rois.

Comment expliquer la présence dans les titulatures des prêtres d'Isis, du titre de prophète d'Harmachis qui, au demeurant, n'est pas connu ailleurs? On sait que dans toute l'abondante documentation du deuxième millénaire au moment du remarquable *floruit* du culte d'Harmachis dans son temenos à ciel ouvert, on ne rencontre pas de prophète du dieu ou autre desservant[509]. Si l'existence d'un sacerdoce d'Harmachis n'est pas autrement attestée, en fait on possède suffisamment d'indices sur l'importance qu'avait encore le culte du dieu à la Basse Epoque. Parmi les nombreux ex-voto dédiés à Harmachis, certains sont clairement datés, comme le sphinx portant le nom d'Apriès[510] ou le faucon d'Harbes[511]. Beaucoup d'autres petits objets votifs datent certainement de la même période[512]. Il y a surtout la Stèle de la fille de Chéops qui, alors même qu'elle relate une restauration du temple d'Isis, est, pour une bonne part, également consacrée à Houroun-Harmachis[513]. Il n'est donc guère étonnant que les prêtres d'Isis soient eux aussi les desservants du culte d'Harmachis, ayant ainsi la main mise sur deux des cultes essentiels de Giza, le deuxième étant de beaucoup plus ancien que le premier. Sans aucun

507. Le personnage, pour une raison ou une autre, participa à l'enterrement d'un Apis ou à la construction de sa chambre funéraire: voir *supra*, p.156.
508. Il faut toutefois remarquer que le titre n'apparaît pas dans la titulature de Pa-cheri-en-iset I sur la graffito I,5.
509. Cf. C.M.Z., *Giza*, p.324.
510. Caire JE 72245; cf. *supra*, p.95–6.
511. Caire Reg. Temp. 31/12/28/10; *supra*, p.122.
512. Cf. C.M.Z., "Bousiris", p.94–5.
513. Cf. *infra*, p.238 sq., l'étude détaillée du texte consacré à ce dieu.

doute, d'étroites relations existaient entre eux, peut-être par le biais d'une filiation entre Isis et Harmachis.

c. Les prophètes des rois

Viennent ensuite les titres liés aux rois anciens: prophète du roi de Haute et Basse Egypte, Chéops, *ḥm-nṯr n nswt bỉt Ḫwf(w)*, prophète de Chéphren, *ḥm-nṯr n Ḫʿ·f-Rʿ*, prophète de Mykérinos, *ḥm-nṯr Mn-kȝ(w)-Rʿ*, prophète de Didoufri, *ḥm-nṯr*, var. *ḥm* (sic!), *n Ḏd·f-Rʿ*.

Le titre de prophète de Chéops est présent dans toutes les titulatures: Pami (Caire JE 38990), Pa-cheri-en-iset I (Caire JE 38989, 38990; I,1; I,5; en II,1, sa titulature est réduite à l'essentiel et le titre n'apparaît donc pas), Psamétique (Caire JE 38990; en II,5, le titre est absent; stèle du Sérapéum); Psamétique-men-(em)-pe (stèle du Sérapéum) et Neferibrê (bague Brooklyn 37.734 E).

On remarquera qu'à l'exception de la bague de Neferibrê, sans doute par manque de place, le cartouche est toujours précédé de *nswt bỉt* qui est absent devant les noms des autres rois, sans qu'il soit possible d'offrir une explication à cette particularité. Le nom de Chéops est écrit ou non avec un *w* final. Le graffito I,5, présente une variante intéressante dans la titulature de Pa-cheri-en-iset I. On y lit en effet le titre de "père divin et prophète d'Akhet-Khoufou", ce toponyme étant écrit à la manière traditionnelle de l'Ancien Empire:  malgré l'absence de déterminatif[514]. Il y a là, je l'ai déjà souligné, un souci délibéré d'archaïsme qui trouvait ses modèles dans les inscriptions des mastabas du voisinage. Toutefois cela montre sans doute, plus que le caractère fictif des prêtrises des anciens rois comme le suggère Wildung[515], une certaine méconnaissance ou incompréhension des titres anciens, la prêtrise du roi défunt étant remplacée par celle de son complexe funéraire[516].

La charge de "prophète de Chéphren" est toujours associée à celle de Chéops dans les titulatures des prêtres d'Isis, à l'exception de Neferibrê dont nous ne connaissons les titres que par la brève inscription de sa bague. En revanche seul Pa-cheri-en-iset I est titulaire de la prêtrise de Mykérinos (I,1 et I,5). Il est également détenteur de la charge de prophète de Didoufri (I,1) qui sera reprise par son fils Psamétique et son petit-fils Psamétique-men-(em)-pe (stèle du Sérapéum).

A la deuxième génération, Pa-cheri-en-iset I qui offre la titulature la plus élaborée, associe la prêtrise d'Isis à celle de l'ensemble des souverains de la IVe dynastie. Ses fils et petits-fils conserveront la charge de prophète de Didoufri en plus de celles de Chéops et de Chéphren. Ce titre de prophète de Didoufri, ainsi, d'ailleurs, que celui de prophète de Chéphren, ont également été portés par un autre personnage: il s'agit d'un certain Ptahdiiaou connu par différents reliefs provenant de sa tombe ou d'une chapelle construite à Giza à son nom[517]. Quant à la prêtrise de Mykérinos, on la retrouve également sur deux empreintes de sceaux au nom d'un prêtre-lecteur en chef, Henat, fils

514. *Supra*, p.146–7.

515. *Die Rolle Ägyptischer Könige*, p.187–8; pour cet auteur, le fait de remplacer le nom de Chéops par le toponyme Akhet-Khoufou relève du caractère purement artificiel des sacerdoces créés à la XXVIe dynastie.

516. La situation était évidemment différente à l'Ancien Empire; le titre de prophète du roi X était nettement différencié de celui de prophète ou prêtre ouab de la pyramide du roi X. On se reportera avec profit à ce propos à l'analyse de Helck sur les différents titres sacerdotaux ou administratifs, relatifs aux complexes funéraires royaux ou au culte du roi proprement dit: *MDIAK* 15, 1957, p.91–111, *passim*.

517. *Infra*, p.214.

de Psamétique-sa-Neith qui vécut à l'Epoque Perse[518]. Ces empreintes conservées au Musée de Bruxelles sous le N° E 6941, sont d'origine inconnue mais pourraient provenir de Giza, s'il était avéré que les prêtrises des rois de la IVe dynastie étaient circonscrites à ce site comme celles des rois de VIe dynastie le furent presque toujours à Saqqara.

Les titres remis en vigueur à partir de la XXVIe dynastie ont été repris des titulatures de l'Ancien Empire où on les trouve d'abondance. Mais il est bien évident qu'ils n'ont plus la même acception. Les prophètes de Chéops et de ses successeurs ne peuvent désormais en aucun cas être des prêtres funéraires et c'est à ce titre, peut-être, qu'on peut dire qu'il s'agit de prêtrises fictives, comme on l'a souvent écrit[519]. Néanmoins le terme fictif a une couleur légèrement dépréciative qui, je crois, est abusive. En effet, les titres dont se targuent les desservants d'Isis servent à commémorer et révérer le souvenir des rois morts; que cela ne corresponde pas à l'opinion "populaire" telle qu'on la perçoit à travers les contes[520] et telle qu'elle transparaît beaucoup plus tard dans le récit d'Hérodote, est une autre affaire. La contradiction n'est qu'apparente car nul ne peut requérir une parfaite adéquation entre les tenants du culte officiel particulièrement soucieux du passé à cette époque-là et une tradition de type populaire, orale ou écrite[521]. Il n'y eut en tout cas jamais de *damnatio memoriae* officielle exercée à l'encontre de Chéops et Chéphren. Le souci de la pérennité de leur nom se retrouve à toutes les époques de l'histoire et non seulement à la XXVIe dynastie, quelle que soit la forme empruntée pour accomplir ce vœu[522]. Cette commémoration c'est ce qu'Otto dans son article sur le culte des rois à la Basse Epoque[523] appelle très justement "Gedächtniskult alter Könige", qu'il faut distinguer de trois autres formes de culte également pratiquées au bénéfice des rois: Zeremonialkult, Totenkult et Statuenkult.

Rien d'étonnant que la place de choix ait été donnée à Chéops et Chéphren dont les pyramides dominent le site et alors même qu'Isis s'appelle désormais la dame des Pyramides. On constate qu'il y a un étroit rapport entre les prêtrises d'Isis et celles des rois. On sait d'ailleurs aussi que lorsque les Egyptiens parlaient des Pyramides, c'était à Chéops et Chéphren qu'ils faisaient allusion[524]. Néanmoins, Mykérinos et Didoufri ne sont pas totalement absents. Et cela, peut-être pas uniquement parce que les Egyptiens du temps pouvaient voir les pyramides de ces pharaons, comme le suggère Wildung[525] mais parce qu'ils avaient retrouvé des titres qu'ils allaient remettre en usage, dans les inscriptions des mastabas. C'est bien là, vraisemblablement, la source majeure à laquelle puisèrent les Egyptiens. Et il y a assez peu de chances, comme l'a justement souligné D. Wildung, *o.c.*, p.188, qu'on ait recherché les noms des rois dans la documentation officielle qu'étaient les listes royales, car l'ordre de la séquence des rois n'y est pas le même.

518. Pour ces empreintes, voir H. de Meulenaere, *CdE* 77, 1964, p.25–8, et fig.1 et *supra*, p.98.
519. G. Posener, *Littérature et politique dans l'Egypte de la XIIe dynastie*, Paris 1969, p.11; D. Wildung, *o.c.*, p.186–7.
520. G. Posener, *o.c.*, p.11.
521. Cf. C.M.Z., "Bousiris", p.106–7; voir aussi *infra*, p.244–6, à propos de la Stèle de la fille de Chéops.
522. Cf. C.M.Z., *Giza*, p.322–4.
523. E. Otto, *MDIAK* 15, 1957, p.204.
524. Cf. C.M.Z., *Giza*, p.322–3.
525. D. Wildung, *o.c.*, p.188; dans ce cas, en effet, il n'y aurait guère de raison de trouver à Giza des prêtres de Didoufri.

Reste un dernier titre apparemment lié, lui aussi, aux fonctions dont étaient détenteurs les prêtres d'Isis. Il s'agit du *mr ḫ3st*, le président de la nécropole, qui fut porté successivement par Pami, Pa-cheri-en-iset I et Psamétique mais n'apparaît qu'épisodiquement dans leurs titulatures (Caire JE 38989, 38990, et I,1), où il est rejeté à la fin, précédant le nom. On sait qu'un tel personnage présidait aux destinées des grandes nécropoles[526] et il faut penser qu'à Giza il avait également en main les charges administratives et funéraires qui apparaissent étroitement liées aux fonctions purement sacerdotales.

d. Les autres titres

A côté des titres spécifiques qui font la particularité de cette famille, mais qui sont portés par un seul individu à chaque génération (et aucun à la quatrième), tous les membres de la lignée ou les personnages, entrés dans la famille par alliance, sont détenteurs d'autres titres, essentiellement religieux. Certains se transmettent de génération en génération avec très peu de variations et se présentent sous forme de séquences. Quelques autres, que nous allons immédiatement passer en revue, apparaissent de manière beaucoup plus épisodique.

Le graffito I,3 donne le début d'une titulature d'un personnage anonyme qui portait le titre de prophète de Ptah, *ḥm-nṯr Ptḥ*. On verra plus loin que ce titre, s'il est unique dans l'ensemble des inscriptions, peut néanmoins être rapproché d'une séquence nettement en rapport avec le culte de Ptah (songer entre autres au titre *ḥry sšt3 n pr Ptḥ* porté par bon nombre de membres de la famille de Pa-cheri-en-iset).

Beaucoup plus rare et d'interprétation aussi malaisée qu'incertaine est le titre *nb*... par lequel débute la titulature de Chep-en-senout I (II,1). Il est également porté par son père Paheri et son grand-père Ptahhotep. La charge ne fait donc pas partie inhérente des fonctions de la famille de Pami mais a été transmise à Chep-en-senout par la lignée paternelle. Le titre est associé dans le cas de Chep-en-senout à celui de serviteur de Bastet, *ḥm B3stt*, dont on peut supposer qu'il a une coloration plutôt memphite.

L'autre centre religieux notable de la région, Létopolis, est également présent à travers les titulatures. En effet, le père de Taherib, l'épouse de Psamétique est père divin et prophète *wn-r3* de Létopolis (Caire JE 38990; c'est vraisemblablement aussi le même titre qu'on retrouve sur le graffito II,4). C'est-à-dire qu'il exerce la charge sacerdotale par excellence de cette ville. Mais, encore une fois, c'est dans une famille alliée à celle de Pa-cheri-en-iset qu'on rencontre des fonctions qui ne sont pas spécifiques de Giza, ou de manière un peu moins étroite, memphites. On peut se demander si à la fin du texte du graffito I,1, au nom de Khoufou-em-akhet, il ne faut pas comprendre la titulature et le nom de son beau-père de la manière suivante: *ḥm-nṯr, ḥm-nṯr Ỉmn, Wpty*, prophète, prophète d'Amon, Oupty. Nous aurions là un prophète d'Amon sans qu'on puisse préciser davantage de quel Amon particulier il s'agissait.

Enfin on notera que Neferibrê, le dernier prophète d'Isis connu, est un prêtre *kʿḥ*, fonction attestée par ailleurs mais encore mal définie[527].

Restent maintenant deux séries de titres relativement homogènes dont furent titulaires aussi bien les prêtres d'Isis que les autres membres de la famille. Nous trouvons d'abord la séquence: "le prophète, prêtre ouab, supérieur des secrets du temple

526. *Supra*, p.139.
527. *Supra*, p.158.

de Ptah, grand sur ses jambes, prêtre *k3p* du seigneur du Double Pays, prêtre sem, *n(y)-ḥb-Rʿ (ḥm-nṯr wʿb ḥry sšt3 n pr Ptḥ ʿ3 r rdwy k3p nb t3wy sm n(y)-ḥb-Rʿ)* (Ouahibrê-neb-pehty et son père Psamétique sur le graffito Caire JE 38990; Khoufou-em-akhet en I,1). Elle est parfois réduite à certains titres seulement: *sm n(y)-ḥb-Rʿ* et *ḥry sšt3 Ptḥ sm n(y)-ḥb-Rʿ* sur le graffito I,4 au nom d'un certain Pa-cheri-en-iset. Khoufou-em-akhet sur le graffito I,5 est uniquement qualifié de *it nṯr sm ḥry sšt3* et son père Pa-cheri-en-iset I de *it nṯr sm*. Dans ce même texte, Ptahhotep, le père de Seneb-ptah-ites, épouse de Psamétique, est lui aussi un *ḥm-nṯr sm n(y)-ḥb-Rʿ ḥry sšt3 n pr (?) Ptḥ*[528].

Il ressort clairement de ces différents exemples que l'ensemble de ces titres se rapporte étroitement au culte du dieu memphite Ptah. Il faut certainement comprendre prophète et prêtre ouab de Ptah de même qu'on a le supérieur des secrets de la maison de Ptah. Ce titre est suivi de la curieuse épithète honorifique *ʿ3 r rdwy*. Il faut ensuite voir dans *k3p nb t3wy*, une résurgence du vieux titre *k3p nswt*, connu à l'Ancien et au Moyen Empire. Il en est de même pour sem auquel est adjoint, très régulièrement, *n(y)-ḥb-Rʿ*. Le sem est un officiant du culte de Ptah, peut-être spécialisé dans l'habillement du dieu[529]. Des titulatures assez voisines ne sont pas rares, d'ailleurs, à l'époque qui nous intéresse[530]. Celle de la famille de Giza a pour particularité d'être très complète. Les charges furent transmises de génération en génération mais on constate aussi qu'elles purent être confiées à deux individus d'une même génération, en fait deux frères, Psamétique et Khoufou-em-akhet. Etant donné la fréquence de ces titres, il n'est pas nécessaire de penser qu'ils ont été portés successivement par l'un puis par l'autre. De même, ils ne furent pas l'apanage des seuls descendants de Pami puisque Ptahhotep, le beau-père de Psamétique, fut également titulaire d'une partie, au moins, de ces mêmes charges. Par là, la famille de Giza s'intègre dans le cadre religieux de la région memphite. Ses membres s'inscrivent au nombre de l'abondant personnel du dieu Ptah dont certains auraient eu pour vocation plus particulière d'êtres les desservants de l'Isis de Giza.

De fait, dans la famille de Pami on porte une autre série de titres se rattachant cette fois-ci à Ro-Setaou et, partant, plus directement à Giza[531]. Là aussi, il s'agit d'une séquence assez stable qui, éventuellement, subit quelques modifications et qui apparaît seule ou conjointement avec la série de titres liés à Ptah. Le prophète et prêtre sem, le libateur (*sty mw*), le fumigateur (*k3p*) de Ro-Setaou, le supérieur des secrets de Ro-Setaou, le pourvoyeur d'offrandes, *ḥm-nṯr sm sty mw k3p R3-sṯ3w ḥry sšt3 R3-sṯ3w w3ḥ ḫt*, sont les titres portés par Ched..., son père Chep-en-senout et son grand-père ...ib... (Caire JE 38989). Il s'agit de membres par alliance de la famille de Pami. A la même génération, Ouahibrê-neb-pehty, petit-fils de Pa-cheri-en-iset est aussi *ḥry sšt3 R3-sṯ3w sty mw k3p R3-sṯ3w*, de même que toute son ascendance paternelle jusqu'à l'ancêtre Pami (Caire JE 38990). Mais de plus, il est titulaire d'un titre que portait aussi son grand-père Pa-cheri-en-iset I (graffito I,1). Il est prophète d'Harendotes, seigneur de Ro-Setaou;

528. Le texte du graffito II,5, au nom de Psamétique-neb-pehty est trop lacunaire pour qu'on puisse clairement dégager les séquences de titres.

529. H. de Meulenaere, *Mél. Mariette*, *BdE* 32, 1961, p.290. Pour une époque un peu plus ancienne, voir les titulatures de la statue Caire CG 667 (JE 28164) largement commentées par Ramadan El-Sayed, *BIFAO* 80, 1980, p.191–206, et *supra*, p.57.

530. H. de Meulenaere, *loc.cit.*, p.287.

531. Pour la localisation de Ro-Setaou à Giza, voir C.M.Zivie, *LdÄ* V/2, 1983, 305–6; *infra*, p.223, à propos du temple d'Osiris de Ro-Setaou, et de son emplacement selon la description topographique de la Stèle de la fille de Chéops.

ḥm-nṯr Ḥr-nḏ-ỉt·f nb R3-sṯ3w suit le titre de *k3p R3-sṯ3w* mais chez Pa-cheri-en-iset est intercalé entre la prêtrise d'Harmachis et celle de Chéops. Comment expliquer ce titre? Osiris n'est pas le seul dieu à être appelé seigneur de Ro-Setaou; on rencontre également, assez fréquemment, Ptah ou Sokaris dans les titulatures des personnages contemporains qui laissèrent une stèle ou une statue dans la région memphite. Qu'Harendotes qui représente la forme spécifique d'Horus, en tant que fils et vengeur d'Osiris, soit qualifié, lui aussi, de seigneur de Ro-Setaou n'est pas tellement surprenant puisque c'est le lieu même où son père est vénéré. Par ailleurs, Horus apparaît sous deux autres formes à Giza: Harsiésis, le fils d'Isis, tel que nous le voyons représenté sur le relief d'Harbes et le graffito de Khoufou-em-akhet; et surtout Harmachis, servi par un prophète, l'une des divinités incontestées de Giza. On peut alors supposer que Ouahibrê-neb-pehty, à la suite de Pa-cheri-en-iset, a voulu honorer Horus dans le cadre de Ro-setaou, tout en bénéficiant d'un titre de prophète, imitant en cela ses ascendants qui étaient eux, de surcroît, prophètes d'Isis et d'Harmachis.

Pa-cheri-en-iset II (I,1 et II,3) est *sm sty mw k3p R3-sṯ3w w3ḥ ẖt* comme son père Khoufou-em-akhet qui est, de plus, *ḥry sšt3 R3-sṯ3w* et, également, comme son fils Chep-en-senout II (II,3). Dans la lignée paternelle de Chep-en-senout I (II,1), on est également *sm ḥry sšt3 R3-sṯ3w*. A la cinquième génération, Psamétique-neb-pehty (II,5) porte lui aussi les titres de *sm sty mw... R3-sṯ3w w3ḥ ẖt*.

Le détenteur du titre de prophète d'Isis dans cette génération, Psamétique-men-(em)-pe est seulement prophète et *sty mw*, tandis que ses fils Horoudja et Neferibrê, sont, l'un et l'autre, père divin et *sty mw* (stèle du Sérapéum), auquel il faut ajouter pour Neferibrê (bague Brooklyn 37.734 E) *ḥry sšt3 R3-sṯ3w*.

A nouveau, on peut constater que les membres de la famille de Pami ainsi que certains personnages des branches alliées sont détenteurs de cette série de charges. Celle de supérieur des secrets de Ro-Setaou est bien connue et on la rencontre fréquemment sur des documents contemporains de la région[532]. A Giza, on lui a adjoint d'autres titres moins courants qui ont tous une connotation funéraire, puisqu'ils sont en rapport avec les offrandes alimentaires (*w3ḥ ẖt*) et liquides (*sty mw*) et l'encensement (*k3p*). De toutes, il semble que ce soit l'offrande liquide la plus représentative, si l'on en croit les titulatures des cinquième et sixième générations où seul est conservé le titre de *sty mw*. Apparemment, ce n'est pas dans le temple d'Osiris de Ro-Setaou qu'officiaient ces prêtres. Ce dieu avait, en effet, son propre clergé dont nous connaissons quelques membres[533]. On peut d'ailleurs remarquer que les cultes d'Osiris de Ro-Setaou et d'Isis des Pyramides étaient nettement dissociés et que ce sont des personnages différents qui sont titulaires des charges de prophète de l'une et de l'autre divinité.

Que représentaient exactement et effectivement les charges liées au lieu dit Ro-Setaou, il n'est pas aisé de le dire. Quel genre de culte était rendu, s'il y en avait un, en ce lieu? Les désignations de ces sacerdoces sont très précises et correspondent peut-être bien à une réalité cultuelle. On sait grâce à des inscriptions démotiques retrouvées par Petrie[534], qu'une association de choachytes (*w3ḥ mw*, à rapprocher peut-être de *sty mw*)

532. Les exemples en sont bien trop nombreux pour être cités ici. Il suffira par exemple de consulter M. Malinine, G. Posener et J. Vercoutter, *Catalogue des stèles du Sérapéum de Memphis* I, texte, Paris 1968, *passim*, pour en avoir un aperçu. On se reportera également à C.M.Z., "Bousiris", p.103–4 et 105.

533. Cf. C.M.Z., "Bousiris", p.105; voir aussi *infra*, p.217, à propos de Ptahdiiaou.

534. W.M.F. Petrie, *Gizeh and Rifeh*, *BSAE* 13, 2, p.29 et pl.XXXVII A, et *infra*, p.298.

avait pour cadre la nécropole de Ro-Setaou. Il n'est pas exclu que nous ayons affaire à un personnel du même type, chargé d'occupations similaires[535].

D'autre part, on est tenté, au moins à titre d'hypothèse, de faire un autre rapprochement. A Djamê (Medinet Habou) était rendu un culte décadaire aux dieux morts, enterrés dans la nécropole. Or, précisément, ce culte consistait pour l'essentiel en une offrande alimentaire intitulée *w3ḥ ḫt*[536]. Et il faut se souvenir qu'à Giza aussi est connu un lieu de même nom, Djamê, *Ỉ3t-Ṯ3-Mwt* qui fait partie de Ro-Setaou et dont on trouve une mention dans la titulature du grand-prêtre de Ptah, Chedsounefertoum, à la XXIIe dynastie[537]. Ce rapprochement n'est peut-être pas fortuit même si on n'a pas à Giza d'attestation de l'existence de dieux morts, inhumés dans la nécropole ni d'une théologie complexe et subtile, comme celle qui s'est développée assez tardivement autour de la butte primordiale de la Djamê du sud. On peut suggérer, non sans quelque bien-fondé, qu'il y avait à Giza un culte lié à l'antiquité de cette nécropole dont l'existence remonte aux débuts de l'histoire égyptienne.

535. Pour le fonctionnement de ce type d'organisation, voir A. Bataille, *Les Memnonia*, *RAPH* 23, Le Caire 1952, p.245–70, et F. de Cénival, *Les associations religieuses en Egypte d'après les documents démotiques*, *BdE* 46, 1972, p.139–213.
536. M. Doresse, *RdE* 25, 1973, p.122 [167]-135 [180], et *RdE* 31, 1979, p.59 [204]-65 [210]; C. Traunecker, *La chapelle d'Achôris à Karnak* II, texte, Paris 1981, p.115, 130 sq.; *Karnak* VII, 1982, p.349–52.
537. Cf. C.M.Z., *Giza*, p.296–7.

CHAPITRE IV

CHAPELLES ET CONSTRUCTIONS SUBSIDIAIRES DU TEMENOS DU TEMPLE D'ISIS

La progression au long de cette troisième partie, comme dans les précédentes au demeurant, a été élaborée en fonction de deux critères combinables. D'une part, les repères chronologiques précis lorsque nous en disposons; d'autre part, la localisation des monuments et éléments mobiliers auxquels nous avons affaire: constructions encore en place, documents trouvés *in situ* ou hors contexte, documents provenant du temple sans plus de détails. Cela m'a logiquement conduite à étudier, en premier lieu, la chapelle d'Harbes, bien datée du règne de Psamétique Ier et l'ensemble documentaire considérable qui appartenait à son propriétaire ou à un membre de sa famille; puis, la série des graffiti gravés sur les murs de cette même chapelle et, eux aussi, relativement bien datés.

Mais cela n'est évidemment qu'une petite part de l'ensemble fort complexe qui constitue le temenos d'Isis dont il va être question maintenant. Différents problèmes d'ordre méthodologique se posent de manière préalable, que je vais tenter de clarifier sinon de résoudre.

Il est patent, d'abord, que la datation des autres constructions subsidiaires du temple d'Isis est beaucoup moins précise que celle de la chapelle d'Harbes. Si un certain nombre d'indices indiquent à coup sûr qu'il s'agit essentiellement de la Période Saïte avec, dans quelques cas, des modifications plus tardives, sans doute d'Epoque Ptolémaïque, cela laisse cependant un laps de temps qu'on souhaiterait restreindre. Or, on ne dispose guère de critères pour serrer de plus près la chronologie: pas de preuves épigraphiques et pas non plus de preuves archéologiques fiables. Ce qui m'amène à soulever un point quelque peu épineux. Une des difficultés rencontrées pour écrire, aujourd'hui, l'histoire du temple d'Isis réside dans l'état de nos connaissances relatives à ce monument. Reisner, si on suit ses journaux de fouilles, a dégagé et nettoyé l'ensemble de la zone du temple mis à part, semble-t-il, quelques points limités tels que l'angle formé par les mastabas 7050 et 7152[538] ou encore l'extrémité orientale du temple, au-dessus du mastaba G 7140[539] où le

538. Voir pl.2.
539. *Infra*, p.209.

fouilleur avait rencontré de grosses difficultés. De même, il semble que certains puits et leurs chambres funéraires n'aient pas été complètement vidés, peut-être pour des raisons techniques ou par manque de sécurité. Par ailleurs, les renseignements que nous a laissés Reisner concernant sa fouille, ne sont, souvent, pas assez détaillés pour permettre une description archéologique précise des lieux. Peut-être faut-il rappeler, sans vouloir lui faire le moindre procès d'intention, que l'intérêt de cet archéologue allait vers le cimetière de l'Ancien Empire, les pyramides et les mastabas, et non vers les réutilisations tardives du site. Nonobstant, il a, sans aucun doute, fouillé le temple d'Isis avec le même soin qu'il déployait ailleurs mais sans y accorder peut-être la même attention. Les objets, ou du moins les plus importants d'entre eux, ont, bien sûr, été enregistrés et décrits dans les registres qui ont été tenus régulièrement. Le manque se situe donc plutôt au niveau de la description générale, ce qui oblitère forcément notre possibilité d'interprétation.

Depuis lors, une saison de fouille, ou plus exactement de nettoyage et de relevé, a été entreprise dans le cadre du Sphinx and Isis Temple Project sous les auspices de l'American Research Center in Egypt[540]. Les premiers résultats acquis grâce au survey systématique des lieux ont été publiés sous forme de rapport préliminaire[541], fort précieux. Mais ce n'est là que le début d'un travail dont la suite, pour des raisons diverses, a été retardée jusqu'à présent. Cette suite qu'on souhaite dans un avenir aussi proche que possible, aura pour premier effet l'achèvement du plan de ce secteur. Et on en attend, bien sûr, étant donné la minutie avec laquelle ce travail est effectué, la possibilité de mieux interpréter les différents éléments du temple d'Isis les uns par rapport aux autres, tout en sachant que la situation sur le terrain depuis le temps de Reisner n'est allée qu'en se dégradant et qu'un certain nombre de choses demeurent invérifiables. D'autre part, les problèmes techniques qu'avait rencontrés Reisner, tels que la fouille des puits saïtes extrêmement profonds, subsistent et il n'est pas sûr qu'on puisse procéder aujourd'hui à un nouveau dégagement de l'ensemble de ces puits, ce qui serait pourtant indéniablement, utile.

Ces remarques, un peu longues mais nécessaires, prennent leur place ici d'une manière, en quelque sorte, préventive. Il faut être conscient qu'écrire l'histoire du temple d'Isis aujourd'hui vient, sans doute, un peu tard ou, peut-être, un peu tôt. Un peu tard, parce qu'il aurait été préférable que le véritable maître d'œuvre de la fouille fût aussi l'auteur de son histoire, bien que le temple eût déjà sévèrement souffert des atteintes du temps et des hommes lorsque Reisner en eut la charge. Mais si on déplore cette lacune, on peut tenter de la réparer avec ce qui reste à notre disposition.

Quant à écrire un peu tôt, il y a certes les raisons que j'ai évoquées plus haut de l'inachèvement du travail sur le terrain, mais je crois cependant pouvoir passer outre. En effet les données essentielles, tant archéologiques qu'épigraphiques, sont tout de même rassemblées maintenant et rien n'empêchera, ultérieurement, d'apporter des modifications ou des additions sur tel ou tel point spécifique. Cela dit, il doit être clair que le présent chapitre ne peut et ne veut représenter qu'une étape intermédiaire et provisoire dans l'histoire du temple. Etayé sur le rapport préliminaire cité plus haut et

540. Cf. *supra*, p.11. De plus, en février 1986, j'ai eu la possibilité de faire sur le terrain un certain nombre de vérifications qui s'avéraient nécessaires et de rediscuter de l'ensemble du problème avec Mark Lehner.
541. M. Jones et A. Milward, *JSSEA* 12, 1982, p.140–51 et pl.18–20.

les notes du Journal de fouilles de Reisner, il sera un état de la question le plus complet possible à l'heure actuelle.

Pour conduire la description de la manière la plus intelligible, j'ai choisi un ordre topographique conventionnel qui n'implique pas d'hypothèse préalable. Je passerai d'abord en revue les différentes constructions situées juste au nord de la partie centrale du temple (salles (1), (2), (3))[542], puis celles du sud, toujours dans la zone délimitée par la pyramide G I–c à l'ouest et le mastaba double G 7130–7140 à l'est. Même si les données architecturales, archéologiques et épigraphiques ne fournissent pas une datation très précise des salles (2) et (3), il est vraisemblable, comme on l'a vu, de fixer leur construction sous la Troisième Période Intermédiaire, la XXIe dynastie sans doute, qui marque la première phase d'extension du temple. D'autant qu'on sait que la salle (5) au nord de (1) et (4) a été exécutée à la fin de la Troisième Période Intermédiaire, dans une deuxième étape de l'agrandissement du temple. Viennent ensuite les différentes chapelles bâties sur ou dans ce même mastaba, le long de l'axe est-ouest du temple. Les trouvailles d'éléments mobiliers sont signalées en fonction du lieu où elles ont été faites mais l'étude des objets eux-mêmes est, en général, reportée dans d'autres chapitres où ils sont regroupés selon d'autres critères. En effet, d'une part l'étude des objets mobiliers ne fait pas partie de la description du temple lui-même, d'autre part il faut se souvenir qu'un certain nombre d'entre eux n'étaient déjà plus à leur place d'origine lorsque Reisner les a mis au jour, mais qu'ils y avaient été jetés ou abandonnés par les fouilleurs illicites ou les chercheurs de *sebakh*. Occasionnellement, tel ou tel élément pourra nous arrêter plus longuement s'il est avéré que l'objet est bien en place et permet ainsi d'apporter des éléments d'interprétation supplémentaires sur le lieu de sa trouvaille.

A cette description des structures encore visibles sur le site, il faut ajouter la liste d'éléments architecturaux, décorés ou inscrits, retrouvés dans le temple mais qu'on est aujourd'hui incapable de replacer. Enfin, ce chapitre inclut également quelques fragments au nom d'un certain Ptahdiiaou dont on a lieu de supposer qu'il avait, lui aussi, bâti sa chapelle sinon dans le temenos d'Isis, du moins non loin de celui-ci.

1. CHAPELLES ET CONSTRUCTIONS ANNEXES

A. LA PARTIE NORD DU TEMPLE: (4), (5), (6), (7)[543]

a. Salle (4)[544]

La salle (4) (voir pl. 4 et 5)[545] est bâtie directement au nord de l'ancienne chapelle funéraire de la pyramide G I–c avec laquelle elle est, d'ailleurs, alignée. Elle est construite en petits blocs de calcaire, sauf le mur sud qui est, en fait, la paroi nord de (1),

542. Voir pl.4.

543. La numérotation des salles, utilisée est celle qui a été adoptée au moment de l'exécution du plan réalisé dans le cadre du Sphinx and Isis Temple Project. Lorsqu'il s'agit de salles auxquelles Reisner avait donné une numérotation (ce sont en fait des lettres), je le signalerai afin qu'il soit toujours possible de faire des recoupements avec les archives de Reisner.

544. On fera la distinction entre salle, faisant partie du noyau principal du temple et chapelle qui semble avoir une autonomie plus grande.

545. Sans identification spécifique chez Reisner. Voir M. Jones et A. Milward, *JSSEA* 12, 1982, p.146 et fig.1 et 2.

avec une unique ouverture dans la paroi est. Les murs ne subsistent plus aujourd'hui que sur une hauteur d'un mètre environ. Le mur ouest est bâti contre la base du revêtement de la pyramide. Le sol est composé, pour partie, de la plateforme du mur nord de la chapelle funéraire (1), dans la partie sud de la salle; pour le reste, le dallage a été enlevé à une époque inconnue, dénudant une couche d'éclats de calcaire, d'argile jaune et de gravier qui pourrait dater de l'Ancien Empire[546]. Le seuil dans le mur oriental est formé par un bloc de remploi de l'Ancien Empire et repose en partie sur la plateforme de l'Ancien Empire et en partie sur un dépôt d'éclats de calcaire.

Dans l'angle interne nord du seuil subsiste une rainure verticale, sans doute destinée au gond de la porte. A un certain moment, cette porte a été bloquée avec des blocs de calcaire grossiers, similaires à ceux utilisés dans le noyau de la pyramide. L'un deux est encore en place, maintenu par du mortier. La raison suggérée par M. Jones et A. Milward pour ce blocage aurait été de trouver un point d'appui pour un mur dont subsistent quelques éléments, mur qui vient mourir contre la paroi orientale de (4). Ce mur est-il en relation avec la construction des chapelles saïtes (6) et (7) (Harbes), cela est possible. La salle (4) avec son ouverture originelle à l'est appartiendrait à une phase antérieure du monument, peut-être le premier agrandissement, effectué sans doute sous la XXIe dynastie. Certes aucune trouvaille bien datée ne permet de l'affirmer. Cependant, on sait que la salle (5) juste contiguë au nord, a été construite probablement à la XXIIe ou XXIIIe dynastie, ce qui est un élément de datation non négligeable, étant donné que (4) est contemporaine ou antérieure à (5)[547].

Il est intéressant de citer ici les remarques consignées dans un manuscrit des Archives Reisner, concernant cette salle:

> "The asymmetry of the chapel of Henutsen posed a problem to the builder of the later Isis Temple (Pasebkhanu I?). In deciding to utilize the chapel as the sanctuary of the new structure, an additional chamber was built against the north wall to equalize the facade[548]. Apparently the chamber was built without any entrance, and the suggested reason seems to be the only one for its construction. The chamber had thin walls contrasting sharply with the massiveness of those of the chapel" (MS XIV B 6, p.1)[549].

Où on voit que le dernier nettoyage, extrêmement soigné, réalisé en 1980–81, a permis, sinon d'apporter des conclusions décisives sur la date et l'usage de cette salle, du moins d'en décrire avec plus d'exactitude la structure. Il n'est pas certain, d'après la description ci-dessus, que Reisner soit arrivé jusqu'au sol originel lorsqu'il a dégagé cette partie du temple. Il est maintenant à peu près sûr qu'il y a eu deux phases différentes d'utilisation de la construction et que, lors de la première, la salle avait un rôle dans le fonctionnement du temple, qui a ensuite cessé d'être lorsque la porte a été bloquée. Il faut encore signaler l'existence d'une sorte de tunnel traversant, de part en part, la partie ouest de la salle (4) sous le niveau du sol, depuis le mur nord jusqu'à la plateforme de l'Ancien Empire. On y a découvert une petite niche creusée dans le niveau inférieur des fondations de la pyramide G I–c. L'époque à laquelle fut creusé cet appareil et son éventuel usage nous sont inconnus. Enfin, c'est là qu'a été trouvé, lors du nettoyage de

546. M. Jones et A. Milward, *loc. cit.*, p.146.
547. *Supra*, p.83–4, et *infra*, p.270–1.
548. Voir pl.4, qui montre en effet clairement que l'axe de la chapelle funéraire de l'Ancien Empire ne l a divisait pas en deux parties égales mais était décalé vers le nord.
549. A propos de ce manuscrit, voir *supra*, n.(219).

l'été 1980, un petit fragment de calcaire, extrêmement abîmé et non daté, avec les restes de deux colonnes, mentionnant un père divin[550]. Il porte le N° GS 80, 16, dans l'inventaire de la saison 1980 de l'ARCE. Il est naturellement impossible d'établir un lien entre ce fragment et la salle (4) puisque le bloc était dans les débris où il avait échoué, on ne sait comment.

b. Salle (5)

La salle (5) (voir fig. 13 et pl. 4 et 5)[551] est contiguë à la salle (4) par son mur sud, directement accolé au mur nord de (4), tandis que son mur ouest s'appuie contre la façade orientale de la pyramide G I–c. Ce bâtiment fut construit en briques crues, de deux tailles différentes: 36,5 x 17 x 9 cm pour les plus grandes et la moitié de ces dimensions, environ, pour les plus petites; les murs de briques reposaient peut-être sur une base en pierre. Il est séparé en deux par un mur nord-sud qui est aujourd'hui en fort mauvais état. On ne sait même pas où il s'achève à l'est car le chemin moderne qui traverse cette zone passe précisément à cet endroit.

Reisner avait reconnu cette structure comme le montre le texte du manuscrit déjà cité (MS XIV B 6, p.9):

> "Built against the north wall of Pasebkhanu's Hall, against the Pyramid, is a group of well-built massive brick chambers containing a stone-lined burial trench and a burial box."

Tout cela est assez visible sur le plan datant de Reisner, reproduit dans S. Hassan, *The Great Sphinx*, pl.52. Les bâtiments de cette zone étaient plus complexes que ce qu'on peut en voir aujourd'hui, après des dégradations récentes. En fait, le dépouillement du Journal de fouilles de Reisner pour les tout premiers jours de l'année 1926, nous apporte des renseignements bien plus considérables sur cette zone qui fut systématiquement fouillée. D'après les rapides croquis du Journal, il faut identifier ce secteur comme G 7011 A et B. Il s'agit de ces bizarres constructions de briques et calcaire, ayant servi à des inhumations. Je reproduis ici les indications de Reisner.

Diary 39, 2ème cahier (version dactylographiée) p.22:

> "Jan. 1, 1926
>
> Among the crude bricks walls which adjoin the E. face of G I–c and are apparently connected with the Isis Temple we exposed a burial (A) and a pit.
>
> Burial A. was in a masonry box built in rectangular compartment in the masonry. The box was roofed with 7 slabs of white limestone with the joints filled with white plaster. Inside was a wooden coffin of the Saiti type with corner posts. Beside the coffin on west was a decayed box containing small blue shawwabtis. At present the relations of the burial, the crude bricks wall and Isis Temple are not clear. Pit B, is a stone lined *square* shaft south of burial A. Filled with mixed debris. Down about 2 meters."

> "Jan. 2, 1926, G 7011
>
> Pit A. Dows Dunham gradually cleaning: two mummies cases decayed but proved by two sets of bronze eyes; 2 scarabs under left arm (one of
>
> 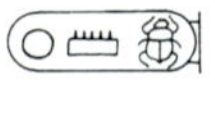)."

550. *Supra*, p.78.
551. G 7011 A et B chez Reisner: cf. *infra*, p.178. Voir M. Jones et A. Milward, *JSSEA* 12, 1982, p.146–7 et fig.2.

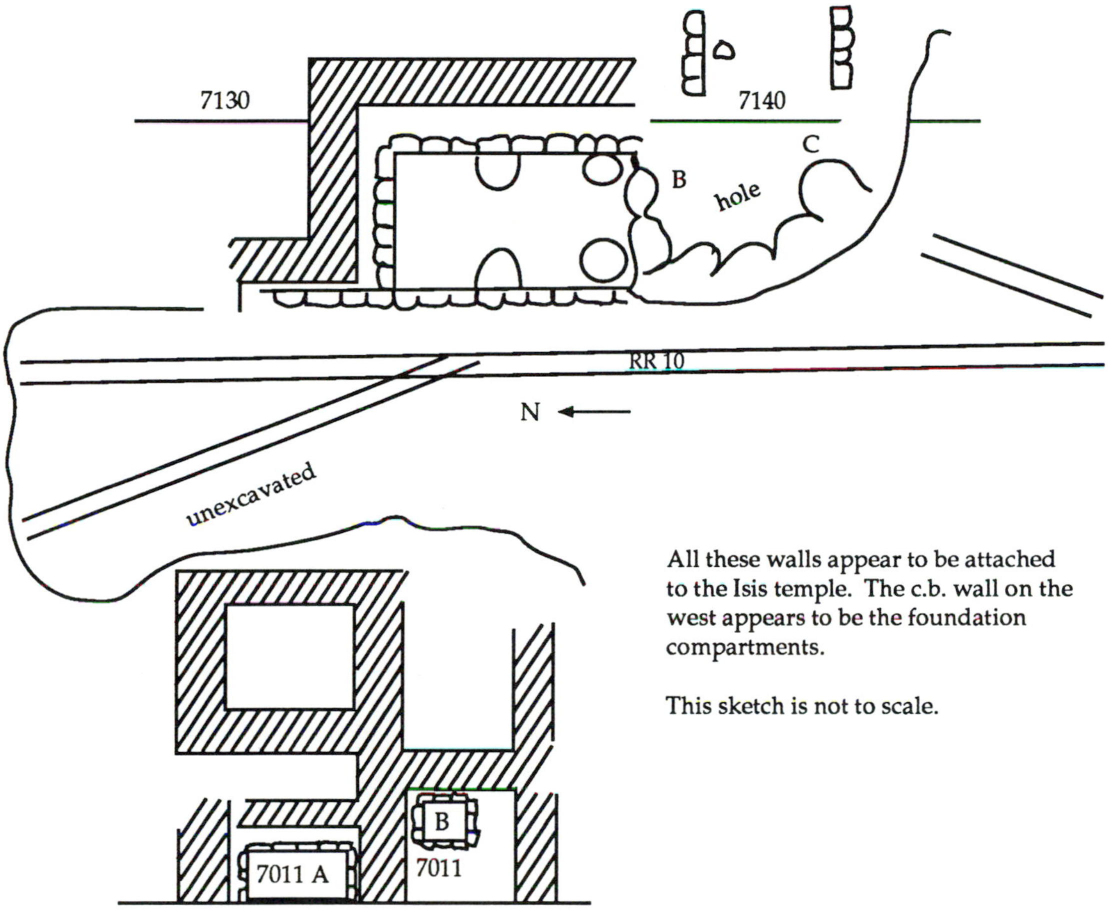
7130
7140
B
C
hole
RR 10
N
unexcavated
B
7011 A
7011
All these walls appear to be attached to the Isis temple. The c.b. wall on the west appears to be the foundation compartments.
This sketch is not to scale.

Fig. 13
Partie nord du temple (d'après Reisner, Diary 39, 1er cahier, p.3)

> "Pit B. Depth 5.62 meters; four chambers; one on each side; mixed debris in all four; cleared N. chamber but found nothing whatever; began clearing E. chamber."

> "Jan. 3, 1926, G 7011
>
> The relation if the crude bricks wall numbered 7011 to the Isis Temple is still obscure. G 7011 A. Dows Dunham finished clearing. Under the wooden coffin along the west wall many more shafts in position. Under each corner of the coffin was a bronze spike (?)... (12,4 cm long)."
>
> "G 7011 B; In the east chamber, 3 coffin trenches cut in rock and a rude stone coffin across them. In the debris: 6 *tiny* shawwabtis about 18 mm. high; a bronze ram's horn and various small fragments shawwabtis and pottery. Finished clearing the west chamber and south chamber."

Cette zone encombrée de débris, de briques entre autres, devrait être renettoyée jusqu'à son sol d'origine dans une phase ultérieure. Mais il est évident qu'elle a beaucoup souffert depuis l'époque des fouilles de Reisner.

On sait que c'est dans cette salle (5) (G 7011 A de Reisner) qu'a été retrouvé le sarcophage de Bepeshes, MFA Exp. N° 26–1–88, datable de la XXIIe ou XXIIIe dynastie[552], ce qui sert de terminus *ante quem*. Cette structure de briques, et subséquemment la structure de pierres (4), juste au sud, ne peuvent pas être postérieures à la Troisième Période Intermédiaire, et plus précisément à la XXIIe ou XXIIIe dynastie. C'est là l'indication d'une nouvelle phase d'extension du temple entre les XXIe et XXVIe dynasties, qui a servi à l'inhumation d'un dynaste libyen, "l'enfant du chef des étrangers", Bepeshes.

Juste au nord de ce secteur, dans l'espace compris entre la pyramide G I–c et le mastaba G 7130, a été trouvée toute une série de silos circulaires, revêtus de briques et creusés dans une couche de débris, comme on en rencontre, d'ailleurs, également au sud du temple d'Isis. Ils ont été détruits au moment de la fouille de Reisner, semble-t-il, et ne sont plus visibles. Sans doute datent-ils de l'Epoque Romaine mais leur finalité est incertaine. Rappelons ce qu'il en a été dit après la fouille de Reisner:

> "A number of circular brick bins was sunk in the debris north and south of the temple west of G 7130 and G 7140, many of them overlying earlier work. On one of these, 198 on the map, a number of pottery vessels was found, but no record can be located to indicate their apparence or age.
>
> The purpose of these bins is uncertain; one would like to call them granaries but for the pottery just mentioned and the peculiar location (MS XIV B 6, p.10–1)."

A propos de ces silos qu'on retrouve en quantité dans la zone nord, jusqu'à la hauteur de la pyramide G I–b et qui ont beaucoup préoccupé Reisner, je reproduis une page de son Journal de fouilles du 5 novembre 1924, qui apparaît, en la matière, comme une sorte d'état de la question.

Diary 34, A, p.21 (version dactylographiée):

> "The question of the date of the bins appears now to be settled. Conclusions:
>
> (1) When the bins were built, the pyramid-chapel (G I–b) was already destroyed to its present condition and probably the pyramid casing also.

552. *Supra*, p.83–4, et *infra*, p.270–1.

(2) The bins fall into decay and the present deposit of dirty debris was formed after the destruction of the pyramid casing of its present condition. The destruction of the casing may have been earlier as assumed in paragraph (1).

(3) The great deposit of decayed yellow limestone (debris of decay from the core-structure of the pyramid) was formed after the deposition of the dirty debris. The deposit must have taken centuries to form. Later: it was subsequently proved that this debris resulted first from the breaking of stone by the local inhabitants and was modified by weather. The period of formation was as near as I can learn about two centuries.

(4) Except the potsherds from the O.K. vessels, some small potsherds and perhaps a few flit flakes, the objects contained in the dirty debris are of the Ptolemaic–Roman period (later than Dyn. XXV).

(5) The two periods indicated are O.K. and Ptol.–Roman. The bins on the floor of which the dirty debris rests are therefore almost certainly of the Ptol.–Rom. period. One of them contained chopped straw."

Ces silos qui auraient mérité une étude approfondie, difficile à réaliser aujourd'hui, apparaissent, sans aucun doute, comme le dernier stade d'occupation du site tandis que parallèlement, des puits étaient creusés dans les mastabas ou leur voisinage pour des sépultures subsidiaires. Mais, évidemment, on ne sait guère ce qu'était devenu le temple proprement dit aux Epoques Ptolémaïque et Romaine[553].

c. Chapelles (6)[554] et (7)

Un peu plus à l'est (voir fig. 14 et pl.4 et 6), on rencontre un groupe de constructions, formé par les chapelles (6) (P de Reisner, repris par S. Hassan) et (7) (A de Reisner et S. Hassan), cette dernière appartenant à Harbes et ayant déjà été étudiée plus haut. Nous devrons, cependant, y revenir brièvement pour tenter de voir comment elles s'articulent l'une par rapport à l'autre.

Il faut d'abord se résigner à constater que la zone entre (5) et (6) demeure une sorte de *terra incognita* et que le mur qui venait buter contre la paroi orientale de (4) et qui a pratiquement disparu, reste pour nous mystérieux.

La chapelle (6) est strictement contiguë à (7) mais chacune d'elles a, néanmoins, ses murs propres. Ceux de (6) sont caractérisés par leur épaisseur (1,65 m environ); ils sont constitués d'un assemblage de moellons et mortier, maintenu par un parement, interne et externe, de calcaire; technique radicalement différente de celle qui fut utilisée dans la chapelle d'Harbes où les murs sont simplement composés d'un appareil de petits blocs réguliers de calcaire. (6) est formé d'une pièce unique s'ouvrant au sud, face à l'axe du temple. Seuls, les murs ouest et est subsistent sur une certaine hauteur, environ 1,50 m mais la structure du mur oriental n'est plus parfaitement visible à cause des restaurations, opérées sur le mur contigu de (7). Le mur septentrional du fond a totalement disparu tandis que demeurent les fondations du mur sud. Le dallage a également entièrement disparu, révélant l'ouverture du puits dont, curieusement, les parois ne sont pas parallèles aux murs de la chapelle. Ce qui amène à se demander si le puits et la superstructure datent bien de la même période ou si, au contraire, le puits ne remonterait pas à une époque antérieure et si la chapelle n'aurait pas été remaniée ou reconstruite, après coup. Ce puits, pillé à une date inconnue, aujourd'hui à nouveau rempli (sable, débris divers et ordures) et qui n'a pu encore être complètement revidé (le

553. Voir cependant *infra*, p.196 et 209–10.
554. Cf. M. Jones et A. Milward, *loc. cit.*, p.146 et fig.3.

début de vidage a été entrepris lors de la saison 1980 mais n'a pas été mené à terme), avait été fouillé par Reisner qui n'y avait pas trouvé d'objet, permettant d'identifier le propriétaire de la chapelle dont les parois, ou du moins ce qui en subsiste, ne sont pas non plus décorées. Mais elles ont pu l'être car celles de la chapelle d'Harbes ne sont pas non plus entièrement couvertes de reliefs. Voici les renseignements qui nous sont fournis par le Journal de Reisner.

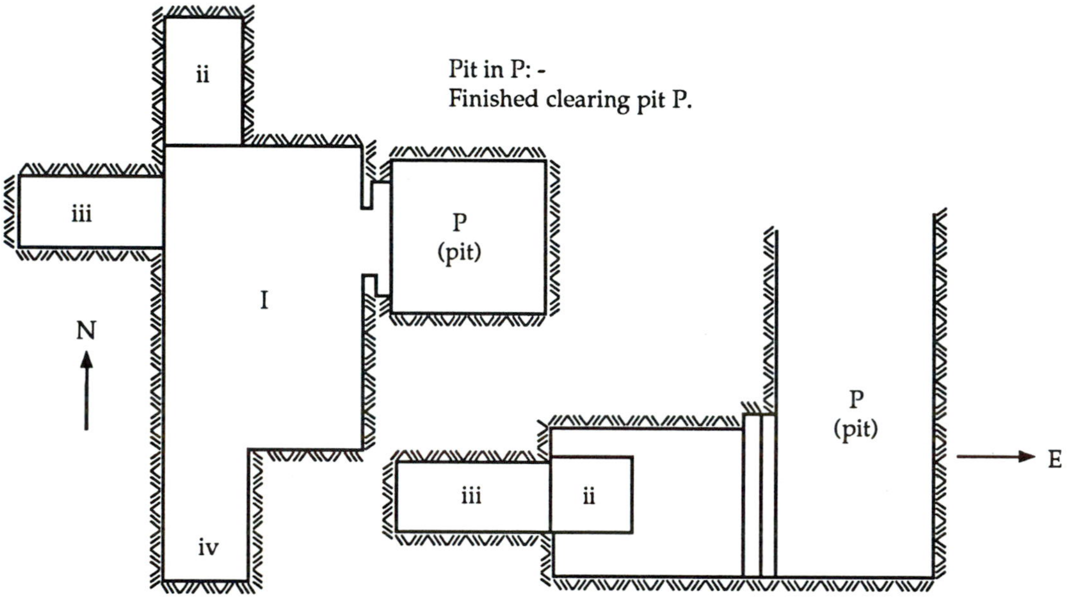

Fig. 14
Puits et chambre funéraire de la chapelle (6)
(d'après Reisner, Diary 39, 1er cahier, p.19)

Diary 39, 1er cahier (version dactylographiée):

> "Jan. 9, 1926, p.19
>
> Pit in Room P;—Depth,—meters (sic!). Chamber on West four limestone coffins (N–S) and to the south of them one (E–W). In the west wall a doorway to a second chamber also with a limestone coffin."
>
> "Jan. 10, 1926.
>
> Finished clearing pit P.

N° II and III are *loculi* higher than the floor of I. And floor of N° IV is as that of I. In I four rude stone coffins. In IV one crude stone coffin and below it a coffin trench. Only a few beads were found in the rooms."

"Jan. 20, 1926, p.22

Pit in Room P.

Removed one of the coffins in front of loculus IV and also that in the loculus. Underneath the later were the remains of a wooden mummy case or coffin (plundered). Beside it on the east were three alabaster canopic jars and on the west a fourth jar and three heads (Hapi lacking)."

"Jan. 24, 1926, p.22

Room P. Dunham cleared loculus IV in the pit. The canopic jars are not inscribed. The forms are those of the Saiti period. All four heads were found."

Une particularité architecturale mérite d'être notée; il s'agit d'une sorte de petite niche creusée à l'extrémité nord du mur est, avec une crapaudine indiquant l'existence d'un système de fermeture, comme on en rencontre, du reste, ailleurs dans les parois d'autres salles: (voir (4) et également (8)) et dont la destination est incertaine; sans doute, pour abriter une statuette ou un objet votif.

A l'extérieur de la chapelle, contre le mur sud, on remarque aussi les restes de ce qui est, peut-être, une "burial box"[555], selon les termes utilisés par Reisner et dont il est difficile de trouver un équivalent français acceptable, éventuellement caisson (funéraire).

D'autre part, en établissant le plan de (6), M. Jones et A. Milward ont décelé sous ce même mur sud, les traces d'un mur plus ancien qui suit une autre direction que le précédent et se trouve, en fait, dans l'alignement de l'extrémité sud du dallage de (7). C'est là, peut-être, un autre indice avec celui, déjà mentionné, du puits, d'un remaniement de cette construction. Et également un indice pour émettre l'hypothèse que (7) est antérieur à (6), en tout cas dans l'état où il nous sont parvenus.

Contre le mur nord de la chapelle d'Harbes (7), subsistent les restes d'un mur de briques crues qui appartenait à une construction (16), aujourd'hui complètement ruinée.

L'auteur du MS XIV B 6 pensait que ce mur avait été construit par le propriétaire de la chapelle (6) pour fermer cette zone et constituer une sorte de cour qui aurait été ultérieurement occupée par la chapelle d'Harbes:

"A brick wall plastered, was built to the east to help close off the area (p.4)."

Et plus loin (p.5):

"This (la chapelle d'Harbes) was built into a L-shaped brick wall which we have seen was probably built by the owner of chapel P to replace the old northern curtain wall when this was dismantled to make way for chapel P. It thus formed a kind of side court east of P. The walls are white-plastered and the east wall lay along the side of G 7130."

En fait, il y avait, au nord de (7), une sépulture de type "burial box" (G 7012 A), similaire à celles qui ont été trouvées en (5).

Diary 1925–1926, II, p.129 (copie manuscrite) G 7012 A. Jan. 7, 1926:

555. Cf. M. Jones et A. Milward, *loc. cit.*, fig.3.

> "G 7012 A is a third masonry grave like G 7011 A and lies north of Room P. It was found open and empty. In the debris, an eye from a mummy case, etc."

Après une étude plus détaillée des différents murs qui subsistent, il semble assez peu probable que ce soit dans cet ordre qu'aient été réalisées les deux constructions. Harbes a sans doute d'abord édifié sa chapelle; à peu près à cette époque, une première structure a été bâtie avec un puits, juste à l'ouest de (7), puis a été remaniée à une date ultérieure, inconnue. Comme nous l'avons vu en étudiant la chapelle d'Harbes, rien ne nous autorise à faire de (6) le lieu d'inhumation d'Harbes ou d'un membre de sa famille, même si l'hypothèse est plausible.

A l'avant des chapelles (6) et (7), une petite zone dénommée (B) par Reisner, s'étend jusqu'au dallage qui fait communiquer (3) avec le passage sur le mastaba G 7130–7140. Le fouilleur y a noté quelques traces de construction.

Diary 39, 1er cahier, p.12 (version dactylographiée):

> "Jan. 3, 1926. Room B:
>
> walls nearly destroyed but traces on W. and S. A foundation of large and small stones in which thieves have dug a rough hole."

Il s'agissait sans doute d'une cour qui donnait accès aux chapelles (6) et (7).

Peut-on dans l'état actuel, avoir une vue d'ensemble de ce qu'était la partie nord du temple d'Isis, comprise entre la pyramide G I–c et le mastaba G 7130?

On peut avancer, prudemment, à titre d'hypothèse, susceptible d'être modifiée par des résultats ultérieurs, que la salle (4) adjacente à l'ancienne chapelle funéraire (1), le noyau du temple, date sans doute du premier agrandissement de la XXIe dynastie tandis que (5) légèrement postérieure, a servi de sépulture. C'est seulement à l'Epoque Saïte que fut occupée la partie est de cette même zone, avec la construction de la chapelle d'Harbes (7) et d'une chapelle anonyme à usage funéraire qui, remaniée plus tard, deviendra l'actuelle chapelle (6). Un système de fermeture existait, sans aucun doute, au nord mais nous ne le connaissons pas, étant donné les déprédations qu' a subies le temple d'Isis tout entier.

Il faut cependant signaler au nord de (6) et (7), à peu près dans l'alignement des colonnes ouest de (2), deux bases de colonnes encore en place, d'environ 90 cm de diamètre, d'une taille légèrement inférieure à celles de (2). Les colonnes elles-mêmes ont disparu mais les bases indiquent indéniablement l'existence d'une autre construction à cet emplacement. Il est évidemment impossible de la dater et d'en décrire la configuration. Un peu plus au nord encore, à la hauteur de l'angle N.-E. de la pyramide G I–c, subsistent des éléments d'une sorte de canalisation, creusée dans des blocs de calcaire et coupant la rue G 7000 d'ouest en est. Son existence avait été notée par Reisner:

Diary 39, 1er cahier (version dactylographiée):

> "Jan. 1, 1926, p.2
>
> From Ave. 3 → E a stone drain runs across street 7000 but has been broken up when crossed by crude bricks bins."

Une fois de plus, il n'est pas possible de déterminer quel était l'usage de cet élément architectural et à quel bâtiment il appartenait. Au-delà de cette canalisation, des silos de briques, signalés plus haut, occupaient partiellement la rue G 7000, tout au moins aux Epoques Ptolémaïque et Romaine.

L'avenue 3 (voir fig. 15) entre les pyramides G I–b et G I–c était un moyen d'accès à la rue G 7000 et, par conséquent, au temple d'Isis. Des éléments de plusieurs murs ou constructions, largement postérieurs à l'Ancien Empire, y sont encore visibles et, sans aucun doute, cette zone avait subi des transformations en même temps que le temple d'Isis proprement dit. D'est en ouest, on trouve d'abord, à l'ouest de l'angle nord-est de G I–c, les restes d'un mur s'appuyant à la pyramide et formé de gros blocs, arrachés à cette dernière. Il semble reposer sur le sol de déblais de l'Ancien Empire. Juste au nord de l'entrée de la pyramide, un autre fragment de mur subsiste, qui s'appuie sur le revêtement préservé à cet endroit. Enfin, plus à l'ouest encore, un épais mur assez grossier, composé de grosses pierres et de déblais, bloque totalement le passage entre G I–b et G I–c. A proximité, une jarre est encore enterrée dans le sol. Il faut également signaler que les appartements de la pyramide G I–c ont été réutilisés aux Epoques Saïte et Ptolémaïque pour des inhumations subsidiaires dont Reisner a retrouvé des traces bien que Vyse y ait pénétré avant lui.

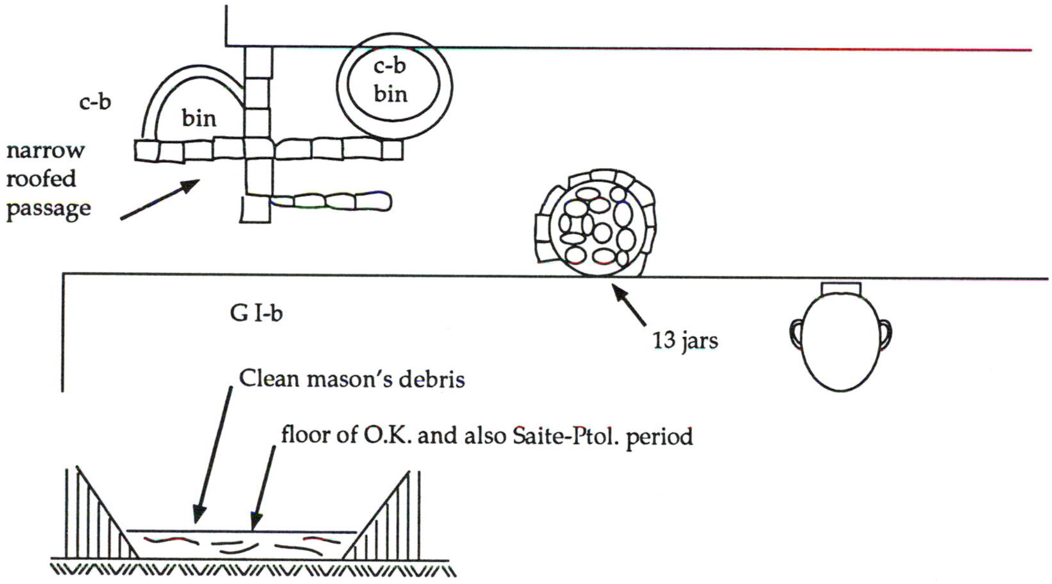

Fig. 15
Avenue 3 (d'après Reisner, Diary 39, 2ème cahier, p.10)

Diary 39, 2ème cahier (version dactylographiée):

"Dec. 30, 1925, p.10

G Ave. 3 between G I–b and G I–c

Finished clearing Ave. 3

Apparently the space between was closed off with a rough rubble wall built with a narrow entrance passage which was roofed over at a height of ca. 120 cm. The rubble bins further west were apparently of the same period, and also one or two crude bricks bins. But the crude bricks bin east of the wall was earlier."

"Jan. 4, 1926, Ave. 3, p.11

Removed crude bricks wall of upper level and exposed floor of Saiti Ptolemaic Period. The stone wall and the large crude bricks bin as well as the bins further west have the same floor level."

La zone de l'avenue 3 a fait partie, à un titre ou à un autre, du temenos du temple d'Isis et a été réutilisée, au moins à partir de l'Epoque Saïte. Peut-être, l'accès par l'ouest était-il bloqué ou bien y avait-il une porte dans le gros mur le plus occidental entre G I-b et G I-c, on ne peut le dire.

B. LA PARTIE SUD DU TEMPLE: (8), (9), (10), (11), (12), (13), (14), (15) (Pl.37)

La zone méridionale au sud de l'axe a peut-être encore plus souffert des déprédations que la précédente. Aussi apparaît-elle, dans l'ensemble, extrêmement confuse et, par conséquent, d'une description et d'une interprétation peu aisées.

a. Salle (8)

L'élément, sans aucun doute, le plus ancien par sa position même est la salle (8) (voir pl. 4 et 5)[556]. Il s'agit, en effet, d'une pièce rectangulaire dont le petit côté ouest vient s'appuyer sur l'extrémité du mur oriental de (1), autrement dit l'ancienne chapelle funéraire de G I–c. Cette construction, lorsqu'elle était complète, cachait le décor en façade de palais de l'Ancien Empire, gravé sur la paroi externe de la chapelle funéraire. Cette installation apparaît dépourvue d'entrée, correspondant à une porte. En revanche, on constate l'existence, au niveau supérieur, subsistant, du mur nord, sur sa face externe, d'un seuil étroit, taillé dans un bloc de calcaire avec une crapaudine en basalte. M. Jones et A. Milward ont noté que ce seuil est strié de marques, indiquant qu'une porte avait réellement fonctionné à cet emplacement. Mais comme le seuil ne mesure que 0,45 m de large sur 0,31 de profondeur et est situé à une hauteur de 1,40 m au-dessus du sol sans qu'on trouve de traces d'un escalier y accédant, tant à l'extérieur qu'à l'intérieur de (8), il paraît difficile d'en faire une porte. On songe bien plutôt à une niche, fermée par une porte et qui pouvait abriter une statue ou tout autre objet cultuel, comme on en a déjà rencontré en (4) et (6)[557]. On peut penser que c'est dans une niche similaire qu'était déposée la Stèle de la fille de Chéops, sans qu'on ait les moyens de préciser davantage.

L'intérieur de (8) n'est plus aujourd'hui qu'une cavité où viennent s'accumuler les débris de toutes sortes. On distingue encore à la base des murs, une sorte d'étroit rebord sur lequel pouvaient reposer des blocs de couverture, maintenant disparus. Au-dessous de ce niveau, on a creusé dans les blocs de fondation qui soutenaient l'angle sud-est de (1) jusqu'à atteindre le roc lui-même. Telle est la description qu'on peut faire, aujourd'hui, de cette construction très particulière. Heureusement, le Journal de Reisner nous apporte de précieux compléments qui nous permettent d'avoir une idée de son utilisation:

Diary 39, 1er cahier, p.15 (version dactylographiée):

"Jan. 7, 1926

Clearing south of Q ((2)), we exposed the covered burial G 7011 C, the room R ((1)) (with a burial or a pit) and room T ((9))."

556. Voir M. Jones et A. Milward, *loc. cit.*, p.148 et fig.1 et 4; identifié comme G 7011 C chez Reisner; voir *infra*.

557. *Supra*, p.175 et 181.

"Jan. 8, 1926, p.16, G 7011 C

Dunham removed the slabs and found a second roof of the slabs below. After taking out second roof, found contents decayed."

"Jan. 9, 1926, p.17

Burial box G 7011 C: examined the hard washed debris of decay inside: small body on debris; decayed wood; shawwabtis scattered on floor; 4 small limestone canopic jars at west end in a row."

"Jan. 10, 1926, p.19

G 7011 C: Dows Dunham registered and cleared out this burial. In addition to the four canopic jars (crude dummies) there were three small stone pots... also a scarab and a silver ring."

Ces différentes notes indiquent clairement l'équivalence entre G 7011 C et la salle actuellement répertoriée (8). Elle était, à l'époque, dans un état nettement meilleur qu'aujourd'hui. Reisner l'a trouvée couverte de deux épaisseurs de dalles dont l'une reposait sur le rebord interne, encore visible. Elle avait servi de sépulture, assez pauvre semble-t-il, si tant est qu'elle n'ait pas été pillée antérieurement. Cette dernière hypothèse est, toutefois, peu probable puisque les blocs de fermeture semblaient être en place lorsque Reisner a procédé à la fouille. Une question subsiste, cependant, sur la date de cette construction et celle de son utilisation, l'une ne coïncidant pas forcément avec l'autre. Constatons d'abord qu'au cœur même du temple d'Isis nous trouvons une sépulture avec une superstructure sans décoration, excepté la file de personnages du mur ouest de (10) qui déborde sur (8) mais a été gravée ultérieurement, au moment de la construction de (10), et sans accès visible. Nous savons déjà qu'il existait d'autres sépultures: (5) et (6) par exemple; nous verrons plus loin celles qui s'alignent le long de l'axe ouest-est, à travers le mastaba double G 7130–7140. Mais elles étaient relativement excentrées par rapport à la partie centrale du temple. Avec (8) nous sommes en présence d'une structure qui, si on observe le plan, occupe, pour une part, l'emplacement où aurait dû se trouver le mur sud de (2) dont on attribue la construction à la Troisième Période Intermédiaire. S'agit-il d'un vestige de cette époque, remanié par la suite, comme ce fut le cas, semble-t-il, pour (4)? Il est également possible que le mur de la Troisième Période Intermédiaire ait été détruit pour faire place à (8). En effet, les restaurateurs saïtes réutilisèrent des fragments de la Troisième Période Intermédiaire dans leurs constructions[558]. Il ne peut en tout cas pas s'agir d'une structure postérieure à la XXVIe dynastie puisque sur le mur qui sépare (9) de (10) et qui est dans la continuation du mur oriental de (8), on observe un décor qu'on date de cette même XXVIe dynastie. Le matériel trouvé en (8) et sommairement décrit par Reisner ne permet pas d'affirmer avec certitude que c'est à l'Epoque Saïte qu'on procéda à l'inhumation retrouvée. Du matériel funéraire contemporain[559] indique l'existence de sépultures à cette époque. Mais il pourrait aussi s'agir d'une réutilisation plus tardive.

En guise de conclusion provisoire, on peut constater l'utilisation de (8) comme sépulture sans savoir si c'était bien là sa destination première, avec, à l'extérieur, sur la paroi nord, une niche à usage rituel ou funéraire.

558. Voir *supra*, p.53–6, et *infra*, p.191, à propos d'un bloc remployé en (15).

559. Chaouabtis au nom de la mère d'Harbes, par exemple; cf. *supra*, p.118, et divers autres chaouabtis: cf. *infra*, p.275–9, *passim*.

b. Salle (9)[560]

Cette structure (voir pl. 4 et 5) est bâtie juste au sud de (8) dont elle est contiguë. Ce qui subsiste des murs montre un appareillage de blocs de calcaire, régulier. Sous le sol, deux (ou peut-être trois, selon Reisner), chambres ayant servi de sépultures, pour une part creusées dans les fondations de (1) et pour l'autre, bâties avec de gros blocs, pris aux constructions de l'Ancien Empire avoisinantes.

On accédait à (9) par une porte s'ouvrant dans le mur oriental et dont la crapaudine est encore visible dans l'angle sud. La partie nord de ce mur dans l'alignement de (8) porte un décor archaïsant. Le mur symétrique de l'autre côté de la porte devait être décoré de la même façon mais les registres comportant les reliefs ont disparu. Il s'agit de six personnes dans l'attitude de la marche (←) dont seuls les trois premiers sont conservés jusqu'au-dessus de la taille. Des trois derniers subsistent seulement le bas des jambes et les pieds. Ils portent un pagne court à devanteau triangulaire, empesé et la queue de léopard, emblème des prêtres sem; tiennent de la main gauche, un tissu et de la main droite, un grand bâton. C'est bien évidemment un thème emprunté aux mastabas voisins de l'Ancien Empire sans qu'on puisse préciser davantage, tant, d'ailleurs, il est banal. Nous avons affaire à une sorte de chapelle d'Epoque Saïte, partiellement décorée, dont le sous-sol était occupé par des inhumations, contemporaines ou postérieures.

Il semble que déjà à l'époque de Reisner, une très grande confusion régnait dans cette zone et les informations qu'il nous a laissées n'apportent que peu de lumières supplémentaires.

c. Salle (10)[561]

Elle occupe l'emplacement à l'est de (8) et (9) (voir fig. 16 et pl. 4 et 5), communiquant avec cette dernière par une porte. Le mur nord de (10) venait buter sur le mur est de (8) et en cacher, en partie, le décor, ce qui indique clairement que (10) a été bâtie ultérieurement à (8) et (9). Le mur oriental est aujourd'hui complètement détruit. Une grande partie de la surface du sol est occupée par l'ouverture d'un puits carré qui, sans doute, était dissimulé dans le dallage, présentement disparu. Le puits est actuellement fermé par une grille métallique sur laquelle ont été accumulés des blocs divers, ainsi qu'un fragment de chapiteau. Trois jarres sont encore enfoncées dans le sol, deux au nord, l'une à l'ouest du puits, tandis que dans l'angle nord-ouest on a retrouvé, en partie dissimulée dans le sable, une cachette contenant de la poterie, plats et jarres.

C'est dans cette même salle (10) qu'a été mise au jour pendant la fouille de Reisner, la statuette au nom de la mère d'Harbes, Chepenset[562]:

> "The statuette base just mentioned was found lying on a thick layer of debris above the floor of Room S. It bears the name of *Šp-n-ꜣst*, and was made for her by her son *Ḥrbs* (see Chapel A). Since the whole area seems to have been once drastically excavated and the debris thrown about, this may or may not mean that Room S was the tomb of *Šp-n-ꜣst* (MS XIV B 6, p.5)."

Comme le faisait déjà remarquer prudemment l'auteur du manuscrit XIV B 6, la trouvaille de la statue de Chepenset n'autorise nullement à faire de (10) et de son puits

560. (T) chez Reisner. Cf. M. Jones et A. Milward, *loc. cit.*, p.148 et fig.1, 2 et 4.
561. (S) chez Reisner. M. Jones et A. Milward, *loc. cit.*, p.148 et fig.1, 2 et 4.
562. MFA Exp. N. 26–1–237; voir *supra*, p.116–8.

le lieu d'inhumation de la mère d'Harbes. Du point de vue chronologique, des incertitudes subsistent puisque (10) est sans doute saïte mais postérieure à (9), sans qu'il y ait nécessairement pour autant un grand décalage entre les deux. Il faut ajouter à cela que le vidage et le nettoyage du puits, effectués par Reisner, n'ont pas apporté de renseignements confirmant ou infirmant la possibilité d'une telle attribution.

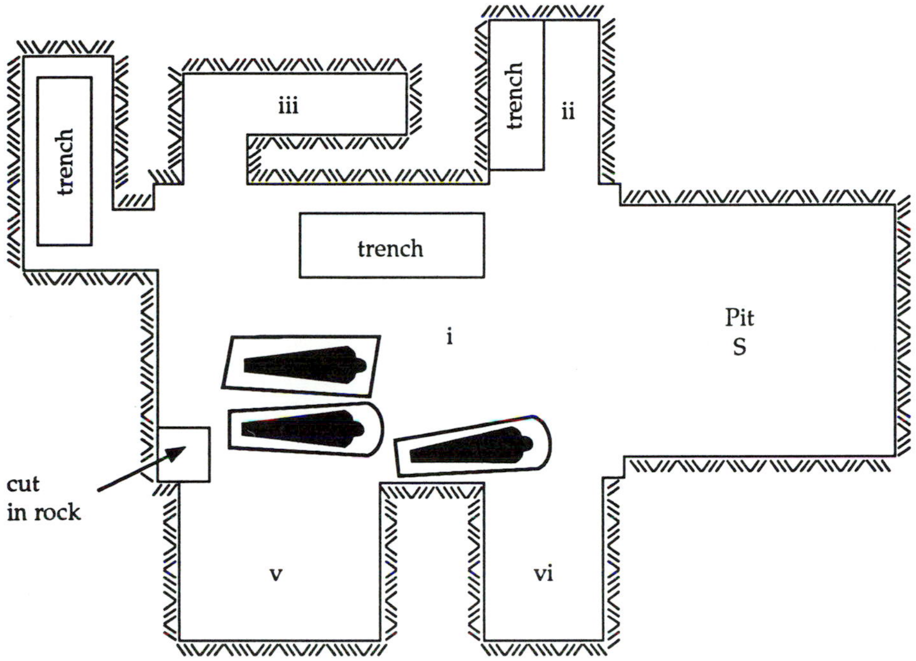

Fig. 16
Puits et chambres funéraires de la salle (10)
(d'après Reisner, Diary 39, 1er cahier, p.21).

Voici les résultats fournis par son Journal de fouilles:
Diary 39, 1er cahier (version dactylographiée):

> "Jan. 11, 1926, p.20
>
> Pit in Room S: this pit was roofed with slabs of stone like pit in room P. Mixed debris; down 7,5 meters."
>
> "Jan. 13, 1926
>
> At 2.8 meters, a small chamber opening to west. At 6.8 to 8.5 meters, the entrance to a series of chambers I to VI, littered with rubbish and completely plundered as usual. In I there are three rude stone coffins and a burial trench (roofed). Rooms II and VI are not yet clear. *The pit goes down*."
>
> "Jan. 14, 1926
>
> Pit in room S. Cleared out the rooms below but did not finish pit shaft."

"Jan. 15, 1926, p.21

Pit in room S: finished clearing shaft; depth 9.15 meters; found usual Saiti–Roman rubbish. Two of the stone coffins appear to have been pulled out of V one from VI. The trenches were roofed with slabs."

Il s'agit, une fois de plus, d'un de ces puits extrêmement profonds, comme on en creusait à l'Epoque Saïte, avec une série de chambres comportant plusieurs inhumations. Apparemment, pas de matériel inscrit: Reisner signale toujours les trouvailles de cet ordre lorsqu'il en fait. Evidemment ses indications concernant le type de matériel qu'il rencontre dans ces tombes sont trop vagues. Parler de matériel saïto-romain est d'une imprécision totale. Et du point de vue de l'histoire du temple d'Isis, il y a une différence considérable entre des tombes d'Epoque Saïte ou d'Epoque Romaine. Il n'est pas impossible que, dans une troisième phase, après les transformations de la XXIe dynastie puis de la XXVIe, on ait creusé de nouveaux puits à l'Epoque Ptolémaïque ou Romaine. Néanmoins il semble que les puits, liés à une superstructure qu'on appelle, ici, chapelle, parfois décorée, doivent être datés de la XXVIe dynastie. Ce qui n'exclut pas, bien sûr, qu'ils aient été réutilisés plus tard.

d. (11), (12), (13), (14)[563]

Le secteur qui s'étend au sud et à l'ouest de (1), (8), (9) et (10), peut difficilement être défini à l'aide de termes architecturaux tant il a souffert de bouleversements qui le rendent méconnaissable. Il forme un ensemble dont on ne peut guère dissocier les éléments qui ont été numérotés de (11) à (14) (voir pl. 4 et 5).

(11) occupe l'angle formé par le mur sud de (1) et la paroi orientale de G I–c. On y voit deux gros blocs de calcaire et une série d'autres plus petits. Il n'y avait apparemment pas de communication entre (11) et (10) qui lui est contiguë. Reisner avait nettoyé ce secteur sous la dénomination de G 7011 D, E, F.

Diary 39, 1er cahier (version dactylographiée):

"Jan. 9, 1926, p.18

G 7011 D: a burial box immediately west of room T ((9)) and has been completely plundered. In the south wall, two inscribed stones have been reused... These stones appear to be from an important Old Kingdom biography. G 7011 E. and F. a pair of burial boxes made at the same time; west of 7011 D; both plundered."

Correspondant *grosso modo* aux secteurs (12), (13) et (14) nous trouvons chez Reisner une série de "burial boxes", numérotées G 7011 G, H, I, J et K.

Diary 39, 1er cahier (version dactylographiée):

"Jan. 9, 1926, p.17

Isolated to the south near the face of the pyramid lies the burial box G 7011 G. This area... towards the pyramid has been dug over by *sebbâkheen* and is littered with sebakh siftings."

p.18

"G 7011 G: empty burial box constructed against the East face of G I–c south of boxes E–F."

563. Cf. M. Jones et A. Milward, *loc. cit.*, p.148–9 et fig.1 et 4.

"Jan. 14, 1926, p.20

G 7011 K: The pit to the South appears to have been an Old Kingdom pit. The total depth was 5.95 m. In the debris frag late fay, and also a frag. of a diorite stand.

G 7011 I and J: are masonry box graves just south of room T.

G 7011 K. is a roofed place also adjoining T."

L'ensemble de ce secteur se présente comme une zone d'inhumations, tout en étant à l'intérieur du temenos du temple dont la limite sud était un peu en deçà, pour autant qu'on puisse la suivre[564]. Des blocs remployés, datant de l'Ancien Empire, sont encore épars, ici ou là, ainsi qu'un fragment de chapiteau lotiforme et un fragment de colonne, ornée d'un lien et retaillée par la suite. C'est aussi dans cette même zone, au sud de (9), qu'a été nettoyé et étudié le *pit* N°1 durant la saison 1980 (voir pl. 7)[565]. Il s'agit d'un silo, similaire à ceux décrits dans la partie nord du temple et signalé par Reisner sous le terme de *bins*. Il est vraisemblable que ce fouilleur a trouvé le silo en question lorsqu'il dégageait cette zone mais, à ma connaissance, il n'a rien consigné par écrit à ce propos, dans son Journal; pourtant, on le distingue bien sur le plan qui avait été établi lors de sa fouille[566]. Son étude donne un aperçu intéressant des niveaux archéologiques. Ce silo, revêtu de briques crues, a été creusé dans un dépôt d'éclats de calcaire qui peut atteindre jusqu'à un mètre et au-dessous duquel on trouve immédiatement le roc lui-même, dont est constitué le plateau calcaire de Giza. Ce dépôt s'étend dans toute cette zone du temple et on peut voir que le dallage de (2), par exemple, reposait au-dessus de cette couche. Il s'agit des éclats de taille des blocs utilisés pour la construction des pyramides et des mastabas voisins: calcaire blanc plus fin, provenant de Toura pour le revêtement. Cette masse de déblais laissés sur place servira de sol pour des constructions très largement ultérieures, ce qui indique clairement qu'un nettoyage, qui n'est pas allé jusqu'au roc lui-même, a été effectué à une époque donnée avant d'entreprendre de nouvelles constructions; car le site tel qu'il avait été abandonné à la fin de l'Ancien Empire avec ses monuments et sa couche de déblais était, évidemment, considérablement ensablé. Il est possible qu'un premier nettoyage, au moins partiel, ait eu lieu durant le Nouvel Empire, dont nous n'aurions pas de preuve archéologique parce que l'édifice de cette époque, de dimensions modestes sans doute, aurait été modifié à la XXIe dynastie, au point d'être méconnaissable, ou même, aurait été rasé pour faire place à une nouvelle construction.

e. (15)

Face à (10), s'étend une petite aire, (15) (voir pl. 4 et 6)[567], elle aussi, dans un état de grande confusion. Elle s'appuie à l'est sur le mur occidental de G 7140. Elle présente une particularité architecturale intéressante pour l'histoire du temple. On constate en effet que son sol est composé de deux dallages superposés. Le dallage supérieur est formé de blocs, soigneusement parés et assemblés, qui reposent sur une mince couche de boue et de gravier, destinée à égaliser la couche inférieure. Cette dernière n'est en fait rien d'autre qu'un dallage plus sommaire et grossier qui correspond à celui qu'on trouve dans la salle (2). Il apparaît ainsi clairement qu'une construction de la XXVIe dynastie

564. Voir *infra*, p.191–2, à ce sujet.
565. Voir M. Jones et A. Milward, *loc. cit.*, p.149–50 et pl.XX B.
566. Cf. S. Hassan, *The Great Sphinx*, pl.52 où est reproduit ce plan.
567. (M) chez Reisner. Voir M. Jones et A. Milward, *loc. cit.*, p.148–9 et fig.1 et 3.

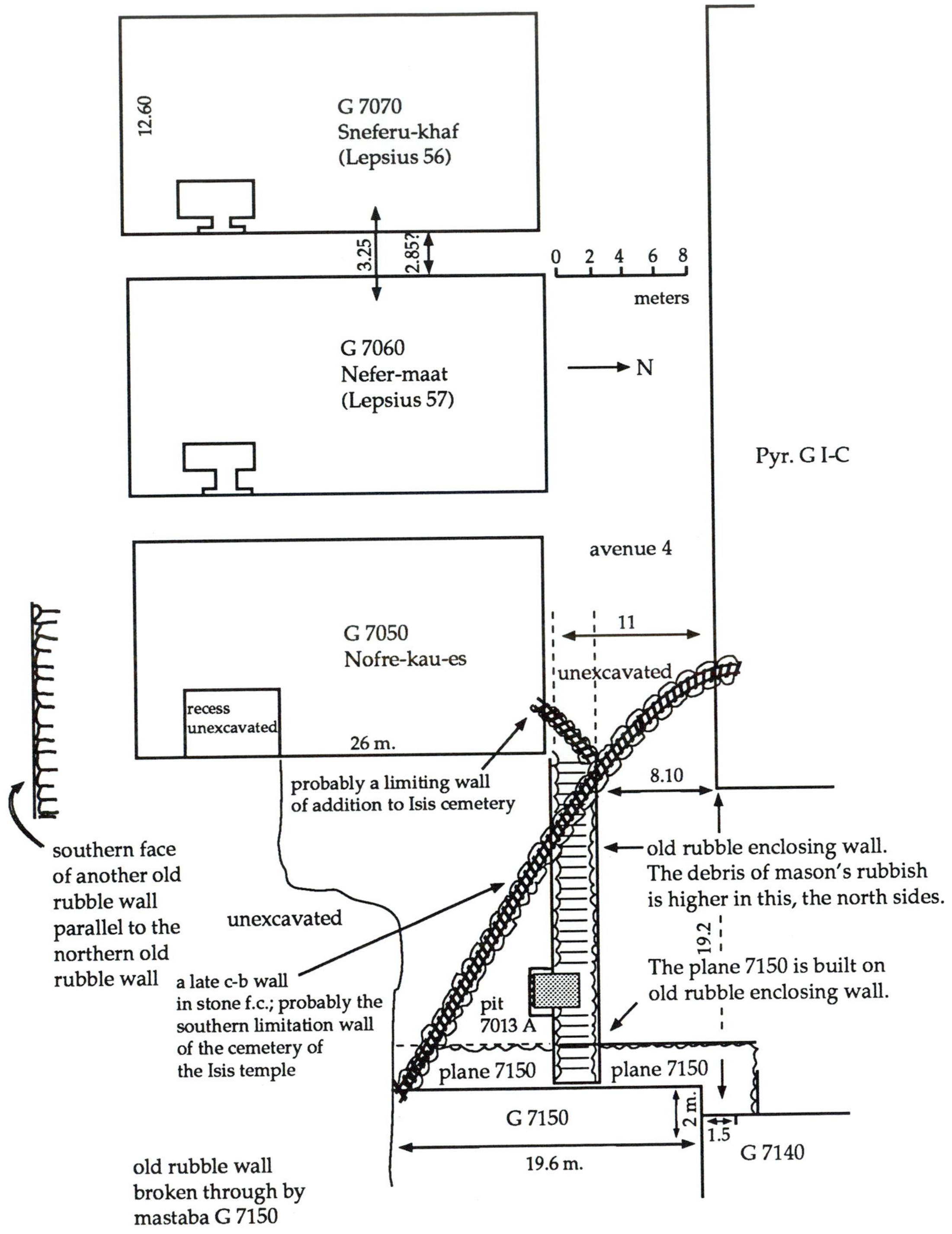

Fig. 17
Murs au sud du temple d'Isis (D'après Reisner, Diary 39, 1er cahier, p.6)

vraisemblablement, en a remplacé une autre de la XXIe dont, toutefois, le sol a été conservé. Ce qui subsiste de la chapelle, dans son second stade, est encore une sorte de caisson, peut-être à usage funéraire, composé de dalles de calcaire, jointoyées au mortier. L'une d'elles a été retaillée dans un bloc inscrit qui conserve un fragment de texte sur sa tranche: peut-être une partie des cartouches de Psousennès Ier[568]. Elle n'était sans doute pas *in situ* lorsqu'elle a été retrouvée en 1980 mais, probablement, à l'emplacement où l'avaient laissée les ouvriers de Reisner lorsqu'ils nettoyèrent la zone. Cela conduit à penser que les constructeurs saïtes avaient trouvé dans le temple même les matériaux nécessaires à leur réfection, sacrifiant ainsi à une pratique usuelle chez les Egyptiens; on gardera toutefois présente à l'esprit la possibilité qu'il s'agisse des cartouches de Ramsès II, sur un bloc provenant dans ce cas d'un bâtiment encore plus ancien. De cette zone identifiée par la lettre (M) lors de la fouille de Reisner, je n'ai pu trouver aucune description dans son Journal.

Au terme de cette analyse forcément incomplète et encore inachevée, on peut, cependant, donner un aperçu d'ensemble sur cette partie sud du temple. Il apparaît tout d'abord clairement qu'elle est bâtie sur l'épaisse couche de déblais et d'éclats, provenant de la construction des monuments de l'Ancien Empire, qui n'avait jamais été enlevée. Ce qui implique un désensablement et un nettoyage, sans doute, à la XXIe dynastie, qui, toutefois, auraient pu être précédés par un autre, dès le Nouvel Empire.

Il est vraisemblable que ce secteur avait été occupé, au moins partiellement, dès le premier agrandissement du temple à la Troisième Période Intermédiaire, comme le montre, entre autres, l'existence d'un premier dallage en (15). Mais les diverses constructions qu'on peut reconnaître aujourd'hui datent de l'Epoque Saïte. Dans l'état actuel, cette zone semble avoir été particulièrement dévolue à des inhumations, soit dans des chambres situées à la base des puits, soit dans des sortes de caissons, creusés directement sous le dallage des chapelles (?) funéraires, ce qui présente une curieuse et intéressante particularité architecturale. Les premières inhumations furent saïtes mais sans doute réutilisa-t-on ces tombes aux Epoques Ptolémaïque et Romaine, durant laquelle furent également creusés des silos, revêtus de briques crues, dont l'usage est encore à déterminer.

Reste à évoquer une dernière question qui est celle de la limite sud du temple (voir fig. 17). A vrai dire, la situation au sud de la pyramide G I–c et du temple d'Isis, comme partout ailleurs, est assez confuse. Pourtant, le travail accompli par Reisner dans ce secteur apporte quelques indications. A l'angle sud-est de la pyramide G I–c, se croisent la rue G 7000 et l'avenue 4. G 7000 est bordée à l'est par le mastaba G 7140 puis par G 7150, appartenant à Khafkhoufou II et directement accolé au précédent. Face à la pyramide, au sud de l'avenue 4, on rencontre immédiatement le grand mastaba G 7050, sans doute construit pour Nefertkaou[569]. Or, comme le montre clairement le plan de Reisner[570] et comme on peut d'ailleurs toujours le constater sur le terrain, passant par-dessus un ancien mur qui date, sans doute, de l'Ancien Empire, un autre mur d'un travail extrêmement grossier, légèrement incurvé, en briques crues, revêtues de blocs de pierre, de direction nord-ouest/sud-est, part de la paroi occidentale de la pyramide G I–c pour

568. Voir *supra*, p.55–6, la discussion à ce propos.
569. Cf. G. Reisner, *ZÄS* 64, 1929, p.97–9.
570. Voir pl.2.

rejoindre l'extrémité sud du mur ouest de G 7150; il a disparu dans sa plus grande partie, là où passe le chemin moderne. En outre, un autre petit mur part du précédent pour atteindre le mur nord de G 7050. Ce faisant, l'accès au temple aussi bien par l'avenue 4 que par la rue G 7000 est bloqué, ce qui laisse penser que ce système de murs formait la limite sud du temenos du temple d'Isis. Quand fut-il érigé? Y avait-il cependant un accès par le sud car on va voir que l'accès principal se faisait par l'est, en tout cas à l'Epoque Saïte? Ces questions restent encore en suspens aujourd'hui et la zone sud devrait être soigneusement dégagée afin qu'on puisse tenter d'en comprendre la structure. A l'intérieur de cette enceinte, des puits avaient été creusés, un peu à l'extérieur du temple proprement dit: ainsi le puits G 7013 A.

Diary 39 (version dactylographiée) G 7000 Royal Mastabas 2:

> "Jan. 18, 1926, p.24
>
> On the southern side of the *old* rubble wall which crosses street G 7000 S from E–W is a small mastaba enclosing a pit which descends through the old wall. The wall of this mastaba (7013) rests on the rock, and was older than the accumulation on debris on the south."
>
> "Jan. 21, 1926
>
> Finished clearing G 7013 A.
> This is evidently of the Saiti–Roman type."

C. LA PARTIE ORIENTALE DU TEMPLE: (20), (21), (22), (23), (24), (25), (26), (27)[571]

Outre les extensions vers le nord et le sud, le temple s'est agrandi à partir de son noyau ((1), (2) et (3)) en direction de l'est, suivant son axe principal ouest-est, ce qui paraît logique. Cependant, les constructeurs saïtes allaient être confrontés à une difficulté, inhérente à la nature du site. Le développement du temple se faisait, en effet, en obstruant la rue G 7000 et très vite après la construction de (3), on vint se heurter au mastaba double G 7130–7140. On pallia ce problème par une solution originale: l'extension orientale se fit dans le mastaba de l'Ancien Empire. Et finalement, c'est en traversant ce dernier qu'on accédait au temple, l'entrée principale donnant, semble-t-il, sur la rue parallèle G 7100. Naturellement, un certain nombre de questions se posent, auxquelles il faudra tenter d'apporter une réponse, en décrivant les différentes chapelles qui bordent l'axe ouest-est. Dans quel état se trouvait le mastaba lorsqu'il fut réutilisé? Comment y accédait-on? Y eut-il différentes phases de construction successives dans ce secteur?

a. (20), (21)[572]

Le mastaba G 7130–7140, destiné à Khafkhoufou et son épouse Nefertkaou, est un mastaba double, comme les sept autres, dont sont constituées les quatre premières rangées du cimetière oriental. Autrement dit, il est formé du noyau de G 7130 où fut enterrée Nefertkaou, auquel a été ajouté au sud un autre massif, G 7140. L'ensemble est bâti en gros blocs de calcaire nummulitique, primitivement cachés par un beau

571. Les numéros (17) à (19) n'ont pour l'instant pas été attribués et sont gardés en réserve pour l'étude ultérieure de la partie sud du temple.

572. Correspondent à (D) chez Reisner, auquel il faut ajouter (E), qui en est la suite vers l'est et n'a pas reçu de numérotation dans le projet de plan de l'Isis Temple Project de l'ARCE.

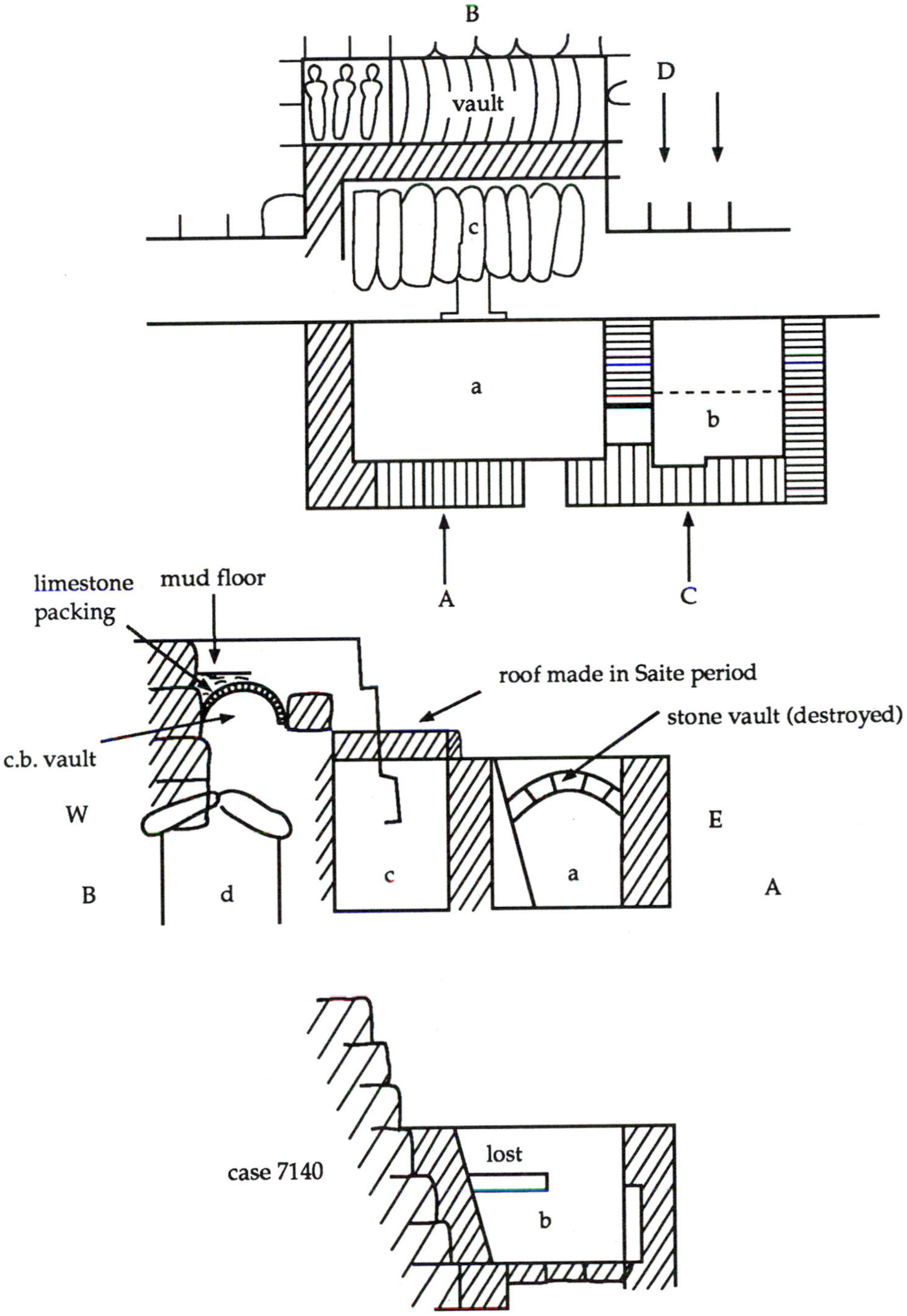

Fig. 18
Mastaba G 7140. Modifications tardives (d'après Reisner, Diary 39, Royal Mastabas 2).

revêtement en calcaire de Toura, blanc, qui subsiste encore partiellement. Chacun des massifs a sa propre chapelle intérieure. Les reliefs de G 7140 au nom de Khafkhoufou sont, à juste titre, parmi les plus connus de l'art de l'Ancien Empire[573]. Les deux puits A et B correspondant aux deux caveaux se trouvent dans la partie nord. Cette description, même rapide, est nécessaire pour comprendre les altérations qu'a subies par la suite cette construction massive. On peut enfin supposer qu'avec les déprédations et réutilisations qui s'étaient produites, depuis la fin de l'Ancien Empire et au Moyen Empire, une partie du revêtement de ce mastaba avait disparu dès cette époque. Le noyau même du mastaba, formé de gros blocs avait-il déjà été mis à mal par les pilleurs, on ne peut le dire.

Quoi qu'il en soit, les constructeurs du temple d'Isis, se heurtant au mur ouest du mastaba, n'eurent d'autre ressource que de l'attaquer pour poursuivre l'agrandissement du temple selon son axe ouest-est. On entama le cœur du mastaba, selon un tracé passant au nord de la chapelle de Khafkhoufou; on était, là, juste au point de jonction de G 7130 et G 7140, ce qui rendait vraisemblablement le travail de percement plus aisé. Cela constitue une sorte de voie qui, bien que taillée dans le cœur même de la superstructure, reste, néanmoins, à un niveau un peu plus élevé que le sol de (3). On y accède par une sorte de rampe en légère déclivité depuis (3).

(20) et (21) (D de Reisner) forment la partie ouest de cet accès. Face à (23) et s'appuyant au mur nord de (26), à environ 6 mètres du mur ouest du mastaba, subsistent les restes de ce qui fut, sans doute, une porte, bâtie en calcaire blanc. C'était, peut-être, la limite et le point d'entrée du temenos d'Isis à une certaine époque. Un peu plus à l'est encore, face à la chapelle (24), Reisner avait également retrouvé les restes d'un mur de briques, barrant le passage et aujourd'hui disparu[574]. Enfin cette voie ((E)de Reisner) se poursuit jusqu'à l'extrémité orientale du mastaba où on se trouve à la verticale au-dessus de la rue G 7100, ce qui pose évidemment le problème de savoir comment et par où on accédait à l'entrée du temple. Au niveau de l'axe ouest-est du temple d'Isis, le revêtement extérieur du mur oriental du mastaba double est parfaitement conservé et on n'y décèle aucune trace d'un escalier qui aurait conduit de la rue au temple. Du reste, peut-être cette partie de la rue n'avait-elle pas été dégagée du sable et des déblais qui devaient l'encombrer et c'est éventuellement plus au sud, en deçà de la chapelle de Khafkhoufou qu'il faut chercher et imaginer l'accès au sommet du mastaba G 7140 et au temenos d'Isis.

Le dallage est plus ou moins bien conservé sur la longueur de ce passage; au niveau des chapelles (23) et (26), il forme un appareillage assez régulier, aux blocs bien jointoyés, différent, en cela, du revêtement plus irrégulier qu'on trouve par exemple dans les salles (2) et (3). Cela pourrait indiquer qu'il n'est pas antérieur à l'Epoque Gréco-Romaine, de laquelle date aussi, vraisemblablement, l'autel de pierre dressé devant (26) sur la voie d'accès même. On peut d'ailleurs songer à les rapprocher, l'un et l'autre, du dallage conservé à l'avant du Sphinx et de l'autel qui est resté entre ses pattes[575]. Auquel cas, il

573. Voir une description détaillée ches W. K. Simpson, *Giza Mastabas* 3, p.9 sq. avec une bibliographie complète.

574. Voir *infra*, p.195–6, la description correspondante chez Reisner.

575. M. Lehner avait fait ce rapprochement judicieux au cours d'une discussion que nous avions eue sur le terrain en juillet 1980. Pour le dallage et l'autel près du Grand Sphinx, voir H. Vyse, *Operations*, vol. 3, pl. face p.110.

s'agirait de l'état final de cet accès au temple, qui existait depuis longtemps et aurait été remanié, une dernière fois à l'Epoque Gréco-Romaine. C'est aussi de cette période, semble-t-il, que dataient les murs de briques les plus récents[576].

Cet accès fit-il partie de la première conception de l'agrandissement du temple, à la XXIe dynastie? Ou s'agit-il d'une modification d'Epoque Saïte lorsque l'on manqua d'espace dans la rue G 7000? Le fait que la chapelle d'Harbes, datée du règne de Psamétique Ier, soit bâtie en contrebas de G 7130, inviterait à penser qu'on a eu recours à ce moyen drastique, consistant à percer le mastaba G 7130–7140, seulement lorsque l'on manqua de place. Cette hypothèse pourrait être corroborée par le matériel retrouvé dans les différents puits ((23), (24), (25) et (26)) et le décor de la chapelle (23) qui ne sont pas antérieurs à l'Epoque Saïte.

Néanmoins, ce sont, là, seulement des indices et non des preuves. Et il n'est pas exclu que l'accès au temenos ait été prévu dès le début par l'est et que plus tard, les agrandissements se poursuivant, on ait bâti les différentes chapelles qui bordent cette voie au nord et au sud, sur toute la longueur du mastaba. Ainsi, la voie d'accès et les chapelles ne seraient pas contemporaines.

Tel est l'état de la situation pour cette partie du temple. Reisner l'avait entièrement fouillée et une fois encore son Journal nous apporte un certain nombre de renseignements précieux.

Diary 39, 1er cahier (version dactylographiée):

> "Jan. 3, 1926, p.12
>
> Room D: entered through west wall of mastaba 7140. In the South-East corner an altar. In the debris: the torso and legs of an Old Kingdom limestone statue (1/2 life size), weather worn; several small fragments statuette, four fragments of limestone relief from the temple.
>
> Room E: Working → east in room E. encountered a later crude bricks wall resting on about one meter of debris above floor of room. Just west of this wall on South side, in the debris of the room, the head and shoulder of a life size female statue (Old Kingdom) with battered face (part of group?). Also 8 small fragments of moulding, the reliefs and inscriptions of the temple. Also frags., shawwabtis, amulets etc."

> "Jan. 3, 1926, (continuation), p.13
>
> All these rooms D. ((20), (21)) E. F. ((26)) were covered with heaps of sifted debris as much as 1.5—2 m. above the mass of the debris.
>
> Under this lies about a meter of disturbed limestone chips, dust, sand and disturbed crude bricks. There is, at a level about one meter above the floor, a series of crude brick walls of which some may be earlier and some later than the limestone casing."

> "Jan. 4, 1926, p.13
>
> The room E. continues eastward to some sort of entrance in the eastern face of the mastaba G 7140...
>
> In E. found various fragments, an inscribed offering stone (Saiti)[577], fragments from head of a large *Old Kingdom statue*, fragments of inscriptions and reliefs from the Isis Temple, fragments of shawwabtis, amulets, etc."

576. Cf. *infra*, p.195–6, la description de Reisner.
577. Il s'agit de la table d'offrandes au nom d'Harbes, MFA Exp. N. 26–1–138; voir *supra*, p.113–6.

"Jan. 6, 1926, p.14

The doorway on the east lies in the face of the mastaba G 7140. It is obvious that the reconstruction of the offering chamber of G. 7140 (Khufuwkha.ef) was part of this temple complex and other rooms may be expected in Street 7100. South, but at the east doorway of E the carry is too long for economy and we turned back to approach 7100 street from another direction.

Found fragments, reliefs, inscriptions, statues, shawwabtis and amulets, nothing of interest."

Comme on peut le constater, cette zone de passage, (20), (21) et (E), très perturbée, a certainement subi des remaniements importants jusqu'à la dernière époque où le temple fut encore en activité. Il est évident que les objets qui y ont été trouvés par Reisner n'étaient pas en place, d'autant que les *sebakhin* étaient passés par là. Le problème le plus crucial qui n'est pas résolu et ne pourra, d'ailleurs, peut-être pas l'être, est l'accès à cet axe de passage. S'il y a bien eu des altérations ptolémaïques dans la chapelle de G 7140 dans la rue G 7100[578] avec entre autres la construction d'un passage voûté barrant la rue, je ne suis pas sûre pour autant, comme le suggère Reisner[579], qu'il y ait eu là d'autres chambres faisant directement partie du temple d'Isis; en tout cas sans doute pas à l'Epoque Saïte. Les altérations plus tardives, sans doute ptolémaïques, semblent importantes surtout dans la partie orientale du mastaba et dans la rue G 7100, ce qui rend difficile la compréhension et l'interprétation d'un état antérieur (voir fig. 18).

Diary 39, G 7000 Royal Mastabas 2 (version dactylographiée):

"March.22, 1926, G 7140 S. niche in core, p.33

Began cleaning out debris in S. niche in core 7140 in which the chapel was built.

Exposed a communial grave of Ptolemaic (?) period in which lay five or more mummies. Above these were a few fragments shawwabtis, amulets, etc."

"March. 21, continuation, p.34

G 7140 niche

Cleared off surface debris over 7140 niche.

The chamber C has been built up and roofed in the Saiti–Ptolemaic period as a shaft to reach the stone vault burial chamber in *a* and the pent roofed in *d*. Room *b* is a magasine (Dyn IV) with a loft part of the original structure. The doorway is low and there is a niche in the E. wall to receive the door when open."

b. Chapelle (22)[580]

La description de la partie orientale du temple va être faite maintenant chapelle par chapelle, selon la numérotation qui leur a été donnée et qui est purement arbitraire. Cela n'implique nullement un ordre chronologique selon lequel auraient été bâtis ces différents édifices; nous verrons, au terme de cette analyse, s'il est ou non possible d'établir des relations entre l'un ou l'autre.

La chapelle (22) se compose d'une pièce oblongue, relativement étroite, donnant accès, semble-t-il, dans sa partie nord à une petite niche; elle est construite au nord de (20) dans l'angle nord-ouest de G 7140[581], tandis qu'elle est bordée, à l'est, par (23). Elle

578. Cf. W. K. Simpson, *Giza Mastabas* 3, p.10–1 et pl.XII, b et c; XIII a.
579. *Supra*, p.195–6.
580. (H) chez Reisner.
581. Selon un croquis de Reisner; c'est la limite des deux mastabas qui se réunissent ici.

est bâtie à l'intérieur du noyau nummulitique de G 7140, en utilisant le revêtement de ce mastaba comme mur occidental, du moins pour les assises inférieures, la dernière assise qui subsiste aujourd'hui du mur occidental étant construite un peu en retrait dans un appareillage de blocs plus petits, jointoyés au mortier, de même que ce qui subsiste du mur nord. En fort mauvais état—une grande partie des murs ainsi que le dallage ont disparu—elle ne comporte pas de puits. Le niveau du sol semble plus élevé que celui de (20).

Reisner nous apporte relativement peu d'informations complémentaires.

Diary 39, 1er cahier (version dactylographiée):

> "Jan. 3, 1926, p.12
>
> Room H: small room cut in massive wall of G 7140 and partly built. Found a limestone block which had been built in temple wall but has an Old Kingdom relief on one end. Also found head of seated alabaster statuette."

c. Chapelle (23)[582] (Pl.38)

La chapelle (23) est l'une des plus grandes de l'ensemble du temenos et la seule dans la partie orientale qui soit décorée (relief dans le creux) ou, du moins, qui ait conservé son décor. Elle a été édifiée dans le noyau de G 7130 selon un axe nord-sud et s'ouvre au sud sur la voie d'accès au temple. Son entrée était flanquée par deux colonnes, dont subsiste la base de celle de l'ouest (peut-être du temps de Reisner les deux subsistaient-elles encore), ce qui devait lui conférer un aspect de portique dans le style du mastaba LG 53[583]. L'auteur du manuscrit XIV B 6, suggère que le fragment de colonne papyriforme, trouvé dans la chapelle d'Harbes pourrait provenir de là, ce qui n'est nullement vérifiable, quoique possible. Les murs sont construits en blocs de calcaire blanc soigneusement appareillés, qui constituent une sorte de revêtement, d'une épaisseur de deux blocs dissimulant ceux, plus gros, du mastaba lui-même (pour la salle (23 b); (a) est construit en avant de G 7130 avec des blocs d'un module plus petit). Nulle part ils ne sont conservés sur leur hauteur originelle et on ignore ce qu'était la couverture de l'édifice.

Le bâtiment se divise en trois parties, a, b, c, de plus en plus petites et dont le sol s'élève progressivement.

(23 a)

(23 a) est dans un état d'extrême dégradation. Les murs ont presque entièrement disparu; peut-être avaient-ils été décorés à l'instar des deux autres chambres. On peut se demander s'il s'agissait bien d'une pièce couverte ou, plutôt, d'une cour à ciel ouvert qui aurait précédé la chapelle proprement dite (b, c), la chambre (b) étant d'une largeur à peine moindre que (a). Dans le sol défoncé dont le dallage a disparu, s'ouvre un puits sur lequel Reisner s'est montré avare de détails. L'ouverture en est aujourd'hui partiellement bloquée par un énorme bloc nummulitique, appartenant au noyau du mastaba. Nous savons seulement qu'il donne accès à une chambre qui communique avec le puits de la chapelle voisine (24) (I de Reisner). Il faut aussi signaler qu'une table d'offrandes portant une inscription a été trouvée au fond du puits et, semble-t-il, y a été laissée[584].

582. (G) chez Reisner. Pour une brève description, voir S. Hassan, *The Great Sphinx*, p.112; W. El-Sadeek, *Twenty-Sixth Dynasty*, p.111–2.

583. Cf. bibliographie dans PM III^2, 1, 223 sq. Comparer aussi avec la chapelle d'Harbes: cf. *supra*, p.106 et 134.

584. Voir Archives Reisner VII C Box 8, dessin sommaire de l'objet et photographie B 8766; je n'ai effectivement pas trouvé de trace de ce document dans le registre des objets.

Sur le dessin et la photographie, on peut simplement lire le début d'un proscynème à Isis; on peut supposer qu'il s'agit d'un document d'Epoque Saïte.

(23 b)

(23 b) est une pièce rectangulaire qui s'ouvre très largement sur (a) (profondeur: 2,32 m; largeur: 2,40 m). Son dallage de calcaire blanc qui repose sur les gros blocs de G 7130 est partiellement conservé; toutefois, les voleurs ont creusé un trou dans le sol, sans doute à la recherche d'un puits. La paroi nord qui donne accès à (c) est relativement bien préservée (hauteur: 1,21 m). Les murs latéraux, est et ouest, en revanche, sont en grande partie détruits et restaurés à une hauteur arbitraire; seule une faible partie de leur décor subsiste. Au bas de ces murs, court une sorte de banquette dont l'usage est inconnu (hauteur de la banquette: 0,25 m; hauteur préservée au-dessus de la banquette: 0,60 m maximum).

L'auteur du MS XIV B 6 signale à deux reprises dans son texte un remploi architectural sous le seuil conduisant de (23 b) à (23 c) mais je n'ai pu en retrouver d'autres mentions, pas plus que le localiser sur place, d'ailleurs.

> "There was built into one of the lower courses of the second chamber ((23 b)) a block bearing a standing figure of Isis in sunk relief, which may be from the original decoration of the main hall. It was set into the wall below the doorway into the inner chamber with the relief in plain view; and a few steps must have originally led up to the higher chamber thus hiding the figure from view (see Petrie, *Pyramids and Temples*, p.156) (MS XIV B 6, p.4)."

Et plus loin (p.8):

> "As the floor level of Chamber 3 ((23 c)) was much higher than that of 2 ((b)), there must originally have been a flight of steps leading up to it. These would have masked the relief on the face of reused block which lay under the threshold of the door, itself missing."

(23 b) Paroi nord

Ouest de la porte

Un homme debout, dans l'attitude de la marche (→), tient de la main gauche un grand bâton et de la main droite qui pend le long du corps, un linge. Pieds nus, il est vêtu d'un long pagne, noué à la taille et porte un large collier et, sans doute, un pendentif en forme de cœur. La tête manque presque entièrement mais on distingue le bas d'une perruque, retombant sur les épaules. Derrière lui, une femme, également debout (→), pieds joints, est représentée de la même taille. Elle lui passe le bras gauche autour des épaules tandis que la main droite, pendant le long du corps, tient une fleur de lotus largement épanouie. Elle est vêtue d'un étroit fourreau dont on devine seulement le bord inférieur au-dessus des pieds nus. Elle était coiffée d'une longue et volumineuse perruque dont subsiste encore le bas.

Devant l'homme est représenté, à une échelle beaucoup plus petite (environ un tiers de sa hauteur), un enfant (→) debout, dans l'attitude de la marche. Il tient de la main gauche, le bâton de son père, tandis que le bras droit tombe le long du corps. Pieds nus, il porte un pagne court et un collier et est coiffé d'une petite perruque qui enserre la tête. On notera qu'il retourne la tête en direction de son père.

Juste à sa gauche, on lit son nom, dont les hiéroglyphes sont tournés dans le sens de sa tête et non celui de ses pieds: 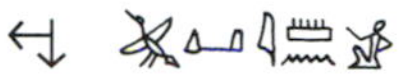, *"Petamon"*, un nom usuel à l'Epoque Saïte[585].

L'espace libre entre le montant proprement dit de la porte et la représentation du couple est occupé par deux images de vases, dont seul l'inférieur est complet. D'importantes traces de peinture rouge subsistent, particulièrement sur les membres des personnages et le torse de l'enfant. Les couleurs devaient être plus vives au moment de la mise au jour de cette chapelle qui ne cesse de se dégrader. Ces reliefs de belle qualité sont, aujourd'hui, couverts de graffiti modernes qui les défigurent.

Une toute petite partie du montant même de la porte donnant accès à (23 c) est conservée. On y voit, en partie, un personnage debout (→) vêtu d'un long pagne, pieds nus, sans doute chauve. Au mouvement de l'épaule gauche, on peut supposer que les bras étaient dans l'attitude de l'adoration.

Est de la porte

Le montant de la porte a disparu. La scène représentée sur la paroi est l'exacte symétrique de la précédente, à un détail près. Il ne semble pas qu'il y ait eu de place pour les vases de ce côté-là. L'enfant (←) qui se retourne également vers son père et tient le bâton de la main droite, a, cette fois-ci, la main libre, non plus pendant le long du corps, mais posée sur la cuisse de son père. Il répond au nom de , *"Hor"*, gravé derrière sa tête[586].

La scène est cassée à la même hauteur; les têtes de l'homme et de la femme ont disparu ainsi que leurs noms qui, sans doute, les accompagnaient. Un décor géométrique, très simple, de lignes horizontales occupe la partie inférieure de la paroi sur toute sa largeur.

Cet homme représenté deux fois, de part et d'autre de la porte, avec son épouse et deux enfants, Petamon et Hor, est sans aucun doute le propriétaire et l'auteur de cette chapelle dont le puits nous indique qu'elle eut un usage funéraire. Le personnage demeure malheureusement anonyme et aucun autre objet, trouvé là ne permet de l'identifier. Ce qu'il faut souligner, c'est le thème et le style de cette double scène. Si la représentation du couple, accompagné d'un ou plusieurs enfants se retrouve à toutes les époques de l'histoire égyptienne, c'est, évidemment, dans les exemples de l'Ancien Empire qu'il faut en rechercher les modèles les plus anciens. Au demeurant, le style adopté par l'auteur des reliefs, le choix des détails montrent clairement qu'il s'est directement inspiré des modèles les plus proches qu'il avait sous les yeux. Il n'eut pas à aller bien loin, pour ce faire, car la chapelle de Khafkhoufou aux reliefs si remarquables, non seulement était accessible à cette époque-là, mais fut intégrée ou utilisée dans le temple d'Isis[587]. Ainsi, trouve-t-on des représentations du fils de Chéops et de son épouse Nefertkaou dont le sculpteur saïte put s'inspirer à loisir. En revanche, si l'attitude du personnage, sans doute à nouveau le propriétaire de la chapelle, représenté sur le montant de la porte, est bien celle de l'adoration, comme je l'ai suggéré, nous avons affaire à un thème différent, appartenant au registre religieux et dont on ne peut

585. Cf. H. Ranke, *PN* I, 121, 23.
586. Cf. H. Ranke, *PN* I, 245, 18.
587. *Supra*, p.195–6.

chercher de modèles dans les exemples environnants de l'Ancien Empire; tout comme, au demeurant, pour les autres scènes qui vont maintenant être analysées.

(23 b) Paroi ouest

Un motif de lignes horizontales occupe le bas de la paroi, juste au-dessus des blocs qui forment banquette. Une très petite partie de la scène subsiste. On distingue les restes d'un siège cubique (←) où devait être assis Osiris qui a disparu. Derrière lui (←), les jambes d'une déesse debout, dans l'attitude de la marche, sont conservées. Elle portait une tunique longue et étroite, s'arrêtant au-dessus des chevilles, tenait un sceptre ouas, de la main droite et un signe ankh, de la main gauche.

Derrière elle: 

"... tout... tout..., toute santé et joie, éternellement."

Devant le siège, subsiste un pied (→), qui appartenait soit à Nephthys qui, avec Isis, encadrait Osiris, soit au propriétaire de la tombe en adoration devant Osiris et Isis. L'une et l'autre scène peuvent, en effet, se trouver. Osiris, flanqué d'Isis et de Nephthys, est représenté sur la paroi du fond de (23 c)[588], ainsi que sur le relief d'Harbes[589]. Dans ces deux cas, Osiris est debout sur un socle bas. Mais d'autres exemples nous le montrent assis sur le trône cubique comme le relief de Tjary, chambre nord, paroi nord[590]. D'autres reliefs de cette même tombe figurent également Tjary debout devant Osiris et Isis ou Nephthys[591].

(23 b) Paroi est

La scène symétrique est conservée à peu près dans les mêmes conditions. On y distingue encore le socle bas (→) sur lequel devait se dresser Osiris, maintenant disparu. Derrière lui, une déesse (→), debout, dans l'attitude de la marche, est préservée jusqu'au-dessus de la taille. Elle portait le même genre de tunique, tenait de la main gauche, le sceptre ouas et de la main droite, le signe ankh. Derrière elle, bas d'une colonne de texte:

"... elle donne toute vie et toute puissance comme Rê éternellement."

En face d'Osiris devait se tenir une autre déesse ou le propriétaire de la tombe, entièrement disparu.

Cette scène est la réplique de la précédente, à cette différence près qu'Osiris n'était pas assis sur un trône, mais debout sur un socle. Elle est classique dans le répertoire iconographique des tombes saïtes où les représentations d'ordre religieux, inexistantes à l'Ancien Empire, apparues au Nouvel Empire, tiennent une très large place[592].

(23 c)

(23 c) est une petite pièce rectangulaire de dimensions nettement plus réduites que la précédente: profondeur: 114 cm; longueur: 110 cm; hauteur maximum, conservée sur la

588. *Infra*, p.201.
589. *Supra*, p.110–1, et pl.19: Boston MFA 31.250.
590. Cf. W. El-Sadeek, *Twenty-Sixth Dynasty*, fig.7, p.50, et W.M.F. Petrie, *Gizeh and Rifeh*, *BSAE* 13, 2, 1907, pl.XXXVI C.
591. W. El-Sadeek, *ibid.*, fig.1, p.24; fig.5, p.29.
592. Cf. W. El-Sadeek, *ibid.*, p.221 sq.

paroi est: 75 cm jusqu'à la hauteur présumée du dallage et non jusqu'au sol actuel. Elle est également surélevée d'une cinquantaine de centimètres par rapport à la précédente. Reisner[593] supposait l'existence de marches pour y accéder mais, en fait, on n'en a pas de traces visibles. Le dallage du sol a été complètement arraché; il est vraisemblable que le bloc qui constituait le seuil manque également. Il en est de même pour la plus grande partie des parois. Au bas de celles-ci, court le même décor géométrique de lignes horizontales, déjà présent dans la salle (b).

(23 c) Paroi nord

Bien que très abîmée, il en subsiste suffisamment pour qu'on puisse identifier la scène qui l'occupait entièrement. Au centre, restes d'un socle bas (→) sur lequel devait se dresser Osiris. Il était flanqué, de part et d'autre, d'Isis et de Nephthys. Derrière lui, une déesse (→) debout dans l'attitude de la marche est conservée jusqu'au-dessus de la taille. Elle portait une tunique longue et étroite qui était peinte en vert. On distingue la trace du bras droit, levé dans une attitude de protection derrière Osiris.

Entre Osiris et la déesse était gravée une colonne de texte dont il ne subsiste que l'extrême fin: 

"... vie et puissance."

De l'autre côté, une autre déesse (←) dont sont conservés seulement les pieds et le bas de la robe. Derrière elle, également restes d'une colonne de texte: 

"... comme Rê éternellement."

(23 c) Paroi ouest

C'est de loin la mieux préservée, puisque les corps des trois protagonistes sont conservés jusqu'au-dessus de la taille. La scène occupait toute la longueur du mur. A gauche, un personnage (→), debout, dans l'attitude de la marche, est vêtu d'un pagne court et tient de la main gauche, légèrement éloignée du corps la palette du scribe, tandis que la main droite est invisible. En face de lui, un autre personnage (←), debout, dans l'attitude de la marche, est vêtu du même pagne court. Sa main droite légèrement écartée du corps, pend vers le sol tandis qu'il donne la main gauche au personnage qui le suit. Ce dernier (←), également debout, dans l'attitude de la marche, porte, contrairement aux deux précédents, une jupe longue avec une sorte de tablier. Il donne la main droite à celui qui le conduit tandis que la gauche pend le long du corps; on en devine la trace plutôt qu'on ne la voit. Des restes de couleur subsistent sur les jambes de ces trois personnages, qui étaient peintes en ocre.

Bien que la scène soit incomplète et que les têtes manquent, il faut, sans doute, y voir une représentation d'une scène funéraire rituelle, connue par ailleurs. Thot, à gauche, qui porte l'équipement caractéristique du scribe, accueille Horus ou Anubis qui introduit le défunt, vêtu non pas du pagne court traditionnel que continuent à porter les dieux mais d'une jupe plus élaborée, avant le jugement et la pesée des âmes. On trouve une variation sur un thème similaire dans la tombe de Montouemhat[594].

593. Voir *supra*, p.198, la description.

594. J. Leclant, *Montouemhat*, pl.63. Voir aussi J. Assmann, *Das Grab der Mutirdis*, *Grabung im Asasif* VI, 1977, p.56 et pl.20 et 20 A.

(23 c) Paroi est

Elle est presque entièrement détruite. Seule, subsiste une paire de pieds (→) à gauche de la paroi. On ne peut donc savoir quelle scène, symétrique de la précédente, occupait le mur. S'agissait-il de la même? C'est ce que suggère l'auteur du manuscrit XIV B 6 (p. 8–9):

> "... the scene is exactly the same as that on the west, but only the feet preserved. Here we may assign the bloc 29–7–8, bearing the upper part of a falcon god. Traces over the head may, however, be a sun disk in which case it must represent Re' and came from somewhere else."

On ne peut être assuré, en fait, qu'il s'agisse de la même scène. Quant au relief MFA Exp. N. 29–7–8[595], trouvé en 1925 dans le temple d'Isis, en (N), pourrait-il appartenir à la chapelle? On ne peut le replacer sur la paroi est de (23 c) puisqu'Horus fait face à gauche (←). En effet, à supposer que le mur est porte bien une scène symétrique à celle du mur ouest, le dieu devrait se diriger vers la droite (→). Quant à l'utiliser pour compléter la scène occidentale, cela paraît difficile, les cassures ne se correspondant pas. Le bloc MFA Exp. N. 29–7–8 est cassé en-dessous du pagne du dieu. Sur la paroi ouest, le dieu est coupé au niveau du torse. C'est donc à une autre paroi qu'appartient ce fragment MFA Exp. N. 29–7–8.

Le fragment MFA Exp. N. 29–7–7[596] également trouvé en 1925 dans le temple d'Isis, sans autre précision, représente un dieu debout (←) dont la tête a disparu mais qui pourrait bien être Thot, à la forme du cou. On serait tenté d'y voir un fragment de la paroi orientale de (23 c), sans qu'on puisse l'affirmer. En effet le détail du pagne sur le bloc MFA 29–7–7 ne se retrouve pas sur les reliefs de la chapelle (23). L'attitude du dieu est également différente; dans le second cas il a les deux bras levés.

Sur le montant ouest de la porte, à l'intérieur, on retrouve en bas du bloc le même décor de lignes horizontales et le bas d'une colonne de texte qui a presque entièrement disparu.

Malgré son état de délabrement, nous pouvons constater combien le décor de cette chapelle est typique de l'art funéraire de l'Epoque Saïte qui mêle les thèmes de la vie profane, le défunt et sa famille, à ceux de la vie religieuse: représentations multiples d'Osiris, Isis et Nephthys, qui tiennent une place prépondérante dans l'iconographie funéraire de l'époque[597] et aussi scènes plus traditionnelles liées au jugement des morts. C'est cela sans doute qui fait l'originalité de l'art de cette époque qui, par ailleurs, outre les emprunts de thèmes, s'inspire aussi de modèles antérieurs pour le style. Avant d'abandonner cette chapelle, il faut encore signaler que c'est là qu'a été trouvé un beau fragment, appartenant à une très grande stèle, portant une représentation d'Osiris et d'Isis[598].

595. *Infra*, p.212.
596. *Infra*, p.212.
597. On peut utiliser comme point de comparaison à Giza même les représentations de la tombe très complète de Tjary: voir W. El-Sadeek, *ibid.*, *passim*.
598. MFA Exp. N. 26–1–1238; aujourd'hui conservé au Musée de Boston sous le N° MFA 285; voir p.250–1. D'après le Journal de fouilles de Reisner, Diary 39, 1er cahier (version dactylographiée), p.13, 4 janvier 1926, quelques autres trouvailles mineures ont été faites dans la salle (23 b): deux fragments de faïence, et une jarre cassée qui avait servi à transporter du plâtre.

d. Chapelle (24)[599]

Contiguë à (23), à l'est de celle-ci, la chapelle (24) est construite en longueur, au nord de (21). Elle se compose d'une pièce unique rectangulaire, aujourd'hui en extrêmement mauvais état. Il est possible que les murs aient été bâtis en briques sur des assises de pierres et éventuellement revêtus de calcaire ou d'un enduit, ce qui expliquerait leur très mauvaise conservation. Un puits dont l'ouverture n'est plus visible aujourd'hui, s'ouvre dans la partie ouest. Tout ce que Reisner nous apprend c'est qu'il communique avec les chambres creusées au fond du puits de (23), pour une raison inconnue; l'archéologue suggère que c'est peut-être à cause d'une erreur de calcul des constructeurs. La chapelle est anonyme. Mais c'est dans son puits qu'a été trouvé le fragment de stèle au nom de Pami[600] dont on ne peut évidememnt affirmer qu'il a été enterré là.

e. Chapelle (25)[601]

C'est la chapelle la plus orientale, au nord de l'axe ouest-est. Elle est, en fait, construite à l'angle est du mastaba G 7130. Il s'agit d'une petite pièce rectangulaire, plus large que profonde, qui s'ouvre vers le sud. En très mauvais état aujourd'hui, elle a, cependant, partiellement conservé les assises inférieures de calcaire blanc qui constituaient ses parois. Le mur est devait s'appuyer contre le revêtement de G 7130. Une niche avait, peut-être, été creusée au nord dans un bloc de calcaire nummulitique de G 7130, similaire en cela à (23 c). Pas de trace de décor. Un puits s'y ouvre, qui conduit à quatre petites chambres où ont été retrouvés des chaouabtis au nom de Padiset et Horemsaf, fils de Tadiset[602] ainsi qu'un fragment de stèle funéraire au nom de Ouseri..., fils de Iyiry et de Tasaâka[603].

Diary 39, 1er cahier (version dactylographiée):

"March. 8, 1926, p.22

Isis Temple Pit J

The chapel J. which is in the North East corner of the Isis Temple has a pit opened in January. Resumed work on this pit, down 2.85 m. Dirty debris as usual.

March. 11, 1926. Isis Temple J.

Down 9.6 m. chamber appeared on South.

March. 12, 1926. Isis Temple J.

Continued clearing pit: depth 10.4 meters. began clearing chamber of pit: four burial niches or chambers: shawwabti with name of 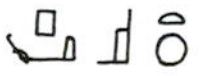 etc.

March. 13, 1926, p.23.

Finished clearing Pit J. In the debris of chamber II lower part of limestone stela[604].

599. (I) chez Reisner.
600. MFA Exp. N. 26–1–191; voir *supra*, p.142, et *infra*, p.260–1.
601. (J) chez Reisner.
602. *Infra*, p.278.
603. MFA Exp. N. 26–3–71; voir *infra*, p.261–2.
604. Ici copie rapide de la stèle MFA Exp. N. 26–3–71.

The shawwabtis gives the name [hieroglyphs] ."

On est tenté de penser que les personnages, connus par ces objets funéraires ont effectivement été enterrés dans les chambres souterraines de (25); ce qui est probable sans être tout à fait sûr étant donné qu'on sait combien toute la zone a été perturbée par les voleurs et les chercheurs de *sebakh*, et que, visiblement, certains objets n'étaient pas *in situ* lorsque Reisner les a trouvés. Mais cela est sans doute valable surtout pour les objets trouvés en surface, plus que pour ceux qui proviennent du fond des puits.

f. Chapelle (26)[605]

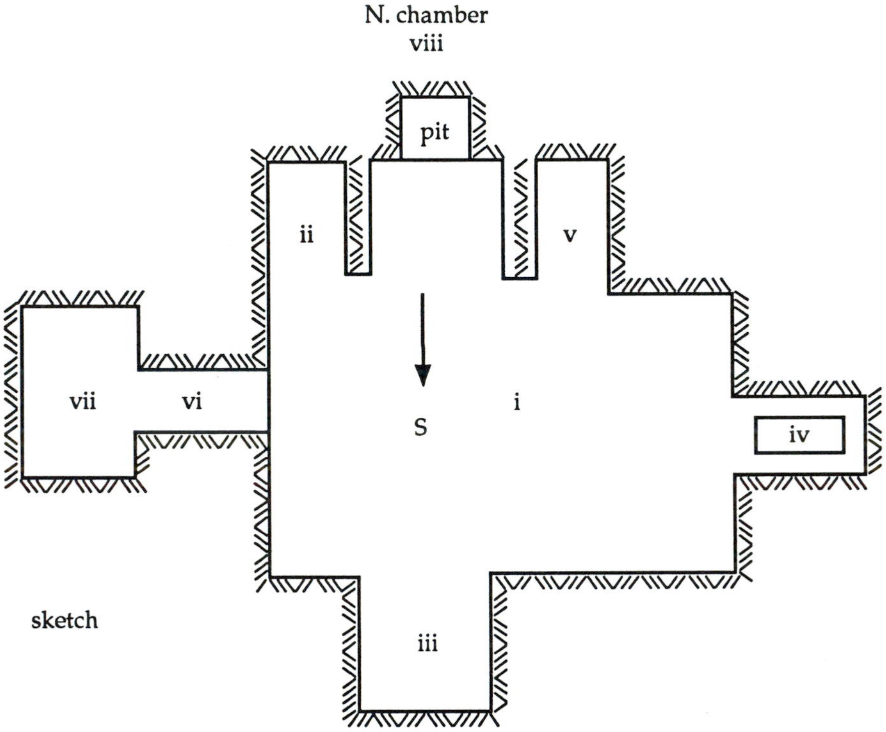

Fig. 19
Puits et chambres funéraires dans la chapelle (26)
(d'après Reisner, Diary 39, 1er cahier, p.16)

(26) est un ensemble assez complexe dont on ne connaît pas encore parfaitement le plan. La chapelle occupe l'angle nord-ouest du mastaba G 7140, au sud de l'axe ouest-est et face à (22), (23) et partiellement (24). Il semble que l'accès à (26) ne se faisait pas par la voie centrale mais se trouvait à l'ouest: quelques marches au nord de (15) reliaient la chapelle à ce qu'on a appelé la cour sud, en contrebas de G 7140. La chapelle est rectangulaire avec deux petites chambres latérales à l'est (K et L de Reisner) et comporte également un puits dans sa partie orientale (voir fig. 19) avec un sarcophage taillé à même le roc. A l'est et au sud, les très épais murs de briques crues sont encore

605. (F), (K) et (L) chez Reisner, autant qu'on puisse en juger par son croquis et ses indications qui ne sont pas parfaitement clairs pour cette zone.

conservés sur une certaine hauteur. Dans l'angle nord-est, on retrouve des éléments du revêtement de calcaire fin qui devait dissimuler les briques. On devine encore quelques traces du dallage que mentionne Reisner. Les murs de briques reposaient en fait sur une assise de pierre. Enfin il est possible qu'il y ait eu un accès par l'intérieur à l'autel de pierre qui se trouve devant (26). Tant pour la structure externe qu'interne du bâtiment, les archives Reisner fournissent un certain nombre de renseignements.

MS XIV B 6, p.9:

> "The method of construction of this chapel is different from that of the others. It lies set into the core of G 7140 at the North-West corner, and had massive well-built walls of brick lined with thin slabs of limestone. The floor was carefully paved with blocks of more or less uniform size and shape, as opposed to the patchwork elsewhere. The shape was that of a long room, entered from the west, with two smaller chambers side by side at the west end. Near the north wall was a pit leading to chambers beneath. Here were shawwabtis and a coffin of the "Overseer of the affairs of the countries", Ankh-pa-khered.
>
> A small stone stair leads up to the door of the chapel."

Diary 39, 1er cahier (version dactylographiée):

> "Jan. 3, 1926, p.12
>
> Room F: South of E. we uncovered the North wall of another large room. near the east end of room E. in room F. is a square pit."

> "Jan. 8, 1926, p.16
>
> Pit in room F: depth 10 meters; two chambers, one on North and one on South. In room I, are five rude stone coffins and lids lying in confusion...
>
> In room IV (to east) is a coffin cut in the limestone rock: around the inside is inscribed the following inscription (filled with red paint) (copied by Dunham)"

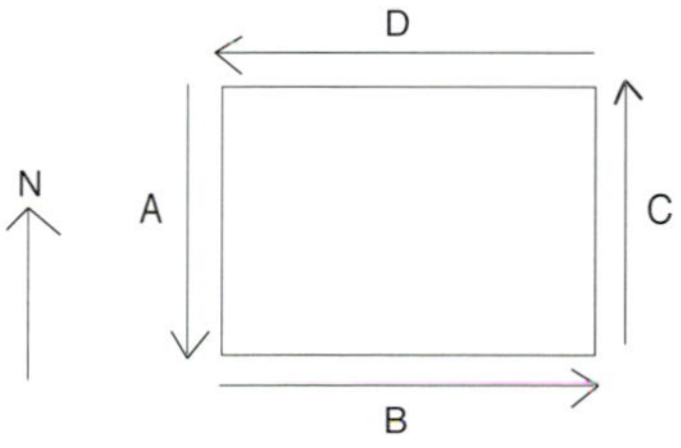

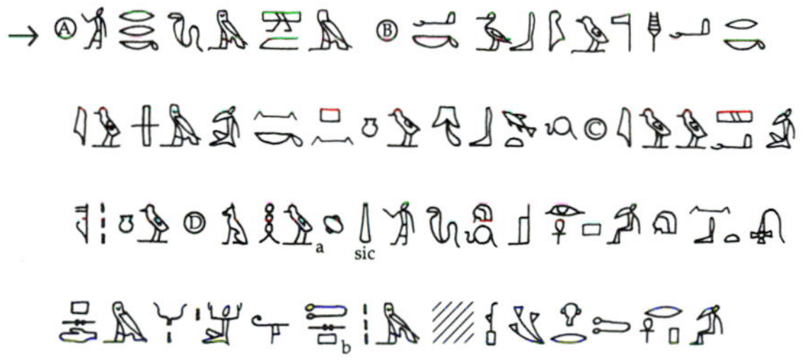

(a) Pour  . (b) Pour 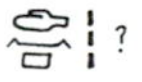 .

"O Rerek, ne bouge pas! Vois: Geb et Chou sont dressés contre toi, car tu as mangé une souris, l'abomination de Rê, car tu as broyé les os d'une chatte en putréfaction. O cobra, l'aînée de Rê, l'Osiris Ankhpakhered... (?) la flamme qui brille au front de l'éternel, le pavois des dieux denep... des plantes vertes. Eloigne-toi d'Ankhpakhered."

Il s'agit des formules contenues dans les chapitres 33 et 34 du Livre des Morts, reprises avec quelques variantes à l'Epoque Saïte[606].

606. Cf. P. Barguet, *LdM*, p.78. Ces chapitres se retrouvent également sur des blocs appartenant à un certain Pakap: voir E.A.W. Budge, *A Guide to the Egyptian Galleries (Sculpture)*, Londres 1909, p.237, et *infra*, n.(860) à ce propos. De même que sur d'autres sarcophages de Basse Epoque: sarcophage de Horoudja, fils de

Diary 39, 1er cahier (version dactylographiée):

"Jan. 9, 1926, p.18

Pits in Isis Temple room F.

Finished clearing the 8 rooms I–VIII of the pit in room F. of Isis Temple except for a roofed trench in VIII.

Found fragments of shawwabtis. In room I were 8 (at least) of 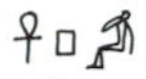 . see inscription on rock cut coffin in room IV (a fragment of one of the shawwabtis N° 25–12–488 was found in Avenue 3).

The  figures are inscribed as follows:
Vertical line down front

1. 
(4 examples)

2. 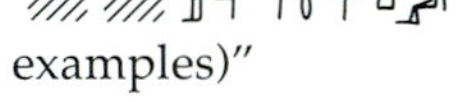
(2 examples)"

Un des personnages enterrés dans le puits de (26) était "prince et comte, général du contingent étranger"[607] et répondait au nom fort banal d'Ankhpakhered[608]. Sur certains de ses chaouabtis, il porte également le titre sacerdotal de prophète de Sekhmet, *ḥm-nṯr Sḫmt*. En fait c'est toute une série de chaouabtis à son nom qui ont été retrouvés, principalement dans la chapelle (26) et son puits mais aussi dans les alentours lorsque les fouilleurs clandestins ont ramené du matériel à la surface, quitte à l'abandonner ensuite. En voici la liste:

MFA Exp. N. 26–1–100 (2 fragments, G 7011 B, chambre est)
26–1–151 (2 fragments, E de Reisner)
26–1–199 (1 fragment, puits dans (24))
26–1–200 (1 fragment au même endroit)
26–1–204 (5 fragments, K de Reisner)
26–1–205 (5 fragments, K de Reisner)
26–1–206 (4 fragments, K)
26–1–228 (1 fragment, puits en (26))
26–1–252 (?) (Puits en (26), chambre I)
26–1–296 (1 fragment, dans les débris de surface à l'est de G I–c et au nord de (1))
26–1–307 (6 fragments, puits en (26), chambre I)
26–1–308 (4 fragments, même endroit)
26–1–309 (2 fragments, même endroit)
26–1–310 (3 fragments, même endroit)
26–1–311 (3 fragments, même endroit)
26–1–312 (4 fragments, même endroit)
26–1–362 (2 fragments, dans les débris de surface à l'ouest de G 7140 et au sud de (15).
26–1–1209 (?) (Avenue 4, débris)

Hep: cf. M.-L. Buhl, *Sarcophagi*, p.104. Voir aussi le sarcophage de Djedher, CGC 29304 (= JE 15039), qui présente les mêmes variantes que notre texte par rapport à la version traditionnelle du *LdM*: G. Maspero, *Sarcophages des époques persane et ptolémaïque* I, *CGC*, Le Caire 1914, p.122.

607. Voir l'étude récente de P.-M. Chevereau, *Prosopographie*, p.311 sq.

608. Cf. H. Ranke, *PN* I, 63, 17.

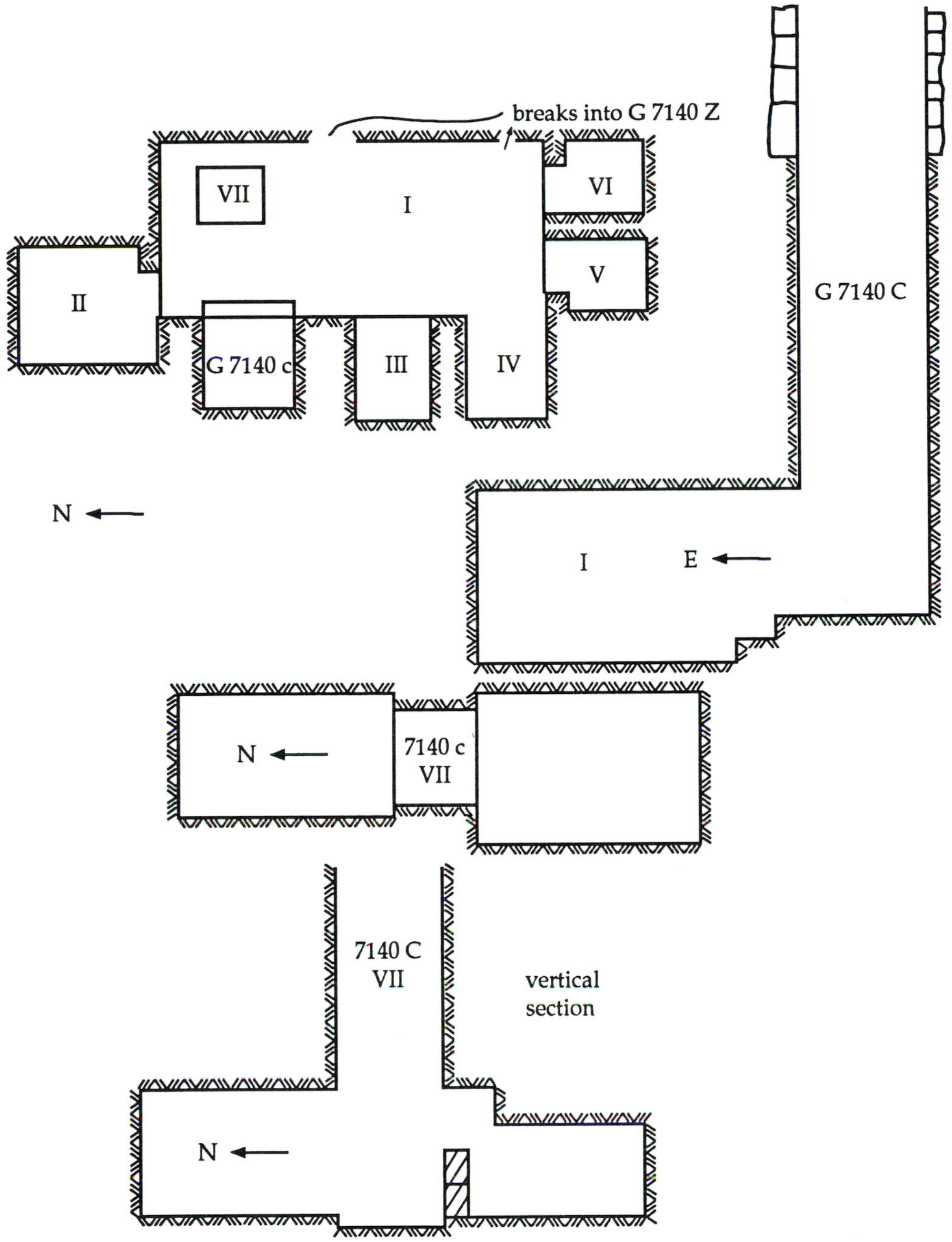

Fig. 20
Puits et chambres funéraires dans la chapelle (27)
(d'après Reisner, Diary 39, Giza Royal Mastabas 2, p.37)

Par ailleurs un certain nombre de chaouabtis du même personnage, dont l'origine était demeurée incertaine jusqu'à présent, ont, très certainement, été ramassés sur le site au milieu du XIXe siècle et sont conservés au Musée du Caire: il s'agit des numéros CGC 47363–47365 (= Caire JE 1977, 1978, 1979)[609]. Cela apporte une indication historique intéressante sur le pillage de cette zone pratiquée au cours du XIXe siècle. D'où il faut craindre, évidemment, qu'un certain nombre d'objets aient été disséminés soit dans le commerce des antiquités soit dans des musées où on ignore leur provenance véritable.

Un vase canope à tête humaine et inscrit au nom d'Ankhpakhered a été trouvé dans le puits G 7510 Y à quelque distance de la chapelle (26)[610]. Le personnage ne porte pas de titre et le nom étant banal, il est vraisemblable qu'il s'agisse d'un homonyme du premier, qui accomplit sa carrière militaire et sacerdotale à l'Epoque Saïte.

Devant (26), dans le passage (20), se dresse un autel monolithe en calcaire. Bien que détérioré, il semble s'apparenter aux autels gréco-romains dits "à cornes" ou "à acrotères"[611]. Il est ainsi, peut-être, une pièce témoin du dernier état du temple encore en usage aux Epoques Ptolémaïque et Romaine.

g. Chapelle (27)

C'est la zone à l'est de (26) qui occupe la partie nord-est du mastaba G 7140. C'est là également que s'ouvre le puits G 7140 C (voir fig.20).

Diary 39, 1er cahier (version dactylographiée):

> "Jan. 6, 1926, p.14
>
> The pit G 7140 C appears to have been reused in this same period (Epoque Saïte ou postérieure)."

Diary 39, G 7000 Royal Mastabas 2 (version dactylographiée):

> "Jan. 2, 1926, G 7140 C, p.35
>
> Down 10.50 meters; mixed debris all the way
>
> Jan. 3, 1926
>
> Down 13 meters. The chamber has appeared on the west. The bottom of the pit had not yet been reached. The debris changed at about 8 m. to dirty sand and dust.
>
> Jan. 4, 1926, p.36
>
> Total depth 15 meters. The large chamber was filled with dirty sand and decayed organic matter. This debris sloped down to the east wall and on it against the wall was a battered torso (knees to neck) of an Old Kingdom limestone statue (life size). In the back wall two opening lead to a second chamber.

609. Voir P. Newberry, *Funerary Statuettes*, p.138–9, et P.-M. Chevereau, *o.c.*, p.179, doc. 276, pour des compléments bibliographiques. En revanche, les chaouabtis CGC 47514–47516 (= JE 1980), P. Newberry, *ibid.*, p.155–6, appartiennent à un homonyme du précédent, qui porte le titre de prophète de la dame d'Imaou.

610. Voir pl.2, pour l'emplacement de G 7510 Y, et cf. *infra*, p.275, à propos de cet objet.

611. Cf. G. Soukiassian, *BIFAO* 83, 1983, p.317 sq.

March. 28, 1926, p.37

Continued clearance of debris from chamber and from the shaft of G 7140 C. II emptied. Pit VII has two chambers, one on S. and one on N. Proceeded to clear the debris from the southern chamber. Found (in chamber G. 7140 C. VII South and in pit):

Many fragments of faience shawwabtis.
3 unbroken faience shawwabtis.
1 granite hammerstone.
2 pieces inscribed limestone.
1 limestone hammerstone (?).
1 neck of red pottery jar."

Ce secteur n'a encore pratiquement pas fait l'objet d'étude et présente un grand état de confusion. Quelques remarques consignées dans le manuscrit XIV B 6 (p.10) en donnent une idée:

> "South of chapel ((26)) beyond the Old Dyn. XXI enclosure wall, a brick wall was built high up into the side of G 7140, running N–S and with the remains of chambers at the south end, lower down in the court. Remains of a small stone stairway at the north may have led up to the entrance, if this was indeed another brick chapel like F ((26)). It may have been about then that the curved brick walls southwest of the pyramid were built, presumably as boundary walls for the cemetery, as the old enclosure wall was certainly in ruin by this time."

Au sud de (27), on peut voir une autre installation qui appartenait sans doute au temple. Au niveau de la chapelle de Khafkhoufou, les blocs nummulitiques constituant le noyau de G 7140 ont été enlevés sur trois assises, ce qui forme aujourd'hui une sorte de plateforme, autrefois peut-être une cour à ciel ouvert ou une salle dont la toiture a disparu. Le sol en est constitué par trois assises de blocs de petit format, jointoyés au mortier comme dans toutes les additions tardives. On décèle également des traces de briques crues. Dans l'angle nord-est, une jarre est encore enterrée *in situ*. Un chapiteau lotiforme a été remployé sur le rebord oriental du mastaba. Enfin un bloc de l'Ancien Empire du mur occidental de cette plateforme a été grossièrement retaillé en forme de table d'offrandes, avec un léger évidement à sa partie supérieure et un trou pour l'écoulement des liquides et avait, vraisemblablement, un usage cultuel. De cette plateforme on pouvait passer au toit de la chapelle de Khafkhoufou.

Avant d'en terminer avec la partie orientale du temple d'Isis, il faut encore rappeler que non seulement la superstructure de G 7130–7140 a servi, en quelque sorte, de base pour l'agrandissement du temple mais que certains éléments architecturaux internes de ce mastaba double ont été considérablement remaniés pour être intégrés dans le nouvel ensemble. Il s'agit tout d'abord du puits G 7130 B; aux chambres conçues initialement, on a rajouté plusieurs *loculi*, destinés à abriter des inhumations que Reisner a datées de l'Epoque Ptolémaïque mais qui sont sans doute antérieures, au moins pour une part d'entre elles[612]. On y a en effet retrouvé un certain nombre de chaouabtis dont deux au nom de Chepenset, vraisemblablement la mère d'Harbes[613]. On peut supposer qu'elle a été enterrée là, ce qui toutefois n'est pas certain car le seul indice des chaouabtis n'est, sans doute, pas suffisant. Auquel cas, on remonterait au début de l'Epoque Saïte. De

612. Cf. la description de ce puits et du caveau chez W. K. Simpson, *Giza Mastabas* 3, p.19–20, et fig.21.
613. *Supra*, p.118.

même, la chapelle sud sur la face orientale de G 7140, dans la rue G 7100, a subi des altérations importantes[614], datées elles aussi, par Reisner, de l'Epoque Ptolémaïque.

Au terme de cette description, quelques constatations peuvent être faites, de manière brève. Un des stades du développement du temple selon l'axe ouest-est se situe, évidemment, à l'Epoque Saïte. Il n'est pas possible, actuellement au moins, de savoir s'il existait un stade antérieur, datant de la Troisième Période Intermédiaire: construction de la voie d'accès ouest-est qui aurait précédé l'édification des chapelles. En revanche, il paraît vraisemblable que de nouvelles modifications aient été faites à l'Epoque Ptolémaïque et, peut-être même, Romaine. Les chapelles bâties le long de la voie d'accès ont indéniablement un usage funéraire et cela, dès la XXVIe dynastie, comme le montrent les objets qu'elles ont livrés. Cependant le matériel, malheureusement très partiel, n'indique pas que ce furent les desservants d'Isis qui eurent le privilège d'être enterrés dans la proximité directe de la chapelle de culte de leur déesse, à l'exception peut-être de Pami (chapelle (24)). Les installations de briques postérieures eurent, elles, sans doute, un autre usage qui n'est pas encore déterminé.

2. FRAGMENTS ARCHITECTURAUX PROVENANT DU TEMPLE D'ISIS, TROUVES PAR REISNER, NON REPLAÇABLES

Au cours de la fouille du temple d'Isis, Reisner a trouvé bon nombre de fragments architecturaux, arrachés, soit aux parois du temple, soit à celles des monuments environnants car dans ses trouvailles figurent également un certain nombre de reliefs de l'Ancien Empire. C'est, entre autres, à partir de ces fragments, lorsqu'ils étaient datés et suffisamment explicites, qu'il a été possible de reconstituer l'histoire du temple et son aspect, au moins partiellement. Mais d'autres nous apportent des renseignements beaucoup plus limités. Tout d'abord on se heurte à la question de leur provenance exacte, soit qu'ils n'aient pas été trouvés en place, ce qui est fréquemment le cas, soit que Reisner[615] ne précise pas suffisamment l'endroit où ils les a trouvés. D'autre part, ces fragments de reliefs ou de textes ne présentent pas assez d'indices pour être identifiés comme appartenant à telle ou telle partie du bâtiment. Ils sont relativement nombreux et très divers, représentations anépigraphes, fragments d'inscriptions allant de quelques hiéroglyphes isolés à un morceau de texte qui fait sens. Il ne s'agit pas d'en donner une fastidieuse énumération qui, de toute manière, ne pourrait être exhaustive, soumise qu'elle est aux aléas de la documentation antérieure. Ce serait inutile et vain puisque le but recherché n'est pas un catalogue de tous les fragments trouvés qui, même mis bout à bout, risquent fort de demeurer non signifiants. J'ai choisi ceux qui pourront peut-être un jour prendre toute leur signification s'ils peuvent être rapprochés d'autres éléments qui, eux, sont déjà intégrés dans l'ensemble du monument. Je les présente dans un ordre aussi neutre que possible, qui est celui de l'inventaire des objets de Reisner. Certains ont déjà

614. Voir W. K. Simpson, *ibid.*, p.9; fig.19; pl.XII b et XIV c.

615. Mais pas seulement lui; nous ne connaissons, en fait, jamais l'emplacement exact d'où proviennent les fragments et documents du temple d'Isis entrés au Musée du Caire au cours du XIXe siècle.

été mentionnés[616] lorsqu'un rapprochement pouvait être tenté avec d'autres documents qui, eux, étaient datés.

A. BOSTON MFA EXP. N. 26–1–333

Fragment de paroi ou, sans doute, plutôt d'un montant de porte, taillé dans le calcaire. La largeur est de 37 cm; la hauteur de 47. Une inscription en colonne est gravée en creux dans un excellent style et limitée, de part et d'autre, par un trait vertical. Il a été trouvé dans la chambre VII au fond du puits de la chapelle (26) (F de Reisner) où était enterré Ankhpakhered. Inédit; photographie Archives Reisner A 4368.

On lit un proscynème: *ḥtp di͗ nswt n Ptḥ nb mꜣꜥt ḥr nfr nswt nṯrw...*, *"Offrande que donne le roi à Ptah, seigneur de Maât, au beau visage, roi des dieux..."*

B. BOSTON MFA EXP. N. 26–3–234

Il s'agit d'un tout petit fragment de calcaire, portant les restes de deux colonnes de texte, incomplètes. A été trouvé dans le puits G 7140 C, dans les débris de la chambre VII (nord). Pratiquement carré, il mesure environ 24 cm de côté. Inédit; photographies Archives Reisner B 4314 et A 4374.

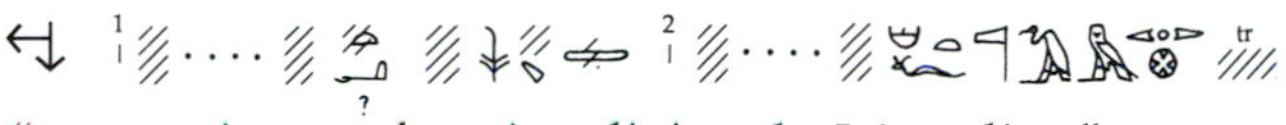

"... son épouse, la mère divine de Létopolis..."

Malgré le caractère particulièrement fragmentaire de cette inscription, je l'ai retenue à cause du titre intéressant, *mwt nṯr n Ḫm*, porté non pas par une déesse mais par une femme, comme l'indique *ḥmt·f*, femme qui demeure anonyme ainsi que son époux. Il s'agit de la désignation, peu souvent attestée, de la prêtresse spécifique du nome létopolite[617]. On connaît la relative fréquence du titre des prêtres de Létopolis, *wn-rꜣ*, dans les titulatures d'origine memphite au sens large; on en trouve ici le pendant féminin.

C. BOSTON MFA EXP. N. 29–7–1

Fragment de calcaire de 35 cm de haut sur 35 de large et 10 d'épaisseur. A été trouvé en 1925–26 dans le temple d'Isis, sans plus de précision, mais n'a été enregistré qu'en 1929. Inédit; photographie Archives Reisner B 6882. On y lit une inscription verticale très similaire à celle de 26–1–333, par sa forme et son contenu: *ḥtp di͗ nswt n Ptḥ Nwn wr...*, *"Offrande que donne le roi à Ptah Noun, l'ancien..."*

D. BOSTON MFA EXP. N. 29–7–2

Autre fragment de calcaire, appartenant à une paroi ou un montant de porte, très semblable aux deux cités précédemment. Il mesure 37 cm de haut sur 37 de large pour une épaisseur d'environ 16 cm. Inédit; photographie Archives Reisner B 6812. Restes d'une inscription encadrée par deux traits verticaux: *ḥtp di͗ nswt Ptḥ Skr Wsi͗r...*, *"Offrande que donne le roi à Ptah-Sokar-Osiris..."*

Les trois fragments portant un proscynème à Ptah sous différentes formes et dont nous savons que l'un d'eux (26–1–333) a été trouvé dans le puits de la chapelle (26) présentent une évidente parenté. Reisner proposait d'en faire des éléments du décor de la chapelle

616. Cf. *supra*, p.65–6, les remarques à propos de quelques fragments.
617. Cf. J. Berlandini, *Hom. Sauneron* I, p.107 et n.(11).

(6) ((P))[618]. Malheureusement cette hypothèse reste aléatoire et on ne sait, en fait, où replacer ces montants.

E. BOSTON MFA EXP. N. 29–7–4

Petit fragment de calcaire, de forme trapézoïdale, comportant la fin d'une colonne de texte. Il mesure 46 cm de haut sur 19 de large au maximum et 11,5 d'épaisseur au minimum. A été trouvé en 1925–26 dans le temple d'Isis mais a été enregistré en 1929. Inédit; photographies Archives Reisner B 6884 et B 7630.

On y lit le nom de *Ḥry mꜣʿ ḫrw*, qui n'est pas connu par d'autres documents du temple d'Isis. On se souviendra seulement qu'un des fils du propriétaire de la chapelle (23) s'appelle *Ḥr*. Le style de belle qualité pourrait être rapproché de celui de la chapelle d'Harbes.

F. BOSTON MFA EXP. N. 29–7–7

Ce fragment de relief, déjà mentionné plus haut[619], a été trouvé en 1925–26 dans le temple d'Isis et enregistré en 1929. C'est un bloc rectangulaire en calcaire, mesurant 63 cm de haut sur 50 de large et 6 d'épaisseur. Inédit; photographies Archives Reisner B 6889 et B 6892.

Un dieu debout (←), dans l'attitude de la marche a les deux bras levés devant lui, sans doute, en adoration. La tête a disparu mais l'amorce du cou laisse penser qu'il s'agissait d'un Thot ibiocéphale. Il porte un pagne court. Devant lui, une brève inscription dont on ne peut lire que quelques signes: "...seigneur du ciel... seigneur...." J'ai déjà souligné le rapprochement possible, quoique incertain, avec les reliefs de la chapelle (23).

G. BOSTON MFA EXP. N. 29–7–8

Fragment de calcaire mesurant 65 cm de haut, sur 42 de large et 20 d'épaisseur; irrégulièrement brisé. Trouvé au nord de (15), dans la zone de l'escalier qui conduit à la chapelle (26), en 1925–26 et enregistré en 1929. Inédit; photographie Archives Reisner B 6896.

Ce fragment, déjà évoqué[620], est entièrement occupé par la représentation du torse et de la tête d'un dieu hiéracocéphale debout (←), bras tombant le long du corps; il porte un pagne court. Il n'est pas possible de le dater avec précision ni de l'attribuer à telle ou telle partie du temple.

3. FRAGMENTS AU NOM DE PTAHDIIAOU

Placer ici une série de reliefs et inscriptions fragmentaires qui proviennent de ce qui fut, sans doute, une chapelle au nom de Ptahdiiaou n'est pas sans poser de problèmes. En effet, certains de ces fragments, si ce n'est le monument lui-même, ont été vus *in situ* par Mariette et Petrie. Mais les indications qu'ils donnent sur la localisation sont si succinctes qu'il est impossible d'affirmer que cette chapelle se trouvait dans le temenos

618. MS XIV B 6, p.4, et voir *supra*, p.179 sq.
619. *Supra*, p.202.
620. *Supra*, p.202.

du temple d'Isis. On peut toutefois supposer que c'est dans cette aire, plus ou moins restreinte, qu'elle existait encore à la fin du XIXe siècle[621].

A. FRAGMENT CAIRE JE 57144[622]

Ce relief identifié grâce à une photographie des Archives Daressy, conservées au Collège de France[623] est, en fait, une partie du montant de porte, vu par Mariette, encore en place:

> "Calcaire. Montant gauche de la porte d'entrée d'un petit tombeau détruit. On n'y voit que l'image et les noms d'un personnage nommé Ptah-ta-aou qui occupait entre autres fonctions, celle de prophète du roi Ra-tet-ef. Ptah-ta-aou était aussi *parent* royal. Le style paraît être celui de la XXVIe dynastie. Haut. 1.m40. Largeur 0.60. Epaisseur 0.40."[624].

J. de Rougé[625] avait également copié, très partiellement, l'inscription de ce montant de porte, sans donner davantage d'explication. Probablement, une partie du monument a été découpée pour être emmenée au Musée du Caire où elle a été enregistrée très tardivement sous le N° JE 57144, tandis que le reste a disparu. En combinant nos diverses sources d'information, il est possible de faire une description sommaire de ce document et d'en donner le texte[626]. Il faut sans doute imaginer un de ces montants de porte, imitant des constructions de l'Ancien Empire, sur lequel était représenté le propriétaire. Le fragment de la collection Albert Eid[627], également au nom de Ptahdiiaou, nous en donne, d'ailleurs, un exemple. Au-dessus de lui, vraisemblablement, une ligne de texte horizontale que nous connaissons par de Rougé. Puisqu'il s'agit du montant gauche selon les indications de Mariette, les hiéroglyphes doivent être tournés vers la droite, et non vers la gauche comme sur la copie de de Rougé.

"Le connu véritable du roi qui l'aime, Ptahdiiaou, j.v."

Nous avons d'ailleurs confirmation de cette orientation par la photographie du fragment Caire JE 57144 du Musée du Caire, qui comporte quatre colonnes incomplètes de texte. De Rougé avait copié la dernière. Ce texte se situait sans doute au-dessus de la ligne horizontale. Les hiéroglyphes sont gravés avec une très grande finesse et dans certains cas pourvus de leurs détails intérieurs.

621. *Infra*, p.214.
622. A été transféré au Musée copte où il est actuellement conservé.
623. J'en ai pris connaissance grâce à Jean Yoyotte qui avait procédé, il y a un certain nombre d'années, à un dépouillement et un classement de ces archives.
624. A. Mariette, *Mastabas* (Appendice), p.564–5. On trouve également quelques renseignements dans la *Notice des principaux monuments du Musée de Boulaq*, Le Caire 1864, p.271.
625. *Inscriptions hiéroglyphiques* I, pl.62.
626. Ajouter encore à la bibliographie *GLR* I, p.84, § 6; A. Erman, *ZÄS* 38, 1900, p.122; D. Wildung, *Die Rolle Ägyptischer Könige*, p.199; PM III^2, 1, 17; E. Otto, *MDIAK* 15, 1957, p.200.
627. *Infra*, p.214–5.

"1.... (a) puisse-t-il donner tout ce qui sort de sa table d'offrandes chaque jour en... (b) 2.... [rafraîchissements (?)] (c), toutes choses bonnes et pures dont vit le dieu pour le ka de... 3.... prophète d'Horus, seigneur de Létopolis (d), prophète de Khnoum qui est à la tête de Wꜣf (d)... 4.... [prophète de Mout] qui préside aux cornes des dieux (d), prophète de Didoufri (d), prophète de... (d)."

(a) Le dieu auquel s'adressait le proscynème est perdu. On sait, en tout cas, par le pronom masculin qu'il ne pouvait s'agir d'Isis. Peut-être était-ce Osiris?

(b) Une partie du texte manque en bas des colonnes aussi bien qu'en haut, comme le montre à la fin de la colonne 4 le début du titre de prophète.

(c) Apparemment, traces de l'aiguière avec le signe de l'eau.

(d) Pour ces différents titres, voir *infra*, le commentaire général.

B. FRAGMENT COPIE PAR PETRIE

A peu près à l'époque où Mariette travaillait à Giza, Petrie y copia également, très rapidement, un montant de porte appartenant, sans doute, au même Ptahdiiaou, en fonction de l'identité de nom et de lieu. La copie succincte et encore inédite de Petrie est conservée dans les papiers de Sayce MSS 27.c au Griffith Institute, Oxford[628]. L'auteur indique qu'il s'agit d'un fragment *in situ*, faisant partie d'un bâtiment à l'est de la pyramide 9 de Vyse, autrement dit la pyramide G I–c. Il s'agit donc bien d'une construction qui, si elle n'est pas dans le temenos d'Isis, n'en est, en tout cas, pas loin.

"Le prince, prophète d'Osiris, seigneur de Ro-Setaou, Ptahdiiaou."

Petrie ne donne aucune indication sur le début de la colonne mais signale en revanche que nous en avons la fin. Le personnage porte d'autres titres que sur le fragment précédent; j'y reviendrai plus loin.

C. FRAGMENT COLLECTION ALBERT EID

Un fragment de montant de porte d'un type similaire à celui qui avait été copié par Mariette, a été vu dans le commerce des antiquités cairote, dans les années 60[629]. On en ignore le lieu de conservation actuel et, apparemment, il est demeuré inédit.

D'après un bref croquis, il subsistait le torse d'un personnage (←) debout, tenant de la main gauche, un bâton, tandis que la droite tombait le long du corps. Le personnage était coiffé d'une courte perruque, portant un motif quadrillé, dans un style nettement archaïsant.

Au-dessus de lui, une ligne de texte, dont on ne sait s'il manque quelque chose à gauche:

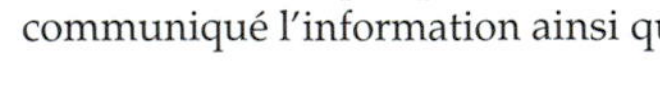

"Pef-tjaou-(em)-aouy-bastet, j.v., détenteur d'imakh."

628. Cf. PM III^{2}, 1, 17. Je remercie J. Málek qui m'en a très libéralement accordé une copie.
629. Il a été copié par H. de Meulenaere et J. Yoyotte à cette époque et je remercie ce dernier qui m'a communiqué l'information ainsi que sa copie.

Le nom est d'une construction fort classique et courante à cette époque[630]. Au-dessus encore, trois colonnes de texte dont nous avons seulement la fin et dont on ne sait pas si elles représentent la totalité de ce texte, gravé en colonnes. Sur le fragment Caire JE 57144, nous en trouvons quatre, mais trois seulement sur le fragment Louvre.

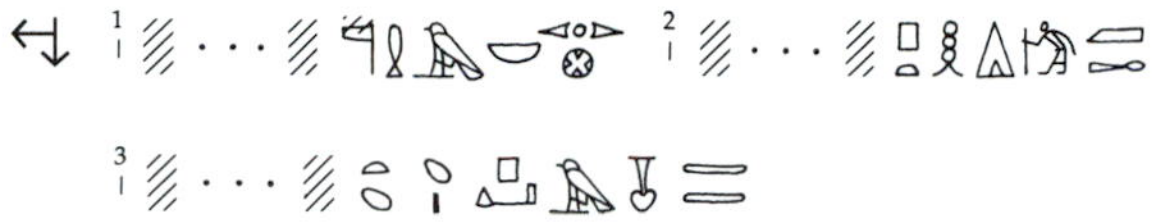

"1.... le prophète d'Horus, seigneur de Létopolis, 2.... Ptahdiiaou, j.v., 3.... fils de Pa-di-har-somtous."

Nous retrouvons vraisemblablement le même personnage avec, au moins, un titre semblable, celui de prophète d'Horus, si tant est que le titre et le nom appartiennent bien au même individu, étant donné qu'on ignore la longueur et, évidemment, le contenu de la lacune. Il semble que dans la dernière colonne, nous ayons la fin d'un nom féminin qui pourrait être, éventuellement, celui de la mère de Ptahdiiaou, suivi du nom du père de ce dernier, Pa-di-har-somtous[631], bien que l'ordre inverse soit le plus fréquent. Quant à Pef-tjaou-(em)-aouy-bastet, nous ne connaissons pas son lien de parenté avec Ptahdiiaou; s'agirait-il d'un fils? La fin du nom en lacune à la colonne 3 pourrait être celui de Pef-tjaou-(em)-aouy-bastet et nous aurions alors trois générations. Quoi qu'il en soit, les liens familiaux sur ce document restent douteux.

D. FRAGMENT LOUVRE E 30984

Ce bloc qui appartenait précédemment à la collection égyptienne du Musée Guimet sous le N° C 57 (Inv. 14709), a été transféré au Musée du Louvre où il est conservé sous le N° E 30984. Voir A. Moret, *Catalogue du Musée Guimet, Galerie égyptienne (1909), Annales du Musée Guimet* 32, p.113–4 et pl.50.

Ce fragment de calcaire mesurant 25 cm de haut sur 46 de large et comportant les restes de trois colonnes de texte est anonyme. Nous ne pouvons donc tenir pour assuré qu'il appartienne à la chapelle de Ptahdiiaou. Néanmoins, la présence de deux titres semblables et le style même du document offrent de fortes présomptions, favorables à une telle identification.

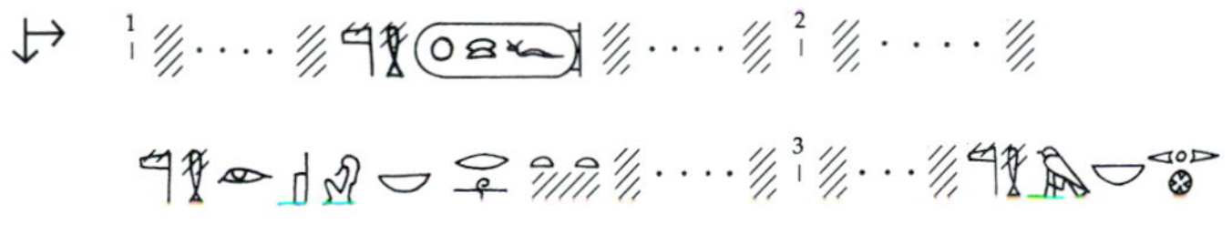

"1.... le prophète de Chéphren... 2.... le prophète d'Osiris, seigneur de Ro-Setaou... 3.... le prophète d'Horus, seigneur de Létopolis..."

E. STATUE-CUBE DE SENBEF, FILS DE PTAHDIIAOU

Cette belle statue-cube en calcaire a été vue dans le commerce des antiquités du Caire dans les années 50, date à laquelle elle a été photographiée[632]. Elle est inédite et son

630. H. Ranke, *PN* I, 127, 25.
631. H. Ranke, *PN* I, 125, 15.
632. Que Jean Yoyotte trouve ici mes remerciements pour me l'avoir signalée et m'en avoir procuré un jeu de photographies.

lieu de conservation actuel est inconnu. Elle est acéphale et les pieds ainsi qu'une partie du socle, sont brisés. Cependant les textes du pilier dorsal et de la jupe du personnage sont presque intégralement conservés: formule saïte sur le pilier dorsal et appel aux prêtres sur la jupe. Aux dires de l'antiquaire qui la détenait, elle proviendrait du cimetière copte de Nazlet Batran, au pied du plateau de Giza et de l'éperon rocheux du sud. Il est évident qu'il faut utiliser ce genre de renseignements avec d'infinies précautions. Néanmoins, le contenu du texte qui est un appel aux prêtres qui pénètrent dans le temple d'Osiris de Ro-Setaou donne quelque authenticité à cette allégation. Une statue de ce type devait être placée, en effet, dans le temple du dieu dont on interpelle les desservants[633]. Or, on connaît *grosso modo* la situation de ce temple au pied du plateau[634], ce qui laisserait supposer que l'objet a été retrouvé non loin de son emplacement originel, lors de travaux ou de fouilles clandestines, comme il y eut d'autres cas similaires dans la même zone.

Si j'en fais rapidement mention, c'est qu'elle a été dédicacée par un certain Senbef, qui ne porte pas de titres, fils du père divin, qui est dans le palais (*imy ꜥḥ*), supérieur des secrets de Ro-Setaou, prophète d'Osiris, seigneur de Ro-Setaou, Ptahdiiaou et de la fille du maire (*ḥꜣty-ꜥ*) de Létopolis, Pef-tjaou..., Seb-hor-ites, la femme du dit Ptahdiiaou. Certes, nous ne connaissons pas par les précédents documents le nom de l'épouse de Ptahdiiaou ni celui de ce fils présumé. Remarquons toutefois que Seb-hor-ites est fille du maire de Létopolis et que le Ptahdiiaou des documents précédents est, précisément, prophète de l'Horus de Létopolis. Il est vrai aussi que le nom de Ptahdiiaou est assez banal à cette époque. Néanmoins, le personnage porte sur la statue de son fils, le titre de prophète d'Osiris, seigneur de Ro-Setaou qui n'est pas très fréquemment attesté et appartient également au Ptahdiiaou des reliefs. Ses autres titres sacerdotaux sont absents mais Senbef qui avait choisi le temple d'Osiris pour y déposer sa statue, a pu mettre l'accent, de préférence, sur le titre de prophète d'Osiris de son père et négliger les autres éléments de sa titulature. Il serait peut-être aventureux d'affirmer l'identité des deux personnages mais cela reste toutefois une forte possibilité qu'on n'exclura pas. Il faut remarquer que le titre de prophète d'Osiris, seigneur de Ro-Setaou, n'est guère attesté sur les documents memphites de l'Epoque Saïte alors qu'il apparaît dans des titulatures de prêtres de l'Epoque Lagide qui exerçaient leurs charges dans le triangle Memphis, Héliopolis, Létopolis: voir C.M.Z., "Bousiris", p.105 et n.(7).

F. PTAHDIIAOU: LE PERSONNAGE

Un certain Ptahdiiaou qui exerça diverses fonctions, civiles et sacerdotales, dont certaines à Giza même, y fut, vraisemblablement, enterré, peut-être dans le temenos même d'Isis[635]. Sa tombe comportait une chapelle en superstructure, ornée de bas-reliefs dans un beau style archaïsant. Le personnage porte un nom plutôt courant à son époque[636]. Ses liens familiaux demeurent incertains; il fut peut-être l'époux de Seb-hor-ites, fille d'un maire de Létopolis, Pef-tjaou... Etait-il fils de Pa-di-har-somtous? Et père de Pef-tjaou-(em)-aouy-bastet et de Senbef?

633. Ce problème a déjà été évoqué à propos de la statue-cube Ny Carlsberg AEIN 78 appartenant à Harbes (cf. *supra*, p.129). Malgré les réserves émises par B. Bothmer, *ELSP*, p.41, à ce sujet, il est plus vraisemblable que la statue provienne du temple mentionné dans le texte qu'elle porte plutôt que d'un quelconque autre lieu.
634. *Infra*, p.223.
635. Cf. *supra*, p.214, et C.M.Z., "Bousiris", p.101 et 105.
636. Pour des remarques complémentaires sur ce nom, se référer à M. Thirion, *RdE* 31, 1979, p.86–7.

Il était pourvu de quelques charges auliques, assez vagues, plus honorifiques que réelles, et fréquentes à cette époque: *ḥ3ty-ʿ, rḫ nswt m3ʿ mry·f, ỉmy-ʿḥ*, prince, connu véritable du roi qui l'aime, celui qui est dans le palais. Il exerça, en outre, un certain nombre de fonctions sacerdotales spécifiques, soit à Giza même, soit dans des centres religieux qui n'en étaient guère éloignés. Tout d'abord, il est prophète du roi Didoufri et également de Chéphren si toutefois il s'agit bien du même personnage, ce qui est probable[637]. Nous avons rencontré le deuxième titre en corrélation avec celui de prophète de Chéops dans les documents étudiés au chapitre précédent[638]. Ici, les textes sont trop incomplets pour qu'on puisse affirmer quoi que ce soit. Quant à la charge de prophète de Didoufri, elle est fort rare. Elle a été portée par quelques membres de la famille de Pa-cheri-en-iset et jusqu'à présent, nous n'en connaissons pas d'autre mention[639]. Ce qui, dans l'état actuel de la documentation—mais peut-on tirer des conclusions d'aussi faibles indices—laisserait penser que le culte de Didoufri avait bien pour cadre le site de Giza et non celui d'Abou Roasch où, pourtant, le pharaon avait été enterré; comme si on avait intentionnellement choisi de concentrer l'ensemble des cultes des rois de la IVe dynastie sur le plateau des grandes pyramides.

Nulle trace d'une prêtrise d'Isis; en revanche, Ptahdiiaou est prophète d'Osiris, seigneur de Ro-Setaou dont le culte est bien attesté à Giza[640]. Une nouvelle fois, les deux cultes semblent dissociés. Enfin, le personnage était détenteur de trois fonctions de prophète dans des centres religieux qui n'étaient guère éloignés de Giza. Tout d'abord il était prophète de l'Horus de Létopolis, c'est-à-dire qu'il n'occupait qu'une position subalterne dans le clergé de ce dieu dont le prêtre en chef était le *wn-r3*. Ce culte de l'Horus du deuxième nome est bien connu à Basse Epoque[641]. Par contre, le Khnoum létopolite, vénéré dans les environs immédiats de la métropole de ce nome, apparaît beaucoup moins fréquemment[642]. On hésite encore sur la signification à donner à son épithète, *ḫnty w3f* ou encore *ḫnty w3rt·f*[643]. Enfin, Mout *ḫntt ʿbwy nṯrw*, qui préside aux cornes des dieux, résidant à Heshedabod (*Ḥwt Šd ỉbd*) est attestée depuis le Nouvel Empire[644] mais c'est surtout à partir de la Troisième Période Intermédiaire et jusqu'à l'Epoque Ptolémaïque qu'on en trouve des mentions[645]. Notre personnage présente une titulature qui, malgré son caractère vraisemblablement incomplet sur les documents dont nous disposons, est très caractéristique de son temps mais aussi du lieu où il vécut et fut enterré. Nombreux en effet furent les prêtres qui exercèrent leurs fonctions sacerdotales dans plusieurs sanctuaires de cette région memphito-létopolitaine, si riche en centres religieux et dont Giza constituait, à coup sûr, un pôle d'attraction.

637. Voir *supra*, p.215, pour cette question.
638. *Supra*, p.166.
639. Cf. E. Otto, *MDIAK* 15, 1957, p.200, et D. Wildung, *Die Rolle Ägyptischer Könige*, p.198–9.
640. *Infra*, p.259–60.
641. H. Altenmüller, *LdÄ* III/1, 1977, 41–6.
642. On se reportera à S. Sauneron, *Kêmi* 11, 1949, p.69–70, qui en a réuni un petit nombre d'exemples.
643. E. Otto, *LdÄ* I/6, 1974, 951.
644. Cf. C.M.Z., *Giza*, p.299–300.
645. Sur son culte à l'époque tardive, C.M.Z., *ibid.*, p.299–300; et J. Yoyotte, *BIFAO* 71, 1972, p.7; *BSFE* 67, 1973, p.31; *Ann. EPHE* V 89, 1980–1981, p.73–7.

CHAPITRE V

LA STELE DE LA FILLE DE CHEOPS OU STELE DE L'INVENTAIRE CAIRE JE 2091 (Pl. 39–40)

A plusieurs reprises déjà au cours de ce travail, j'ai évoqué la stèle Caire JE 2091, dite Stèle de la fille de Chéops, et également connue comme Stèle de l'inventaire, particulièrement dans la littérature égyptologique anglo-saxonne (Inventory stela), selon qu'on privilégie l'aspect historique, Chéops et sa fille, ou l'aspect religieux, liste des statues divines. Ce petit monument qui a suscité de très nombreux commentaires et quelques controverses, bien qu'une étude systématique en restât à faire, a été trouvé en 1858 par Mariette, dans le temple d'Isis. Malheureusement, le fouilleur ne donne pas davantage de précision sur le lieu de sa découverte; on ne comprend pas clairement d'après ses textes, ni ceux de Maspero, si l'objet fut découvert à son emplacement originel, encastré dans un mur[646] ou s'il avait déjà été déplacé avant que Mariette ne le recueille.

Le monument, qui fait plutôt piètre figure, est pourtant une mine de renseignements pour l'histoire, la topographie et les cultes de Giza. La présence du nom de Chéops, dont les mentions ne sont pas si nombreuses, et qui lui a valu d'être d'abord considéré comme une œuvre de l'Ancien Empire, a attiré l'attention sur ce document. Je citerai les principaux travaux qui lui ont été consacrés ou, du moins, lui accordent une place d'une certaine importance[647]. A. Mariette, *Mon. Div.*, pl.53 avec légende explicative p.17 (il s'agit d'un dessin de la partie verticale de la stèle). A. Mariette, *Album du Musée de Boulaq*, Paris 1871, pl.27 (photographie d'ensemble). G. Maspero, *Guide du visiteur du Musée de Boulaq*, 1868, p.207[648]. Les auteurs de l'époque ont volontiers utilisé ce document sans que son analyse progresse beaucoup pour autant[649].

L'article de G. Daressy, *RT* 30, 1908, p.1–10, comporte la première et la seule édition du texte gravé sur la partie horizontale de la stèle ainsi que sa traduction[650]. Il avait

646. C'est à dire peut-être dans une niche telle qu'on en a décrit au chapitre précédent: cf. *supra*, p.175 et 181.
647. Se référer aussi à PM III^2, 1, 18, qui donne une bibliographie assez complète.
648. Je ne citerai pas les différentes éditions du catalogue du Musée de Boulaq, puis de celui du Caire, qui n'apporteraient aucune indication supplémentaire.
649. Cf. PM III^2, 1, 18. Cf. cependant les remarques critiques de W.M.F. Petrie, *Pyramids and Temples at Gizeh*, Londres 1881, p.156.
650. Voir *infra*, p. 238, le commentaire à ce propos.

déjà donné auparavant un commentaire de ce document dans *BIE* 4ème série, N°7, 1907, p.93–7. W.Wreszinski, *RT* 48, 1910, p.174–6, est une analyse critique de l'étude faite par Daressy.

S. Hassan, *The Great Sphinx*, p.111–7 et pl.55–6, démarque totalement la traduction de Daressy; il est le seul à donner une photographie (pl.56), au demeurant de fort médiocre qualité, du texte horizontal.

On y ajoutera les précieuses remarques de G. Posener, *JNES* 4, 1945, p.242–3; la mention rapide de M. Münster, *Isis*, p.182. La traduction partielle et les commentaires les plus récents sont dus à D. Wildung, *Die Rolle Ägyptischer Könige*, p.182–3, dans le cadre de son étude sur le souvenir des rois anciens. Voir aussi C. M. Zivie, *LdÄ* II/4, 1976, 608–9; "Bousiris", p.95–6, 101–3 et pl.4–5. W. El-Sadeek, *Twenty-Sixth Dynasty*, p.113 et enfin la mention du document par Zahi Hawass, *Mél. Mokhtar*, *BdE* 97/1, 1985, p.382–3. Au cours du chapitre, j'aurai encore l'occasion de citer d'autres travaux où il a été fait épisodiquement allusion à la stèle Caire JE 2091.

La stèle en calcaire, apparemment difficile à graver à en juger par le peu de profondeur du trait, est de forme rectangulaire, mesurant 0,70 m de hauteur sur 0,42 de large. Elle comporte un panneau central divisé en quatre registres, entouré par un encadrement de 4 cm qui fait légèrement saillie (environ 2cm); ce dernier est occupé par des textes gravés horizontalement et verticalement. La stèle a été taillée dans un bloc qui forme un retour horizontal à l'avant, d'environ 10 cm de profondeur et d'une hauteur de 0,175 m, que Daressy avait qualifié de "table d'offrande." Sur la partie horizontale de ce retour, quatre lignes ont été incisées sur une largeur correspondant à celle du panneau central.

J'étudierai successivement les textes de l'encadrement qui constituent, en quelque sorte, la dédicace de la stèle, puis la série de représentations des quatre registres et, enfin, le texte relatif à Houroun-Harmachis qui commence sur le panneau central pour se poursuivre sur le retour horizontal et finalement s'achever à nouveau sur le panneau vertical.

1. TEXTES DE L'ENCADREMENT

(a) Commun aux deux inscriptions au centre de la ligne.

"Vive l'Horus Medjed, le roi de Haute et Basse Egypte, Chéops, doué de vie."

"Il a trouvé la maison d'Isis, dame de(s) Pyramide(s) à côté de la maison d'Houroun et au nord-ouest de la maison d'Osiris, seigneur de Ro-Setaou. Il a (re)construit sa pyramide à côté du temple de cette déesse et il a (re)construit la pyramide de la fille royale, Henoutsen à côté de ce temple."

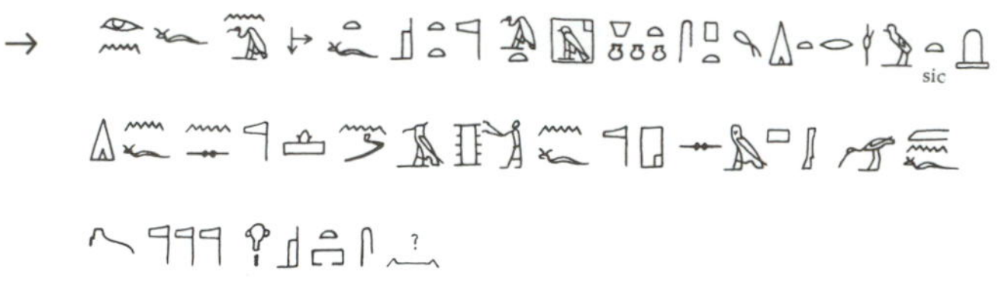

"Il a fait pour sa mère, Isis, la mère divine, Hathor, dame du ciel, un inventaire gravé sur une stèle. Il a renouvelé pour elle les offrandes divines et a (re)construit son temple en pierre, ce qu'il avait trouvé en ruine étant renouvelé, les dieux étant à leur place."

La présence d'une partie du protocole de Chéops, nom d'Horus[651] et nom personnel, sur cette stèle n'est pas passée inaperçue, d'autant plus, sans doute, que nous sommes fort pauvres en documents de cette sorte[652]. En fait, dès l'invention du document, s'est posé le problème de sa datation. Quelques timides tentatives ont été faites, mais presque simultanément rejetées par leurs auteurs, pour y voir un objet remontant effectivement à l'Ancien Empire[653]. Il apparut en effet très vite que le style du monument pouvait difficilement être daté de cette époque. Il en va de même pour le contenu, texte et iconographie, qui serait d'un total anachronisme, replacé dans le contexte de la IVe dynastie. Néanmoins l'hypothèse d'une copie tardive, dont la date variait entre la XXIe dynastie et l'Epoque Ptolémaïque, d'un authentique original de l'Ancien Empire, fut avancée et soutenue, principalement par Mariette et Maspero. De fait, le thème du texte ou du livre recopié fait partie des topiques de la littérature égyptienne dont on connaît d'ailleurs, un certain nombre d'exemples concrets.

Cependant, on en arriva très vite à la conclusion que ce document ne pouvait pas non plus être la copie fidèle d'un original plus ancien car les indications qu'il contient ne correspondent en rien à la réalité religieuse de l'Ancien Empire. Du reste, comme cela a été justement remarqué, il n'est dit nulle part dans le texte qu'il s'agit d'une copie, précision qu'apportaient souvent les auteurs de copies de textes anciens. Il n'y eut que Daressy, *RT* 30, p.7–8, pour s'évertuer à affirmer contre tout bon sens que certaines parties de cette stèle, au moins, étaient à attribuer au temps de Chéops lui-même.

Il s'agit d'un texte entièrement rédigé à une époque beaucoup plus récente, à des fins idéologiques et religieuses. Le problème de la date effective de cette stèle qui, pour toute indication, porte le seul protocole de Chéops a, lui aussi, été longuement débattu, et différentes dates ont été avancées, dont certaines n'ont que peu d'arguments en leur faveur. Il n'y a, en effet, en l'absence de critères spécifiques, pas de raison d'y voir une œuvre de l'Epoque Ethiopienne, Perse ou Ptolémaïque. En revanche, on sait que le temple d'Isis connut deux périodes bien distinctes de développement, sous la XXIe dynastie d'abord, puis à l'Epoque Saïte et, particulièrement, sous les premiers rois de la XXVIe dynastie.

651. Ecrit semble-t-il plus volontiers *Mḏdw* avec un *w* final dans les textes de l'Ancien Empire.

652. Cf. *GLR* I, p.72–8.

653. A. Mariette, *Principaux monuments du Musée de Boulaq*, 1876, p.214: "Que la pierre soit contemporaine de Chéops (ce dont il est permis de douter), ou qu'elle appartienne à un âge postérieur ..."; W.M.F. Petrie, *Pyramids and Temples at Gizeh*, Londres 1881, p.156: "Now the question of the critical value of the little tablet that mentions the Sphinx, turns on the choice of three hypotheses. Ist. That it is the original tablet of the age of Khufu, preserved through at least 1500 years (or according to Mariette, double that time), and built into the temple of Petakhanu ...".

Il paraît vraisemblable que ce soit à cette époque et, probablement, sous le règne d'un des premiers souverains, peut-être Psamétique Ier lui-même, mais on ne peut l'affirmer, qu'ait été gravée cette stèle, en dépit de sa médiocrité. Il y a, en faveur de ce choix, un argument de poids. Même si la tendance à l'archaïsme date d'une époque antérieure à la XXVIe dynastie, c'est apparemment à ce moment-là seulement que les noms des rois de la IVe dynastie furent remis à l'honneur. De cette époque date la création des sacerdoces des rois anciens[654]; l'utilisation du nom de Chéops sur cette stèle est à classer dans la même catégorie de phénomènes. De plus, on remarquera que certaines graphies dites préptolémaïques[655] pourraient difficilement être attribuées à la Troisième Période Intermédiaire.

Reste maintenant à comprendre et expliquer le pourquoi du protocole de Chéops aux yeux des auteurs de la stèle. Si on reprend les données brutes à notre disposition, nous constatons l'existence d'une stèle portant le protocole de Chéops et un texte rédigé très vraisemblablement à la XXVIe dynastie. Mais c'est déjà oublier que la stèle est hors de son contexte qui, peut-être, éclairait immédiatement sur la date réelle du document. Nonobstant, peut-on dire qu'on est dans le domaine de la falsification? La lecture des documents égyptiens amène à nuancer cette notion. L'usurpation des objets mobiliers aussi bien que des monuments, l'imitation des protocoles royaux anciens sont monnaie courante dans l'histoire d'Egypte et ne sont sûrement pas accomplis au nom d'une dissimulation historique délibérée. Ce serait introduire des principes modernes dans une histoire qui obéit à d'autres critères.

Aussi, restreignant encore plus la question, est-on en droit de parler d'un apocryphe comme on le fait parfois, dans un sens d'ailleurs un peu détourné de la signification première de ce vocable? Les auteurs de la stèle veulent-ils faire passer leur composition pour un texte historique du temps de Chéops et lui donner ainsi une authenticité controuvée? Je ne crois pas que ce soit là exactement la démarche suivie. Pour tenter de cerner au mieux cette dernière, il faut se reporter à quelques autres exemples d'inscriptions, traditionnellement appelés des faux et voir en quoi ils s'approchent ou se séparent de celui de la Stèle de la fille de Chéops.

On ne connaît pas tellement de textes ou de documents égyptiens, portant la titulature d'un pharaon et de lui seul, mais qui sont, à l'évidence, d'une date beaucoup plus récente que celle qui leur est fictivement octroyée. Pour ce qui est de Chéops lui-même, si l'on suit le raisonnement de Zahi Hawass, *Mél. Mokhtar*, *BdE* 97/1, 1985, p.379–94, la petite statuette d'ivoire, retrouvée à Abydos par Petrie, appartiendrait à ce type d'œuvres, et aurait été exécutée à l'Epoque Saïte, ce qui est une hypothèse tentante mais qui manque peut-être un peu d'arguments solides pour l'étayer. Une stèle du Sérapéum au nom d'un certain Padibastet[656] et datant sans doute de la XXIIe dynastie, porte la titulature de Djoser, apparemment copiée dans la tombe du pharaon lui-même. Le sarcophage saïte ou perse de Mykérinos[657] avec son passage emprunté aux Textes des Pyramides, appartient aussi à cette même catégorie d'objets.

654. *Supra*, p.166–7.
655. Sur l'existence de telles graphies à l'Epoque Saïte, cf. J. J. Clère, *RdE* 6, 1951, p.137–8; H. Wild, *BIFAO* 54, 1954, p.176; H. de Meulenaere, *BIFAO* 61, 1962, p.41–2; O. Perdu, *RdE* 36, 1986, p.92 sq.
656. M. Malinine, G. Posener et J. Vercoutter, *Catalogue des stèles du Sérapéum de Memphis* I, Paris, 1968, N°117, p.93–4, et pl.33; E. Otto, *MDIAK* 15, 1957, p.198–9; D. Wildung, *Die Rolle Ägyptischer Könige*, p.76–7; voir aussi H. Brunner, *Saeculum* 21, 1970, p.153–4.
657. *Supra*, p.97–9.

Dans le petit temple de Medinet Habou, Akoris fit dresser quatre colonnes portant le protocole de Thoutmosis III et dont les textes ne peuvent en aucun cas être considérés comme des copies d'inscriptions de la XVIIIe dynastie[658], étant donné leur contenu théologique, spécifique de la Basse Epoque. D'autres cas sont plus célèbres. Il y a d'abord celui de la stèle de Bentresh (Louvre C 284) dont la date se situe entre l'Epoque Perse et le début de l'Epoque Ptolémaïque[659] mais qui porte le protocole de Ramsès II, mêlé à celui de Thoutmosis IV. Dans ce texte qui comporte bien des traits de la *Königsnovelle,* G. Posener[660] a voulu voir une œuvre de pure propagande politique. Il faut citer enfin la stèle de la famine à Séhel, datée de l'an 18 du roi Neterkhet-Djoser, sous lequel on a pu reconnaître Ptolémée V, avec une certaine certitude[661].

Peut-être faut-il mettre à part la stèle de Bentresh qui, sous le couvert d'une fiction historico-religieuse, serait œuvre de pure idéologie politique. Mais les autres documents nous indiquent que la présence des titulatures de rois anciens procède de deux raisons: honorer un ancêtre vénérable et par-là même, simultanément, donner au texte les lettres de noblesse que lui confère une telle antiquité[662]. La notion de truquage et de falsification est loin d'un tel point de vue. La Stèle de la fille de Chéops obéit à ce principe; son contenu est placé sous l'autorité du nom de Chéops et gravé à sa mémoire.

A la suite, je pense, de Daressy, les quelques traducteurs modernes de la stèle ont traduit d'abord le texte relatif à l'inventaire (*sỉpt*). Cela me paraît peu convaincant. Il est plus logique, en effet, de suivre une progression: on situe, d'abord, le domaine d'Isis et ses environs et, ensuite seulement, on mentionne l'inventaire qui conduit à une restauration générale du temple, de son matériel et des conditions de culte. Le texte très bref est un condensé des thèmes classiques en usage dans les dédicaces de temples, en particulier. A cause de sa concision et du peu de soin mis à le graver, un certain nombre d'omissions sont faites que nous pouvons combler facilement.

Après le protocole royal, débute le texte proprement dit dont les verbes, comme c'est usuel dans ce genre d'inscriptions, sont à la forme *sḏm·n·f* avec un sujet à la troisième personne[663]. Qui représente le pronom-suffixe, s'est-on demandé? Logiquement et grammaticalement, Chéops lui-même. Ce qui aboutit à une absurdité dans une perspective purement historicisante: Chéops constaterait l'existence et l'état de ruine de temples qui n'existaient pas à son époque, les reconstruirait, bâtirait ou rebâtirait sa pyramide à côté d'eux. Pour s'en tirer, on a voulu voir sous ce pronom l'auteur réel du texte[664]. Ce qui est possible, bien sûr, mais pas absolument nécessaire. On a vu que, de la même façon, sur les colonnes de Medinet Habou apparaissent des textes de dédicace au nom de Thoutmosis III qui, à notre sens moderne, sont des anachronismes[665].

658. C. Traunecker, *La chapelle d'Achôris à Karnak* II, texte, Paris 1981, p.16 et 104 sq.

659. Cf. Westendorf, *LdÄ* I/5, 1973, 698–700. Pour une date plus ancienne, qui le ferait remonter à la Troisième Période Intermédiaire, voir très récemment J.-L. de Cénival, dans *Tanis. L'or des pharaons*, Paris 1987, p.279.

660. G. Posener, *BIFAO* 34, 1934, p.75–81.

661. P. Barguet, *La stèle de la famine à Séhel*, *BdE* 24, 1953, p.33–6; D. Wildung, *ibid.*, p.86 sq. On peut encore ajouter les fragments de papyrus démotique au nom de Djoser et Imhotep, conservés à Copenhague: cf. Wildung, *ibid.*, p.91–3.

662. Cf. l'analyse très pertinente de C. Traunecker, *o.c.*, p.105–6, qui fait des inscriptions gravées sous Akoris au nom de Thoutmosis III, des "textes à la mémoire de Thoutmosis III".

663. Tandis que dans une inscription privée comme celle de Montouemhat au temple de Mout à Karnak, on trouvera le personnage s'exprimant à la première personne: cf. J. Leclant, *Montouemhat*, p.202 sq.

664. W. Wreszinski, *RT* 48, 1910, p.176; D. Wildung, *Die Rolle Ägyptischer Könige*, p.183.

665. Cf. *supra*.

Il est probable qu'il faille comprendre l'expression *gm·n·f pr St* comme une ellipse du cliché traditionnel *gm·n·f. ... wꜣy r wꜣsy*, "menaçant ruine", dont on trouve, entre autres, des exemples dans des stèles de Taharqa[666] et qui est fréquemment précédé d'un autre cliché absent ici: *ỉr·n·f m mnw·f n ỉt·f/mwt·f*. La constatation de la ruine des monuments est, évidemment, une justification préalable à leur restauration. On retrouve d'ailleurs une expression similaire dans la suite du texte: *gm·n·f wsy r stp*.

Dans le début du texte, l'auteur utilise le terme *pr St*, domaine d'Isis, plus vague que celui employé lorsqu'il s'agira de la reconstruction proprement dite des monuments: *ḥwt-nṯr*, c'est-à-dire le temple *stricto sensu*. Ce sont, là, les seules mentions qui désignent explicitement la chapelle d'Isis voisine de la pyramide G I–c et nous donnent son nom[667]. On pourrait hésiter un instant sur l'épithète d'Isis, dame de la ou des Pyramide(s), étant donné que toute marque du pluriel est absente. Cependant, on a remarqué que le texte était très elliptique et, par ailleurs, on sait que les autres inscriptions du temple donnent plus volontiers *mrw* au pluriel[668].

La suite est une description topographique, comme on en trouve ailleurs[669], permettant de situer le temple d'Isis et qui a le mérite de nous faire connaître la réalité religieuse du temps. Elle sera reprise plus loin, dans un ordre différent, lorsqu'il s'agira de situer, cette fois-ci, le temenos d'Houroun-Harmachis par rapport aux autres sanctuaires. Le temple d'Houroun, *pr Ḥwrwn*[670], et le temenos d'Houroun-Harmachis, *ỉꜣt nt Ḥwrwn Ḥr-m-ꜣḫt*, étaient en fonctionnement à cette époque et le culte du dieu bien vivant[671]. Du reste, on connaît des prophètes d'Harmachis qui étaient, tout à la fois, desservants d'Isis[672]. Le terme *r-gs*, à proximité, indique un lien étroit entre les temples d'Isis et d'Houroun, sans doute reliés par une voie d'accès.

Un peu plus loin, se dressait le temple d'Osiris, seigneur de Ro-Setaou sur lequel nous avons d'assez nombreux témoignages, à défaut de l'avoir retrouvé[673]. Ainsi est campé, en une ligne, le paysage cultuel de Giza à la XXVIe dynastie, ce qui corrobore parfaitement les données archéologiques et historiques que nous possédons par ailleurs.

Avant la restauration proprement dite du temple d'Isis, l'auteur mentionne les travaux effectués à proximité du temple de cette déesse, *r-gs ḥwt-nṯr nt nṯrt tn, r-gs ḥwt-nṯr tn*. Il faut attribuer au verbe *ḳdỉ* le sens de reconstruire qui est bien attesté[674]. C'est en effet de travaux de restaurations, mais sous couvert de Chéops, qu'il s'agit. Le texte nous apprend que la pyramide du pharaon ainsi que celle de la princesse Henoutsen (pyramide G I–c, "à côté du temple d'Isis") auraient été restaurées à l'Epoque Saïte.

666. D. Meeks, *Hom. Sauneron* I, p.224–5 et 233 pour la stèle Caire JE 36861, et J. Leclant, *Recherches*, p.154, pour deux stèles retrouvées à Medinet Habou. J. H. Breasted, *AR* I, p.85, n.(h), avait également proposé une telle restitution pour le texte de la Stèle de la fille de Chéops.

667. Les autres mentions d'Isis, dame des Pyramides, que nous connaissons, ne sont pas associées, en effet, au nom de son temple.

668. *Supra*, p.164.

669. Particulièrement sur les stèles de donation lorsqu'il s'agit de déterminer les limites d'un terrain.

670. C'est à G. Posener, *JNES* 4, 1945, p.241–2, que revient le mérite d'avoir le premier correctement identifié les mentions d'Houroun sur cette stèle; le mot ayant été lu auparavant, de manière erronée, *ḥw* comme une désignation générique du sphinx: *Wb*. III, 45, 1, malencontreusement repris dans L. Lesko, *A Dictionary of Late Egyptian* II, Providence 1984, p.101. En revanche, il n'est pas possible de dire, en raison du mauvais état du document, s'il s'agit d'un lion ou d'un sphinx.

671. Pour plus de détails, voir C.M.Z., "Bousiris", p.95–7.

672. *Supra*, p.165.

673. Cf. *supra*, p.217; *infra*, p.259–60; C.M.Z., "Bousiris", p.104–5; *LdÄ* V/2, 1983, 306.

674. Cf. L.-A. Christophe, *Mél. Maspero* I, 4, p.20; J. Leclant, *Montouemhat*, p.213, 218, entre autres.

Jusqu'à présent, on n'a pas retrouvé de traces archéologiques de tels travaux, mais le site a subi, depuis lors, de telles déprédations qu'on ne peut les exclure et y voir seulement un thème obligé. Il faut toutefois rappeler que les appartements funéraires de la pyramide G I–c avaient été réutilisés peut-être dès l'Epoque Saïte. On doit se souvenir aussi qu'à la même période, des travaux de réfection étaient effectués dans la pyramide de Mykérinos, où fut retrouvé au XIXe siècle un sarcophage de bois au nom de ce roi, datant de l'Epoque Saïte[675], tandis qu'une inscription a peut-être été gravée au-dessus de l'entrée sur la paroi nord[676].

La mention de la princesse Henoutsen, *s3t nswt Ḥnwt·sn*, a été la source d'innombrables gloses et de déductions, pour le moins hypothétiques, sur la famille de Chéops[677]. C'est d'elle qu'on a tiré la dénomination de la stèle Caire JE 2091 connue comme "Stèle de la fille de Chéops", insistant non sur l'état civil de la princesse mais sur son rapport de parenté avec le roi. Mais à y regarder de plus près et en se faisant, tant soit peu, l'avocat du diable, rien ne nous oblige à dire qu'il s'agisse d'une fille de Chéops. En l'absence du pronom *·f*, on traduira non pas "sa fille" mais "la fille." Nous sommes en présence du titre bien connu et assez banal des princesses, porté depuis l'Ancien Empire jusqu'aux périodes récentes[678] et qui n'est pas suffisant, à lui seul, pour impliquer un lien de filiation entre Chéops et cette personne qui, tout aussi bien, pouvait être une de ses épouses[679]. On a tendance à affirmer, en effet, encore qu'on manque de preuves à l'appui, que les pyramides subsidiaires G I–a, b, c, étaient destinées à des épouses du pharaon[680]. S'il n'était pas question de la propre fille de Chéops, cela éviterait d'avoir à dire que l'auteur de la stèle s'est trompé et a pris une femme de ce roi pour sa fille, ce qui, toutefois, doit aussi être considéré comme du domaine de l'hypothèse.

Quoi qu'il en soit, se pose le problème de la réalité historique de la princesse, qui, lui, n'a guère suscité de controverses chez les historiens[681]. On s'est bien volontiers accordé à dire que Chéops avait eu une fille ou une femme au nom d'Henoutsen, enterrée dans la pyramide G I–c. Cela, sur la seule foi d'un document saïte postérieur de 2000 ans à cette soi-disant réalité historique. Il est vrai que le nom d'Henoutsen est fréquent dans l'onomastique de l'Ancien Empire mais nul indice de cette époque ne nous éclaire sur l'existence d'une princesse de ce nom. La pyramide est anépigraphe; les mastabas voisins et, entre autres, le plus proche G 7130–7140 appartenant à un fils de Chéops, Khafkhoufou I et à son épouse, Nefertkaou, sont trop détruits pour nous apporter un renseignement à ce sujet. Or, c'est bien en visitant les monuments plutôt qu'en consultant les archives, que les Saïtes pouvaient connaître le passé de Giza. Les monuments étaient sans doute moins détruits qu'aujourd'hui et ils ont pu voir ce qui est désormais perdu pour nous. D'un autre côté, ils ont pu aussi "inventer" une princesse au nom si conforme à la tradition locale et si évocateur. S. Hassan, *The Great Sphinx*, p.111, proposait de voir dans l'épithète de la déesse Isis, *ḥnwt mrw*, un jeu de mots avec le nom *Ḥnwt·sn*. Et s'il s'agissait du contraire? On aurait pu trouver, hors de toute référence historique précise,

675. Cf. p.97–9.
676. Cf. p.100.
677. *Supra*, p.15–6.
678. B. Schmitz, *Untersuchungen zum Titel* s3-njswt, *Königsohn*, Bonn 1976, *passim*; K. Kuhlmann, *LdÄ* III/5, 1979, 659–63.
679. Hérodote II, 126, rapporte cependant, lui aussi, un récit relatif à une fille de Chéops: voir *infra*, p.244.
680. Voir *supra*, p.15, sur ce problème qui demeure pendant.
681. Cf. *supra*, p.15–6, et C.M.Z., "Bousiris", p.102–3.

un nom qui précisément fasse jeu de mots avec *ḥnwt mrw*, une épithète attestée elle, dès la XXIe dynastie, et donc largement antérieure à l'unique mention du nom propre. Il nous faut laisser la question ouverte: Henoutsen, princesse de la IVe dynastie, enterrée dans la pyramide méridionale et tirée de l'oubli, ou chimère, née de l'inventif esprit archaïsant des Saïtes qui nous ont joué un bon tour?

Après les monuments funéraires, le temple lui-même, dont la patronne est appelée "Isis, la mère divine, Hathor, dame du ciel." Je crois que c'est ainsi qu'il faut comprendre, bien que la graphie du mot *nwt* soit très concise. Mais l'épithète s'applique aussi bien à Isis qu'à Hathor[682]. Isis, dame des Pyramides, est représentée au centre du deuxième registre et est associée ici seulement à Hathor, sans doute par le biais de l'épithète *mwt nṯr*. La combinaison des deux déesses est bien connue par ailleurs[683]. Faut-il penser qu'à Giza, il y a résurgence d'un culte d'Hathor, plus ancien que celui d'Isis, qui se manifesterait ainsi[684], de même qu'il était évoqué par l'iconographie de la statue d'Harbes, BM 514? Il paraît plus vraisemblable que les auteurs de la stèle qui se montrent sous le jour de théologiens méticuleux dans la description des lieux de culte et la liste des divinités, aient voulu associer Hathor à Isis pour avoir un épitomé des tendances religieuses de l'époque et plus précisément, peut-être, des tendances memphites[685].

Le texte se poursuit selon une formulation très classique: il s'agit, en effet, d'un inventaire, ou encore recensement, comme on le traduit parfois, *sỉpty*, dont il est précisé qu'il est gravé sur une stèle, en l'occurrence celle que nous étudions, et qui est la démarche préliminaire à une restauration du monument. On connaît des exemples très comparables, entre autres de Ramsès III[686] ou encore de Montouemhat[687]. Viennent ensuite les modalités de la restauration proprement dite que sont le renouvellement des offrandes (*rdỉ·n·f n·s ḥtpw-nṯr n mꜣwt*) et la reconstruction du monument en pierre (*ḳd·n·f ḥwt-nṯr·s m ỉnr*). C'est là, exprimé de manière concise, exactement ce qu'on trouve dans ce genre de textes[688] et qui correspond assez bien avec ce que nous savons de la phase d'expansion du temple dès le début de l'Epoque Saïte. La proposition *wḥm gm·n·f stp* explicite l'expression incomplète du début du texte *gm·n·f*... Son sens ne fait aucun doute quoiqu'elle ait été interprétée de façons très diverses et peu satisfaisantes. Wreszinski[689] avait bien vu qu'il fallait y voir l'expression abrégée *wꜣy r stp*, similaire à *wꜣy r wꜣs* et dont Gardiner a réuni un certain nombre d'exemples[690]. Est-il besoin de

682. S. Allam, *Hathorkult*, p.99–100; M. Münster, *Isis*, p.204; J. Bergman, *LdÄ* III/2, 1978, 192.
683. Cf. M. Münster, *ibid.*, p.118–20; F. Daumas, *LdÄ* II/7, 1977, 1029, et J. Bergman, *LdÄ* III/2, 1978, 197.
684. Sur les manifestations éventuelles d'un culte d'Hathor, voir C.M.Z., *Giza*, p.330–2, et *supra*, p.16–8.
685. Rien n'autorise à faire de la chapelle d'Isis un sanctuaire hathorique comme le suggèrent M. Jones et A. Milward, *JSSEA* 12, 1982, p.151.
686. P. Barguet, *BIFAO* 51, 1952, p.99–101.
687. J. Leclant, *Montouemhat*, p.213, 218 et 222, le prophète d'Amon agit "conformément au grand inventaire", *mỉ-ntt-r sipty wr(t)*. Voir aussi les remarques de D. Meeks, *Hom. Sauneron* I, p.235, n.(15) avec différentes références pour ce mot, et W. Helck, *LdÄ* VI/3, 1985, 386.
688. Cf. A. Barsanti, *ASAE* 8, 1907, p.234–5; P. Barguet, *BIFAO* 51, 1952, p.100–1, auxquels on pourrait ajouter beaucoup d'autres exemples. Voir aussi l'étude de G. Björkman, *Kings at Karnak*, Uppsala 1971, p.31–8, sur le thème de la destruction et de la restauration, et spécialement, p.34, n.(6), où il est fait référence à la Stèle de la fille de Chéops.
689. W. Wreszinski, *ZÄS* 48, 1910, p.175.
690. A. Gardiner, *JEA* 32, 1946, p.54–5.

dire que l'interprétation de Daressy[691] qui brise tout le texte en faisant de *stp nṯrw* le nom d'Or d'Amasis, est insoutenable.

Pour compléter la description du nouvel ordre du temple, une dernière proposition non verbale, *nṯrw ḥr st·sn*[692]. L'idée est assez banale et s'applique aussi bien au mobilier et matériel cultuel du temple[693] qu'on a remis en place qu'aux dieux eux-mêmes, comme sur le naos de Saft el-Henneh[694] où il est dit que Nectanébo rétablit les dieux à leur place: *sꜥḥꜥ·n·f nṯrw ḥr st·sn*. En outre, plusieurs séquences de ce texte, en fait les légendes des litanies de dieux qui occupent toutes les parois, commencent par les termes *nꜣ nṯrw nty ꜥḥꜥ ḥr st·sn*[695], formule très approchante. On peut se demander encore une fois si le texte de la stèle Caire JE 2091 n'est pas défectif et s'il ne faudrait pas rétablir un verbe tel que *mn* ou *ꜥḥꜥ*. Cela serait plus conforme aux autres exemples connus mais ne s'impose pas. Etant donné qu'il s'agit d'un inventaire et d'une restauration, les dieux en question sont en fait les statues des divinités, telles qu'elles sont représentées sur le panneau central avec leur dimension et leur matière, et qui faisaient partie du matériel du temple, tout comme celles, mentionnées sur le naos de Saft el-Henneh[696].

2. LE PANNEAU CENTRAL

Il est divisé en quatre registres de hauteur sensiblement égale, couverts de représentations de statues, accompagnées d'une légende. Nous les décrirons de haut en bas et de droite à gauche, toutes les divinités étant tournées vers la droite. L'interprétation d'ensemble du choix de ces divinités, de leur rôle, sera l'objet d'un commentaire général, rejeté après la description de détail, dieu par dieu, tant il est vrai que leur présence sur cette stèle ne prend de sens que dans une analyse globable. Le texte accompagnant l'image du Sphinx sera traité à part étant donné sa longueur et son contenu qui le différencient des simples légendes des autres dieux.

A. PREMIER REGISTRE

1. Min, momiforme et ithyphallique, debout sur socle bas, lui-même posé sur un support portable à une barre. A l'avant du socle, il semble qu'on puisse distinguer un petit personnage agenouillé dans l'attitude de l'adoration (?) ou faisant une offrande (?); sans doute, une représentation du roi telle qu'on peut la trouver dans les scènes de fête du dieu Min à Medinet Habou[697]. Le bras droit est dressé derrière le corps et surmonté du fouet. Le dieu est coiffé du mortier surmonté de deux hautes plumes et pourvu d'une barbe recourbée.

Devant lui:

691. *RT* 30, 1908, p.7.
692. Le *n* de *·sn* n'est pas tout à fait sûr tant la gravure est de mauvaise qualité, mais le sens ne fait pas de doute.
693. Voir des exemples chez E. Jelinkova-Reymond, *ASAE* 54, 1956–1957, p.284, et D. Meeks, *Hom. Sauneron* I, p.225.
694. CGC 70021; G. Roeder, *Naos, CGC*, Leipzig 1914, p.69, § 305.
695. *Ibid.*, p.71, § 308; p.94, § 344.
696. Bien plutôt que d'être déposées dans différents lieux de culte comme le suppose D. Wildung, *Die Rolle Ägyptischer Könige*, p.183; voir *infra*, la description détaillée de ces statues, et le commentaire qui l'accompagne.
697. Cf. H. Gauthier, *Les fêtes du dieu Min*, *RAPH* 2, 1931, p.159 et pl.4.

"Min. Acacia. Hauteur: une coudée et une palme" (soit 60 cm environ).

Il faut vraisemblablement lire *šndt*, comme l'a suggéré G. Daressy, *RT* 30, p.2. Pour cette essence, voir H. von Deines, *Wb. der Äg. Drogennamen*, p.500–3, et A. Lucas et J. Harris, *Ancient Egyptian Material and Industries*, Londres 1962, p.442. Sur le bois d'acacia, voir également P. Posener-Kriéger, *Les archives du temple funéraire de Néferirkarê-Kakaï* I, *BdE* 65, 1976, p.167. A propos d'une inscription similaire, W. Helck, *ZÄS* 83, 1958, p.94, lit *ḫt* tout court, ce qui n'est guère satisfaisant d'autant qu'il cite des exemples des *Belegstellen* II, 119, 20, où il s'agit précisément de *šndt*, écrit d'une manière voisine de celle de la stèle Caire JE 2091.

La même graphie abrégée pour *kꜣ* se retrouve plusieurs fois sur le naos de Saft el-Henneh et est courante dans les textes plus tardifs.

2. et **3.** Chacals debout sur un haut pavois qui se termine par une corde enroulée. Devant eux:

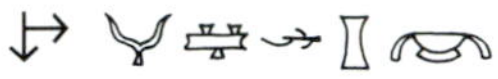

"Oupouaout. Bois d'acacia, doré."

Il s'agit comme pour toutes les autres statues représentées et portant la même légende[698], de statues de bois plaquées d'or, selon une pratique usuelle en Egypte[699].

4. Horus sous forme de faucon, dressé sur un haut pavois en forme de colonnette à chapiteau papyriforme; coiffé de deux hautes plumes.

Devant lui: 

"Bois doré."

5. Ibis debout sur un haut pavois, représentation du dieu Thot.

Devant lui: 

"Bois doré."

B. DEUXIEME REGISTRE

A l'extrémité droite de ce registre, devant la barque, une très courte colonne de hiéroglyphes, fort mal gravés:

"(Les dieux?) qui se tiennent (à leur?) place."

Je crois qu'il faut voir dans cette expression défective une légende générale qui précède l'ensemble des représentations et telle qu'on la trouve, plusieurs fois, sur les registres du naos de Saft el-Henneh: *nꜣ nṯrw nty ꜥḥꜥ ḥr st·sn*[700]. Elle reprend *nṯrw ḥr st·sn*, sur lequel s'achève l'inscription de l'encadrement.

698. J. J. Clère, *Or. Ant.* 12, 1973, p.104, a traduit le même groupe de signes, présent sur un autre document, par l'expression "bois enduit", *ḫt mrḥ* (?), mais cela ne me paraît pas possible ici puisqu'il est, en outre, spécifié que le bois est doré.

699. Cf. d'autres exemples similaires sur le naos de Saft el-Henneh, Caire CG 70021: G. Roeder, *Naos*, *CGC*, Leipzig 1914, p.87.

700. *Supra*, p.226.

6. Occupant près de la moitié du registre, la barque divine est posée sur un support transportable, muni d'une barre. La proue et la poupe sont ornées de figures hathoriques en formes d'égides, couronnées du disque solaire, enserré dans les cornes. Au centre, la cabine est, en fait, un naos, dont le toit bombé repose sur deux colonnettes à chapiteau papyriforme à l'arrière et lotiforme à l'avant, pour autant qu'on puisse distinguer ces détails. L'avant du naos est surmonté par un uraeus, couronné du disque solaire. Le trait qui traverse en biais le naos est, probablement, la représentation schématique du voile qui le recouvrait[701]. Devant le naos, un pavois avec un sphinx passant. Derrière, un personnage debout manœuvre par une corde, un double gouvernail qui se termine par deux têtes d'Horus. Bien que la gravure de cette stèle soit dans l'ensemble d'une qualité très médiocre tout comme son épigraphie, nous avons une représentation, fort détaillée et relativement soignée, de la barque d'Isis avec tous les éléments qu'on retrouve habituellement sur les embarcations divines. On pourra ainsi la comparer avec l'image de la barque d'Hathor à Dendara[702].

Au-dessus de la barque:

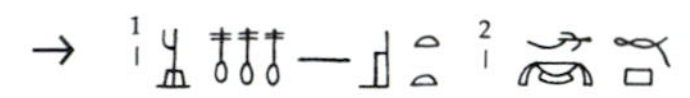

"1. Support des splendeurs d'Isis, 2. Bois doré, incrusté."

Wṯs nfrw est le nom le plus couramment donné aux barques divines[703]. *Mḥ* est le verbe fréquemment utilisé pour désigner la technique d'incrustation; il est souvent précisé "incrusté de pierres précieuses"[704]; mais, ici, il faut simplement comprendre "incrusté", ▭ étant le déterminatif du verbe[705]. On retrouvera plus loin cette même notation à propos des yeux d'un certain nombre de statues.

7. Isis dans un naos à toit bombé, représenté avec beaucoup moins de détails que celui de la barque divine. La déesse est assise sur un siège cubique à dossier bas. Vêtue d'une longue robe étroite à bretelles. Porte une perruque tripartite surmontée de cornes hathoriques, enserrant le disque solaire; un large collier autour du cou. Les mains reposent à plat sur les genoux.

Au-dessus du naos:

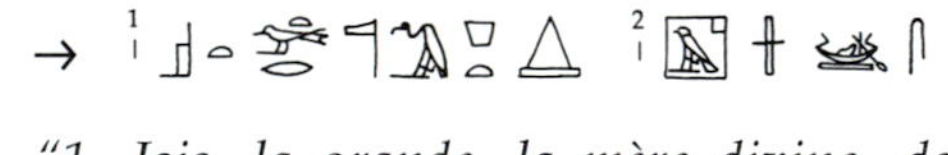

"1. Isis, la grande, la mère divine, dame de(s) Pyramide(s), 2. Hathor, qui est dans sa barque."

A l'intérieur du naos:

"1. Schiste (?), couvert d'or. Couronne (?) en argent. 2. Hauteur: trois palmes et deux doigts." (27 cm).

701. C. Traunecker, *La chapelle d'Achôris à Karnak* II, texte, Paris 1981, p.77.

702. Cf. *Dendara* I, pl.55; voir l'étude très détaillée de la barque d'Amon chez C. Traunecker, *ibid.*, p.77 sq. Voir aussi, sur le naos de Saft el-Henneh, la barque de Bastet: E. Naville, *The Shrine of Saft el Henneh*, *EEF* 5, 1888, pl.2.

703. Cf. *Wb*. I, 383, 11; voir aussi *Edfou* IV, 5, 10; E. Naville, *o.c.*, p.5, et les remarques de K. Kitchen, *LdÄ* I/4, 1973, 622.

704. Voir J. Leclant, *Montouemhat*, p.213.

705. La technique de l'incrustation est longuement traitée par A. Lucas et J. Harris, *Ancient Egyptian Material and Industries*, Londres 1962, p.98–127.

Lorsque G. Daressy, *RT* 30, p.2, a étudié la stèle Caire JE 2091, le mot était un hapax pour lequel il proposa la traduction de "schiste", acceptée par J. Harris, *Lexicographical Studies*, p.89. Voir aussi D. Meeks, *ALex* I, 1977, p.194, 77.2121, qui ajoute une référence nouvelle: *Dendara* VII, 1972, 137, 5. Les exemples de la stèle Caire JE 2091 et de Dendara montrent clairement qu'il s'agit d'un minéral, même si sa signification, n'est pas certaine. La suggestion de W. Helck, *ZÄS* 83, 1958, p.93, d'y voir le démonstratif *nn* utilisé pour renvoyer au matériau précédemment cité, paraît difficilement justifiable.

Mk (*Wb.* I, 162, 1–2) est employé à l'époque tardive dans le sens technique de revêtir (*m*) d'un placage[706]. Il faut vraisemblablement voir dans le signe suivant une déformation de , représentation de la couronne hathorique, comme dans la légende d'Isis-Meskhenet. Les couronnes, souvent rapportées, étaient d'une matière différente, qui est spécifiée. On rencontre d'autres exemples où elles sont désignées, comme sur la stèle, par le seul idéogramme qui les représente: la couronne rouge dans le titre de prophète de la couronne rouge[707]; différentes couronnes divines dans le texte de restauration de Montouemhat, au temple de Mout à Karnak[708], de même que sur le naos de Saft el-Henneh où on trouve toute une série de notations de ce type[709]. La dimension indiquée est, évidemment, celle de la statue tout entière.

8. Nephthys assise sur un siège cubique bas. Porte la même robe qu'Isis ainsi qu'une perruque similaire, surmontée de l'idéogramme de son nom en guise de couronne. Même attitude des mains.

Au-dessus d'elle:

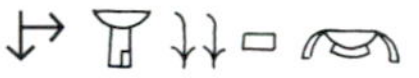

"Nephthys. Schiste (?) doré."

Devant elle:

"Couronne en or. Hauteur: trois palmes" (environ 24,5 cm).

9. Isis-Meskhenet, assise sur un siège cubique à dossier bas. Tient sur ses genoux un dieu enfant, nu, coiffé de la boucle de l'enfance, le crâne rasé, qu'elle s'apprête à allaiter. Mêmes robe, perruque et collier que les précédentes. Cornes hathoriques, enserrant le disque solaire, en guise de couronne.

Au-dessus d'elle:

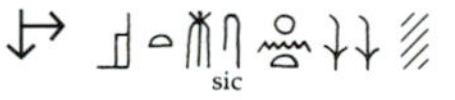

"Isis-Meskhenet. Schiste (?) ..."

Devant elle:

"Couronne en cuivre noir. Hauteur deux palmes et deux doigts." (20 cm environ).

706. On en trouvera des exemples chez J. Leclant, *RdE* 8, 1951, p.110 et n.(3); *Montouemhat*, p.213; J. Yoyotte, *JNES* 13, 1954, p.81.
707. P. Montet, *Kêmi* 7, 1938, p.141–2.
708. J. Leclant, *Montouemhat*, p.213 et 222.
709. E. Naville, *The Shrine of Saft el Henneh*, pl.5.

Le nom du métal est probablement à lire *ḥmty* et non *biꜣ*: voir J. Harris, *Lexicographical Studies*, p.62; D. Meeks, *ALex* I, 1980, p.113, 77.1203; et aussi P. Posener-Kriéger, *Les archives du temple funéraire de Néferirkarê-Kakaï* I, *BdE* 65, 1976, p.168 avec une bibliographie récente: entre autres, E. Graefe, *Untersuchungen zu Wort.familie bji*, Cologne 1971, p.87–8. Pour ce qui est de la catégorie particulière de "cuivre noir", il faut admettre avec L. Harris, *o.c.*, p.57, qu'on est en peine d'en donner une définition exacte, d'autant que le cuivre était généralement représenté en jaune ou rouge[710], ce qui semble logique au demeurant. Cooney dans son article sur le cuivre noir[711] pensait avoir trouvé la dernière mention de ce métal sur le naos de Saft el-Henneh; il apparaît encore dans des descriptions de statues à Dendara: ainsi *Dendara* V, 123,4, et 133,6.

10. Isis-scorpion, assise sur un siège cubique à dossier bas. Robe, collier et perruque identiques à ceux d'Isis et de Nephthys. Mains posées sur les genoux. Porte en guise de couronne, un scorpion, queue dressée.

Au-dessus d'elle:

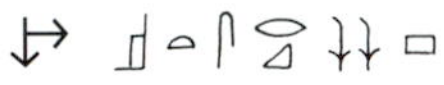

"Isis-scorpion. Schiste (?) ..."

Devant elle:

"Couronne [en] or. Hauteur: deux palmes et deux doigts" (une vingtaine de centimètres).

C. TROISIEME REGISTRE

11. Dieu enfant, assis sur un siège cubique. Nu; coiffé de la boucle de l'enfance. Porte un doigt de la main gauche à la bouche, tandis que la main droite repose sur les genoux.

Au-dessus de lui:

"1. Harendotes. 2. Ebène. Yeux incrustés."

Devant lui:

"Hauteur: deux palmes et deux doigts" (20 cm).

Sur l'essence d'ébène, voir A. Lucas et J. Harris, *Ancient Egyptian Material and Industries*, Londres 1962, p.434–6.

12. Dieu enfant, nu, dans la position assise, mais sans siège; boucle de l'enfance; bras le long du corps.

Au-dessus de lui:

"1. Harpocrate. 2. Bois doré. Yeux incrustés."

710. Cf. P. Posener-Kriéger, *o.c.*, p.168, n.(4).
711. J. Cooney, *ZÄS* 93, 1966, p.46.

Devant lui:

"Hauteur: quatre palmes et un doigt" (32,5 cm).

13. Ptah debout dans un naos à toit bombé, supporté par deux colonnettes à chapiteau papyriforme. Momiforme; coiffé d'un bonnet; barbe recourbée à l'extrémité. Tient le sceptre ouas à deux mains, devant lui.

Au-dessus de lui:

"Ptah; bois doré."

Dans le naos, derrière le dieu, Mariette, *Mon. Div.*, pl 53, avait vu:  , *"Hauteur: trois palmes"* (23,5 cm), qu'on ne distingue plus aujourd'hui.

14. Sekhmet léontocéphale, debout. Tunique collante; disque solaire sur la tête. Tient de la main gauche le sceptre ouadj, le bras droit, pendant le long du corps.

Au-dessus d'elle:

"Sekhmet; cuivre noir."

Devant elle:

"Hauteur: trois palmes, deux doigts" (27 cm).

15. Osiris, debout dans une chapelle en forme de *Pr nw*; momiforme; coiffé de la couronne atef; tient le sceptre heka et le fouet.

Au-dessus de lui:

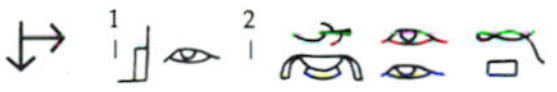

"1. Osiris. 2. Bois doré; yeux incrustés."

16. Isis, assise sur un siège cubique. Même parure que précédemment; couronne hathorique. Tient sur ses genoux un dieu enfant, nu, qu'elle allaite.

Au-dessus d'elle:

"Isis qui est sur le trône (a)."

(a) Ou encore *"qui est dans le sanctuaire"*: voir *infra*, p.236.

Devant elle:

"Cuivre noir. Hauteur: trois palmes." (23,5 cm).

17. Représentation identique d'Isis, à l'exception de la couronne qui est absente.

Au-dessus d'elle:

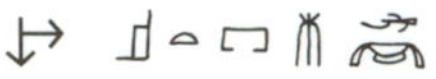

"Isis du mammisi. Bois doré."

Devant elle:

"Hauteur: cinq palmes" (39 cm).

18. Dieu enfant, nu, en position assise, sans siège; bras pendant le long du corps; coiffé du pschent.

Au-dessus de lui:

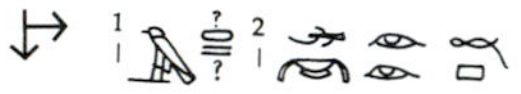

"1. Hor... 2. Bois doré; yeux incrustés."

Devant lui:

"Hauteur: quatre palmes" (environ 31 cm).

La lecture du nom du dieu pose un problème, tant la gravure est mauvaise. A la suite du faucon, on distingue deux ou trois signes horizontaux. On songe à Harsomtous, mais *smꜣ* est absent. Je suggèrerai sous toute réserve, Horakhty, bien que la représentation ne corresponde pas à l'iconographie traditionnelle du dieu. G. Daressy, *RT* 30, p.3, proposait la lecture *i͗ṯ tꜣwy* qui, sans doute, n'est pas impossible mais n'offre pas grand sens. Aucun des autres noms de dieux enfants connus ne semble pouvoir convenir ici.

D. QUATRIEME REGISTRE

19. Taureau Apis, debout, posé sur un socle bas. Disque solaire entre les cornes.

Au-dessus de lui:

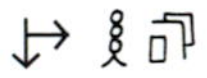 *"Apis."*

20. Au-dessous d'Apis, grand socle rectangulaire supportant l'emblème couché de Nefertoum.

Au-dessus:

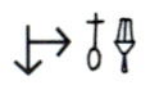 *"Nefertoum."*

Devant:

 *"Bois doré."*

Dans le socle:

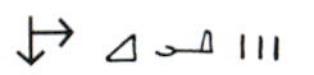 *"Hauteur: trois coudées."* (157 cm).

21. Déesse serpent à tête humaine; perruque surmontée d'un mortier, du disque solaire et de deux hautes plumes.

Devant elle:

"Bois doré; hauteur: 1 coudée." (52 cm).

G. Daressy, *RT* 30, p.3, a cru pouvoir lire au-dessus le mot *i͗ʿrrt*, "uraeus", qui n'est en tout cas plus visible[712]. Quoi qu'il en soit, c'est une désignation tout à fait plausible de la déesse uraeus, qu'on retrouve sur le naos de Saft el-Henneh en compagnie d'une Renenoutet[713].

22. Cinq colonnes de texte et une colonne vide occupent le centre du registre et séparent l'uraeus de la dernière image divine. Il s'agit d'Harmachis, le grand Sphinx, couchant, sur un haut piédestal à boudin et gorge. Il porte un némès, orné d'un uraeus et une barbe incurvée. Il faut noter que, tout comme la représentation de la barque d'Isis et contrairement au reste de la stèle, l'image du dieu a été gravée avec un soin particulier et une grande fidélité aux modèles traditionnels, connus depuis la XVIIIe dynastie.

Au-dessus de lui:

→ 

"Statue (?) d'Harmachis."

La lecture du premier signe est difficile. Peut-on y voir une déformation lointaine, peut-être par le biais du hiératique, du signe *šsp*? C'est en fait la seule suggestion qu'on puisse avancer et à laquelle correspond d'ailleurs un parallèle sur une stèle du Nouvel Empire où on lit une invocation à "la grande statue d'Houroun-Harmachis", *šsp ʿꜣ Ḥwrwn Ḥr-m-ꜣḫt*[714].

3. LES REPRESENTATIONS DU PANNEAU CENTRAL

Vingt-deux représentations de divinités sous forme humaine ou animale, d'emblèmes divins ou d'objets de culte occupent les quatre registres de la stèle. Il s'agit, dans le cas des divinités, de leurs statues et non des dieux *per se*, comme l'indique clairement la présence dans pratiquement tous les exemples du matériau utilisé et/ou de la dimension de l'objet. Seuls, Apis et Harmachis ne sont accompagnés d'aucune de ces deux indications, mais n'en sont certainement pas moins des statues, l'inventaire ayant sa propre cohérence interne. On pourrait, peut-être, discuter du cas particulier du Sphinx puisqu'Harmachis n'a d'existence qu'à travers la statue colossale du plateau de Giza et que ce dieu est donc, forcément, représenté sous forme de statue dans tous les cas, contrairement à d'autres. Cela n'interdit pas, pour autant, qu'une image de cette statue à échelle réduite ait fait partie du matériel du temple d'Isis. Ces statues sont en bois, recouvert ou non d'or; les essences indiquées sont l'acacia et l'ébène; en pierre (schiste?), éventuellement plaquée d'or, ou encore en cuivre noir. Les yeux sont fréquemment incrustés; les couronnes rapportées sont en métal: or, argent, cuivre noir. Les dimensions oscillent entre deux palmes, deux doigts et trois coudées.

Tout cela est très conforme à ce que nous savons du matériel cultuel des temples par le biais d'un certain nombre d'autres inventaires. C'était en effet une pratique fort

712. Il n'apparaît pas non plus sur le dessin de Mariette, *Mon. Div.*, pl.53.
713. Cf. E. Naville, *o.c.*, pl.4.
714. Cf. C.M.Z., *Giza*, p.240, doc. NE 93.

développée et, du reste, nécessaire[715]: une restauration devait être précédée d'un inventaire[716]. Sans prétendre à l'exhaustivité, je citerai un certain nombre de textes et représentations de cette catégorie qui permettent de replacer la Stèle de la fille de Chéops dans un contexte historico-religieux plus large. Il semble que, de l'étude des inventaires connus, on puisse dégager deux remarques d'ordre général. Dans les textes les plus anciens, les dimensions ne sont pas indiquées; ainsi, pour les statues mentionnées dans un papyrus de Kahun de la XIIe dynastie[717] ou dans la description, pourtant détaillée, d'une statue de Ramsès VI sur un papyrus de Turin[718], alors qu'elles le seront, non pas toujours, mais du moins fréquemment, dans les textes les plus récents. D'autre part l'usage de graver sur la pierre des listes de statues et de les y représenter ne s'est, apparemment, développé qu'à partir de la XXVe dynastie et s'est généralisé ensuite, même si des listes récentes sont également conservées sur d'autres supports: par exemple, une tablette de bronze portant un inventaire d'objets en démotique, datant de l'Epoque Romaine[719]. Il est vraisemblable, d'ailleurs, que ce n'est là qu'un aspect particulier d'une pratique de beaucoup plus grande portée qui trouvera son apogée dans les temples ptolémaïques et romains: le transfert sur la pierre de documents qui, jusque là, avaient été conservés sur papyrus[720]. Dans ces inventaires, on distinguera les simples listes: papyrus de Kahun de la XIIe dynastie[721], un inventaire sur tablette de bronze en démotique[722] et sur pierre, la liste des statues restaurées ou refaites par Montouemhat, incluse dans une description, beaucoup plus vaste, de restaurations[723].

Plus complets et plus proches de la Stèle de la fille de Chéops sont les inventaires figurés où les légendes, avec le nom, la dimension et la matière accompagnent la représentation de la statue. Celui qui peut le plus se comparer avec la stèle Caire JE 2091 est le document appelé "stèle inventaire d'Héliopolis", malheureusement fragmentaire[724]. Il s'agit également d'une recension, sans doute effectuée sous la XXVe dynastie, avec des représentations de statues de divinités. La stèle devait être érigée dans le temple auquel elle était destinée.

Un autre type de documents mobiliers a servi de support à de semblables listes: ce sont les naos dont on peut citer au moins deux exemples: le naos D 29 du Louvre, décoré sous Amasis[725] et surtout le fameux naos de Saft el-Henneh, réalisé sous Nectanébo II[726], qui, tous deux, déploient de longues séries de statues divines. Il existait sûrement bien d'autres monuments de ce type. Un fragment d'un naos similaire, provenant sans doute de Memphis et datant au plus tôt de la XXXe dynastie, est conservé à Vérone. Il comporte

715. Il y avait même vraisemblablement un inventaire pour chaque nome: cf. D. Meeks, *Hom. Sauneron* I, p.235.
716. Voir *supra*, p.225–6.
717. L. Borchardt, *ZÄS* 37, 1899, p.89 sq.
718. Cf. W. Helck, *ZÄS* 83, 1958, p.92.
719. CGC 30691: W. Spiegelberg, *Die Demotischen Inschriften*, Leipzig 1904, p.80–1 et pl.26.
720. Cf. H. Ricke, *ZÄS* 71, 1935, p.118; W. Helck, *ZÄS* 83, 1958, p.92–3; comparer aussi avec les remarques de S. Sauneron, *L'écriture figurative dans les textes d'Esna*, *Esna* VIII, 1982, p.50, pour une époque évidemment beaucoup plus récente.
721. Voir *supra*, n.(717).
722. Cf. *supra*, n.(719).
723. Cf. J. Leclant, *Montouemhat*, p.193 sq.
724. Turin 2682. Cf. H. Ricke, *ZÄS* 71, 1935, p.111–33; W. Helck, *ZÄS* 83, 1958, p.92–4, qui signale l'existence d'un autre fragment d'un type similaire; et enfin S. Schott, *BÄBA* 12, 1971, p.65–73.
725. Cf. A. Piankoff, *RdE* 1, 1933, p.161–79 et pl.8.
726. Caire CG 70021: E. Naville, *The Shrine of Saft el Henneh*, p.6–13 et pl.1–7; G. Roeder, *Naos*, *CGC*, Leipzig 1914, p.58–99, et pl.17–33.

semblablement une série de représentations divines avec indications de matière et de dimensions[727]. On peut aussi citer pour mémoire d'autres naos qui sans posséder de listes sont cependant gravés d'une représentation de statue avec dimension et matière; il s'agit alors de l'image de la divinité qui était contenue dans le naos. C'est une figure de ce type qu'on trouve à l'intérieur du naos des décades[728].

Pour finir, il faut évoquer le cas où les parois elles-mêmes d'un monument servent de support aux inventaires[729]. De fait, ce sont sur des parois de cryptes de temples qu'on a retrouvé de semblables listes, parfois très développées: Tôd avec l'inventaire figuré de 116 statues; Opet où ont été découvertes récemment les représentations peintes de statues dans deux des cryptes; Dendara où cinq des onze cryptes décorées sont couvertes des figurations de 284 statues et objets de culte[730].

Les représentations de la Stèle de la fille de Chéops s'inscrivent dans une thématique égyptienne dont on a retrouvé d'assez nombreux exemples. Il est clair que les statues mentionnées ou représentées sur les murs d'une crypte étaient celles-là même, qui étaient entreposées et protégées dans la crypte. D'une manière similaire, les statues figurées sur une stèle ou un naos dressé dans un temple, étaient celles qu'abritait le temple et donc, pour nous, une source incomparable de renseignements sur le fonctionnement de l'édifice. Dans un cas aussi complexe que celui du naos de Saft el-Henneh sur lequel sont représentées des centaines de statues, il faudrait une longue étude pour analyser le pourquoi de ces figurations. L'exemple de notre stèle est plus simple; nous n'avons affaire qu'à vingt-deux représentations dans lesquelles je crois possible de trouver une pertinence, très révélatrice des cultes de Giza à l'Epoque Saïte mais également d'une manière plus générale, du développement du culte d'Isis, tel qu'il apparaît dès cette époque.

L'économie selon laquelle sont présentées les différentes figures des dieux n'a pas été laissée au hasard. Nous retrouvons en quelque sorte l'ordre d'une procession religieuse. D'abord les enseignes portant les images divines, toutes thériomorphes, sauf Min, suivi des deux Oupouaout, d'Horus et de Thot dont les représentations servent en même temps de signe-mot. C'étaient celles-là mêmes qui étaient fréquemment figurées en tête des processions royales ou religieuses et étaient désignées, dans les textes tardifs, par l'expression "les dieux sur leurs supports"[731].

Le deuxième registre représente l'élément central et essentiel du panneau avec, au centre, l'image de la déesse tutélaire des lieux, Isis, dame de(s) Pyramide(s), assise dans son naos et précédée de sa barque dans laquelle elle sortait en procession et qui était, vraisemblablement, déposée dans un reposoir, quelque part dans le temple[732]. Il

727. J. J. Clère, *Or. Ant.* 12, 1973, p.100–5 et pl.15–7. On ajoutera à cela une sorte de tablette rectangulaire en bronze, d'époque tardive, conservée au même endroit, qui porte une représentation de Sopdou avec toujours la mention de la taille et de la matière: cf. S. Curto, *Or. Ant.* 12, 1973, p.95 et pl.XIII. De même, sur un sarcophage au nom de Ankhpakhered, provenant de Thèbes et conservé au Musée de Berlin, on retrouve diverses représentations de divinités accompagnées de la mention du matériau employé: *AEIB* II, p.560 sq., N°20135.

728. Louvre D 37 et Alexandrie JE 25774: cf. B. Habachi et L. Habachi, *JNES* 11, 1952, p.251–63; ainsi que son pendant, identifié par J. Yoyotte, *JNES* 13, 1954, p.79–80.

729. Je ne mentionne naturellement pas ici des listes telles que celle du temple d'Hibis qui sont des inventaires de dieux et non de statues.

730. Cf. l'article détaillé de C. Traunecker, *LdÄ* III/6, 1979, 825–6; et S. Cauville, *BIFAO* 87, 1987, p.73–117 et pl.XV–XIX.

731. Cf. E. Chassinat, *Khoiak* I, p.342; D. Wildung, *LdÄ* II/5, 1976, 713–4.

732. Sur les barques divines, voir K. Kitchen, *LdÄ* I/4, 1973, 619–25.

s'agit bien de la patronne du temple puisqu'elle porte son épithète spécifique. Qu'elle soit associée à Hathor, comme nous l'avons déjà vu dans le texte de restauration de l'encadrement, n'est après tout guère surprenant. Dès cette époque, les deux déesses féminines majeures sont étroitement rapprochées dans une tendance sans doute moins syncrétiste, que visant à l'universalité du pouvoir d'Isis. Elle est immédiatement suivie de sa sœur Nephthys qui lui est intimement liée, depuis toujours[733]. Viennent ensuite deux formes particulières d'Isis; on en retrouvera encore deux autres au registre inférieur. L'intention théologique qui transparaît à travers cette énumération semble assez claire. Il ne s'agit pas d'une liste topographico-religieuse qui indiquerait l'existence de cultes locaux dont les titulaires seraient représentés par leurs statues dans le temple d'Isis des Pyramides. Au contraire, le culte d'Isis allant grandissant à cette époque, c'est la déesse sous ses différents aspects et ses différents noms qui se manifeste dans sa chapelle de Giza. Il y a là encore une tentative visant à l'universalité globalisante de la divinité, qui trouvera, plus tard, sa forme ultime dans les litanies de la déesse dans tous ses noms[734]. La déesse Meskhenet, à distinguer des quatre Meskhenets, est connue depuis l'Ancien Empire pour le rôle qu'elle joue dans la fixation du destin[735]. On peut la trouver associée à Isis mais plutôt sous la forme *Msẖnt nfrt*. Au demeurant, elle est généralement coiffée du signe de l'utérus de vache[736] alors qu'ici elle porte la couronne hathorique, typique d'Isis. La prééminence d'Isis me semble triplement marquée par son nom, sa coiffure et le dieu enfant qu'elle tient sur ses genoux, et c'est à Isis en son nom et dans son rôle de Meskhenet que nous avons affaire.

La dernière déesse du registre est une forme particulière d'Isis-scorpion qu'on retrouve également sur le naos de Saft el-Henneh[737]. Il faut la distinguer d'Isis-Selkis. C'est une forme bienfaisante de la déesse, exerçant sa prophylaxie contre les morsures et sa protection en faveur d'Horus l'enfant, représenté sur les genoux de la figure précédente et sous trois formes au registe inférieur. Isis est encore présente sous deux autres aspects, au registre inférieur. Il s'agit d'Isis sur le trône ou encore, dans le sanctuaire et d'Isis du mammisi, elles aussi figurées en train d'allaiter le dieu enfant. Ce qui caractérise de manière spécifique Isis sur le trône ou dans le sanctuaire, n'est pas aisé à établir. Son iconographie est en tous points comparable à celle des autres figures de la déesse et son épithète est portée assez couramment par bien d'autres divinités féminines. On sait aussi que l'expression *st wrt*[738], qui est une désignation toponymique fréquemment utilisée[739] pour nommer des lieux de culte très divers, a également servi d'appellation au Sérapéum de Memphis[740], mais cette signification ne peut guère convenir ici, étant donné qu'on ne connaît pas d'attestation d'un culte d'Isis en ce lieu et que, de toute façon, il est peu probable qu'il soit fait allusion à un culte géographiquement bien circonscrit.

733. Sur Nephthys, E. Graefe, *LdÄ* IV/3, 1980, 457–60.
734. J. Bergman, *LdÄ* III/2, 1978, 197–9.
735. J. Quaegebeur, *Le dieu égyptien Shaï dans la religion et l'onomastique*, Louvain 1975, p.92–4.
736. M.-T. Derchain-Urtel, *Synkretismus in ägyptischen Ikonographie, Die Göttin Tjenenet*, *GOF* IV.8, 1979, p.23 sq.; *LdÄ* IV/1, 1980, 107.
737. E. Naville, *The Shrine of Saft el Henneh*, pl.4. Sur la déesse, voir J.-C. Goyon, *BIFAO* 78/2, 1978, p.439–57 *passim*, et plus particulièrement, n.(9), p.444; F. von Känel, *LdÄ* V/6, 1984, 830–3. Pour une représentation de la déesse Hededyt à la XXVe dynastie, récemment découverte à Edfou, voir J. Leclant, *Or*. 55, 1986, p.288; *Or*. 56, 1987, pl.44, fig.58.
738. Voir K. Kuhlmann, *Der Thron im Alten Ägypten. Untersuchungen zu Semantik, Ikonographie und Symbolik eines Herrschaftzeichens*, Mayence 1977, p.29–32.
739. Cf. *GDG* V, 72–3.
740. Cf. D. Wildung, *Die Rolle Ägyptischer Könige*, p.80–1.

C'est ainsi qu'Isis du mammisi, variante d'Isis, dame du mammisi[741] est le prototype de la déesse mère et, donc, la forme par excellence d'Isis.

Osiris, dans son naos placé juste au-dessous de celui d'Isis, ne pouvait manquer à l'appel. C'est, d'ailleurs, le temple d'Osiris, seigneur de Ro-Setaou qui sert, entre autres, de repère dans les descriptions topographiques de Giza que comporte la stèle[742]. En revanche, on a déjà noté qu'à l'époque où fut gravée la Stèle de la fille de Chéops, aucune prêtrise d'Osiris n'est mentionnée dans les longues titulatures du clergé d'Isis. On pourrait donc se demander s'il s'agit de la forme spécifique de l'Osiris de Ro-Setaou, vénérée par Harbes par exemple[743] et dont on connaît bien d'autres attestations[744] mais dont l'épithète est absente ou si Osiris n'est pas présent simplement comme membre de la famille divine.

Cette famille est également représentée par les dieux enfants. Nous trouvons d'abord, au troisième registre, Harendotes, Horus, vengeur de son père Osiris[745] dont le rôle est étroitement associé au mythe osirien. Harpocrate, Horus l'enfant[746], est, par excellence, le dieu fils de la triade familiale, qui, dès cette époque, supplante largement les autres formes d'Horus enfant. Il est aussi le dieu des mammisis dont Isis est la dame.

La dernière image de ce même troisième registre est encore celle d'un dieu enfant, coiffé de la couronne blanche et dont le nom fait problème[747]. Horakhty n'est guère satisfaisant mais aucun autre nom ne semble convenir, en fonction des signes qu'on peut reconnaître. On s'étonnera de l'absence sur cette stèle, placée sous le signe de la déesse Isis, de la mention d'Harsiésis, Horus, fils d'Isis, figuré par exemple sur les reliefs *in situ* de la chapelle d'Harbes[748] ou encore sur un des graffiti de cette même chapelle[749].

Les représentants principaux du panthéon de Memphis sont également présents: Ptah et Sekhmet au troisième registre; le dieu fils Nefertoum au quatrième, évoqué symboliquement par son emblème, ainsi que le taureau Apis.

Derrière ces deux entités, se dresse une déesse cobra à tête humaine dont la désignation reste douteuse[750]. On peut tout de même se demander s'il ne s'agissait pas d'un aspect de la déesse Hathor sous forme d'uraeus, qui conviendrait dans ce contexte memphite[751]. Cependant une autre interprétation peut également être suggérée. Renenoutet avait un culte à Djamê dans l'immédiate proximité de Ro-Setaou[752] et ce pourrait en être, là, une nouvelle attestation.

La dernière des représentations est celle d'Harmachis, nommé également, ailleurs sur la stèle, Houroun-Harmachis, et dont on connaît les multiples représentations sur des stèles ou en ronde-bosse depuis la XVIIIe dynastie jusqu'à la Basse Epoque. Harmachis, présent dans le temple d'Isis sous forme d'une statuette, se voit accorder une place toute

741. Voir F. Daumas, *Les mammisis des temples égyptiens*, Paris 1958, p.23–4, et H. de Meulenaere, *OLA* 13, 1982, p.25 sq.
742. *Supra*, p.223, et *infra*, p.239–40.
743. *Supra*, p.119, et 127.
744. Cf. *supra*, p.217; Ptahdiiaou est prophète d'Osiris; et *infra*, p.259–60.
745. D. Meeks, *LdÄ* II/7, 1977, 964–6.
746. D. Meeks, *LdÄ* II/7, 1977, 1003–11.
747. *Supra*, p.232.
748. *Supra*, p.107.
749. Graffito I,1, au nom de Pa-cheri-en-iset II: cf. *supra*, p.142–3.
750. *Supra*, p.233.
751. Cf. S. Allam, *Hathorkult*, p.109–12; J. Vandier, *Mél. Univ. St Joseph* 45, Beyrouth 1969, p.171–3.
752. Cf. C.M.Z., *Giza*, p.295–7.

particulière sur la stèle Caire JE 2091. En effet, au lieu des brèves légendes qui accompagnent les autres dieux, un long texte mythico-historique lui est consacré[753], qui dénote ainsi l'importance du rôle qu'il jouait et mérite à lui seul une analyse attentive.

L'étude des différentes statues représentées permet une bonne approche du fonctionnement du temple d'Isis dont nous connaissons le matériel cultuel avec les emblèmes divins portés en procession ainsi que la barque sacrée, l'image de la déesse tutélaire abritée dans son naos, entourée de membres du panthéon de Giza et de Memphis et accompagnée de ses avatars particuliers qui en faisaient une déesse universaliste.

4. LA LEGENDE D'HOUROUN-HARMACHIS (Pl.40)

Ce mot de légende, je l'utilise à dessein car il peut être employé ici dans un double sens et conserver son ambiguïté. Il s'agit bien, en effet, de la légende qui accompagne l'image de la statue du Sphinx, même si elle est beaucoup plus développée que toutes les autres que comporte la stèle. Mais le texte lui-même est un récit de type légendaire ou semi-légendaire, si ce n'est mythique, concernant la statue colossale; la statue originale, elle-même, cette fois-ci et non une représentation réduite déposée dans le temple d'Isis. Matériellement, le texte se compose de deux parties qui se complètent. Le graveur avait commencé à disposer le texte verticalement sur le panneau central devant la figure du Sphinx, en trois colonnes. Réalisant qu'il ne disposait pas de suffisamment de place, il a poursuivi le texte sur quatre lignes, gravées sur le rebord horizontal de la stèle, puis l'a achevé, à nouveau, sur le panneau vertical avec deux colonnes qui sont séparées des précédentes par une colonne, laissée vide pour indiquer qu'elles ne se suivent pas. Pour rendre cette disposition plus claire à ses lecteurs, il a rappelé les derniers mots de la troisième colonne au début de la première ligne horizontale et a repris les derniers de la quatrième, au début de la quatrième colonne. Un tel procédé n'est certes pas fréquent, mais on en connaît, cependant, quelques autres exemples lorsque des graveurs se trouvaient confrontés à une absence de place[754]. C'est à G. Daressy, *RT* 30, p.7, qu'il faut attribuer le mérite d'avoir reconnu cette particularité. Il est le seul, au demeurant, à avoir tenté de lire le texte horizontal, fort difficile à déchiffrer, gravé de manière superficielle avec un total manque de soin et, de plus, grevé d'une large lacune[755]. S. Hassan, *The Great Sphinx*, p.113–4, s'est contenté de reprendre intégralement et sans aucune modification, la lecture et la traduction de Daressy. De sa lecture inévitablement lacunaire, Daressy est passé à une reconstitution presque complète du texte qui, à bien des égards, est aléatoire et hasardeuse, mais mérite néanmoins d'être connue. Pour ne pas alourdir inutilement mon étude par un long et fastidieux apparat critique, je donnerai, à titre de comparaison, le texte tel que l'a restitué Daressy en parallèle à ma lecture (D = Daressy), pour les quatre lignes horizontales et la fin du

753. Cf. *infra*.
754. Cf. S. Sauneron, *L'écriture figurative dans les textes d'Esna*, *Esna* VIII, 1982, p.9–10.
755. Une copie restée inédite en avait été faite par Grdseloff; elle est aujourd'hui conservée au Griffith Institute, Ashmolean Museum, Oxford: Grdseloff MSS 1.171. Je dois à Alain Zivie de l'avoir identifiée au cours de recherches qu'il effectuait dans cet institut et à Jaromír Málek de m'en avoir libéralement accordé l'usage.

texte, le début ne posant pas de problèmes sérieux. Puisque le texte est suivi, une numérotation unique englobe les colonnes et les lignes horizontales.

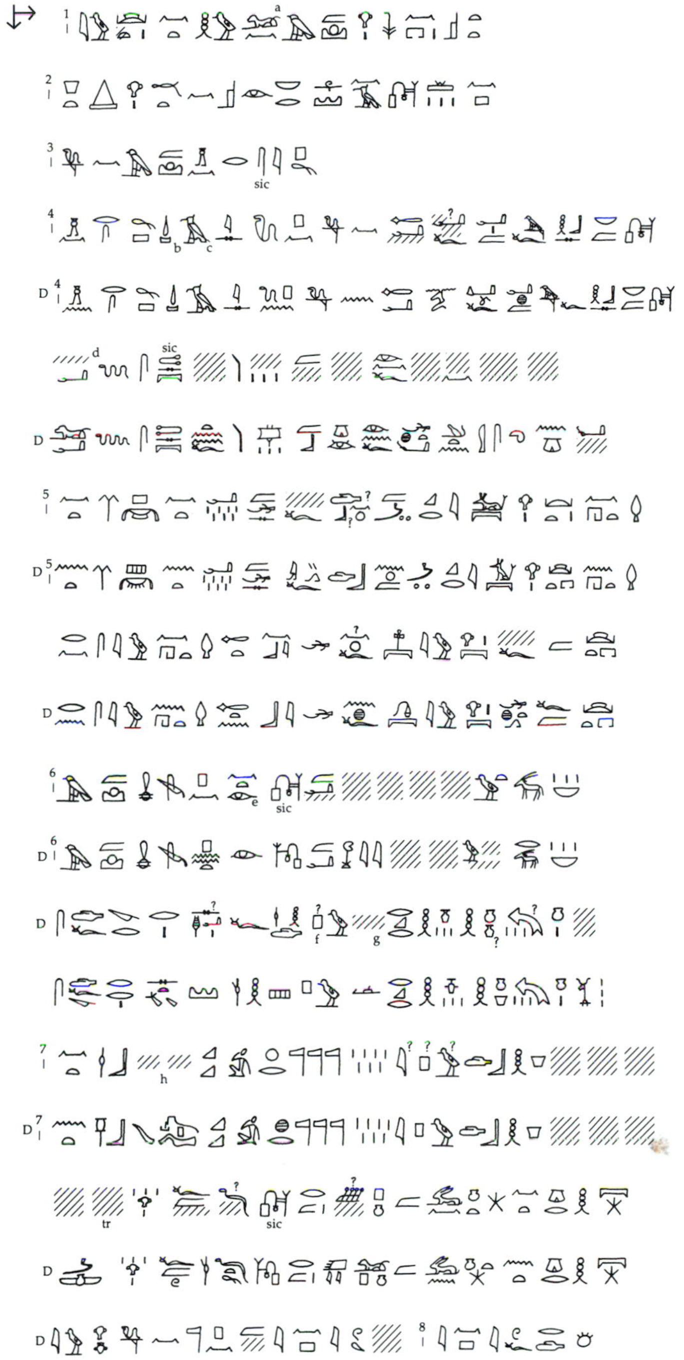

(a) Un lion ou un sphinx; on ne peut pas distinguer. (b) Peu clair mais on voit le bas du signe. (c) La queue et les pattes sont encore assez visibles. (d) ou également possible. (e) Ou . (f) Signe grossièrement carré, difficilement identifiable. (g) Signe horizontal incertain. (h) Deux petits signes indistincts, probablement déterminatifs de *wḏb*.

"1. Le temenos d'Houroun-Harmachis est au sud de la maison d'Isis, 2. dame de(s) Pyramide(s) et au nord d'Osiris, seigneur de Ro-Setaou (a). Les écrits du sanctuaire 3. d'Harmachis (b) sont apportés pour faire l'inventaire 4. sont apportés pour faire l'inventaire (bis) (c) de ces paroles divines (d) du grand ... (e) ... (f) son effigie, sa surface tout entière (couverte) d'écrits (g) ... (h) il a fait ... (i) 5. qui est en pierre dorée de sept coudées (j) après qu'il ... les environs (?) (k) en contemplant "l'orage sur la butte du sycomore" (l), ainsi nommé parce qu'il y a un grand sycomore consumé par le feu du ciel (m). Le maître du ciel ... dans le temenos 6. d'Harmachis conformément à ce modèle qui est gravé (n) ... tous les animaux sacrifiés ... (o). Il dresse une table d'offrandes pour les vases ḳrḥt et les vases ḥnw des chairs de ... (p) 7. qui sont présentés et mangés auprès des sept dieux (q) ... gravé à côté de cette statue à l'heure de la nuit (r). Le ... de ce dieu ... en pierre (s). Puisse-t-il être ... 8. en pierre. Puisse-t-il être durable (bis). Puisse-t-il être vivant éternellement et à jamais (t), 9. son visage étant (tourné) vers l'orient (u)."

(a) Le texte consacré à Houroun-Harmachis débute par une description topographique, parallèle à celle que nous avons déjà rencontrée sur l'encadrement mais inversée, puisqu'elle est établie en fonction du temenos du Grand Sphinx. C'est ainsi, en effet, que je traduirai le mot *i͗ꜣt* qui, s'il désigne sans doute à l'origine une butte, a pris ensuite un sens plus large et plus vague de "lieu sacré"[756], pouvant recouvrir toutes sortes d'acceptations très diverses[757]. On remarquera que l'expression *i͗ꜣt nt Ḥwrwn Ḥr-m-ꜣḫt* et, un peu plus loin, sa variante *i͗ꜣt Ḥr-m-ꜣḫt* ne se retrouvent, à ma connaissance, nulle part ailleurs pour qualifier le temenos du Sphinx, connu, durant le Nouvel Empire, sous le nom de *Stpt*[758].

Par ailleurs, il semble que l'auteur du document ait utilisé indifféremment le nom d'Houroun ou Houroun-Harmachis pour désigner le Sphinx. Son temenos est situé par rapport aux deux autres fondations religieuses de quelque importance à Giza, la maison d'Isis, *pr St ḥnwt mrw*, et celle d'Osiris, seigneur de Ro-Setaou, indiquée par une tournure elliptique, au demeurant fréquente, d'où *pr* a disparu.

(b) Dès ces mots, la lecture et l'interprétation du texte font problème. Je propose sous toute réserve la lecture *nꜣ sš n pr nṯr n Ḥr-m-ꜣḫt*, qui me paraît plus acceptable tant pour la lecture que pour le sens que celles, respectivement de G. Daressy, *RT* 30, p.8, "les dessins de l'image d'Harmakhis", et de D. Wildung, *Die Rolle Ägyptischer Könige*, p.182, "Aufgeschrieben für des Göttin des Horus in *ꜣḫt*." La lecture *nꜣ sš* est plus vraisemblable que *di͗ m sš*. Mais la traduction de , par "image" ou "maison de la déesse" ne peut guère se justifier.

Peut-être s'agit-il d'un *pr nṯr* qui désignerait le sanctuaire d'Harmachis, le temple lui-même ou une de ses parties plus particulièrement sacrées où étaient conservées les

756. Cf. par exemple E. Chassinat, *Khoiak* II, n.(4), p.546.

757. D. Meeks, *ALex* II, 1981, p.13, 78.0124.

758. Voir C.M.Z., *Giza*, p.286.

archives. On connaît aussi l'existence d'un *pr nṯr* par des documents d'Athribis[759] mais qui est, peut-être, plutôt un nom propre que la désignation d'une partie d'un temple. D'ailleurs cette traduction ne résoud pas tous les problèmes car  est en principe une graphie de *nṯrt*. Cependant le signe est utilisé à deux autres reprises dans le texte au masculin, semble-t-il: *ḏꜣis pn nṯri n ꜥꜣ* ... (1.4) et *iw ḥry-ib nṯri n nṯr pn* (1.7), ce qui permet tout de même de suggérer qu'il s'agit vraisemblablement là d'une graphie de *nṯri*.

(c) *In r sip* qui termine la troisième colonne, est repris au début de la ligne 4, pour souligner la continuité du texte. On peut comprendre simplement *in* mais on peut aussi l'interpréter comme le raccourci de l'expression *in ḳd, in ḳd·sn*[760] qu'on rencontre sur le naos de Saft el-Henneh, qui présente bien des parallèles avec le présent document[761]. "Les écrits du sanctuaire d'Harmachis sont reproduits pour faire l'inventaire ...." Cela correspond effectivement à la démarche de l'auteur de la stèle; reproduire sur la pierre un inventaire sans doute conservé auparavant, sur un papyrus. Il s'agit, comme pour le temple d'Isis, de faire une recension (verbe *sip* ou substantif *sipty*) mais cette fois-ci, elle concerne le sanctuaire d'Harmachis bien que le texte, en mauvais état et, de toute manière, allusif, ne nous permette pas toujours de comprendre de quoi il est question. La portée du document dépasse, en tout cas, le seul cadre du temple d'Isis et s'étend également à l'un des autres pôles religieux du site, le temenos du Sphinx.

(d) *Ḏꜣis* avec un déterminatif inhabituel: cf. *Wb*. V, 521–2, et E. Otto, *Gott und Mensch*, p.162–3. Il s'agit des paroles proférées par les dieux et qui peuvent être inscrites sur les parois des temples.

(e) Sans doute une désignation du Sphinx dans cette lacune sous sa forme d'Houroun-Harmachis.

(f) Le cadrat est trop abîmé pour qu'on puisse l'interpréter. Sans doute s'agit-il, comme l'a compris G. Daressy, *RT* 30, p.8, d'une restauration de la statue, ce qu'on attend naturellement après la mention d'un inventaire.

(g) *Ḥbs* est un substantif à mettre sur le même plan que *ꜥẖm*. S'agit-il de la surface de la statue ou d'un revêtement d'un type particulier dont elle aurait été recouverte? De même le sens de *sš* est difficile à préciser: des écrits ou des dessins?

(h) Tout ce passage est trop détérioré et les quelques signes qui subsistent trop incertains pour qu'on puisse en proposer une quelconque interprétation.

(i) Il est probable qu'il soit évoqué une réparation de la statue colossale comme on le comprend par la suite du texte, mieux conservée, au début de la ligne 5. Néanmoins, il serait parfaitement hasardeux de suivre Daressy pour affirmer qu'il y est question d'une réparation du némès. On peut supposer que le pronom suffixe *·f* qu'on retrouve tout au long du texte, représente le même personnage que celui qui a fait effectuer l'inventaire du temple d'Isis.

(j) Une partie inconnue de la statue de 3,65 m de long a sans doute été réparée en utilisant de la pierre recouverte d'un placage d'or, selon une technique égyptienne bien connue. Le Sphinx, ou, du moins, certaines de ses parties ou certains de ses attributs étaient revêtus de matières précieuses et devaient briller au soleil.

(k) Sans doute faut-il suppléer par un verbe signifiant parcourir, mais rien n'est lisible dans la lacune. Par ailleurs, il n'est pas sûr qu'il faille voir dans *m-ẖt* une conjonction introduisant une nouvelle proposition, mais peut-être la préposition avec une signification spatiale; l'incertitude sur ce qui précède nous empêche de trancher. En revanche, il semble possible de pouvoir lire ensuite le substantif *dbn*, utilisé comme complément du verbe qui le précède.

(l) L'orage ou un autre phénomène météorologique du même genre, mentionné sur la stèle, est-il un événement historique ou mythologique, c'est ce qu'on ne peut tirer au clair. Rappelons que sur une stèle du Nouvel Empire, Houroun portait l'épithète *ḥkꜣ ḳr(i)*,

759. Cf. D. Meeks, *ALex* II, 1981, p.138, 78.1468.
760. Cf. *Wb*. V, 76, 4.
761. Cf. E. Naville, *The Shrine of Saft el Henneh*, p.11 et n.(1), et pl.II, 1.6.

"souverain des nuées": C.M.Z., *Giza*, p.62 et 313. Le pronom suffixe féminin *·s* dans *rn·s* qui sert à introduire la proposition explicative du nom reprend sans doute le terme *ỉ3t* qui est la désignation générique du lieu-dit en question. Y avait-il un toponyme, *ỉ3t nht*, originellement, dans l'immédiate proximité du Sphinx? Nous ne le connaissons en tout cas pas, par ailleurs. Serait-il à mettre en relation avec un culte d'Hathor à Giza? On ne connaît pas davantage à l'époque moderne de sycomore, dans cette zone; seul un bosquet d'acacias a été repéré: voir L. Keimer, *BSRGE* 18, 1934, p.85–95, et C. Bachalty, *BSRGE* 18, 1934, p.97–101.

Enfin, on se souviendra de l'interprétation ingénieuse sinon convaincante de R. Moftah, *ZÄS* 92, 1965, p.41, qui rappelle que les sycomores anciens ont souvent le tronc creux sans avoir été foudroyés et suggère qu'il peut donc s'agir d'une explication, purement étiologique et non historique de la part de l'auteur du texte.

(m) Comprendre peut-être *nbỉ ẖt nẖf pt*; *nẖf* (*Wb*. II, 310,3) étant une métathèse pour *ẖnf(y)t* (*Wb*. III, 291). On peut aussi envisager que le signe *ẖt* soit un déterminatif erroné du verbe *nbỉ*.

(n) En raison de la lacune de la fin de la ligne 5, il est impossible de savoir ce qu'accomplissait le maître du ciel dans le temenos d'Harmachis. Qui était-il au demeurant? Encore une fois, c'était conformément à un modèle, gravé sur un support, que la lacune suivante nous empêche de connaître. L'expression *m/mỉ sšm pn* ici complétée par les termes *nt(y) ỉr sš* se trouve assez fréquemment pour faire référence au modèle qu'il s'agissait de reproduire: E. Chassinat, *Khoiak* I, p.62 et 157; D. Meeks, *Hom. Sauneron* I, p.225, et n. (15), p.235.

(o) A la suite d'une lacune de plusieurs cadrats, nous saisissons qu'il est fait allusion à un sacrifice: *ʿwt nbw sdf* (cf. *Wb*. III, 443,15–24). Il me semble impossible de lire dans les signes suivants, le vocable *R3-st3w*, à la suite de Daressy, et je ne peux proposer d'interprétation pour les deux signes, à moins qu'il ne s'agisse d'une graphie de *ỉry*.

(p) La fin de la ligne 6 paraît un peu plus sûre et plus claire. Il semble qu'on ait la description de la suite des rites, peut-être accomplis dans le temenos d'Harmachis. On dresse une table d'offrandes *wdḥw* avec les ustensiles nécessaires. Le passage précédent est trop lacunaire pour qu'on puisse comprendre à quoi renvoie le pronom suffixe *·f*. Les ustensiles de culte sont les vases *ḳrḥt* et les vases *ḥnw*. Le premier terme est une désignation générique pour toutes sortes de vases: cf. E. Chassinat, *Khoiak* I, p.66 et n. (1), et D. Meeks, *Hom. Sauneron* I, p.237, n. (22) avec des références complémentaires. *Ḥnwt* ou *ḥnw* (*Wb*. III, 106–107) semble avoir un sens assez voisin, qui recouvre également différentes catégories de vases dans des matières très diverses. Noter l'existence de l'expression *ḥnw n wdḥw* (*Wb*. III, 107,10), très proche de ce que nous lisons ici. Il semble qu'on puisse lire ensuite *ẖ3t*, qui doit être compris au sens de chairs de sacrifice, suivi d'une petite lacune.

(q) Après la préparation rituelle, la consommation elle-même du sacrifice, mangé près de sept dieux anonymes, avant une nouvelle lacune. Quoi qu'il en soit, l'allusion restera obscure pour nous. On sait que pour les Egyptiens, 7 est un chiffre significatif, même s'il l'est moins que d'autres, 4, 8 ou 9 par exemple. Il semble d'ailleurs qu'il soit voué à un certain anonymat, les collèges de 7 divinités restant apparemment indifférenciés: on connaît ainsi les 7 Hathors, les 7 Meskhenets ou encore les 7 bas du roi: cf. T. Säve-Söderbergh, *LdÄ* II/5, 1976, 694, et H. Goedicke, *LdÄ* VI/1, 1985, 128–9. Sur la fonction et l'importance du chiffre 7, voir aussi W. Dawson, *Aegyptus* 8, 1927, p.97–107; Ramadan El-Sayed, *MDIAK* 36, 1980, p.386–7, et J.-C. Goyon, *Les dieux-gardiens et la genèse des temples*, *BdE* 93/1, 1985, p.185–8.

Par ailleurs, une tablette magique d'origine cananéenne fait mention de 7 déesses, aussi appelées filles de Baal[762], en rapport avec un dieu qui est sans doute Houroun, mais, bien sûr, rien ne prouve qu'il y ait là un quelconque rapport avec le texte de la stèle Caire JE 2091.

(r) Sans doute s'agissait-il encore d'accomplir une autre action rituelle durant la nuit conformément à une prescription, gravée à proximité du Sphinx. On retrouve, peut-être, ici le mot *šsp* qui sert de légende à l'image d'Harmachis, représentée sur le panneau central.

762. Voir J. Leibovitch, *ASAE* 44, 1944, p.171.

(s) Si la lecture des premiers signes est bien *ḥry ib*, cela pose problème. On attend en effet un mot signifiant statue, mais il ne semble pas que *ḥry ib* soit attesté dans ce sens. Le mot en lacune avant *inr* est sans doute un terme de construction.

(t) On a là une formule, vraisemblablement optative, telle qu'on en trouve fréquemment à la fin de textes divers, décrets royaux ou encore stèles privées, gravées à l'occasion de la mort d'un Apis par exemple.

(u) Sur ce type d'expression, cf. D. Meeks, *Le grand texte de donations au temple d'Edfou*, *BdE* 59, 1972, p.82, (94), qui en donne différents exemples dans des contextes différents. Il s'agit ici d'indiquer l'orientation de la statue.

L'ensemble du texte, malgré ses obscurités, nous montre l'importance d'Houroun-Harmachis et de son culte sur le plateau de Giza. Une restauration, au moins partielle, de la statue dut être effectuée en ce temps-là, le service des offrandes avec un holocauste perpétué conformément aux règles édictées antérieurement. Un essor nouveau aurait été insufflé au culte du dieu au moment même où celui d'Isis prenait toute son ampleur.

Arrivés au terme de l'étude détaillée de ce document, nous pouvons mieux en mesurer sa portée et les nombreuses implications historiques et religieuses qu'il comporte. Estampillé au protocole de Chéops, il est conçu comme un mémorial commémorant le souvenir du pharaon et s'inscrit, par là, dans la tradition royale, sinon populaire, d'honorer les souverains du passé; tradition qui court tout au long de l'histoire égyptienne mais connut un *floruit* particulièrement remarquable sous la XXVIe dynastie. Or, c'est à cette même époque que furent mis à l'honneur dans le temple même d'Isis le culte et les prêtrises des rois anciens et, tout particulièrement, de Chéops[763]. Par ailleurs, la stèle nous apprend l'existence d'un inventaire du temple, suivi d'une restauration, autrement dit, reconstruction, renouvellement du matériel de culte et du système des offrandes. Pour ce qui est de la restauration des monuments avoisinants, pyramide de Chéops et pyramide G I-c, englobés apparemment dans cette opération de rénovation, on n'en a pas retrouvé jusqu'à présent de traces archéologiques, ce qui, du reste, n'est pas tellement significatif étant donné les destructions qu'a subies cette zone. En revanche, on sait que le temple d'Isis proprement dit a connu une époque de grande expansion sous la XXVIe dynastie[764]. Et c'est durant cette période que le culte d'Isis, dame des Pyramides, bénéficia de nouveaux développements.

Sur le plan théologique également, la stèle Caire JE 2091 est riche d'enseignements. Nous y découvrons, en effet, que si la dévotion pour Isis, à Giza, relevait d'un culte local spécifique qui faisait de la déesse la protectrice privilégiée des Pyramides et par extension du site tout entier, un autre aspect de cette divinité était clairement mis en lumière. La figure centrale de la dame des Pyramides, associée à Hathor, est entourée de formes particulières d'Isis qui montrent l'étendue du pouvoir d'une déesse qui, de plus en plus, allait prendre une envergure universaliste, y compris par le biais de cultes locaux.

Les autres dieux n'en sont pas oubliés pour autant et nous avons ainsi à notre disposition un tableau, au moins partiel, du panthéon présent à Giza. La figure d'Osiris, seigneur de Ro-Setaou y est discrètement évoquée sans qu'on s'y arrête longuement. En revanche, un fort long texte, le plus long de toute la stèle, est consacré à la statue d'Houroun-Harmachis, ce qui donne à penser que son culte poursuivait encore sa

763. Cf. *supra*, p.166–8.
764. Cf. *supra*, p.172 sq.

brillante carrière et connut même, à ce moment, un renouveau qu'il faut considérer à la lumière de la restauration saïte[765]. D'autre part, on constate que des liens étroits qu'il ne nous est pas donné d'élucider totalement, faute de données suffisantes, étaient tissés entre Isis et Houroun-Harmachis.

Reste encore, avant d'en finir, un dernier point à aborder. La stèle étudiée, comme du reste la très grande majorité des documents égyptiens, qu'ils soient ou non d'obédience royale, traduit la réalité officielle de l'époque qui, peut-être, ne correspondait que de loin à la réalité populaire, si tant est qu'il y en ait une, ou plutôt à la réalité tout court. J'ai déjà eu à soulever le problème de cette dichotomie à propos du culte des rois anciens dont il est souvent dit qu'il fut fictif[766]. La question, évidemment, se pose à nouveau puisque la stèle est placée sous le nom de Chéops et qu'il y est mentionné une fille royale, inconnue par ailleurs.

De fait, il faut introduire une autre donnée qui est celle des informations transmises par les auteurs grecs, concernant les pyramides et leurs auteurs. On les connaît. C'est Hérodote II, 124–129, qui s'acharna tout particulièrement contre Chéops et son successeur Chéphren tandis que Mykérinos fut à ses dires un roi juste.

> "... mais Chéops, qui après lui (Rhampsinite) régna sur les Egyptiens, les réduisit à une complète misère. D'abord, fermant tous les sanctuaires, il les empêcha d'offrir des sacrifices ..." (II,124, traduction Legrand, édition Les Belles Lettres, Paris 1963, p.153).

> "Chéops en serait venu à ce point de perversité que, manquant d'argent, il aurait placé sa propre fille dans une maison de débauche et lui aurait prescrit de se faire verser une certaine somme que j'ignore, car les prêtres n'en précisaient pas le montant. Elle, outre qu'elle se fit verser ce que son père avait prescrit, aurait songé pour son compte à laisser elle aussi un monument; à chacun de ses visiteurs elle demandait qu'il lui fît don d'une pierre; et, avec ces pierres, disaient les prêtres, aurait été construite la pyramide qui est au milieu du groupe des trois, devant la grande pyramide, et dont chaque face mesure un plèthre et demi" (II, 126; traduction *ibid.*, p.155).

> "Chéphren, au dire des prêtres, régna cinquante-six ans. Ils dénombrent ainsi cent six années pendant lesquelles une complète misère aurait accablé les Egyptiens; et, durant tout ce temps, les sanctuaires, qu'on avait fermés, n'auraient pas été ouverts. L'aversion que les Egyptiens ont pour ces rois fait qu'ils ne veulent pas du tout les nommer; ils appellent même les pyramides du nom du pâtre Philitis, qui, en ce temps-là, faisait paître ses bêtes de ce côté" (II, 128, *ibid.*, p.156).

Plus tard, Diodore (I, 64.1–6, traduction Oldfather, édition Loeb, Cambridge Mass., I, p.218–20) reprendra la même tradition sur la cruauté et la violence de Chéops et de Chéphren. En revanche, les différentes versions du texte de Manéthon, conservées, nous enseignent que si Chéops fut un impie, il fit amende honorable et composa un livre sacré, de grand renom auprès des Egyptiens (traduction Waddell, édition Loeb, Londres Cambridge Mass., 1964, p.46–9).

Comment organiser entre elles ces données qui se contredisent? Est-ce aux unes au détriment des autres qu'il faut concéder une valeur prétendument historique? Entre ceux qui dénient toute vérité à Hérodote, mais il n'y en a plus guère aujourd'hui, et à sa suite

765. On se souviendra d'ailleurs que certains des titulaires de la prêtrise d'Isis étaient aussi des prêtres d'Harmachis.
766. *Supra*, p.166–7.

aux autres historiens grecs et ceux qui leur accordent un crédit total, peut-être faut-il trouver une voie plus sinueuse et moins simple mais plus proche d'une certaine vérité.

Je reprendrai le thème, si frappant pour les imaginations, de la princesse et de la courtisane. D'une part la vision égyptienne, officielle et bien-pensante, du pharaon, de la princesse et de la pyramide qui a été bâtie pour elle par son père. Peu importe qu'Henoutsen ait une réalité historique ou qu'elle soit une fiction saïte; nous ne pouvons le savoir. D'autre part, le récit d'Hérodote, montrant le roi, père dévoyé, prostituant sa fille qui, elle, après tout, sut mettre à profit son nouveau métier pour en tirer des avantages personnels certains et se fit ainsi construire sa propre pyramide; du bon usage de l'argent mal gagné ! J'ai déjà eu l'occasion de montrer que le thème de la prostitution n'était en rien inconnu des Egyptiens et que c'est dans leur propre fond légendaire qu'on pouvait trouver l'origine de cette fable[767]. Et ce même schéma, le roi, la princesse et courtisane, et la pyramide, peut être interprété de deux manières qui paraissent totalement contradictoires selon que l'histoire officielle ou la tradition orale s'en emparent et la plient à leurs propres lois. Le récit d'Hérodote ne nous apprend pas que le roi Chéops était un proxénète pervers, mais seulement que les Egyptiens contemporains de l'historien grec, et avant eux, sans doute, des dizaines de générations, pouvaient et osaient affirmer qu'il l'était; ce qui en matière d'histoire est une nuance sérieuse.

Si on dépasse cette fable délicieusement sulfureuse, on en vient au problème plus général de la politique religieuse de Chéops qui, faisant fi de toutes les lois égyptiennes, ordonna la fermeture des temples et interdit les sacrifices, suivi en cela par le non moins impie Chéphren, au point que les contemporains d'Hérodote ne voulaient plus prononcer leurs noms[768]. Tout cela, selon l'historien, renseigné par des prêtres ... Mais on oublie bien souvent qu'un autre historien, égyptien lui, mais hellénisé, Manéthon, met au crédit de Chéops, revenu de son sacrilège, un livre sacré.

Il est tentant de voir dans les dires d'Hérodote une information qui vient sérieusement contrebalancer les sources, toujours officielles des Egyptiens et qui indique combien étaient fictifs ces cultes royaux, cette dévotion remise à l'honneur à la XXVIe dynastie[769]. Et les renseignements de l'historien grec trouvent un certain corollaire dans la littérature égyptienne, celle des contes particulièrement. Dans le cas précis, il s'agit avant tout du Papyrus Westcar qui, il est vrai, ne présente pas Chéops sous un jour particulièrement avantageux[770], sans toutefois en faire un effroyable tyran. L'opposition entre Chéops et Snéfrou dans ce texte n'est peut-être pas aussi marquée qu'on a parfois voulu le dire[771]. Il y aurait ainsi, encore une fois, dichotomie totale entre un texte mensonger qui ferait état d'une restauration du culte, faussement attribuée à Chéops et la réalité historique telle qu'elle avait été relatée à Hérodote. Par qui? Des

767. C. Coche-Zivie, *BIFAO* 72, 1972, p.119–21, et "Bousiris", p.107.

768. Je n'aborderai pas ici le problème de l'interprétation du berger Philitis qui a intrigué les commentateurs d'Hérodote. Les suggestions qui ont été faites par le passé, souvenir des Hyksos ou peuple pasteur, souvenir des Philistins, confusion avec Salitis, ne sont guère convaincantes; mais je dois avouer que, pour l'instant, je n'ai pas non plus d'explication satisfaisante à proposer à cette agaçante énigme.

769. G. Posener, *Littérature et politique dans l'Egypte de la XIIe dynastie*, Paris 1969, p.11. Sur la présentation négative et défavorable du pharaon dans les contes, voir aussi Posener, *De la divinité du pharaon*, Paris 1960, p.85 sq., et *Le Papyrus Vandier*, *Bibliothèque Générale*, Le Caire 1985, p.16.

770. G. Posener, *Littérature et politique*, p.11–3.

771. C'est ce que soulignent S. Morenz, *ZÄS* 97, 1971, p.111–8, et D. Wildung, *Die Rolle Ägyptischer Könige*, p.159–61.

prêtres, thuriféraires de la royauté d'un côté et la vouant aux gémonies de l'autre? Est-ce possible?

En tout cas il n'y eut jamais de *damnatio memoriae*[772], à proprement parler, du nom de Chéops car, sinon, Hérodote lui-même n'aurait pas entendu ce nom. D'ailleurs, la recension des mentions de Chéops à travers l'histoire égyptienne, si elles ne sont pas très nombreuses, montrent toutefois que ce pharaon, sans avoir jamais été l'objet d'un culte "populaire", du type de celui d'Aménophis Ier et Ahmès Nefertari par exemple, a cependant laissé des traces pratiquement à toutes les époques, et en différents lieux de l'Egypte[773].

Ainsi la réalité n'est-elle ni blanche ni noire et la vérité—mais y en a-t-il une?-moins transparente qu'on ne le souhaite. Il serait de mauvaise politique pour un historien de renvoyer dos à dos les sources, officielles et égyptiennes, populaires ou grecques. La réalité historique si nous pouvons nous en approcher un peu, se construit à l'aide de toutes. Un souverain, mort il y avait bien longtemps et qu'on n'hésitait pas à accuser de vices notoires, n'en appartenait pas moins au panthéon des ancêtres que, bon gré mal gré, on continuait d'honorer dans ce pays où, par dessus tout, la référence au passé était une valeur obligée.

772. Sur la notion de *damnatio memoriae*, *stricto sensu*, voir les remarques de A. Schulman, *JARCE* 8, 1969–70, p.36–7, et G. Björkman, *Kings at Karnak*, Uppsala 1971, p.12.
773. Se reporter à D. Wildung, *o.c.*, p.152 sq.

CHAPITRE VI

DOCUMENTS MOBILIERS

Dans les chapitres précédents, les différentes parties du temple d'Isis, chapelles et pièces annexes, ont été décrites, une à une, de manière détaillée afin de dessiner peu à peu l'évolution du temple et d'essayer d'en comprendre le fonctionnement. Par ailleurs, des ensembles documentaires cohérents, tels que les graffiti de prêtres gravés dans la chapelle d'Harbes, ou encore, un document de la portée de la Stèle de la fille de Chéops ont, eux aussi, fait l'objet de chapitres séparés. Bien entendu, au cours des fouilles menées au temple d'Isis, ou ailleurs sur le site, un certain nombre d'objets mobiliers de moindre importance ont également été mis au jour. Comme ils ne s'inscrivent généralement pas dans un contexte clairement défini, j'ai choisi de les traiter à part, en essayant de les regrouper selon leurs affinités. Il s'agit essentiellement de stèles, mais aussi de quelques statues, statuettes ou fragments de statues, ou encore de tables d'offrandes. Le matériel proprement funéraire—quoique les objets précédemment cités proviennent eux aussi dans bon nombre de cas de tombes—sarcophages, chaouabtis, canopes, sera étudié dans un prochain chapitre en même temps que les tombes elles-mêmes.

On peut dès à présent faire une première constatation. Comparativement à la dimension du temple et à l'étendue des nécropoles, les objets retrouvés sont relativement peu nombreux. Il y a une explication assez simple à ce phénomène, particulièrement pour la zone du temple d'Isis et du cimetière oriental, mais qui vaut sans doute aussi pour le reste du site. Elle a été sérieusement perturbée par les destructions et les pillages aussi bien que par la recherche de *sebakh*, qui ont précédé les fouilles officielles et systématiques, et de nombreux objets ont dû disparaître de cette manière-là.

Les stèles sont classées en fonction de la divinité à laquelle elles étaient dédiées: Isis, Osiris et Harmachis, tandis qu'un certain nombre d'entre elles ne peuvent être attribuées à tel ou tel dieu, étant donné leur état fragmentaire. Sont regroupés ensuite les éléments de la petite statuaire et les tables d'offrandes.

1. STELE DEDIEE A ISIS AU NOM DE PA-DI-MOUT-EM-ITEROU BOSTON MFA EXP. N. 26–3–198

Petite stèle en calcaire, cintrée, mesurant 16 cm de haut sur 11 de large, et 6 environ d'épaisseur. Trouvée le 24 mars 1926 dans les débris remplissant la chambre, au fond du puits C du mastaba G 7150, appartenant à Khafkhoufou II. Photographies C 11450–1, Archives Reisner VII C Box 8; copie dans le Registre des objets; mention dans W. K. Simpson, *Giza Mastabas* 3, p.26.

Le travail est assez grossier et la pierre étant de mauvaise qualité, il ne reste que fort peu de choses encore visibles et lisibles. Apparemment, deux personnages occupaient la plus grande partie de la surface, sans doute la déesse et le dédicant.

Au-dessous, deux lignes de texte, dont la deuxième a disparu:

(a) Traces d'un oiseau: 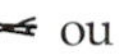 ou , indistinct.

"1. *Offrande que fait le roi à Isis [la grande?* ou *la mère divine?], maîtresse de ... (?)* 2. ..."

En raison de la médiocrité de la gravure et du mauvais état de la pierre, il est difficile d'interpréter l'épithète de la déesse.

Deux autres lignes étaient gravées sous la stèle, dont seule subsiste la deuxième:

"1. ... 2. *le scribe Pa-di-mout-em-iterou.*"

Si les anthroponymes obéissant à la formation *Pꜣ-dỉ-X* sont bien connus, y compris ceux qui contiennent le nom de la déesse Mout[774], je n'ai en revanche pas trouvé d'autres exemples de Mout portant l'épithète *m ỉtrw*[775]. Cette pauvre stèle est un des rares documents mobiliers de Basse Epoque, consacrés à Isis seule, ce qui laisse supposer, nonobstant les destructions, qu'il n'était pas très fréquent que des particuliers viennent déposer une stèle ou un ex-voto dans le temple de la déesse, alors que de nombreuses stèles à caractère funéraire, furent dédiées à Osiris de Ro-Setaou. On peut penser que le culte d'Isis, dame des Pyramides, à Giza n'eut jamais une vocation populaire et qu'il fut entre les mains d'une famille sacerdotale qui assurait le fonctionnement du temple.

2. STELES DEDIEES A OSIRIS DE RO-SETAOU

A. STELES TROUVEES PAR REISNER

a. Stèle de Tja... Boston MFA Exp. N. 26–1–87 (Pl.41)

Stèle de calcaire cintrée, mesurant 73 cm de haut, 30 de large et 15 d'épaisseur. A été trouvée le 2 janvier 1926 dans la rue G 7000, dans le niveau supérieur des débris, au sud du temple d'Isis. Lieu de conservation actuel, inconnu.

Dessin et photographies B 6081–2, Archives Reisner Box VII C 4 et XIV B 6; fac-similé; copie dans le Registre des objets. Inédite; simplement mentionnée par H. de Meulenaere, L. Limme et J. Quaegebeur, P. Munro, *Totenstelen, Index et addenda*, p.85.

774. Cf. H. Ranke, *PN* I, 123, 17, et M. Thirion, *RdE* 36, 1985, p.141.
775. W. K. Simpson, *Giza Mastabas* 3, p.26, a corrigé la lecture du nom en *Pꜣ-dỉ-Mwt-m-Ỉšrw*, correction appelée par la présence du nom de Mout dans cet anthroponyme. Néanmoins d'après les copies de Reisner, et ce que l'on peut deviner plutôt que voir sur la photographie, il s'agit bien de *ỉtrw*.

L'ensemble du décor et du texte est d'une gravure d'assez bonne qualité mais l'extrémité droite a souffert de l'érosion sur toute la hauteur de la stèle, amputant partiellement le décor du registre supérieur et, surtout, le début de toutes les lignes du texte.

Au registre supérieur, limité de part et d'autre par un signe ouas et surmonté d'un disque solaire ailé, Osiris (→), assis sur un siège cubique à dossier bas, momifié, tient le sceptre heka et le fouet; porte la couronne atef.

Devant lui: 

"Osiris, seigneur de Ro-[Setaou]."

Derrière lui, Isis (→) debout, vêtue d'une longue tunique collante, d'une perruque tripartite, surmontée des cornes hathoriques, enserrant le disque solaire. Tient de la main gauche, le sceptre ouadj et de la main droite, un signe ankh. Devant elle, une sorte de guéridon, et au-dessus, la légende, à demi effacée: 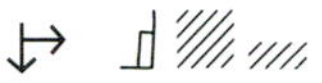 *"Isis...."*

Face à Osiris et séparé de lui par une table d'offrandes, chargée de nourriture, le dédicant (←), debout, a malheureusement entièrement disparu. Au-dessus de lui, plusieurs colonnes de texte dont il ne reste pratiquement pas de trace.

Au-dessous, 6 lignes de texte qui occupent presque toute la hauteur de la stèle:

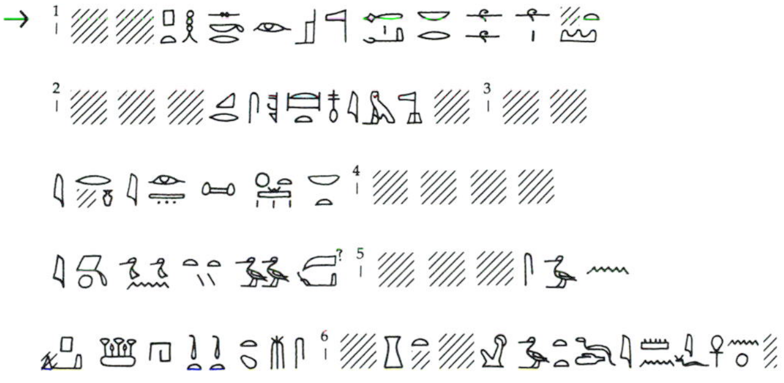

"1. [Offrande que donne le roi à] Ptah-Sokar-Osiris, seigneur de Ro-Setaou. 2. [Puisse-t-il donner] ... une belle sépulture dans la nécropole ... 3. ... du vin, du lait, toute bonne chose 4. ... [pour le ka de] l'imakh, le blanchisseur (?), Tja (?) 5. ... fils de Pa-di-shehededet, né de 6. ... Bastet ..., fille de Djed-imen-iouf-ankh [j.v.?]."

Il s'agit d'un texte, tout à fait classique sur les stèles funéraires consacrées à Osiris de Ro-Setaou, ici sous sa forme composite de Ptah-Sokar-Osiris, dont peut varier simplement le contenu de l'offrande. Le dédicant était peut-être un blanchisseur, *rẖty* (cf. *Wb.* II,448), écrit d'une manière singulièrement aberrante, probablement par confusion entre les valeurs *rẖty* et *rḥty*. Comme le nom qui suit est en grande partie en lacune, on ne sait s'il faut faire des deux derniers signes de la ligne 4, d'ailleurs peu clairs, des déterminatifs supplémentaires du mot *rẖty* ou le début d'un nom propre: *Ṯ3* ... On songe dans ce cas-là aux noms de formation *Ṯ3-ỉmw-X* dont on connaît beaucoup d'exemples: cf. H. Ranke, *PN* I, 387–8, et M. Guentch-Ogloueff, *BIFAO* 40, 1941, p.122–3; à moins qu'il ne s'agisse d'un anthroponyme de type *Ṯ3-X* (nom de divinité ou de lieu), le rejeton de ..., qui a été étudié par H. de Meulenaere et J. Yoyotte, *BIFAO* 83, 1983, p.107–12.

Le père, lui, porte un nom d'origine libyenne, formé sur celui de la déesse Shehededet: cf. H. Ranke, *PN* I, 126, 10, et la récente mise au point de M. Thirion, *RdE* 37, 1986, p.134–6, qui cite l'exemple présent, p.135. On sait que de tels noms, fréquents durant la Troisième Période Intermédiaire, étaient encore courants à l'Epoque Saïte qui est la date supposée de cette stèle: voir H. de Meulenaere, *CdE* 62, 1956, p.255–6, à ce sujet. Le nom de la mère, incomplet, est un théophore composé sur celui de Bastet. Elle est, elle-même, fille de Djed-imen-iouf-ankh, bien connu dans l'onomastique de Basse Epoque: cf. H. Ranke, *PN* I, 409,23.

b. Stèle royale anonyme Boston MFA 285 (Pl.41)

Coin supérieur droit, de forme triangulaire, d'une grande stèle de calcaire, retrouvée dans la chapelle (23) (G de Reisner) sans autre précision[776]. Porte le N° MFA Exp. N. 26–1–1238 du Registre de fouilles; aujourd'hui conservé au Musée de Boston sous le N° MFA 285. Photographies B 6083 et C 11140; croquis schématique dans Archives Reisner Box VII C 4. Inédit.

La stèle, lorsqu'elle était intacte, était de grande dimension, puisque la seule partie conservée mesure 45 cm de large et 49 de haut, pour une épaisseur de 15 cm. Etant donné qu'on possède sur le fragment existant, les disques solaires, on sait au moins que sa largeur était d'environ 90 cm, la hauteur devant, elle, être légèrement supérieure. La gravure est de belle qualité et il est d'autant plus regrettable que nous ne possédions qu'une si faible partie d'un document dont nous n'avons pas d'exemple similaire dans la documentation de Giza, pour cette époque; de plus il devait être daté, ce qui aurait été un point de repère chronologique intéressant.

Il s'agit d'une stèle rectangulaire dont le panneau est légèrement en retrait par rapport à l'encadrement. Les parties verticales de l'encadrement comportaient une colonne de texte, comme le montre ce qui en subsiste sur la droite. La décoration de l'élément horizontal est composée d'un triple motif: deux disques solaires ailés, flanqués d'uraei, superposés et séparés par une sorte de boudin, le tout surmonté d'une frise de rosettes. Ce genre de décor est fort peu courant, à le comparer à d'autres stèles sur lesquelles je n'ai pu retrouver d'ornementation similaire. Si on considère la forme des disques ailés et le style des figures, il semble qu'on puisse dater le document de la fin de l'époque dynastique ou peut-être même du début de l'Epoque Ptolémaïque.

L'ensemble du panneau était lui aussi dominé par un disque solaire flanqué d'uraei. La scène proprement dite, qui occupait sans doute toute la hauteur, était surmontée par la représentation du ciel. On distingue encore le pschent (←), appartenant à un personnage qui a disparu. Etant donné la couronne, il peut difficilement s'agir d'Osiris; on songe à un autre dieu, une forme d'Horus par exemple ou, éventuellement, au roi, suivi d'Isis qui ferait face à une autre divinité. Derrière lui, Isis (←) debout. La tête est conservée, coiffée d'une perruque tripartite avec un uraeus, surmontée d'un modius et des cornes hathoriques, enserrant le disque solaire. Les épaules et le haut du buste, orné d'un large collier, sont également préservés. Devant elle, restes d'une colonne de texte:

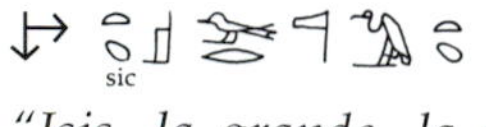

"Isis, la grande, la mère divine."

776. Voir *supra*, p.202.

Sur la partie droite de l'encadrement (en se plaçant face à la stèle), début d'une colonne de texte dont le reste a disparu:

"Vive le dieu parfait, le ...."

Etant donné la disposition, la colonne se rapportait sans doute au roi qui faisait face à une divinité, aujourd'hui disparue; on pense à Osiris; le roi, lui, étant suivi d'Isis, mais cela reste hypothétique. Du reste, ce n'est pas la disposition la plus habituelle, avec les protagonistes divins d'une part, les humains de l'autre.

c. Fragment de stèle anonyme Boston MFA Exp. N. 26–3–248

Petit fragment cassé irrégulièrement mais qui est indéniablement une partie de stèle. Mesure environ 20 cm sur 20 dans ses plus grandes dimensions. Trouvé parmi les débris de la rue G 7200, entre les mastabas 7230 et 7350. Porte le N° 26–3–248 dans le registre des objets. Lieu de conservation actuel inconnu. Inédit.

On y distingue simplement la tête et le haut du buste d'Osiris, sommairement gravés, semble-t-il. Le dieu porte la couronne atef et tient un sceptre ouas dans ses mains. En face de lui, on devine la main du dédicant. Devant le dieu:

"Osiris, seigneur de Ro-Setaou."

C'est là un autre exemplaire de stèle funéraire, dédiée à Osiris de Ro-Setaou.

d. Stèle de Ioufankh Boston MFA Exp. N. 30–1–117

Stèle de calcaire cintrée, relativement bien conservée, mais dont manque la partie inférieure. A été trouvée dans le puits de la tombe G 7767 Y, chambre V, où elle servait à recouvrir, partiellement, un corps qui était enterré là. Enregistrée sous le N° MFA Exp. N. 30–1–117. Photographie A 6528 dans les Archives Reisner, Box IX A 11, ainsi que fac-similé. Lieu de conservation actuel inconnu[777]; inédite.

Elle mesure 53 cm de haut dans son état présent, sur 37,5 de large et près de 6 d'épaisseur. Le style des personnages plus que du texte, est fruste et maladroit. Dans le cintre, disque solaire ailé avec des uraei. Osiris (→), debout, momifié, tient le fouet, mais il semble que le sceptre heka ait été omis. Coiffé traditionnellement de l'atef. Derrière lui, Isis (→) debout, les bras le long du corps, est vêtue d'une longue tunique. Coiffée des cornes hathoriques enserrant le disque solaire, le tout représenté de manière extrêmement sommaire. En face, le dédicant (←), debout dans une attitude qui est, grossièrement, celle de l'adoration. Crâne rasé et vêtu d'un pagne court, orné d'un motif quadrillé. La scène est dépourvue de légende.

Au-dessous, trois lignes de texte dont la dernière est extrêmement abîmée; il y avait sans doute une quatrième ligne lorsque le texte était complet:

777. Peut-être le musée du Caire d'après une indication trouvée dans un registre consulté à l'inspectorat de Giza: numéro inconnu.

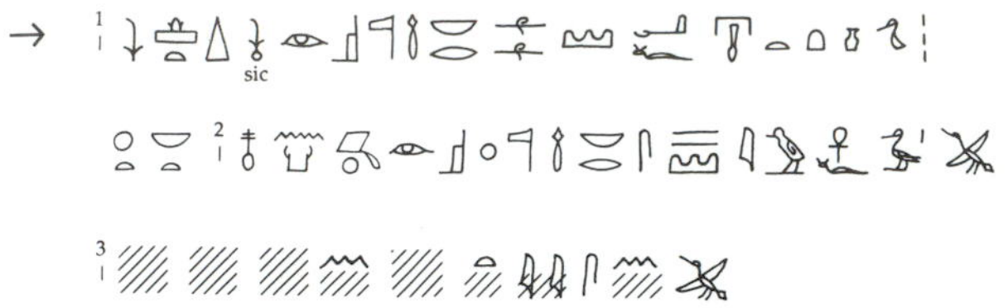

La suite a disparu.

"1. Offrande que fait le roi à Osiris, le grand dieu, seigneur de Ro-Setaou. Puisse-t-il donner une sortie à la voix en pain, bière, volailles, toutes choses 2. bonnes pour le ka de l'imakh auprès d'Osiris, le grand dieu, seigneur de Ro-Setaou, Ioufankh, fils de Pa 3. ...."

Le texte est émaillé de petites incorrections qui n'ont rien de surprenant étant donné la médiocrité de l'ensemble du document, dédié par un certain Ioufankh; voir H. Ranke, *PN* I, 14, 5, pour ce nom.

e. Fragment de Stèle de Haty (?) Boston MFA Exp. N. 31–1–33

Fragment supérieur d'une stèle cintrée en calcaire, assez sommairement gravée. Trouvé dans les débris de la sépulture G 7000 SE 194, dans la partie sud de la nécropole orientale. Enregistré sous le N° MFA Exp. N. 31–1–33. Photographie B 7612. Lieu de conservation actuel inconnu. Inédit.

Le fragment mesure 20 cm de haut sur 27 de large et 4,5 d'épaisseur. Le cintre dominé par un ciel qui en épouse la forme, comporte la représentation traditionnelle du dédicant (←) debout, faisant une offrande d'encens à Osiris (→). Ils étaient, semble-t-il, séparés par une table d'offrandes. Seuls subsistent les têtes et le haut des bustes. Osiris porte l'atef, le sceptre heka et le fouet. Le personnage a la tête enserrée dans une courte perruque.

Devant Osiris: 

"Paroles dites par Osiris, seigneur (sic!), le grand dieu."

Devant le personnage, une colonne dont les hiéroglyphes sont tournés dans le sens contraire de celui du dédicant:

"Le gardien de portes (?), Haty (?)."

Tous les signes, à l'exception des trois derniers, sont de lecture douteuse; on ne peut donc être sûr ni du titre du personnage, à supposer qu'il s'agisse bien d'un titre[778], ni du nom; voir H. Ranke, *PN* I, 233, 6–7, mais le nom est écrit avec le protome de lion.

B. STELES TROUVEES AILLEURS SUR LE SITE DE GIZA

Le même type de documents a été retrouvé non seulement aux abords du temple d'Isis ou dans la nécropole orientale mais dans tous les secteurs du site, ce qui ne peut surprendre,

778. *Ỉry ꜥꜣ* ou *wn ꜥꜣ*; pour *iry ꜥꜣ*, voir *infra*, p.255.

étant donné la popularité du culte d'Osiris en général, et d'Osiris de Ro-Setaou en particulier.

a. Fragment de Stèle d'Harmachis Boston MFA 07.548

Ce fragment, approximativement la moitié droite d'une stèle en calcaire, coupée en biais, a été trouvé par Petrie en 1906–7, vraisemblablement à proximité de la tombe de Tjary[779] à Giza-sud; il ne donne aucune précision dans son texte à ce sujet. Comme un certain nombre d'autres objets provenant des fouilles de l'Egypt Exploration Society, il a été attribué au Musée de Boston où il est aujourd'hui conservé sous le N° MFA 07.548. A été publié en dessin par W.M.F. Petrie, *Gizeh and Rifeh*, pl.XXVII N, 3; voir aussi PM III^2, 1, 297. Photo Boston MFA E 2325.

La stèle, probablement cintrée, comportait une scène d'adoration devant Osiris de Ro-Setaou, qui a disparu. On voit encore le bas de la table d'offrandes qui était posée devant lui ainsi qu'un grand vase à anses. A droite, le personnage (←), debout, vêtu d'un pagne court, a les bras dressés dans l'attitude de l'adoration. La tête a presque entièrement disparu.

Au-dessous, quatre lignes de texte, plus ou moins complètes:

(a) Sic! n'a pas été gravé. (b) Traces du signe *bnr*. (c) Probablement pour mal placé.

"*1. Offrande que fait le roi à Osiris, qui préside à l'occident, le grand dieu, seigneur de Ro-Setaou. [Puisse-t-il donner du pain (?)], 2. de la bière, des têtes de bétail [et des volailles (?)], du vin et du lait, une libation d'eau pure [et douce], 3. toutes bonnes [choses], une belle sépulture pour le ka de l'imakh [d'Osiris?], 4. Harmachis, fils de Pétisis, né de Ta-cheri-(en)-pa-shaï.*"

On sait que le nom du Sphinx de Giza, Harmachis, a été utilisé dans l'onomastique privée surtout à partir de la XXVe dynastie et qu'on en trouve un certain nombre d'exemples à la XXVIe, qui est la date probable de la présente stèle[780]: cf. H. Ranke, *PN* I, 247, 17 et C.M.Z., "Bousiris", p.98–9, où je mentionne ce document. Le nom du père, Pétisis, est des plus banals (H. Ranke, *PN* I, 372, 13), tandis que celui de la mère (H. Ranke, *PN* I, 369, 23) est composé sur le nom du dieu Shaï, "la fille de celui de Shaï": cf. J. Quaegebeur, *Le dieu égyptien Shaï dans la religion et l'onomastique*, Louvain 1975, p.211 et 241, où est cité l'exemple en question, sans précision de date. Plusieurs homonymes de notre personnage sont connus par des objets retrouvés à Giza, mais ils ne

779. A propos de la fouille de cette tombe et de la zone avoisinante, voir *infra*, p.293 sq.
780. PM III^2, 1, 297, donne comme indication de date l'Epoque Ptolémaïque, sans qu'il y ait à cela aucune justification. P. Munro, *Totenstelen*, ne mentionne pas ce document qui n'apparaît pas non plus dans l'index publié par H. de Meulenaere, L. Limme et J. Quaegebeur.

peuvent être identifiés avec le dédicant de cette stèle, soit qu'ils n'aient pas les mêmes ascendants, soit qu'on manque de renseignements à leur sujet.

b. Stèle de Nesisout Bruxelles E 4288 (Pl.42)

Stèle de calcaire, conservée dans son intégralité mais qui a relativement souffert de l'usure ou des déprédations. Trouvée comme la précédente à Giza-sud par Petrie en 1906–7. Conservée au Musée de Bruxelles sous le N° E 4288.

Pour la bibliographie, voir W.M.F. Petrie, *Gizeh and Rifeh*, pl.XXVII N, 4; L. Speelers, *Recueil des inscriptions égyptiennes des Musées Royaux du Cinquantenaire de Bruxelles*, Bruxelles 1923, p.94 [352]; PM III^2, 1, 297; P. Munro, *Totenstelen*, p.329.

Au registre supérieur, sous un signe du ciel incurvé selon la forme du cintre, disque solaire ailé, muni de deux uraei. Osiris (→), debout, momifié, avec la couronne atef, le sceptre et le fouet.

Devant lui: 

"Paroles dites par Osiris, le grand (?) dieu."

Derrière lui, Isis (→), debout, vêtue d'une tunique étroite, la perruque surmontée des cornes hathoriques enserrant le disque solaire, le bras gauche levé dans une attitude de protection à l'égard d'Osiris, le bras droit pendant le long du corps.

Devant elle: 

"Paroles dites par Isis."

Devant Osiris, une table d'offrandes partiellement disparue, le sépare du dédicant debout (←), vêtu d'une jupe longue, la tête couverte d'une petite perruque.

Au-dessus de lui:  , *"Nes[isout]."*

Trois lignes de texte sont gravées au-dessous, dont la troisième se termine en fait au milieu de la stèle:

"1. Offrande que fait le roi à Osiris, seigneur de Ro-setaou. Puisse-t-il donner une offrande à la voix en pain, bière, têtes de bétail et volailles, 2. encens et huile <pour le ka de?> Nesisout, fils de Psamétique, né de 3. la maîtresse de maison, Iretirou."

On peut constater que le texte qui comporte la formule traditionnelle d'offrande, le nom du dédicant et de ses parents, est gravé sans soin, avec quantité de négligences ou d'erreurs orthographiques. Le nom que porte l'auteur de la stèle, a longtemps été lu de manière erronée: *Ns-ḳdy* au lieu de *Ns-iswt*; voir H. de Meulenaere, *Kêmi* 16, 1962, p.31–5, et L. Limme, *CdE* 93, 1972, p.96 et n.(7), qui ont corrigé cette erreur. Ceux de ses parents sont fort connus à Basse Epoque: Psamétique (H. Ranke, *PN* I, 136, 8) et *ỉrtw-rw*: voir M. Guentch-Ogloueff, *BIFAO* 40, 1941, p.119.

P. Munro, *Totenstelen*, p.329, date le document du début de l'Epoque Saïte, entre 650 et 600, soit sous les règnes de Psamétique Ier ou Nékao II, en fonction des critères de datation qu'il a établis pour les différentes catégories de stèles de ce type. Même si on peut avoir quelques réserves sur l'étroitesse de la fourchette que propose Munro, c'est bien, je crois, à la XXVIe dynastie qu'il faut placer cette stèle et non à l'Epoque Ptolémaïque, comme il est suggéré dans PM III², 1, 297.

c. Stèle d'Harbes

Stèle de calcaire cintrée, trouvée par Selim Hassan à l'est du temple dit du Sphinx, durant la saison 1936–37. Conservée dans un magasin du Service des Antiquités où j'ai eu l'occasion de la voir. Inédite.

Les coins inférieurs droit et gauche manquent et certaines parties ont fortement souffert de l'érosion. La stèle comporte un seul registre qui occupe la plus grande partie de sa surface. Dans le cintre, sous le signe du ciel, un disque solaire, ailé, pourvu de deux uraei. Osiris (→), debout, momifié, paré de ses insignes traditionnels, est abrité dans un naos au toit bombé. Au-dessus de lui:

"Paroles dites par Osiris, seigneur de Ro-Setaou, le grand dieu."

Devant lui, une table d'offrandes, chargée de victuailles et flanquée, de part et d'autre, de deux vases posés sur des trépieds.

En face de lui, le dédicant (←), debout dans l'attitude de l'adoration, dont seuls subsistent la tête coiffée d'une courte perruque et les avant-bras. Au-dessus de lui, quatre colonnes de texte:

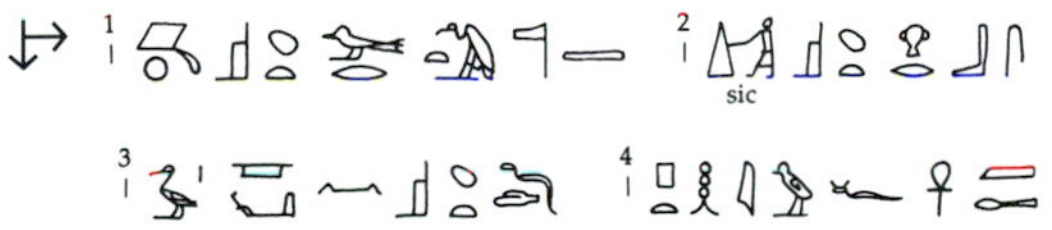

"1. L'imakh d'Isis, la grande, la mère divine, 2. le portier (?) d'Isis, Harbes, 3. fils du gardien de portes d'Isis, Djed 4. -ptah-iouf-ankh, j.v.."

Cette stèle qui ne comporte pas le texte traditionnel d'offrande à Osiris, pourtant représenté, offre d'autres renseignements. Nous sommes en effet en présence d'un portier d'Isis dont le père, lui aussi, était gardien de portes, sans doute dans le temple de la déesse. Pour le titre *ỉry ꜥꜣ* porté par le père, avec cette graphie fréquente à Basse Epoque, voir Ramadan El-Sayed, *Documents relatifs à Saïs et ses divinités*, *BdE* 69, 1975, p.48. Quant au titre du dédicant, qui pour le sens ne diffère guère de celui de son père, on peut proposer la lecture *wn ꜥꜣ*, portier, selon une suggestion que m'a faite Jean Yoyotte. En effet, le signe triangulaire est peut-être la représentation déformée d'une porte que tient le personnage qui suit. Pour un idéogramme similaire avec une porte, voir la stèle du Sérapéum au nom de Paounâa, datée de l'an 6 de Bocchoris: M. Malinine, G. Posener et J. Vercoutter, *Catalogue des stèles du Sérapéum* I, Paris 1968, p.82–3 et pl.29. A moins qu'il ne s'agisse d'un balai qui fait partie des instruments du portier: cf. Ramadan El-Sayed, *ibid.*, p.41.

Les deux anthroponymes sont bien connus. Nous avons affaire à un homonyme d'Harbes qui bâtit une chapelle dans le temple d'Isis[781], tandis que Djed-ptah-iouf-ankh répond à une formation banale à l'époque: H. Ranke, *PN* I, 410, 12. Par ce document, nous avons la preuve qu'il existait, hormis les prêtres en charge du culte d'Isis que nous avions déjà rencontrés[782], un petit personnel attaché au temple de la déesse.

d. Stèle de Psamétique

Trouvée par l'archéologue égyptien Abu Bakr durant ses fouilles à Giza-sud dans les années 1945–46[783]. Conservée dans un magasin du Service des Antiquités à Giza[784]. Inédite.

La stèle cintrée, en calcaire, avec un disque solaire ailé dans le cintre, présente encore une fois la même scène. Osiris (→) momiforme est debout dans un coffre. Tient le sceptre heka et le fouet devant lui, et non pas les bras croisés contre la poitrine. Séparé de lui par une table d'offrandes, le dédicant (←), debout, les bras tombant le long du corps.

Au-dessous, trois lignes de texte:

"1. Offrande que fait le roi à Osiris qui préside à l'occident, le grand dieu, seigneur de Ro-Setaou, 2. afin qu'il donne tout ce qui sort de sur la table d'offrandes au libateur (sty mw) et fumigateur (kꜣp), président de la nécropole (?), 3. Psamétique, fils de Pami, né de Mer-ptah-ites."

Les titres de Psamétique, le donateur de la stèle, sont fort intéressants. Nous retrouvons trois charges que détenaient les membres de la famille des prêtres d'Isis, connus par leur graffiti dans la chapelle d'Harbes. Il est, en effet, *sty mw*, celui qui fait la libation. Le titre suivant, écrit de la même façon que sur les graffiti, est sans doute à lire, une fois encore, *kꜣp*[785]. Quant au dernier, il s'agit probablement d'une graphie erronée ou d'une variante de *mr ḫꜣst*[786], le président de la nécropole, également connu par d'autres documents de Giza. A l'interpréter littéralement, il faudrait lire *mr sṯꜣt*; on songe également au titre très voisin de *mr smt*[787]. On remarquera que les noms de Psamétique et de Pami, courants certes à la XXVIe dynastie, ont été portés par des membres de la famille des prêtres[788], ce qui n'est pas le cas du nom de la mère, *Mr-Ptḥ-ỉt·s* (H. Ranke, *PN* I, 156, 11), quoiqu'on puisse bien sûr le rapprocher, de par sa formation, de celui de *Snb-Ptḥ-ỉt·s*, porté par l'épouse de Pa-cheri-en-iset I et mère de Psamétique[789]. Nous ne pouvons pas replacer le Psamétique de la stèle sur l'arbre

781. Pour ce nom, voir *supra*, p.129–31.
782. *Supra*, p.164–5.
783. Voir *infra*, p.300–1, à ce sujet.
784. Du moins y était-elle conservée au début des années 70; cf. *infra*, p.300, à ce sujet.
785. *Supra*, p.168–9.
786. *Supra*, p.168.
787. Cf. J. Yoyotte, *BSFE* 60, 1971, p.24.
788. *Supra*, p.162.
789. *Supra*, p.163.

généalogique des prêtres d'Isis puisque nous n'avons pas suffisamment de points de repère pour ce faire et il ne peut pas non plus être identifié avec le Psamétique connu dans cette famille, ses ascendants étant différents. Néanmoins, nous détenons là un indice, montrant l'existence d'autres personnages que ceux qui sont connus par les graffiti, liés également au fonctionnement du temple d'Isis, puisqu'ils portent les mêmes titres. L'anthroponymie laisserait à penser qu'ils appartiennent à la même famille, mais on n'en a pas de preuves jusqu'à présent. Le document révèle également que les officiels en charge au temple d'Isis ont fort bien pu laisser d'autres témoignages de leur dévotion, comme des stèles à Osiris de Ro-Setaou, même s'ils nous sont parvenus en fort petit nombre, en raison des destructions et de l'éparpillement de la documentation.

e. Stèle de Sekhet-en-hor-kha (?)

Autre stèle en calcaire, trouvée par Abu Bakr durant ses fouilles à Giza-sud. Conservée dans un magasin du Service des Antiquités[790]. Inédite.

La stèle mesure 86 cm de haut sur 39 de large et 13 d'épaisseur. Dans le cintre, disque solaire ailé. En-dessous, Osiris (→), momiforme, coiffé de l'atef, est assis sur un siège cubique, posé sur un socle bas. Devant lui, une table d'offrandes.

Au-dessus de lui: 

"Osiris, le grand dieu, seigneur de [Ro-Setaou]."

En face, Isis (←) debout, coiffée de la couronne hathorique, la main droite levée, le bras gauche pendant le long du corps, tenant un signe ankh.

Au-dessus d'elle: 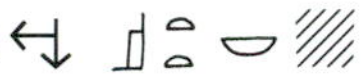

"Isis, dame ...."

Elle est suivie d'un homme et d'une femme, debout, en adoration. Au-dessus d'eux, leurs noms, illisibles.

Au-dessous, quatre lignes de texte:

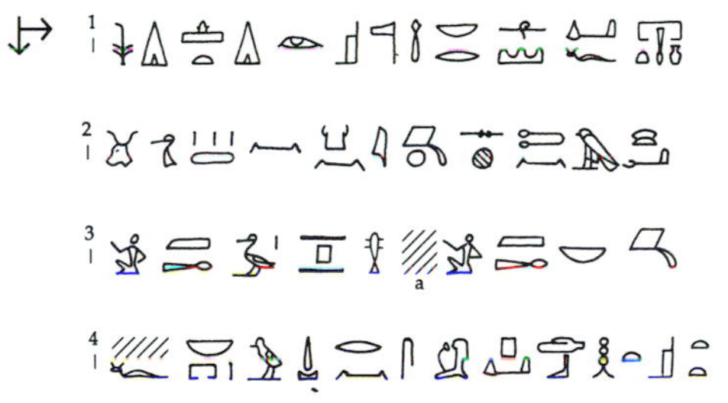

(a) Traces d'un signe vertical: ?

"1. Offrande que fait le roi à Osiris, le grand dieu, seigneur de Ro-Setaou, afin qu'il donne une sortie à la voix en pain, bière, 2. têtes de bétail et volailles pour le ka de l'imakh Sekhet-en-hor-kha (?), 3. j.v., fils de Paenmi (?), j.v., maître d'imakh, 4. son ..., la maîtresse de maison, Oudjarenes, (fille de?) Pa-di-hedeb-Set (?)."

790. Cf. *supra*, n.(784) et p.300, à ce propos.

Les deux personnages représentés au registre supérieur sont l'auteur de la stèle et sa femme. En effet, la taille de la lacune du début de la ligne 4 et surtout les mots qui suivent, ne permettent guère de compléter qu'avec *ḥmt*. Le nom du personnage n'est pas sans poser de problème. Le début est-il à lire *sḫt*, la campagne, avec une orthographe inhabituelle? Quant à celui de son père, il faut vraisemblablement lire et comprendre *P3-n-mi͗* (H. Ranke, *PN* II, 280, 12), moins courant cependant que *P3-mi͗*. Le nom de l'épouse est connu: H. Ranke, *PN* I, 88, 23. On doit supposer que le graveur a omis *s3t n* devant le nom qui suit, qui ne peut être que celui du père de la femme. Lui non plus n'est pas d'interprétation très claire; il rentre, peut-être, dans la catégorie des noms propres imprécatoires mais ne répond pas aux formations connues. A moins qu'on ne corrige les deux premiers signes en  , fille de; il reste alors *Ḥdb-St* ou *Dbḥ-St*.

f. Stèle-naos de Padiset Caire JE 72256 (Pl.43)

Stèle cintrée en calcaire, avec un évidement assez profond pour qu'y soient sculptées des figures en haut-relief, ce qui lui donne un aspect de naos. Elle a été trouvée par S. Hassan en octobre 1936 dans un amas de briques crues, à l'arrière de la grande stèle d'Aménophis II, dans la chapelle édifiée par ce souverain au nord du Sphinx et consacrée à Harmachis. Voir S. Hassan, *The Great Sphinx*, p.33; *Excav. at Giza* IX, p.37 [2]; PM III^2, 1, 46. La stèle est aujourd'hui conservée au Musée du Caire sous le N° JE 72256. Inédite.

Dans le cintre, disque solaire ailé, muni d'uraei. Au centre du naos, Osiris debout, paré des insignes traditionnels, est sculpté de face, en haut-relief. A sa droite (en adoptant le point de vue d'Osiris), Isis debout, les bras le long du corps, vêtue d'une longue robe, coiffée d'une volumineuse perruque tripartite, surmontée de cornes hathoriques, enserrant le disque solaire, est également vue de face. Sur la gauche d'Osiris, le dédicant est représenté non pas de face comme les deux divinités, mais de profil et à une échelle qui est environ le quart de celle des dieux. Il est à genoux, les mains levées dans l'attitude de l'adoration, vêtu d'un pagne court et le crâne rasé. Malgré le mauvais état de conservation de la sculpture, il semble, d'après le style, qu'on ait affaire à une œuvre du début de l'Epoque Saïte; le petit personnage n'est pas sans faire songer aux représentations d'Harbes en relief et en ronde-bosse. Au-dessus de lui, une colonne de texte occupe toute la hauteur du renfoncement:

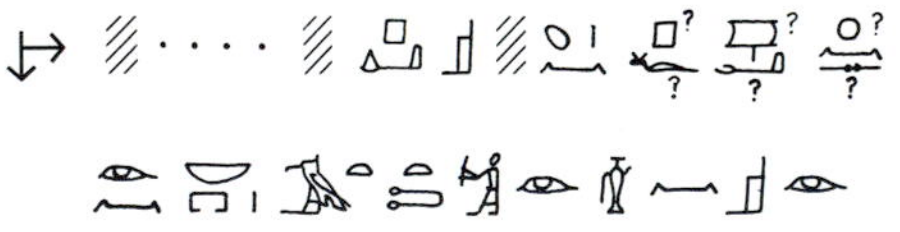

"... Pétisis, fils de Pef-tjaou-(em)-aouy-Khonsou (?), né de la maîtresse de maison, Tatjetirou, louée d'Osiris."

Le début du texte, totalement illisible était peut-être un proscynème à Osiris.

Sur la partie plane de la stèle, deux lignes de texte, mal conservées, tandis que le tiers inférieur n'a jamais été gravé.

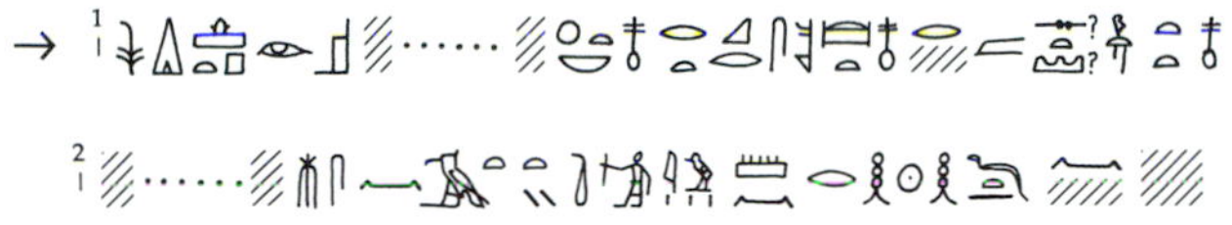

"1. Offrande que donne le roi à Osiris ... toute bonne chose, une belle sépulture dans la nécropole du bel occident 2. ... né de Tatjetirou. Qu'ils soient stables éternellement et à jamais ..."

Les deux derniers cadrats qui suivent la formule finale, assez banale à cette époque, sont illisibles. Peut-être contenaient-ils une précision du style "dans la maison ou le temple de ...."

La stèle-naos, de type beaucoup moins courant que la stèle ordinaire, a été consacrée par un certain Pétisis[791] (H. Ranke, *PN* I, 121, 18), fils de Pef-tjaou-(em)-aouy-khonsou (H. Ranke, *PN* I, 128, 4), si ma lecture est correcte, et de Tatjetirou, formé sur le verbe *ṯt*, et sans aucun doute à valeur imprécatoire, quoiqu'il n'ait pas été recensé dans la liste des noms de ce type par M. Guentch-Ogloueff, *BIFAO* 40, 1941, p.117–33.

Nous avons là un exemple de la petite statuaire, au demeurant assez fruste, du début de l'Epoque Saïte.

g. Stèle de Pétosiris

Une stèle de même type que celles précédemment décrites, a été vue, à proximité des Pyramides de Giza par Paul Lucas qui voyagea en Egypte au début du XVIIIe siècle[792], et en donne une description et un dessin sommaires, repris dans un autre ouvrage de la même époque, œuvre de Montfaucon. Voir P. Lucas, *Voyage du Sieur Paul Lucas fait en 1714 par ordre de Louis XIV dans la Turquie, l'Asie, Sourie, Palestine, Haute et Basse Egypte, etc.*, 3 vol., Rouen 1724, vol.2, face p.130; B. de Montfaucon, *L'antiquité expliquée, Supplément* II, 1724, 1ère pl. après pl.51 [1]; PM III^2, 1, 308. Naturellement, la stèle est perdue depuis cette époque reculée et on ne peut la décrire qu'en suivant le dessin de Lucas.

Osiris (→) assis, avec ses attributs traditionnels. Derrière lui, Isis (→) debout. Personnage (←), debout en adoration, séparé des deux divinités par une table d'offrandes. Au-dessous, un proscynème à Osiris de Ro-Setaou en faveur du dédicant, Pétosiris, fils de Petamon et de Takherou (peut-être s'agit-il du nom bien connu, "La Syrienne": H. Ranke, *PN* I, 366, 3).

C. LES STELES FUNERAIRES DEDIEES A OSIRIS DE RO-SETAOU: QUELQUES REMARQUES

Cette série de stèles, relativement importante est très cohérente, si on excepte la stèle royale MFA 285 qui, en tant que telle se distingue naturellement des autres, et la stèle Caire JE 72256. Cette dernière, du reste, est différente par son style puisque la ronde-bosse est introduite dans un monument, en principe, en bas-relief, mais non par sa finalité, puisqu'il s'agit aussi d'une stèle funéraire. Ces documents ne sont pas d'un type inconnu mais viennent enrichir la documentation déjà répertoriée. Munro a, en effet,

791. Et non Nefert, fils de Bastetnefert comme l'indique avec des points d'interrogation PM III^2, 1, 46, en se fondant sur S. Hassan, *Excav. at Giza* IX, p.37.

792. Sur le personnage, voir J.-M. Carré, *Voyageurs et écrivains français en Egypte* I, *RAPH* 4, 1932, p.45–7; W. Dawson et E. Uphill, *Who was who in Egyptology*, Londres 1972, 2ème éd., p.186.

établi une liste de stèles funéraires privées d'Epoque Tardive et Ptolémaïque, de provenances diverses, dont Memphis[793].

Les stèles d'origine memphite sont principalement caractérisées par l'épithète spécifique d'Osiris, seigneur de Ro-Setaou. Elles proviennent de l'ensemble du territoire memphite puisque le dieu qui avait son temple à Giza, était, de toute évidence, suffisamment populaire pour être vénéré dans la région memphito-létopolitaine au sens large. Il est souvent difficile de préciser davantage la provenance des stèles conservées dans les musées. La série que je viens d'étudier a le mérite d'avoir une origine connue, dans certains cas avec beaucoup de précision, quoique, naturellement, les stèles n'aient pas toujours été trouvées en place.

Elles appartiennent à la catégorie I de Munro, c'est-à-dire à une époque qui va de la XXVIe à la XXXe dynastie. Elles correspondent très certainement à des tombes, même si ces dernières n'ont pas été retrouvées. Que le culte d'Osiris de Ro-Setaou ait été florissant à Giza même ne peut surprendre puisque c'est là son lieu d'origine. Il y est souvent associé à une Isis, sans épithète spécifique, qui joue le rôle de parèdre mais n'est pas la dame des Pyramides, même si, dans certains cas, ce sont des personnages liés au culte de cette dernière, comme Harbes ou Psamétique, qui sont les auteurs d'une stèle. Parmi les dédicants, la plupart ne portent pas de titres; hormis les deux précédemment cités, on connaît un blanchisseur (?) et un gardien de portes (?), ce qui nous indique que le niveau social de ceux qui consacraient une stèle à Osiris de Ro-Setaou n'était pas forcément très élevé.

3. STELES DIVERSES

Certaines stèles sont trop fragmentaires pour pouvoir être attribuées à une divinité donnée; elles sont réunies ici. Quelques autres sont consacrées à Harmachis dont le culte était loin d'être abandonné à cette époque[794]. Enfin, il faut y ajouter l'un ou l'autre spécimen d'un type différent, comme une stèle magique d'Horus sur les crocodiles.

A. FRAGMENT AU NOM DE PAMI BOSTON MFA EXP. N. 26–1–191

Un fragment de stèle en calcaire, cintrée, sur lequel nous possédons, malheureusement, très peu de renseignements, a été retrouvé dans le puits de la chapelle (24) (I de Reisner), au nord de l'axe est-ouest traversant le mastaba G 7130–7140[795]. Il apparaît dans le Registre des objets de Reisner sous le N° MFA Exp. N° 26–1–191; un dessin schématique en est donné dans Archives Reisner Box XIV B 6; il ne semble pas avoir été photographié. Lieu de conservation actuel inconnu; inédit.

Il s'agit du coin supérieur gauche lorsqu'on regarde la stèle, qui devait être de grande dimension: sans doute près de 90 cm de large selon les indications succinctes du Registre des objets; la hauteur est inconnue. La gravure en creux est, semble-t-il, de belle qualité.

793. P. Munro, *Totenstelen*, complété maintenant par H. de Meulenaere, L. Limme et J. Quaegebeur, *Index et addenda*, Bruxelles, 1985. Pour ce qui est des stèles memphites d'Epoque Ptolémaïque, voir également J. Quaegebeur, *CdE* 97, 1974, p.59–79.
794. Voir *supra*, p.165 et p.243. Il faut toutefois souligner que la datation de certaines stèles assez frustes, qui ne présentent pas de critères spécifiques ni sur le plan stylistique ni par exemple sur le plan de l'onomastique, n'est pas toujours des plus aisées.
795. *Supra*, p.203.

On distingue la tête d'un personnage (→), ceinte d'un bandeau, et le départ des épaules. Il faisait une offrande d'encens à une divinité qui a disparu, et qui pourrait être aussi bien Isis qu'Osiris; rien ne permet de trancher. Au-dessus de lui, restes de deux lignes:

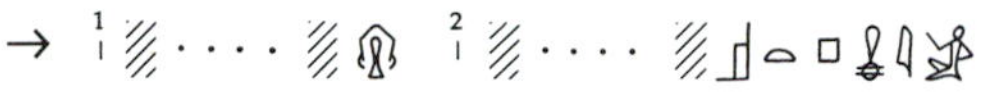

"1. ... le prêtre ḳꜥḥ (?), 2. .. Isis, Pami."

Les restes de la première ligne ne sont pas très distincts dans les deux dessins des Archives Reisner. On songe cependant au titre de prêtre *ḳꜥḥ*, également rencontré sur la bague de Neferibrê[796]. De ce qui subsiste de la deuxième ligne, on peut supposer, sans en être sûr, que Pami[797] était prophète d'Isis (*ḥm-nṯr n St*). S'agit-il ou non du même personnage que celui qui fait figure d'ancêtre de la famille des prêtres d'Isis et qui était prophète de cette déesse[798]? Nous n'avons pas suffisamment d'éléments pour le dire bien que la tentation soit grande, évidemment, de rapprocher les deux personnages, ce qui serait un nouvel indice pour montrer que les prêtres d'Isis avaient non seulement gravé leurs généalogies sur les murs de la chapelle d'Harbes mais avaient aussi consacré des stèles sur les lieux-mêmes où ils exerçaient leur sacerdoce. Etait-il enterré dans la chapelle (24) où a été retrouvé ce fragment de stèle mais pas d'autre matériel funéraire? Là non plus nous ne pouvons répondre de manière sûre. Il faut toutefois mentionner qu'un chaouabti appartenant à un prophète d'Isis, *ḥm-nṯr n St*, et répondant au nom de Pami, écrit , MFA Exp. N. 26–1–209, a été trouvé dans la chapelle (27) (K de Reisner)[799]. Nous avons une série d'indices qui sont concordants, sans avoir de preuve indubitable.

B. FRAGMENT DE STELE AU NOM DE OUSERI... BOSTON MFA EXP. N. 26–3–71

Fragment inférieur d'une stèle en calcaire dont tout le reste a disparu. Trouvé dans le puits de la chapelle (25) (J de Reisner) en mars 1926[800]. Enregistré sous le N° MFA Exp. N. 26–3–71; photographie B 6086. Inédit.

Le fragment mesure 23,5 cm de large sur 31,5 de haut et comporte trois lignes d'un texte incomplet; c'est au moins une ligne qui manque avec le début du texte.

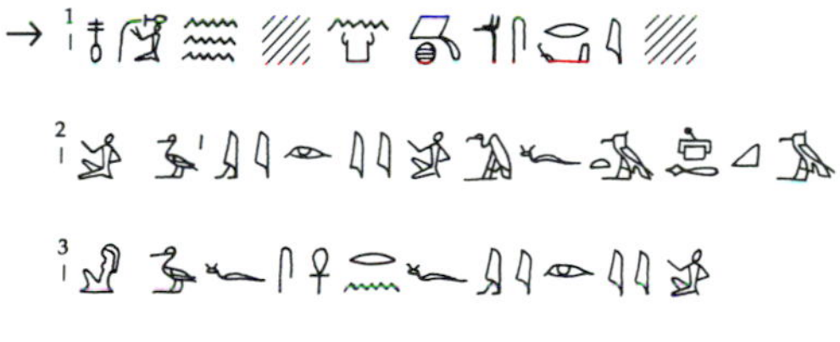

"... 1. bonne et pure ... pour le ka de l'imakh Ouseri... 2. fils de Iyiry, sa mère Tasaâka (?), 3. son fils qui fait vivre son nom, Iyiry."

Le nom du dédicant est incomplet; on songe à *Wsr-Ỉmn* (H. Ranke, *PN* I, 85, 8) étant donné le dernier signe avant la lacune. Son père et son fils portent, comme cela est courant, le même nom; *Ỉy-ỉry*, que H. Ranke, *PN* I, 8, 14, attribue au Nouvel Empire. Mais

796. *Supra*, p.158.
797. Pour ce nom, voir p.141 et 162.
798. Mentionné sur le graffito Caire JE 38990; voir *supra*, p.141.
799. *Infra*, p.276 et 280.
800. *Supra*, p.203.

je pense qu'ici, il faut y voir un exemple plus tardif. Quant au nom de la mère, on peut le supposer d'origine étrangère, mais je n'en ai pas retrouvé d'autre exemple.

Il reste trop peu de la stèle pour savoir à quelle divinité elle était consacrée, peut-être, une fois encore, à Osiris de Ro-Setaou.

C. STELE DEDIEE A HARMACHIS BOSTON MFA EXP. N. 30–12–138

Partie supérieure d'une stèle cintrée en calcaire, trouvée dans des débris, au sud de l'inhumation G 7000 SE 167, c'est-à-dire dans la partie sud-est de la nécropole orientale. Porte le N° MFA Exp. N. 30–12–138. Photographie B 7612. Inédite.

Mesure 22,5 cm de haut sur 26,5 de large et 5,5 d'épaisseur. On y voit un sphinx (→) couchant, coiffé du némès pourvu d'un uraeus et portant une barbe carrée. Au-dessus du dos, traces d'une courte inscription illisible. Il s'agit, sans doute, d'un document tardif. Pourtant une stèle assez similaire, avec une oreille au-dessus du sphinx, MFA 27.787 (= MFA Exp. N. 26–1–396), trouvée dans la rue G 7000, a été datée du Nouvel Empire: *Egypt's Golden Age*, Boston 1982, N°416, p.305, mais je crois qu'il faut être extrêmement prudent avec la datation de ce type d'objets, en l'absence de critères indéniables. Cf. aussi fragment de stèle avec un sphinx couchant, MFA Exp. N. 24–12–1004.

D. STELE AU NOM DE TA-DI-PA-NEFER-NEHEM CAIRE JE 30437 = CGC 50031

Petite stèle en calcaire mesurant 21 sur 29 cm et 5 d'épaisseur. Trouvée près des Pyramides en 1893. Date de l'Epoque Romaine. Publiée par W. Spiegelberg, *Die Demotischen Denkmäler* III, *CGC*, Berlin 1932, p.6 et pl.4.

Dans le cintre, un disque solaire; la surface de la stèle est occupée par un faucon dressé sur un socle avec au-dessous une dédicace de deux lignes au nom de Ta-di-pa-nefer-nehem:

1. Ṯꜣy mw pꜣ (?) ḥtp (?) n Wsỉr 2. Tꜣ-dỉ-pꜣ-nfr-nḥm

"1. Prends l'eau des offrandes d'Osiris, 2. ô Ta-di-pa-nefer-nehem."

Le document n'est pas d'interprétation aisée; on y trouve associés par la représentation et le texte, à la fois le dieu Horus ou, peut-être, Harmachis sous forme de faucon et Osiris.

E. STELE CAIRE JE 37572 = CGC 22194

Ce document est réputé provenir de Giza bien que rien dans les représentations qu'il porte ne soit révélateur d'une telle origine. Il s'agit d'une stèle en calcaire cintrée, bien conservée mais de facture grossière. Mesure 54 cm de haut sur 31 de large. Publiée par A. Kamal, *Stèles ptolémaïques et romaines*, *CGC*, Le Caire 1905, p.191 et pl.67.

Au-dessus du disque solaire ailé qui plane dans le cintre, un tableau surmonté par le signe du ciel est flanqué de deux signes ouas. Un pharaon et son épouse, avec des cartouches laissés vides, font face à Min, Horus et Sekhmet à tête de lionne; le souverain offre Maât aux divinités. Au-dessous, décor de tiges de papyrus aux fleurs alternativement ouvertes et fermées. La stèle est anépigraphe, et caractéristique de l'Epoque Romaine. Provient-elle vraiment de Giza? Comment y expliquer sa présence?

F. STELE MAGIQUE CAIRE CG 9423

Une petite stèle magique de 11 cm de haut sur 4,5 de large est indiquée au Catalogue Général du Musée du Caire comme provenant de Giza. Voir G. Daressy, *Textes et dessins magiques*, *CGC*, Le Caire 1903, p.33–4 et pl.10; PM III^2, 1, 308.

Elle date sans doute de l'Epoque Romaine; d'une facture très médiocre, elle représente le thème habituel sur ce genre de documents: Horus debout sur deux crocodiles, tient des serpents dans ses mains. Il est surmonté par une tête de Bès. Au-dessous, une pseudo-inscription, se composant de traits obliques et horizontaux.

4. PETITE STATUAIRE

A. SPHINX DE BRONZE BOSTON MFA 31.785 (EXP. N. 29–2–77)

Petit sphinx en bronze, couchant, posé sur un socle bas, coiffé d'un némès avec un uraeus, le menton orné d'une barbe. Trouvé dans la nécropole orientale, puits G 7540 W. Conservé au Musée de Boston sous le N° MFA 31.785 (Exp. N. 29–2–77). Photographie C 12793. Inédit.

A beaucoup souffert de l'érosion, ce qui rend les textes, gravés sur les quatre faces du socle pratiquement indéchiffrables. On arrive encore à lire à l'avant: "*Harmachis, qui donne la vie*." Pour le reste, il devait s'agir d'une dédicace faite par un particulier au Grand Sphinx.

Ce n'est pas un document unique en son genre, bien que, la plupart du temps, ces petits objets votifs qu'on a fabriqués en assez grande quantité depuis l'Epoque Saïte jusqu'à l'Epoque Romaine, soient anépigraphes[801]. Ils sont naturellement un témoignage de la dévotion qui continuait de s'exercer en faveur d'Harmachis.

B. STATUE D'OSIRIS AU NOM DE PTAHIRDIS
BOSTON MFA 29.1131 (EXP. N. 28–4–76) (Pl.44)

Partie supérieure d'une statue en schiste noir d'Osiris, brisée à la hauteur du genou droit et de la hanche gauche. La partie subsistante est en parfait état de conservation et d'une qualité de sculpture tout à fait remarquable. Trouvée en 1928 dans le remplissage du puits G 7792 A, à l'extrême sud-est de la nécropole orientale, dans l'angle que fait la falaise à cet endroit. Enregistrée sous le N° MFA Exp. N. 28–4–76; aujourd'hui conservée au Musée de Boston sour le N° MFA 29.1131. Voir D. Dunham, *BMMA* 29, 1931, fig. p.26; PM III^2, 1, 204.

Le dieu était debout; la hauteur de la partie conservée est de 55 cm; la largeur de 21 et l'épaisseur de 15,5. Porte l'atef; les mains croisées sur la poitrine tiennent le sceptre heka et le fouet. Seules, l'extrémité de la barbe et la main droite sont cassées. La statue s'appuie sur un pilier dorsal en forme d'obélisque comme cela est classique à cette époque. Deux colonnes de texte y sont gravées en creux, avec beaucoup de soin; le tiers inférieur environ, manque.

801. Cf. C.M.Z., "Bousiris", p.94, avec un certain nombre de références.

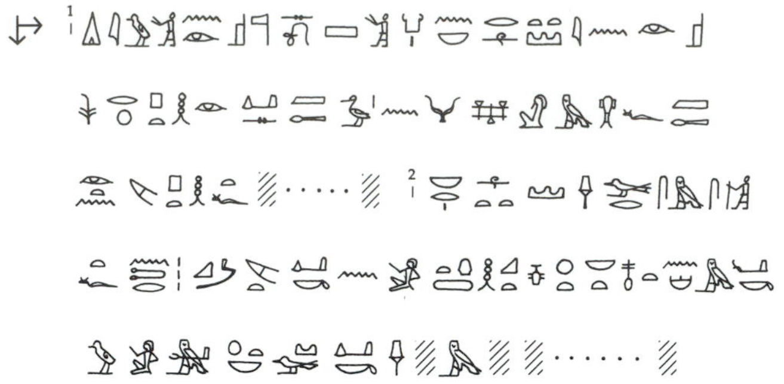

"1. Louer Osiris; honorer le ka du seigneur de Ro-Setaou par l'Osiris, le connu du roi, Ptahirdis, j.v., fils de Oupouaout-em-saf, j.v., né de Mer-ptah-it[es] ... 2. le seigneur de Ro-Setaou, la grande puissance, l'ancien, le père des dieux, qui crée ce qu'on aime. Puisses-tu me donner pain, bière et toute bonne chose. Puisses-tu me préserver de toute chose mauvaise. Puisses-tu me donner la puissance ...."

Le personnage qui a dédié ce bel objet à Osiris, porte le titre banal de *rḫ nswt*, si fréquent à cette époque[802]. Il répond au nom, non moins courant, de Ptahirdis (H. Ranke, *PN* I, 138, 16); il avait pour père un certain Oupouaout-em-saf dont le nom, s'il n'a pas été relevé par Ranke, répond du moins à une formation bien connue: le dieu *X-m sꜣ·f*; tandis que sa mère était *Mr-Ptḥ-ỉt·s*: cf. H. Ranke, *PN* I, 156, 11.

Très vraisemblablement, l'objet n'a pas été trouvé *in situ*. En revanche, on sait qu'un personnage du même nom et portant le même titre de *rḫ nswt* a été enterré à Giza dans une tombe rupestre, creusée dans la paroi rocheuse, au nord-ouest du Sphinx; aujourd'hui tout décor en a disparu mais il était encore visible au XIXe siècle[803]. Bien que le titre et le nom soient, l'un et l'autre, banals, il s'agit sans doute plus que d'une coïncidence et on peut supposer, avec quelque vraisemblance, que la statue d'Osiris provient de cette tombe installée près du Grand Sphinx.

De telles statues—celle-ci devait atteindre environ 70 cm de haut lorsqu'elle était intacte—ont été trouvées sur d'autres sites également: cf. G Daressy, *Statues de divinités*, *CGC*, Le Caire 1906, p.66–115, *passim*: CG 38230–426[804]. Medinet Habou en particulier en a fourni un nombre d'exemplaires assez important: cf. U. Hölscher, *Excav. of Med. Hab.* V, p.30, 32–3; on verra aussi J. Leclant, *Recherches*, p.163 sq. Les statues sont en général dédiées à la forme locale du dieu, ici le seigneur de Ro-Setaou, qui porte les épithètes d'un dieu primordial: *sḫm wr smsw ỉt nṯrw ḳmꜣ mr(r)t*, et non celles que l'on attend traditionnellement pour le souverain de l'éternité. La titulature divine est d'ailleurs plus développée que sur aucun autre monument consacré à l'Osiris de Ro-setaou et on manque de parallèle avec le présent exemple.

802. *Supra*, p.112.
803. *Infra*, p.288.
804. On pourra d'ailleurs voir également dans ce même volume du Catalogue Général du Caire, un certain nombre d'autres statues ou statuettes de divinités diverses, provenant de Giza. CG 38001 est un Amon, grandeur humaine, de très belle facture, mais la provenance est incertaine. Voir aussi CG 38112, 38114, Chou; 38519, 38529, Anubis; 38599, 38605, Horus; 38729, Bès; 39132, déesse léontocéphale; 39175, 39185, Thouéris; 39237, Ptah Patèque; 39248, Nefertoum et Sekhmet; 39355, 39370, Isis; 39383, 39384, séries diverses.

C. STATUE D'OSIRIS AU NOM DE BASTET-IR-DIS BOSTON MFA 27.982 (EXP. N. 25–2–733)

Autre statuette d'Osiris en bronze, trouvée dans le puits G 7632 A, à l'est du mastaba d'Ankhaf. Enregistrée sous le N° MFA Exp. N. 25–2–733; conservée au Musée de Boston sous le N° MFA 27.982. Inédite.

Le dieu est en position assise, sans siège, les pieds posés sur un support avec un tenon destiné à être enfoncé dans un socle. Porte les insignes traditionnels. Hauteur 25,5 cm. Sur trois côtés du socle, une inscription:

→ 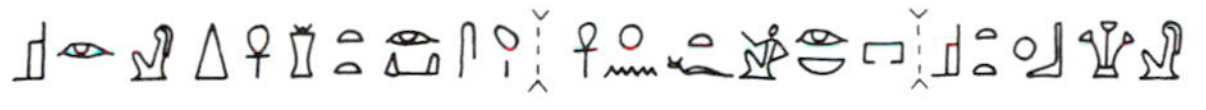

"Osiris qui donne la vie. Bastet-ir-dis, fils d'Ankhit, né de la maîtresse de maison Set-(em)-akhbit."

Pour les noms, voir H. Ranke, *PN* I, 90, 7; 63,3; 4,3.

D. SOCLE DEDIE A HARMACHIS-CHOU CAIRE JE 52482 = CGC 50041

Socle en calcaire destiné à supporter une ou deux statues, trouvé au cours des fouilles de Baraize près du Sphinx, en 1928. Mesure 12,5 cm sur 24 et comporte une inscription en démotique sur un des côtés. Conservé au Musée du Caire sous le N° JE 52482 = CGC 50041. A été publié par W. Spiegelberg, *Die Demotischen Denkmäler* III, *CGC*, Berlin 1932, p.12 et pl.9; voir aussi PM III^2, 1, p.42; G. Wagner et J. Quaegebeur, *BIFAO* 73, 1973, p.46, et C.M.Z., "Bousiris", p.95.

Le monument est dédié à Harmachis-Chou, fils de Rê et à Mestasytmis, le grand dieu, par Pétosiris, fils de Pasis et Tared (?), et Psenkel, fils de Hoteponouris (?) et Ankhet. Le document, sans doute d'Epoque Romaine, est consacré au grand dieu de Giza sous la forme très particulière et unique d'Harmachis-Chou, auquel est associé le dieu du Fayoum, Mestasytmis, dont c'est la seule mention connue hors du contexte fayoumique. Cet ex-voto serait l'œuvre d'habitants d'une ville du Fayoum selon Wagner et Quaegebeur, *loc. cit.*, p.46, peut-être venus en pèlerinage auprès du Sphinx.

5. TABLES D'OFFRANDES

A. TABLE D'OFFRANDES D'HATHOR-I-IR-DIS CAIRE JE 28163 = CGC 23039

Table d'offrandes en calcaire provenant de Giza. Conservée au Musée du Caire sous le N° JE 28163 = CGC 23039. Voir A. Kamal, *Tables d'offrandes*, *CGC*, Le Caire 1909, p.31 et pl.15; PM III^2, 1, 310.

La table en forme de signe hotep mesure 33,5 cm de long sur 23,5 de large et 16 d'épaisseur. La face supérieure porte un décor traditionnel pour les tables d'offrandes de cette époque, répété deux fois, symétriquement: vases à libation, grappes de raisin, oies troussées et pains ronds[805]. Les reliefs comme la gravure des hiéroglyphes sont de facture médiocre. Le pourtour est occupé, sur les quatre faces, par un texte. Il s'agit du texte rituel, relatif aux libations que nous avons déjà rencontré sur la table d'offrandes d'Harbes et qui se retrouve sur bon nombre d'autres objets similaires[806]. Sur la tranche,

805. Pour ce type de décor, voir *supra*, p.114.
806. *Supra*, p.115–6.

du côté du bec, sont également gravées trois lignes occupées par un banal proscynème à Osiris (?), seigneur de Ro-Setaou.

Le monument a été fait en faveur d'un certain  , Hathor-i-ir-dis, fils de  , Nesout-hotepou, dont le père portait également le même nom, et de la maîtresse de maison, 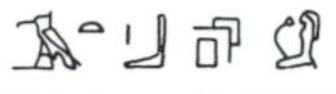 , Ta-(net)-bou-hep. Pour le nom du propriétaire de cette table, voir M. Thirion, *RdE* 34, 1982-3, p.112. pour celui du père, H. Ranke, *PN* I, 213, 3, qui a lu *Nswt-ḥtpw-tꜣw,* et de la mère, H. Ranke, *PN* I, 359, 13.

Le document de par le style, l'emploi d'une formule religieuse archaïque et l'onomastique est typiquement une œuvre de l'Epoque Saïte.

B. TABLE D'OFFRANDES DE HEPIOU CAIRE JE 30409 = CGC 23074

Table d'offrandes en calcaire, de facture extrêmement médiocre, provenant de Giza. Conservée au Musée du Caire sous le N° JE 30409 = CGC 23074. Voir A. Kamal, *Tables d'offrandes, CGC,* Le Caire 1909, p.62 et pl.17; et PM III^{2}, 1, 310.

Le plateau est surchargé de représentations d'offrandes alimentaires. La bordure porte, sur trois côtés, une double inscription symétrique. Il s'agit de deux proscynèmes: à Osiris, qui préside à l'occident, le grand dieu, seigneur de Ro-Setaou d'une part et à Sokaris, seigneur de Ro-Setaou de l'autre, en faveur de  , Hepiou. Pour ce nom, on verra H. Ranke, *PN* I, 237, 5, qui cite le présent exemple en le datant du Nouvel Empire, tandis que A. Kamal, *o.c.,* p.62, y voit un monument du Moyen Empire. En fait, il paraît plus vraisemblable, étant donné son style, que cette table d'offrandes date de l'Epoque Saïte, à laquelle, au demeurant, le nom du propriétaire était courant.

C. TABLE D'OFFRANDES DE HOR-PA-EN-SET(?)

Table d'offrandes en calcaire trouvée par S. Hassan dans la tombe rupestre N°11 au nord du Sphinx[807] lors de sa campagne de fouilles 1936–37: voir S. Hassan, *Excav. at Giza* IX, p.29–31. Cette table d'offrandes, conservée dans un magasin du Service des Antiquités de l'inspectorat de Giza, est restée inédite. C'est une simple plaque, presque carrée, mesurant 31 cm sur 29 avec un canal et un bec permettant l'écoulement des liquides. Un double proscynème court tout le long des quatre faces; il n'y a aucun décor. Les textes sont gravés de manière très fruste. Le dieu invoqué est Osiris, le grand dieu, seigneur de Sebennytos, peut-être la localité d'origine des dédicants, le *imy-is Ḥr-pꜣ-n-St* (?), fils de Nefernemtet et le *imy-is ḥm-nṯr,* X (nom illisible), fils de la même mère. Pour le nom *Ḥr-pꜣ-n-St,* Voir H. Ranke, *PN* I, 247, 8.

807. Voir PM III^{2}, 1, plan VI, pour l'emplacement de la tombe.

CHAPITRE VII

LES SEPULTURES TARDIVES DES NECROPOLES DE GIZA

L'étude des monuments *in situ* et de différents documents mobiliers, élaborée dans les chapitres qui précèdent, a permis, peu à peu, de cerner l'évolution historique de Giza et de mettre en lumière les cultes qui y étaient pratiqués. Un autre aspect manque sans doute à ce tableau et continuera de manquer. Nous ne connaissons pas les installations civiles, l'agglomération "urbaine" qui existaient, sans aucun doute, à proximité des bâtiments cultuels. On peut supposer, en effet, que les desservants de la chapelle d'Isis, les préposés au culte d'Harmachis, les prêtres d'Osiris, les personnages chargés de l'administration et de l'entretien de la nécropole vivaient non loin. Du reste, on connaît l'existence d'un village de Ro-Setaou, *tꜣ wḥyt Rꜣ-sṯꜣw*, mentionné sur une stèle de donation de l'Epoque Ramesside[808]; et plus tard, les documents grecs, Pline l'Ancien, parlent explicitement de l'agglomération de Bousiris du Létopolite[809]. Un niveau d'Epoque Ptolémaïque a été retrouvé par Hölscher lorsqu'il dégagea, face au temple de la vallée de Chéphren, une construction civile bâtie en briques[810]. Entre ces deux phases, pas de témoignages directs, mais il paraît évident que ce village continua d'être en usage sans interruption. Seulement, sa situation ne le prédisposait guère à être à l'abri des destructions de tous ordres. Les gens de Bousiris vivaient en effet au pied du plateau, *grosso modo* à l'emplacement de l'actuel Nazlet Batran; bien sûr, le village antique, une fois abandonné, a facilement disparu, et ce qu'il pourrait en rester aujourd'hui, est enfoui sous les constructions modernes et n'a guère de chance d'être mis au jour, sinon incidemment.

Reste maintenant à aborder et traiter ce qui n'est pas le moindre des aspects de Giza: ses nécropoles. Certains documents ont en fait été classés dans d'autres chapitres où ils trouvaient leur place, comme les sarcophages de l'épouse d'Amasis et de son fils[811] ou les stèles funéraires dédiées à Osiris de Ro-Setaou, qui forment un tout cohérent[812]. Ici, ce sont des tombes, sarcophages, canopes, chaouabtis, amulettes qui y ont été retrouvés, dont il sera question. Cela, afin d'essayer de comprendre comment se sont constituées les nécropoles tardives et de déterminer qui y fut enterré. On se heurte, là, à de grandes

808. Cf. C.M.Z., *Giza*, p.219 et 295; "Bousiris", p.92.
809. C.M.Z., "Bousiris", p.92.
810. Voir U. Hölscher, *Das Grabdenkmal des Königs Chephren*, Leipzig 1912, p.86-9.
811. *Supra*, p.96–7.
812. *Supra*, p.248–60.

difficultés car les archéologues qui trouvèrent au cours de leurs fouilles des inhumations de Basse Epoque, ne les cherchaient pas et ne s'y intéressaient que fort peu, à quelques exceptions près[813], et n'en donnent donc que des descriptions succinctes. De plus, certaines de ces trouvailles remontent au XIXe siècle, au temps de l'Expédition de Lepsius pour le cimetière central, et plus tôt encore pour les tombes creusées à proximité du Sphinx; les objets ou les tombes elles-mêmes ont parfois disparu. D'autres fouilles n'ont jamais été publiées, comme celle d'Abu Bakr dans la partie sud du site. Pour ce qui est de la nécropole orientale, Reisner a consigné dans ses journaux de fouille, un certain nombre de renseignements et répertorié dans les registres d'objets une bonne partie, sinon tout le matériel qui s'y trouvait.

Avant d'en venir à une description un peu détaillée, il faut rappeler brièvement, ce que fut l'histoire de la nécropole de Giza avant le premier millénaire[814]. Le site choisi dès les premières dynasties pour la construction de mastabas, vit son apogée à la IVe dynastie avec l'édification des Pyramides et de leurs complexes funéraires qui furent vite entourés par les mastabas des officiels de la cour, selon des plans soigneusement établis à l'avance. Ce fut, là, l'origine des deux nécropoles principales, celle de l'ouest et celle de l'est, avec leurs annexes comme le cimetière GIS et les tombes rupestres, auxquelles il faut ajouter le cimetière central, moins systématiquement organisé et les tombes proches de Mykérinos. Le développement et l'utilisation des nécropoles qui se poursuivirent jusqu'à la fin de la VIe dynastie et un peu au-delà, sans doute, amenèrent des perturbations dans le bel ordonnancement primitif; l'état de la nécropole orientale en est un bon exemple où on peut suivre les différentes étapes de sa croissance, des grands mastabas doubles aux plus petites tombes des Ve et VIe dynasties qui viennent parfois obstruer les rues. La fin de l'Ancien Empire met un terme à cette évolution quelque peu anarchique, puisque la nécropole fut abandonnée, rapidement ensablée et livrée aux pilleurs, situation qui perdura pendant le Moyen Empire. Plus tard, avec la naissance du pèlerinage au Sphinx et son développement, Giza ne redevint pas pour autant une grande nécropole et sans nier catégoriquement l'existence de tombes du Nouvel Empire, il faut reconnaître que le site ne joua pas le rôle d'annexe de Saqqara, à cette époque. C'est avec la période Saïte, même s'il existe des témoignages antérieurs[815], qu'un nouveau tournant fut pris. Les documents que nous possédons montrent clairement que Giza était redevenue une nécropole en pleine activité où on enterra beaucoup jusqu'à l'Epoque Romaine. Mais le site ne présente pas de cohésion, ce qui m'a amenée à étudier séparément chaque zone. Le cimetière oriental, déjà extrêmement dense, vit de nombreuses réutilisations de tombes anciennes qui subirent des transformations. Dans la zone centrale, au contraire, où il y avait encore de la place disponible, on creusa de nouvelles tombes qui, pour l'une d'entre elles au moins, s'apparentent à celles de Saqqara, à la même époque. Le sud aussi fut peu à peu occupé par des constructions d'un type très particulier.

813. Essentiellement la tombe de Tjary à Giza-sud, qui fut explorée relativement systématiquement par Petrie et publiée par lui: cf. *infra*, p.293–7.

814. Voir aussi C.M.Z., *Giza*, p.17-39; *LdÄ* II/4, 1976, 602-6.

815. Sur ce problème des tombes de la Troisième Période Intermédiaire, *infra*, p.270–1.

1. LE CIMETIERE ORIENTAL

S'étendant au sud de la chaussée de Chéops et à l'est des petites pyramides G I–a, b, c, la nécropole orientale atteignait, à l'est, le rebord du plateau qui tourne ensuite, à angle droit, pour prendre une direction ouest-est. Cette zone complètement ensablée depuis son abandon ne dut pas être dégagée au cours du Nouvel Empire, ou du moins pas au-delà des abords du temple d'Isis[816]. Il est vrai que des bagues et des scarabées du Nouvel Empire ont été trouvés en surface dans un vaste secteur de la nécropole mais ils ont pu y être disséminés, tant est grande la confusion qui règne dans cette zone[817]. Un certain nombre d'autres documents du Nouvel Empire ont été mis au jour non loin du temple d'Isis. Il faut y ajouter des chaouabtis fragmentaires[818], en faïence bleue avec une inscription en rouge au nom de  , Pahemneter, grand chef des artisans et prêtre sem (*wr ḫrp ḥmw sm*), trouvés près du mastaba G 7110–7120, dans les débris de la rue G 7000 qui longe les trois pyramides: MFA Exp. N. 24–11–794, 795, et 26–1–1. Voir W.K. Simpson, *Giza Mastabas* 3, p.8, qui renvoie à W. Helck, *Materialen*, p.132; cet auteur note l'existence de deux personnages portant ce nom et ces titres dont l'un est le fils d'un certain Mehy, et connu par différents documents; voir aussi H. Kees, *Priestertum*, p.113–4. Ce personnage est également présent sur un relief réputé provenir de Giza: cf. C.M.Z., *Giza*, p.191–2; provenance qui a été mise en doute par J. Málek, *JEA* 67, 1981, p.156. Enfin, il faut signaler un autre monument d'un prêtre sem et grand chef des artisans, répondant également au nom de Pahemneter: il s'agit d'une base de statue trouvée à Zawiyet el-Aryan, non loin de Giza: PM III^2, 1, 314, et D. Dunham, *Zawiyet el-Aryan, The Cemeteries Adjacent to the Layer Pyramid*, Boston 1978, p.41 et pl.29 b–c. Les différents documents trouvés dans la région de Giza appartiendraient-ils au même personnage? Peut-on l'identifier avec le Pahemneter répertorié par Helck et Kees? Cela est difficile à affirmer en l'absence d'indications généalogiques. Néanmoins, on est tenté de croire qu'un dénommé Pahemneter a bien été enterré quelque part à Giza, et peut-être pas très loin de la chapelle d'Isis, car, même si les chaouabtis n'ont pas été trouvés *in situ*, il est peu vraisemblable qu'ils aient été amenés là sans qu'une tombe n'existe dans un rayon, plus ou moins vaste. Certes, un dépôt de chaouabtis "hors tombe" du Nouvel Empire a été découvert à Giza, mais loin au sud[819], tandis qu'un autre qui ne contenait que des chaouabtis au nom de Kenamon a été repéré plus au sud encore, à Zawiyet Abou Mossallem[820]. Rien de tel, semble-t-il, sur le plateau proprement dit de Giza. En outre, Reisner signale l'existence de chaouabtis aux noms pratiquement illisibles (MFA Exp. N. 24–11–697, 698, 699), trouvés non loin de la pyramide G I–b et qu'il date entre les XIXe et XXIe dynasties. Ces informations sont par trop insuffisantes pour qu'on puisse en tirer parti. Malgré quelques témoignages pour la Troisième Période Intermédiaire, c'est bien autour de la XXVIe dynastie qu'il faut situer la véritable reprise d'activité de ce secteur de Giza, ce qui correspond d'ailleurs à une phase d'expansion de la chapelle d'Isis.

816. Sur l'état de la zone du temple d'Isis au Nouvel Empire, cf. *supra*, p.39.
817. Sur cette question, voir *supra*, p.30–2.
818. *Supra*, p.35–6.
819. C.M.Z., *Giza*, p.205.
820. *Ibid.*, p.205.

C'est cette dernière, sans aucun doute, qui formait le centre de la zone. Elle possède la particularité, comme je l'ai déjà largement souligné, d'avoir inclus un certain nombre de tombes dans son temenos dont la majorité datent au plus tôt de l'Epoque Saïte, si on en juge par les étapes du développement, le style des reliefs et l'onomastique. Outre le sarcophage d'Ankhpakhered, demeuré en place au fond du puits de la chapelle (26) (F de Reisner), de ses chaouabtis[821], de ceux de Chepenset[822], la mère d'Harbes, retrouvés dans le puits G 7130 B, nous avons la trace de quelques autres personnages qui furent enterrés dans l'enceinte du temple sans que nous apparaissent, toujours, très clairement les raisons qui ont présidé à ce choix.

A. SARCOPHAGE DE BEPESHES BOSTON MFA EXP. N. 26–1–88

La salle (5), au nord du temple et accolée à la pyramide G I–c, comporte ces sortes de caissons funéraires, ou "burial boxes", numérotés G 7011 A et B par Reisner[823]. Dans G 7011 A, deux cercueils ont été retrouvés, dont l'un au moins était inscrit. Il porte le N° MFA Exp. N. 26–1–88; inédit; son lieu de conservation actuel est inconnu[824]. De forme rectangulaire, en bois, peut-être en cèdre, il est partiellement conservé, avec des traces de couleur, rouge, bleu et jaune. On y lit deux proscynèmes, peints sur les côtés, en remontant des pieds à la tête. Ils sont respectivement adressés à Ptah-Sokar-Osiris et Osiris qui préside à l'occident, le grand dieu, seigneur d'Abydos, en faveur du ka du

 *"l'enfant du chef des étrangers (ou du chef des Ma[shouesh]), Bepeshes (ms n wr ḫȝstyw/M[šwš] Bpšs)."* Ce personnage, au nom d'origine libyenne, n'est pas inconnu[825]. On y reconnaît "le dénommé Mosou" dont la belle statuette de bronze est conservée au Musée du Louvre sous le N° E 7693[826]. L'étude que lui a consacrée J. Yoyotte, *BIFAO* 57, 1958, p.81–9, a permis de lire correctement son nom et son titre[827]. Or, sur le sarcophage de Giza, nous retrouvons signe pour signe, la même inscription. Le personnage appelé "enfant de chef" était un dynaste libyen ou du moins appartenait à une famille princière, soit Meshouesh, soit d'une ethnie moins égyptianisée et, donc, ressentie comme étrangère[828]. De tels titres sont attestés pendant une longue période, de la XXIe dynastie au début de l'Epoque Saïte. Yoyotte propose de voir dans la statue de Bepeshes une œuvre chechonquide, peut-être même du temps de l'anarchie. S'il est avéré qu'elle est issue d'une favissa de Memphis, maintenant qu'on sait que le personnage se fit enterrer au temple d'Isis, on peut supposer qu'il eut un rôle à jouer dans le territoire de Memphis, contrôlé par des dynastes libyens[829].

Rappelons qu'à Giza ont également été retrouvés un scarabée au nom de Chechanq Ier[830] et une statuette d'un certain Smendès, grand chef des Ma (Brooklyn 37.344E)[831], ce

821. *Supra*, p.204–8.
822. *Supra*, p.118.
823. Cf. *supra*, p.176–8 et pl.4.
824. On a également retrouvé les fragments d'une boîte à chaouabtis, 26-1-12 et un lot de 343 chaouabtis pauvres qui auraient pu appartenir au personnage, 26-1-93.
825. En revanche, l'anthroponyme *Bpšs* n'est pas connu par d'autres documents contemporains, semble-t-il.
826. Voir par exemple une photographie dans *Tanis. L'or des pharaons*, Paris 1987, p.92.
827. Voir aussi R. Giveon, *Les bédouins Shosu des documents égyptiens*, Leyde 1971, p.199-200, et la bibliographie détaillée dans PM III^2, 2, fasc. 3, 869.
828. Sur cette distinction, J. Yoyotte, *Principautés*, p.123 et n.(3); p.142 et n.(3) et (4). Dans le cas présent, il paraît difficile de faire un choix entre les deux. Voir aussi F. Gomaà, *Die Libyschen Fürstentümer des Deltas vom Tod Osorkons II. bis zur Wiedervereinigung Ägyptens durch Psamtik I.*, *TAVO* 6, Wiesbaden 1974, p.5-20.
829. Sur l'influence et le pouvoir des Libou: J. Yoyotte, *loc. cit.*, p.145 sq.
830. Cf. *supra*, p.83.

qui ne nous fournit que de pauvres informations sur son histoire pendant cette période. Après tout, cela ne peut guère surprendre, étant donné la confusion et l'anarchie qui régnèrent alors et mirent certainement un frein à l'activité architecturale.

Du moins, l'existence de la sépulture de Bepeshes est un indice, comme je l'avais déjà souligné dans la description du temple, chapelle par chapelle, d'une continuité dans son fonctionnement[832]. Un dynaste local qui joua un rôle, inconnu de nous, à Memphis, se fit inhumer aux pieds de la pyramide G I–c dans le temple d'Isis, pour des raisons qui nous échappent également. On peut seulement supposer que c'était un lieu très recherché pour se faire enterrer, de par son caractère sacré et vénérable, et qu'est apparu à Giza dès les XXIIe–XXIIIe dynasties, l'usage de se faire inhumer dans un temple dont la divinité était particulièrement vénérée. Pour finir, je voudrais souligner la disparité frappante entre la qualité de la statue du dénommé Mosou, sortie des mains d'un bronzier habile et la pauvreté et la modestie de sa tombe, qu'on ne peut attribuer aux dégradations ultérieures.

B. LES AUTRES SEPULTURES A L'INTERIEUR DU TEMENOS DU TEMPLE D'ISIS

Un seul autre personnage nous est connu à la fois par son sarcophage de pierre resté en place dans le puits de la chapelle (26) (F de Reisner) et par ses chaouabtis dont les uns furent trouvés dans la chapelle ou le puits et les autres disséminés aux alentours. Il s'agit du prince et comte, général du contingent étranger, Ankhpakhered, déjà mentionné. Sans aucun doute, le personnage fut enterré là, mais on ne peut le rattacher à une famille connue; du reste, nous ne connaissons même pas ses ascendants directs[833].

Dans ce même puits de la chapelle (26), on trouva également des chaouabtis fragmentaires, malheureusement difficiles à lire mais qui semblent appartenir à un certain  , Chep-en-senout, prince et comte, connu du roi, libateur (*rpʿ ḥ3ty-ʿ rḫ nswt sty mw*), fils du prophète d'Isis, dame … (?) (*ḥm-nṯr St ḥnwt* …), MFA Exp. N. 26–1–253, 322, 325, auxquels il faut ajouter des fragments trouvés dans la chapelle (27) (K de Reisner), 26–1–208 (2 fragments) et 26–1–210; dans la partie sud du temple, à l'ouest du mastaba G 7140, 26–1–363; et plus au sud encore, 26–1–32 (5 fragments). Le cas est assez similaire à celui d'Ankhpakhered, puisque des chaouabtis ont été amenés à l'extérieur de la tombe et dispersés. Le nom et les titres du personnage et de son père, si la lecture en est correcte, sont particulièrement intéressants. En effet, nous retrouvons un anthroponyme qui est porté par trois personnages appartenant à la famille des prêtres d'Isis: Chep-en-senout, fils de …*ib*… (troisième génération) et Chep-en-senout I, fils de Paheri (quatrième génération), Chep-en-senout II, fils de Pa-cheri-en-iset (cinquième génération)[834]. Aucun d'eux ne porte de titres civils, comme c'est, d'ailleurs, toujours le cas dans les titulatures des prêtres d'Isis. Le premier et le troisième, en revanche, sont aussi des *sty mw*, libateurs. Mais dans aucun des cas, leur père n'est prophète d'Isis. On a peut-être affaire à un membre du clergé d'Isis, en raison d'un certain nombre de correspondances qui ne peuvent guère être fortuites mais il s'agit, alors, d'un homonyme

831. *Supra*, p.85–6.

832. Avec toutefois une réserve. En effet, la date de la statue est seulement probable, par comparaison avec d'autres documents; mais il n'y a aucun critère stylistique pour dater de manière sûre cet objet en l'absence de tout autre élément de datation. De la même façon, nous ne pouvons pas dans l'état actuel de nos connaissances, assigner une date précise à la salle (5) si ce n'est qu'elle est postérieure à la partie datant de la XXIe dynastie et antérieure aux chapelles saïtes (6) et (7).

833. Voir *supra*, p.205, pour une description détaillée et p.206, pour la liste de ses chaouabtis.

834. *Supra*, p.163.

de ceux qui apparaissent sur les murs de la chapelle d'Harbes. Du moins, serait-ce une indication que cette famille, ou tout au moins certains de ses membres, qui exerçaient leur charge dans le temple, bénéficiaient du privilège de s'y faire enterrer.

Dans le puits (25) (J de Reisner), chambre II, furent découverts des fragments de statuettes funéraires de  Horemsaf, fils de  , Tadiset (MFA Exp. N. 26–3–38: 5 fragments; 26–3–39: 6 fragments). D'autres, 26–1–80 et 26–1–152, étaient éparpillés sur le chemin d'accès est-ouest, dans la partie orientale du mastaba G 7130–7140 (E de Reisner), abandonnés par des pilleurs[835]. Là encore on peut raisonnablement penser qu'Horemsaf fut enterré dans le puits de la chapelle (25). Pour Chepenset, la mère d'Harbes, dont des fragments de chaouabtis furent retrouvés dans le puits de G 7130 B (MFA Exp. N. 36–11–5, 6, 13), il n'en est pas de même, et nous restons incertains sur l'endroit où elle a pu être inhumée[836].

D'autres chaouabtis ou fragments de chaouabtis ont été ramassés dans différentes chapelles du temple d'Isis, essentiellement dans la partie orientale. Ils proviennent de sépultures dont on ne peut malheureusement déterminer la position. Il s'agit de Ankhor, 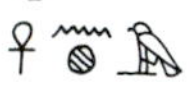 , fils de ..., fragment MFA Exp. N. 26–1–207, trouvé dans la chapelle (27) (K de Reisner). Peut-être est-ce le même personnage que Ankhor, fils de Ta-di-ousir-hep, dont on connaît un certain nombre d'exemplaires, trouvés en plusieurs points du site[837].

Du même endroit, chapelle (26), provient également un fragment avec un nom très incertain,  , Pami (?), prophète d'Isis, *ḥm-nṯr n St*: MFA Exp. N. 26–1–209. Serait-ce l'ancêtre de la famille sacerdotale, connu par le graffito JE 38980[838] et qui aurait été inhumé là, vers la fin du règne de Psamétique Ier? Rappelons que nous connaissons un autre document également au nom d'un certain Pami, qui, lui aussi, était peut-être prophète d'Isis: le fragment de stèle MFA Exp. N. 26–1–191, retrouvé dans le puits de la chapelle (24)[839]. Peut-être s'agit-il, en fait, d'un seul et même personnage qui exerça sa charge dans le temple et y fut enterré.

On ajoutera  , Pa-cheri-en-mout (var. ) dont divers fragments furent retrouvés dans la partie orientale de la voie d'accès est-ouest (E de Reisner): MFA Exp. N. 26–1–154; dans la partie sud du temple: 26–1–364, et à l'ouest du mastaba G 7140: 26–1–270.

De ces données qui, bien sûr, sont très partielles par rapport à la documentation originelle, en partie disparue ou éparpillée, ressort, néanmoins, une constatation. Le temenos de la chapelle d'Isis servit de lieu d'inhumation dès la XXIIe ou XXIIIe dynastie, peut-être même avant, et surtout au cours de l'Epoque Saïte et des dynasties suivantes, bien que les critères précis de datation fassent défaut, la plupart du temps. Il est probable que certains des membres du clergé de la déesse, sinon tous, aient été enterrés sur le lieu même où ils exerçaient leur charge.

835. *Supra*, p.195–6.
836. Cf. *supra*, p.118.
837. Voir liste, *infra*, p.276.
838. *Supra*, p.141.
839. *Supra*, p.260–1.

C. SARCOPHAGES ET CANOPES TROUVES DANS LA NECROPOLE ORIENTALE ET LE CIMETIERE G.I.S

Le reste de la nécropole orientale fut, lui aussi, largement envahi par des sépultures tardives, soit qu'on réutilisât des tombes déjà existantes, éventuellement en les modifiant, soit qu'on creusât de nouveaux puits. Le matériel retrouvé est assez abondant: quelques sarcophages et vases canopes, des chaouabtis en grande quantité, ainsi que des amulettes. J'en donnerai une rapide description; et pour les chaouabtis, une liste de noms et de localisations, avant d'essayer d'établir quelques observations, tirées de ces données. Je ne passe en revue que le matériel inscrit et dans un état de conservation relativement correct. Beaucoup de fragments de sarcophages avec quelques signes mais sans le nom du propriétaire, beaucoup de masques funéraires, beaucoup de bouts de chaouabtis où le nom est désormais illisible, sans compter la "friture" anépigraphe, ont été mis au jour à travers toute la nécropole. De même, des quantités d'amulettes y ont été ramassées[840].

a. Sarcophage de Kheperrê Boston MFA 30.834 (Pl.45)

Le seul sarcophage de pierre inscrit, anthropoïde, trouvé dans la nécropole orientale, à ma connaissance, est celui du prince et comte, général (*rpꜥ ḥꜣty-ꜥ mr mšꜥ*), Kheperrê,  et var., fils de Psamétique-neb-taouy et de Tacheri-en-iset. Il est aujourd'hui conservé à Boston sous le N° MFA 30.834 (Exp. N. 29–12–38). Voir PM III^2, 1, 203; D. Dunham, *BMFA* 30, 1932, fig. p.90; M.-L. Buhl, *Sarcophagi*, p.27–8, et fig.4, p.24, et p.197 pour la datation; P.-M. Chevereau, *Prosopographie*, p.107, doc.140.

Il a été retrouvé dans le puits A, salle X de la tombe G 7757, presque sur la limite est du cimetière oriental. Il s'agit d'une vaste tombe familiale avec un puits s'ouvrant sur dix petites salles, qui avait déjà été visitée par les pilleurs. Outre le sarcophage du général, on y a découvert ses chaouabtis (plus d'une centaine d'exemplaires MFA Exp. N. 29–12–72; photographies A 6534–6543), ceux de sa mère, Ta-cheri-en-iset (11 fragments; MFA Exp. N. 29–11–196; photographies C 12921–12922), et ceux d'un certain Psamétique, au nombre d'une centaine, également dans les salles II, III et VI, mais aussi en surface. Cette tombe, d'après les noms et le type du sarcophage, est très certainement d'Epoque Saïte; mais il apparaît qu'elle a été remployée beaucoup plus tard, puisqu'on y a retrouvé des pièces de Cléopâtre V et Ptolémée XIII.

Le sarcophage en basalte comporte une ligne de texte, gravée tout autour. Ce sont, en fait, deux inscriptions symétriques partant de l'arrière de la tête et se terminant à l'avant. Le couvercle est une énorme masse monolithe dont une partie du visage, au demeurant assez inexpressif, a dû être restaurée. Il porte une grande perruque, dégageant les oreilles et une courte barbe postiche. La poitrine est ornée d'un vaste collier dont les perles de formes variées sont soigneusement gravées et qui se termine par des têtes de faucons. De part et d'autre de ce collier, sur les épaules, sont représentés Isis, Nephthys et les quatre fils d'Horus. Au-dessous, quinze colonnes de texte occupent tout le reste de la surface du couvercle. Il s'agit de formules empruntées aux Textes des Pyramides et au Livre des Morts comme cela est courant à cette époque[841]. Le nom du propriétaire,

840. On pourra s'en faire une idée en lisant l'article de D. Dunham, *BMFA* XXVIII/170, 1930, p.117-23, qui offre un tableau assez représentatif des trouvailles d'amulettes tardives faites dans la nécropole orientale.
841. M.-L. Buhl, *Sarcophagi*, p.28.

 , var.  , a suscité quelques questions concernant sa lecture; il faut sans doute comprendre *Ḫpr-Rʿ*, quoiqu'on ne connaisse pas d'autre exemple de ce nom.

b. Sarcophage de Gemhep Boston MFA 29.1860 (Pl.46)

Non loin de là, un sarcophage en bois, anthropoïde, en mauvais état de conservation, a été trouvé en G 7652 A, salle I, entre les mastabas G 7650 et 7660. Porte le N° MFA Exp. N. 29–7–40; est aujourd'hui conservé au Musée de Boston sous le N° MFA 29.1860 a–b. Inédit. Photographies B 6740–6743. Probablement ptolémaïque.

Mesure 252 cm de long et 52 de large. Porte une grande perruque et un large collier. Une déesse aux bras ailés est agenouillée sur la poitrine. Un texte religieux de 9 colonnes, mal conservé, est peint sur le couvercle. Le sarcophage appartenait à  , Gemhep (cf. H. Ranke, *PN* I, 351, 6), fils de [Pe]tamon, et  , Takhet (?), nom inconnu sous cette forme.

c. Sarcophage Boston MFA Exp. N. 30–1–15

Le sarcophage anthropoïde en bois peint, MFA Exp. N. 30–1–15, a été découvert dans le puits G 7762 S, dans la partie sud-est de la nécropole orientale. Inédit. Photographies A 5317, 5322, 5332–33.

Mesure 175 cm de long sur une largeur maximum de 48 cm. De belle qualité et relativement bien conservé, avec encore les restes de la momie. Porte une perruque rayée, un grand collier à bandes alternées, jaunes et noires, se terminant sur chaque épaule par une tête de faucon. Sur la poitrine, représentation d'une déesse aux bras ailés, agenouillée. Une colonne de texte, flanquée des quatre fils d'Horus, est peinte au centre du couvercle sur toute sa longueur. C'est un proscynème à Osiris qui préside à l'occident, le grand dieu, seigneur de Ro-Setaou, en faveur d'un dénommé 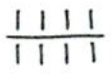 ou 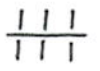 ou 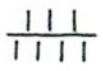 . La lecture même de ce nom n'est pas claire. S'agit-il d'un nombre ordinal utilisé comme nom? Le huitième, le sixième ou le septième? On connaît des exemples de tels noms; cf. H. Ranke, *PN* II, p.20 et 175, mais, semble-t-il, pour des époques bien antérieures. On songe également au nom de *Pꜣ-n(?)-Ḫmnw*, Celui d'Achmoun: cf. M.Thirion, *RdE* 31, 1979, p.94.

d. Sarcophage de Pétosiris Boston MFA Exp. N. 24–12–364

Dans la rue G 7200 entre les mastabas 7210 et 7310, un fragment de cartonnage abritait une momie. Porte le N° MFA Exp. N. 24–12–364. Mesure 125 cm de long, 40 de largeur maximum. Des traces de peinture rouge et blanche et de feuilles d'or plaquées. Le cartonnage portait un proscynème très lacunaire, adressé à Osiris en faveur de  , Pétosiris, fils de   sic Amenhotep (?), et de  , ... Bastet...

Pour compléter cette liste, on ajoutera que des sarcophages anthropoïdes en bois ont été retrouvés dans la tombe LG 54 du cimetière GIS. Elle appartenait à une certaine Hetepheres et a été réutilisée à une époque tardive: voir PM III 2, 1, 228; *LD Text* I, p.80–1; V. Schmidt, *Sarkofager*, fig.1196–8.

e. Vases canopes

Par ailleurs, Reisner a également retrouvé des vases canopes qui indiquent l'existence de sépultures. Une série complète appartient à , Harmachis, fils de

Hedebirou. Portent les N° MFA Exp. N. 29–4–432 à 436 et ceux du Musée de Boston où ils sont conservés: MFA 29.1133 a–b, 1134 a–b, 1135 a–b, 1136 a–b.

Voir PM III², 1, 197, et E. Brovarski, *Canopic Jars, CAE, Museum of Fine Arts, Boston*, fasc. 1, Mayence 1978, 151–62. Ils ont été trouvés dans G 7524 A, à l'est du mastaba d'Ankhaf. Ces vases en albâtre, bien conservés, mesurent entre 20 et 30 cm de haut pour un diamètre d'une dizaine de centimètres. La gravure des hiéroglyphes incisés en creux est d'assez bonne qualité. Le nom propre Harmachis (H. Ranke, *PN* I, 247, 17, et C.M.Z., "Bousiris", p.98) est ici écrit avec une variante,  remplaçant  plus fréquent. Pour *Ḥdb-irw*, voir H. Ranke, *PN* I, 261, 8, et M. Guentch-Ogloueff, *BIFAO* 40, 1941, p.120.

Un autre vase canope à tête humaine, de Douamoutef, était déposé dans le mastaba G 7510 Y qui avait appartenu à Ankhaf avant d'être réutilisé beaucoup plus tard. Porte le N° MFA Exp. N. 25–12–147. Voir E. Brovarski, *ibid.*, p.185. Il est en calcaire d'un travail assez grossier, haut de 16 cm environ, avec un diamètre de 15,5 cm au sommet et 12 à la base. Il porte une inscription à l'encre noire au nom de 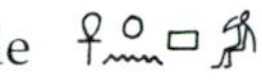 , Ankhpakhered, vraisemblablement un homonyme de celui que nous connaissons déjà, plutôt que le même personnage[842].

Il était accompagné d'un autre vase anépigraphe, 25–12–148: E. Brovarski, *ibid.*, p.186. On ajoutera une série de quatre vases anépigraphes en albâtre, trouvés dans le temple d'Isis, puits dans P: MFA 26.895–26.898 (MFA Exp. N. 26–1–914 à 917): E. Brovarski, *ibid.*, p.149–50; trois canopes provenant du puits G 7632 A: 25–6–67: E. Brovarski, *ibid.*, p.187–8; une série de quatre: 26–4–74; G 7141; E Brovarski, *ibid.*, p.189–90; et enfin trois autres, anépigraphes: 26–4–178 et 184; mastaba G 7240 J: E. Brovarski, *ibid.*, p.191–2.

D. CHAOUABTIS

Les chaouabtis ont été trouvés en grand nombre. J'en donne une liste classée par ordre alphabétique des noms de leurs propriétaires, en indiquant les noms de leurs parents s'ils sont connus, leurs titres s'ils en portent, la provenance exacte, le numéro des photographies lorsqu'il en existe, le numéro qu'ils ont reçu au moment de l'enregistrement des objets et son équivalent au Musée de Boston si celui-ci les a reçus en partage[843]. Lorsqu'il n'est pas certain que des chaouabtis portant le même nom appartiennent à un seul et même personnage mais plutôt à de simples homonymes, ils sont présentés sous des rubriques différentes.

 *Iy-m-ḥtp, s3*  *Hr-ib-W3ḏt*, 29–4–409 (MFA 29.1708–17, 29.1743, 29.1758–62); G 7600 S chambre III; photos B 6807, 8, 13, 14, 29, 30.

 *Iʿḥ-ms s3*  *W3ḥ-ib-Rʿ*, 25–2–954 à 958 (381 ex. dont 16 inscrits), 25–2–1008; G 7620 Ave. VI; G 7632 A, chambre A VI; photo 10994.

842. Cf. *supra*, p.208.
843. Sont inclus dans cette liste les chaouabtis de Kheperrê, Ta-cheri-en-iset et Psamétique dont il a été question plus haut, de même que ceux qui ont été trouvés dans le temenos même du temple d'Isis. Cette liste a été constituée à partir du Registre des objets de fouilles de Reisner et de listes de noms, plus ou moins complètes, retrouvées dans les archives du MFA. Les lectures n'ont pas pu être toutes vérifiées et certaines m'ont paru hasardeuses; d'où certaines corrections que je propose, lorsque les graphies paraissent se rapprocher d'un nom connu, bien attesté.

 *Ỉʿḥ-ms ms n*  *Mwt-ỉr-dỉ·s*, 29–3–130, 131, 191, 224, 239, 258, 260, 283, 29–4–15 (57 ex.), G 7600, 29–4–114 (MFA 29.1777, 1778), 29–4–203, 210 (MFA 29.1770–1772); photos B 6835–6836.

 *Ỉʿḥ-ms, ḥm-nṯr, ms n*  *St-ršt* (?), 25–1–1338, rue 7500.

 *Ỉʿḥ-ms*, 31–1–201, 202 (2 ex.), débris puits G 7758 W chambre VII; photos C 12917–8.

 *Ỉmꜣ-ḫr ms*  *Tꜣ-(nt)-prt*, 25–1–800 à 803, 25–1–813, 25–1–852, 25–1–999; G 7320 X; photos C 10097–98.

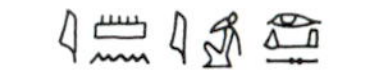 *Ỉmn·ỉ-ỉr-dỉ·s ms*  *Tꜣ-dỉ-Šhddt*, 25–3–4 et 5; G 7620 O; photos C 10985–6.

 (sic)[844] *ḏd·f*  *ʿnḫ-Pr-ʿꜣ ms*  *Mwt-ỉr-dỉ·s*, 29–3–191, 224, 29–4–15, 134, 188, 202 (MFA 29.1728–32); est de G 7650 et G 7600 Y; photos B 6821–2.

 *ʿnḫ-pꜣ-ẖrd, rpʿ ḥꜣty-ʿ mr mšʿ n ḫꜣswt*, 26–1–100, 151, 199, 200, 204–6, 228, 252 (?), 296, 307–12, 326, 362, 1209 (pour les provenances, voir *supra*, p.206).

 *ʿnḫ-nfr-ỉb-Rʿ ms*  *Ḥtp-Bꜣstt*, 25–1–547, 548, 1341 à 43, 26–4–247, 27–4–1221, 29–4–451; G 7320, rue G 7500, photos C 10989–90.

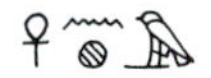 *ʿnḫ-Ḥr ms*  *Tꜣ-dỉ-Wsỉr-pꜣ-Ḥp*, 24–11–825, 25–1–1129 à 38, 1140–1, 29–3–191, 215, 248, 258, 278, 283, 29–4–110 (MFA 29.1977–8), 29–4–119 (MFA 29.1725), 29–4–226, 29–11–68, 825; est de la pyramide G I–b; rue G 7000 face Ave. 1; rue 7400, sud de 7410; G 7500 V, chambre II; photos B 6827–8, 10997–8.

 *ʿnḫ-Ḥr ms* ...?, 26–1–207, (K) de Reisner.

 *ʿnḫ-Sḫmt*, 26–3–54, 96, 26–4–35 à 37; rue G 7200 débris, 26–4–44, 56, débris G 7230 B, puits VIII, 25–4–60, G 7230 B, chambre V.

 *Wꜣḥ-ỉb-Rʿ sꜣ*  *Wḏꜣ-Ḥr*, 27–4–877, 27–4–1065 (MFA 29.1794–8); rue G 7400 sud du mastaba G 7450, *radim*; 28–4–14, G 7792 A; photos A 4826–7, B 6319, 6545–6.

 *Wꜣḥ-ỉb-Rʿ, mr mšʿ, ms n* 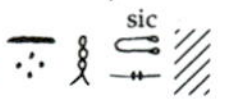 ?, 27–4–877; rue G 7400, sud du mastaba 7450, *radim*; photos B 6319.

 *Wꜣḥ-ỉb-Rʿ*, 25–2–824 à 838, 841 à 844, 875 à 882 (423 ex. dont 80 inscrits), 25–2–955 à 957; G 7632 A II; photos C 10993–4.

 *Bꜣkt...*, fille de  ?, 27–1–221; *radim* au sommet de G 7242; photos B 6265–6.

 *ms*  *Bs* (?)/*Bꜣstt* (?), 6 fragments, 28–3–127, puits G 7792 A.

 *Pꜣmỉ, ḥm-nṯr n St*, 26–1–209; temple d'Isis, (K) de Reisner.

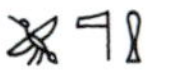 *Pꜣ-ḥm-nṯr, mr ḫrp ḥmw sm*, 24–11–794–5, 26–1–1; près de G 7120; rue 7000 dans les débris.

 *Pꜣ-ḥr-ʿnḫ-pꜣ-ẖrd*, 25–2–1006, 1047 (6 ex.), G 7610 W.

 *Pꜣ-ḥr-(n)-Ḫnsw* (?) *ms n* 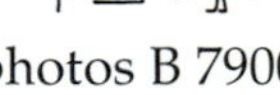 ?, 29–11–275 (50 ex. + fragments), G 7631 A, 29–11–316 (MFA 31.837, 839); photos B 7900–1.

844. Peut-être *Ỉwksr* : J. Yoyotte, *GLECS* 8, 1958, p.24.

Pꜣ-ḫrr (?)[845] *ḏd·n·f* *ʿnḫ-nfr-ib-Rʿ ms* *ʿnḫ.n·s-it·s*, 25–1–547, 8, G 7320, 27–2–261, 27–4–407, 1211, 1221, 28–5–9, 29–4–232, 246–7, 407, rue G 7500 ouest de G 7520 et 7530, *radim*, 36–11–45, G 7524 puits; photos B 6545–6, 6833–4, C 11427–8.

Pꜣ-šri-Ptḥ, 25–2–178 à 180, 242, G 7430 C.

Pꜣ-šri-n-Mwt, 26–1–154, temple d'Isis, (E) de Reisner, 26–1–270, débris de surface ouest de G 7140, temple d'Isis, sud de (R), 26–1–364, débris ouest de G 7140 et temple d'Isis, sud de (M).

Pꜣ-šri-Mwt ms *Tꜣ-di-Ḥr-nḏ-it·f*, 26–1–270, 364, 401, rue 7000, 26–1–466, débris est de G 7150, 26–1–479, G 7150 extérieur de la chapelle C, 26–1–562, rue 7000 est de G 7050, 26–1–1182, rue 7000, 26–1–1207, Ave. 4, débris (8 fragments), 26–3–55, rue 7200 sud, débris.

, var. (sic) *Pꜣ-ṯn·f, mr mšʿ ms* (var.) *Ḥr-ib-Bꜣstt*, 25–2–949 (37 + fragments), puits G 7620 0, 26–1–400, rue 7000, 28–3–122 (3 fragments), puits 7792 A; photos A 3641, B 6510–1.

Pꜣ-di-Bꜣstt ms *Tꜣ-di-Ḥr*, 71 ex., 27–4–1063–4 (MFA 29.1789–93), puits G 7450 X–II, débris; photos B 6326–7.

, *Psmtk/Psmtk-snb*, 25–3–263; G 7632 A; photos C 10987.

Psmtk, 27–2–19; *radim* puits G 7330 B, chambre XVI.

Psmtk, fils de *Iḫt-pw-Rʿ* et de *St*; une centaine d'ex., 25–2–236–7, 239–40, 25–2–247 à 249, 26–2–236 (G 7631 A), 29–3–277 (G 7750 A puits), 29–11–35, 157, 196, 274, 315 (puits G 7757 A), 29–11–373 (G 7757 A), 29–12–17 (débris de surface au sommet de G 7754), 29–12–86, 111 (débris rue 7700); photos B 6831, 7898, C 10999.

Psmtk-nḫt-sꜣ-Nt, *sꜣ mr mšʿ* *Wꜣḥ-ib-Rʿ ms* *Irt-rw*, 26–3–109, débris au-dessus de 7140 I.

Ptḥ-ir-di·s ms n *Mr-Ptḥ*, 24–11–358, débris E. de la pyramide G I–b.

Ms-n-wḏꜣt, sš nswt, 26–2–42 (5 fragments), G 7050 B puits débris.

Nwb-(m)-wsḫt, ms *Wdn-Ḥr*, 29–4–408 (MFA 29.1738–42), G 7524 A, Room VIII, photos B 6815–8.

Nfr-ḥr·s, 26–4–57; G 7230 B, puits VIII, chambre débris.

Nfr-Sbk ms *Nʿ·n·s-Bꜣstt*, 29–4–424, 437–8 (12 ex., MFA 29.1763–69), G 7761 A, chambre I; photos B 6825–6.

Ns-Ptḥ ms *Tꜣ-šmšy* (?), 44 ex. au milieu de 404 non inscrits, 25–3–263, G 7632 A, puits E; photos C 10987–8.

Rḫ-nfr fils de *Mr-n-Ptḥ*, 97 ex., 26–4–58, G 7230 B, puits VIII, chambre, débris; photo B 6253.

845. Cf. H. Ranke, *PN* I, 116, 23, et H. de Meulenaere, *CdE* 58, 1954, p.261.

Ḥr-iw·f-ꜥnḫ ms *Nfr-ḥr·s*, 24–12–626, 25–1–764, 25–2–268, rue G 7500, 26–3–169 (2 fragments), G 7141, débris d'Epoque Romaine, G 7120 rue.

Ḥr-wḏꜣ ms (?), 28–4–424, 437–8, G 7761 A, chambre I.

Ḥr-(m)-ꜣḫ-bỉt ms (?), *rn nfr* *Psmtk* ..., 3 ex. complets et 6 fragments, 27–4–1066 (MFA 29.1794–1800), G 7450 X–II, débris; photos C 11362–3.

Ḥr-m-ꜣḫt ms *Ḥtp-Bꜣstt-rw*, 324 ex., 29–4–407 (MFA 29.1753–7), G 7524 A; photos B 6813–4.

Ḥr-m-sꜣ·f ms *Tꜣ-dỉ-St*, 26–1–30, rue 7000, 26–1–152, temple d'Isis, (E), 26–3–38 (5 fragments), 26–3–39 (6 fragments), temple d'Isis, puits (J), débris chambre 2.

Ḥr-Ḥr-m-ꜣḫ-bỉt, ỉt nṯr sm wn-rꜣ m Ḫm, fils de (?), 2 ex., 27–4–1067 (MFA 29.1801), puits G 7450 X, II, débris; photos C 11364–6.

Ḥtp, ỉt nṯr ḥnwt mrw (?)*ḥnwt mrw, sꜣ* *Ns-wḏꜣt*, 27–3–393 (5 ex.), G 7520 X; photos B 6281, 6287.

(?), 27–4–1064, puits G 7450 X–II, débris; photos B 6326.

Ḫpr-Rꜥ, rpꜥ ḥꜣty-ꜥ mr mšꜥ ms *Tꜣ-šrỉ-St, sꜣ* *Psmtk-nb-tꜣwy*, 109 ex., 29–12–21 (MFA 31.812–839), G 7757 A, salle Y; photos A 6534–43.

St-ršt (?) *ms n...*, 25–2–655, puits 7511 A, *radim*.

Šb-n-St, 36–11–5, 6, 13, temple d'Isis.

Šb-(n)-snwt, rpꜥ ḥꜣty-ꜥ rḫ nswt sty mw, fils du *ḥm-nṯr St ḥnwt* ... (?), 26–1–32 (3 fragments), 26–1–33, rue G 7000, débris de surface au sud du temple d'Isis, 26–1–208 (2 fragments), temple d'Isis, (K), 26–1–208, 210, 253, 322 (3 ex.), 26–1–325, puits (F), chambre (I), 26–1–363, débris ouest de G 7140, sud du temple d'Isis, (M).

Ššnk, rpꜥ, 27–2–322, G 7169, débris sud-ouest du mastaba, photo B 6283.

(?) *ḏd·tw·n·f* *Pꜣ-dỉ-Bꜣstt ms n* *Tꜣ-ỉr·s*, 9 ex. et 5 fragments, 27–4–1062 (MFA 29.1779–83), G 7450 X–II, puits débris; photos A 4810–1.

Tꜣ-ỉr-Bꜣstt, fille de *Bs-ỉr-bỉꜣ* (?), 10 ex., 27–4–1061 (MFA 29:1784–88), G 7450 X–II, puits débris; photos A 4808–9.

Tꜣ-šrỉ-ỉḥt, fille de *Mr-Tfnwt*, 28–3–121, (MFA 29.1850–2) 28–3–124 (MFA 29.1834–38, 14 ex. + fragments), 28–3–125 (MFA 29.1839–44, 24 ex. + fragments), puits G 7792 A; photos A 4941–2, B 6508–9.

Tꜣ-šrỉ-St, 29–11–116 (MFA 31.840), 29–11–196 (11 fragments), 29–11–197, G 7757 A, 29–11–247 (MFA 31.840); photos C 12921–2.

Tꜣ-dỉ-Bꜣstt-rw, 27–1–40, *radim* rue G 7300, entre 7330 et 7430; photo B 6280.

Tꜣ-dỉ-Ḥr, 26–2–70 (10 ex.), G 7060, salle des offrandes.

Dnỉt-n-Ptḥ, mr mšꜥ, ms n *Ỉrty-rw*, 28–3–123 (MFA 29.1853–57), 250 ex., puits G 7792 A; photos A 4939–40.

 *Dnỉt-n-Ḫnsw, ḥm-nṯr mr mšʿ, ms n*  *ʾIrty-rw*, 23–3–120 (MFA 29.1845–49), 21 ex., G 7792 A; photos A 4939–40.

 *Ḏd-ḥr ms n ...*, 25–4–1 (13 ex.), 25–6–72, G 7511 A; photos A 3634–5.

E. L'UTILISATION DE LA NECROPOLE ORIENTALE: QUELQUES CONSTATATIONS

Si, pour commencer, on considère les divers emplacements où a été trouvé l'ensemble de ce matériel funéraire, on s'aperçoit qu'une fois mis à part le temenos du temple d'Isis, il est réparti à peu près également sur toute l'aire de la nécropole orientale avec peut-être, cependant, une ou deux zones de plus grande concentration: au sud du temple d'Isis et dans le secteur est, non loin du rebord du plateau. Une quantité non négligeable de ces objets a été retrouvée dans les débris de surface, dans les rues qui quadrillent la nécropole ou encore au sommet des mastabas. C'est dire qu'il n'étaient pas en place et que les pilleurs de tombes et les chercheurs de *sebakh* étaient passés là avant les fouilleurs officiels et avaient éparpillé en partie leur butin. D'autres cependant ont été retrouvés là où ils avaient été déposés originellement.

Peut-on se faire une idée du type de sépultures qui prévalait alors dans ce secteur? C'est assez difficile dans la mesure où les indications de Reisner dans ses journaux de fouille sont généralement succinctes et pas toujours très claires. Néanmoins, il semble qu'il ait trouvé plusieurs types de tombes. Les moins élaborées et, sans doute aussi, les plus récentes, car on inhuma dans le cimetière oriental vraisemblablement jusqu'à l'Epoque Romaine, ont été découvertes dans les rues qu'elles finissaient par obstruer. Apparemment, elles ne comportent pas de puits et les morts étaient déposés à même le sol, avec simplement une construction de briques ou de pierres réutilisées pour les protéger; dans ce cas, le matériel était très pauvre et fruste. C'est ce qui apparaît en parcourant les notes de Reisner.

Le matériel décrit plus haut, provient, en général, d'une autre catégorie de tombes. Dans un certain nombre de cas, des mastabas de l'Ancien Empire, sans doute déjà visités antérieurement, ont été réutilisés pour de nouvelles inhumations; ainsi les mastabas G 7050 puits B, 7060, 7230 B, 7600, 7632 A. Des *loculi* pouvaient être creusés au fond des puits pour abriter les sarcophages, le plus souvent de bois, et le reste de l'équipement funéraire. Dans d'autres cas, de nouveaux puits étaient creusés profondément (ils peuvent atteindre une dizaine de mètres) sur des emplacements restés disponibles. Ce sont parfois les rues; pour G 7450 X par exemple dans la rue G 7400 entre 7450 et 7550, G 7524 et G 7652, ou des secteurs non utilisés comme 7757 qui fut une tombe familiale[846].

L'ensemble des objets découverts n'est pas très riche ni, toujours, de grande qualité. Faut-il supposer que la meilleure part avait disparu avant les fouilles officielles? Si quelques sarcophages de pierre ont été trouvés, ici ou là, par Reisner, seul celui de Kheperrê était inscrit et peut être comparé à des pièces similaires provenant, entre autres, de Saqqara ou même, plus près, du cimetière central de Giza[847]. Quant à ses chaouabtis, ils sont d'une facture correcte mais pas exceptionnelle tandis que beaucoup

846. Reisner signale l'existence de structures de briques tardives sur le haut de certains mastabas. Il est fort peu vraisemblable que ce soit des tombes dont on a vu, au contraire, qu'elles étaient établies dans les rues ou les mastabas eux-mêmes; mais nous ne possédons pas assez d'informations pour pouvoir déterminer leur fonction.

847. Cf. *infra*, p.289 sq.

de ceux, appartenant à d'autres personnages, sont de qualité médiocre. Du point de vue de l'onomastique, nous retrouvons des noms souvent courants à cette époque, à quelques exceptions près. Ces noms ne permettent pas de préciser davantage l'époque à laquelle vécurent les propriétaires des tombes; ils furent en effet portés tout au long de la Basse Epoque.

On relève aussi quelques noms étrangers qui, à l'exception de Bepeshes de la tombe G 7011 A, et peut-être de Chechanq, ne sont sans doute pas antérieurs à l'Epoque Saïte puisqu'on sait que la vogue des noms libyens perdura au-delà des XXIIe et XXIIIe dynasties jusqu'à l'Epoque Ptolémaïque[848]. Il s'agit de , formé sur le nom de la déesse étrangère Shehededet (H. Ranke, *PN* II, 328, 18, et M. Thirion, *RdE* 37, 1986, p.135–6), 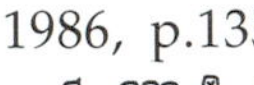, peut-être *ỉwksr* (?), ,  . Aucun de ces noms, à l'exception des deux premiers, n'apparaît dans les diverses listes de noms libyens qui ont pu être établies[849] ni dans des listes de noms d'autre origine.

Parmi les personnages au nom à consonnance étrangère, notons le prince héritier, *rpʿ*, Chechanq. Outre les rois qui portaient ce nom, on sait qu'un certain nombre de dignitaires des XXIIe et XXIIIe dynasties avaient reçu cet anthroponyme qui toutefois subsistera dans l'onomastique égyptienne au-delà de l'Epoque Libyenne. Le grand-père de Chechanq Ier, chef des Ma et père de Nemlot, portait le même nom que le fondateur de la XXIIe dynastie[850]. Issu de cette même famille, Chechanq, fils d'Osorkon II, fut *rpʿ* et grand prêtre de Ptah à Memphis où il se fit enterrer[851].

L'autre lignée de grands prêtres de Ptah à la même époque, comporte également un Chechanq, fils de Chedsounefertoum, qui, probablement, occupa sa charge sous le règne d'Osorkon Ier[852]. Peut-on identifier le personnage dont on a retrouvé un chaouabti à Giza avec l'un quelconque de ces Chechanq? Cela ne semble guère facile. Il paraît peu vraisemblable qu'il s'agisse du fils d'Osorkon II dont on connaît la sépulture à Memphis. Quant au fils de Chedsounefertoum, qui appartenait à une importante famille sacerdotale exerçant les charges de nombreux cultes locaux de la région memphito-létopolitaine[853], il ne porte pas le titre de *rpʿ* or, celui-ci semble avoir gardé toute sa signification d'héritier présomptif sous les XXIIe et XXIIIe dynasties, comme le montre Yoyotte, *Principautés*, p.178–9. Il s'agit sans doute d'un personnage qui n'était pas connu jusque là, mais qu'on ne peut, malheureusement, rattacher à aucun pharaon de la période, faute d'autres informations.

Un certain nombre de ces personnages portent des titres. Mettons à part le *ms (n) wr ḫ3styw/M*, l'enfant du chef des étrangers/Ma, Bepeshes, qui marque la transition entre le temple de la XXIe dynastie et celui de la XXVIe. Quelques personnages, on l'a vu, peuvent sans doute être rattachés au personnel du temple d'Isis: le prophète d'Isis, Pami; un certain Hotep dont le titre, sans parallèle strict, semble se lire *ỉt nṯr ḥnwt mrw*, "le père divin de la dame des Pyramides" (?), et enfin Chep-en-senout qui, outre ses fonctions civiles, est *sty mw*, libateur tandis que son père, resté anonyme, est prophète d'Isis, dame [des Pyramides?], *ḥm-nṯr St ḥnwt*... Une autre fonction religieuse bien

848. Sur ce point déjà évoqué, cf. *supra*, p.250.
849. Voir H. de Meulenaere, *CdE* 62, 1956, p.255-6; J. Yoyotte, *GLECS* 8, 1958, p.24; H. Ranke, *PN* II, 411-2.
850. Voir K. Kitchen, *TIP*, p.112 et 115.
851. K. Kitchen, *ibid.*, p.193-4.
852. K. Kitchen, *ibid.*, p.192-3.
853. Voir là-dessus, J. Vandier, *JEA* 35, 1949, p.135-8; H. Kees, *ZÄS* 87, 1962, p.140-9.

connue, est détenue par Her-Hor-em-akhbit, père divin, prêtre sem, *wn-rꜣ* dans Létopolis; Denit-en-khonsou porte le titre de prophète, *ḥm-nṯr*, sans autre précision, mais associé à celui de *mr mšꜥ*. Les titres civils sont également présents avec *rpꜥ ḥꜣty-ꜥ*: Kheperrê, Ankhpakhered, Chep–en-senout et Chechanq, ce dernier portant le seul titre de *rpꜥ* qui en fait un prince héritier. On y ajoutera un scribe royal, *sš nswt*, Mes-en-oudjat. Enfin, la fonction la mieux représentée est celle de *mr mšꜥ*, général, dont sont détenteurs Ouahibrê, Patjenef, Kheperrê, Denit-en-khonsou et Denit-en-ptah, Ankhpakhered étant, lui, général des contingents étrangers[854]. On sait que les charges militaires se développèrent de manière considérable à cette époque, et il n'est pas étonnant d'en trouver un certain nombre de représentants.

Qui étaient ces personnages qui se firent enterrer à Giza dans des tombes qui demeurent modestes? Des membres du clergé et du personnel d'Isis qui vivaient là et se firent, naturellement, inhumer sur place. Quant aux autres, on peut supposer qu'ils étaient originaires des environs, qu'ils entretenaient des liens avec Bousiris du Létopolite ou qu'ils y vivaient, ce qui expliquerait qu'ils aient choisi le plateau de Giza pour s'y faire enterrer. Mais c'est sans compter, bien sûr, avec le fait que le site gardait sûrement tout son prestige de nécropole antique; aussi n'est-il pas exclu que des hommes venus de plus loin, des villes du delta, aient choisi de s'y faire inhumer. On en trouvera des exemples très clairs dans la nécropole centrale, et le cas se rencontre fréquemment, à Saqqara également.

F. BREVES REMARQUES SUR LA NECROPOLE OCCIDENTALE

A l'ouest de Chéops et au nord de Chéphren, s'étend une autre vaste zone, occupée dès le règne de Chéops et jusqu'à la fin de l'Ancien Empire, et connue sous le nom de nécropole occidentale. Il semble que ce secteur, qui a été intensivement fouillé par les grandes expéditions du début de ce siècle, n'ait été que relativement peu réutilisé à des époques plus tardives. On trouve, ici ou là, des chaouabtis qui ne sont pas antérieurs à la XXVIe dynastie: par exemple ceux de  , *Ỉmn-sꜣ-Ḥr*, fils de  , Ta-cheri-(en)-ihet (MFA Exp. N. 25–11–52 et 53, trouvés dans les débris du serdab du mastaba G 6020) ou du *mr mšꜥ*, général,  , Gemhep, fils de  , *Mḥt-ḥnwt* (?) (MFA Exp. N. 25–11–54, même provenance). Ou encore un cartonnage de momie et des momies, comme ceux mis au jour dans la tombe de Sekhemka, G 4411 (*LD Text* I, p.74 et fig.p.75; PM III^2, 1, 127); quelques trouvailles également en G 4710. Mais c'est relativement peu de choses. En fait cette désaffection pour la nécropole occidentale s'explique assez facilement. Ce secteur qui devait être totalement ensablé, comme le reste du plateau, avant qu'on y procède à des dégagements plus ou moins importants, selon les besoins, était aussi le plus isolé et le plus éloigné des points vitaux du site qu'étaient, entre autres, le temple d'Isis et le temenos du Sphinx. Il n'était, par lui-même, qu'une ancienne nécropole désaffectée. On comprend donc que rares aient été ceux qui choisirent de s'y faire enterrer.

854. Sur la fonction et le rôle des militaires à partir de la Troisième Période Intermédiaire, voir P.-M. Chevereau, *Prosopographie*, p.274-332.

2. LES TOMBES AU NORD DE LA CHAUSSEE DE CHEPHREN

Au nord de la chaussée de Chéphren et au sud du cimetière GIS, s'étend une zone qui n'avait pas été occupée à l'Ancien Empire et était restée vierge de constructions. Elle fut utilisée, mais de manière très partielle, à l'Epoque Saïte. En effet, quelques tombes furent creusées ou construites juste le long de la chaussée de Chéphren[855], avec dans certains cas, une architecture très particulière. Elles sont connues depuis longtemps puisque la tombe Campbell (LG 84), par exemple, a été ouverte par Vyse et Campbell, et sont répertoriées selon la nomenclature de Lepsius: LG 81–85. Naturellement, elles avaient été l'objet de pillages avant même d'avoir été explorées au XIXe siècle. En mauvais état, elles ne sont plus visitables aujourd'hui. Elles n'ont jamais fait l'objet d'une étude systématique mais, néanmoins, une partie du matériel qui y a été découvert, les restes des pillages, est entré dans les musées et, par là-même, peut être connu et étudié[856]. Je ne prétends nullement faire l'étude architecturale complète de ces tombes pour lesquelles on ne dispose que de descriptions anciennes, tant qu'on n'aura pas repris des investigations systématiques sur le terrain.

A. TOMBE LG 81

Située le plus à l'ouest, elle est creusée dans le roc de la chaussée même, et s'ouvre, au nord, par un portique à quatre colonnes, aujourd'hui invisible. Ces colonnes à chapiteaux lotiformes d'après les dessins de Mariette, étaient avec la façade la seule partie construite de cette tombe entièrement rupestre.

Voir *LD* I, pl.14 (plan général), pl.27 (vue de la tombe); III, pl.278; *Text* I, p.96–7; A. Mariette, *Mastabas*, p.531–2, [13]; PM III^2, 1, 289; W. El-Sadeek, *Twenty-Sixth Dynasty*, p.114–22, avec la reproduction des dessins de Lepsius.

La tombe comportait une salle principale, décorée, où s'ouvrait un puits et une deuxième salle, plus petite, qui n'avait pas reçu de décor, si on en croit les descriptions de Lepsius et de Mariette. Rien de tout cela n'est plus visible aujourd'hui, étant donné l'ensablement du secteur. Les scènes, dans un style archaïsant, étaient empruntées au répertoire classique des mastabas de l'Ancien Empire: le propriétaire de la tombe et son épouse assistaient à des scènes de pêche et de boucherie et recevaient des offrandes.

Seul un chaouabti, malheureusement endommagé, porte un nom encore lisible, peut-être celui du propriétaire de la tombe ou, à tout le moins, d'un membre de sa famille qui y fut enterré. Il s'agit d'un certain  , Harmachis, dont le nom de la mère est perdu, ce qui interdit de l'identifier à l'un ou l'autre de ses homonymes dont on a également retrouvé des objets sur le site. Le deuxième est illisible. Ces deux pièces sont conservées au Musée de Berlin sous les N° 345 et 352. Il ne fait guère de doute que la tombe comme les chaouabtis datent de l'Epoque Saïte.

B. TOMBE LG 82

Il s'agit d'un puits creusé dans le roc, à peu près à la hauteur du milieu de la chaussée de Chéphren. Non décoré. Voir *LD* I, pl.14 et *Text* I, p.98.

855. J'ai déjà eu l'occasion d'évoquer la tombe LG 83, *supra*, p.96–7, à cause de la trouvaille des sarcophages de la famille royale saïte qui y a été faite.
856. Voir à ce sujet les remarques générales de W. El-Sadeek, *Twenty-Sixth Dynasty*, p.103-4.

C. TOMBE LG 83

Située entre LG 82 et LG 84, à peu près à la hauteur du milieu de la chaussée de Chéphren, la tombe LG 83 consiste, en fait, en un simple puits creusé dans le roc, aujourd'hui complètement réensablé et sans trace apparente de superstructure. Les premiers fouilleurs n'en donnent aucune description détaillée[857] et les seules informations que nous possédons ont trait aux trois sarcophages qui y ont été trouvés. Pour la bibliographie, voir PM III^{2}, 1, 289–90; W. El-Sadeek, *Twenty-Sixth Dynasty*, p.123–5, et *supra*, p.149–51, pour deux des sarcophages.

Il s'agit du sarcophage d'Amasis, général, fils du roi Amasis, conservé au Musée de l'Hermitage à Léningrad sous le N° 766, et celui de sa mère, Nakhtbastetirou, épouse d'Amasis, Musée de l'Hermitage, N° 767.

Le troisième appartenait à une femme  , Ta-cheri-en-ta-ihet, fille de  , Disneb. Ce dernier sarcophage, comme les précédents, doit dater de l'Epoque Saïte, à laquelle ces noms sont fréquents: H. Ranke, *PN* I, 370, 3 et 397, 22. Il porte sur le couvercle une inscription de deux colonnes qui reprend le Spruch 249 § 266 des Textes des Pyramides et le chapitre 174 du Livre des Morts. Le sarcophage lui-même est resté dans la tombe mais le couvercle en avait été transporté au début du siècle dans la cour de l'école de médecine du Caire; sa situation actuelle est inconnue[858]. On ne sait pas pour qui, à l'origine, a été creusée cette tombe: Ta-cheri-en-ta-ihet? Et elle aurait ensuite servi d'abri pour les sarcophages de l'épouse et du fils d'Amasis, menacés comme les monuments du roi lui-même?

D. TOMBE LG 84 OU "TOMBE CAMPBELL"

A l'est de LG 83 et non loin de la limite du temenos du Sphinx, fut creusée la plus vaste et la plus remarquable de cette série de tombes: LG 84 ou tombe Campbell[859], appartenant à Pakap, de son beau nom Ouahibrê-em-akhet. La seule description un peu détaillée est celle de Vyse avec les dessins de Perring: H. Vyse, *Operations* I, p.216–8; 232–3; II, p.131–46; J. Perring, *Pyramids* III, pl.19–22. Voir aussi *LD* III, pl.277 d, e, f, et *Text* I, p.100–1; PM III^{2}, 1, 290–1; W. El-Sadeek, *Twenty-Sixth Dynasty*, p.126–32.

Aucune superstructure n'apparaît. La partie centrale de la tombe est un puits rectangulaire d'environ 9 m sur 8 de section, et de 16 m de profondeur. Entourant ce puits, à une certaine distance, était creusée une sorte de tranchée, mesurant approximativement 1,60 m de large et s'enfonçant à plus de 22 m de profondeur; des parties du roc étaient laissées en place, par endroits, dans cette tranchée pour en soutenir les parois. Au fond du puits central, était bâtie la tombe proprement dite avec le sarcophage de son propriétaire tandis que des salles latérales abritaient d'autres sarcophages. Cette construction souterraine consistait en une pièce indépendante, bâtie en calcaire de Toura, avec un plafond plat, surmonté d'une deuxième pièce au plafond voûté.

857. W. El-Sadeek, *ibid.*, n.(51), p.144, suggère que cette tombe est peut-être celle, mentionnée par H. Vyse, *Operations* I, p.144-5. Il y avait trouvé un sarcophage et de nombreux chaouabtis au nom d'un certain Amasis ainsi que des restes de matériel funéraire; mais la tombe avait déjà été visitée avant lui. Birch donne comme nom du propriétaire des chaouabtis "Psamtik, whose surname is Aahmos or Amasis, born of Pasht Ertais".

858. Cf. H. Gauthier, *ASAE* 4, 1903, p.109.

859. Du nom de l'officier et diplomate écossais qui participa aux travaux de Vyse à Giza: cf. W. Dawson et E. Uphill, *Who was who in Egyptology*, Londres 1972, 2ème éd., p.52.

C'est dans la pièce inférieure qu'était enterré Pakap. Une inscription courait autour des murs de la chambre funéraire: voir *LD* III, pl.277 d, e, f, et W. El-Sadeek, *o.c.*, p.131. Il s'agit de formules empruntées aux Textes des Pyramides, Spruch 368, § 638 a; 588, § 1607; 356, § 580, ainsi qu'au Livre des Morts, chapitre 178. Une sorte de sarcophage extérieur abritait le cercueil anthropoïde. Le couvercle du premier sarcophage comportait une formule, elle aussi tirée des Textes des Pyramides, Spruch 249, § 266, qui est également reprise sur le couvercle anthropoïde du sarcophage intérieur, tandis qu'une autre inscription, lisible en partie seulement, était gravée aux pieds du sarcophage extérieur[860].

Ce type de tombe d'une structure originale, typique de l'Epoque Saïte, n'est cependant pas complètement inconnu. On peut, en effet, comparer, malgré des différences notoires, la tombe de Pakap à celles qui furent bâties à Saqqara à la même époque, autour de la pyramide d'Ounas[861]. Le système consistait, une fois le puits principal creusé et la substructure achevée au fond de celui-ci, à combler le tout avec du sable, sans doute pour faire échec aux voleurs, stratagème qui, au demeurant, a réussi dans un certain nombre de cas, puisque quelques unes des tombes de Saqqara étaient inviolées. A côté, il y avait toujours un puits subsidiaire qui servait au moment de l'enterrement et ultérieurement, si nécessaire. Ce qui est unique à Giza, c'est l'existence de cette tranchée qui entoure le puits principal sur les quatre côtés, à une certaine distance, à la place du puits subsidiaire.

Le sarcophage de basalte gris, anthropoïde, d'assez belle facture, est aujourd'hui conservé au British Museum: Exh. N° 827 = Reg. N. 1384. Pour une bibliographie détaillée, voir PM III^2, 1, 290, auquel on ajoutera W. El-Sadeek, *o.c.*, p.131; photographie dans E.A.W. Budge, *A Guide to the Egyptian Galleries (Sculpture)* Londres 1909, pl.XXXI.

Un double texte, partant de la tête et aboutissant aux pieds, est gravé en creux sur la cuve, tandis que trois colonnes occupent le centre du couvercle. Il s'agit encore une fois de formules des Textes des Pyramides et du Livre des Morts: voir M.-L. Buhl, *Sarcophagi*, p.25, A, 6.

, Pakap (H. Ranke, *PN* I, 120), de son beau nom  Ouahibrê-em-akhet (H. de Meulenaere, *Le surnom*, p.10), parfois écrit avec d'autres variantes (Ouahibrê dans un cartouche et *ꜣḫt* écrit à la manière archaïsante avec l'oiseau *ꜣḫ*), était *mr ꜣḥwt m rsy šmʿw sꜣb sš sḥḏ sš mr sš nswt ʿb rꜣ*, "intendant des terres de culture dans le sud et le nord, juge des scribes, inspecteur des scribes et chef des scribes royaux du repas", tous titres administratifs qu'on rencontre à cette époque. Pour la lecture de *mr sš*

860. Les fragments BM 537-46 (voir E.A.W. Budge, *A Guide to the Egyptian Galleries (Sculpture)*, Londres 1909, p.237) ne peuvent être attribués avec certitude à la tombe de Pakap comme le propose H. de Meulenaere, *Le surnom*, p.10, et *Bulletin du Centenaire*, *Suppl. au BIFAO* 81, 1981, p.89. En effet, si le personnage, mentionné sur ces blocs, s'appelle bien Ouahibrê-em-akhet, rien ne prouve cependant qu'il s'agisse du beau nom de Pakap; d'autre part, il porte un titre différent. Enfin, ces fragments n'apparaissent nulle part dans la description de Vyse et de Perring. Je n'ai pu vérifier, par ailleurs, auquel des deux Pakap, il fallait attribuer le fragment de statue Liverpool M 13901 également signalé par H. de Meulenaere, *ibid.*, p.10.

861. Voir W. El-Sadeek, *ibid.*, p.162-4, avec la bibliographie antérieure. Peut-être trouvera-t-on un autre élément de comparaison dans une tombe d'Abousir d'un type très particulier, lorsque sa fouille sera achevée. Il s'agit, en effet, aussi d'un puits central entouré à une certaine distance de différents puits subsidiaires à moins qu'il ne s'agisse d'une tranchée inachevée (?): cf. M. Verner, *ZÄS* 109, 1982, p.163-5. Cette tombe serait d'une structure, plus proche de la tombe Campbell que les tombes saïtes de Saqqara, avec leur puits subsidiaire unique.

nswt ʿb rꜣ, on se reportera à H. de Meulenaere, *Bull. du Centenaire, Suppl. au BIFAO* 81, 1981, p.87–9. On ne connaît pas sa généalogie et on ne sait ce qui le poussa à choisir Giza pour lieu de sépulture; peut-être, ce fonctionnaire qui, sans doute, exerça ses charges à Memphis, était-il originaire de la région? Ou bien, venu d'ailleurs, a-t-il élu cette nécropole comme lieu de sa sépulture ?

On ne peut pas non plus préciser exactement à quelle date il vécut, avec les seuls renseignements que nous possédons. On songe, cependant, au règne d'Apriès puisque son nom contient celui de ce souverain[862]. On verra le problème que pose l'histoire de cette tombe, bâtie pour un fonctionnaire de l'Epoque Saïte, mais qui fut réutilisée à plusieurs reprises, par la suite, pour d'autres personnages.

E. LES AUTRES SARCOPHAGES DU TOMBEAU LG 84

Les différentes chambres funéraires secondaires, X, Y, Z, auxquelles on accédait à partir de la pièce principale, contenaient également des sarcophages dont certains sont demeurés en place tandis que d'autres, ou, tout au moins, leur couvercle, étaient transportés dans des musées.

a. Sarcophage de Ptahhotep

La chambre X abritait le sarcophage de Ptahhotep, dont le couvercle se trouve aujourd'hui à Oxford, Ashmolean Museum sous le N° 1947.295. Pour la bibliographie, voir PM III², 1, 290; on y ajoutera W. El-Sadeek, *o.c.*, p.132.

Ce sarcophage anthropoïde, en basalte, porte sur son couvercle le chapitre 72 du Livre des Morts. Son propriétaire était 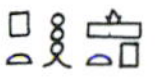, Ptahhotep, fils de 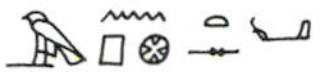 Hor-en-pe-tjes-nakht. Ce personnage porte le titre de chef du trésor, *mr pr ḥḏ*; ses autres monuments donnent d'autres titres dont celui de "directeur de tous les travaux du roi" (*mr kꜣt nbt nt nswt*), caractéristique des fonctionnaires attachés au service du roi perse. En effet, il ne s'agit pas d'un inconnu. C'est un haut dignitaire qui vécut à l'Epoque Perse, sous le règne de Darius Ier dont l'an 34 est mentionné sur une stèle trouvée au Sérapéum, dédiée par ce personnage, à l'occasion de l'enterrement de l'Apis mort cette année-là: Louvre IM 1244[863]. La statue Brooklyn 37.353[864] le portraiture, portant un vêtement et un collier typiquement perses; elle est de provenance inconnue mais Bothmer suggère Memphis comme très probable. Enfin, un chaouabti à son nom est également conservé à l'Ashmolean Museum, N° 1974.368[865], qui en a fait l'acquisition récemment. Ce dernier, lui aussi, officiellement de provenance inconnue, a vraisemblablement été trouvé dans la tombe LG 84 où était enterré Ptahhotep, lorsqu'elle a été pillée. Ce personnage[866] ne serait pas mort avant la fin du règne de Darius Ier ou même seulement sous son successeur, Xerxès, ce qui naturellement indique une certaine durée d'utilisation pour la tombe LG 84, qui dut être réouverte pour un nouvel enterrement.

862. Sur ce point: H. de Meulenaere, *Le surnom*, p.32-3.

863. Cf. PM III², 2, fasc. 3, 801.

864. Voir B. Bothmer, *ELSP*, p.76-7, N°64, et pl.60-1, fig.151-3.

865. J. Málek, *JEA* 62, 1976, p.150-1. Un autre chaouabti appartenant à Ptahhotep a également été vendu à la vente de Christie's où l'Ashmolean Museum a acquis le sien.

866. Sur ce personnage voir également E. Bresciani, "The Persian Occupation in Egypt", *The Cambridge History of Iran*, vol.2, p.515, et l'intéressante étude de G. Posener, *RdE* 37, 1986, p.91-6, et pl.15.

b. Sarcophage de Nesisout Londres BM 3

De la salle Y, dans l'angle sud-est de la tombe provient le sarcophage de granit gris de Nesisout, aujourd'hui conservé au British Museum, Reg. N.3 (= Exh. N. 825). Pour la bibliographie, voir PM III^2, 1, 290, et W. El-Sadeek, *o.c.*, p.132[867].

Ce sarcophage se compose, d'une part, d'une cuve monolithe massive autour de laquelle court une ligne d'inscription et sur laquelle sont représentées deux longues séries symétriques de divinités funéraires qui font face au défunt, dont elles assurent la protection, tout en offrant Maât; d'autre part, du couvercle, une dalle également monolithe, et légèrement incurvée dont le visage a été sculpté sous forme de masque funéraire. On y trouve les représentations traditionnelles sur ce genre de pièces: Isis, Nephthys et les quatre fils d'Horus, accompagnés de formules religieuses. 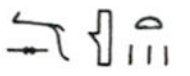, Nesisout, était fils de , Amasis, , "prophète de la couronne rouge (*ḥm dšrt*), prophète; et prophète de Ouadjit, dame d'Imet", et de la maîtresse de maison , Ta-sa-en-ankh (H. Ranke, *PN* I, 367, 9). Lui-même portait une longue série de titres administratifs et religieux: il était *rpʿ ḥ3ty-ʿ sḏ3wty bity smr wʿt*, "comte et prince, chancelier du roi de Basse Egypte, ami unique"; *mr rwt*, "chef de l'antichambre", *mr iswy*[868], et *mr pr ḥḏ pr nb*, "chef du trésor", *wʿb ḥwt-nṯr Inb ḥḏ* et *ḥm dšrt*, "prêtre ouab des temples de Memphis et prophète de la couronne rouge", tout comme son père[869]. La date traditionnellement attribuée à ce document est la XXVIIe dynastie (cf. PM III^2, 1, 290) ou la XXVIe dynastie (E.A.W. Budge, *o.c.*, p.229)[870].

c. Sarcophage de Nesisout Londres BM 525 (Pl.47)

La salle Y contenait un autre sarcophage anthropoïde de basalte noir, d'une très belle qualité, dont le couvercle brisé (il manque l'épaule gauche et le haut de la tête) est conservé au British Museum sous le N° Reg. N. 525. Voir PM III^2, 1, 290; W. El-Sadeek, *o.c.*, p.132; et L. Limme, *CdE* 93, 1972, p.96–7. Une seule colonne de texte est soigneusement gravée au centre du couvercle et presque intégralement conservée. Elle contient essentiellement les titres et nom du défunt ainsi que de ses parents. , Nesisout, était fils de , Pa-cheri-en-ihet, et de la maîtresse de maison 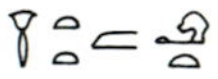, Ouadjit-em-hat. Son père était *ḥm-nṯr dšrt W3ḏt nbt Imt*, "prophète de la couronne rouge et de Ouadjit, dame d'Imet", comme le père du précédent. Nesisout lui-même avait toute une série de titres, assez proche de celle de son homonyme: *rpʿ ḥ3ty-ʿ sḏ3wty bity smr wʿt ʿ3 n ẖ3 wḥm nswt sš nswt ʿb r3 ḫft-ḥr nswt (?) mr ʿt ḥm dšrt wʿb ḥwt-nṯr Inb ḥḏ ẖw w3ḏ sty mw ḥm-nṯr n Iy-m-ḥtp s3 Ptḥ ḥm-nṯr n* (sic!), "prince et comte, chancelier du roi de Basse Egypte, ami unique, grand de l'antichambre (?)[871], héraut royal, scribe royal du repas ... (?), chef de l'antichambre (?), serviteur de la couronne rouge, prêtre ouab des temples de Memphis, *ẖw w3ḏ* [872], libateur, prophète d'Imhotep, fils de Ptah, prophète."

867. Le nom doit être lu *Ns-iswt*, sans aucune contestation possible: cf. à ce sujet L. Limme, *CdE* 93, 1972, n.(7), p.96.
868. Titre peu fréquent à Basse Epoque: cf. H. de Meulenaere, *Le surnom*, p.7 et 22.
869. Pour ce dernier titre, voir *infra*, p.287.
870. Voir *infra*, p.287, la discussion à ce sujet.
871. Pour ce titre de sens indéterminé, cf. H. de Meulenaere, *Le surnom*, n.(38), p.11.
872. Voir pour ce titre l'étude de L. Limme, *CdE* 93, 1972, p.92-6.

L. Limme, *CdE* 93, 1972, p.96–7, souligne que ce personnage, de par le nom de sa mère, les titres de son père et celui qu'il porte au milieu de beaucoup d'autres, *ḥm dšrt*, appartenait, vraisemblablement, à une famille originaire d'Imet (Tell Nebecheh), comme, d'ailleurs, son homonyme dont la titulature présente beaucoup de similitudes avec la sienne. Néanmoins, Nesisout est en même temps détenteur de charges administratives qu'il devait exercer dans les bureaux de Memphis, et sacerdotales, dont il est spécifié qu'elles ont pour cadre le nome de la Muraille Blanche. On notera aussi le titre *sty mw*, porté également par les membres du clergé d'Isis[873].

Pour ce qui est de la date du sarcophage, Limme propose, sur une suggestion de H. de Meulenaere, la XXXe dynastie. Un certain nombre de graphies, tout comme sur le sarcophage BM Reg. N. 3, dont il faut peut-être décaler la date généralement admise[874], paraissent, en effet, très tardives. On peut supposer, au demeurant, que les deux personnages originaires du même endroit et qui avaient suivi une carrière très parallèle, étaient des contemporains. Si telle est bien la date de ces deux objets, on se trouve confronté au problème de l'histoire de la tombe. Pakap, de son beau nom Ouahibrê-em-akhet, aurait vécu sous la XXVIe dynastie, peut-être au temps d'Apriès, en suivant l'analyse qu'a faite de Meulenaere des beaux noms basilophores. Ce dernier signale, en effet, le caractère exceptionnel du cas de Henat qui gardera son beau nom sous les rois perses[875].

C'est Pakap qui fit creuser la tombe puisque non seulement son sarcophage mais aussi les textes gravés sur les parois de la chambre funéraire principale sont à son nom. Mais la tombe n'aurait pas été définitivement fermée et aurait continué à servir, pour Ptahhotep sous Darius ou plutôt Xerxès, et, enfin, pour les deux Nesisout, peut-être à la XXXe dynastie. Si le puits principal avait été comblé avec du sable, on pouvait, néanmoins, continuer à accéder à la salle inférieure par la tranchée extérieure qui communiquait avec elle. Seuls les deux derniers personnages pourraient avoir un lien de famille entre eux, encore que cela demeure du domaine de l'hypothèse. On ignore le rapport qui existait, s'il y en avait un, entre Pakap, Ptahhotep et les deux Nesisout. Que des tombes aient été réutilisées plusieurs fois, nous en avons d'autres attestations, dans la nécropole orientale entre autres. Mais ici le système architectural et la protection de la tombe peuvent laisser penser que cette opération était difficile[876]. Or, il n'en fut rien, et ce monument, à lui tout seul, nous montre la continuité de l'utilisation de la nécropole.

F. TOMBE LG 85

Située tout près de la chaussée de Chéphren entre LG 81 et 82, elle consiste en un puits apparemment non décoré: cf. *LD* I, pl.14, et *Text* I, p.101.

873. *Supra*, p.169–70.
874. *Supra*, p.286.
875. H. de Meulenaere, *Le surnom*, p.27.
876. Il ne semble pas qu'on retrouve de phénomène similaire dans les tombes de Saqqara de même type et de même époque; il y a certes des tombes familiales, mais, ici, il ne semble pas que ce soit le cas.

3. LES TOMBES DU TEMENOS DU SPHINX: PTAHIRDIS ET PETOUBASTIS

Dès l'Ancien Empire, outre les mastabas avec leur superstructure massive, les Egyptiens avaient creusé des tombes rupestres lorsque la topographie des lieux le permettait ou le nécessitait. C'est ainsi qu'au nord du Sphinx, on rencontre une série de petites tombes de ce type[877]. Cette pratique se poursuivit bien au-delà de cette époque puisque quatre tombeaux, dont deux sont décorés et datent, au plus tôt, de l'Epoque Saïte, tout au moins pour leur décor, furent creusés au nord-ouest du Sphinx dans la bordure rocheuse qui délimitait son temenos. En fait, nous avons trop peu de renseignements pour être sûrs que ces tombes n'existaient pas dès l'Ancien Empire et qu'elles n'ont pas été décorées seulement près de 2000 ans plus tard. Elles ont été vues, au début du XIXe siècle, par Salt et Wilkinson qui en donnent de brèves descriptions et ont été réensablées par la suite si bien que ni Mariette ni Lepsius, par exemple, dans leurs recensions de la nécropole, n'en font état. Elles existent toujours aujourd'hui et sont visibles depuis que le temenos du Sphinx a été dégagé mais toute trace de décor en a disparu, sans doute, depuis longtemps; elles servent, actuellement, d'entrepôts pour le Service des Antiquités. Pour les décrire et les connaître, on ne peut que s'appuyer sur les relations anciennes: voir PM III^2, 1, 291; W. El-Sadeek, *Twenty-Sixth Dynasty*, p.133–9, qui a publié les notes inédites de Wilkinson et donne, ainsi, l'intégralité des textes tels qu'ils ont été vus à cette époque.

A. LA TOMBE DE PTAHIRDIS

La tombe la plus au nord est celle de Ptahirdis,  , connu du roi, *rḫ nswt*. Il semble qu'une avant-cour avec deux colonnes et un autel, ait précédé la tombe proprement dite. Les murs de cette cour qui était la seule partie construite de la tombe, étaient décorés de scènes appartenant au répertoire traditionnel, essentiellement des scènes d'offrandes, et comportaient également des inscriptions, apparemment des emprunts aux Textes des Pyramides. La partie rupestre dans laquelle s'ouvrait un puits, ne semble pas avoir été décorée.

Le propriétaire de cette tombe porte un titre et un nom banals à cette époque et, malheureusement, on ne connaît pas sa généalogie. Néanmoins, comme je l'ai déjà signalé[878], il n'est pas impossible que ce personnage soit le même que celui qui a consacré une statue à Osiris, Boston MFA 29.1131, retrouvée dans le cimetière oriental, probablement pas en place. Toutefois, cela demeure du domaine de l'hypothèse.

B. LA TOMBE DE PETOUBASTIS

Au sud de la précédente, elle se compose d'une petite pièce, taillée dans le roc dans laquelle, au centre, s'ouvre un puits. D'après les dessins de Wilkinson[879], la façade était couverte de représentations et de textes. Au-dessus de la porte, une double image d'Osiris, assis dans un naos. C'est sans doute à cause de ce relief que Wilkinson avait surnommé la tombe, "temple d'Osiris." Le dieu est, dans un des cas, qualifié de *nb Rꜣ-sṯꜣw*, seigneur de Ro-Setaou, qui est son épithète spécifique à Giza. De part et d'autre,

877. Voir PM III^2, 1, 214-5.
878. Cf. *supra*, p.264.
879. Cf. W. El-Sadeek, *Twenty-Sixth Dynasty*, p.140, fig.20.

Petoubastis, le propriétaire de la tombe, vêtu d'un long pagne et le crâne rasé, lève les mains en signe d'adoration devant le dieu. Quatre colonnes de texte, de chaque côté, accompagnent l'image du défunt avec ses titres.

De part et d'autre de la porte, deux textes de six colonnes chacun, occupent près des deux tiers de la hauteur. Il s'agit d'invocations adressées aux divinités funéraires, destinées à protéger le défunt dans l'au-delà. Petoubastis lui-même s'est encore fait portraiturer au bas de la porte, de part et d'autre de celle-ci, accompagné de légendes comportant ses titres. Le dessin de Wilkinson est malheureusement un peu sommaire pour qu'on puisse analyser avec précision le type de vêtement qu'il portait. Il semble qu'il était vêtu d'une sorte de grand manteau qui l'enveloppait entièrement; seules les mains étaient visibles; apparemment, les bras pendaient le long du corps. Sans doute s'agit-il du type de vêtement apparu sous la XXVIIe dynastie, vraisemblablement d'influence étrangère, perse, qui s'est popularisé par la suite et se rencontre assez fréquemment à la XXXe dynastie et ultérieurement: cf. B Bothmer, *ELSP*, p.92–4 et pl.70–1, pour un autre exemple assez proche; R. Bianchi, *Das Ptolemaïsche Ägypten*, Mayence 1978, p.95–102, y voit un vêtement d'origine égyptienne, qui réapparaît à partir de la XXXe dynastie.

 , Petoubastis, fils de  , Hor, et de  , Djedher, porte une longue série de titres; il est *rpꜥ ḥꜣty-ꜥ sḏꜣwty bity smr wꜥt ir mr nṯr niwt·f* (var. *nṯrw ḫꜣswt*) *ꜣḫ* (var. *ir kꜣt mnḫt*) *n ḥwt-nṯr Mꜣḥs ꜥꜣ pḥty nṯr ꜥꜣ nb ḫꜣswt ḥm Bꜣstt ꜥrḳ insw ḥry mšꜥ*. On retrouve là, une fois de plus, des titres honorifiques, "prince, comte, chancelier du roi de Basse Egypte, ami unique", suivis d'une formule qui admet des variantes: "qui fait ce qu'aime le dieu de sa ville (ou les dieux des pays étrangers), qui est efficace (ou qui fait un travail efficient) pour le temple de Mahes, grand de puissance, le grand dieu, seigneur des pays étrangers, le serviteur de Bastet, le prêtre *ꜥrḳ insw*, commandant de l'armée." La mention du dieu Mahes et les titres de *ḥm Bꜣstt* et *ꜥrḳ insw* donnent une indication précise sur les origines familiales, qu'il faut rechercher à Taremou, l'actuelle Tell el-Muqdâm ou Léontopolis[880]. Ses autres titres, civils ou militaires, sont, eux, assez vagues mais le rattachent, probablement, à l'administration memphite. Apparemment, rien ne vient expliquer le choix du temenos du Sphinx pour y être enterré; une dévotion particulière mais cachée pour le dieu Harmachis? Ou, encore une fois, une prédilection pour une nécropole antique et vénérable? Ses titres en rapport avec le culte de Mahes et Léontopolis permettraient de dater la tombe au plus tôt de la XXVIe dynastie[881]; cependant le type de vêtement de Petoubastis invite à une datation plus récente, peut-être la XXXe dynastie, ou même le début de l'Epoque Ptolémaïque.

4. LES TOMBES DE GIZA-CENTRAL

Au sud de la chaussée de Chéphren, s'étend une zone de configuration irrégulière qui a été intensivement bâtie à l'Ancien Empire, surtout dans sa partie orientale, entre la chaussée de Chéphren, le temple de la vallée et le complexe funéraire de Khentkaous, tandis que, plus à l'ouest, les tombes sont plus clairsemées. Il s'agit d'ailleurs là, surtout, de tombes rupestres utilisant les inégalités du terrain tandis qu'à l'est on rencontre de

880. Voir J. Yoyotte, *BIFAO* 52, 1953, p.179 sq.
881. Cf. J. Yoyotte, *loc. cit.*, p.191, à propos des mentions les plus anciennes du dieu Mahes.

nombreux mastabas. La fouille de cette zone est essentiellement l'œuvre de l'archéologue égyptien Selim Hassan avant qu'il n'entreprenne le dégagement du temenos du Sphinx[882]. Tout comme dans la nécropole orientale, on retrouve dans d'anciennes constructions de l'Ancien Empire, un certain nombre d'inhumations subsidiaires tardives; en revanche, il n'y a pas, à proprement parler, de constructions nouvelles, comparables à celles du temple d'Isis ou du nord de la chaussée de Chéphren.

A. SARCOPHAGE DE HOR-(EM)-AKHBIT

Au nord de la tombe rupestre LG 87, de la fin de la IVe dynastie, appartenant à un certain Nikaouhor[883], on a retrouvé dans le puits 790, quatre fragments qui se raccordent, provenant du couvercle d'un sarcophage en pierre, qui était taillé dans le rocher. Voir S. Hassan, *Excav. at Giza* V, p.313–4, et PM III^2, 1, 233.

Deux prêtres vêtus d'une longue jupe y sont représentés. Un texte de 6 colonnes, grossièrement gravées, les accompagne, qui fournit leurs noms, titres et généalogie. Il s'agit d'un certain  , Hor-(em)-akhbit (?) dans une version extrêmement écourtée de ce nom, dont le père portait ce même nom et dont la mère se dénommait 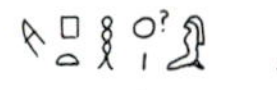 , *Mr-Ptḥ* ... Sa longue titulature mélange les titres civils et religieux, *ỉmy-ỉs*, prophète de Ptolémée III Evergète et Bérénice, Ptolémée IV Philopator et Arsinoé, prophète des statues, prêtre ouab, *ỉmy-ḫt*, scribe des écrits sacrés d'Onouris, prophète de Khonsou qui réside dans *Ṯb-Nṯrt*, prophète d'Osiris, le souverain puissant (?) (*nswt nḫt* ?), supérieur des secrets de *Ṯb-Nṯrt*. Cela nous donne quelques indications sur son origine, très vraisemblablement le nome du Veau et de la Déesse, et sur l'époque à laquelle il vécut, au plus tôt le règne de Ptolémée IV, et un témoignage parfaitement clair que la nécropole continua d'être utilisée, au moins sporadiquement, jusqu'à une époque très tardive.

B. SARCOPHAGES DE HARSIESIS ET ISIS-(EM)-AKHBIT (?)

Plus à l'est, une autre tombe rupestre de l'Ancien Empire fut réutilisée à l'époque tardive. Elle porte le N° 14 dans la nomenclature de S. Hassan[884]. Voir S. Hassan, *Excav. at Giza* V, p.307–12 et pl.63–4; PM III^2, 1, 254. Deux sarcophages anthropoïdes, en calcaire, d'une facture assez grossière, y ont été retrouvés; l'un au nom de  Harsiésis, fils de 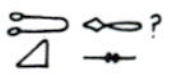 , Tekaas (?); l'autre appartenait à  Isis-(em)-akhbit (?), né de ... Non loin également, près de la tombe LG 95 (cf. S. Hassan, *Excav. at Giza* V, p.315; PM III^2, 1, 254 et pl.XXIII D 7), trouvaille de quatre chaouabtis de faïence bleue au nom de *Dỉ-ỉrt* (?), né de *Wꜣḥ* ... (?).

De la tombe LG 96, appartenant à Kameni, proviennent quatre chaouabtis au nom du *sḏꜣwty bỉty Ḥr-wḏꜣ*, chancelier du roi de Basse Egypte, Horoudja, fils de *St-n-mḥyt*, Isis-en-mehyt: voir S. Hassan, *Excav. at Giza* III, p.107 et pl.30. Le personnage est également connu par d'autres chaouabtis entrés à une date, plus ou moins ancienne, dans différents musées, sans indication de provenance. Mais on peut supposer qu'il s'agit de la tombe où il a été enterré à Giza. On en trouve ainsi deux, au Musée de Leyde, N°5.3.1. 186 et 187: H. Schneider, *Shabtis* II, p.190 et fig.32, pl.72; deux, au Musée de Genève: MAH

882. Voir à ce sujet les remarques générales de S. Hassan, *Excav. at Giza* V, p.193.
883. Pour la position, voir PM III^2, 1, plan XXI B/C 2.
884. Position: cf. PM III^2, 1, plan XXIII D-6.

MF 1510 et 1511: J.-L. Chappaz, *Les figurines funéraires égyptiennes du Musée d'Art et d'Histoire, Aegyptiaca Helvetica* 10, 1984, p.116–7; et quelques autres dans diverses collections; voir également J. et L. Aubert, *Statuettes*, p.254, et M. Thirion, *RdE* 31, 1979, p.93; date attribuée: XXXe dynastie.

C. SARCOPHAGE DE PA-CHERI-EN-IHET

De la même façon, juste au nord de la tombe de Khentkaous[885], une autre tombe rupestre de l'Ancien Empire se révéla avoir été réutilisée à Basse Epoque. Voir S. Hassan, *Excav. at Giza* III, p.223–8; PM III^2, 1, 256.

Elle renfermait plusieurs fragments de cercueils en bois, des restes de matériel funéraire et un sarcophage anthropoïde au nom de 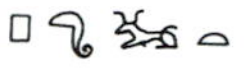 , Pa-cheri-en-ihet, fils de  Kheperherief (?) et de  , Tjebet (?).

D. LES INHUMATIONS SUBSIDIAIRES PROCHES DE LA TOMBE DE KHENTKAOUS

Des inhumations encore plus rudimentaires ont également été retrouvées dans ce secteur, tout particulièrement dans la zone de la tombe de Khentkaous et près de son temple bas. Dans la liste des objets, "discovered in the immediate vicinity of the fourth pyramid", S. Hassan, *Excav. at Giza* IV, p.32, recense un groupe de chaouabtis en faïence bleue au nom de  , Petoubastis, fils de  , Djedher. On peut se demander s'il s'agit du personnage enterré tout près du Sphinx, qui porte le même nom et a la même mère[886]; auquel cas, il faudrait penser que ces chaouabtis ont été dispersés. Il semble, du reste, que S. Hassan ait trouvé des chaouabtis par centaines (*ibid.*, p.49) au cours de sa fouille, à même le sable; ils étaient vraisemblablement anépigraphes, pour la plupart d'entre eux, au moins. Une bonne partie des nombreuses amulettes retrouvées, sont, elles aussi, à dater des époques les plus tardives.

Il signale également la présence de très nombreuses inhumations pauvres au-dessus des ruines des bâtiments civils qu'il appelle "ville de la pyramide" de Khentkaous. Certaines possédaient des puits qui traversaient les structures préexistantes tandis que d'autres, les plus pauvres et les plus récentes, étaient en surface; la plupart avaient été pillées. Il semble que les corps n'aient jamais été enterrés dans des sarcophages, mais à même le sable; S. Hassan, *ibid.*, p.46–9, et pl.20–1.

De même, le temple funéraire de Mykérinos avait été réutilisé aux Epoques Ptolémaïque et Romaine pour servir à des inhumations pauvres; voir G. Reisner, *Mycerinus. The Temples of the Third Pyramid at Giza*, Cambridge 1931, p.259–61, qui donne la liste des trouvailles (momies, amulettes, scarabées, perles, poteries).

E. TOMBE LG 97

La tombe, répertoriée par Lepsius sous le N° LG 97, ne peut être localisée aujourd'hui: cf. PM III^2, 1, 291. On la situe, approximativement, au nord de la tombe de Khentkaous. Il s'agit encore, vraisemblablement, d'une tombe de l'Ancien Empire, réutilisée à l'Epoque Saïte. Elle contenait des fragments de sarcophages et des chaouabtis au nom de deux

885. Position: cf. PM III^2, 1, plan XXIII E-6.
886. *Supra*, p.288–9.

prêtres *wn-r3*, 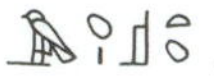 , Harsiésis (Berlin N°293) et  , Horoudja (Berlin N°291, 295, 350, 357), fils de 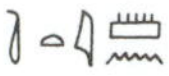 , Tentamon; voir *LD Text* I, p.120.

F. SARCOPHAGE DE TJA-HOR-PA-TA UPPSALA 156

Dans un puits, situé à l'est de la pyramide de Chéphren mais dont on ignore la localisation exacte, on a retrouvé le fond d'un sarcophage de bois aujourd'hui conservé à Uppsala, Victoria Museum 156. Voir G. Daressy, *ASAE* 3, 1902, p.158–9; PM III^{2}, 1, 291.

La tombe sur laquelle Daressy ne donne que très peu de détails, était pratiquement détruite par l'humidité. Seul subsistait le fond du sarcophage de bois portant le chapitre 172 du Livre des Morts, dans une version tardive et fautive. Le propriétaire en était  , Tja-hor-pa-ta (H. Ranke, *PN* I, 388, 5), général, fils de  Ta-cheri-en-ihet. Daressy date l'objet de la XXXe dynastie ou du début de l'Epoque Ptolémaïque.

Plusieurs chaouabtis, appartenant à ce personnage sont éparpillés dans diverses collections; ils proviennent, sans aucun doute, de sa tombe qui a dû être pillée à une époque ancienne: voir P.-M. Chevereau, *Prosopographie*, p.171, et J.-L. Chappaz, *Les figurines égyptiennes du Musée d'Art et d'Histoire et de quelques collections privées, Aegyptiaca Helvetica* 10, p.128–9.

G. SEPULTURES D'ANIMAUX

Il faut enfin signaler qu'une tombe anonyme de l'Ancien Empire a été réutilisée à l'Epoque Tardive pour y enterrer des ibis momifiés. Du reste, un ibis était représenté sur une des parois de la tombe: cf. S. Hassan, *Excav. at Giza* VII, p.43–4, fig. 35–6 et pl.XXVI A; voir aussi *The Great Sphinx*, p.40–1; PM III^{2}, 1, 237. Ce n'est pas l'unique sépulture d'animaux momifiés à Giza, puisque S. Hassan indique également la trouvaille de musaraignes momifiées, au nord du temple d'Aménophis II: *The Great Sphinx*, p.40, et Petrie, celle de différents animaux dont des chats, dans la zone sud de Giza[887]. Cette pratique, répandue dans toute l'Egypte de la Basse Epoque[888], apparaît à Giza de manière très sporadique; rien de comparable avec les gigantesques nécropoles d'ibis et de chats, entre autres, qu'on connaît à Saqqara. Mais elle témoigne peut-être ainsi que la momification des animaux n'était pas exclusivement limitée à quelques grands sites qui s'en étaient fait une spécialité, mais était, au contraire, extrêmement banale et pouvait se trouver un peu partout en Egypte, sans être nécessairement liée à un lieu de culte spécifique de l'animal en question.

Pour conclure, il semble que la partie centrale du site de Giza ait servi de nécropole de la XXVIe dynastie à l'Epoque Ptolémaïque à des individus de classes sociales très différentes qui se faisaient parfois creuser une tombe neuve mais pauvre ou, plus souvent, réutilisaient, en deuxième main, des tombes déjà existantes, mais pillées et ouvertes à tout vent depuis longtemps, à moins que, comme on le constate pour la fin de la période d'utilisation du site, dans les niveaux les plus récents, ils ne se soient fait enterrer directement dans le sable.

887. *Infra*, p.298.
888. Voir D. Kessler, *LdÄ* VI/4, 1985, 579-81.

5. GIZA-SUD

De tous les secteurs de Giza, le sud, au-delà du promontoire rocheux qui domine la zone centrale du site, est, certainement, le moins connu et le plus négligé, sans doute, en raison de son éloignement et, vraisemblablement aussi à cause de son caractère peu engageant; la roche est de qualité particulièrement mauvaise dans ce secteur, ce qui pose des problèmes sérieux à ceux qui pourraient envisager d'y travailler. Néanmoins, des fouilles y ont été menées à plusieurs reprises depuis le début du siècle, donnant des résultats prometteurs lorsqu'elles ont été publiées; malheureusement, la plupart d'entre elles sont restées inédites. Une campagne systématique de survey et de fouilles dans cette zone, nonobstant les difficultés qu'il faudrait affronter, apporterait des informations nouvelles et permettrait, sans doute, de révéler un pan entier de la nécropole de Basse Epoque encore trop mal connue.

A. LA TOMBE DE TJARY

La construction la plus spectaculaire de la nécropole de Giza-sud est, incontestablement, la tombe de Tjary, qualifiée parfois, à tort, de mastaba. Il s'agit d'une tombe entièrement bâtie en superstructure, ce qui est un cas unique à Giza à cette époque, et très rare, au demeurant, dans les autres nécropoles saïtes[889]. La tombe qui était totalement recouverte par le sable, a été mise au jour par Petrie lors d'une campagne de fouilles en 1906–1907, et partiellement publiée par lui. Elle était alors en bien meilleur état qu'aujourd'hui puisqu'entre 1907 et nos jours, elle a subi les attaques répétées des voleurs; des pans entiers de parois et même une salle complète, la salle est, ont été enlevés du site[890]. Une partie de la tombe, désormais fermée, a été restaurée à l'époque moderne. Pour la publication incomplète de ce monument, voir PM III², 1, 296–7; W.M.F. Petrie, *Gizeh and Rifeh*, p.28–9 et pl.XXXII–XXXVII; W. El-Sadeek, *Twenty-Sixth Dynasty*, p.11–89, et *passim*. En dépit de cette dernière et récente étude, qui apporte, évidemment, de nombreux compléments à Petrie, une publication systématique du monument reste à faire.

La tombe est bâtie selon un plan cruciforme[891], unique. Les murs sont composés de deux parois de calcaire de Toura, contenant un remplissage de pierrailles, selon une technique qu'on retrouve, également, dans certaines parties du temple d'Isis qui sont contemporaines[892]. On peut supposer que le choix d'une tombe construite, bâtie selon un tel système est dû, moins à la volonté d'imiter les mastabas de l'Ancien Empire, qu'aux nécessités qu'imposait le terrain. Sa très médiocre qualité rendait difficile le

889. Voir les remarques de W. El-Sadeek, *ibid.*, p.208, sur cette caractéristique originale.
890. Pour l'histoire récente de la tombe et de ses déprédations, voir J. Yoyotte, *RdE* 9, 1952, p.149-50; W. El-Sadeek, *ibid.*, p.13-5. Quelques fragments de reliefs ont été acquis par le Musée de Bristol où ils sont conservés sous les N° H.1902, 2738, 2739: cf. PM III², 1, 296 et 354; L. Grinsell, *Guide Catalogue to the Collections from Ancient Egypt*, 1972, p.59 et fig.33. Les 74 fragments acquis par le Brooklyn Museum en 1934 et enregistrés sous le N°34.1220, constituaient la plus grande partie de la salle est, qui avait été reconstituée au Musée, d'après les photographies qui m'ont été communiquées très aimablement par R. Fazzini et R. Bianchi. On verra la publication d'un montant de porte par R. Fazzini, *Miscellanea Wilbouriana* I, 1972, p.63-4 et fig.33, qui appartient à la tombe de Tjary, en dépit des dénégations de W. El-Sadeek, *ibid.*, n.(11), p.96. Cet ensemble a quitté depuis longtemps le Musée de Brooklyn, qui a procédé à un échange, en 1948 ou 49 (une incertitude pèse sur la date), avec l'Institut National d'Ethnologie de Bogota, Colombie, aujourd'hui Institut Colombien d'Anthropologie. C'est là, semble-t-il, que se trouve actuellement la salle est de la tombe de Tjary.
891. Cf. W.M.F. Petrie, *Gizeh and Rifeh*, pl.XXXVII; W. El-Sadeek, *ibid.*, pl.II, p.118 et p.209.
892. *Supra*, p.179.

creusement de tombes rupestres et nécessitait l'emploi d'un autre calcaire pour pouvoir y sculpter des reliefs[893].

La tombe est orientée sud-nord et l'entrée se faisait sur le côté sud, donnant accès à ce qui était sans doute une cour ouverte plutôt qu'une salle fermée. C'est dans cette cour qu'un puits, profond d'une douzaine de mètres, permettait d'accéder aux chambres souterraines qui formaient l'appartement funéraire. Elles n'ont jamais été complètement fouillées, mais il semble, cependant, qu'elles n'aient pas été achevées[894].

La cour a, de loin, la plus grande superficie; elle donne accès à un hall central où s'ouvre une porte sur chacun des côtés. Dans l'axe du monument, la plus petite salle, nord, conserve encore sa couverture en forme de voûte. A l'est et à l'ouest, s'ouvrent deux autres salles qui ont perdu leur voûte; en outre, celle de l'est, intacte au moment de sa découverte, a, aujourd'hui, pratiquement disparu[895].

Les parois extérieures étaient partiellement décorées: sur la façade sud, sur les murs est et ouest de la cour et sur les murs sud des salles est et ouest. Il s'agit essentiellement de scènes religieuses où on voit Tjary en adoration devant Osiris, éventuellement accompagné d'Isis et de Nephthys[896].

Une petite partie du décor intérieur de la cour subsiste, dans la partie nord des murs est et ouest, avec d'un côté la représentation de Tjary et de son épouse[897] et de l'autre, une intéressante scène de musique, avec deux harpistes et deux chanteurs[898], tandis que le mur nord porte une copie de passages des Textes des Sarcophages[899]. Les montants de portes sont généralement occupés par une représentation du propriétaire et d'un autre membre de sa famille, sa mère ou une de ses épouses.

Dans la salle centrale qui a souffert de nombreuses détériorations, on trouvait sur les murs ouest et est, trois registres de scènes religieuses funéraires[900].

La salle nord dont le mur ouest ne porte pas de décor, est entièrement consacrée à Osiris qui occupe le mur du fond, entouré de deux déesses[901], tandis que sur la paroi est, Tjary est représenté, adorant le dieu[902]. Il faut signaler, à droite de la porte en entrant, une intéressante figuration du défunt soutenant le pilier djed[903], selon une iconographie bien connue au Nouvel Empire, particulièrement dans la région memphite, mais devenue rare à l'Epoque Saïte. L'image de Tjary est très comparable à celle d'Harbes sur les parois de sa chapelle[904].

Dans l'épaisseur de la porte donnant accès à la salle est, on a représenté le grand-père du défunt, dénommé Tjary comme lui, et l'arrière-grand-mère, Ta-cheb-neith[905]. De part

893. Cet emploi d'un matériau "importé" existait, d'ailleurs, dès l'Ancien Empire à Giza, où le parement extérieur des mastabas était également réalisé en calcaire de Toura.
894. Voir W. El-Sadeek, *ibid.*, p.20-1.
895. *Supra*, p.293 et n.(890).
896. Voir W. El-Sadeek, *ibid.*, p.22-31, pour une description plus complète des scènes. Petrie, lui, n'avait donné aucun détail concernant ces reliefs extérieurs.
897. W.M.F. Petrie, *Gizeh and Rifeh*, pl.XXXVI C, et W. El-Sadeek, *ibid.*, p.32.
898. W.M.F. Petrie, *ibid.*, pl.XXXVI A, et W. El-Sadeek, *ibid.*, p.35-9.
899. W. El-Sadeek, *ibid.*, p.32-4.
900. W.M.F. Petrie, *ibid.*, pl.XXXVI G; W. El-Sadeek, *ibid.*, p.40-8.
901. W.M.F. Petrie, *ibid.*, pl.XXXVI C; W. El-Sadeek, *ibid.*, fig.8, p.53.
902. W.M.F. Petrie, *ibid.*, pl.XXXII et XXXVI A et B; W. El-Sadeek, *ibid.*, fig.7, p.50.
903. W.M.F. Petrie, *ibid.*, pl.XXXVI B; W. El-Sadeek, *ibid.*, fig.9, p.55; cf. *infra*, p.297.
904. Cf. *supra*, p.108 et 110.
905. W.M.F. Petrie, *ibid.*, pl.XXXIII; W. El-Sadeek, *ibid.*, p.75.

et d'autre de cette porte, la momie de Tjary, tenue embrassée par Hathor d'une part et Anubis de l'autre[906]. Sur les murs nord et sud, deux scènes symétriques se font face: Tjary reçoit encens, libation et offrandes de ses deux fils, nés de deux mères différentes, Psamétique, fils de Ta-remetj-en-bastet, et Gemefsetkap, fils de Tadihor sur le mur nord[907], tandis que sur le mur sud c'est Tjary lui-même et son fils Psamétique qui procèdent aux mêmes rites devant leur père et grand-père, Gemefsetkap[908]. Le mur est occupé par Tjary en adoration devant Thot et six dieux à têtes de bélier et les légendes qui s'y rapportent[909]. Un proscynème court tout autour de la salle, partant du sud de la porte et se terminant au nord de celle-ci[910]. La partie cintrée du mur nord, au-dessus de ce bandeau, est occupée par deux Anubis se faisant face[911]. Dans la salle ouest, le cintre du mur nord est couvert par une scène d'embaumement de la momie par Anubis[912]. Sous la frise qui court autour de la pièce, on peut voir les figures de quinze génies-gardiens accompagnées de textes, empruntés au chapitre 146 du Livre des Morts[913].

Le propriétaire du tombeau, Tjary (H. Ranke, *PN* I, 392, 20), fils de Gemefsetkap (H. Ranke, *PN* I, 351, 9) et de Tadihor (H. Ranke, *PN* I, 374, 5) eut deux fils, l'aîné, Psamétique, fils de Ta-remetj-en-bastet (H. Ranke, *PN* I, 364, 23) et Gemefsetkap, fils de Tadihor. On connaît en outre le nom de son grand-père, Tjary, comme lui et de son arrière-grand-mère, Ta-cheb-Neith (H. Ranke, *PN* I, 363, 4).

Le titre principal du personnage est celui de *mr sꜣ-pr*, chef de la police, porté également par son fils, Psamétique. Pour ce titre, on se reportera à l'étude de J. Yoyotte, *RdE* 9, 1952, p.139–51; complétée par G. Andreu, *Livre du Centenaire*, *MIFAO* 104, 1980, p.5–7; et W. El-Sadeek, *ibid*., p.252–4. Le titre fréquent à l'Ancien et au Moyen Empires, réapparaît à l'Epoque Saïte, avec la mode des titres archaïsants, et se retrouve encore à l'Epoque Ptolémaïque. Il faut sans doute voir dans Tjary un fonctionnaire de rang élevé, chargé de "lever les corvéables selon les besoins de l'économie de l'état"[914]. Tjary porte d'ailleurs un autre titre associé au précédent: celui de *mr šwt nšmwt*, directeur (des animaux portant) des plumes et des écailles, ou encore le préposé à la plume et à l'écaille. Sur ce titre qui apparaît de manière plus complète sous la forme de *mr ʿbw wḥmwt šwt nšmwt*: cf. P. Lacau, *BIFAO* 63, 1965, p.5–8; D. Meeks, *Hom. Sauneron*, p.259, et G. Andreu, *loc. cit*., p.4; il demeure encore mal élucidé quant à sa signification réelle. Le fonctionnaire était chargé ici, uniquement des volatiles et des poissons, mais à quel titre: élevage, chasse, commerce ou vente des animaux, imposition? S'il y a un rapport entre les deux fonctions, il faut sans doute le situer dans un cadre économique. En outre, Tjary porte un titre sacerdotal, associé à des fonctions civiles comme c'est souvent le cas à l'Epoque Saïte. Il est prêtre *ḳbḥ*[915], dans le temple de Sobek de Crocodilopolis (*Šdt*) et d'Horus de la même ville, les deux divinités étant assimilées depuis le Moyen Empire[916]; il se qualifie également d'imakh auprès de ces deux divinités.

906. W.M.F. Petrie, *ibid*., pl.XXXII et XXXIII; W. El-Sadeek, *ibid*., p.76 et 84.
907. W.M.F. Petrie, *ibid*., pl.XXXVI; W. El-Sadeek, *ibid*., p.81-3.
908. W.M.F. Petrie, *ibid*., pl.XXXIV; W. El-Sadeek, *ibid*., p.77-8.
909. W.M.F. Petrie, *ibid*., pl.XXXV; W. El-Sadeek, *ibid*., p.79-80.
910. W. El-Sadeek, *ibid*., p.74.
911. W.M.F. Petrie, *ibid*., pl.XXXVI B; W. El-Sadeek, *ibid*., fig.10, p.82.
912. W.M.F. Petrie, *ibid*., pl.XXXVI D; W. El-Sadeek, *ibid*., p.59-60.
913. W.M.F. Petrie, *ibid*., pl.XXXVI D, E, F; W. El-Sadeek, *ibid*., p.57-73.
914. G. Andreu, *loc. cit*. p.4.
915. Sur cette fonction, voir *supra*, p.117 et 132.
916. Cf. P. Montet, *Géographie* II, p.216; J. Yoyotte, *BIFAO* 56, 1957, p.92.

Si on remonte dans la généalogie de Tjary, on constate que son arrière-grand-mère portait un nom formé sur celui de la déesse Neith, tandis que son grand-père et son père se déclaraient imakh auprès de Neith de Saïs et d'Osiris qui réside dans Saïs; il subsiste également sur le mur est de la chambre ouest, une colonne de texte où Tjary porte l'épithète de féal auprès de Neith du Res-Net et d'Osiris qui réside dans Saïs[917]. Il est donc possible que la famille paternelle du chef de police ait été originaire de Saïs[918], ville pour laquelle il avait gardé un certain attachement religieux; mais il exerça ses fonctions sacerdotales au Fayoum et civiles à Memphis, ce qui peut expliquer qu'il se soit fait enterrer à Giza.

Nous connaissons, également, le nom d'autres personnages, représentés sur les parois de la tombe[919], dont nous ne savons s'ils ont des liens de parenté avec le propriétaire et sa famille. Il s'agit d'abord d'un des chanteurs qui accompagnent les deux harpistes: Nes-hor-pa-khered, fils de Ankh-hor-pa-khered, tandis que le nom du deuxième est perdu. D'autre part, le nom et la fonction du personnage qui apporte des offrandes devant Tjary dans la même scène, sont mentionnés: c'est un homme dénommé, lui aussi, Tjary et fils du choachyte (*wꜣḥ mw*), Osorkon et de Hemset. L'homonymie est-elle une pure coïncidence ou avait-il un lien de famille avec le propriétaire de la tombe, on ne peut le dire.

Hormis les divinités de Saïs et du Fayoum déjà citées, qui apparaissent dans des titres ou des épithètes honorifiques, c'est évidemment Osiris, accompagné d'autres dieux funéraires, qui tient la place principale dans cette tombe. Mentionnons ainsi Hathor, dame du sycomore, typiquement memphite, et Hathor, dame de l'occident; Anubis qui est sur sa montagne, qui préside au *sḥ-nṯr*, seigneur de la terre sacrée, Imyout.

Osiris est parfois associé à Ptah-Sokaris sous la forme Ptah-Sokar-Osiris, le grand dieu, seigneur de Ro-Setaou ou à Sokaris seul sous la forme, beaucoup moins fréquente, Osiris-Sokaris, le grand dieu, seigneur de Ro-Setaou. Il apparaît, le plus souvent, seul en tant que seigneur de Ro-Setaou, territoire dont il est le maître incontesté et qui s'étend, précisément, tout autour de la tombe de Tjary. A ses côtés, on trouve fréquemment Isis et Nephthys, mais il faut surtout souligner l'épithète particulière de la première. La déesse qui, à cette époque, recevait un culte dans la chapelle au pied de la pyramide de Chéops en tant que dame des Pyramides, *ḥnwt mrw*, ne porte jamais cette épithète dans la tombe de Tjary où elle est, au contraire, qualifiée d'"Isis, la grande, la mère divine, maîtresse de Ro-Setaou"[920], titre qui, en revanche, est totalement absent sur le matériel lié au temple d'Isis. Je ne pense pas qu'il faille expliquer ce phénomène par une question de chronologie comme le propose W. El-Sadeek, *ibid.*, p.223. La tombe serait postérieure à la construction du temple et la popularité d'Isis ayant augmenté entre temps, elle aurait été amenée à porter, à l'instar d'Osiris, le titre de dame de Ro-Setaou. Il me semble, plutôt, que nous sommes en présence de deux aspects, bien différents de la divinité, qui sont restés séparés et n'ont pas interféré. Elle est, d'une part, protectrice des Pyramides et liée, en cela, au culte des rois anciens, qui n'apparaît pas à cette époque comme un culte funéraire. D'autre part, selon la mythologie en vigueur dans

917. W.M.F. Petrie, *ibid.*, pl.XXXVI F; W. El-Sadeek, *ibid.*, p.73.
918. Voir la mention qu'en a fait Ramadan El-Sayed, *La déesse Neith de Saïs*, *BdE* 86/2, 1982, p.479-80.
919. W. El-Sadeek, *ibid.*, p.36.
920. W.M.F. Petrie, *ibid.*, pl.XXXVI G; W. El-Sadeek, *ibid.*, p.45, qui corrige la lecture erronée de Petrie, et p.223.

toute l'Egypte, elle est la compagne d'Osiris; en conséquence, en ce lieu de culte particulier qu'est Ro-Setaou, elle pourra prendre la même épithète que le dieu funéraire. Comme dans la majorité des tombes de cette époque, les scènes et textes religieux, ces derniers empruntés soit aux Textes des Sarcophages soit au Livre des Morts, tiennent une place prédominante et Osiris y joue un rôle majeur, comme le montre la place de choix qui lui est donnée au fond de la tombe, sur la paroi nord de la chambre nord. L'épithète de seigneur de Ro-Setaou est spécifique de Giza et de Memphis au sens plus large; de même qu'une scène, telle que le soulèvement du pilier djed, est typique du répertoire de Memphis[921]. Néanmoins, on rencontre aussi des scènes civiles où l'influence du passé se fait souvent nettement sentir. Certains portraits de Tjary debout, sur les montants de porte, ou assis en compagnie d'une de ses épouses sont d'un style très archaïsant. On notera comme une des plus belles scènes, la représentation des harpistes et des chanteurs dans la cour. Au total, c'est un fort remarquable exemple de l'architecture funéraire saïte, unique même jusqu'à présent dans sa conception architecturale.

B. MATERIEL TROUVE PAR PETRIE

En explorant cette zone, Petrie a mis au jour d'autres objets, appartenant au matériel funéraire de tombes, détruites ou qui n'ont pas été systématiquement fouillées[922]. Malheureusement, nous n'avons que peu de détails à leur sujet. Des squelettes et une grande quantité d'amulettes ont été ramassés: voir W.M.F. Petrie, *Gizeh and Rifeh*, pl.XXXI.

De même, on a retrouvé, en général en mauvais état, un grand nombre de sarcophages triples, en bois, dont le dernier est anthropoïde. Ils portent un proscynème stéréotypé et sont anonymes, à l'exception de la série appartenant à Amenrekhes, fille de Djedher, dont des fragments sont aujourd'hui conservés à Munich, Staatliche Sammlung, ÄS.1625. Pour l'ensemble de ce matériel, on se reportera à W.M.F. Petrie, *ibid.*, p.29, et pl.XXXI, XXXI A et B, XXXVII A et XXXVII B; *The Funeral Furniture of Egypt*, *BSAE* 59, 1937, p.24, [545]; voir aussi V. Schmidt, *Sarkofager*, fig. 1304–1310, 1312; PM III^2, 1, 297.

Il faut remarquer une particularité du texte de ces sarcophages. Le souhait banal de disposer d'une belle sépulture est accompagné d'une indication géographique, quelque peu inhabituelle, étant donné le lieu où ont été trouvés ces objets. En effet, on ne la demande pas dans Ankhtaouy, désignation de la nécropole de Memphis, parfois mentionnée dans des documents plus anciens de Giza, mais dans *smt ꜥ3t nt Ꞽwnw*, très vraisemblablement une variante du nom bien connu de la nécropole d'Héliopolis, *smt ḏdt ꜥ3t nt Ꞽwnw*, qui apparaît non seulement dans des textes religieux funéraires mais aussi dans des documents saïtes héliopolitains[923]. La présence de ce toponyme qui n'est pas, je crois, contrairement à une opinion émise par Maspero et reprise par Petrie (*Gizeh and Rifeh*, p. 29), la preuve que Giza appartenait au nome héliopolite à cette époque, pose néanmoins problème. Pourquoi ce nom sur cette seule série de sarcophages, au demeurant totalement stéréotypés et fabriqués en série, puisqu'ils sont anonymes et qu'il n'y avait même pas une place prévue pour y inscrire le nom de celui qui allait en bénéficier? Seule la trouvaille d'autres documents pourrait peut-être éclairer ce problème.

921. A ce sujet, voir W. El-Sadeek, *ibid.*, p.225; H. Altenmüller, *LdÄ* I/7, 1974, 1101-3.

922. W.M.F. Petrie, *ibid.*, p.29, signale qu'un certain nombre de tombes ont été ouvertes.

923. Cf. H. Gauthier, *ASAE* 27, 1927, p.4; P. Montet, *Géographie* I, p.157; K. Zibelius, *Ägyptische Siedlungen nach Texten des Alten Reiches*, *TAVO* 19, Wiesbaden 1978, p.268-9.

Deux séries de vases canopes, en calcaire, ont été retrouvées dans une tombe dont le puits s'ouvrait, juste au nord du mastaba de la IIe dynastie, fouillé par Petrie en 1906–7 et qui était recouvert par un mastaba saïte. L'une des séries est anépigraphe. L'autre, aujourd'hui conservée au Royal Museum of Scotland N° 1907.713.1, porte le nom du prêtre sem Imhotep et a été datée de la XXXe dynastie: cf. W.M.F. Petrie, *ibid.*, p.29 et pl.XXXI A et B (série anépigraphe); *Edinburgh, Guide to the Collection of Egyptian Antiquities (1920)*, p.28 et pl.VII; PM III^2, 1, 297.

De nombreux chaouabtis étaient éparpillés sur le site, dont beaucoup étaient anépigraphes; W.M.F. Petrie, *ibid.*, p.29 et pl. XXXVII A, en signale un seul d'inscrit, en faïence, au nom de Bahotepour (*Bꜣ-ḥtp-wr*).

Cette nécropole n'avait pas seulement été utilisée pour les hommes puisque Petrie y a retrouvé, comme S. Hassan beaucoup plus tard dans le cimetière central[924], des ossements d'animaux, essentiellement des chats, mais aussi quelques mangoustes, chèvres sauvages et un renard (W.M.F. Petrie, *ibid.*, p.29), ce qui indique une nouvelle fois que la pratique de la momification des animaux était diffuse à travers toute l'Egypte à l'Epoque Tardive, sans être toujours liée, apparemment, à un lieu de culte spécifique de tel ou tel animal.

Un autre aspect de la vie de cette nécropole nous est partiellement révélé par de brèves inscriptions démotiques, gravées ou peintes sur des blocs en calcaire, retrouvés dispersés sur le site, et conservés aujourd'hui au Musée de Manchester N° 4618 et 4622, et au Musée du Caire (N° inconnu): cf. W.M.F. Petrie, *ibid.*, p.29 et pl.XXXVII A; PM III^2, 1, 297. Il s'agit dans tous les cas de choachytes, *wꜣḥ mw*, appartenant, pour certains, à la maison d'Osiris, seigneur de Ro-Setaou; on trouve aussi un autre toponyme de lecture difficile et inconnu par ailleurs *Ko/Kn*, associé à Osiris. Nous connaissons ainsi Petosiris, fils de Pa-di-har-somtous; Ankhapis, fils de Tetersh (?); Ankhapis, fils de Petapis; Hor, fils de Harprê; Pato, fils de Pétosiris; Psekh, fils de Pétosiris; Tamin, fille de Khenthotep (?).

Comme le fait justement remarquer Petrie, l'absence de toute formule funéraire dans ces brefs textes interdit d'y voir des éléments de tombes. Cet auteur les interprète comme "the marks for the districts of the cemetery where certain firms of undertakers had the right of burying." Je ne sais si cette assertion peut être tenue pour certaine; on pourrait également songer à des inscriptions appartenant à un bâtiment où se réunissaient et œuvraient les choachytes. Quoi qu'il en soit, nous avons là une attestation de l'existence d'une organisation, chargée des enterrements et du maintien de la nécropole, comme on en connaît à Memphis même et à Thèbes, et comme il y en eut peut-être une, liée au personnel du temple d'Isis[925].

C. LES TOMBES LEPSIUS LG 101–106

Lors de son séjour à Giza, Lepsius fut le premier—et d'ailleurs reste l'un des rares—à avoir exploré la nécropole saïte de Giza-sud. Malheureusement, les traces écrites qu'il en a laissées, sont très succinctes: une très brève description, totalement insuffisante et la mention d'un certain nombre de chaouabtis, provenant de ces tombes rupestres et qui semblent avoir constitué l'essentiel du matériel funéraire qu'il y trouva. Cf. PM III^2, 1, n.(1), p.296; *LD Text* I, p.122–5; *LD* III, pl.276 i; W. El-Sadeek, *Twenty-Sixth Dynasty*,

924. Cf. *supra*, p.292 à ce sujet.
925. Cf. *supra*, p.170–1, avec la bibliographie à ce sujet.

p.91–3. Cette dernière, grâce à sa fonction d'inspectrice sur le plateau de Giza, a pu confronter les éléments de la description de Lepsius avec ce qui est encore visible aujourd'hui, en réalité fort peu de choses, car, bien sûr, le site a été réensablé. Les tombes sont creusées sur le rebord sud-est du désert. La tombe 101 est, en fait, beaucoup plus au nord que la série 102–106. Ces dernières, creusées dans le rocher friable et de mauvaise qualité, possédaient une entrée voûtée, soutenue par des blocs de calcaire local, cimentés entre eux au mortier. On pénétrait ensuite dans une salle rectangulaire, plus longue que large, taillée dans le rocher, qui ouvre elle-même dans une enfilade de deux autres pièces carrées. Celles-ci ont chacune un puits, dont le second conduit à l'appartement funéraire qui était conçu comme une sépulture familiale.

Dans la tombe 101, trouvaille de plusieurs chaouabtis du prêtre *wn-r3*,  (var. ), Hor: Berlin N°366 (cf. *AEIB* II, 590), 8656–61 (pour 8659, cf. *AEIB*, 595); le chaouabti Berlin 8654 (*AEIB* II, 593) appartenait à un autre personnage dont le nom est cassé; 8655 est illisible. C'est dans la tombe 102, que Lepsius a fait une trouvaille plus importante. Il s'agit d'une série de chaouabtis au nom, sans doute, du propriétaire de la tombe: le *mr sš ḫnrt wr wḥm nswt Wḏ3-Ḥr ḏd·n·f Psmtk-s3-Sḫmt m. ḫ. s3 T3-šrỉ-Mn m. ḫ.*, "le chef des grands scribes de la prison[926], le héraut royal, Oudjahor, dit Psamétique-sa-Sekhmet, j.v., fils de Ta-cheri-min, j.v.", qui était certainement un personnage important. Le beau nom basilophore Psamétique-sa-Sekhmet, est à ajouter à la liste dressée par H. de Meulenaere. En raison de l'emploi du surnom introduit par *ḏd·n·f* au lieu du beau nom, *rn·f nfr*, il faut très vraisemblablement dater Oudjahor et sa tombe de la XXVIIe dynastie au plus tôt, et éventuellement plus tard[927]. Le personnage possédait toute une série de chaouabtis dont les plus beaux en faïence bleu-vert, mesurent une vingtaine de centimètres et portent le chapitre 6 du Livre des Morts: Berlin N°938, 4511, 4515; voir *LD Text* I, p.123–4 et *LD* III, pl.276 i; J. et L. Aubert, *Statuettes*, p.224 et pl.57; H. Schneider, *Shabtis* I, p.340; W. El-Sadeek, *ibid.*, fig.12, p.92. Il faut y ajouter les N° Berlin 351, 353–5, qui portent seulement son nom. Les numéros 368 (*AEIB* II, 589), 5812–3 (*AEIB* II, 593), 5818–20 (*AEIB* II, 590), appartiennent à sa mère Ta-cheri-min, fille de la maîtresse de maison Neskhonsou, ainsi que 370 (*AEIB* II, 589). On peut compléter cette liste par un certain nombre d'autres exemplaires, dispersés dans des collections privées (Aubert, *ibid*, p.224), signe manifeste du pillage de la tombe à une époque ancienne. Les N° Berlin 346–349 proviennent également de la tombe N° 102; ils appartiennent à deux autres personnages, dont les noms sont difficilement lisibles.

D. LA TOMBE DE NYOUAHIBRE

Dans un bref article des Annales, consacré à une tournée d'inspection, A. Bey Kamal[928] mentionne l'existence d'un tombeau dans la "montagne située au sud du Sphinx", c'est-à-dire quelque part dans la nécropole de Giza-sud, sans autre précision. Il aurait été ouvert et vidé par Mariette qui n'aurait laissé, au fond du puits d'une trentaine de mètres, que le sarcophage de calcaire, mal dégrossi, dont le couvercle porte une colonne d'inscription. A l'intérieur subsistaient les restes d'un sarcophage en bois et d'une momie. Le proscynème nous apprend dans son affligeante banalité que le sarcophage

926. Pour ce titre, voir référence chez H. de Meulenaere, *Le surnom*, p.16.

927. Cf. H. de Meulenaere, *ibid.*, p.26. J. et L. Aubert, *Statuettes*, p.224, datent, quant à eux, ce personnage de l'Epoque Saïte.

928. A. Bey Kamal, *ASAE* 9, 1908, p.85-6; voir aussi W. El-Sadeek, *ibid.*, p.94-5.

appartenait à l'imakh (auprès) d'Osiris qui préside à l'occident, le grand dieu, seigneur de Ro-Setaou, Nyouahibrê, 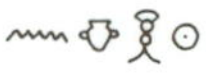 , fils de Pa-di-tjaou-khef, 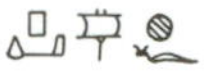 , et de la maîtresse de maison,  (?).

E. LA TOMBE DE PADISET ET TAIRY ET LES FOUILLES D'ABU BAKR

En 1945-46, l'égyptologue égyptien Abu Bakr a mené une campagne de fouille à Giza-sud, non loin de la tombe de Tjary, dont malheureusement rien n'a été publié, et qui n'est connue que par le bref rapport de U. Schweitzer, *Or.* 18, 1950, p.118–9 et fig.1, pl.1; voir aussi J. Leclant, *Or.* 20, 1951, p.346; PM III[2], 1, 297; W. El-Sadeek, *ibid.*, p.94. Il s'agit soit de tombes purement rupestres, soit de sépultures de type mixte, plus complexes, avec une cour qui précède une chapelle voûtée. Chacun de ces mastabas ou tombes possédait un puits très profond qui donnait accès à une unique chambre souterraine qui servait de caveau familial. Ces tombes étaient pillées lorsqu'Abu Bakr les a fouillées; il y a néanmoins retrouvé quelques sarcophages, chaouabtis, canopes et autre petit matériel funéraire[929].

Ces objets ont été assez longtemps conservés dans un des magasins du Service des Antiquités à Giza où j'ai pu les voir dans le début des années 70[930]. Je ne sais ce qu'il en est advenu depuis lors, étant donné que W. El-Sadeek, *ibid.*, p. 94, signale ne pas les avoir retrouvés, une dizaine d'années plus tard. Je mentionnerai ceux qui me paraissent les plus notables.

Provenant de la tombe de Padiset qui était juge, *sꜣb*, et fils de la chanteuse de la fondation pure de Ptah (*pꜣ grg wꜥb Ptḥ*)[931], Tairy, son sarcophage anthropoïde en bois peint porte une colonne de texte emprunté à un passage des Textes des Pyramides, Spruch 368 § 638, qui apparaît sur un certain nombre de sarcophages tardifs[932]. Un autre sarcophage de bois peint, trouvé dans la même tombe, appartenait à Tairy, et, bien que son titre ne soit pas mentionné sur son propre sarcophage, on peut supposer, avec quelque vraisemblance, qu'il s'agit de la mère du précédent. Parmi les chaouabtis de faïence bleu-vert, dont certains étaient anépigraphes et d'autres trop abîmés pour être lisibles, on peut néanmoins citer celui qui appartenait à Gemhep,  , fils de Hedebirou,  , et un autre, au nom du chef des chanteurs de pharaon, Osorkon, de son beau nom Neferibrê-sa-neith, fils de Iahmès et Amenmerites. L'exemplaire en question n'est pas en très bon état mais il a été possible de compléter le nom, la titulature et la généalogie du personnage par d'autres documents. On connaît, en effet, deux ou trois autres chaouabtis de ce personnage[933], entrés dans des collections privées ou des musées à des dates anciennes et qui étaient considérés comme de provenance inconnue. Encore une fois, cela montre clairement combien le site a dû être

929. Pour les stèles dédiées à Osiris de Ro-Setaou, trouvées dans cette zone, voir *supra*, p.252–9.

930. Grâce à M. Nassef Hassan qui était alors inspecteur en chef du secteur de Giza et m'avait accordé l'autorisation de travailler dans ces magasins.

931. Sur les toponymes de la catégorie *pꜣ grg n Ptḥ* et var., voir entre autres J. Yoyotte, *RdE* 14, 1962, p.76, n.(1); A. Schulman, *JNES* 22, 1963, p.178 et 182; W. Helck, *JNES* 25, 1966, p.36.

932. Comparer avec le sarcophage de Mykérinos: *supra*, p.98, et avec une inscription de la tombe de Pakap: *supra*, p.284.

933. Un exemplaire dans la collection Cochrane, peut-être identique à celui de la collection MacGregor; un autre chaouabti du même personnage est conservé au Musée d'Aberdeen: cf. H. de Meulenaere, *Le surnom*, p.6 et n.(14), avec la bibliographie antérieure; voir aussi J. et L. Aubert, *Statuettes*, p.222; H. Schneider, *Shabtis* I, p.340.

pillé mais aussi combien il pourrait encore réserver de surprise. Le personnage qui porte un titre relativement peu courant à l'époque[934], était vraisemblablement enterré à Giza-sud où Abu Bakr aurait peut-être découvert sa tombe, à moins que le chaouabti n'ait été retrouvé en surface.

Enfin je mentionnerai, en passant, plusieurs séries de canopes anonymes, deux statues de bois de Ptah-Sokar-Osiris, deux grands coffres de bois noir, surmontés d'un Anubis couchant, etc. Plus intéressante peut-être, la présence au milieu de bijoux et d'amulettes d'un scarabée criocéphale caractéristique de la XXVe dynastie, dont on ne peut dire ce qu'il faisait parmi un matériel, relativement homogène et dans l'ensemble beaucoup plus tardif[935].

Une belle cuve anthropoïde en calcaire a été retirée par Abu Bakr d'un puits du secteur qu'il a fouillé. Elle est restée longtemps sur place, au milieu du désert, plus ou moins protégée par un amas de pierrailles avant d'être mise à l'abri dans un magasin du Service des Antiquités à Giza où elle est enregistrée sous le N° 75 (cf. A. M. Moussa. *SAK* 15, 1988, p.225 sq.). Un double texte symétrique court tout autour de cette cuve. Le propriétaire en était Gemenefhorbak (H. Ranke, *PN* I, 351, 26 et II, 394), *ḥm Ḥr wr wꜣḏty ẖry-tp nswt*, serviteur d'Horus, *wr wꜣḏty* et chambellan, ce dernier titre étant un emprunt archaïsant à l'Ancien Empire, tandis que celui de serviteur d'Horus, *wr wꜣḏty* désignait le prêtre officiel de Bouto[936].

F. FOUILLE DE J. YOYOTTE AU GEBEL GIBLI

Durant l'hiver 1972, une campagne de fouille a été menée par Jean Yoyotte et Philippe Brissaud dans la zone de Giza-sud, connue sous le nom de Gebel Gibli qui, auparavant, avait déjà été partiellement fouillée par Abu Bakr[937] et où se trouvent le Mount Covington Mastaba et la tombe de Tjary[938]. Pour un compte rendu succinct de cette campagne, voir J. Yoyotte, *Ann. EPHE* V 85, 1976, p.193, et J. Leclant, *Or.* 42, 1973, p.398–9[939].

Le travail qui n'a duré qu'une saison a surtout consisté en un survey préliminaire de surface et un certain nombre de sondages. Hormis un mastaba isolé de la IVe dynastie, qui laisse supposer une occupation, au moins sporadique, du site durant tout l'Ancien Empire et non pas seulement les premières dynasties, ce sont essentiellement des tombes tardives qui s'échelonnent sans doute de l'Epoque Saïte à l'Epoque Gréco-Romaine qui ont été retrouvées. Elles présentent une particularité architecturale notable. Il s'agit en effet de tombes construites, non pas des chapelles mais des mastabas, dont les chambres voûtées étaient prises dans une superstructure consistant en murs de pierre retenant un remplissage de gravats. Ce matériau de construction, plus fragile, a dû disparaître au cours du temps et donner ainsi l'illusion qu'il s'agissait de chapelles et non de mastabas. Très probablement, comme je l'ai déjà suggéré, le choix de cette architecture a été dicté par la mauvaise qualité de la pierre qui rendait difficile le creusement de tombes rupestres. Les tombes étaient pillées; du matériel, assez pauvre a été découvert,

934. Cf. H. de Meulenaere, *BIFAO* 60, 1960, p.123.
935. Voir *supra*, p.86.
936. Cf. H. de Meulenaere, *BIFAO* 62, 1964, p.155.
937. *Supra*, p.300–1.
938. Cf. PM III^{2}, 1, 294 et plan III.
939. J. Yoyotte m'a libéralement accordé l'autorisation de consulter les archives de cette campagne de fouilles, ce dont je le remercie.

éparpillé sur le site, dont des masques funéraires, des amulettes, des chaouabtis pour la plupart anépigraphes, de la poterie. On notera cependant parmi les chaouabtis, l'un d'eux appartenant au prince et comte, chancelier du roi et serviteur d'Horus, *wr wꜣḏty* ... Le secteur avait également servi à des inhumations, plus pauvres encore et plus rudimentaires, où les sarcophages de bois, ou parfois simplement le corps roulé dans un linceul, étaient enterrés à même le sable.

G. QUELQUES REMARQUES SUR LA NECROPOLE DE GIZA-SUD

L'étude de ce secteur ne peut être, dans l'état actuel des choses, que très incomplète et partielle, en raison des destructions sans doute mais aussi de l'insuffisance de nos connaissances, relatives aux fouilles, toujours ponctuelles, qui y ont été faites. Néanmoins, l'ensemble des données réunies et utilisées permet de se faire une idée d'ensemble, au moins approximative, de l'histoire et de l'évolution de Giza-sud. Le site a été en usage de manière sporadique depuis les premières dynasties jusqu'à l'Epoque Gréco-Romaine. Sans doute, sa position excentrée par rapport au plateau même de Giza avec les Pyramides et le Sphinx, a-t-elle freiné son développement. En revanche, le secteur avait certainement une spécificité propre; c'était le lieu même de Ro-Setaou dont Osiris était le maître, ce qui lui conférait un prestige remontant au début de l'époque historique. Malgré l'état actuel de délabrement, les chaouabtis trouvés là indiquent que des personnages relativement importants venaient s'y faire enterrer; enfin on connaît pour une époque très tardive, l'existence d'une organisation de choachytes qui avaient, vraisemblablement, la charge du fonctionnement de cette partie de la nécropole.

6. DOCUMENTS DE PROVENANCE INCERTAINE

Pour en finir avec les nécropoles de Giza à Basse Epoque, je mentionnerai encore un certain nombre de documents, censés provenir de Giza, mais sans qu'on puisse préciser davantage leur origine. On sait, par ailleurs, que la mention "Giza" dans un catalogue de musée, et tout particulièrement dans le Catalogue Général du Musée du Caire, doit être comprise dans un certain nombre de cas, surtout pour les époques les plus anciennes, comme "acheté à Giza" et non "provenant de Giza"; or, on n'a pas toujours les moyens de faire la différence entre ces deux significations possibles. On restera donc circonspect au sujet des documents qui vont suivre.

A. MONTANT DE PORTE DE OUAHIBRE FLORENCE 2603

Entré très anciennement dans la collection de Florence puisqu'un des plus anciens catalogues de ce musée le mentionne dès 1859: A. Migliarini, *Indication succincte des monuments égyptiens du Musée de Florence*, 1859, p.28. On ne possède pas davantage de précision sur le lieu de sa trouvaille. Il est aujourd'hui conservé dans ce musée sous le N° 2603. Voir la bibliographie dans PM III^{2}, 1, 310. Il s'agit très vraisemblablement, d'un montant de porte, provenant sans doute d'une tombe, intégralement préservé. Il comporte deux colonnes de texte, gravées dans le creux, dont le style très médiocre laisse présumer une époque très tardive, peut-être ptolémaïque. Il s'agit d'un proscynème adressé à Osiris, seigneur d'Abydos, en faveur d'un certain Ouahibrê, , fils de Hepouas,

 , et de la maîtresse de maison, Tjes-set-peret, 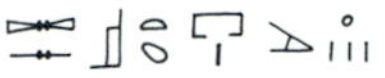 . Il n'y a aucun indice particulier, permettant d'affirmer que l'objet provient effectivement de Giza.

B. SARCOPHAGE DE HOR LOUVRE D 10

Il s'agit d'un beau sarcophage de granit gris déjà connu par Goodwin et Wilkinson au début du XIXe siècle. Conservé au Louvre sous le N° D 10. Voir la bibliographie succincte dans PM III², 1, 311; il n'a, en fait, jamais été réellement publié.

Il date de la fin des dynasties indigènes ou du début de l'Epoque Ptolémaïque et porte des scènes religieuses, relatives à la navigation nocturne du soleil dans l'au-delà. Il appartient au prince et comte, trésorier du roi de Basse Egypte, ami unique, prophète, Hor, fils d'Ounnefer et de Ta-remetj-bastet. S'il provient bien de Giza, cela nous indique qu'il y avait là sans doute plus de beaux et importants sarcophages de pierre que ce qu'on en connaît aujourd'hui.

C. COUVERCLE DE SARCOPHAGE DE HOR

Ce couvercle est connu par la copie qu'en a faite Lepsius; on n'est pas sûr du lieu exact où cet auteur l'a vu; sans doute, à proximité de la tombe LG 78; il le publie en effet avec quelques documents de provenance mal définie, mais liés à Giza, semble-t-il: cf. *LD* III, 277 a, avec le texte; et *Text* I, p.126; PM III², 1, 311. P.-M. Chevereau, *Prosopographie*, p.151, doc. 223, signale le même objet comme ayant été trouvé au Caire, provenant d'Héliopolis et conservé dans un magasin du Service des Antiquités à Giza, en renvoyant à H. Bakry, *RSO* 46, 1971, p.100–3. Pour reconstituer l'histoire récente du document, il me paraît vraisemblable que le couvercle du sarcophage, vu par Lepsius à Giza, ait été ultérieurement transporté dans une rue du Caire où Bakry l'a retrouvé, avant de finir dans un magasin du Service des Antiquités, à nouveau à Giza. Evidemment la provenance supposée d'Héliopolis n'a plus de raison d'être.

Ce couvercle appartient à un certain Hor, fils de *Tꜣ-ḫꜣʿw*,  (cf. H. Ranke, *PN* I, 366, 12), qui était généralissime, le premier de sa Majesté, *mr mšʿ wr tpy n ḥm·f*. Cette haute charge militaire était accompagnée d'une longue série de titres civils et religieux, dont certains obscurs; entre autres, *rpʿ ḥꜣty-ʿ sḏꜣwty bìty smr wʿt ḥsb ḫt nb(t) n ḥwt-nṯr Mn-nfr*, prince et comte, chancelier du roi de Basse Egypte, comptable de toutes les offrandes dans le temple de Memphis, *ḥm-nṯr Ḥr nb Ḥwt-nswt*, prophète d'Horus, seigneur de *Ḥwt-nswt*, *ḥm-nṯr Ḥr nb Ḥbnw*, prophète d'Horus, seigneur d'Hebenou, *ḥm-nṯr Ḫrty ḫnty Ḫm*, prophète de Kherty qui préside à Létopolis, *ḥm-nṯr Ḥp ʿnḫ wḥm Ptḥ*, prophète de l'Apis vivant, héraut de Ptah.

D. CHAOUABTIS

En étudiant les différents secteurs de la nécropole de Giza; j'ai largement mentionné les chaouabtis de provenance connue, soit qu'ils aient été découverts dans le meilleur des cas, dans la tombe de leur propriétaire, soit qu'à tout le moins, on les ait retrouvés sur le site au cours d'une fouille. Un certain nombre de musées et de collections particulières possèdent d'autres exemplaires qui sont réputés provenir du site, sans davantage d'informations concernant le lieu effectif de leur trouvaille. Ces indications peuvent être sujettes à caution et doivent être tenues pour telles. Néanmoins, certains cas nous ont montré que la provenance d'objets, entrés depuis fort longtemps dans des collections avait été corroborée par des fouilles plus récentes qui avaient permis de mettre au jour d'autres exemplaires de chaouabtis, appartenant aux mêmes personnages: ainsi Ankhpakhered[940] dans la nécropole orientale ou encore Osorkon à Giza-sud[941]. C'est pourquoi je mentionnerai d'autres chaouabtis, traditionnellement attribués au site de Giza, ce qui un jour, peut-être, sera infirmé ou confirmé[942].

Le Musée du Caire en possède un certain nombre: ceux du général, *ḥry mšʿ*, Pikhaas, 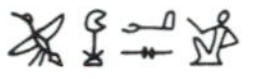, né de Tachedidi[943] 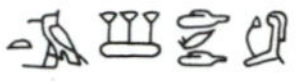 : CGC 47465–6; voir P. Newberry, *Funerary Statuettes* I, p.148 et III, pl.62. Les N° CGC 47467–73, anépigraphes, appartiennent également à ce personnage dont la tombe, aujourd'hui perdue, devait être située à Giza. Il existe, en fait, plus d'une quarantaine de chaouabtis appartenant au général, dispersés dans des musées ou des collections privées: voir H. Schneider, *Shabtis* I, p.340; J. et L. Aubert, *Statuettes*, p.253; et P.-M. Chevereau, *Prosopographie*, doc. 283, p.184. Les chaouabtis CGC 47514–6 (= JE 1980) appartiennent à un certain Ankhpakhered, prophète de la dame d'Imaou: P. Newberry, *ibid.*, p.155–6[944]. CGC 47526 (= JE 1981): la joueuse de sistre d'Amon-Rê Sonther, *iḥyt n Imn-Rʿ nswt nṯrw*, Chebsopdet,  : P. Newberry, *ibid.*, I, p.158 et III, pl.42; CGC 47589: *rpʿ ḥ3ty-ʿ sš Ḥr ... ḥm-nṯr Sḫmt ... W3ḥ-ib-Rʿ* (?), , *ms*  : P. Newberry, *ibid.*, I, p.168; CGC 47853: *Imn-m-ḥb* 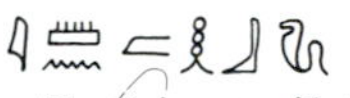 *ms n*  : P. Newberry, *ibid.*, I, p.251; CGC 47856: *Iy-m-ḥtp ms n T3-šri-n-t3-iht*: P. Newberry, *ibid.*, p.252.

Un chaouabti d'une collection privée suisse, publié par J.-L. Chappaz, *Les figurines funéraires égyptiennes*, p.34, appartenant au scribe de la maison d'Amon, *sš pr Imn Ḫ3* ..., Kha..., proviendrait, sous toute réserve, de Giza; il daterait de la Troisième Période Intermédiaire. Dans la collection Cochrane, déjà citée[945], la statuette d'Onnophris, *Wn-nfr*, fils d'Aper, *ʿpr*: cf. Griffith, *JEA* 3, 1916, p.196. A la suite de M.-L. Buhl, *Sarcophagi*, p.26–7 et 213, J. et L. Aubert, *Statuettes*, p.231–2, proposent Giza comme une provenance possible, mais tout à fait aléatoire, de nombreux chaouabtis, appartenant au scribe royal et majordome, Padipep.

940. Voir *supra*, p.206–8.
941. Voir *supra*, p.300.
942. Ma liste n'a, du reste, cela va de soi, aucune prétention d'exhaustivité. La recherche de chaouabtis provenant d'un site donné, de par les musées du monde et les collections privées, ces dernières étant la plupart du temps d'un accès peu facile, est une quête sans fin et forcément vouée à l'imperfection et l'inachèvement.
943. Pour ce nom, voir M. Thirion, *RdE* 31, 1979, p.83.
944. *Supra*, n.(609).
945. Cf. *supra*, p.300 et n.(933).

CONCLUSION

Nous voici arrivés au terme de cette étude du site de Giza durant le premier millénaire, menée en fonction de deux paramètres qui se recoupent parfois: les repères chronologiques fiables qui servent de jalons dans la reconstitution historique; les ensembles documentaires cohérents, par leur lieu d'origine précis lorsqu'il est connu ou par leur nature même; il peut s'agir des bâtiments ou d'objets mobiliers appartenant à un type bien défini comme des stèles, chaouabtis, etc. Ce travail est fondé sur la publication, l'analyse, le commentaire d'une très grande quantité de documents dont bon nombre étaient inédits et certains, publiés il y a fort longtemps. Si l'inventaire n'est pas exhaustif, ce qui est impossible, il tend, du moins, à être aussi complet que possible. Pourtant, le but visé n'était pas l'établissement d'un catalogue d'objets qui a ses mérites en soi—l'enrichissement de la documentation—mais aussi ses limites.

De l'accumulation de documents, parfois insignifiants et peu significatifs par eux-mêmes, naît confrontation et rapprochements; des lignes directrices se font jour, qui permettent de jeter les bases d'une histoire suivie. Ainsi, à partir de documents épars, on peut retracer l'histoire de Giza durant un millénaire, reconstituer son évolution religieuse et, finalement, tenter d'apprécier le rôle qu'il a joué dans un cadre plus large, au moins celui de la région memphite. Mais cela même ne suffirait pas. En saisissant des indices tels que la présence de la XXIe dynastie sur le site, le développement du culte d'Isis, on peut rattacher les événements dont Giza fut le théâtre à l'histoire plus large de l'Egypte.

A l'aube du premier millénaire, Giza sort d'une époque brillante où se sont dessinées les caractéristiques propres à la vie de ce site, après le temps des Pyramides. Rappelons les brièvement. Antique nécropole, pratiquement abandonnée durant le Moyen Empire, elle est resurgie de l'oubli dans le sillage de Memphis devenue centre militaire, économique, administratif, religieux et artistique qui n'avait rien à envier à Thèbes, capitale politique, résidence officielle des pharaons et nécropole royale. Tout en profitant de l'influence bénéfique de Memphis, Giza préserva son autonomie et son originalité. Si le site ne connût guère de succès comme nécropole, contrairement à Saqqara dont on découvre mieux, d'année en année, l'importance au Nouvel Empire, il prit en revanche un tournant nouveau qui allait être sa marque spécifique. Giza devint un des grands lieux de pèlerinage de l'Egypte, qui sut s'attirer les faveurs royales et la dévotion populaire. La figure d'Harmachis, selon l'interprétation nouvelle que les Egyptiens donnèrent, à cette époque, de la statue colossale du Grand Sphinx, domine le site de Giza. Objet de la sollicitude royale, il fut plusieurs fois dégagé du sable, rendu à la vue, restauré et protégé. Autour de son temenos à l'air libre où l'on venait déposer des stèles votives, les souverains bâtirent des chapelles qui lui étaient consacrées. Le dieu entré dans le panthéon solaire héliopolitain, servait de garant à la royauté. Mais le temenos ou, du moins, ses abords, fut aussi un de ces lieux où le peuple prie et sollicite le dieu miséricordieux. Ce n'est pas seulement à Harmachis mais à la forme composite

Houroun-Harmachis qu'on adresse les prières. Le Sphinx, figure égyptienne par excellence, en était venu à incarner un dieu de l'étranger, amené de Syrie-Palestine en ces temps où l'Egypte s'était largement ouverte aux influences extérieures. Qu'est-ce qui attirait princes et rois et plus modestes personnages aux confins désertiques du nome memphite? Le Sphinx, à coup sûr, mais avec arrière-fond de pyramides. On venait admirer, comme nous le dit explicitement un texte, les monuments antiques des pharaons dont les noms n'étaient pas tombés dans l'oubli. Le souci du passé et de l'histoire, si on ose cet anachronisme, de l'histoire telle qu'on la concevait à cette époque, étaient déjà présents dans cette quête qui, plus tard, se muera en un goût plus poussé pour l'archaïsme. Le retour aux origines a été une constante dans l'histoire égyptienne et non seulement un sursaut de l'Epoque Saïte pour contrebalancer les difficultés politiques. Dès le Nouvel Empire, Giza prit aux yeux des contemporains la dimension d'un site chargé d'histoire. C'est ce qui peut expliquer, bien que le mécanisme de son déclenchement nous échappe, le développement, parallèlement à la dévotion pour Harmachis, d'un culte d'Isis, imprégné du caractère des pèlerinages populaires. C'est autour de l'ancienne chapelle funéraire, désaffectée, de la pyramide G I–c, la plus méridionale des petites pyramides subsidiaires à l'est de Chéops, que se cristallisa ce culte, dont la politique officielle fut loin de se désintéresser, comme l'attestent des témoignages depuis Aménophis II jusqu'à Merenptah. Ce lieu était-il chargé du souvenir d'une princesse, Henoutsen, qui aurait été enterrée dans la pyramide, comme veut le faire croire un document de la XXVIe dynastie, gravé au nom de Chéops? Rien ne nous autorise à le dire. Néanmoins, c'est là que fut, sans doute, établi le premier édifice qui englobait la chapelle funéraire et la détournait de son usage primitif, selon une habitude fortement enracinée chez les Egyptiens. Rien, ou presque rien, ne nous est parvenu de cette première phase de la chapelle d'Isis qui fut sans doute rasée au temps de la XXIe dynastie pour faire place à un bâtiment plus important. Quelques objets mobiliers, stèles, bassin à libation, retrouvés dans les parages, mais pas en place, et les nombreuses bagues offertes en ex-voto à la déesse, témoignent de l'existence d'un culte populaire qu'on est tenté de comparer à celui qui était rendu, un peu plus au sud, à Abousir, à la Sekhmet de Sahourê.

Avant même qu'elle ne devienne la déesse tutélaire des lieux, avec l'épithète de dame des Pyramides, Isis était vénérée non loin d'Harmachis et sa chapelle au pied des Pyramides, était peut-être la deuxième station du pèlerinage sur le plateau. Mais au-delà de cet état de fait, ce qu'il faut impérativement souligner c'est le développement très précoce d'un culte autonome de la déesse, indépendant de celui d'Osiris, dès la XVIIIe dynastie, à une époque où sont encore rares les temples et les chapelles qui lui sont consacrés. C'est une indication qu'il faut, en des points précis et inattendus comme le site de Giza, pour rechercher les prémisses du *floruit* tardif des cultes d'Isis, remonter à une époque bien antérieure. La déesse qu'on révérait alors, devait s'apparenter par bien des aspects, comme plus tard encore, d'ailleurs, à l'Hathor des cultes populaires. Est-ce la présence d'Harmachis, autrement dit une forme d'Horus, qui fit choisir Isis au détriment d'Hathor? On peut le suggérer mais sans pouvoir l'affirmer.

A côté d'Harmachis et d'Isis, comme si la sainte famille divine se trouvait éparpillée en trois lieux de culte différents, Osiris eut aussi sa place à Giza, règnant sur Ro-Setaou terrestre, qui désigne une partie de la nécropole. Avec ce culte on remonte, une fois encore, à la haute antiquité du site puisque le toponyme est connu depuis les Textes des Pyramides et que Giza servit de lieu d'inhumation, dès les premières dynasties. Le dieu y posséda très vraisemblablement un temple, dès le Nouvel Empire, et son influence, dont les bases étaient fermement établies, n'allait cesser de grandir sous sa forme de seigneur de Ro-Setaou.

Après le long déclin de la fin de l'Epoque Ramesside, peu ou pas attestée à Giza, ce qui ne saurait surprendre étant donnée la rareté des témoignages de cette époque, s'ouvre pour l'Egypte une ère nouvelle, elle aussi empreinte de difficultés et résonnant de "bruit et de fureur." Memphis, et par conséquent Giza, de par sa position stratégique, était convoitée de tous. De fait, la ville resta dans l'orbite des souverains ou des roitelets du nord auxquels elle prêta allégeance, de gré ou de force. Elle demeura, du reste, un des centres urbains dont le rôle fut le plus influent à cette époque.

Que les souverains de la XXIe dynastie n'aient guère bâti hors de Tanis, la capitale tout juste fondée et pourvue du mobilier de Pi-Ramsès, n'est pas véritablement étonnant. C'était là, sans doute, déjà une œuvre considérable que de créer une cité nouvelle, à partir de rien, et de plus, leur pouvoir ne s'étendait guère au sud de Memphis. Toute trace d'activité hors de leur capitale est d'autant plus précieuse à recueillir et Giza, à cet égard, reste une source inégalée. Les documents nous permettent de dire qu'on construisit sous Psousennès Ier une chapelle où, pour la première fois, apparaît l'épithète dont Isis ne se départira plus: la dame des Pyramides. C'est vraisemblablement à l'instigation d'une famille sacerdotale memphite que fut édifié ce bâtiment, sans doute très similaire à d'autres, contemporains, mis au jour à Memphis. Peut-être était-ce la même famille qui œuvra à Memphis et à Giza mais nous n'avons pas assez de preuves pour l'affirmer. Le nom du prêtre d'Isis sur le linteau daté de Psousennès est en lacune comme l'est celui du propriétaire de la statue, retrouvée non loin du temple.

Sous Amenemopé, les témoignages sont plus nombreux; on a retrouvé un certain nombre d'éléments mobiliers appartenant également à une chapelle: linteau et montants de portes, fragments de colonnes. Probablement est-ce là encore l'œuvre de prêtres memphites, dévôts d'Isis et fidèles à leur souverain du nord. Outre les fragments épars, des vestiges demeurent en place à l'est de la chapelle funéraire de la pyramide G I–c. Si les salles centrales, salle à quatre colonnes et kiosque à deux colonnes, n'offrent pas, par elles-mêmes, de critères de datation suffisants, on peut toutefois leur assigner une date approximative, en fonction des bâtiments annexes, postérieurs, qui les entourent et dont l'âge peut être mieux cerné. Elles remontent, très vraisemblablement, à la XXIe dynastie qui marque la première étape de l'agrandissement du temple tel que nous le connaissons. En revanche, il est difficile de leur attribuer les fragments de Psousennès et d'Amenemopé, particulièrement les éléments de colonnes qui, malheureusement, ne peuvent être assortis aux bases et fûts restés en place. Il faut sans doute imaginer, dès la XXIe dynastie, un ensemble assez complexe avec le noyau du temple qui sera plus tard modifié sous les Saïtes et des chapelles annexes, bâties par les prêtres désormais au service de la déesse.

Déjà installé à Giza, on voit le culte se développer dans cette chapelle locale qui sera le noyau d'une constellation de petits édifices cultuels ou à usage funéraire. Isis, de par son épithète de dame des Pyramides, est devenue la déesse tutélaire du site, défini par ses monuments immuables dont il importait peu, au fond, qu'ils aient été profanés ou mis hors d'usage. Par une sorte d'anachronisme qui ne pouvait gêner les Egyptiens, Isis tard implantée sur le site, est amenée à présider aux destinées de monuments d'une antiquité bien plus haute.

Cependant les autres cultes poursuivaient leur carrière même si nous ne disposons que de peu de documents bien datés, pour cette époque. Il n'est pas exclu qu'un relief au nom d'Amenemopé, représentant un sphinx, provienne de Giza, et on sait qu'un certain nombre de personnages de rang plus ou moins élevé dans les hiérarchies sacerdotales memphites, étaient également rattachés à la maison d'Osiris, seigneur de Ro-Setaou, ce qui nous indique qu'elle fonctionnait alors.

Les témoignages royaux, qui ont le mérite de nous offrir des jalons chronologiques sûrs, sont assez clairsemés entre les XXIe et XXVIe dynasties, ce qui correspond, après tout, à une période de difficultés grandissantes pour le pays: scarabée de Chechanq Ier, plaque au nom d'un des deux Nékao, statuette d'un certain Smendès, grand chef des Ma, caractéristique de l'époque de l'anarchie libyenne.

Un autre document d'une portée plus importante pour l'histoire du temple d'Isis et de Giza date aussi de cette période. Le sarcophage de bois de l'enfant du chef des étrangers, Bepeshes, a été retrouvé dans une structure de pierres et de briques, faisant partie du temple d'Isis, malheureusement en si mauvais état qu'on en ignore la configuration au-dessus des fondations. Ce personnage était déjà connu par une remarquable statue de bronze, jadis trouvée à Memphis; ses nom et titre ainsi que le style de l'objet ont conduit à une datation XXIIe–XXIIIe dynasties. Outre l'intérêt indéniable d'avoir localisé la sépulture de ce chef libyen, nous tenons là des indications historiques et religieuses fort précieuses. Au lieu d'une solution de continuité entre le début de la Troisième Période Intermédiaire et l'Epoque Saïte, nous assistons à un développement progressif du temple qui s'étend vers le nord. Cet agrandissement fut destiné à un usage funéraire et on retrouve à Giza cette pratique, inaugurée avec Psousennès à Tanis, de bâtir des sépultures à l'intérieur du temple, pratique qui essaima à Memphis, Léontopolis, Medinet Habou et Saïs. Il semble que ce furent des rois ou, à tout le moins, des membres de familles royales qui aient bénéficié de cette coutume, sur les sites mentionnés. Ici il s'agit tout au plus d'un dynaste local au pouvoir restreint, mais le temple, lui aussi, n'avait sans doute qu'un rayonnement local dans l'orbite de Memphis. Il faut tout de même souligner que le lieu choisi pour la sépulture n'est plus simplement le temenos du temple mais le temple lui-même dont il est, en fait, une des salles. La confusion ou la distinction entre culte divin et culte funéraire est un problème qu'on ne peut manquer de poser face à cette situation. Il faut croire que les morts, une fois enterrés, n'étaient pas entachés d'une impureté qui aurait interdit leur présence à l'intérieur d'un temenos ou d'un temple.

Quoi qu'il en soit, cette trouvaille faite au temps de Reisner, ce qui ôte malheureusement l'espoir d'en préciser les détails archéologiques, est à rapprocher d'autres découvertes d'ensembles, sinon similaires, du moins comparables. Les fouilles actuelles dans la nécropole royale de Tanis montrent clairement que les tombeaux eux-mêmes ne sont qu'une partie de structures plus vastes, en briques, dont on commence à comprendre l'agencement[946]. A Hérakléopolis, la nécropole de la Troisième Période Intermédiaire, encore incomplètement mise au jour, semble présenter de grandes similitudes avec le temple d'Isis et ses dépendances: des tombes, dont celle d'un

946. Ph. Brissaud, *Cahiers de Tanis* 1, 1987, p.7–43.

Osorkon, fils d'un grand chef des Ma, entourant une chapelle centrale, le tout ayant été réutilisé à l'Epoque Saïte[947]. Avec tous ces résultats nouveaux, on peut espérer mieux connaître le type de sépultures qui fut en usage durant cette période, encore empreinte d'obscurité.

En dépit de l'intérêt indéniable que portèrent les rois kouchites à la ville de Memphis, on n'en trouve guère de trace archéologique directe sur le site de Giza, si ce n'est un scarabée criocéphale. En revanche, la généalogie d'un personnage comme Harbes nous laisse supposer que sa famille était déjà installée à Giza vers la fin de l'Epoque Ethiopienne.

L'Epoque Saïte, elle, qui sur le plan artistique au moins, loin d'être en rupture avec la dynastie précédente, apparaît au contraire, bien souvent, comme sa continuation, va être pour Giza une période d'intense activité religieuse et funéraire. On a souvent insisté sur le goût pour l'archaïsme, le retour au passé des Saïtes et qualifié leur art, de renaissance néo-memphite. Mais il ne faut y chercher cependant aucune servilité par rapport au passé car le sens de l'innovation et de la création n'est pas mort. D'autre part, on ne peut oublier que ce mouvement se situe dans une perspective beaucoup plus large, qui est la recherche de modèles anciens que les Egyptiens ont toujours prisés et qui s'est peut-être seulement accentuée dans les temps difficiles que connaissait le pays.

Que la région memphite ait été un lieu privilégié pour cette quête, est facile à comprendre. Elle offrait encore aux yeux des Egyptiens du VIIe siècle des témoignages, relativement accessibles, d'un passé prestigieux pour lesquels ils n'hésitèrent pas à se faire archéologues quand la nécessité le réclamait. Ils ne furent pas, d'ailleurs, des imitateurs indifférents à leurs modèles mais consacrèrent souvent des efforts coûteux pour les remettre en état ou restaurèrent des cultes qui ne furent pas fictifs, comme on le lit parfois.

Le temple d'Isis va alors entrer dans une phase de grand développement. Autour du noyau central édifié entre les XXIe et XXIIIe dynasties, des chapelles sont construites au nord et au sud, barrant complètement la rue qui longe les pyramides de reines; puis, lorsqu'il n'y eut plus de place, il n'y eut d'autre ressource que de creuser d'autres chapelles dans le mastaba même de Khafkhoufou et de son épouse, qui borde la rue à l'est. Certaines de ces constructions sont décorées; d'autres, ou du moins ce qu'il en reste, anépigraphes. Les reliefs qui ont subsisté, sont caractéristiques de l'art saïte, fait d'emprunts au passé, tout autour encore présent, mais d'emprunts, modifiés en fonction des réalités et des goûts contemporains. L'une de ces chapelles, au moins, est bien datée puisque nous savons que son propriétaire, Harbes, vécut sous le règne de Psamétique Ier. C'est lui, aussi, qui a laissé une table d'offrandes, une statue de sa mère, une stèle de donation et quatre statues dont il ne fait guère de doute qu'elles proviennent effectivement de Giza.

C'est à ces agrandissements qui accompagnaient très probablement des réfections de la partie centrale du temple, que fait allusion la stèle dite de la fille de Chéops. Sous le couvert du nom de ce roi, l'auteur véritable est resté anonyme. Cependant, l'inventaire des biens du temple, la rénovation du monument et la restauration des offrandes, c'est-à-dire du culte lui-même, datent sans doute de la XXVIe dynastie, et même à son commencement, car tous les indices vont en ce sens. C'est en effet au début de l'Epoque

947. Cf. J. Leclant, *Or*. 55, 1986, p.264; et C. Perez Die, *Archéologia* 225, juin 1987, p.44–8.

Saïte qu'il faut fixer l'instauration de sacerdoces, liés au culte d'Isis, les prêtres d'Isis existant, eux, antérieurement déjà. On assiste à la renaissance des cultes commémoratifs des rois anciens, Chéops, Chéphren, Didoufri et Mykérinos, célébrés par une seule famille de prêtres d'Isis tout au long de six générations; famille dont les membres, à partir de la troisième génération, prirent l'habitude de graver leurs généalogies sur les murs de la chapelle d'Harbes qui était le contemporain de leur ancêtre: Pami. Un autre personnage, un dénommé Ptahdiiaou, fut aussi détenteur sous la XXVIe dynastie, des titres de prophète de Chéphren et Didoufri. Si l'emplacement de sa chapelle est aujourd'hui perdu, on peut tout au moins supposer qu'elle était située, sinon dans le temenos du temple, du moins à proximité.

De tout cela, il ressort avec clarté que le culte d'Isis était alors florissant et étroitement lié à l'histoire du site puisqu'elle était la dame des Pyramides et qu'en même temps qu'elle, les auteurs de ces pyramides étaient honorés. Par ailleurs, un thème isiaque par excellence et appelé à connaître plus tard un vif succès, apparaît ici dès le début de l'Epoque Saïte. Isis allaitant le dieu Horus enfant, est représentée sur une paroi de la chapelle d'Harbes. La Stèle de la fille de Chéops permet, elle aussi, une approche précieuse de la théologie d'Isis à cette période: elle s'y manifeste comme Isis-Hathor ce qui est également le cas, sans doute, sur la statue d'Harbes présentant une égide. Et à cet aspect double de la déesse, qui sera si souvent le sien dans ses grands temples de l'Epoque Ptolémaïque, s'adjoignent des formes secondaires: Isis-Meskhenet, Isis-Scorpion, Isis qui est sur le trône, Isis du mammisi. On voit déjà se manifester la tendance à l'universalisme de la personnalité de la déesse que les arétalogies d'Isis, peut-être d'origine memphite, traduiront de manière éclatante.

Isis ne fut pas la seule à être vénérée sur le site. La même Stèle de la fille de Chéops relate d'une manière malheureusement allusive, rendue encore plus obscure par les lacunes, la sollicitude dont la statue d'Houroun-Harmachis fut l'objet. Restaurée, les prêtres d'Isis qui étaient également prêtres d'Harmachis, lui rendirent un culte. Des faucons, comme celui d'Harbes ou des sphinx, tels celui qui porte le cartouche d'Apriès étaient toujours déposés en ex-voto. En dépit du silence d'Hérodote, la figure du Sphinx était sans aucun doute encore un des points d'attraction du site de Giza.

Le troisième lieu de culte important était le temple d'Osiris, seigneur de Ro-Setaou qui régnait en maître sur la nécropole. S'il n'a pas été précisément localisé, du moins est-il mentionné sur la Stèle de la fille de Chéops, comme l'un des points de repère dans la description topographique des lieux. Si Harbes avait choisi le temple d'Isis pour bâtir sa chapelle, il n'en érigea pas moins une stèle de donation en faveur d'Osiris, mentionné à diverses reprises sur ses monuments. La famille sacerdotale, attachée au service d'Isis ne détenait pas de charge dans le temple d'Osiris, mais Ptahdiiaou était, lui, prophète du dieu. C'est également sous la protection d'Osiris que se place Psamétique II tandis que des particuliers consacraient des statues de pierre ou de bronze ou des stèles à la divinité.

Ce passage en revue des cultes du plateau de Giza appelle, bien sûr, une constatation qui s'impose. La triade Osiris, Isis et Horus, sous la forme d'Harmachis, est présente et les trois divinités peuvent être mentionnées ensemble; rarement, il est vrai. Et pourtant, ce n'est pas exactement la famille du mythe osirien avec Isis, épouse et mère, Horus, le fils, qu'il faut vouloir retrouver à tout prix. Isis a acquis un statut à part entière; elle apparaît bien davantage comme la protectrice du site, étroitement liée aux pyramides et aux pharaons qui y furent enterrés que comme la mère d'Horus et l'épouse d'Osiris. Horus, quant à lui, a adopté une forme particulière, spécifique de Giza, qui fait de lui Houroun-Harmachis, incarné dans le Grand Sphinx, et cela depuis les débuts de la XVIIIe dynastie. C'est Osiris, finalement, qui conserve le rôle le plus traditionnel, celui de maître de la vieille nécropole.

Cette nécropole, délaissée au profit de Saqqara durant le Nouvel Empire, connut un grand regain de faveur, surtout à partir de la XXVIe dynastie et jusqu'à l'Epoque Ptolémaïque. On y rencontre des membres du clergé local, mais tous ceux qui sont connus par d'autres documents, n'ont pas été retrouvés; des officiels qui, visiblement, exerçaient leurs charges à Memphis dont le rayonnement demeurait grand, mais aussi des dignitaires venus de cités du delta, phénomène qui se manifeste de manière comparable à Saqqara. A cela on peut offrir une première explication: les tombes creusées dans le plateau libyque pouvaient paraître plus sûres et plus durables que celles des kôms du delta, toujours menacées. Mais une autre raison, moins pragmatique, a certainement présidé au choix de plus d'un de ces notables qui avaient élu Giza pour lieu de sépulture. On a vu le rôle qu'avait joué pour les Saïtes la recherche du passé, le soin qu'ils avaient consacré à la remise en état des vieux monuments dont les maîtres étaient à nouveau officiellement honorés. Il n'est donc pas surprenant qu'on ait alors souhaité venir se faire enterrer en un lieu aussi prestigieux et chargé d'histoire.

Avant même les Saïtes, un dynaste libyen s'était fait construire une modeste tombe, accolée à la chapelle d'Isis, dans son temenos. Sans doute n'était-ce pas un cas isolé et si nous n'en avons pas retrouvé d'autres exemples, ce n'est pas seulement à cause du manque de rigueur des fouilles qui furent menées dans ce secteur, mais aussi parce que, sous la XXVIe dynastie, on procéda à de profondes transformations du temenos d'Isis au détriment de son état antérieur. Ce cas, même unique, est de toute manière un témoignage qu'à Giza, comme ailleurs, on introduisit cette pratique nouvelle, inaugurée à Tanis, d'enterrer à l'intérieur de l'enceinte sacrée du temple. Elle se poursuivit aux époques ultérieures puisqu'une bonne partie des chapelles du temenos d'Isis possèdent leur puits avec des chambres souterraines qui, malgré les pillages, ont livré un certain nombre d'éléments de matériel funéraire, sarcophages grossiers, fragments de stèles, chaouabtis, etc. Ce matériel, toutefois, est trop incomplet pour qu'on puisse dire que ces tombes furent destinées aux desservants du temple d'Isis qui semblent avoir eu également la charge de rites à caractère funéraire, comme les libations, et dont certains portaient le titre de président de la nécropole. Les enterrements ne furent pas confinés à l'espace restreint du temenos. Toute la nécropole orientale servit à nouveau. Bien souvent, on se contenta de réutiliser des tombes anciennes, quitte à les modifier, mais on creusa aussi de nouveaux puits. Les tombes furent remployées plusieurs fois entre la XXVIe dynastie et l'Epoque Ptolémaïque qui connut aussi des inhumations de pauvres, ces grands absents de l'archéologie égyptienne, inhumations parfois disposées à même le sol, dans les rues qui sillonnaient la nécropole.

On a également retrouvé deux tombes rupestres dans la bordure rocheuse qui délimitait le temenos du Sphinx, aujourd'hui privées de tout décor. L'espace encore vide, au nord de la chaussée de Chéphren, fut choisi pour creuser des puits profonds, maintenant inaccessibles, qui abritèrent, chacun, plusieurs sépultures; parmi elles, celle de l'épouse d'Amasis et de son fils, peut-être transférés là après un premier enterrement à Saïs. La partie centrale de la nécropole, au relief irrégulier, avec ses mastabas construits et ses tombes rupestres, fut, à l'instar de la nécropole orientale, réutilisée pour des inhumations, généralement assez sommaires. Enfin la zone méridionale, au sud du piton rocheux qui domine le cimetière moderne, connut, elle aussi, un grand développement. Le beau tombeau de Tjary est le principal témoin d'une vaste nécropole qui abrita des personnages importants et des individus plus modestes, jusqu'à l'Epoque Romaine. Malgré l'insuffisance des fouilles et les pillages drastiques qui ont sévi jusqu'au XXe siècle, l'accumulation de ce qui subsiste de documents prouve une occupation régulière de l'ensemble du site à partir de la XXVIe dynastie, au moins, et jusqu'à l'Epoque Romaine.

Lorsque l'Egypte fut sous la domination étrangère, les cultes indigènes se poursuivirent. Le temple d'Isis montre encore des traces d'utilisation de cette période. Nous savons qu'Osiris de Ro-Setaou avait toujours ses prophètes, grâce à des titulatures de prêtres du clergé memphite. Mais, parallèlement, ce lieu de pèlerinage qu'était Giza pour les Egyptiens, devint aussi objet de curiosité pour les Grecs. C'est eux qui dénommèrent le Sphinx, Harmachis, parfois assimilé à Hélios, et vinrent à leur tour en pèlerinage devant le colosse dont les pattes avant furent couvertes de prières et d'inscriptions versifiées, tandis qu'une vaste esplanade était installée face à la statue. Tout comme les colosses de Memnon à Thèbes, le Sphinx parla à l'imagination des Grecs et sut les séduire. A leur tour, les pharaons romains firent montre de sollicitude pour la statue, toujours menacée par l'envahissement du sable. Comme le relatent les textes de décrets ou d'inscriptions rédigées en grec, stratèges et préfets d'Egypte veillèrent au désensablement du temenos, à la réparation des murs qui l'entouraient, à l'installation d'un autel en face de la statue, sous les règnes de Tibère, Néron, Marc-Aurèle et Septime-Sévère qui visita le site lors d'un voyage en Egypte[948]. Ainsi jusqu'à la fin de la civilisation pharaonique, ce site exceptionnel garda un rayonnement qui devait même toucher les étrangers.

A côté des traces archéologiques de la présence grecque et romaine, retrouvées sur place, nous devons prendre en considération, également, les témoignages des historiens qui, en marge de leurs descriptions et informations, transmirent aussi certaines traditions et légendes, ou parfois en inventèrent d'autres. Le premier de tous, c'est Hérodote qui côtoya des prêtres et des informateurs égyptiens et visita le site en pleine activité. Outre les descriptions des monuments eux-mêmes qui se limitent, en fait, aux pyramides, nous voyons apparaître des thèmes mi-historiques mi-légendaires qui seront repris, plus ou moins fidèlement, par ses successeurs. Que la *damnatio memoriae* de Chéops et de Chéphren dont parle Hérodote, ne puisse être tenue pour vraie, nous le savons par l'existence de cultes commémoratifs des rois. Mais, sans doute, cette affirmation traduit-elle l'existence d'un courant populaire hostile, distinct de la tradition officielle. Sur le Sphinx dont le culte était alors bien vivant, silence. En revanche des légendes s'élaborèrent autour de trois figures de femmes, reine, princesse et courtisane qui ne cesseront de hanter l'imaginaire des Grecs. La fille de Chéops, respectable princesse de la tradition égyptienne, officielle et décente, est prostituée par son père chez Hérodote qui avait peut-être entendu des histoires peu édifiantes de la

948. Sur les témoignages de l'Epoque Gréco-Romaine, voir C.M.Z., "Bousiris" , p.97–8; et E. Bernand, *Zeitschrift für Papyrologie und Epigraphik* 51, 1983, p.185–90 et pl.12.

bouche des Egyptiens eux-mêmes. Tout comme cette fille demeurée anonyme—s'agit-il d'Henoutsen de la tradition saïte?—Doricha-Rhodopis la Grecque, courtisane fameuse, aimée du frère de Sappho, se serait fait construire la troisième pyramide, celle de Mykérinos. Ainsi Hérodote se fait-il l'écho d'une légende, déjà élaborée dans les milieux grecs de Naucratis lorsqu'il arriva en Egypte, mais qui s'implanta sur le site de Giza. Elle y était solidement ancrée puisque Pline l'Ancien la rappelle encore. Quant à Nitocris, la reine égyptienne dont l'historicité n'est pas à mettre en doute, elle s'était vu attribuer par les Egyptiens eux-mêmes, la construction de la même troisième pyramide aux dépens de Mykérinos, qui fit les frais des légendes, tant grecques qu'égyptiennes. Du Sphinx, Pline seul parlera, notant d'ailleurs qu'avant lui, on avait gardé le silence sur la statue. Là aussi, on constate l'élaboration d'une légende qui fait du Sphinx un tombeau, celui d'un certain roi Armais.

Au total, quelle image peut-on se faire de l'histoire de Giza à la seule lecture d'Hérodote, Manéthon, Diodore, Strabon et Pline[949]? En matière de chronologie, on sait que ces auteurs ont parfois confondu les siècles si ce n'est les millénaires et que les rois saïtes se sont vu attribuer la construction des pyramides à la place de leurs lointains prédécesseurs. Du point de vue archéologique, si leurs descriptions laissent parfois à désirer, il n'en demeure pas moins qu'elles méritent une analyse sérieuse pour les confronter aux vestiges retrouvés. Mais ce qui est peut-être le plus captivant chez ces auteurs, c'est d'y suivre la trace des légendes, mêlées parfois à des fragments de réalité historique, qui habitent le site. Imprégnées d'une part de la tradition égyptienne, elles sont aussi le reflet d'un milieu grec qui a pu se méprendre sur tel ou tel fait, tel ou tel récit, qui n'avait pas le même regard sur les choses. Les rois maudits auraient été l'objet de violences populaires, mais Chéops repenti aurait, par sa piété, racheté son passé douteux. Mykérinos, souverain exemplaire, serait pourtant coupable d'inceste avec sa fille. Tous, cependant, laissent à la postérité des pyramides, passées au rang de merveilles du monde. Celle de Chéops abrite des chambres funéraires souterraines, sur une île entourée d'eau, tandis que le Sphinx aurait servi de sépulture. L'imaginaire s'était emparé de l'histoire et créait ses mythes.

Ils eurent la vie longue, ces mythes. Les ouvriers de Maspero espéraient trouver, entre les pattes du Sphinx, la coupe de Salomon[950], lorsque le dégagement fut entrepris. Une légende égyptienne contemporaine ne raconte-t-elle pas qu'un vieillard se tient dans une île, sous la pyramide de Chéops et y lit l'avenir[951]?

De la période grecque aux temps modernes, un chaînon a permis la transmission, c'est celui de la littérature arabe, parfois relayée par les voyageurs occidentaux. A une époque qui avait perdu la clé nécessaire pour interpréter le passé, les légendes survécurent, se déformèrent et s'enjolivèrent. Le *Livre des perles enfouies* consacre plus d'un passage à la recherche des trésors cachés sur le plateau des Pyramides[952]. Maqrizi dans sa description de l'Egypte[953] rapporte bon nombre de légendes, ainsi que Murtadi,

949. Hérodote II, 100; 124–135; Manéthon, *Aegyptiaca*, fragments 14–16, 20–21; Diodore I, 63.2–64; Strabon, *Géographie* XVII, 1. 33–34; Pline, *Histoire Naturelle*, XXXVI.12.

950. G. Maspero, *BE* I, 1893, p.263.

951. Cf. S. Allam, *ZÄS* 91, 1964, p.138–9.

952. *Livre des perles enfouies et du mystère précieux. Au sujet des indications des cachettes, des trouvailles et des trésors*, publié et traduit par Ahmed Bey Kamal, t.2, Le Caire 1907, p.38–41, 73, 93–4, 179–80, 182–4.

953. Maqrizi, *Description topographique et historique de l'Egypte*, traduit en français par U. Bouriant, *MMAF* 17/1, 1895, p.321–54.

fils du Gaphiphe[954], parmi beaucoup d'autres chroniqueurs. Le Sphinx[955] était appelé Abou'l Hôl, "le père (de) la terreur", comme on le nomme toujours aujourd'hui en arabe, et protégeait le site par sa présence bénéfique, tandis que sa "concubine", une statue féminine de grande taille, se dressait à Babylone, de l'autre côté du Nil[956]. Les vampires, fantômes peut-être des belles d'autrefois, de Nitocris et de Rhodopis, erraient sur le plateau et le regard de la femme qui hantait les parages de Mykérinos, était fatal à ceux qui osaient le soutenir.

Belles légendes[957], comment oserait-on les mépriser car elles aussi sont, à l'égal des pierres, la mémoire du lieu? Quand vint le temps de l'exploration scientifique, des fouilles, du déchiffrement des textes, elles n'en perdirent pas pour autant leur aura. La mémoire populaire fut une source inépuisable pour les évocations littéraires; de Georg Ebers à Naguib Mahfouz, de John Knittel à Norman Mailer, pour n'en citer que quelques uns, le mythe de Giza se pérennise.

Paris, novembre 1988.

954. *L'Egypte de Murtadi fils du Gaphiphe;* introduction, traduction et notes par G. Wiet, Paris 1953, p.82–90.

955. Sur les légendes arabes relatives au Sphinx, on lira avec intérêt U. Haarmann, *Saeculum* 29, 1978, p.367–84, avec de très nom breuses indications bibliographiques sur le sujet. Ces légendes ont parfois été reprises et transmises par les voyageurs occidentaux du Moyen Age: cf. C. Cannuyer, *VA* 1, 1985, p.87–8.

956. Cf. P. Casanova, *BIFAO* 1, 1901, p.198–9; A.-P. Zivie, *Livre du Centenaire, MIFAO* 104, 1980, P.515.

957. Voir l'article très documenté de A. Fodor, *Acta Orientalia Academiae Scientiarum Hungaricae* 23, 1970, p.335–63; ainsi que A. Fodor et L. Foti, *Studia Aegyptiaca* 2, 1976, p.157–67.

INDICES

1. ROIS ET FAMILLE ROYALE

A. ROIS ET EMPEREURS

B. REINES

C. PRINCES ET PRINCESSES

2. ANTHROPONYMES

3. TITRES ET EPITHETES

4. DIVINITES ET EPITHETES

5. TOPONYMES

6. MUSEES

BRISTOL

BROOKLYN

BRUXELLES

CAIRE

Reg. Temp.

CHICAGO NATURAL HISTORY MUSEUM

COPENHAGUE NY CARLSBERG

EDINBURGH ROYAL MUSEUM OF SCOTLAND

FLORENCE

GENEVE

LENINGRAD

LEYDE

PLANCHES

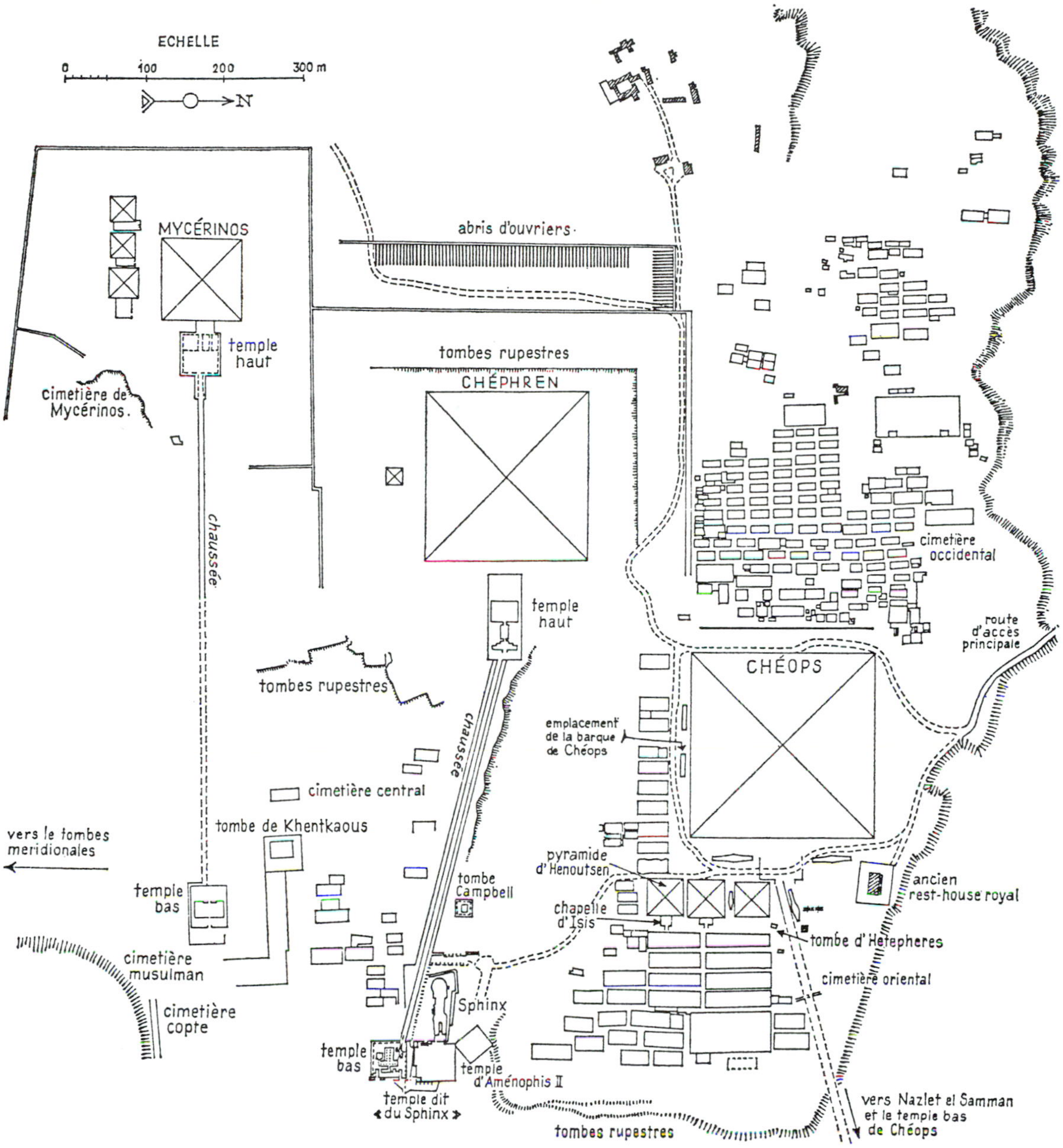
ECHELLE
0 100 200 300 m
N
MYCÉRINOS
temple haut
cimetière de Mycérinos.
chaussée
temple bas
tombe de Khentkaous
vers le tombes meridionales
cimetière musulman
cimetière copte
abris d'ouvriers
tombes rupestres
CHÉPHREN
temple haut
tombes rupestres
chaussée
cimetière central
tombe Campbell
Sphinx
temple bas
temple dit « du Sphinx »
temple d'Aménophis II
tombes rupestres
cimetière occidental
route d'accès principale
CHÉOPS
emplacement de la barque de Chéops
pyramide d'Henoutsen
chapelle d'Isis
ancien rest-house royal
tombe d'Hetepheres
cimetière oriental
vers Nazlet el Samman et le temple bas de Chéops

Plan général de Giza
(d'après *LdÄ* II, 613-4)

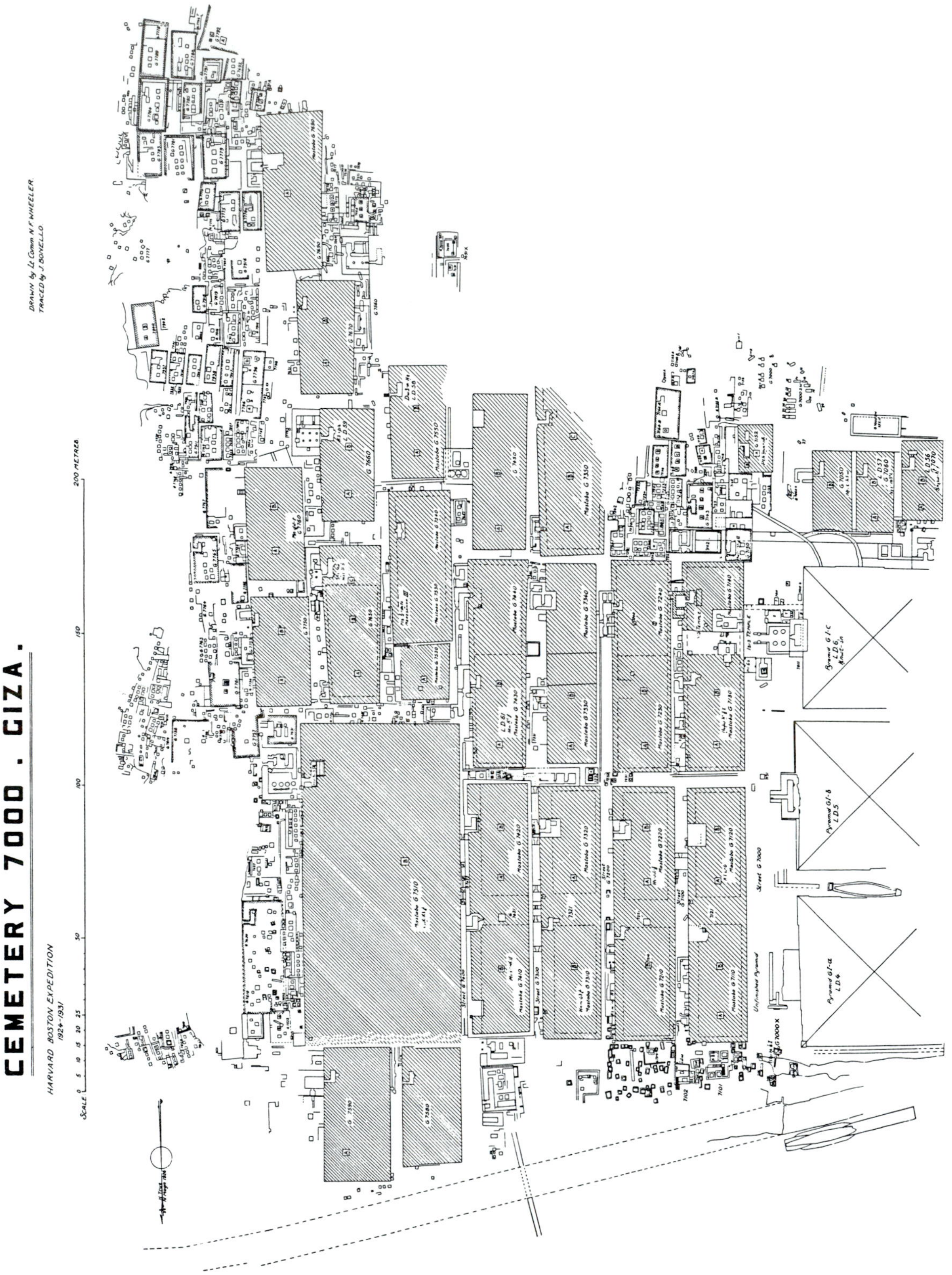

Plan du cimetière oriental G 7000
(d'après Simpson, *Giza Mastabas* 3, fig. 1)

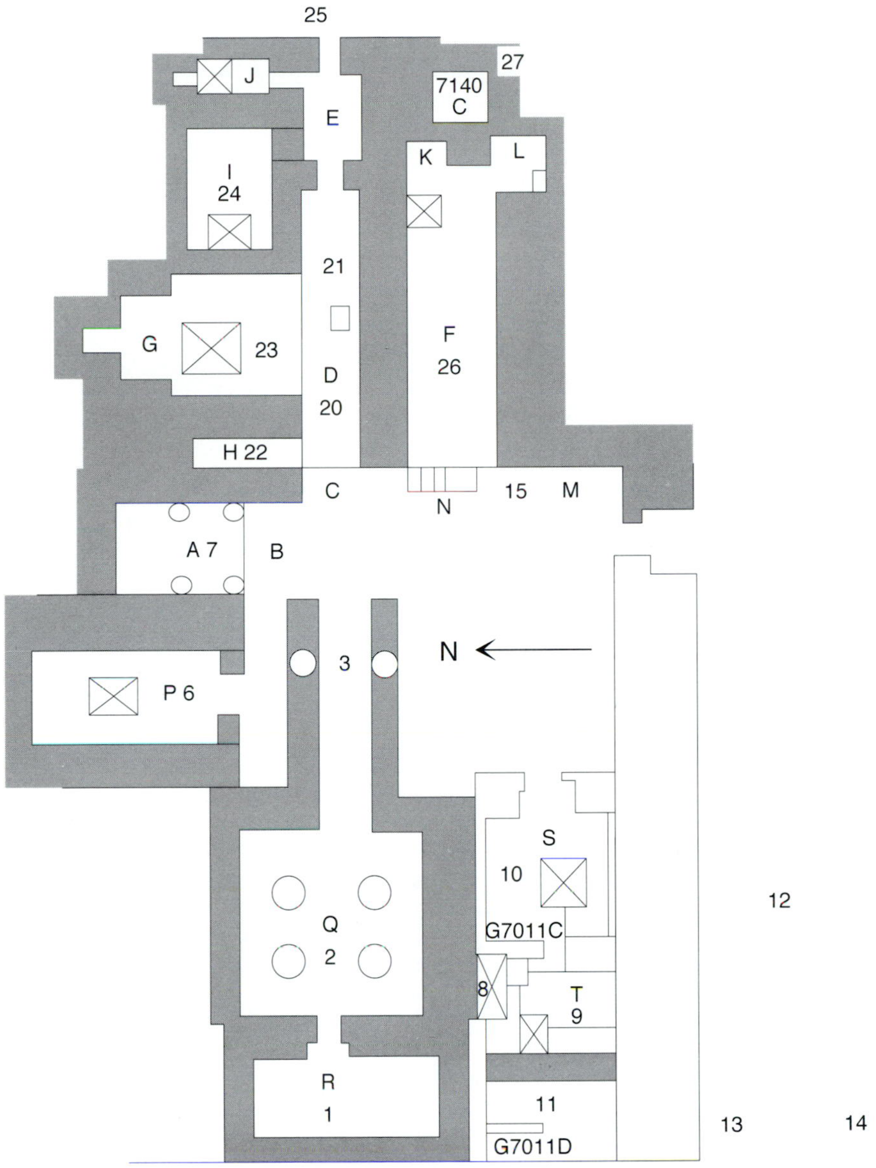

Croquis du temple
(d'après Archives Reisner)

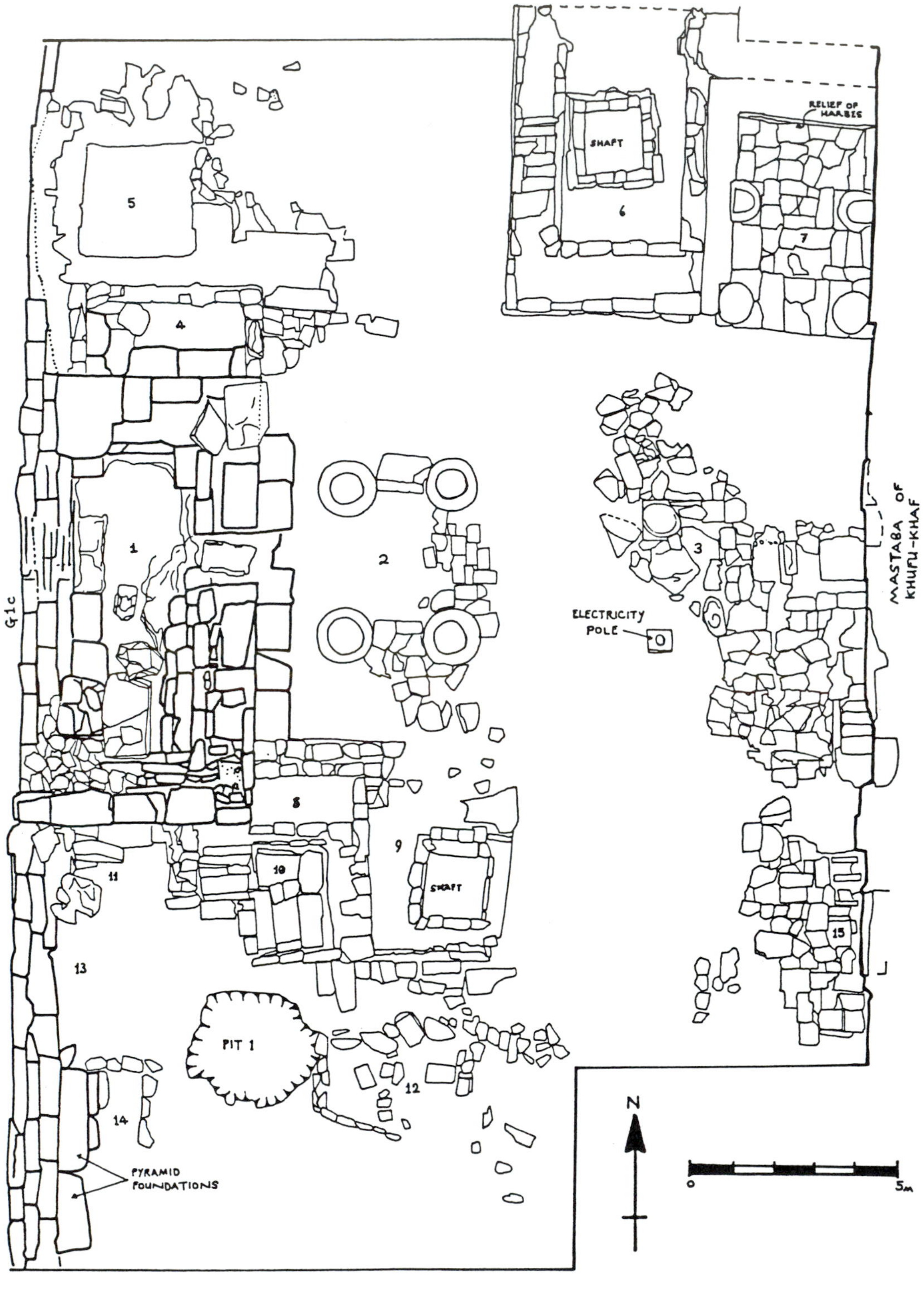

Temple d'Isis, partie centrale
(d'après M. Jones et A. Milward, *JSSEA* 12, fig. 1, p. 140)

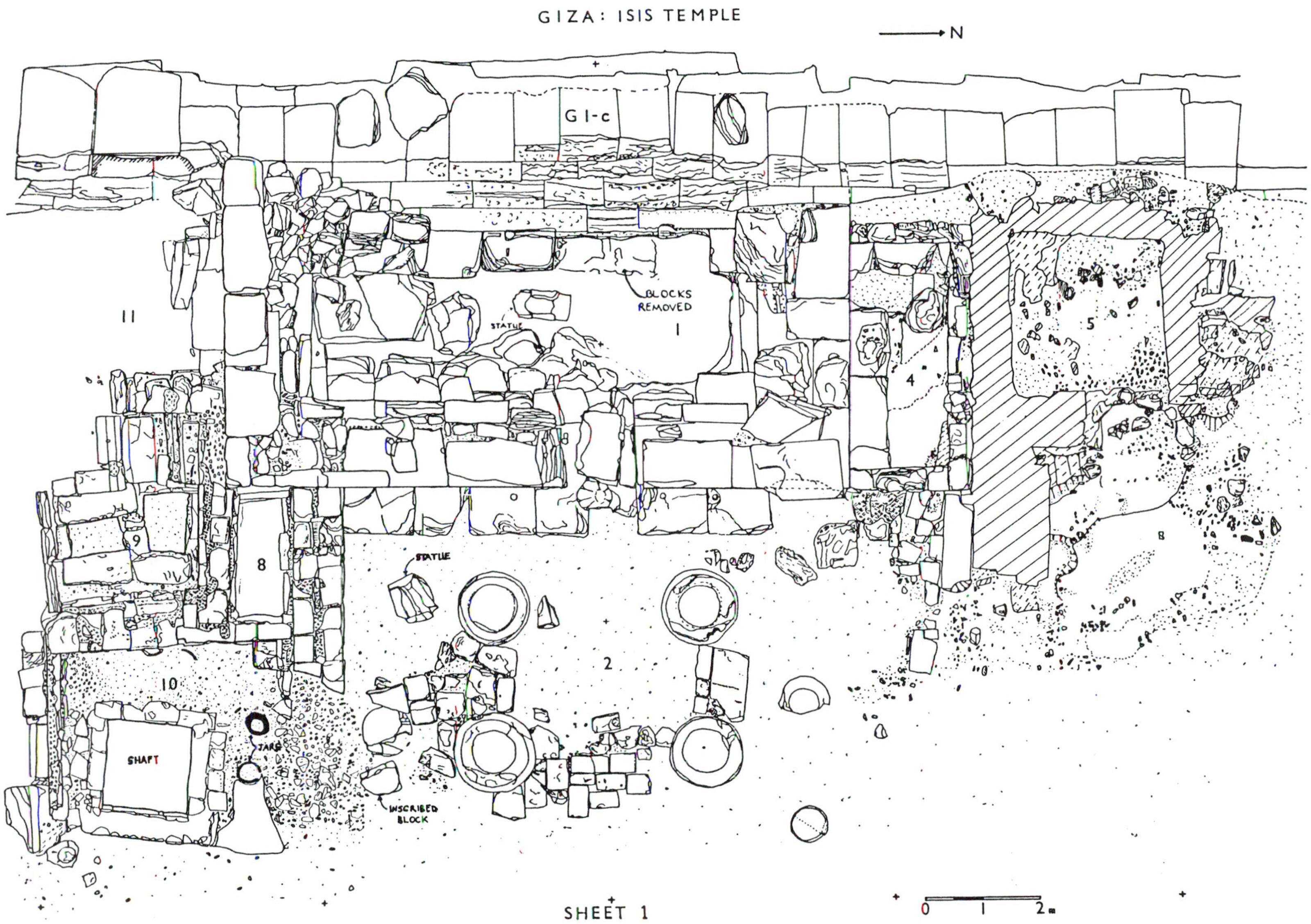

Temple d'Isis, partie ouest
(d'après *JSSEA* 12, fig. 2, p. 142)

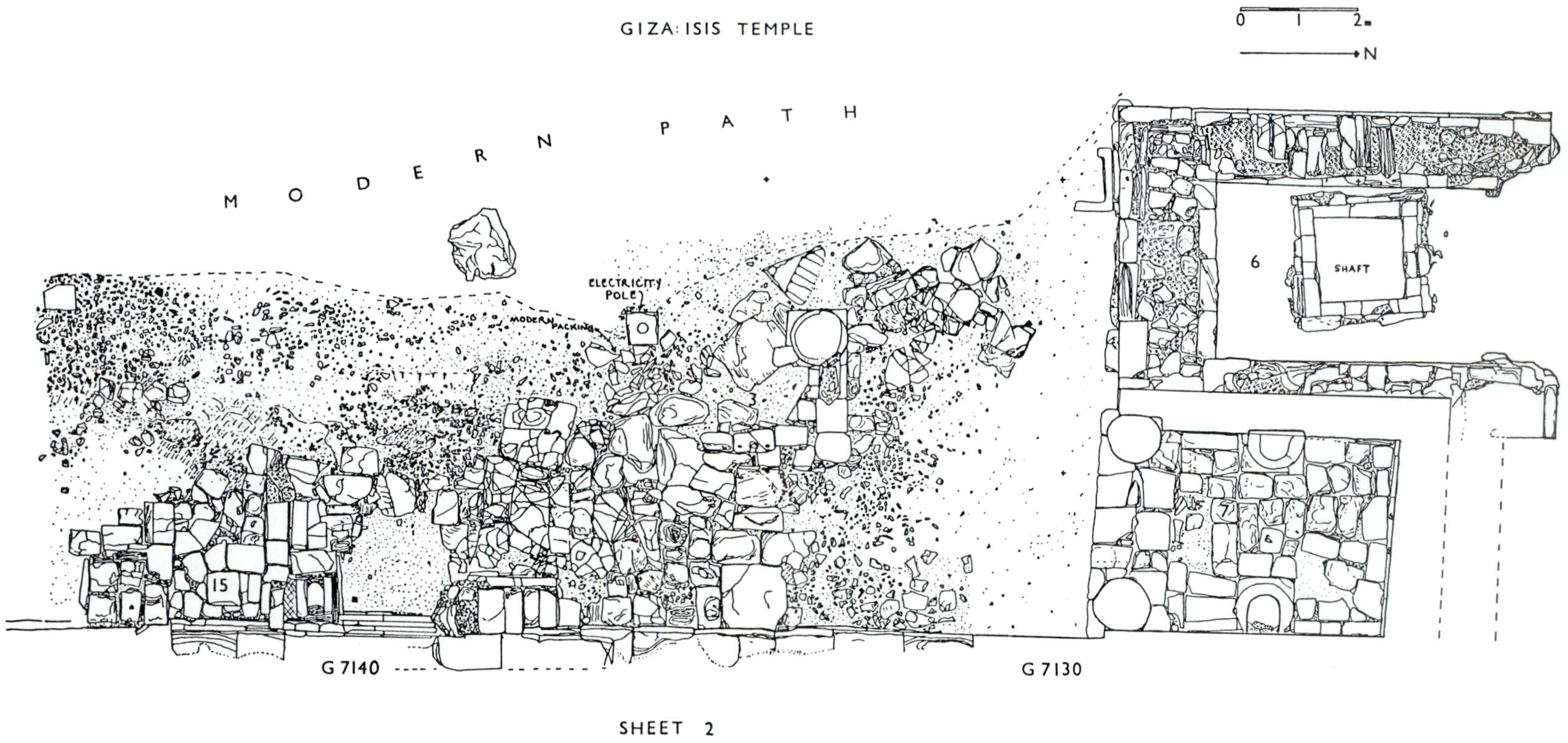

Temple d'Isis, contre le mastaba G 7130-7140
(d'après *JSSEA* 12, fig. 3, p. 143)

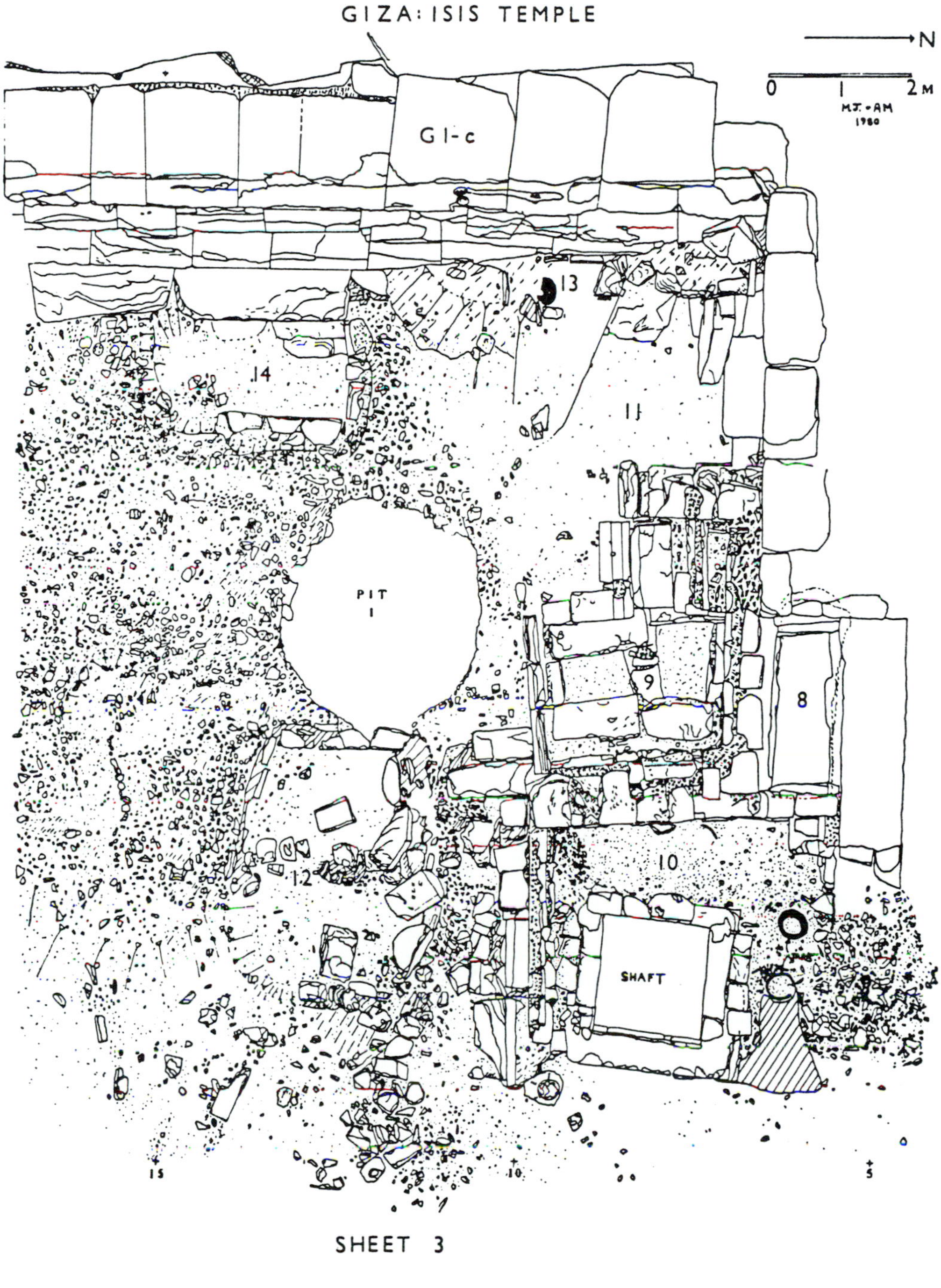

Temple d'Isis, partie sud
(d'après *JSSEA* 12, fig. 4, p. 144)

Vues générales du temple d'Isis
(photographies C.M.Z.)

Stèle au nom de Merenptah Boston MFA Exp. N. 24-11-243
(photographie Boston MFA B 5694)

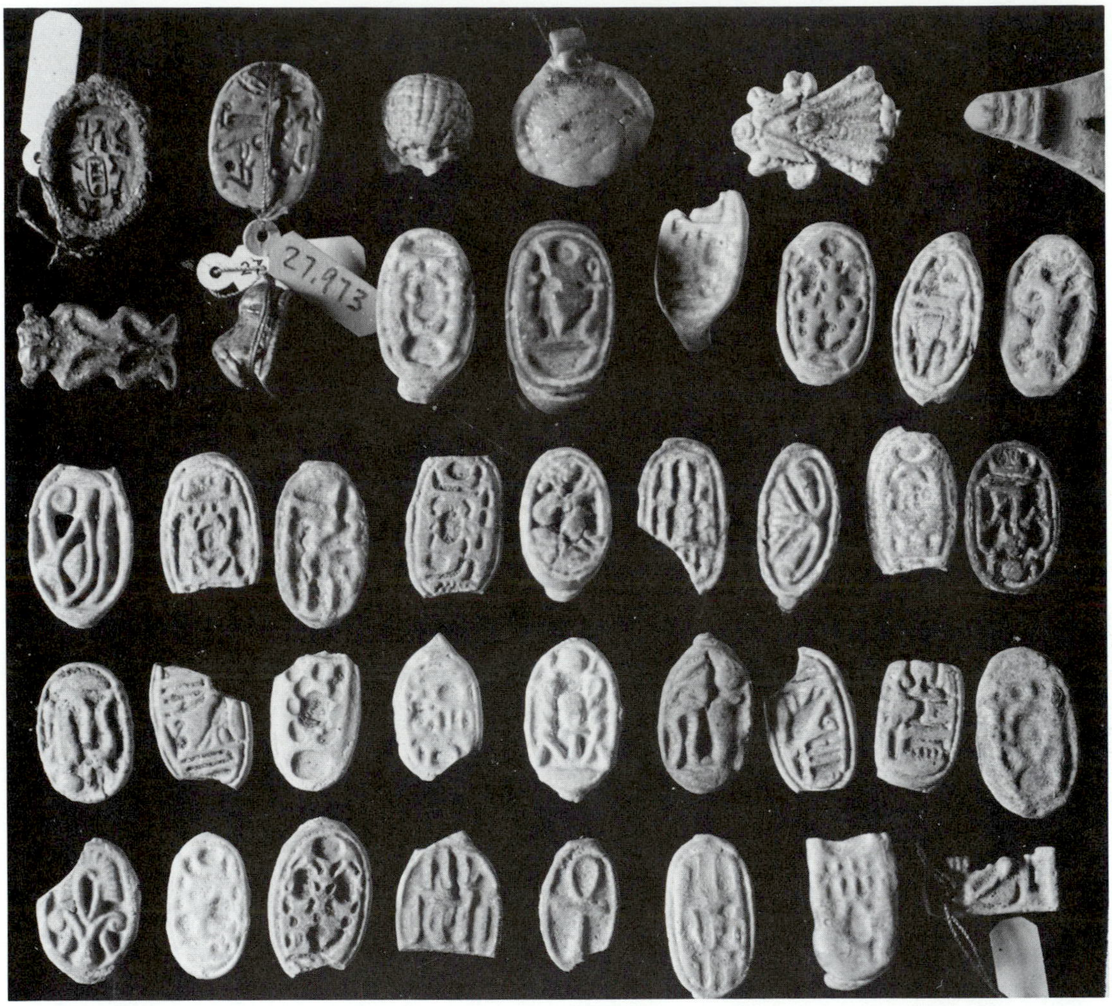

Choix de bagues du Nouvel Empire
(photographie Boston MFA)

Montant de porte au nom d'Amenemopé Berlin Est 7973
(photographie Staatliche Museen zu Berlin, Stiftung
Preußischer Kulturbesitz, Ägyptisches Museum)

Colonne au nom d'Amenemopé Caire Reg. Temp. 16/2/25/6
(photographie J.-F. Gout)

Colonne au nom d'Amenemopé Caire Reg. Temp. 16/2/25/7
(photographie J.-F. Gout)

Colonne au nom d'Amenemopé Caire Reg. Temp. 21/3/25/19
(photographie J.-F. Gout)

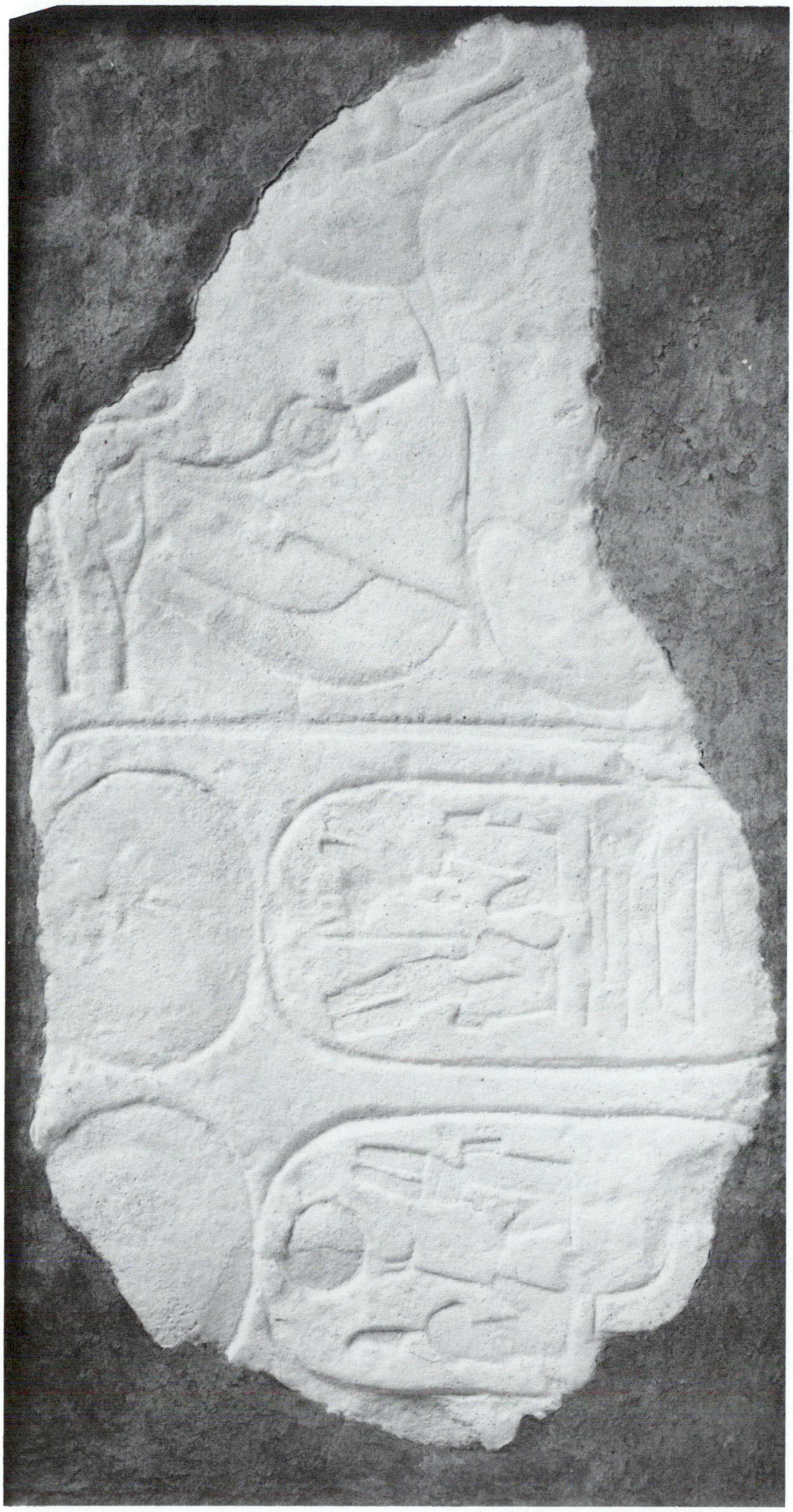

Fragment de relief au nom d'Amenemopé
Edinburgh Royal Museum of Scotland 1961.1069
(photographie Edinburgh Museum)

Statue de Psamétique II Berlin Est 2275
(photographies Staatliche Museen zu Berlin,
Stiftung Preußischer Kulturbesitz, Ägyptisches Museum)

Statue de Psamétique II Berlin Est 2275
(photographies Staatliche Museen zu Berlin,
Stiftung Preußischer Kulturbesitz, Ägyptisches Museum)

Vue de la chapelle d'Harbes lors de son dégagement
(photographie Boston MFA B 6874)

Relief Princeton University Art Museum Acc. 918
(photographie Princeton University Art Museum)

Relief d'Harbes Boston MFA 31.250
(photographie Boston MFA)

Table d'offrandes Boston MFA Exp. N. 26-1-138.
Stèle d'Isis Boston MFA Exp. N. 25-12-467
(photographie Boston MFA C 11136)

Statue de Chepenset Boston MFA Exp. N. 26-1-237
(photographie Boston MFA B 4151)

Statue de Chepenset Boston MFA Exp. N. 26-1-237
(photographies Boston MFA B 4152-3)

Stèle de donation d'Harbes Caire JE 28171
(photographie J.-F. Gout)

Statue d'Harbes Londres BM 514
(photographie BM)

Statue d'Harbes Londres BM 514
(photographie BM)

Statue d'Harbes Francfort
(photographies W. Müller)

Statue d'Harbes Francfort
(photographie W. Müller)

Graffiti Caire JE 38989 et 38990
(photographies Boston MFA)

Graffito I,1
(photographie Boston MFA)

Graffito I, 2, 3, 4, 5
(photographie Boston MFA A 4179)

Graffito II,1
(photographie Boston MFA B 6046)

Graffito II,3

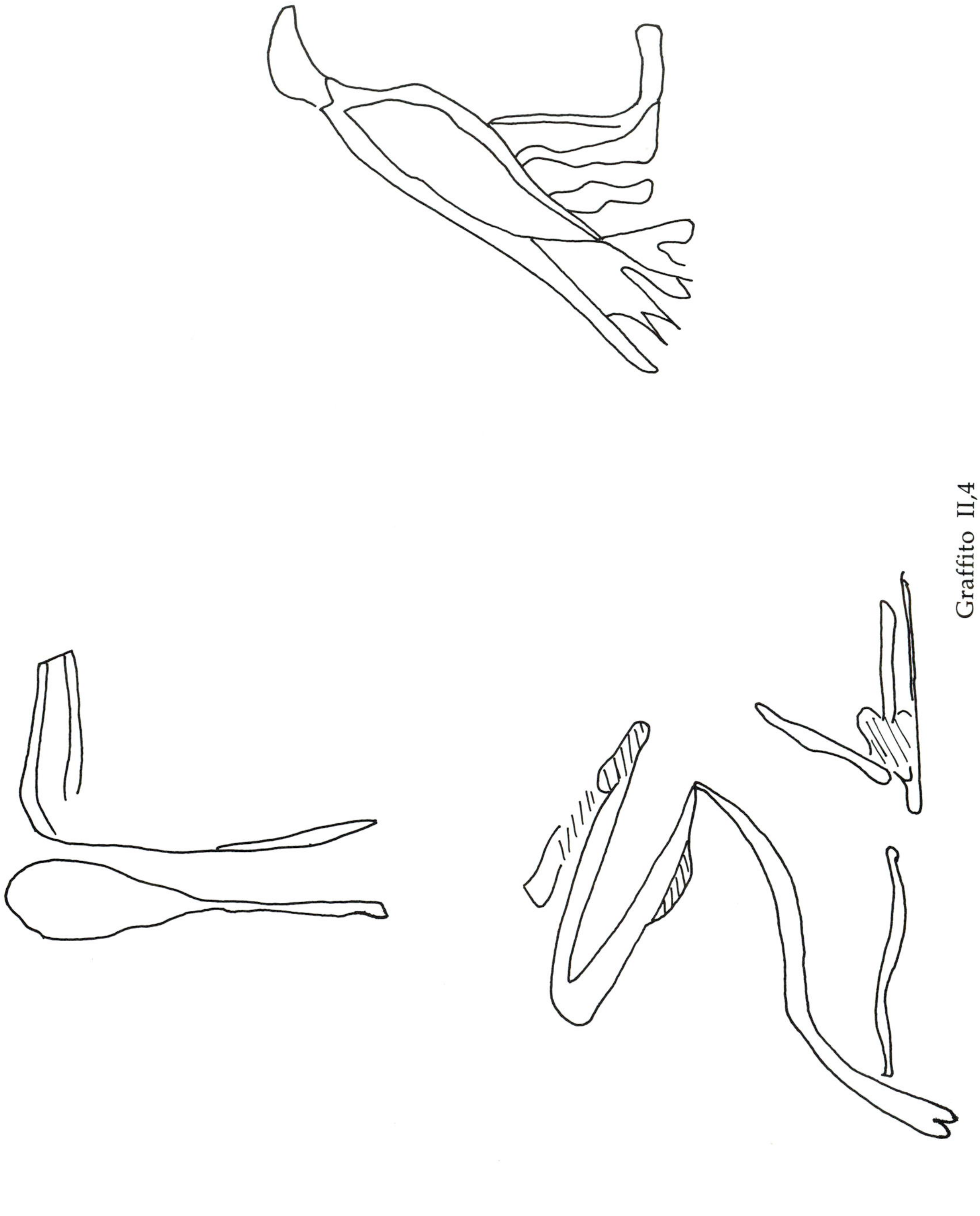

Graffito II,4

Graffito II,5
(photographie Boston MFA B 6045)

Stèle de Psamétique-men-(em)-pe Louvre IM 2857
(photographie Chuzeville, Paris, Musée du Louvre)

Vues du sud du temple
(photographies C.M.Z.)

Chapelle 23:
vue générale

Détail d'un relief
(photographies C.M.Z.)

Stèle de la fille de Chéops Caire JE 2091
(photographie Grdseloff MSS 1.191, Griffith Institute)

Détail du texte horizontal de la Stèle de la fille de Chéops Caire JE 2091
(photographie J.-F. Gout)

Stèle de Tja... Boston MFA Exp. N. 26-1-87
(photographie Boston MFA B 6081)

Stèle royale anonyme Boston MFA 285
(photographie Boston MFA B 6083)

Stèle de Nesisout Bruxelles E 4288
(Copyright A.C.L., Bruxelles)

Stèle-naos de Padiset Caire JE 72256
(photographie J.-F. Gout)

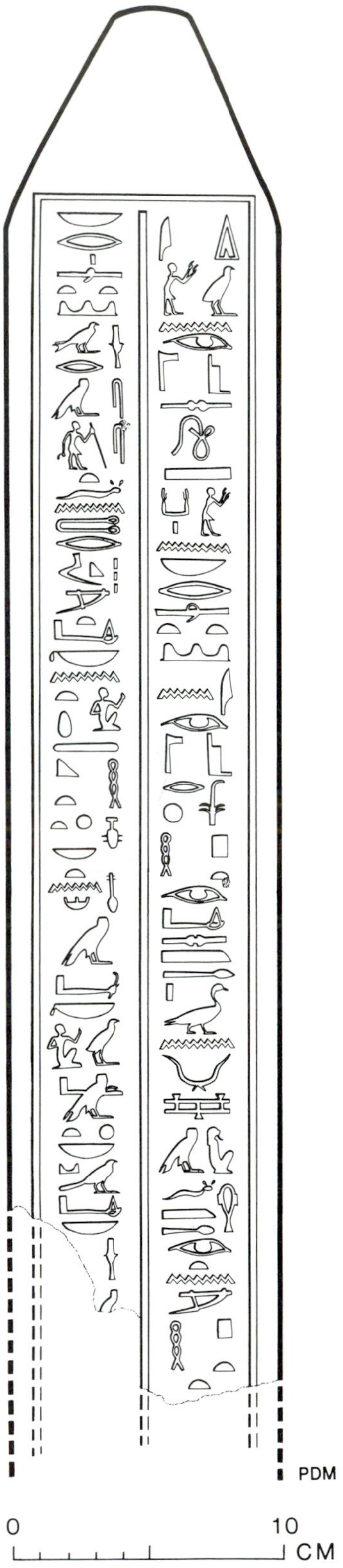

Statue d'Osiris au nom de Ptahirdis Boston MFA 29.1131
(photographie Boston MFA E 1594; dessin Peter Der Manuelian)

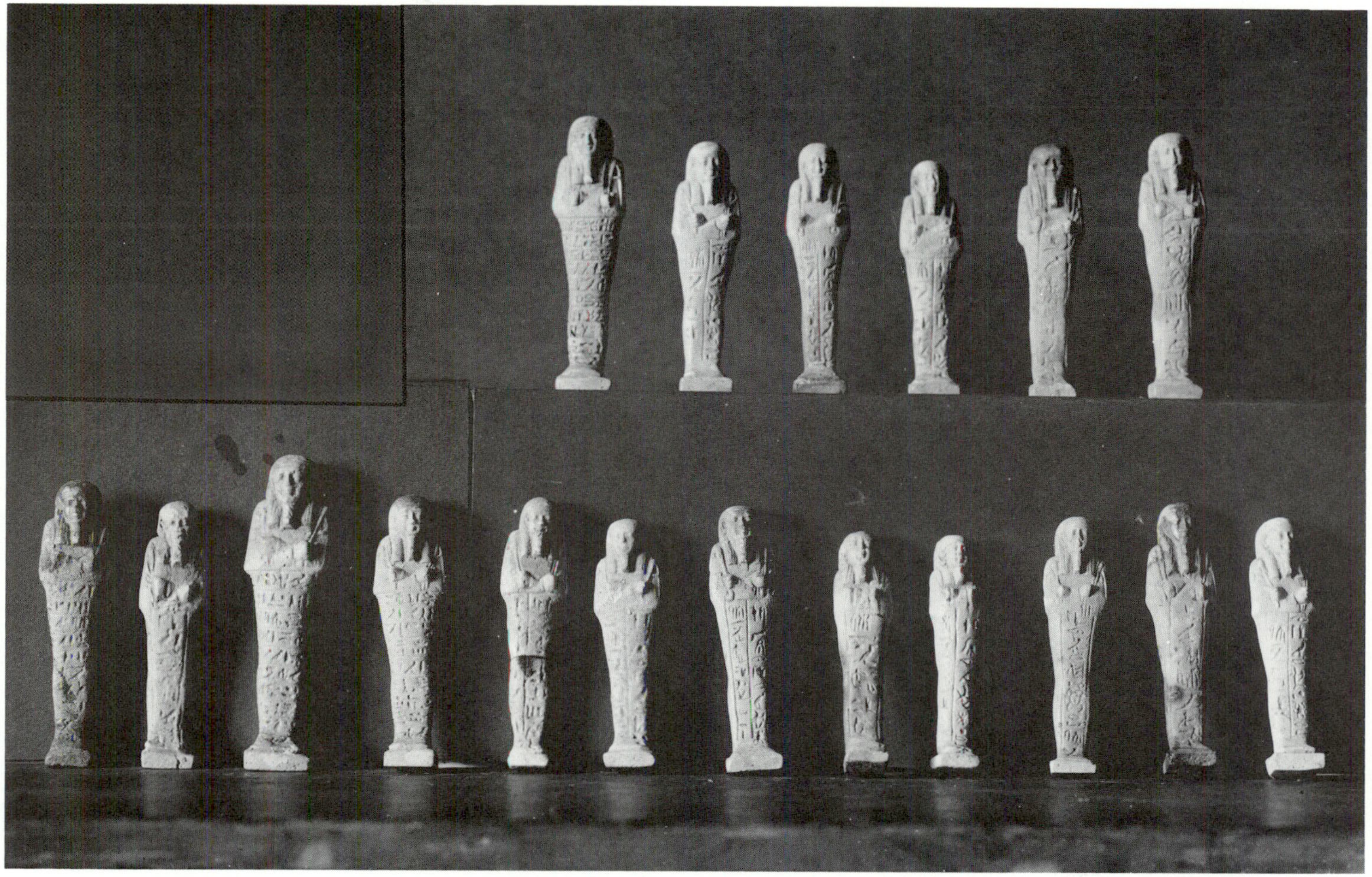

Chaouabtis du général Kheperrê
(photographie Boston MFA)

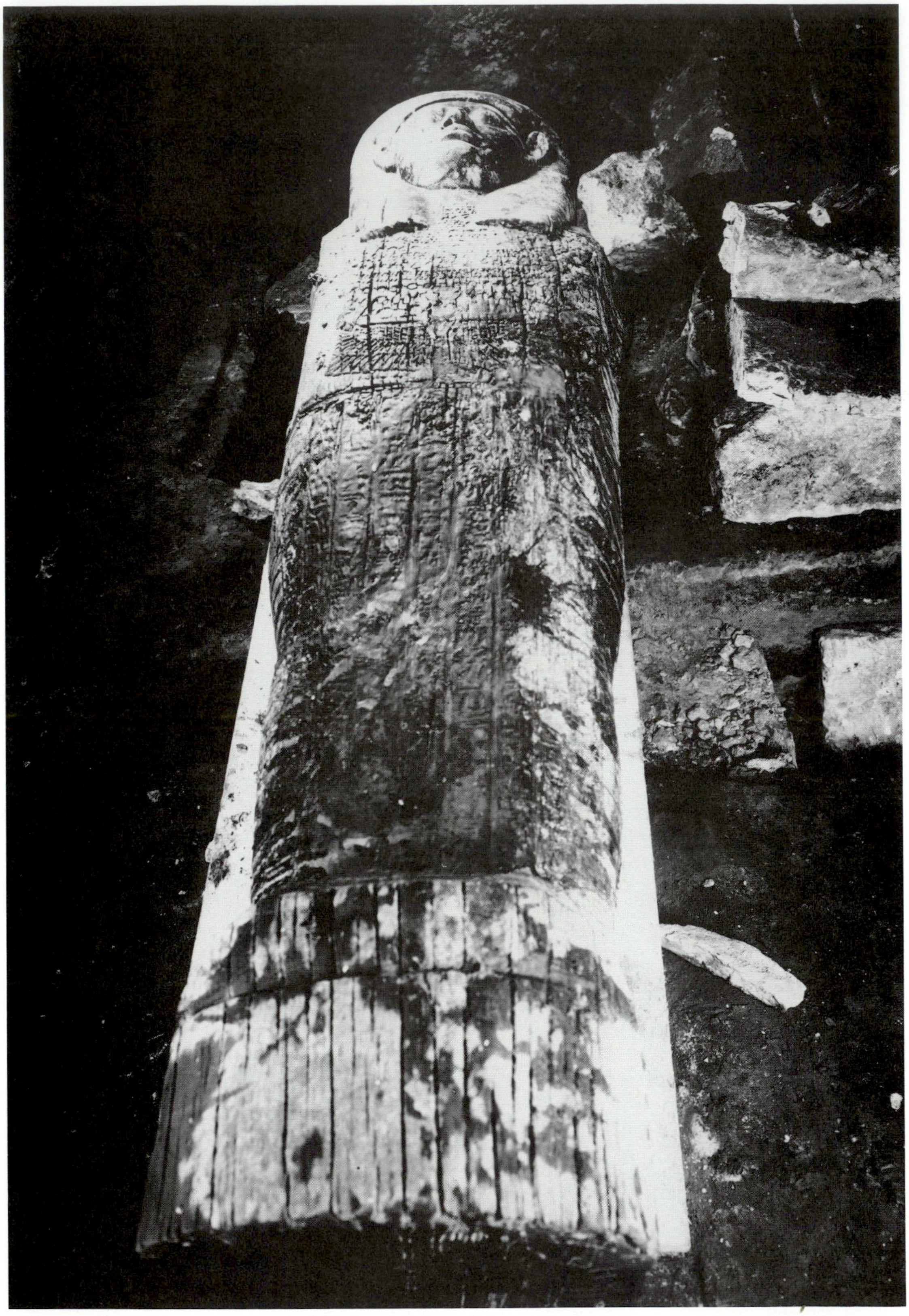

Sarcophage de Gemhep Boston MFA 29.1860
(photographie Boston MFA)